Winderlich Praxishandbuch Katzenrecht

Zu diesem Buch:

Ute Winderlich ist promovierte Rechtsanwältin und Katzenhalterin. Sie lebt mit ihrem Kater und ihrer Katze in einem Dorf im Norden von Hannover und berät Katzenhalter (Katzenzüchter, Liebhaber) und Tierärzte in Rechtsfragen rund um die Katze, z. B. die Katzenhaltung in der Mietwohnung, das Katzenschutznetz am Mietbalkon, Gewährleistungsrechte beim Katzenkauf, die Haftung des Katzenhalters, die Haftung und die Schweigepflicht des Tierarztes. Heute leben in deutschen Haushalten schätzungsweise 8,2 Millionen Katzen. Zu den Hits unter Katzenzüchtern gehören die Fragen, wann ein Züchter Unternehmer im Sinne des Verbrauchsgüterkaufrechts ist und ihn daher die uneingeschränkte gesetzliche Gewährleistungspflicht trifft, wann er steuerrechtlich ein Gewerbe betreibt und daher seine Einnahmen aus der Zucht versteuern muß, wann er eine ordnungsbehördliche Erlaubnis für seine Zucht benötigt, oder Themen des Wettbewerbsrechts. Ein heißes Eisen ist auch immer noch die Jagd auf Katzen. Aus der anwaltlichen Praxis ist ein Handbuch für juristische Praktiker und nichtjuristische Katzenhalter entstanden, in das auch eigene Erfahrungen als Katzenhalterin und die Erfahrungen der Züchter eingeflossen sind, mit denen die Autorin laufend in Kontakt steht. Das Praxishandbuch Katzenrecht richtet sich an Juristen, die Katzenhalter beraten oder über ihre Streitigkeiten entscheiden, Katzenzüchter, Katzenzuchtvereine, Katzenhalterliebhaber und Tierärzte.

Mit diesem Buch möchte die Autorin zugleich den Tierschutzverein Hannover e. V. beim Bau und der Unterhaltung eines neuen Katzenhauses unterstützen. Für jedes verkaufte Exemplar des *Praxishandbuch Katzenrecht* werden daher 5,00 EUR an den Tierschutzverein Hannover e. V. gespendet.

Weiteres zur Autorin: www.dr-winderlich.de

Ute Winderlich

Praxishandbuch Katzenrecht

Bibliografische Information der Deutschen Nationalbibliothek:
Die Deutsche Nationalbibliothek verzeichnet diese Publikation in der
DeutschenNationalbibliografie; detaillierte bibliografische Daten
sind im Internet über http://dnb.ddb.de abrufbar

Impressum:
©2011 Dr. Ute Winderlich
Umschlagsgestaltung, Herstellung und Verlag
Books on Demand GmbH
D-Norderstedt
Titelfoto: Conny Queren
ISBN 978-3-8448-7444-0

Für Henry und Amelie

Meine Katze

Hier ist mein Geständnis in einem Satze:
Ich habe zu Haus eine kleine Katze!
Sie schnurrt und schmeichelt zu allen Zeiten
und wartet ergeben auf Zärtlichkeiten.

Nur geht sie leider auf eig'ne Faust
zu Nachbarsleuten und stielt und maust.
Die Wurst, das Fleisch - und darin ist sie eigen -
schleppt sie ins Haus, um stolz es zu zeigen.

Ob Brötchen, Gemüse, Sardinen, Salat,
ob Hering, Zitronen, Geflügel, Spinat,
ob Soleier, Fische, ob Käse, ob Speck,
das maust sie den Nachbarn vom Küchentisch weg.

Ich bete, daß nie ein Bestohl'ner aus Wut
dem Kätzchen etwas zuleide tut.
Denn davon leben wir königlich:
meine Frau, die Kinder, die Katze - und ich.

Peter Frankenfeld

Vorwort

> *Egal was du als Katze auch anstellst, laß es immer so aussehen, als sei es der Hund gewesen!*

Was es denn zu Weihnachten sein darf, wurde die kleine Tochter eines befreundeten Kollegen gefragt. Die Antwort kam selbstbewußt und ohne Zögern. Ein Elefant. Ein Elefant sollte es sein. Nun, das mit dem Elefanten klappte dann nicht. Man hat der kleinen Lady anheimgestellt, sich einen Elefanten zuzulegen, wenn sie volljährig ist, nicht mehr bei den Eltern wohnt und ihr eigenes Geld verdient. Vielleicht darf es bis dahin ein kastriertes Meerschweinchen sein? Ein mäßig ausgelassener Hund mittlerer Größe? Oder eine Katze?

Dieses Handbuch ist gedacht für Katzenhalter und solche, die es gerne werden möchten. Es richtet sich an Juristen, die in der beruflichen Praxis Katzenhalter beraten und/oder sich für sie streiten, aber auch an ganz normal Denkende und verständlich Redende wie Züchter und Liebhaber-Dosenöffner, die ab und an in die Verlegenheit kommen, einen Vertrag schließen zu müssen, oder die einfach nur mal eine Frage zum Thema „Katzenrecht" haben.

Es gibt natürlich kein spezielles Katzenrecht im Sinne eines Sonderrechts (lex felis). Für die Zucht, die Haltung, den Verkauf von Katzen gelten die gesetzlichen Bestimmungen des Kaufrechts, Mietrechts, Ordnungsrechts, Steuerrechts und Strafrechts ebenso wie für Hunde, Pferde, Meerschweinchen, Wellensittiche, Kaninchen, Hamster und Bartagamen. Der Gesetzgeber kann aber nicht jeden denkbaren Fall vorhersehen und – gewissermaßen vorausschauend – allumfassend regeln. Es ist daher Sache der Rechtsprechung und des juristischen Schrifttums, Gesetze auszulegen, Regelungslücken durch Rechtsfortbildung zu füllen und für den konkreten Einzelfall eine interessengerechte Lösung zu finden. Oder es zumindest zu versuchen.

Wer nicht täglich mit der Justiz zu tun hat, wird sich darüber wundern, wieviel Uneinigkeit es unter Juristen gibt. Sie kennen das sicher: zwei Juristen, drei Meinungen. Die Rechtsordnung enthält zwar allgemeingültige Regelungen, die jeden binden, sich aber doch im Einzelfall für jeden unterschiedlich auswirken können, weil jeder Fall auch wieder ein bißchen anders liegt. Fragen Sie einen Juristen, wann ein Katzenzüchter noch Liebhaberei betreibt und ab wann ein Gewerbe. „Das kommt darauf an", werden Sie dann hören. Worauf es ankommt, versucht, dieses Handbuch zu erklären.

Selbstverständlich kann dieses Buch anwaltlichen Rat im konkreten Einzelfall nicht ersetzen. Und es kann auch nicht alle denkbaren Fragen rund um die Katze beleuchten. Dann hätte es eine mehrbändige Enzyklopädie werden müssen. Es kann nur Entwicklungen und Standpunkte in der Rechtsprechung und im juristischen Schrifttum darstellen und Lösungsansätze anbieten. Und mit der Rechtsprechung ist es ja bekanntlich wie mit Ihrem Computer: Was Sie heute kaufen, kann morgen schon überholt sein.

Langenhagen im Mai 2011   Dr. Ute Winderlich

Inhaltsverzeichnis

Vorwort	9
I. Grundlagen	23
1. Die Geschichte der Hauskatze	23
2. Die Katze in der Mythologie	31
3. Der Platz der Katze in der Rechtsordnung heute	33
a) Die Katze als „Sache sui generis"	33
b) Die Katze und ihre Papiere	34
4. Die Beziehung Katze – Mensch	37
a) Eigentum an der Katze	37
aa) Kauf, Schenkung, Erbschaft	37
bb) Die Katze im Sack oder Die Fundkatze	39
b) Der Katzenhalter	41
c) Der Katzenhüter	43
d) Die Katze und der Rosenkrieg	44
aa) Die Scheidungskatze	44
bb) die nichteheliche Gemeinschaftskatze	47
e) Die Katze in der Zwangsvollstreckung	48
f) Die zurückbehaltene Katze	52
g) Eingreifen der Ordnungsbehörde und Entziehung der Katze	57
h) Die Katze im Strafrecht	57
5. Der Kauf einer Katze	59
a) Abschluß des Vertrages	59
aa) Zustandekommen eines Vertrages	59
bb) Vorvertrag und Optionsrecht	61

cc) Anfechtung des Vertrages	64
dd) Rücktritt vom Vertrag	65
ee) Widerrufsrecht	67
aaa) Haustürgeschäfte nach § 312 BGB	67
bbb) Fernabsatzverträge nach § 312 b BGB	69
ccc) Widerruf nach §§ 109, 130 BGB	70
b) Gewährleistung	72
aa) Der Begriff des Sachmangels	73
bb) Die Rechte des Käufers bei Mängeln der Katze	84
aaa) Nacherfüllung und „Selbstvornahme"	84
a') Vorrang der Nacherfüllung	84
b') Ausnahmefall: Selbstvornahmerecht	89
c') Sonderfall Stückkauf	90
d') Unmöglichkeit der Nacherfüllung	94
e') unzumutbarer Aufwand	95
bbb) Rücktritt vom Vertrag	96
ccc) Minderung des Kaufpreises	98
ddd) Schadensersatz	100
eee) Ersatz vergeblicher Aufwendungen	102
fff) Anfechtung wegen Eigenschaftsirrtums	103
cc) Besonderheiten beim Verbrauchsgüterkauf	104
dd) Gewährleistungsfrist	108
ee) Beweislastumkehr	110
ff) Ausschluß oder Einschränkung der Gewährleistung	113

gg) Einzelfälle	114
c) häufig verwendete Vertragsklauseln	118
aa) Gewährleistungsklauseln	118
bb) Besuchs- und Kontrollrecht des Verkäufers	124
cc) Impfklauseln	126
dd) Fütterungsklauseln	127
ee) Gerichtsstandsvereinbarungen	127
ff) Kastrationspflicht	128
gg) Vertragsstrafe	129
hh) sonstige Klauseln	134
d) Verjährung von Ansprüchen	136
6. Die Katze beim Deckkater	139
7. Verträge mit Tierheimen	143
8. Haftungsfragen	145
a) Die Haftung des Tierhalters	145
aa) Entstehungsgeschichte und Normzweck der Tierhalterhaftung	145
bb) Begriff des Tierhalters	148
aaa) Übernahme der Bestimmungsmacht	148
bbb) Kauf und Schenkung	149
ccc) Tod des Tierhalters	150
ddd) vorübergehender Besitzverlust	151
eee) Haftung für Fundkatzen	152
fff) Personenmehrheit	153
ggg) minderjährige Tierhalter	154

cc) Tiergefahr	155
dd) Kausalität	159
ee) Gefährdungshaftung, Verschuldenshaftung und Mitverschulden	160
ff) Haftungsausschluß	166
gg) Beweislast	167
hh) Schadensersatz	167
ii) Einzelfälle	168
aaa) Schmerzensgeld	168
bbb) Mitverschulden des Geschädigten	169
ccc) Nachbars Goldfische	170
ddd) Der potente Kater und seine Duftmarken	170
eee) Die Katze auf dem heißen Blechdach	171
fff) Der unerwünschte Catnizer und die Rassekatze	173
ggg) Die Katzenallergie	175
hhh) Die nicht stubenreine Ferienkatze	175
jj) Special: Haftung gegenüber dem behandelnden Tierarzt	177
b) Die Haftung des Tierhüters	180
c) Haftung des Tierschutzvereins	183
d) Produkthaftung	184
e) Die Haftung des Tierquälers	186
f) Schadenshöhe	186
9. Die Katze und der Tierarzt	189
a) Die Schweigepflicht des Tierarztes	189
b) Ohne Moos nix los - Das tierärztliche Honorar	197

c) Die Tierarztpraxis	200
d) Die Haftung des Tierarztes	202
aa) Haftung für fehlerhafte Behandlung	202
aaa) Behandlungsvertrag	202
bbb) Aufklärungspflicht	204
ccc) Behandlungsfehler	207
ddd) Kausalzusammenhang	212
eee) Darlegungs- und Beweislast	213
a') Beweiserleichterungen bei grobem Behandlungsfehler	214
b') Dokumentationspflicht	215
c') Sicherung medizinischer Befunde	218
fff) Rechtsfolgen	219
bb) Haftung für tierärztliche Untersuchung vor dem Verkauf	224
cc) Haftung des Tierarztes als Arbeitgeber	229
dd) Verletzung des Tierhüters	230
ee) Verletzung des Patientenhalters	231
ff) Zusammenfassung	231
10. Die Katze im Verkehrsrecht	233
11. Nachts sind alle Katzen grau - Die Katze und die lieben Nachbarn	239
a) Verbietungsrecht contra Duldungspflicht	239
aa) Der unerwünschte Besuch im Garten	239
bb) Der unerwünschte Ruheplatz	246
cc) Fütterung wild streunender Katzen	246
dd) Ansprüche nach längerer Duldung	247

ee) Einzelfälle	248
b) Beweislastverteilung	249
c) Anspruchsinhalt und Klageantrag	250
d) Der Nachbar und die Katzenfalle	250
e) Zwischenruf	251
12. Die Katze und die Erbschaft	253
13. Wohnen mit einer Katze	255
a) Wohnungseigentum	255
aa) Wohngebrauch und Tierhaltung	255
bb) Regelung der Tierhaltung durch die Gemeinschaft	257
b) Mietrecht	261
aa) Recht zur Katzenhaltung in der Wohnung	261
aaa) Mietvertrag mit Katzenerlaubnis	262
bbb) Mietvertrag ohne Regelung zur Tierhaltung	263
a') erlaubnisfreie Kleintiere	264
b') vertragsgemäßer Gebrauch	265
ccc) Mietvertrag mit Katzenverbot	269
ddd) Mietvertrag mit Erlaubnisvorbehalt	274
eee) Einzelne Vertragsklauseln	288
fff) Anzahl der erlaubten Katzen	289
ggg) Die Katze zu Besuch	290
hhh) Erlöschen und Widerruf der Erlaubnis	292
iii) Sonderfall: Katzenzucht	296
jjj) Konsequenzen unerlaubter Katzenhaltung	296

a') Unterlassungsanspruch des Vermieters	296
b') Kündigungsrecht des Vermieters	301
c') Mietminderung und Schadensersatz	305
d') Zwangsvollstreckung	306
bb) Die Katze und der allergische Nachbar	310
cc) Der Ärger mit der Katzenklappe	313
dd) Die lästigen Katzen der Nachbarn	313
ee) Wenn es kreucht und fleucht oder riecht wie in einem Pumakäfig	314
ff) Wenn das Mietobjekt Schaden nimmt	316
gg) Immer wieder gern: Das Katzennetz am Balkon	317
aaa) Das Netz am Mietbalkon	317
bbb) Das Netz am eigenen Balkon	319
hh) häufig verwendete Mietvertragsklauseln	319
c) Die Katze auf dem Campingplatz	320
14. Die Katze im Urlaub	323
15. Die Katzenzucht	325
a) Der Zwingername	325
b) Gewerbe oder Liebhaberei?	326
aa) Blick ins Steuerrecht	326
bb) Blick ins Ordnungsrecht	331
cc) Kaufrecht und Verbraucherschutz	333
dd) Lauterkeitsrecht	335
c) Der Züchter im Verein	336
d) Züchter unter sich	337

16. Die Katze im Sozialrecht	341
17. Versorgung von Fundtieren	345
18. Die Katze im Versicherungsrecht	351
a) Versicherungsschutz für Tierhalterhaftpflicht	351
b) Verschulden des versicherten Katzenhalters	352
c) Leistungspflicht der Versicherung	353
d) Kündigung des Versicherungsvertrages	354
e) Die „frisierte" Schadensmeldung	354
19. Tierschutz	355
a) Geschichte des Tierschutzes	355
b) Grundlagen des Tierschutzes	371
aa) Verbot tierschädlichen Verhaltens	372
bb) tiergerechte Haltung und Betreuung	377
cc) Aussetzen von Katzen	381
dd) Filmaufnahme, Schaustellung, Werbung o.ä.	383
ee) Töten von Tieren	384
ff) Züchten von Katzen	384
c) Straftaten und Ordnungswidrigkeiten	387
aa) Tiertötung (§ 17 Ziff. 1 TierSchG)	387
bb) Rohe Tiermißhandlung (§ 17 Ziff. 2 lit. a TierSchG)	392
cc) Quälerische Tiermißhandlung (§ 17 Ziff. 2 lit. b TierSchG)	395
dd) Ordnungswidrigkeiten (§ 18 TierSchG)	398
d) Einzelfälle	399
20. Die Katze im Ordnungsrecht	401

a) Fütterungsverbot	401
b) Einschreiten der Polizei zur Gefahrenabwehr	402
c) Wegnahme der Katze	402
d) Tierhaltungsverbot	405
e) Kleintierkrematorium	406
f) Die Katze auf dem Regenbogen – Wohin mit der toten Mietze?	407
g) Nachbars Geparden	410
21. Die Katze und der Jäger	411
22. Und wie immer die Frage am Schluß: Was kostet der Spaß?	419
II. Ein Kessel Buntes - Fälle aus der Praxis	423
1. Der Welpe und der Notfall	423
2. Die zerkaute Banknote	424
3. Das nächtliche Werbefax	427
4. Der zerfledderte Papagei	427
5. Dackelterror- Urteil des AG Offenbach vom 22.05.2002	428
6. Die schreckhafte Brieftaube	429
7. Das verschwundene Gebiß	430
III. Häufig gestellte Fragen	431
IV. Musterverträge	451
(1) Kaufvertrag Liebhabertier ohne Stammbaum	457
(2) Kaufvertrag Liebhabertier nicht kastriert	461
(3) Kaufvertrag Liebhabertier mit Stammbaum	465
(4) Kaufvertrag Liebhabertier mit Stammbaum	473
(5) Kaufvertrag Liebhabertier mit Stammbaum	481

(6) Kaufvertrag Liebhabertier mit Stammbaum	489
(7) Kaufvertrag Liebhabertier mit Stammbaum	497
(8) Kaufvertrag älteres Liebhabertier	505
(9) Kaufvertrag mit einem Hobbyzüchter	513
(10) Kaufvertrag mit einem Hobbyzüchter	521
(11) Kaufvertrag mit einem Verbraucher über einen Zuchtkater	529
(12) Katzenkauf, Einschränkung der Gewährleistung	541
(13) Kaufvertrag zwischen zwei gewerblichen Züchtern	549
(14) Kaufvertrag zwischen gewerblichem Züchter und Hobbyzüchter	561
(15) Übergabequittung	569
(16) Tierärztliches Gesundheitszeugnis über Ankaufuntersuchung	571
(17) Reservierung	575
(18) Deckkatervertrag Basisvertrag	579
(19) Deckkatervertrag einfach	581
(20) Deckkatervertrag ausführlich	585
(21) Deckkatervertrag sehr ausführlich	595
(22) Deckbescheinigung	605
(23) Pensionsvertrag ausführlich, Unterbringung in der Gruppe	607
(24) Pensionsvertrag ausführlich, Unterbringung im Einzelabteil	615
(25) Cattsittingvertrag	623
(26) Betreuungsvertrag Tierheim	629
(27) Übertragungsvertrag Tierheim mit Probezeit	635
(28) Versorgung der Katze durch letztwillige Verfügung	641
a) Erbeinsetzung und Vermächtnis zur Versorgung der Katze	642

b) Erbeinsetzung, Versorgungsvermächtnis	642
c) Gegenseitiges Testament mit Versorgungsvermächtnis	643
d) Vermächtnis für Tierschutzverein, Testamentsvollstreckung	643
e) Tierschutzverein als Alleinerbe, Testamentsvollstreckung	644
V. Gesetze	647
1. Bürgerliches Gesetzbuch (BGB)	647
2. Einkommenssteuergesetz (EStG)	654
3. Grundgesetz (GG)	656
4. Strafgesetzbuch (StGB)	656
5. Zivilprozeßordnung (ZPO)	658
6. Empfehlungen zur Haltung von Hauskatzen der TVT	659
VI. Glossar	663
VII. Abkürzungsverzeichnis	665
IIX. Schrifttum	671
Stichwortverzeichnis	681
Dank	700

I. Grundlagen

Auf die meisten Fragen über die Katze gibt es keine Antworten. Sie hat sich selbst 3000 Jahre lang in Geheimnisse gehüllt, und es hat keinen Sinn, sie jetzt begreifen zu wollen.

Virginia Roderick

1. Die Geschichte der Hauskatze

„Die hauskatze hat mit ihrem thun und treiben und nach ihrer stellung im hause der sprache vielen stoff geliefert"[1].

Das Wort „Katze", eins der „merkwürdigsten und fragenreichsten Wörter"[2], althochdeutsch „chazza", nd. altfries. „katte", nordfriesisch „kât", leitet sich wie das englische „cat", das spanische „gato", das italienische „gatto" bzw. „gatta", das französische „chat", das niederländische „kat", das schwedische und das norwegische „katt", das dänische „kat", das türkische „kedi", das russische „кошка", das polnische „kotka", das estnische „kass", das finnische „kissa" und das arabische „quttha" von „kadiz", der nubischen Bezeichnung für „Mäusefänger" ab[3]. In Ägypten hieß die Katze vermutlich „mau". Die Chinesen nennen sie „mao".

„Ferner gibt katze selbst noch fragen auf, nicht blosz in dem merkwürdigen verhältnis zu kater"[4].

Katzen leben seit fast 10000 Jahren in der Nähe des Menschen oder mit ihm unter einem Dach[5]. Man hat Knochen kleinerer Katzen zusammen mit menschlichen Knochen in Mesopotamien, Südost-Anatolien und Jordanien gefunden. In einem Grab auf Zypern haben Forscher neben einem menschlichen Skelett die

---

[1] Deutsches Wörterbuch von Jacob Grimm und Wilhelm Grimm, Bd.11 Sp.283.
[2] Deutsches Wörterbuch von Jacob Grimm und Wilhelm Grimm, Bd.11 Sp.281.
[3] Köthe/Zieger, Katzen, S. 7.
[4] Deutsches Wörterbuch von Jacob Grimm und Wilhelm Grimm, Bd.11 Sp.282.
[5] Ludwig, Praxishandbuch Katzen, S. 13.

Knochen einer nubischen Falbkatze, der Ahnherrin unserer Hauskatze, gefunden[6]. Die Fundstätte befindet sich in Shilourokambos, einem Dorf, das zwischen 8300 und 7000 v. Chr. bewohnt war[7]. Die Katze wurde offensichtlich mit ihrem Besitzer beerdigt[8]. Die Leichen waren in einem Abstand von etwa 40 cm symmetrisch angeordnet[9]. Die Lage der Knochen läßt vermuten, daß Mensch und Tier zu Lebzeiten eine enge Beziehung hatten[10]. In Jericho, Israel, wurde ein Katzenzahn aus der Zeit um 9000 v. Chr. gefunden, und auf Zypern wurden Katzenreste aus der Zeit um 5000 v. Chr. entdeckt[11]. Von einem wirklichen Haustier Katze konnte man zu dieser Zeit jedoch noch nicht sprechen, es handelte sich eher um gezähmte Wildkatzen[12].

Am besten ist die Geschichte der Katze im alten **Ägypten** belegt[13]. Die ersten festen menschlichen Siedlungen in Ägypten entstanden um 4000 v. Chr. in dem fruchtbaren Schwemmland entlang des Nils[14]. Mit ihren Getreidespeichern und Silos boten sie den Katzen Nagetiere, eßbare Abfälle, Unterschlupf und Schutz vor größeren Raubtieren[15]. Wie es aussieht, hat die Katze die Nähe des Menschen freiwillig gesucht, sich ihm aber nicht untergeordnet[16]. Die Fähigkeit der Katze, in menschlichen Ansiedlungen zu leben und sich fortzupflanzen, gab der Katze einen einzigartigen Überlebensvorteil[17]. Katzen waren geschätzte Schädlingsbekämpfer[18]. Ratten und Mäuse waren eine Plage, giftige Schlangen jedoch eine tödliche Gefahr[19].

---

[6] Ludwig, Praxishandbuch Katzen, S. 133.
[7] Skupin, Endlich eine Katze, S. 21.
[8] Skupin, Endlich eine Katze, S. 20.
[9] Skupin, Endlich eine Katze, S. 21.
[10] Ludwig, Praxishandbuch Katzen, S. 123.
[11] Fogle, Meine Katze, S. 22.
[12] Skupin, Endlich eine Katze, 21.
[13] Fogle, Meine Katze, S. 22.
[14] Fogle, Meine Katze, S. 22.
[15] Fogle, Meine Katze, S. 22.
[16] Ludwig, Praxishandbuch Katzen, S. 262.
[17] Fogle, Meine Katze, S. 22.
[18] Fogle, Meine Katze, S. 23.
[19] Fogle, Meine Katze, S. 23.

Bereits ab dem dritten Jahrtausend v. Chr. finden sich in Bildern und Zeichnungen Beweise für ein friedliches Zusammenleben von Mensch und Tier. Der erste Hinweis auf eine Domestizierung der wilden Art ist die Darstellung einer Katze mit Halsband in einem Grabmal der fünften Dynastie (etwa 2600 v. Chr.). Seit dem mittleren Reich dienten domestizierte Katzen ihren Besitzern nachweislich auch zur Jagd auf Wasservögel im Papyrusdickicht[20]. Um 2000 v. Chr. war die Integration der domestizierten Katze in die ägyptische Gesellschaft offensichtlich vollzogen[21].

In **China** wird die Katze um 600 v. Chr. im Buch der Oden als "Miao", die Hauskatze, und "Li", die Wilde, der Tiger, erwähnt[22]. "Miao" bedeutet: alt, ehrwürdig, achtungsgebietend, "li": wohlschmeckend[23]. 300 v. Chr. steht in den rituellen Schriften Li-Chi: "Man verehrt (mit Opfergaben) die Katze, da sie die Mäuse des Hauses und Feldes verzehrt[24]. Man verehrt den Tiger, da er die wilden Schweine des Feldes frißt." Im sechsten Jahrhundert n. Chr. brach unter der Sui-Dynastie in China ein Katzenkult aus; viele Familien hielten Katzen als gute Dämonen im Haus[25]. Im achten und neunten Jahrhundert n. Chr. begann man, das Verhalten der Katze zu beobachten, die senkrecht stehende Pupille, die ständig kalte Nase, die nur am Tag der Sommersonnenwende, dem 21. Juni, warm sein sollte[26]. Aus diesen Beobachtungen resultiert das Sprichwort "Wenn sich die Katze ihr Gesicht bis über beide Ohren wäscht, kommen Gäste"[27].

---

[20] Störk, Lexikon der Ägyptologie III, Stichwort *Katze*, S. 367–368.
[21] Fogle, Meine Katze, S. 23.
[22] Schmidt, Verhaltenstherapie der Katze, S. 1.
[23] Schmidt, Verhaltenstherapie der Katze, S. 1.
[24] Schmidt, Verhaltenstherapie der Katze, S. 1.
[25] Schmidt, Verhaltenstherapie der Katze, S. 1.
[26] Schmidt, Verhaltenstherapie der Katze, S. 1.
[27] Schmidt, Verhaltenstherapie der Katze, S. 1.

"Li" wird gern, wie auch der Hund, als Delikatesse verspeist. 1098 n. Chr. verschenkte der Dichter Su Che eine "Li" zusammen mit einem langen Gedicht, das einige Rezepte für die schmackhafte Zubereitung der Katze enthielt[28]. Im zehnten Jahrhundert n. Chr. taucht die Katze erstmalig auch in der chinesischen Malerei auf.

Nach alter chinesischer Legende ist die Katze bei den Buddhisten nicht sehr beliebt, da sie als einziges Tier bei Buddhas Tod nicht geweint hat. Nach Ansicht von Buddhaforschern bewies die Katze damit jedoch, daß nur sie Buddha wirklich verstanden hatte[29]. Buddha hatte einmal zu seinem Jünger Ananda gesagt, daß nur der seine Lehre begriffen habe, der bei seinem Tode keine Tränen vergießt[30].

Zwischen 600 und 900 n. Chr. gelangte die Katze als Begleiterin heiliger buddhistischer Schriften von China nach **Japan**. Sie sollte die Schriften von Mäuse- und Insektenfraß schützen[31]. Im zehnten Jahrhundert n. Chr. erscheint die Katze erstmalig in der japanischen Literatur. Später, um 1300 n. Chr., taucht sie als Schmetterlingsfänger in japanischen Holzschnitzereien aus[32].

Mit den Römern reiste die menschenfreundliche Falbkatze auf Schiffen von Ägypten nach **Italien**[33]. In Rom war sie als Mäusefänger sehr willkommen und ersetzte mit der Zeit die als Nagerjäger abgerichteten, etwas befremdlich riechenden Frettchen[34]. In Nordeuropa waren Katzen damals noch selten und kostbar. Das änderte sich erst im zehnten Jahrhundert, als Römer und Griechen auf ihren Schiffen Katzen zur Sicherung des Proviants mitbrachten. Die Katze ersetzte mit der Zeit als Mäuse- und Rattenfänger die bisher in den Bauernhäusern lebenden Wiesel. Mit Heeren und Handelszügen gelangten die Katzen schließlich nach Mittel- und Nordeuropa, später nach Amerika und in die ganze Welt[35].

---

[28] Schmidt, Verhaltenstherapie der Katze, S. 1.
[29] Schmidt, Verhaltenstherapie der Katze, S. 2.
[30] Schmidt, Verhaltenstherapie der Katze, S. 2.
[31] Schmidt, Verhaltenstherapie der Katze, S. 1.
[32] Schmidt, Verhaltenstherapie der Katze, S. 2.
[33] Lauer, Meine Katze, S. 8.
[34] Lauer, Meine Katze, S. 8.
[35] Lauer, Meine Katze, S. 8.

Erst im frühen **Mittelalter** wurde die Katze im Abendland zum Haustier.
Man strîchet eine katzen schôn, umb daz si miuse jaget.[36]

Um die Mitte des 13. Jahrhunderts betrachtete man die Katze immer noch als Quelle der Lustbarkeiten und sogar des Gewinns[37]. In seinen *sermones vulgares* berichtete Jacques de Vitry von den bei den Pariser Studenten beliebten Katzenspielen. Vor die Pfoten der Katze wurde ein Würfel gelegt. Wenn es ihr gelang, mehr Punkte als ein Student zu verbuchen, wurde sie gefüttert und freigelassen. Wenn aber ihre Punkte niedriger waren als die des Studenten, wurde sie getötet und ihr Fell verkauft[38]. Im „Evangelium der Spinnrocken" steht die Katze unter Schutz, weil sie zum Erfolg jeglicher Liebesvorhaben beiträgt. Eine Frau, die den Ehebruch ihres Gatten verhindern will, kann die Katze für einen ziemlich ungewöhnlichen Liebeszauber verwenden[39]. Will umgekehrt ein Mädchen einen aufdringlichen Liebhaber loswerden will, so muß sie nachts eine miauende Katze vor seine Tür legen. Trotz allem blieb die Katze in dieser Zeit eine zweifelhafte Kreatur. Deshalb bedeutete ihre Tötung die Abwendung einer realen Gefahr. „Qui tue son chat, il tue son mal"[40].

Zwischen dem 16. und dem 18. Jahrhundert wären die Katzen beinahe wieder völlig aus Europa verschwunden, als der Aberglaube von den bösen Kräften der Katze auftauchte. Millionen von ihnen wurden als Lieblinge vermeintlicher Hexen auf den Scheiterhaufen verbrannt[41]. Anfangs wurde dieser Wahn von kirchlichen Autoritäten bekämpft. Im 16. und 17. Jahrhundert n. Chr. kulminierten allerdings die bösen Vorstellungen, vom Klerus angeheizt, zu **Hexenkult**, Marter und Verfolgung von Mensch und Tier[42]. Als Lokalisation des Bösen wurden damals bei der Katze die Augen, der Buckel und der Schwanz angesehen[43]. In den Hexenprozessen wurden nur Katzen, die den Buchstaben "M" auf der Stirn tragen (Tabbykat-

---

[36] Zingerle, Die deutschen Sprichwörter im Mittelalter, Wien 1864, S. 79.
[37] Boiadjiev/Müller, Die Nacht im Mittelalter, S. 120.
[38] Boiadjiev/Müller, Die Nacht im Mittelalter, S. 120.
[39] Boiadjiev/Müller, Die Nacht im Mittelalter, S. 120.
[40] Boiadjiev/Müller, Die Nacht im Mittelalter, S. 121.
[41] Lauer, Meine Katze, S. 8.
[42] Schmidt, Verhaltenstherapie der Katze, S. 2.
[43] Schmidt, Verhaltenstherapie der Katze, S. 2.

zen), verschont; man glaubte, diese Katzen stammten direkt von der "Mutter-Gottes-Katze" ab[44]. Die Massenvernichtung der Katzen hatte zur Folge, daß sich Ratten massenhaft verbreiteten und die Pest in Europa einzog[45]. Den Nagetieren haben die Katzen schließlich ihr Comeback zu verdanken; man brauchte sie als Rattenfänger[46].

Seit der Mitte des 19. Jahrhunderts werden Katzen speziell nach Rassen gezüchtet. Heute ist die Katze in Nordamerika und Europa das beliebteste Haustier. Mit mehr als 175 Millionen übertrifft sie noch die Beliebtheit der Hunde[47]. In Deutschland leben 23,3 Millionen Heimtiere in über einem Drittel der Haushalte, wobei Terrarien und Aquarien als eine Einheit gezählt werden. 1974 wurden in der BRD ca. 3 Millionen Hunde und 3,8 Millionen Katzen gehalten, davon ein beträchtlicher Teil überwiegend oder ausschließlich in Wohnungen[48]. Heute leben in deutschen Haushalten schätzungsweise 8,2 Millionen Katzen, 5,4 Millionen Hunde 5,6 Millionen Kleintiere, 3,4 Millionen Ziervögel und 4,5 Millionen Tiere in Aquarien, Zierteichen und Terrarien[49]. Rund 3,5 Milliarden Euro gaben die Bundesbürger 2009 für die Ernährung und Pflege ihrer Heimtiere aus. Bei den Ausgaben für die Haltung und Pflege von Heimtieren liegt Deutschland im europaweiten Vergleich auf dem dritten Rang hinter Großbritannien (4,1 Milliarden Euro) und Frankreich (3,7 Milliarden Euro). Von den 3,5 Milliarden Euro entfielen 2,6 Milliarden Euro auf Futtermittel und 906 Millionen Euro auf Heimtierzubehör[50].

Gegenüber den früheren Rollen als Hexe, Götterliebling und Mäusedienstlerin hat die Katze sich mit der Zeit zur Geliebten, Freundin, Partnerin, Kind- oder sogar Hundeersatz gewandelt[51]. Der Wandel vollzieht sich in allen Ländern, die

---

[44] Skupin, Endlich eine Katze, S. 23.
[45] Lauer, Meine Katze, S. 8.
[46] Lauer, Meine Katze, S. 8.
[47] Fogle, Meine Katze, S. 19.
[48] Brunner, Die unverstandene Katze, S. 8.
[49] Der deutsche Heimtiermarkt 2009, Struktur- und Umsatzzahlen, IVH Industrieverband Heimtierbedarf (IVH) e.V. .
[50] Der deutsche Heimtiermarkt 2009, Struktur- und Umsatzzahlen, IVH Industrieverband Heimtierbedarf (IVH) e.V. .
[51] Lauer, Populäre Irrtümer über Katzen, S. 11.

reich genug sind, neben ihren Kindern auch noch Katzen durchzufüttern[52]. Die Wohnungskatze heute lebt nach der Devise „I'm a lover not a fighter"[53].

Im Haus lebende Katzen können bei guter Pflege durch den Menschen ein Alter von 12 bis 15 Jahren erreichen, in Einzelfällen von mehr als 20 bis zu 25 Jahren.

---

[52] Lauer, Populäre Irrtümer über Katzen, S. 10.
[53] Lauer, Populäre Irrtümer über Katzen, S. 9.

2. Die Katze in der Mythologie

Katzen als Gattung haben die Hochnäsigkeit nie ganz abgelegt, die vom alten Ägypten herrührt, wo sie als Götter verehrt wurden.
P.G. Wodehouse

Bei den Ägyptern standen die Katzen unter besonderem Schutz. Sie - versehentlich oder mutwillig - zu töten, galt als todeswürdiges Verbrechen. Der Perserkönig Kambyses soll sich diese Wertschätzung der Ägypter bei einem Feldzug gegen den Pharao Psammetich III zunutze gemacht haben. Er ließ Katzen einfangen und vor die Schilde der Soldaten binden. Mit dieser Kriegslist hatte er Erfolg. Die Ägypter ergaben sich lieber, als die Katzen zu verletzen[54].

Auch bei den ägyptischen Göttern spielten Katzen eine große Rolle. So nahm der Sonnengott Ra nach Vorstellung der Ägypter nachts die Gestalt eines Katers an, um mit Agep, der Schlange der Finsternis, zu kämpfen[55], damit die Sonne immer wieder aufgehen kann. Ra als Kater steht psychologisch für die Fähigkeit, die Dunkelheit und das Ungeziefer, die Mäuse und Schlangen, im Unbewußten zu bekämpfen[56].

Seine Tochter ist die in der ägyptischen Mythologie als Katzengöttin dargestellte Bastet, die Göttin der Fruchtbarkeit, der Freude, des Tanzes, der Musik und der Feste[57]. Die Heimat der Göttin war Bubastis östlich des Nildeltas[58]. Der griechische Geschichtsschreiber Herodot, der die Stadt um 450 v. Chr. besuchte, berichtete von dem prächtigen, etwa 300 m langen Tempel, den man der Bastet dort errichtet hatte[59]. Hier wohnten Tausende von Katzen unter der Obhut besonderer, hoch angesehener Katzenpriester. In der Halle des reich geschmückten, von 30 m breiten Wassergräben umgebenen Bauwerks, ragte eine meterhohe Statue der Göt-

---

[54] Köthe/Zieger, Katzen, S. 9.
[55] Köthe/Zieger, Katzen, S. 8.
[56] Abt/Bosch/MacKrell, Traum und Schwangerschaft, S. 242.
[57] Erman, Die Religion der Ägypter, S. 34.
[58] Köthe/Zieger, Katzen, S. 9.
[59] Köthe/Zieger, Katzen, S. 9.

tin empor. In jedem Frühjahr pilgerten Hunderttausende nach Bubastis, um in einem prunkvollen Fest mit Tanz und Gesang, guten Speisen und Opfergaben die Göttin zu feiern[60]. Die Bedeutung der Bastet im Rahmen des allgegenwärtigen Tierkultes der Spätzeit läßt sich anhand der zahlreichen Katzenfriedhöfe in den Nekropolen von Bubastis, Sakkara, Tanis, Beni Hassan und Theben belegen. Dort hat man unzählige Amulette, Bronzen und Votivfiguren in Katzengestalt oder Katzen-Mensch-Gestalt gefunden, deren Beischriften sich an Bastet wenden[61].

Der ägyptische Name „Mau" bedeutet „Katze" und „sehen" [62]. Die Katze gilt in vielen mythologischen Zusammenhängen als Seherin[63]. Bastet war daher zugleich die Göttin der Wahrheit[64].

Auch in anderen Kulturen spielt die Katze in der Mythologie eine wichtige Rolle. So wird z. B. Shosti, die Hindu-Göttin der Geburt, auf einer Katze reitend dargestellt.

In der germanischen Mythologie begegnen uns die Katzen als Begleiter von Freya[65]. Freya gehört zu den Vanen, einem der beiden Göttergeschlechter der nordischen Mythologie[66]. Sie gilt als die Göttin der Fruchtbarkeit und des Frühlings, des Glücks und der Liebe, als Lehrerin des Zaubers und besitzt einen von Waldkatzen gezogenen Wagen[67].

Im Volksglauben in Osttimor gelten Katzen als heilig. Wer eine Katze tötet, ist bis in die siebente Generation seiner Nachkommen verflucht. Bei Beerdigungen werden Katzen vom Leichnam ferngehalten, weil nach dem Aberglauben der Tote, beherrscht von bösen Geistern, wieder zum Leben erwacht, wenn eine Katze über ihn springt.

---

[60] Köthe/Zieger, Katzen, S. 9.
[61] Page-Gasser, Götter bewohnen Ägypten, S. 22.; Herrmann, Ägyptische Amulette aus Palästina/Israel, S. 525.
[62] Abt/Bosch/MacKrell, Traum und Schwangerschaft, S. 242.
[63] Abt/Bosch/MacKrell, Traum und Schwangerschaft, S. 242.
[64] Abt/Bosch/MacKrell, Traum und Schwangerschaft, S. 242.
[65] Simek, Lexikon der germanischen Mythologie, S. 109.
[66] Simek, Lexikon der germanischen Mythologie, S. 109.
[67] Simek, Lexikon der germanischen Mythologie, S. 109.

3. Der Platz der Katze in der Rechtsordnung heute

*Die Katzen halten keinen für eloquent,
der nicht miauen kann.*
Marie Freifrau von Ebner-Eschenbach

a) Die Katze als „Sache sui generis"

Tierhalter, die ihren Schützlingen emotional sehr zugetan sind, haben sich immer sehr darüber erregt, daß Tiere nach dem Gesetz als Sachen galten. 1990 hat der Gesetzgeber einen neuen § 90 a „Tiere" in das BGB eingefügt. Danach sind Tiere ausdrücklich keine Sachen mehr. Sie werden durch besondere Gesetze geschützt. Auf sie sind aber die für Sachen geltenden Vorschriften entsprechend anzuwenden, soweit nicht etwas anderes bestimmt ist.

§ 90 a BGB beruht auf dem Gedanken, daß das Tier als Mitgeschöpf nicht der leblosen **Sache** gleichgestellt werden darf[68]. Bei genauer Betrachtung erweist sich die Gesetzesänderung jedoch als Etikettenschwindel, als „gefühlte Deklamation ohne wirklichen Inhalt"[69]. Da die für Sachen geltenden Vorschriften entsprechend anzuwenden sind, bleibt im Ergebnis alles beim Alten. Künftig werden Tiere nicht mehr „als Sachen, sondern wie Sachen" behandelt[70]. An Tieren besteht wie an Sachen Eigentum (§ 903 BGB, §§ 961 ff BGB). Der Diebstahl (§ 242 StGB) und die Beschädigung von Tieren (§ 303 StGB) sind weiterhin strafbar. Tiere können nach § 74 StGB eingezogen werden. Da es keine Sondervorschriften gibt, ist beim Viehkauf zwischen neuen und gebrauchten Tieren zu unterscheiden. Und im Rahmen der Gewährleistung wird die für Lebewesen ungewöhnliche Frage geprüft, wie das verkaufte Tier üblicherweise beschaffen ist.

Seit 2002 ist der Tierschutz als **Staatsziel** mit Verfassungsrang im Grundgesetz verankert. Artikel 20 a GG wurde um die Worte "und die Tiere" erweitert (sog. "Drei-Wort-Lösung"). Er hat jetzt folgenden Wortlaut:

---

[68] Palandt/Ellenberger, BGB, § 90 a Rn. 1.
[69] Palandt/Ellenberger, BGB, § 90 a Rn. 1.
[70] MünchKomm/Holch, BGB, § 90 a Rn.11.

Der Staat schützt auch in Verantwortung für die künftigen Generationen die natürlichen Lebensgrundlagen und die Tiere im Rahmen der verfassungsmäßigen Ordnung durch die Gesetzgebung und nach Maßgabe von Gesetz und Recht durch die vollziehende Gewalt und die Rechtsprechung.

Der Tierschutz hatte vor Aufnahme des Staatsziels in das Grundgesetz nach ganz überwiegender Auffassung keinen Verfassungsrang. Das führte zu Spannungsverhältnissen zwischen dem Tierschutz und verschiedenen Grundrechten, die ihre Grenzen nur in kollidierenden Grundrechten Dritter oder der Gewährleistung verfassungsrechtlich besonders geschützter Gemeinschaftsgüter finden. Das Staatsziel Tierschutz enthält eine verfassungsrechtliche Wertentscheidung, die von Gesetzgebung, Verwaltung und Gerichten bei der Auslegung und Anwendung des geltenden Rechts zu beachten ist. Der einzelne Bürger kann aus einer Staatszielbestimmung jedoch keine individuellen Ansprüche herleiten. Das Staatsziel verleiht auch kein Vorrecht gegenüber den Grundrechten. Es verpflichtet vielmehr die drei Gewalten Gesetzgebung, Verwaltung und Gerichte, einen Ausgleich mit anderen Verfassungsgütern herzustellen. Bei der Abwägung widerstreitender Interessen ist nun der Tierschutz gegenüber anderen Verfassungsgütern gleichberechtigt.

b) Die Katze und ihre Papiere

Unter allen Geschöpfen dieser Erde gibt es nur eines, das sich keiner Versklavung unterwerfen läßt. Dieses ist die Katze.
Mark Twain

Seit dem 03.07.2004 ist bei Reisen in Länder der EU für Katzen der **EU-Heimtierausweis** vorgeschrieben. Katzen, die zu anderen als zu Handelszwecken, also im privaten Reiseverkehr, in andere EU-Mitgliedstaaten eingeführt werden, müssen mit einem Mikrochip gekennzeichnet sein, einen EU-Heimtierausweis mit sich führen und eine gültige Impfung gegen Tollwut haben[71]. „Privater Reiseverkehr" bedeutet, daß pro Person höchstens fünf dieser Kleintiere mitgeführt werden können. Die Tiere dürfen nicht zum Verkauf bestimmt sein.

Der EU-Heimtierausweis muß dem Tier eindeutig zugeordnet werden können, d. h. das Tier muß mittels Tätowierung oder Mikrochip identifizierbar und die Kennzeichnungs-Nummer in den Paß eingetragen sein. Neben Angaben zum Tier und seinem Besitzer muß der Paß außerdem den tierärztlichen Nachweis enthalten, daß das Tier über einen gültigen Impfschutz gegen Tollwut verfügt. Die Ausweise können ausschließlich von Tierärztinnen und Tierärzten ausgestellt werden.

Für nicht gekennzeichnete Tiere kann der EU-Heimtierausweis nicht ausgestellt werden. Für Tiere, die nicht auf Reisen ins Ausland mitgenommen werden, reicht weiterhin der gelbe „**Internationale Impfpaß**" aus. Die Kennzeichnung mit einer – gut lesbaren – Tätowierung wird nur noch übergangsweise bis zum 02.07.2011 anerkannt.

Nach Art. 14 der Verordnung (EG) Nr. 998/2003 des Europäischen Parlaments und des Rates vom 26.05.2003 über die Veterinärbedingungen für die Verbringung von Heimtieren zu anderen als Handelszwecken und zur Änderung der Richtlinie 92/65/EWG des Rates (ABl. L 146 S. 1) beschließt die zuständige Behörde im Benehmen mit dem Amtstierarzt, entweder das Tier in das Herkunftsland zurückzusenden, es für die zur Erfüllung der Gesundheitsanforderungen erforderliche Zeit auf Kosten des Eigentümers oder der verantwortlichen natürlichen Person unter amtlicher Kontrolle zu isolieren oder als äußerstes Mittel - sofern eine Rücksendung oder Isolierung durch Quarantäne nicht möglich ist - das Tier zu töten, ohne daß dafür ein finanzieller Ausgleich gewährt wird, wenn sich bei den Kontrollen herausstellt, daß das Tier die Bedingungen dieser Verordnung nicht erfüllt. Dabei muß der Eigentümer oder die für das Heimtier verantwortliche natürliche Person bei jeder Verbringung eines Heimtieres in der Lage sein, den zuständigen Kontrollbehörden einen Ausweis oder die Bescheinigung gemäß Art.

---

[71] Verordnung (EG) Nr. 998/2003 des Europäischen Parlaments und des Rates vom 26.05.2003 über die Veterinärbedingungen für die Verbringung von Heimtieren zu anderen als Handelszwecken (Heimtierverordnung).

8 Abs. 2 vorzulegen, aus dem/der hervorgeht, daß das Tier die Bedingungen für die betreffende Verbringung erfüllt. Nur wenn die Impfung eines Tieres erfolgt, dessen Identität durch einen **Transponder** oder eine Tätowierung eindeutig feststeht, läßt die Impfbescheinigung den zwingenden Schluß zu, daß das konkrete gechipte Tier über den notwendigen Impfschutz verfügt[72]. Es handelt sich bei der Kennzeichnung und dem auf dieses Tier bezogenen Impfnachweis um formale Anforderungen, die im Interesse einer eindeutigen Zuordnung bei der Verbringung von Tieren ohne weiteren Ermittlungsaufwand kein Abweichen von den normierten Voraussetzungen und keine Ausnahmen zulassen[73].

Für die Einreise in die EU - auch per Flugpate - muß das Tier bereits *vor* der Tollwutimpfung eindeutig identifizierbar sein[74]. Ein Tier, das erst nach der Impfung durch die Implantation eines Transponders (Chip) eindeutig identifizierbar wurde, erfüllt die Verbringungsvorschriften nicht[75].

---

[72] VG Hannover vom 14.09.2009 - Az. 11 B 3622/09.
[73] VG Hannover vom 14.09.2009 – Az. 11 B 3622/09; vgl. VG Hannover vom 31.07.2009 – Az. 11 B 2919/09.
[74] VG Hannover vom 14.09.2009 - Az. 11 B 3622/09.
[75] VG Hannover vom 14.09.2009 - Az. 11 B 3622/09.

4. Die Beziehung Katze – Mensch

> *Die Katzen sind die einzigen vierbeinigen Lebewesen, die dem Menschen klargemacht haben, er müsse sie versorgen, sie bräuchten aber nichts dafür zu tun.*
>
> Kurt Tucholsky

a) Eigentum an der Katze

Wie kommt der Mensch zu seiner Katze? Die Katze kann ihm zulaufen. Vielleicht wird sie ihm geschenkt. Er kann sie kaufen oder erben.

aa) Kauf, Schenkung, Erbschaft

Wer eine Katze kauft, wird nicht schon mit Abschluß des **Kaufvertrages** Eigentümer. Das Eigentum geht vielmehr erst dann vom Verkäufer auf den Käufer über, wenn der Verkäufer dem Käufer die Katze übergibt und beide sich darüber einig sind, daß der Käufer Eigentümer wird (§ 929 S. 1 BGB). Die Juristen nennen das nach dem Abstraktionsprinzip einen „formfreien abstrakten dinglichen Vertrag, der sich nur auf die Eigentumsübertragung zu beziehen braucht"[76]. Der normal Denkende und verständlich Redende holt einfach die Katze ab. Glücklicherweise genügt für den Eigentumsübergang auch schlüssiges Verhalten[77]. Ein förmliches Ritual (*Wollen Sie diese Katze zu Eigentum, sie lieben und ernähren, in guten und in anstrengenden Tagen, dann antworten Sie mit"Ja!"*) ist nicht erforderlich.

Der normal Denkende und verständlich Redende gebraucht die Begriffe „Eigentum" und „Besitz" oftmals so, als hätten sie die gleiche Bedeutung. Das ist aber nicht der Fall. Der Besitz ist nur die rein *tatsächliche* Beziehung zu einer Sache (Sachherrschaft). Das **Eigentum** hingegen ist die umfassende *rechtliche* Herrschaft über eine Sache. Der Eigentümer darf, anders als der Besitzer, nach § 903 BGB mit

---

[76] s. Palandt/Bassenge, BGB, § 929 Rn. 2.
[77] s. Palandt/Bassenge, BGB, § 929 Rn. 3.

der Sache nach Belieben verfahren und andere von jeder Einwirkung ausschließen (Das Ding gehört mir!).

> Katzenbabys sind Erzeugnisse, d. h. organische Produkte ihrer Mutter. Sobald sie abgenabelt werden, erwirbt der Eigentümer der Mutterkatze automatisch Eigentum an den Kitten (§§ 953 ff. BGB).

Beim Kauf hat derjenige, der die Katze abgibt, Anspruch auf eine Gegenleistung, den Kaufpreis (§ 433 BGB). Möglich ist der Eigentumserwerb aber auch ohne Gegenleistung dessen, der die Katze erwirbt. Das ist z. B. bei der **Schenkung** der Fall. Die Schenkung ist eine Zuwendung, durch die jemand aus seinem Vermögen einen anderen bereichert, wenn beide Teile darüber einig sind, daß die Zuwendung unentgeltlich erfolgt (§ 516 BGB). Die Schenkung ist ein Vertrag, der grundsätzlich notariell beurkundet werden muß (§ 518 Abs. 1 BGB). Der Mangel der Form wird jedoch durch die Bewirkung der versprochenen Leistung geheilt (§ 518 Abs. 2 BGB). Man spricht dann von der sog. „Handschenkung". In der Praxis dürfte die Handschenkung der Regelfall sein, wenn Katzenhalter und der Erwerber sich einig sind, daß der Erwerber unentgeltlich die Katze übernimmt und sie fortan auf seine Kosten füttert, pflegt, beaufsichtigt und für sie haftet.

Für die Frage, wer Eigentümer der Katze ist, kommt es aber nicht nur darauf an, wer das Futter und die Rechnung des Tierarztes bezahlt. Interessant ist in diesem Zusammenhang ein Streit zwischen Mutter und Tochter, über den das AG München[78] zu entscheiden hatte. Eine volljährig gewordene Tochter zog zu Hause aus und nahm „ihren Hund", einen Hovawart-Rüden, mit. Die Mutter verlangte von der Tochter Rückgabe des Hundes. Sie sah den Hund als ihr Eigentum an, weil sie Versicherung, Hundesteuer, Tierarzt- und Futterkosten bezahlt hatte. Das Gericht mußte die Vergangenheit des Hundes aufrollen, um zu klären, wer Eigentümer des Hundes war. Es stellte sich heraus, daß die Mutter, das „erste Frauchen", den Hund der Tochter geschenkt hatte, weil diese sich in den Hund verliebt hatte und die Mutter selbst den Hund nicht mehr halten konnte. Das Gericht wies

---

[78] AG München - Az. 141 C 13845/99.

die Klage der Mutter ab und sprach der Tochter den Hund zu. Zur Begründung führte das Gericht aus, für die Eigentumsfrage komme es nicht darauf an, wer das Futter zahlt. Das Angebot, den Hund zu schenken, sei an die Tochter gerichtet gewesen, nicht an die Mutter. Nur die Tochter habe das Angebot annehmen können, und sie habe es auch angenommen, spätestens zum Zeitpunkt ihrer Volljährigkeit. Jetzt gehöre der Hund der volljährigen Tochter, und sie dürfe ihn behalten.

Die dritte Möglichkeit, Eigentümer einer Katze zu werden, ist die Erbfolge, von normal Denkenden und verständlich Redenden auch „**Erbschaft**" genannt. Mit dem Tod eines Katzenhalters geht das Eigentum an seiner Katze auf den oder die Erben über (§ 1922 BGB), und zwar unabhängig davon, ob die Erben schon Kenntnis von dem Todesfall (Erbfall) haben oder nicht. Es gibt gesetzliche Erben wie die Kinder und den Ehegatten des Erblassers (§§ 1924 ff. BGB) und sog. gewillkürte, durch Testament eingesetzte Erben (§ 1937 BGB).

bb) Die Katze im Sack oder Die Fundkatze

Man sagt, Katzen suchten sich die Menschen aus, die sie für sich sorgen lassen wollen. Es kommt immer wieder vor, daß eine fremde Katze frierend und hungrig vor der Tür steht und jammert oder zielstrebig das Haus betritt und in der Küche selbstbewußt und fordernd vor dem Kühlschrank steht und brüllt. Und es kommt auch vor, daß diese Katze, wenn sie dann satt ist, es sich in dem nur für den Hausherrn bestimmten Fernsehsessel bequem macht, der sogar für den geliebten Hund tabu ist, und das Haus/die Wohnung nur noch verläßt, um nachzusehen, was im Viertel los ist, wer wann wo war, oder um den neuen Dosies eine selbst gefangene Maus zu bringen. Hier ist die Frage interessant, wer Eigentümer der zugelaufenen oder gefundenen Katze ist und was überhaupt eine **Fundkatze** ist.

Wer eine herrenlose bewegliche Sache in Eigenbesitz nimmt, erwirbt das Eigentum an der Sache (§ 958 Abs. 1 BGB). Landläufig wird die Besitznahme von herrenlosen Tieren als „finden" bezeichnet und es wird von „gefundenen" Tieren gesprochen. Fundsachen sind jedoch nur *verlorene* Sachen, und Finder ist, wer eine *verlorene* Sache in Besitz nimmt[79]. Wildlebende Katzen, die nicht im rechtmäßigen Besitz anderer waren und deren Besitz nicht zufällig und vorübergehend abhanden gekommen sind, sind *herrenlose* Sachen[80]. Eine Sache ist herrenlos, wenn sie noch nie im Eigentum einer Person stand oder wenn der Eigentümer in der Absicht, auf das Eigentum zu verzichten, den Besitz aufgibt (§ 959 BGB). Herrenlose Sachen sind keine verlorenen Sachen[81]. Zahme Tiere werden durch Entlaufen nicht herrenlos[82].

Besitzaufgabe mit der Absicht, auf das Eigentum zu verzichten, macht eine Sache herrenlos[83]. Der Verzicht auf das Eigentum an einem Tier wäre jedoch eine nach § 3 TierSchG unzulässige Aussetzung. Danach ist es verboten, ein im Haus, Betrieb oder sonst in Obhut des Menschen gehaltenes Tier auszusetzen oder es zurückzulassen, um sich seiner zu entledigen oder sich der Halter- oder Betreuerpflicht zu entziehen. Tiere, die rechtswidrig ausgesetzt werden, sind daher nicht herrenlos[84]. Sie gehören weiter dem ursprünglichen Eigentümer. Der „Finder" kann sich also ein ausgesetztes Tier nicht aneignen. Er kann daran kein Eigentum erwerben.

Anders verhält es sich bei echten „wilden Tieren". Wild ist ein Tier, das sich seiner Art nach menschlicher Herrschaft entzieht; auf die Gefährlichkeit oder die Jagbarkeit kommt es nicht an[85]. Wilde Tiere sind herrenlos, solange sie sich in Freiheit befinden (§ 960 Abs. 1 BGB). Ein gezähmtes Tier wird herrenlos, wenn es die Gewohnheit ablegt, an einen bestimmten Ort zurückzukehren (§ 960 Abs. 3 BB). Das kann z. B. der Fall sein, wenn eine Freigängerkatze von einem Nachbarn des Halters angefüttert wird und ihre Ruhepausen nur noch im Haushalt oder Garten des Nachbarn verbringt.

Zugelaufene oder gefundene Tiere sind keine herrenlosen Tiere. Fundtiere gehören dem Eigentümer, dem sie entwischt sind oder der sie verloren hat. Eigen-

---

[79] OVG Münster NVwZ-RR 1996, 653 = NuR 1996, 631.
[80] OVG Münster NVwZ-RR 1996, 653 = NuR 1996, 631.
[81] OVG Münster NVwZ-RR 1996, 653 = NuR 1996, 631.
[82] Fischer, StGB, § 242 Rn. 6.
[83] Fischer, StGB, § 242 Rn. 7.
[84] John, Tierrecht, S. 51; a. A. Lorz/Metzger, TierSchG, 6. Aufl., § 3 Rn. 30.
[85] PWW/Prütting, BGB, § 960 Rn. 1.

tumslos sind verwilderte Hauskatzen, nicht aber die bloß streunende Katze[86]. Wer eine entlaufene, nicht wilde Katze findet und an sich nimmt, ist verpflichtet, den Eigentümer zu benachrichtigen (§ 965 Abs. 1 BGB). Kennt er den Eigentümer nicht oder ist ihm dessen Aufenthalt nicht bekannt, hat er den Fund der Ordnungsbehörde oder der Polizei zu melden (§ 965 Abs. 2 BGB). Eigentum an der Fundkatze erwirbt der Finder erst nach Ablauf von sechs Monaten, wenn er nicht vorher erfährt, wem die Katze gehört, oder wenn sich nicht der Eigentümer der entlaufenen Katze vorher bei der Ordnungsbehörde oder Polizei meldet (§ 973 BGB). Der Finder erwirbt das Eigentum an der Katze aber nicht, wenn er den Fund auf Nachfrage verheimlicht (§ 973 Abs. 2 S. 2 BGB).

Von der Frage des *Eigentums* ist zu unterscheiden, wer *Halter* der Katze ist. Halter kann auch jemand sein, der nicht Eigentümer der Katze ist. Wer z. B. eine zugelaufene Katze regelmäßig füttert und zeitweise beherbergt, gilt rechtlich als Halter des Tieres und haftet bei einem Unfall für durch das Tier verursachte Schäden[87]. Der Finder wird Tierhalter, wenn er beabsichtigt, die Fundkatze zu behalten, nicht aber, wenn er entschlossen ist, sie dem Eigentümer nach dessen Ermittlung zurückzugeben und sie bis dahin, wenn auch für längere Zeit, nur pflegt und verwahrt[88]. Allerdings kann sich derjenige, der ein zugelaufenes Tier über nahezu sechs Monate betreut, nicht mehr darauf berufen, er habe das Tier nicht behalten wollen und sei daher kein Tierhalter[89].

b) Der Katzenhalter

Tierhalter ist, wer die Bestimmungsmacht über das Tier hat, aus eigenem Interesse für die Kosten des Tieres aufkommt, den allgemeinen Wert und Nutzen des Tieres für sich in Anspruch nimmt und das Risiko seines Verlustes trägt[90]. Eigentum und Eigenbesitz am Tier sind nicht Voraussetzung, aber Indiz für die **Haltereigen-**

---

[86] Lorz MDR 1990, 1057, 1059.
[87] LG Paderborn NJW–RR 1996, 154.
[88] Borrmann/Greck ZMR 1993, 51, 53.
[89] OLG Nürnberg MDR 1978, 757; KG VersR 1981, 1035.
[90] BGH NJW-RR 1988, 655; MünchKomm/Wagner, BGB, § 833 Rn. 23.

schaft[91], ebenso die Sorge für Obdach und Unterhalt[92]. Der Halter braucht das Tier nicht gesehen zu haben[93]. Tierhalter können auch mehrere Personen sein[94].

Wer das Tier – auch für längere Zeit – einem Dritten überläßt, bleibt unter den genannten Voraussetzungen Tierhalter[95]. Das gilt auch dann, wenn der Dritte das Tier für eigene Zwecke nutzt, solange sich nicht der Schwerpunkt der Nutzung auf den Dritten verlagert[96]. Vorübergehender Verlust des Besitzes oder der Einwirkungsmöglichkeit, z. B. wenn das Tier entläuft[97], berührt die Haltereigenschaft nicht[98]. Anders verhält es sich bei dauernder Entziehung des Besitzes, z.B. durch Diebstahl[99].

Bei zugelaufenen Tieren ist Halter (nicht Eigentümer), wer die Sachherrschaft nicht nur vorübergehend übernimmt[100]. Halter ist hingegen nicht, wer das zugelaufene Tier dem Eigentümer zurückgeben will[101]. Darauf kann er sich jedoch nach Ablauf von sechs Monaten nicht mehr berufen[102].

Tierhalter ist z. B. der Tierschutzverein, der ein Tier aufnimmt[103]. Das erforderliche Eigeninteresse wird darin gesehen, daß das Tierheim seinen satzungsmäßigen Aufgaben nachkommt[104]. Tierhalter ist jedoch nicht der Tierarzt, dem das Tier zur Behandlung überlassen wird[105] oder der Gerichtsvollzieher, bei dem ein (ausnahmsweise) gepfändetes Tier untergebracht ist[106].

---

[91] Palandt/Sprau, BGB, § 833 Rn. 10.
[92] LG Hanau VersR 2003, 873 = NJW-RR 2003, 457.
[93] OLG Düsseldorf VersR 1983, 543.
[94] OLG Saarbrücken NJW-RR 1988, 1492; OLG Köln NJW-RR 1999, 1628.
[95] Palandt/Sprau, BGB, § 833 Rn. 10; OLG Saarbrücken NJW-RR 1988, 1492.
[96] BGH NJW-RR 1988, 655, 656.
[97] BGH NJW 1965, 2397.
[98] Palandt/Sprau, BGB, § 833 Rn. 10.
[99] Palandt/Sprau, BGB, § 833 Rn. 10.
[100] KG VersR 1981, 1035.
[101] Palandt/Sprau, BGB, § 833 Rn. 10.
[102] Palandt/Sprau, BGB, § 833 Rn. 10; OLG Nürnberg MDR 1978, 757.
[103] LG Hanau VersR 2003, 873 = NJW-RR 2003, 457.
[104] LG Hanuau NJW-RR 2003, 457.
[105] Palandt/Sprau, BGB, § 833 Rn. 10.
[106] OLG Hamm NJW-RR 1995, 409, 410.

Wer eine zugelaufene Katze regelmäßig füttert und teilweise beherbergt, der gilt als Tierhalter[107].

c) Der Katzenhüter

Verantwortlich für ein Tier ist nicht nur der Tierhalter im zivilrechtlichen Sinne, sondern auch derjenige, der ein Tier vorübergehend, z. B. in den Ferien, in Verwahrung oder Obhut nimmt[108] oder es sonst für kürzere oder längere Zeit behütet oder betreut[109]. **Tierhüter** (§ 834 BGB) ist, wer, ohne Tierhalter zu sein, die selbständige allgemeine Gewalt und Aufsicht durch Vertrag[110] übernommen hat[111]. Das kann durch Vertrag mit dem Tierhalter, aber auch mit einer anderen Person geschehen[112]. Auch die konkludente Übernahme der Aufsicht genügt[113]. Der Vertrag braucht nicht auf die Übernahme der Aufsichtspflicht gerichtet zu sein; er kann die Aufsichtspflicht wie beim Verwahrungs- und Behandlungsvertrag ebenso als Nebenpflicht enthalten.[114]

Auf die Wirksamkeit des Vertrages kommt es nicht an, sondern nur auf das berechtigte Vertrauen des Delegierenden, weil § 834 BGB eine besondere Ausprägung der Delegation von Verkehrspflichten darstellt[115]. Eine gesetzliche Aufsichtspflicht über den Tierhalter oder eine nur tatsächliche Beaufsichtigung, z. B. durch Familienangehörige, genügt nicht[116]. Gefälligkeitsverhältnisse fallen daher nicht unter § 834 BGB[117]. Tierhüter ist auch nicht der Gerichtsvollzieher, der ein Tier

---

[107] AG Hannover – Az. 532 C 19535/88.
[108] BGH VersR 1993, 1540, 1541; OLG Saarbrücken NJW-RR 1988, 1492; MünchKomm/Wagner, BGB, § 834 Rn. 3.
[109] OLG Düsseldorf NVwZ 1989, 94 = AgrarR 1989, 137.
[110] RGZ 168, 331, 333; OLG München VersR 1957, 31; OLG Hamm NJW-RR 1995, 409, 410; OLG Saarbrücken NJW-RR 1988, 1492, 1494; MünchKomm/Wagner, BGB, § 834 Rn. 5.
[111] Palandt/Sprau, BGB, § 834 Rn. 2.
[112] Palandt/Sprau, BGB, § 834 Rn. 2.
[113] BGH NJW 1987, 949, 950; OLG Hamm NJW-RR 1995, 599.
[114] MünchKomm/Wagner, BGB, § 834 Rn. 4.
[115] Staudinger/Eberl-Borges, BGB, § 834 Rn 12; a. A. RG JW 1905, 202, 203.
[116] RGZ 50, 244, 247; OLG Nürnberg NJW-RR 1991, 1500, 1501; Palandt/Sprau, BGB, § 845 Rn 3.
[117] RGZ 50, 244, 247; RG JW 1905, 202, 203; MünchKomm/Wagner, BGB, § 834 Rn. 5.

gepfändet hat[118]. Allerdings kommt eine Haftung aus § 823 Abs. 1 BGB aus Übernahme von Verkehrspflichten in Betracht, für die kein Vertrag erforderlich ist[119].

d) Die Katze und der Rosenkrieg

> *Ein Hund schaut zu dir hinauf, eine Katze auf dich herab. Nur das Schwein schaut dir direkt in die Augen und erkennt dich als ebenbürtig.*
> *Winston Churchill*

aa) Die Scheidungskatze

Wenn Ehegatten sich trennen, gibt es oft Streit darüber, wer die Katze behalten darf, ob dem anderen Ehegatten ein Umgangsrecht zusteht und ob er Unterhalt auch für die Katze zu zahlen hat. Katzen sind zwar nach dem Gesetz keine Sachen mehr, für sie gelten aber die Bestimmungen über Sachen entsprechend (§ 90 a BGB).

Gehört das Tier zweifelsfrei einem der Ehegatten allein, dann behält er ganz selbstverständlich das Tier auch nach der **Scheidung**.

Sind beide Ehegatten Eigentümer, wird es schwierig. Im Rahmen der Scheidung wird der Hausrat zwischen den Eheleuten aufgeteilt. Dazu gehören auch die gemeinsamen Tiere. Wenn die Eheleute sich nicht einigen können, entscheidet das Gericht, und zwar nach billigem Ermessen. Zutreffend weist das AG Walsrode[120] darauf hin, daß eine tatsächliche Teilung des Tieres aus tierschutzrechtlichen Gesichtspunkten nicht in Betracht kommt. Das Gericht hat daher bei der Interessenabwägung einerseits die Belange der Ehegatten zu berücksichtigen, andererseits aber auch den Tierschutz einzubeziehen. Der Tierschutz ist als Staatsziel in das Grundgesetz aufgenommen worden und daher, wenn Tiere vorhanden sind, auch

---

[118] OLG Hamm NJW-RR 1995, 409, 410.
[119] Staudinger/Eberl-Borges, BGB, § 834 Rn 18.
[120] AG Walsrode NJW-RR 2004, 365 f..

bei der **Aufteilung des Hausrates** im Rahmen einer Ehescheidung zu beachten. Das Gericht wird also zu prüfen haben, welcher Ehegatte in der ehelichen Wohnung bleibt und dem Tier einen Ortswechsel ersparen kann, wer, wenn beide Ehegatten ausziehen, dem Tier die größere Wohnung, einen Garten oder Balkon oder einfach die ruhigere Lage an einer wenig befahrenen Straße oder in einer verkehrsberuhigten Zone bieten kann, zu wem das Tier die nähere emotionale Bindung hat, wer berufsbedingt mehr Zeit hat, sich um das Tier zu kümmern, und wer das größere Geschick, die Geduld und das fachliche Wissen im Umgang mit dem Tier hat.

Ein gemeinsames **Sorgerecht** oder ein Recht zum persönlichen Umgang gibt es bei Tieren – anders als in Bezug auf Kinder – nicht[121], obwohl im Hinblick auf bestehende emotionale Bindungen zwischen Mensch und Tier möglicherweise ein zweiwöchiges Umgangsrecht auch im Interesse der Katze läge. Es ist immer wieder zu beobachten, daß Katzen verstört und apathisch sind, keinen Appetit mehr haben, nicht mehr spielen oder schmusen wollen und lange trauern, wenn ein gewohnter menschlicher Lebensgefährte plötzlich nicht mehr da ist. Die These „Katzen lieben das Haus mehr als den Halter" ist einer der populären Irrtümer über Katzen[122], der sich wie andere Klischees beharrlich hält. Nur eine Katze, die nicht das Glück hatte, als Jungtier ein wirklich liebevolles Zuhause gefunden zu haben, ist standorttreu, weil sie zum Bewohner des Hauses keine echte Beziehung aufbauen konnte und sich später daran gewöhnt hat, bei einem Umzug der Versorgungsmenschen zurückgelassen zu werden[123]. Haustiere zählen zwar im Scheidungsfall zum Hausrat, im Hinblick auf § 90 a BGB und Art. 20 a GG erscheint es jedoch unangemessen, über Scheidungstiere zu verfügen wie über „leb- und gefühllose Gegenstände", anstatt auf ihr Wesen und ihre Gefühle Rücksicht zu nehmen[124].

Gleichwohl lehnt die Rechtsprechung[125] ein **Umgangsrecht** für den Ehegatten ab, der auf das Tier zugunsten des Anderen verzichtet. Zur Begründung heißt es,

---

[121] OLG Schleswig NJW 1998, 3127; a. A. AG Bad Mergentheim NJW 1997, 3033.
[122] Lauer, Populäre Irrtümer über Katzen, S. 87 f..
[123] Lauer, Populäre Irrtümer über Katzen, S. 87 f..
[124] AG Bad Mergentheim NJW 1997, 3033.
[125] OLG Bamberg - Az. 7 U 103/03, a. A. AG Bad Mergentheim NJW 1997, 3033.

auf Tiere seien nach § 90 a BGB die Bestimmungen über Sachen entsprechend anzuwenden. Dazu gehört auch die Hausratsordnung. Die Hausratsordnung wiederum sehe ein Umgangsrecht nicht vor. Bei der Aufteilung des Hausrats finde nur eine Zuweisung des Eigentums statt. Die Eigentumszuweisung sei eine dauernde und keine vorübergehende Nutzungszuweisung. Die analoge Anwendung des Umgangsrechts mit eigenen Kindern auf Tiere überschreite indes die Grenzen zulässiger Auslegung durch den Richter und verbiete sich daher insgesamt. Das ist eine bemerkenswerte Ansicht, wenn man berücksichtigt, daß Tiere keine Sachen mehr sind und daher auch die Hausratsordnung nur analog anzuwenden ist. Interessant wäre es auch, zu prüfen, ob diese Rechtsprechung im Einklang mit dem im Grundgesetz verankerten Staatsziel Tierschutz steht.

Das OLG Zweibrücken[126] hat einer Ehefrau nach der Trennung von ihrem Mann Hundesunterhalt in Höhe von 100,00 EUR pro Monat zugesprochen. Die Eheleute hatten vereinbart, daß die Ehefrau den gemeinsam angeschafften Hund behält und versorgt und der Ehemann ihr zum Ausgleich für die damit verbundenden Kosten monatlich einen Unterhalt in Höhe von 100,00 EUR bis zum Tod des Hundes zahlt. Der Ehemann hatte die Vereinbarung gekündigt und die Zahlungen eingestellt. Das OLG Zweibrücken hielt die Kündigung für unwirksam. Einen wichtigen Grund, der den Ehemann zur Kündigung der Vereinbarung berechtigte, gebe es nicht. Ein wichtiger Grund läge nur dann vor, wenn dem kündigenden Teil unter Berücksichtigung aller Umstände des Einzelfalles und unter Abwägung der beiderseitigen Interessen die Fortsetzung des Vertragsverhältnisses bis zur vereinbarten Bedingung nicht zugemutet werden könne. Der Ehegatte habe jedoch nicht vorgetragen, aus welchem Grund die Fortsetzung des Vertragsverhältnisses für ihn nicht zumutbar sei.

Zuständig für diese Unterhaltsfragen im Zusammenhang mit Tierhaltung sind die Familiengerichte[127]. Der **Unterhalt** umfaßt den gesamten Lebensbedarf. Dazu

---

[126] OLG Zweibrücken MDR 2006, 1338 = NJW-RR 2007, 1.
[127] OLG Düsseldorf NJW 1998, 616.

zählen auch die Pflege geistiger Interessen und sonstiger Belange. Die Zuwendung zu einem Haustier kann für die Lebensqualität und das Wohlbefinden so wichtig sein, daß sie durchaus zur Kategorie Unterhalt gehört.

bb) die nichteheliche Gemeinschaftskatze

Ähnliche Probleme wie bei der Ehescheidung entstehen bei der Auflösung einer **nichtehelichen Lebensgemeinschaft.** Wenn die Lebenspartner gemeinsam Eigentümer einer Katze sind und sie sich bei der Trennung nicht einigen, wer das Tier behalten soll, muß die Gemeinschaft aufgelöst und das Tier einem der Partner zugewiesen werden. Die Aufhebung der Gemeinschaft hat grundsätzlich zur Folge, daß Sachen, die im Eigentum beider Partner stehen, in Natur geteilt werden. Die Teilung hat nach § 753 BGB i. V. m. § 242 BGB nach billigem Ermessen zu erfolgen. Eine tatsächliche Teilung des gemeinsamen Tieres kommt, wie das AG Walsrode zutreffend ausführt, aus tierschutzrechtlichen Gesichtspunkten nicht in Betracht[128]. Eine Teilung durch Verkauf ist den Parteien nicht zuzumuten, weil das immaterielle Interesse durch den Teilungsverkauf nicht berücksichtigt werden kann[129]. Der durch den Teilungsverkauf erzielbare Preis steht in keinem realistischen Verhältnis zu dem Wert, den das Tier für die Parteien hat[130]. Es entspricht daher der Billigkeit, das Tier einer der Parteien zuzusprechen[131]. Als Ausgleich für den Verlust des Tieres hat die Partei, der das Tier zugewiesen wird, eine Entschädigung an die andere Partei zu zahlen[132]. Die Zuweisung erfolgt Zug um Zug gegen Zahlung des Entschädigungsbetrages[133]. Die andere Partei ist verpflichtet, das Tier nach Zuweisung herauszugeben.

---

[128] AG Walsrode NJW-RR 2004, 365.
[129] AG Walsrode NJW-RR 2004, 365.
[130] AG Walsrode NJW-RR 2004, 365, 366.
[131] AG Walsrode NJW-RR 2004, 365, 366.
[132] AG Walsrode NJW-RR 2004, 365, 366.
[133] AG Walsrode NJW-RR 2004, 365, 366.

e) Die Katze in der Zwangsvollstreckung

> *Gott wünscht, daß wir den Tieren beistehen, wenn sie der Hilfe bedürfen. Ein jedes Wesen in Bedrängnis hat gleiches Recht auf Schutz. Alle Geschöpfe der Erde lieben, leiden und sterben wie wir, also sind sie uns gleichgestellte Werke des allmächtigen Schöpfers - unsere Brüder.*
>
> *Franziskus von Assisi*

Tiere, die im häuslichen Bereich und nicht zu Erwerbszwecken gehalten werden, sind der Pfändung im Rahmen der **Zwangsvollstreckung** grundsätzlich nicht unterworfen (§ 811 c Abs. 1 ZPO), und zwar ohne Rücksicht auf ihren Wert[134]. An Tieren besteht regelmäßig ein hohes Affektionsinteresse des Schuldners, während der Verwertungserlös i. d. R. relativ gering ist[135]. Der Tierschutzgedanke schließt Eingriffe in die engeren Beziehungen zwischen dem Schuldner und seinem Tier durch Pfändung aus[136]. § 811 c ZPO trägt damit der vermuteten engen emotionalen Beziehung zwischen Menschen und dem im häuslichen Bereich gehaltenen Tier Rechnung[137].

Es ist nicht erforderlich, daß es sich um Wohnungstiere wie Hauskatzen handelt[138]. Es reicht vielmehr, daß die Tiere in räumlicher Nähe zum Schuldner gehalten werden[139]. Im „häuslichen Bereich" erfordert eine räumliche Nähe zum Eigentümer[140]. Damit sind die Wohnung, der private Teil des gemischt genutzten Mietobjekts[141], das Haus und der Garten des Schuldners gemeint, aber auch die Gartenbude[142], Ställe oder Volieren[143], die Zweitwohnung, der Wohnwagen, das Zelt

---

[134] Zöller/Stöber, ZPO, § 811 c Rn. 2.
[135] Hk-ZPO/Kemper, § 811 c Rn. 1.
[136] Zöller/Stöber, ZPO, 811 c Rn. 2.
[137] Münzberg ZRP 1990, 215 ff.; Lorz MDR 1990, 1060.
[138] Hk-ZPO/Kemper, § 811 c Rn. 2.
[139] Hk-ZPO/Kemper, § 811 c Rn. 2.
[140] Baumbach/Lauterbach/Albers/Hartmann, ZPO, § 811 c Rn. 3.
[141] Baumbach/Lauterbach/Albers/Hartmann, ZPO, § 811 c Rn. 3.
[142] Baumbach/Lauterbach/Albers/Hartmann, ZPO, § 811 c Rn. 3.
[143] Musielak/Becker, ZPO, § 811 c Rn. 2; Hk-ZPO/Kemper, § 811 c Rn. 3.

des Campers[144] und das Wohnmobil[145]. Ein naturbedingtes gewisses freies Herumstreunen ist unschädlich[146]. Gehalten wird ein Tier von dem, der es, angelegt auf eine gewisse Dauer, in seine häusliche Privatsphäre aufgenommen hat[147]. Gehalten wird das Tier auch dort, wo es sich nur vorübergehend befindet, soweit sein Stammplatz im häuslichen Bereich gerade dieses Schuldners liegt[148]. Es genügt daher auch z. B. die nächtliche Unterbringung beim angrenzenden oder gegenüberliegenden Nachbarn[149]. Geschützt sind der Tierhalter und – für einen gewissen Zeitraum – auch der Tierhüter, weil er das Tier vorübergehend versorgt und es sich daher in seiner Nähe befindet[150].

Sollten mit dem Tier Einnahmen erzielt werden, dient es zu Erwerbszwecken und wird hier nicht geschützt, womöglich aber nach § 811 Nr. 5 ZPO[151]. „Erwerbsweck" bedeutet, daß die wirtschaftliche Nutzung des Tieres im Vordergrund steht[152]. Allerdings hat nicht jegliche wirtschaftliche Nutzung zur Folge, daß das Tier pfändbar wird[153]. Es bleibt bei der Unpfändbarkeit, wenn der wirtschaftliche Nutzen lediglich in den Hintergrund tretender Nebeneffekt ist wie z. B. bei der Hobbyzucht[154].

Die **Unpfändbarkeit** gilt wegen §§ 1 f. TierSchG auch für Sachen, die zur artgerechten Haltung unentbehrlich sind[155] und, soweit nicht schon § 803 Abs. 2

---

[144] Baumbach/Lauterbach/Albers/Hartmann, ZPO, § 811 c Rn. 3; Stein/Jonas/Münzberg, ZPO, Bd. 7, § 811 c Rn. 2.
[145] Zöller/Stöber, ZPO, § 811 c Rn. 2.
[146] Baumbach/Lauterbach/Albers/Hartmann, ZPO, § 811 c Rn. 3; Stein/Jonas/Münzberg, ZPO, Bd. 7, § 811 c Rn. 2; Lorz MDR 1990, 1060.
[147] Musielak/Becker, ZPO, § 811 c Rn. 2.
[148] Baumbach/Lauterbach/Albers/Hartmann, ZPO, § 811 c Rn. 3.
[149] Stein/Jonas/Münzberg, ZPO, Bd. 7, § 811 c Rn. 2.
[150] Zöller/Stöber, ZPO, § 811 c Rn. 2; a. A. Baumbach/Lauterbach/Albers/Hartmann, ZPO, § 811 c Rn. 3.
[151] Musielak/Becker, ZPO, § 811 c Rn. 2.
[152] Stein/Jonas/Münzberg, ZPO, Bd. 7, § 811 c Rn. 4.
[153] Stein/Jonas/Münzberg, ZPO, Bd. 7, § 811 c Rn. 4.
[154] Stein/Jonas/Münzberg, ZPO, Bd. 7, § 811 c Rn. 4.
[155] Stein/Jonas/Münzberg, ZPO, Bd. 7, § 811 c Rn. 7; Herfs, S. 77 f.: nur überlebenswichtiges Zubehör.

ZPO Schranken setzt, für Futtervorräte oder entsprechende Geldbeträge[156]. Die Pfändung ist aber wirksam, bis sie für unzulässig erklärt und nach § 776 ZPO aufgehoben wird[157].

Auf Antrag des Gläubigers läßt das Vollstreckungsgericht eine Pfändung wegen des hohen Wertes des Tieres zu, wenn die Unpfändbarkeit für den Gläubiger eine Härte bedeuten würde, die auch unter Würdigung der Belange des Tierschutzes und der berechtigten Interessen des Schuldners nicht zu rechtfertigen ist (§ 811 c Abs. 2 ZPO). Rechtsprechung und juristisches Schrifttum ziehen die Grenze bei ca. 250,00 EUR[158]. Es kommt nur auf den materiellen Wert an[159]. Die ideellen, wichtigen, aber nicht allein maßgeblichen Interessen des Schuldners müssen bei der nach § 811 c Abs. 2 ZPO erforderlichen Abwägung als „berechtigte Interessen" des Schuldners berücksichtigt werden[160]. Weitere Abwägungsmaßstäbe sind die Interessen des Gläubigers und diejenigen eines nicht übertriebenen, aber doch ernst genommenen Tierschutzes[161]. Nur dann, wenn die Interessenabwägung eindeutig zu einer nicht zu rechtfertigenden Härte zu Lasten des Gläubigers führt, darf das Vollstreckungsgericht die Pfändung zulassen[162]. Beim Gläubiger sind Art und Höhe seines Anspruchs, seine Vermögenslage und die Verwertungsmöglichkeiten zu prüfen, beim Schuldner sind vor allem dessen gefühlsmäßige Bindung[163] und seine besondere Lage zu berücksichtigen (alte, kranke, allein lebende Menschen, Kinder)[164]. Im Zweifel bleibt das Tier unpfändbar[165] Das AG Paderborn[166] verneint z. B. die Pfändbarkeit eines 20 Jahre alten Pferdes, das vom Schuldner ein „Gnadenbrot" erhält.

---

[156] Stein/Jonas/Münzberg, ZPO, Bd. 7, § 811 c Rn. 7.
[157] Hk-ZPO/Kemper, § 811 c Rn. 4.
[158] Baumbach/Lauterbach/Albers/Hartmann, ZPO, § 811 c Rn. 3; Mühe, NJW 1990, 2238, 2239; Hackbarth/Lückert, Tierschutzrecht, A III 2 (S. 16.)
[159] Baumbach/Lauterbach/Albers/Hartmann, ZPO, § 811 c Rn. 3.
[160] Baumbach/Lauterbach/Albers/Hartmann, ZPO, § 811 c Rn. 3.
[161] Baumbach/Lauterbach/Albers/Hartmann, ZPO, § 811 c Rn. 3.
[162] Baumbach/Lauterbach/Albers/Hartmann, ZPO, § 811 c Rn. 3.
[163] Thomas/Putzo/Hüßtege, ZPO, § 811 c Rn. 2 a.
[164] Musielak/Becker, ZPO, § 811 c Rn. 2.
[165] Musielak/Becker, ZPO, § 811 c Rn. 2.
[166] AG Paderborn DGVZ 1996, 44.

Die Pfändung eines Tieres kann unter Umständen (etwa bei hohem Alter der Schuldnerin) eine Härte darstellen, die mit den guten Sitten nicht zu vereinbaren ist[167].

Die Verantwortung des Menschen für das Tier, den Schutz seines Lebens und Wohlbefindens zu gewährleisten (§ 1 TierSchG), ist auch allgemein bei der Prüfung zu berücksichtigen, ob die Zwangsvollstreckung wegen ganz besonderer Umstände eine Härte bedeutet (§ 765 a Abs. 1 S. 3 ZPO). Wenn eine Zwangsvollstreckungsmaßnahme mit dem Tierschutz nicht in Einklang steht, ist **Vollstreckungsschutz** nach § 765 a ZPO auch gegen eine Zwangsvollstreckung zu gewähren, die für den Schuldner selbst keine sittenwidrige Härte begründet[168]. Erfordernisse des Tierschutzes wie z. B. die artgerechte Haltung eines vernachlässigten Tieres können aber Härten für den Schuldner aufwiegen[169]. Bedeutung kann dieser Gesichtspunkt erlangen bei der Herausgabe-, Unterlassungs- und Beseitigungsvollstreckung, bei der Forderungsvollstreckung jedoch nur dann, wenn das Tier nicht nach § 811 c Abs. 1 ZPO unpfändbar ist[170].

Die Pfändung eines Haustiers kann z. B. zugelassen werden bei hartnäckiger Verweigerung der Mietzahlung[171] oder wenn keine besonderen emotionalen Bindungen des Schuldners an das Tier bestehen[172].

Pfändungsschutz nach § 811 c ZPO genießt nur das nicht zu Erwerbszwecken gehaltene Tier. Pfändbar sind hingegen Tiere, wenn sie als Einnahmequelle dienen und bei ihrer Haltung wirtschaftliche Erwägungen im Vordergrund stehen[173]. Aus Erwerbszwecken wird ein Tier gehalten, wenn es als Einnahmequelle dient und bei seiner Haltung wirtschaftliche Erwägungen im Vordergrund stehen[174]. Das könnte

---

[167] LG Heilbronn DGVZ 1980, 11; Zöller/Stöber, ZPO, § 765 a Rn. 10 a.
[168] Zöller/Stöber, ZPO, § 765 a Rn. 10 a.
[169] Zöller/Stöber, ZPO, § 765 a Rn. 10 a.
[170] Zöller/Stöber, ZPO, § 765 a Rn. 10 a.2.
[171] LG Berlin GE 2007, 721.
[172] Kh-ZPO/Kemper, § 811 c Rn. 5.
[173] LG Mainz NJW-RR 2002, 1181; Zöller/Stöber, ZPO, § 811 c Rn. 2.
[174] LG Mainz NJW-RR 2002, 1181.

auf die Katzen gewerblicher Züchter zutreffen. Unpfändbar sind aber Hauskatzen, die als Mäusefänger auf einem Bauernhof gehalten werden[175].

> Tiere, die im häuslichen Bereich und nicht zu Erwerbszwecken gehalten werden, sind der Pfändung im Rahmen der Zwangsvollstreckung nicht unterworfen. Pfändbar sind Tiere, wenn sie als Einnahmequelle dienen und bei ihrer Haltung wirtschaftliche Erwägungen im Vordergrund stehen

f) Die zurückbehaltene Katze

Der Tierarzt hat Anspruch auf ein Honorar für Untersuchung und Behandlung des Tieres. Wer vorübergehend als Catsitter oder Inhaber einer Katzenpension eine Katze hütet und betreut, hat, sofern kein Gefälligkeitsverhältnis vorliegt, gegen den Katzenhalter einen Anspruch auf Erstattung der Aufwendungen für Futter, Tierarzt und Medikamente. Das gilt auch dann, wenn kein Verwahrungsvertrag geschlossen wurde und der Tierhüter, z. B. ein Tierschutzverein, die Katze vorübergehend versorgt, weil sich der Katzenhalter in einer Notlage (Krankheit, Haft etc.) befindet. In diesem Fall steht dem Katzenhüter ein Anspruch nach den Regeln der Geschäftsführung ohne Auftrag gemäß §§ 677 ff BGB zu, da er ein fremdes Geschäft, die Pflege der dem Halter gehörenden Katzen, übernommen hat[176]. Folge der berechtigten Geschäftsführung ohne Auftrag ist, daß der Geschäftsführer (Katzenhüter) vom Geschäftsherrn (Katzenhalter) Ersatz der aufgewendeten Kosten verlangen kann[177].

Wenn Catsitter, Tierschutzverein oder Tierarzt gegen einen Tierhalter eine fällige Forderung haben, die noch nicht tituliert ist, über die es also noch keinen Vollstreckungsbescheid oder Urteil gibt, scheidet eine Zwangsvollstreckung zur Durchsetzung der Forderung aus. Umstritten ist, ob er die Rückgabe des Tieres

---

[175] Stein/Jonas/Münzberg, ZPO, Bd. 7, § 811 c Rn. 4.
[176] OLG Braunschweig OLGR Braunschweig 2005, 297.
[177] OLG Braunschweig OLGR Braunschweig 2005, 297.

solange nach § 273 BGB verweigern darf, bis der Halter seine Aufwendungen ersetzt bzw. das Tierarzthonorar zahlt[178].

Zurückbehaltungsrechte können grundsätzlich jedem Anspruch entgegengehalten werden, auch einem auf Herausgabe gerichteten[179]. Das **Zurückbehaltungsrecht** ist eine Einrede, die vom Berechtigten geltend gemacht werden muß[180]. Die Geltendmachung kann auch stillschweigend geschehen, indem z. B. der unmittelbare Besitzer der Katze (Tierarzt, Catsitter, Tierschutzverein) die Herausgabe unter Berufung auf seine Ansprüche wegen Versorgung oder Behandlung des Tieres verweigert[181].

Auch wenn die Voraussetzungen für die Geltendmachung eines Zurückbehaltungsrechtes gegeben sind, kann die Ausübung eines solchen Rechtes unter Berücksichtigung der Natur des konkreten Schuldverhältnisses nach § 242 BGB (Treu und Glauben) ausgeschlossen sein[182]. Das ist z. B. der Fall, wenn der Tierhüter oder Tierarzt wegen einer verhältnismäßig geringen Forderung das Tier zurückbehalten will oder wenn sich erst durch die unberechtigte Verweigerung der Herausgabe eine Gegenforderung ergibt[183].

Ein Zurückbehaltungsrecht kann grundsätzlich auch dann gegeben sein, wenn der Wert der Gegenforderung erheblich geringer ist als der Wert der heraus verlangten Katzen, weil der vom Gesetzgeber mit dem Zurückbehaltungsrecht verfolgte Zweck, auf den Schuldner Druck auszuüben, sonst seinen Wert verlieren würde[184].

---

[178] vgl. AG Bad Homburg NJW-RR 2002, 849; LG Mainz NJW-RR 02, 1181.
[179] BGH NJW-RR 1986, 282 = WuM 1985, 1421, 1422; OLG Braunschweig OLGR Braunschweig 2005, 297.
[180] BGH NJW-RR 1986, 282 = WuM 1985, 1421, 1422; OLG Braunschweig OLGR Braunschweig 2005, 297.
[181] BGH NJW-RR 1986, 282 = WuM 1985, 1421, 1422; OLG Braunschweig OLGR Braunschweig 2005, 297.
[182] BGH NJW 2004, 3484; OLG Braunschweig OLGR Braunschweig 2005, 297; Palandt/Grüneberg, BGB, § 273 Rn. 15.
[183] OLG Braunschweig OLGR Braunschweig 2005, 297.
[184] BGH NJW 2004, 1287; OLG Braunschweig OLGR Braunschweig 2005, 297.

Zum Teil wird die Auffassung vertreten, daß dem Catsitter oder Tierarzt kein Zurückbehaltungsrecht zusteht[185]. Aus § 1 TierSchG ergebe sich, daß Tiere als Mitgeschöpfe und nicht wie leblose Sachen zu behandeln sind. Es sei anerkannt, daß Tiere auf ihre Halter fixiert seien und es nicht vorhersehbar sei, ob das Tier durch die Trennung vom Halter seelische Schäden davontrage. Ein Zurückbehaltungsrecht wegen des Honoraranspruches aus einem Tierbehandlungsvertrag bestehe daher nicht[186].

Auch aus dem in § 811 c ZPO normierten **Pfändungsschutz** für Haustiere läßt sich ein Ausschluß des Zurückbehaltungsrechts ableiten. Gem. § 811 c ZPO können Haustiere, die nicht zu Erwerbszwecken gehalten werden, nicht gepfändet werden. Der Grund für diese Regelung liegt darin, daß aus Gründen des Tierschutzes nicht in die enge Beziehung zwischen Schuldner und Tier eingegriffen werden soll[187]. Dieser Gedanke kann auch auf das Zurückbehaltungsrecht übertragen werden[188]. Auch hier wird durch die Geltendmachung eines Zurückbehaltungsrechts die emotionale Bindung zwischen Tier und Halter materialisiert und der Rechtsstreit auf dem Rücken des Tieres ausgetragen[189].

Nach wohl h. M. steht die Zurückbehaltung eines Tieres jedoch weder generell im Widerspruch zu § 1 TierSchG, wonach der Mensch aus Verantwortung für das Tier als Mitgeschöpf dessen Leben und Wohlbefinden zu schützen hat, noch zu § 90 a BGB, der besagt, daß Tiere keine Sachen sind, sondern die für Sachen geltenden Vorschriften auf sie nur entsprechend anwendbar sind[190]. Zwar kann aus der gesetzgeberischen Wertung, daß Tiere rechtlich von Sachen abzugrenzen sind, und aus § 1 TierSchG gefolgert werden, daß eine rein sachenrechtliche Betrachtungsweise der Würdigung des Tieres als Mitgeschöpf nicht mehr gerecht wird[191].

---

[185] LG Stuttgart NJW-RR 1991, 446: Zuchtpudel; AG Alzey vom 30.11.2001 - Az. 22 C 217/01; AG Duisburg vom 28.07.2008 - Az. 77 C 1709/08; AG Bad Homburg NJW-RR 2002, 894 f.: Hund; Palandt/Grüneberg, BGB, § 273 Rn. 15.
[186] AG Duisburg vom 28.07.2008 - Az. 77 C 1709/08.
[187] LG Mainz NJW-RR 2002, 1181.
[188] OLG München RdL 2000, 27, 28.
[189] LG Mainz NJW-RR 2002, 1181.
[190] LG Mainz NJW-RR 2002, 1181.
[191] LG Mainz NJW-RR 2002, 1181; LG Stuttgart NJW-RR 1991, 446; Mühe NJW 190, 2238, 2239.

Andererseits ordnet § 90 a S. 3 BGB jedoch die entsprechende Anwendung der für Sachen geltenden Vorschriften an. Hierdurch soll gewährleistet werden, daß Tiere trotz ihrer rechtlichen Aufwertung zum Mitgeschöpf weiterhin als Gegenstand verpflichtender Geschäfte und sachenrechtlicher Vorgänge dem Rechtsverkehr zugänglich bleiben[192]. Dies läßt den Schluß zu, daß Tiere nach wie vor Wert-"Sachen" sind und im Regelfall auch entsprechend behandelt werden müssen[193]. Die für Sachen geltenden Vorschriften sollen nach dem Willen des Gesetzgebers nur dann nicht anwendbar sein, wenn dies dem Tierschutz widerspricht[194].

Wenn § 90 a BGB und dem Tierschutzgesetz kein *genereller* Ausschluß eines Zurückbehaltungsrechts entnommen werden kann[195], dann kann sich der Ausschluß eines Zurückbehaltungsrechts nur für den jeweiligen Einzelfall unter Berücksichtigung des Grundsatzes von Treu und Glauben und der Eigenart des Schuldverhältnisses ergeben[196]. So muß ein Zurückbehaltungsrecht etwa verneint werden, wenn eine besonders enge Bindung zwischen Tier und Halter besteht[197], wenn durch den Verbleib des Tieres beim Catsitter oder Tierarzt Vereinsamungsgefühle, seelischer Schmerz oder gar organische Krankheiten entstehen[198]. Gleiches gilt für den Fall, daß das Tier von einer Person getrennt wird, auf die es besonders fixiert ist[199]. Zweifel an einer engen Beziehung zwischen Mensch und Tier bestehen allerdings dann, wenn der Katzenhalter den umständlichen Weg des vorläufigen Rechtsschutzes durch Beantragung einer einstweiligen Verfügung wählt, anstatt die Rechnung des Tierarztes oder des Catsitters, ggf. unter Vorbehalt, zu bezahlen[200].

---

[192] LG Mainz NJW-RR 2002, 1181; Lorz MDR 1990, 1057; MünchKomm/Holch, BGB, § 90 a Rn. 9.
[193] LG Mainz NJW-RR 2002, 1181
[194] Mühe NJW 1990, 2238, 2239.
[195] OLG München RdL 2000, 27, 28; OLG Braunschweig OLGR Braunschweig 2005, 297; LG Mainz NJW-RR 2002, 1181.
[196] LG Mainz NJW-RR 2002, 1181.
[197] OLG Braunschweig OLGR Braunschweig 2005, 297; LG Stuttgart NJW-RR 1991, 446; AG Bad Homburg NJW-RR 2002, 894, 895; MünchKomm/Krüger, BGB, § 273 Rn. 47.
[198] OLG München RdL 2000, 27, 28; LG Mainz NJW-RR 2002, 1181.
[199] MünchKomm/Keller, BGB, 3. Aufl. § 273 Rn. 53; LG Mainz NJW-RR 2002, 1181.
[200] LG Mainz NJW-RR 2002, 1181.

Dagegen spielen die Gesichtspunkte des Tierschutzes, nach denen das Tier als Mitgeschöpf keiner rein sachenrechtlichen Betrachtungsweise unterzogen werden darf, keine entscheidende Rolle, wenn im konkreten Fall eine Beeinträchtigung des Tieres nicht ersichtlich ist[201]. Eine solche persönliche Nähe zum Tier kann insbesondere dann ausscheiden, wenn das Tier zu Erwerbszwecken gehalten wird[202]. Als Tiere, die zu Erwerbszwecken gehalten werden, gelten solche, bei deren Haltung wirtschaftliche Erwägungen im Vordergrund stehen[203]. Es ist davon auszugehen, daß ein Züchter gerade darauf achtet, eine gewisse Distanz zum Tier zu wahren, um einen eventuellen Verkauf der Katze zu ermöglichen[204].

§ 1 TierSchG steht der Ausübung des Zurückbehaltungsrechts auch nicht entgegen, wenn die Tierhalterin das Tier nicht zum ersten Mal einem Catsitter zur Betreuung überlassen hat[205]. Dies wäre nicht nachzuvollziehen, wenn sie nicht davon hätte ausgehen können, daß die Katze dort sachgerecht und gut versorgt sei, sondern Schaden hätte nehmen können. Allein die Tatsache, daß die Katze ihr bisheriges Heim möglicherweise vermißt, genügt noch nicht, um das Zurückbehaltungsrecht des Catsitters auszuschließen[206].

Die Geltendmachung des Zurückbehaltungsrechts verstößt gegen Treu und Glauben (§ 242 BGB), wenn sich die Gegenforderung durch die Ausübung des Zurückbehaltungsrechts noch erhöht (z. B. Futterkosten), soweit die Gegenforderung nicht ausschließlich oder überwiegend gerade auf der Ausübung des Zurückbehaltungsrechts beruht[207]. Bei der erforderlichen Einzelfallprüfung ist auch das Verhalten von Schuldner und Gläubiger im Hinblick auf die Rückführung der Gegenforderung maßgeblich[208].

---

[201] OLG Braunschweig OLGR Braunschweig 2005, 297; LG Mainz NJW-RR 2002, 1181.
[202] OLG Braunschweig OLGR Braunschweig 2005, 297; OLG München AgrarR 2001, 87, 88.
[203] OLG Braunschweig OLGR Braunschweig 2005, 297.
[204] LG Mainz NJW-RR 2002, 1181.
[205] vgl. LG München I vom 17.01.2008 – Az. 31 S 13391/07.
[206] LG München I vom 17.01.2008 – Az. 31 S 13391/07; OLG München AgrarR 2001, 87 ff; LG Mainz NJW-RR 2002, 1181.
[207] OLG Braunschweig OLGR Braunschweig 2005, 297.
[208] OLG Braunschweig OLGR Braunschweig 2005, 297.

g) Eingreifen der Ordnungsbehörde und Entziehung der Katze

Tiere, die einem Tierhalter weggenommen, d. h. von der Behörde eingezogen werden sollen, weil der Tierhalter gegen das Tierschutzgesetz oder Artenschutzgesetz verstoßen hat, müssen dem Tierhalter nicht in jedem Fall *endgültig* entzogen werden. Die Wegnahme der Tiere muß verhältnismäßig sein. Das Gericht muß sorgfältig prüfen, ob nicht anstelle der Wegnahme der Tiere weniger einschneidende Maßnahmen in Betracht kommen. Setzt sich das Gericht mit den Folgen der ausgesprochenen Einziehung nicht inhaltlich auseinander, kann das Urteil keinen Bestand haben und ist aufzuheben[209].

h) Die Katze im Strafrecht

Die vorsätzliche Schädigung einer im Eigentum eines Anderen stehenden Katze ist als **Sachbeschädigung** strafbar (§ 303 StGB). Auch der Versuch ist unter Strafe gestellt.

Nach der Einführung des § 90 a BGB, wonach Tiere keine Sachen mehr sind, wurde diskutiert, ob § 303 StGB Tiere überhaupt noch schützt. Nach § 90 a BGB gelten für Tiere die Bestimmungen über Sachen nur entsprechend (analog). Im Strafrecht gilt jedoch ein **Analogieverbot** (Art. 103 GG), also das Verbot entsprechender Gesetzesanwendung. Die Rechtsprechung löst das Problem über einen bemerkenswerten Kunstgriff. Für das Strafrecht bleibt es bei der Sacheigenschaft des Tieres[210]. Der Gesetzgeber wollte den strafrechtlichen Schutz des Tieres mit der Schaffung des § 90 a BGB nicht verkürzen[211]. § 90 a BGB ordnet daher keine für das Strafrecht verbotene Analogie an; er bedient sich vielmehr einer besonderen Verweisungstechnik[212]. Das Strafrecht bildet auch einen vom BGB unabhängigen Begriff der „Sache"[213]. Die Herausnahme des Tieres aus dem zivilrechtlichen

---

[209] BayObLG RdL 1998, 216 = NJW 1998, 3287.
[210] BayObLG NJW 1992, 2306, 2307; NJW 1993, 2760.
[211] Gesetzesbegründung BT-Drucks. 11/5463 S. 6.
[212] Leipziger Kommentar-Wolff, StGB, § 303 Rn. 5.; MünchKomm/Wieck-Noodt, StGB, § 303 Rn. 8; Lorz/Metzger, TierSchG, Einführung Rn. 133.
[213] BayObLG NJW 1993, 2760; Gropp JuS 1999, 1041, 1042; Graul JuS 2000, 215, 218.

Sachbegriff hat auf das Strafrecht daher keinen Einfluß[214]. Das Tier kann weiter Gegenstand eines **Diebstahls** (§ 242 StGB), einer **Unterschlagung** (§ 246 StGB), eines **Raubes** (§ 249 ff BGB) oder einer **Hehlerei** (§ 259 StGB) sein[215]. Diese Bestimmungen sollen das Tier indirekt vor Schäden und schlechter Behandlung durch den Dieb, Hehler etc. schützen[216].

Ähnlich verhält es sich mit den **Umweltdelikten** (§§ 324 ff. StGB), die über die Strafbarkeit der Bodenverunreinigung, der Luftverunreinigung, der Verursachung von Lärm, dem unerlaubten Umgang mit gefährlichen Stoffen oder gefährlichen Abfällen die Lebensgrundlagen (auch) der Tiere sichern sollen[217].

§ 184 a StGB stellt die **Verbreitung tierpornographischer Schriften** unter Strafe, also Darstellungen, die sexuelle Handlungen von Menschen an Tieren zum Gegenstand haben. Der Tatbestand schützt nicht nur die gesellschaftliche Sexualverfassung, indem er einen Tabubruch ins Zentrum der erhöhten Unrechtswertung rückt[218], sondern reflexartig auch die vom Mißbrauch bedrohten Tiere[219]. **Sexuelle Handlungen mit Tieren** sind hingegen straffrei, nachdem § 175 b a. F. StGB aufgehoben worden ist. Die Legitimität dieser Vorschrift wird daher in Frage gestellt, weil nicht zu erkennen sei, welches Schutzgut über § 184 StGB hinaus (Verbreitung pornographischer Schriften) dadurch gefährdet sein könnte, daß pornographische Darstellungen nicht strafbarer Verhaltensweisen an erwachsene Personen mit deren Einverständnis verbreitet oder ihnen zugänglich gemacht werden[220].

---

[214] Lorz MDR 1989, 201, 203 f.; Schlüchter JuS 1993, 14, 19; Küper JZ 1993, 435 ff.; Fischer StGB, § 242 Rn. 3.
[215] Lorz/Metzger, TierSchG, Einführung Rn. 133.
[216] Lorz/Metzger, TierSchG, Einführung Rn. 133.
[217] Lorz/Metzger, TierSchG, Einführung Rn. 134.
[218] Fischer, StGB, § 184 a Rn. 2.
[219] Lorz/Metzger, TierSchG, Einführung Rn. 134.
[220] Fischer, StGB, § 184 a Rn. 8.

5. Der Kauf einer Katze

> *Die Katze verhandelt nicht mit der Maus.*
> Robert K. Massie

a) Abschluß des Vertrages

Bei der Prüfung von Katzenkaufverträgen, die im Internet kursieren oder die Verkäufer ihren Kunden vorlegen, sträubt sich dem Juristen oft das Nackenfell. Die meisten Verträge sind das Papier nicht wert, auf dem sie gedruckt werden, weil sie Klauseln enthalten, die entweder sittenwidrig oder aus anderen Gründen unwirksam sind, ungenau oder unvollständig sind oder für den Fall, für den sie gedacht sind, gar nicht passen. Es ist allerdings auch nicht sinnvoll, den Kaufvertrag oder den Deckkatervertrag nach alter Väter Sitte per Handschlag zu schließen, weil sich dann im Streitfall nur schwer rekonstruieren läßt, was die Vertragspartner denn nun vereinbart hatten.

Dieser Ratgeber enthält daher im vierten Teil eine Auswahl von Musterverträgen, die für verschiedene Situationen gedacht sind. Ggf. müssen die Verträge im Einzelfall durch eine Anwältin oder einen Anwalt angepaßt werden, wenn sie nicht alle Bedürfnisse der Vertragsparteien berücksichtigen. Gewarnt sei ausdrücklich vor der Verwendung von Do-it-yourself-Zusammenschnitten oder ungeprüften Downloads aus dem Internet.

In den folgenden Abschnitten werden zunächst die Grundlagen des Katzenkaufrechts dargestellt.

aa) Zustandekommen eines Vertrages

Ein **Kaufvertrag** ist ein gegenseitiger Vertrag, in welchem sich der Verkäufer einer Sache verpflichtet, dem Käufer die Sache frei von Sach- und Rechtsmängeln zu übergeben und das Eigentum daran zu verschaffen (§ 433 Abs. 1 BGB). Der Käufer ist verpflichtet, dem Verkäufer den vereinbarten Kaufpreis zu zahlen und die gekaufte Sache abzunehmen (§ 433 Abs. 2 BGB). Zustande kommt der Vertrag durch Angebot und Annahme, also indem ein Vertragspartner ein Angebot zum Abschluß eines Kaufvertrages abgibt und der andere das Angebot annimmt.

Kein **Vertragsangebot** ist die sog. Einladung zur Abgabe eines Angebots (*invitatio ad offerendum*). Eine bloße Einladung (Anpreisung) und kein bindendes Angebot liegt vor, wenn der Auffordernde zum Zeitpunkt der Aufforderung noch keine rechtlich bindenden Aussagen über Konditionen machen kann oder will, insbesondere über den Preis oder den Liefertermin. Anpreisungen finden sich u. a. auf den Websites der Katzenzüchter, in Internetverkaufsportalen oder Tierbörsen, in Zeitungsanzeigen etc..

Bei der Einladung zur Abgabe eines Angebotes durch den Verkäufer kommt daher noch kein Kaufvertrag zustande, wenn der Käufer erklärt, diese Katze des Verkäufers erwerben zu wollen. Der Kaufinteressent gibt vielmehr aufgrund der Einladung seinerseits ein (für ihn bindendes) Angebot ab, das durch den auffordernden Verkäufer angenommen oder abgelehnt werden kann. Erst mit der Annahme durch den Verkäufer kommt der Vertrag zustande.

Der Kaufvertrag ist aufschiebend bedingt, wenn eine **Ankaufsuntersuchung** vereinbart und das Kaufgeschäft noch nicht vollzogen wird; Bedingung ist die Billigung des Käufers[221]. Die Bedingung gilt als eingetreten, wenn aufgrund des Untersuchungsergebnisses nach Treu und Glauben die Billigung des Käufers erwartet werden kann[222]. Hat der Käufer sich ausbedungen, die Ankaufsuntersuchung von einem Tierarzt seines Vertrauens vornehmen zu lassen, und ergeben sich aufgrund des Untersuchungsergebnisses berechtigte Zweifel an der Eignung des Tieres zu dem vertraglich vorausgesetzten Gebrauch, so kann die Billigung des Käufers auch dann nicht erwartet werden, wenn das Untersuchungsergebnis unrichtig sein sollte und der Verkäufer dem Käufer dies unter Vorlage eines anderen tierärztlichen Untersuchungsberichtes mitteilt[223]. Der Käufer einer Katze, der sich darauf beruft, der Kaufvertrag habe unter der Bedingung eines positiven Ergebnis-

---

[221] OLG Köln MDR 1995, 31.
[222] OLG Köln MDR 1995, 31.
[223] OLG Köln MDR 1995, 31.

ses einer tierärztlichen Ankaufsuntersuchung gestanden, trägt für die Vereinbarung dieser Bedingung die Beweislast[224].

Der Kaufvertrag über ein Tier unterliegt keinem **Schriftformerfordernis**. Er kann grundsätzlich auch mündlich wirksam geschlossen werden. Allerdings tun beide Parteien gut daran, zur Vermeidung oder Verringerung späterer Streitigkeiten ihre Vereinbarungen schriftlich niederzulegen.

bb) Vorvertrag und Optionsrecht

Es kommt immer wieder vor, daß Katzenverkäufer und Katzenkäufer einen sog. „Vorvertrag" schließen, in dem die ihrer Ansicht nach wichtigsten Bedingungen niedergelegt werden. Tatsächlich fehlen allerdings in der Praxis wesentliche Punkte, die schon im **Vorvertrag** geregelt werden sollten. Zum Teil vergessen die Parteien auch einfach, vor Übergabe der Katze noch den eigentlichen Kaufvertrag zu schließen oder sie halten ihn nicht mehr für erforderlich.

Ein Vorvertrag ist ein schuldrechtlicher Vertrag, der die Vertragsparteien verpflichtet, später einen Hauptvertrag abzuschließen (vertraglicher Kontrahierungszwang)[225]. Der Vorvertrag kann so ausgestaltet sein, daß nur der eine Teil gebunden ist, der andere dagegen keine Pflicht zum Vertragsschluß übernimmt[226]. Möglich ist auch, daß eine Bindung nur dann besteht, wenn sich der Verpflichtete zur Durchführung eines bestimmten Projekts (z. B. Begründung einer Katzenzucht) entschließt[227]. Da sich die Parteien erst binden wollen, wenn sie sich über alle Einzelheiten endgültig geeinigt haben, ist im Einzelfall zu prüfen, ob wirklich schon eine Bindung gewollt ist oder ob nur Absichtserklärungen vorliegen[228] oder ob ein bedingter Hauptvertrag zustande gekommen ist[229].

---

[224] OLG Frankfurt/M. vom 22.09.1994 – Az. 3 U 194/93; OLG Frankfurt/M. vom 10.11.1995 – Az. 22 U 144/93.
[225] BGHZ 102, 384, 388; Palandt/Ellenberger, BGB, Einf. V. § 145 Rn. 19.
[226] BGH 1990, 1233; Palandt/Ellenberger, BGB, Einf. V. § 145 Rn. 19.
[227] BGHZ 102, 384; Palandt/Ellenberger, BGB, Einf. V. § 145 Rn. 19.
[228] BGH NJW 1980, 1577; BGH WM 2006, 1499.
[229] BGH NJW 1962, 1812; LG Gießen NJW-RR 1995, 524.

An den notwendigen Inhalt eines Vorvertrages sind nicht die gleichen Anforderungen zu stellen wie an die den Katzenkauf endgültig regelnde Vereinbarung[230]. Ein wirksamer Vorvertrag setzt aber voraus, daß sich die Parteien über alle wesentlichen Punkte geeinigt haben und der Inhalt des abzuschließenden Kaufvertrages zumindest bestimmbar ist[231]. Über Punkte, die die Parteien nicht für wesentlich halten, z. B. die Fälligkeit des Kaufpreises, können die Parteien sich später einigen[232]. Der Vorvertrag verpflichtet die Parteien, ein Angebot auf Abschluß des Hauptvertrages abzugeben und das Angebot des anderen Teils anzunehmen[233].

Ein Vorvertrag ist wie „ein bißchen schwanger". Entweder entschließen sich die Vertragspartner zum Verkauf/Kauf einer Katze oder sie lassen es. Wenn die Vertragsparteien sich über die Bedingungen des Kaufvertrages einig sind, dann sollten sie diese Bedingungen auch zeitnah und vollständig niederschreiben. Andernfalls kann es sein, daß einer der Vertragspartner sich (angeblich) später, wenn der eigentliche Vertag formuliert werden soll, nicht mehr daran erinnern kann, daß man sich auch auf ein Besuchsrecht des Verkäufers oder eine Kastrationspflicht des Käufers geeinigt hatte. Wenn erst einmal ein „Vorvertrag" unterschrieben worden ist, hat keiner der Parteien mehr die Möglichkeit, den anderen Vertragspartner zur Ergänzung des Vertrages oder zum Abschluß des „richtigen Vertrages" zu zwingen, wenn er nicht nachweisen kann, auf welche Punkte man sich mündlich geeinigt hatte. Dann bleibt es bei einer als vorläufig gedachten, unvollständigen Regelung, die möglicherweise die Interessen der Parteien nicht ausgewogen berücksichtigt und gar nicht das wiederspiegelt, was beide Vertragsparteien regeln wollten.

Wenn der Vertragspartner sich weigert, den Hauptvertrag zu schließen, müßte Klage auf Erfüllung des Vorvertrages, also auf Annahme des vom Kläger gemachten Angebots zum Abschluß eines Hauptvertrages erhoben werden[234]. Der Beklagte kann sich in dem Verfahren durch Alternativvorschläge einen möglichen Gestal-

---

[230] BGH DNotZ 1963, 36; BGH LM § 705 Nr. 3; Palandt/Ellenberger, BGB, Einf. v. § 145 Rn. 19.
[231] BGH NJW 1990, 1234; BGH NJW-RR 1993, 139; OLG Karlsruhe NJW-RR 1996, 997.
[232] BGH NJW 2006, 2843.
[233] BGH JZ 1958, 245.
[234] BGH 97, 147; BGH NJW 2001, 1272; 2006, 2843.

tungsspielraum verschaffen[235]. Tut er das nicht, dann ist die Klage begründet, wenn der Klageantrag den Vorgaben des Vorvertrages, dessen Auslegung und § 242 BGB entspricht[236]. Ausnahmsweise kann aus Gründen der Prozeßökonomie auch eine Klage auf Abgabe eines Angebotes des Beklagten zulässig sein[237]. Mit der Klage auf Vertragsabschluß kann der Berechtigte die Klage auf die nach dem Hauptvertrag geschuldete Leistung verbinden[238], jedoch muß in die Urteilsformel u. U. der Vorbehalt aufgenommen werden, daß das Zustandekommen des Vertrages Voraussetzung für die Leistung ist[239].

Vom Vortrag zu unterscheiden ist das sog. *Optionsrecht*, also das Recht, durch einseitige Erklärung einen Kaufvertrag zustande zu bringen[240]. Anders als der Vorvertrag begründet es keinen schuldrechtlichen Anspruch auf den Abschluß des Hauptvertrages, sondern ein Gestaltungsrecht. Das **Optionsrecht** ergibt sich i. d. R. aus einem aufschiebend bedingten Vertrag, der durch die Optionserklärung unbedingt wird[241]. Von einem Optionsrecht spricht man aber auch, wenn dem Berechtigten ein langfristig bindendes Vertragsangebot gemacht wird[242]. Ob im Einzelfall ein Optionsrecht oder ein Vorvertrag vorliegt, ist Auslegungssache.

> Wenn die Vertragsparteien sich über die Bedingungen des Kaufvertrages einig sind, dann sollten sie keinen Vorvertrag schließen, sondern die Vertragsbedingungen zeitnah, vollständig und für beide Seiten bindend niederschreiben.

Wer sich nicht sofort durch den Abschluß eines Kaufvertrages binden möchte, sollte sich statt dessen ein Tier für eine gewisse Zeit gegen Leistung einer Anzahlung reservieren lassen. Im Interesse des Verkäufers wird der Vertrag eine kurze

---

[235] BGH NJW 2006, 2843.
[236] BGH NJW 2006, 2843.
[237] BGHZ 98, 130.
[238] BGHZ 98, 130, 134; BGH NJW 1986, 2820; 2001, 1285.
[239] BGH NJW 1989, 2129, 2132.
[240] Palandt/Ellenberger, BGB, Einf. v. § 145 Rn. 23.
[241] BGH 47, 387, 391; Weber JuS 1990, 249; Palandt/Ellenberger, BGB, Einf. v. § 145 Rn. 23.
[242] Palandt/Ellenberger, BGB, Einf. v. § 145 Rn. 23.

Befristung für die **Reservierung** vorsehen, weil Jungtiere mit zunehmendem Alter schwerer zu vermitteln sind und ihr Marktwert mit jedem vollendeten Lebensmonat sinkt. Angemessen wäre eine Befristung von bis zu vier Wochen. Wird innerhalb dieser Zeit dann ein Kaufvertrag geschlossen, ist die Anzahlung auf den Kaufpreis anzurechnen. Kommt ein Kaufvertrag innerhalb der Reservierungsfrist nicht zustande, ist die Anzahlung an den Interessenten zurückzuzahlen. Der Verkäufer ist dann aber auch berechtigt, das Tier anderweitig zu verkaufen.

cc) Anfechtung des Vertrages

> *Der wesentliche Unterschied zwischen einer Katze und einer Lüge besteht darin, daß eine Katze nur neun Leben hat.*
> *Mark Twain*

Wird der Käufer vom Verkäufer bei Abschluß des Katzenkaufvertrages über eine für die Kaufentscheidung wesentliche Eigenschaft des Tieres arglistig getäuscht (§ 123 BGB) oder irrt er sich über eine verkehrswesentliche Eigenschaft der Katze (§ 119 Abs. 2 BGB), z. B. ihre Zuchttauglichkeit oder ihren Gesundheitszustand, dann kann er den Kaufvertrag anfechten. Eine vorsätzliche **arglistige Täuschung** beim Verkauf begeht, wer einen Fehler der Kaufsache kennt oder zumindest für möglich hält, gleichzeitig weiß oder damit rechnet und billigend in Kauf nimmt, daß der Vertragspartner den Fehler nicht kennt und bei Offenbarung den Vertrag nicht oder nicht mit dem vereinbarten Inhalt geschlossen hätte[243].

Die Anfechtung ist im Fall des **Eigenschaftsirrtums** unverzüglich (§ 121 BGB) und im Fall der arglistigen Täuschung binnen Jahresfrist (§ 124 Abs. 1 BGB) zu erklären. Durch die Anfechtung wird der Kaufvertrag rückwirkend nichtig (§ 142 BGB). Die Nichtigkeit ist endgültig[244]. Die Rücknahme der Anfechtung ist ausgeschlossen[245].

---

[243] OLG München NJW-RR 1992, 1081.
[244] Palandt/Ellenberger, BGB, § 142 Rn. 2.
[245] Erman/Palm, BGB, § 142 Rn. 9; Palandt/Ellenberger, BGB, § 142 Rn. 2.

Der Anfechtende muß aber beweisen, daß der Verkäufer entgegen eigener, besserer Erkenntnisse irreführende oder zumindest beschwichtigende Angaben gemacht hat. Arglist erfordert den Nachweis eines Täuschungswillens[246]. Die bei einem Züchter vorauszusetzende Sachkunde belegt noch nicht, daß damit auch Sachkunde im veterinärmedizinischen Bereich einhergeht[247].

Wenn der Kaufvertrag bereits erfüllt wurde, d. h. die Katze mit den Papieren übergeben und der Kaufpreis gezahlt wurde, dann sind die beiderseitigen Leistungen zurückzugewähren. Der Käufer gibt dem Verkäufer die Katze zurück. Der Verkäufer erstattet den Kaufpreis.

Aus § 122 BGB, § 311 Abs. 2 BGB (culpa in contrahendo) oder § 826 BGB (sittenwidrige Schädigung) können sich Schadensersatzansprüche des Käufers ergeben.

dd) Rücktritt vom Vertrag

Pacta sunt servanda. Verträge sind grundsätzlich bindend. Ein Recht zum Rücktritt vom Kaufvertrag besteht daher nur dann, wenn eine Leistungsstörung vorliegt, z. B. Verzug des Verkäufers (§ 323 BGB) oder ein Sachmangel (§ 437 BGB) oder wenn die Parteien das Rücktrittsrecht im Kaufvertrag ausdrücklich vereinbart haben.

Der **Rücktritt** ist die Rückgängigmachung eines wirksam zustande gekommenen Vertrages durch einseitige Erklärung einer Partei aufgrund einer entsprechenden vertraglichen oder gesetzlichen Befugnis[248]. Das Rücktrittsrecht ist ein Gestaltungsrecht und daher unverjährbar[249]. Der Rücktritt wegen nicht oder nicht vertragsgemäß erbrachter Leistung ist aber nach § 218 BGB unwirksam, wenn der Anspruch auf die Leistung oder der Nacherfüllungsanspruch verjährt ist und der

---

[246] LG Mönchengladbach NJW-RR 1999, 709.
[247] vgl. LG Mönchengladbach NJW-RR 1999, 709.
[248] Palandt/Grüneberg, BGB, Einf. v. § 346 BGB Rn. 5.
[249] Palandt/Grüneberg, BGB, Einf. v. § 346 BGB Rn. 5.

Verkäufer sich hierauf beruft[250]. Im Ergebnis wird damit das Rücktrittsrecht wie ein der Verjährung unterliegendes Recht behandelt[251].

Für die Ausübung des vertraglichen Rücktrittsrechts kann eine Ausschlußfrist vereinbart oder vom Verkäufer bestimmt werden (§ 350 BGB)[252]. Die Fristsetzung durch den Verkäufer ist nur möglich, wenn eine vertragliche Frist fehlt[253]. Im übrigen unterliegt das Rücktrittsrecht der Verwirkung[254]. Möglich ist auch die Verwirkung der durch den Rücktritt entstandenen Ansprüche[255]. Der Rücktritt ist wegen Verstoßes gegen das Verbot widersprüchlichen Verhaltens unzulässig, wenn der Käufer die Katze behalten will[256].

Das Rücktrittsrecht ist nicht höchstpersönlicher Natur; es kann mit anderen Vertragsansprüchen übertragen werden[257]. Ein Widerruf des Rücktritts ist nicht möglich[258].

Der Rücktritt erstreckt sich auf den Kaufvertrag im Ganzen[259], hebt ihn aber nicht auf, sondern verändert seinen Inhalt[260]. Der Rücktritt wandelt das Vertragsverhältnis in ein sog. **Abwicklungsschuldverhältnis** um[261], und zwar unabhängig davon, ob das Rücktrittsrecht auf Gesetz oder Vertrag beruht[262]. Wenn der Kaufvertrag bereits erfüllt wurde, d. h. die Katze mit den Papieren übergeben und der Kaufpreis gezahlt wurde, dann sind die beiderseitigen Leistungen zurückzugewähren. Der Käufer gibt dem Verkäufer die Katze zurück. Der Verkäufer erstattet den Kaufpreis. Nach § 281 BGB kann dem Katzenkäufer gegen den Verkäufer außerdem ein Anspruch auf Schadensersatz zustehen.

---

[250] Palandt/Grüneberg, BGB, Einf. v. § 346 BGB Rn. 5.
[251] Palandt/Grüneberg, BGB, Einf. v. § 346 BGB Rn. 5.
[252] Palandt/Grüneberg, BGB, Einf. v. § 346 BGB Rn. 5.
[253] BGH NJW-RR 1989, 626.
[254] BGH NJW 1957, 1358; 1999, 352; 2002, 669; Palandt/Grüneberg, BGB, Einf. v § 346 Rn. 5.
[255] BGH NJW 1960, 2331.
[256] vgl. BGH NJW 1972, 155.
[257] BGH NJW 1973, 1793; Palandt/Grüneberg, BGB, Einf. v. § 346 BGB Rn. 5.
[258] Palandt/Grüneberg, BGB, § 349 BGB Rn. 2.
[259] BGH NJW 1976, 1931.
[260] Palandt/Grüneberg, BGB, Einf. v. § 346 BGB Rn.6.
[261] BGH NJW 2008, 911 = ZIP 2008, 319
[262] BGH NJW 1990, 2068, 2069.

> Ein Recht zum Rücktritt vom Kaufvertrag besteht nur dann, wenn die Katze mangelhaft ist oder wenn die Parteien das Rücktrittsrecht im Kaufvertrag ausdrücklich vereinbart haben.

ee) Widerrufsrecht

Das verbraucherschützende Widerrufsrecht ist ein besonders ausgestaltetes Recht zum Rücktritt vom wirksam geschlossenen Vertrag. Der Widerruf nach §§ 109, 130 BGB beseitigt die Rechtsfolgen eines schwebend unwirksamen Rechtsgeschäftes.

aaa) Haustürgeschäfte nach § 312 BGB

Bei sog. Haustürgeschäften steht dem Käufer ein Widerrufsrecht nach §§ 312, 355 BGB zu. Ein **Haustürgeschäft** nach § 312 BGB ist ein Vertrag zwischen einem Unternehmer und einem Verbraucher, der eine entgeltliche Leistung, z. B. den Kauf einer Katze, zum Gegenstand hat und zu dessen Abschluß der Verbraucher durch mündliche Verhandlungen an seinem Arbeitsplatz, anläßlich einer vom Unternehmer oder einem Dritten zumindest auch im Interesse des Unternehmers durchgeführten Freizeitveranstaltung oder im Anschluß an ein überraschendes Ansprechen in Verkehrsmitteln oder im Bereich der öffentlich zugänglichen Verkehrsflächen bestimmt worden ist.

Verbraucher ist nach § 13 BGB jede natürliche Person, die ein Rechtsgeschäft zu einem Zwecke abschließt, der weder ihrer gewerblichen noch ihrer selbständigen beruflichen Tätigkeit zugerechnet werden kann. Das setzt voraus, daß der Kauf zu einem privaten Zweck abgeschlossen wurde, und zwar unabhängig vom Willen des kaufenden Verbrauchers[263]. Ob ein privater Kauf vorliegt, ergibt sich aus den äußeren Umständen, dem Auftreten des Käufers, dem Kaufgegenstand

---

[263] Palandt/Weidenkaff, BGB, § 474 Rn. 4.

und dem Inhalt des Kaufvertrages[264]. Der Kauf eines kastrierten Liebhabertieres wird daher ein privater Kauf sein, der einer ausdrücklich als Zuchttier bezeichneten Katze kann ein nicht privater (gewerblicher) Kauf sein. Bei einem gemischten Zweck kommt es darauf an, wo der Schwerpunkt des Kaufvertrages liegt[265].

Unternehmer ist nach § 14 BGB eine natürliche oder juristische Person oder eine rechtsfähige Personengesellschaft, die bei Abschluß eines Rechtsgeschäfts in Ausübung ihrer gewerblichen oder selbständigen beruflichen Tätigkeit handelt.

Von den möglichen Varianten kommt der Kauf einer Katze im Rahmen einer Freizeitveranstaltung in Betracht. Kaufverträge, die am Arbeitsplatz, an der Haustür oder in öffentlichen Verkehrsmitteln geschlossen werden, dürften kaum vorkommen. Eine Freizeitveranstaltung liegt vor, wenn das Freizeitangebot und das Verkaufsangebot derart miteinander verwoben sind, daß der Kunde in eine unbeschwerte Freizeitstimmung versetzt wird und sich dem Angebot zum Abschluß eines Kaufvertrages nur schwer entziehen kann, sei es wegen der örtlichen und zeitlichen Gegebenheiten, wegen eines Gruppenzwangs oder aus Dankbarkeit für das Unterhaltungsangebot[266]. Das Freizeiterlebnis muß auf Grund der Ankündigung oder Durchführung der Veranstaltung im Vordergrund stehen; der (angebliche) Unterhaltungswert muß vom eigentlichen Verkaufs- und Werbezweck der Veranstaltung ablenken[267]. Keine Freizeitveranstaltungen sind markt- oder messeähnliche Leistungsschauen, die der Verbraucher typischerweise nicht wegen des Freizeitwertes, sondern wegen des Warenangebotes besucht, und Verkaufsmessen[268]. Dies gilt auch dann, wenn eine Verkaufsausstellung innerhalb einer Freizeitveranstaltung stattfindet[269].

---

[264] Palandt/Weidenkaff, BGB, § 474 Rn. 4
[265] Palandt/Weidenkaff, BGB, § 474 Rn. 4
[266] BGH NJW 2002, 3100; BGH NJW 2004, 362.
[267] OLG Düsseldorf NJW-RR 1996, 1269.
[268] Palandt/Grüneberg, BGB, § 312 Rn. 17.
[269] BGH NJW-RR 2005, 1417.

Ein zum Widerruf berechtigendes Haustürgeschäft i. S. d. § 312 BGB liegt danach nicht vor, wenn jemand eine Katzenausstellung besucht und sich dort an den üblichen Verkaufsständen z. B. mit Katzenfutter, Katzenstreu oder Katzenspielzeug eindeckt oder einen Kratzbaum bestellt. Anders verhält es sich dann, wenn der Besucher spontan mit einem anwesenden Aussteller einen Kaufvertrag über eine der ausgestellten Katzen eines Wurfs schließt und die Ausstellung im Hinblick auf die Katzen eine reine Leistungsschau ohne Verkauf von Tieren ist. Hier könnte ein Widerrufsrecht nach §§ 312, 355 BGB bestehen.

Der **Widerruf** ist innerhalb von zwei Wochen in Textform oder Rücksendung der Sache auszuüben (§ 355 BGB). Der Widerruf muß keine Begründung enthalten (§ 355 Abs. 1 S. 2 BGB) Zur Fristwahrung genügt die rechtzeitige Absendung (§ 355 Abs. 1 S. 2 BGB). Die Widerrufsfrist beginnt mit dem Zeitpunkt, in dem der Verkäufer den Verbraucher über das Widerrufsrecht belehrt (§ 355 Abs. 2 S. 1 BGB). Das Widerrufsrecht erlischt spätestens sechs Monate nach Vertragsschluß (§ 355 Abs. 3 S. 1 BGB).

bbb) Fernabsatzverträge nach § 312 b BGB

Ähnlich verhält es sich beim Fernabsatzvertrag nach § 312 b BGB. Fernabsatzverträge sind Verträge über die Lieferung von Waren, die zwischen einem Unternehmer und einem Verbraucher unter ausschließlicher Verwendung von Fernkommunikationsmitteln (Briefe, Kataloge, Telefonanrufe, E-Mails, Rundfunk, Tele- und Mediendienste) abgeschlossen werden, es sei denn, daß der Vertragsschluß nicht im Rahmen eines für den Fernabsatz organisierten Vertriebssystem erfolgt. Der Begriff erfaßt nicht nur Verträge des E-Commerce, sondern auch das traditionelle Distanzgeschäft, insbesondere den Versandhandel[270]. Die Regelung gilt nur für Verträge zwischen Unternehmer und Verbraucher. Dem Verbraucher steht ein Widerrufs- und Rückgaberecht von zwei Wochen zu (§§ 312 d, 355 BGB).

---

[270] Palandt/Grüneberg, BGB, § 312 b Rn. 6.

Katzen werden heute üblicherweise auch auf den Websites der Züchter oder auf Portalen wie www.markt.de und www.kijiji.de zum Kauf angeboten. Theoretisch ist es denkbar, daß wegen der großen Entfernung zwischen dem Wohnsitz des Käufers und dem Zwinger des Züchters in seltenen Ausnahmefällen ein Kaufvertrag brieflich, per E-Mail oder – wenn man sich schon kennt - telefonisch abgeschlossen wird. Das könnte z. B. geschehen, wenn ein Katzenhalter schon ein Tier aus der Zucht hat, den Züchter ausreichend gut kennt, die Linie geprüft und den Stammbaum studiert hat. Vorstellbar ist das, wenngleich nicht sehr wahrscheinlich, weil die Katze ein Lebewesen ist. Ihre Schönheit, ihr Wesen, aber auch ihre Marotten erschließen sich erst im persönlichen Kontrakt. Dann zeigt sich auch erst, ob die Chemie stimmt oder ob die Katze von dem Interessenten eher nichts bis gar nichts hält. Viele Züchter lehnen es auch ausdrücklich ab, ihre Tiere über das Internet zu verkaufen.

Das Widerrufs- und Rückgaberecht nach §§ 312 d, 355 BGB greift aber dann, wenn der Katzenhalter telefonisch oder via Internet das Equipment für sein Mitlebewesen bestellt, z. B. den 10-Kilo-Futtersack, die Käserollis, Garnelenbollos, Lebercremebällchen, Fischpralinen, Hühnchendreamies, die 8 kg Katzenstreu, die 27 Plüschmäuse und die 31 Bällchen, die fünf Spielangeln, die Liegedecke, die Kuschelhöhle, den Raschelsack, das Katzensofa, die Futterschüssel, den Trinkbrunnen etc.. Nur den maßgesägten, individuell nach seinen oder seiner Katze Wünschen angefertigten Kratzbaum oder Catwalk kann er nicht zurückschicken (§ 312 d Abs. 4 Ziff. 1 BGB).

ccc) Widerruf nach §§ 109, 130 BGB

Ein Minderjähriger, der das siebente Lebensjahr vollendet hat, ist nur beschränkt geschäftsfähig (§ 106 BGB). Rechtsgeschäfte, die ihm nur einen rechtlichen Vorteil bringen, kann er allein, also ohne Zustimmung des gesetzlichen Vertreters, wirksam vornehmen (§ 107 BGB). Andere Verträge sind nur dann wirksam, wenn entweder der gesetzliche Vertreter vorher einwilligt (§§ 107, 183 BGB) oder nachträglich zustimmt (§§ 108, 184 BGB). Verweigert der gesetzliche Vertreter die Genehmigung, wird der Vertrag endgültig unwirksam. Die Verweigerung der Genehmigung ist wegen ihrer rechtsgestaltenden Wirkung unwiderruflich[271].

Wird der Minderjährige, der einen Kaufvertrag ohne vorherige Zustimmung oder nachträgliche Genehmigung seines gesetzlichen Vertreters geschlossen hat, volljährig, wird der Vertrag nicht ipso jure gültig[272]. Der nun unbeschränkt geschäftsfähige Katzenkäufer hat vielmehr die Wahl, ob er den Kaufvertrag genehmigen will oder nicht[273].

Bis zur **Genehmigung des Vertrages** ist der Vertragspartner des Minderjährigen zum Widerruf berechtigt (§ 109 Abs. 1 S. 1 BGB). Der Widerruf kann auch dem Minderjährigen gegenüber erklärt werden (§ 109 Abs. 1 S. 2 BGB). War dem Vertragspartner jedoch bekannt, daß der Käufer minderjährig ist, so kann er nur widerrufen, wenn der Minderjährige wahrheitswidrig behauptet hatte, der gesetzliche Vertreter habe eingewilligt (§ 109 Abs. 2 1. Hs. BGB). Er kann aber auch in diesem Fall nicht widerrufen, wenn ihm bekannt ist, daß bei Abschluß des Kaufvertrages die Einwilligung des gesetzlichen Vertreters nicht vorlag (§ 109 Abs. 2 2. Hs. BGB).

Das **Widerrufsrecht** endet mit der Genehmigung des Vertrages, auch wenn die Genehmigung nicht gegenüber dem Vertragspartner, sondern gegenüber dem Minderjährigen erklärt wird[274]. Die Beweislast für den Widerruf und seine Rechtzeitigkeit hat, wer sich auf die Unwirksamkeit des Vertrages beruft[275]. Wer einwendet, der andere Teil habe die Minderjährigkeit oder das Fehlen der Einwilligung gekannt, muß diese Kenntnis beweisen[276]. Dagegen hat der andere Teil zu beweisen, der Minderjährige habe die Einwilligung zu Unrecht behauptet[277].

---

[271] BGH 13, 179, 187 = JZ 1954, 503 = NJW 1954, 1155.
[272] Palandt/Ellenberger, BGB, § 108 Rn. 4.
[273] Palandt/Ellenberger, BGB, § 108 Rn. 4.
[274] Palandt/Ellenberger, BGB, § 109 Rn. 3.
[275] BGH NJW 1989, 1728 = BB 1989, 658.
[276] Palandt/Ellenberger, BGB, § 109 Rn. 5.
[277] Palandt/Ellenberger, BGB, § 109 Rn. 5.

b) Gewährleistung

> *Jede Katze, der es mißlungen ist, eine Maus zu erwischen, gibt vor, sie wäre nach einem welken Blatt gesprungen.*
>
> Charlotte Gray

Die Begriffe "Gewährleistung", "Garantie" und "Produkthaftung" spielen im Kaufrecht eine große Rolle. Jedoch werden sie vom normal Denkenden und verständlich Redenden immer wieder verwechselt, falsch verstanden oder nicht richtig angewendet.

Die **Garantie** ist eine freiwillige Erklärung des Verkäufers, die dazu dient, das Vertrauen des Kunden in das Produkt oder die Herstellerfirma zu stärken. Die Garantie ist also eine freiwillige Selbstverpflichtung des Händlers oder Herstellers, die über die gesetzlichen Pflichten hinaus geht. Garantieansprüche bestehen unabhängig von gesetzlichen Mängelansprüchen. Garantien werden daher oft auf bestimmte Teilbereiche beschränkt, da der Verbraucher durch seine gesetzlichen Gewährleistungsrechte ausreichend geschützt ist. Die während der Garantiedauer auftretenden Sachmängel begründen einen Anspruch gegen den Garantiegeber[278]. Art und Umfang des Anspruchs richten sich nach dem Inhalt der Garantieerklärung und sind unabhängig vom Verschulden[279]. Die Beschaffenheitsgarantie (z. B. Zuchttauglichkeit) führt zu einem vertraglichen Erfüllungsanspruch. Dieser verjährt nach drei Jahren (§ 195 BGB)[280].

Die Verjährung des Anspruchs aus der Garantie ist zu unterscheiden von der Garantiefrist und der Verjährungsfrist für Ansprüche aus der gesetzlichen Gewährleistung. Die Garantiefrist ist der Zeitraum, für den der Verkäufer die Garantie übernimmt. Sie kann kürzer oder länger als die Gewährleistungsfrist sein. Die Verjährungsfrist für den Anspruch auf die Garantieleistung läuft unabhängig von der Garantiefrist und beginnt für die von der Garantie erfaßten Mängel grundsätzlich

---

[278] BGH NJW 1979, 645.
[279] Palandt/Weidenkaff, BGB, § 443 Rn. 9.
[280] Grützner/Schmidl, NJW 2007, 3610, 3612 (str.) ; Palandt/Weidenkaff, BGB, § 443 Rn. 15.

erst mit der Entdeckung des Mangels[281]. Sie bleibt gehemmt, bis der Mangel beseitigt ist[282].

Gewährleistungsansprüche ergeben sich aus dem Gesetz. Anders als Garantieansprüche bestehen sie auch dann, wenn der Kaufvertrag keine Regelungen zur Gewährleistung enthält. Der Verkäufer haftet grundsätzlich für alle Mängel, die zum Zeitpunkt des Gefahrübergangs bestanden. Darunter fallen auch sog. versteckte Mängel, die bereits vorhanden waren, jedoch erst später entdeckt wurden.

Bei der Gewährleistung bestehen Ansprüche gegenüber dem Verkäufer. Sie betreffen die mangelbedingt eingeschränkte Nutzungsmöglichkeit der Sache. Die **Produkthaftung** hingegen greift ein, wenn durch die Mangelhaftigkeit über den eigentlichen Sachmangel hinaus Schäden an Leben, Gesundheit, Eigentum und weiteren Rechtsgütern entstanden sind. In diesem Fall bestehen Ansprüche direkt gegen den Hersteller.

Im Folgenden geht es um die gesetzliche Gewährleistung im Kaufrecht. Seit Inkrafttreten des Schuldrechtsmodernisierungsgesetzes am 01.01.2002 unterfällt der Tierkauf den allgemeinen Mängelgewährleistungsregelungen des Kaufrechts[283]. Sonderregelungen für Tiere bestehen nicht mehr. Liegt ein Verbrauchsgüterkauf vor, dann sind nach § 90 a Abs. 3 BGB die §§ 474 ff BGB entsprechend anzuwenden[284].

aa) Der Begriff des Sachmangels

> *Die Katze, die die Wurst nicht greifen konnte, sagt: „Immerhin ist Freitag."*
> *Aus Georgien*

Eine Katze ist mangelhaft, wenn sie bei Gefahrübergang nicht die vereinbarte Beschaffenheit hat (§ 434 Abs. S. 1 BGB) oder, soweit die Beschaffenheit nicht vereinbart wurde, sich nicht für die nach dem Vertrag vorausgesetzte Verwendung

---

[281] BGH NJW 1979, 645.
[282] OLG Saarbrücken NJW-RR 1997, 1423.
[283] BGHZ 167, 40, 50 ff. = NJW 2006, 2250.
[284] BGHZ 167, 40, 50 ff. = NJW 2006, 2250.

eignet (§ 434 Abs. 1 S. 2 Ziff. 1 BGB) oder ihr eine **übliche Eigenschaft** fehlt (§ 434 Abs. 1 S. 2 Ziff. 2 BGB) oder der Verkäufer eine andere als die vereinbarte Katze liefert (§ 434 Abs. 3 BGB).

Ein Mangel liegt auch vor, wenn die Katze nicht so beschaffen ist, wie der Verkäufer das Tier in öffentlichen Äußerungen beschrieben hat (§ 434 Abs. 1 S. 3 BGB), z. B. in Zeitungsanzeigen[285], Werbespots[286], Verkaufsprospekten[287], auf seiner Website[288], auf Verkaufsportalen im Internet[289], in Flyern, die er auf Messen und Ausstellungen verteilt[290], und in mündlichen Erklärungen, die er im Rahmen einer Verkaufsveranstaltung abgibt[291]. Angaben des Verkäufers zu physischen und psychischen Qualitäten des Tieres oder über die Trächtigkeit begründen Beschaffenheitsvereinbarungen[292]. Ein Mangel liegt nur dann nicht vor, wenn dem Käufer die Abweichung der tatsächlichen Eigenschaft von der angepriesenen oder vereinbarten Eigenschaft bekannt ist oder die Eigenschaftsbeschreibung für seinen Kaufentschluß nicht maßgeblich war.

Nach dem neuen Recht soll der Käufer die Möglichkeit haben, schon bei unerheblichen bzw. **geringfügigen Mängeln** Ansprüche geltend zu machen[293]. Die Interessen des Verkäufers werden dadurch gewahrt, daß der Käufer bei geringfügigen Mängeln nicht vom Kaufvertrag zurücktreten und keinen Schadensersatz statt Leistung fordern, sondern lediglich den Kaufpreis mindern kann[294].

Zur Beschaffenheit einer Katze gemäß §§ 90 a, 433 und 434 BGB gehört auch die im Kaufvertrag vereinbarte **Katzenrasse** bzw. Abstammung[295]. Die Abstammung und Rasse eines Tieres stellt eine Eigenschaft im Sinne des § 434 Abs. 1 S. 1

---

[285] Palandt/Weidenkaff, BGB, § 434 Rn. 35.
[286] Palandt/Weidenkaff, BGB, § 434 Rn. 35.
[287] OLG München NJW-RR 2005, 494.
[288] OLG Celle DAR 2006, 269.
[289] OLG Celle DAR 2006, 269.
[290] Palandt/Weidenkaff, BGB, § 434 Rn. 34.
[291] Palandt/Weidenkaff, BGB, § 434 Rn. 35.
[292] MünchKomm/Westermann, BGB, § 434 Rn. 68.
[293] Palandt/Weidenkaff, BGB, § 434 Rn. 56; MünchKomm/Westermann, BGB, § 434 Rn. 68.
[294] Palandt/Weidenkaff, BGB, § 434 Rn. 56.
[295] AG Brandenburg NJW-RR 2010, 1293; OLG Celle RdL 2008, 37 f.; OLG Saarbrücken, OLG-Report 2007, 645 f. = RdL 2008, 10 ff..

BGB dar, denn sie ist ein dem Tier dauerhaft anhaftendes Merkmal, welches für seinen Wert und seinen vertragsgemäßen Gebrauch von nicht unerheblicher Bedeutung ist[296]. Die Dokumentation der Abstammung ist untrennbar mit dem Tier verbunden, denn sie beeinflußt nicht nur wesentlich seinen Wert (der Verkehrswert ohne Abstammungsnachweis ist geringer), sondern erleichtert auch die Einschätzung, welche charakterlichen Merkmale das Tier wahrscheinlich hat[297]. Eine falsche Angabe zur Rasse bzw. Abstammung des Tieres ist somit wertlos und folglich so zu behandeln, als lägen überhaupt keine Angaben zur Rasse bzw. Abstammung vor[298]. In diesem Fall fehlt somit diesem Tier die vereinbarte Beschaffenheit/Eigenschaft[299].

Eine Katze, die ausdrücklich als Zuchtkatze verkauft wurde, ist mangelhaft, wenn sich später herausstellt, daß sie **zuchtuntauglich** ist[300]. Das ist z. B. der Fall, wenn sich im Hodensack des Katers nur ein Hoden befindet. Das gleiche gilt, wenn eine Katze ausdrücklich als „kastriert" verkauft wird und sich später herausstellt, daß das nicht der Fall ist[301], oder wenn die Katze überraschend trächtig ist.

Papiere, die die Abstammung einer Katze wiedergeben, stellen eine Eigenschaft dieses Tieres dar; die Mangelhaftigkeit der **Abstammungspapiere** eines Zuchttieres ist unmittelbar als Mangel des Tieres anzusehen[302]. Ist von einer stillschweigend erfolgten Zusicherung der ordnungsgemäß dokumentierten Abstammung einer Katze auszugehen, dann ist das arglistige Vorspiegeln dieser nicht vorhandenen Eigenschaft gleichbedeutend mit dem arglistigen Verschweigen eines Mangels[303].

Zur "üblichen" Beschaffenheit eines Tieres gehört nicht, daß es in jeder Hinsicht einer biologischen oder physiologischen **"Idealnorm"** entspricht[304]. Diese Wertung trägt dem Umstand Rechnung, daß es sich bei Tieren um Lebewesen

---

[296] AG Brandenburg NJW-RR 2010, 1293.
[297] AG Brandenburg NJW-RR 2010, 1293.
[298] AG Brandenburg NJW-RR 2010, 1293.
[299] AG Brandenburg NJW-RR 2010, 1293.
[300] OLG Düsseldorf ZGS 2004, 271: Zuchtstute.
[301] vgl. BGH NJW 2008, 1371, 1372: Wallach.
[302] OLG Düsseldorf vom 25.03.2003 I- Az. 21 U 100/02 (Blindenhund).
[303] OLG Düsseldorf vom 25.03.2003 I- Az. 21 U 100/02 (Blindemnhund).
[304] BGH NJW 2007, 1351.

handelt, die einer ständigen Entwicklung unterliegen und die - anders als Sachen - mit individuellen Anlagen ausgestattet und dementsprechend mit sich daraus ergebenden unterschiedlichen Risiken behaftet sind[305]. Gewisse - erworbene oder genetisch bedingte - Abweichungen vom physiologischen Idealzustand kommen bei Lebewesen erfahrungsgemäß häufig vor. Der Käufer eines Tieres kann deshalb redlicherweise nicht erwarten, daß er auch ohne besondere Vereinbarung ein Tier mit "idealen" Anlagen erhält, sondern er muß im Regelfall damit rechnen, daß das von ihm erworbene Tier in der einen oder anderen Hinsicht physiologische Abweichungen vom Idealzustand aufweist, wie sie für Lebewesen nicht ungewöhnlich sind[306]. Auch die damit verbundenen Risiken für die spätere Entwicklung des Tieres sind für Lebewesen typisch und stellen für sich genommen noch keinen vertragswidrigen Zustand dar, denn der Verkäufer eines Tieres haftet nicht für den Fortbestand des bei Gefahrübergang gegebenen Gesundheitszustands[307]. Eine Abweichung von der physiologischen Norm begründet einen Mangel daher nur dann, wenn mehr als nur eine geringe Wahrscheinlichkeit besteht, daß sich künftig ernsthafte klinische Symptome entwickeln[308].

Ob beim Verkauf eines Tieres bereits in einem von der physiologischen Norm abweichender Befund ein Sachmangel liegt, auch wenn damit keine (bzw. noch keine) klinischen Erscheinungen verbunden sind, ist umstritten. Teilweise wird dies mit der Begründung verneint, eine (erbliche) **Krankheitsdisposition** stelle keine Abweichung von der üblichen Beschaffenheit und damit keinen Mangel dar, weil der Käufer eines Lebewesens mit dem Vorliegen solcher Abweichungen vom Idealzustand rechnen müsse[309] und eine Krankheitsdisposition nur dann als Mangel zu qualifizieren sei, wenn sie zwingend zu einer Erkrankung führe[310]. Allein die in der Konstitution des Tieres begründete (schadensgeneigte) Anlage für eine negative Entwicklung begründe noch nicht die Annahme eines Sachmangels i. S. d. §

---

[305] BGHZ 167, 40, 50 ff. = NJW 2006, 2250; NJW 2007, 1351.
[306] BGH NJW 2007, 1351.
[307] BGH NJW 2007, 1351.
[308] MünchKomm/Westermann, BGB, § 434 Rn. 68.
[309] BGH NJW 2007, 1351; OLG Hamm RdL 2005, 66; OLG Oldenburg RdL 2006, 319; LG Verden RdL 2007, 93; LG Lüneburg RdL 2005, 66; AG Bad Gandersheim RdL 2005, 66.
[310] OLG Celle RdL 2006, 209, 210; OLG Frankfurt/M. vom 04.09.2006 – Az. 16 U 66/06.

434 Abs. 1 BGB[311]. Insbesondere wenn es sich bei den Veränderungen um nur geringgradige Abweichungen von der Norm handelt, stellten diese für sich genommen, d. h. ohne Hinzutreten hierauf beruhender klinischer Erscheinungen, noch keinen Sachmangel dar[312].

Die Gegenmeinung stellt darauf ab, daß Tiere mit derartigen Befunden ein höheres Risiko späterer Erkrankung tragen als Tiere, bei denen kein abweichender Befund vorliegt[313]. Ein Sachmangel sei zu bejahen, wenn zwar zunächst keine klinischen Symptome vorliegen[314], das Auftreten einer darauf beruhenden Krankheit jedoch zwingend und lediglich der Zeitpunkt ungewiß ist[315]. Eine Krankheitsdisposition entspreche nicht der Sollbeschaffenheit[316].

Man wird bei den Erbkrankheiten unterscheiden müssen, um welche Art von Gendefekt es sich handelt, wie stark er ausgeprägt ist, ob es zum Ausbruch der Erkrankung kommt oder kommen muß, in welcher Intensität das der Fall ist und in welchem Maß die Lebensqualität beeinträchtigt ist. Eine leichte Form der Hüftgelenksdysplasie (HD), der Patellaluxation oder der PKD kann so verlaufen, daß lebenslang keine klinischen Symptome auftreten und die Lebensqualität der Katze nicht beeinträchtigt wird.

Die Autosomal Dominante Polyzystische Nierenerkrankung (ADPKD oder kurz PKD) ist eine genetische Erkrankung. Charakteristisch sind kongeniale Nierenzysten; extrarenale Zysten befinden sich häufig in der Leber[317]. Das fortschreitende Wachstum führt bei betroffenen Katzen im durchschnittlichen Alter von sieben Jahren zu einer chronischen Niereninsuffizienz[318]. Die Symptome sind abhängig von der Ausprägung der Nierenzysten[319]. Ab einem Alter von 10 Monaten kann über ultrasonografische Verfahren eine aussagekräftige Diagnose der PKD

---

[311] OLG Hamm vom 04.08.2006 - Az. 11 U 142/05.
[312] OLG Hamm ZGS 2006, 156.
[313] E. v. Westphalen RdL 2006, 284, 285.
[314] LG Münster vom 02.07.2007 - Az. 10 O 240/06.
[315] OLG Frankfurt/M. vom 04.09.2006 - 16 U 66/06.
[316] LG Münster vom 02.07.2007 - Az. 10 O 240/06.
[317] Streicher, Kleintiermedizin 11/12.2009.
[318] Streicher, Kleintiermedizin 11/12.2009.
[319] Streicher, Kleintiermedizin 11/12.2009.

bei der Katze gestellt werden[320]. Bereits nach der Geburt sind bei betroffen Katzen kleine Nierenzysten nachweisbar[321]. Es ist weder möglich, die Zysten zu entfernen, noch ihr Wachstum zu hemmen[322]. Da eine Therapie der Erkrankung nicht möglich ist, richtet sich die Bekämpfung auf das frühzeitige Erkennen erkrankter Tiere und den Ausschluß positiver Tiere aus der Zucht[323]. Die Verpaarung einer heterozygoten Katze mit einer PKD-freien Katze gilt als Qualzucht und ist nach § 11 B TierSchG verboten[324]. Die PKD ist – sofern nicht eine leichte Form ohne klinische Symptome vorliegt - ein Sachmangel, den der Käufer nicht hinnehmen muß.

Die **Pyruvat-Kinase-Defizienz** bei der Katze ist eine autosomal-rezessiv erbliche Störung der Glykolyse, die in erster Linie Abessinier und Somalis betrifft[325]. Durch den verstärkten Abbau der Erothrozyten in der Milz und durch die Hämolyse, die bei Defekten in der Erythrozytenmembran entsteht, entwickelt sich eine Anämie[326]. Erste Symptome können im Alter von sechs Monaten bis fünf Jahren auftreten[327]. Aufgrund des langsamen Krankheitsverlaufs ist die Katze in der Lage, sich der Anämie anzupassen[328]. Eine Therapie ist derzeit nicht möglich[329]. Die Erkrankung wird autosomal-rezessiv vererbt, entsteht also nur dann, wenn Vater- und Muttertier Träger der PK-Defizienz sind und der Nachkomme je ein Gen von Vater und Mutter erhält[330]. Tiere mit nur einem betroffenen Gen können nicht selbst erkranken, geben aber die Erbanlage mit einer Warscheinlichkeit von 50 % an ihre Nachkommen weiter[331]. Der Erbfehler kann durch einen DNA-Test un-

---

[320] Streicher, Kleintiermedizin 11/12.2009.
[321] Streicher, Kleintiermedizin 11/12.2009.
[322] Streicher, Kleintiermedizin 11/12.2009.
[323] Streicher, Kleintiermedizin 11/12.2009.
[324] Streicher, Kleintiermedizin 11/12.2009.
[325] Streicher, Kleintiermedizin 11/12.2009.
[326] Streicher, Kleintiermedizin 11/12.2009.
[327] Streicher, Kleintiermedizin 11/12.2009.
[328] Streicher, Kleintiermedizin 11/12.2009.
[329] Streicher, Kleintiermedizin 11/12.2009.
[330] Streicher, Kleintiermedizin 11/12.2009.
[331] Streicher, Kleintiermedizin 11/12.2009.

mittelbar nachgewiesen werden[332]. Trägertiere entwickeln keine Krankheitssymptome und können ohne DNA-Test nicht identifiziert werden[333]. Identifizierte Tiere müssen nicht von der Zucht ausgeschlossen werden; sie dürfen aber nicht mit einem weiteren Trägertier verpaart werden[334]. Die PK-Defizienz ist ein Sachmangel. Soweit die Katze zu Zuchtzwecken verkauft wird, gilt das auch dann, wenn sie nur Trägertier ist, weil sie die Dispostion vererbt und daher nur eingeschränkt in der Zucht eingesetzt werden kann.

HCM bzw. HKM (hypertrophe Kardiomyopathie) ist die häufigste Herzerkrankung bei Katzen. Bei der HCM verdickt der Herzmuskel ganz oder in Teilen konzentrisch und wächst in den Kammerinnenraum. Man unterscheidet zwischen der primären und der sekundären HCM. Bei der primären HCM liegt die Krankheitsursache im Herzmuskel selbst. Es liegt ein genetischer Defekt vor, der autosomal dominant mit variabler Penteranz weitervererbt wird. Die Erkrankung ist geschlechtsgebunden. Männliche Tiere sind häufiger bzw. früher betroffen als weibliche Tiere. In der Regel manifestiert die HCM sich klinisch im Alter wischen neun Monaten und fünf Jahren. Betroffen sind in erster Linie Maine Coon, Perser, Ragdoll, Devon Rex, Amerikanische und Britisch Kurzhaar. Bei der sekundären Form der HCM (in Züchterkreisen als Alters-HCM bezeichnet) hingegen beruht die Bildung der Hypertrophie auf systemischen Erkrankungen, die mit erhöhtem Blutdruck einhergehen, z. B. chronischem Nierenversagen oder Hyperthyreose (Schilddrüsenüberfunktion). Die primäre HCM ist ein Sachmangel, weil sie aufgrund der genetischen Disposition zwingend klinisch in Erscheinung tritt. Unklar ist nur, zu welchem Zeitpunkt das der Fall sein wird. Wenn ein Kitten oder ein Jungtier verkauft wird, kann es allerdings passieren, daß sich die HCM erst nach Ablauf der Gewährleistungsfrist zeigt. Die sekundäre HCM ist ein Sachmangel. Ihr geht eine systemische Erkrankung voraus, die ihrerseits ein Sachmangel ist.

Auch die **chronische Pankreatitis** (Bauchspeicheldrüsenentzündung) gehört zu den gewährleistungspflichtigen Sachmängeln. Sie kann sich in einer schwerwie-

---

[332] Streicher, Kleintiermedizin 11/12.2009.
[333] Streicher, Kleintiermedizin 11/12.2009.
[334] Streicher, Kleintiermedizin 11/12.2009.

genden Form mit hoher Sterblichkeit darstellen[335]. Es handelt sich um einen permanent bestehenden Entzündungsprozeß unbekannter Ursache[336]. Man unterscheidet zwei Verlaufsformen, und zwar die mild verlaufende chronische Pankreatitis mit terminaler Pankreasfibrose und die mit rezidivierenden Schüben einhergehende chronisch-rezidivierende oder chronisch-aktive Pankreatitis[337]. Die Pankreatitis ist ein gewährleistungspflichtiger Sachmangel.

Nicht jede Einschränkung in der Befindlichkeit der Katze jedoch ist ein Mangel, der den Verkäufer der Katze zur Nachbesserung oder zum Schadensersatz verpflichtet. Ein **Wurmbefall** ist gerade bei jungen Katzen nicht ungewöhnlich. Deshalb ist bei Welpen eine Entwurmung alle zwei Wochen zu empfehlen, beim erwachsenen Tier viermal im Jahr. Die Entwurmung reduziert zwar die Wurmbürde. Eine völlige Wurmfreiheit kann jedoch nicht garantiert werden. Die Spul- und Hakenwürmer legen im Darm Eier ab, die so klein sind, daß sie mit bloßem Auge nicht zu erkennen sind. Wurmbefall kann nur durch eine mikroskopische Untersuchung des Tierkotes diagnostiziert werden. Das Verfahren ist aufwendig und nicht ganz zuverlässig. Einer Infektion vorzubeugen ist kaum möglich, weil man die Katzen nicht von allen Gefahrenquellen fernhalten kann. Freigänger können sich draußen überall infizieren. Wohnungskatzen können sich an den Eiern anstecken, die an den Schuhen ihrer Hausmenschen haften. Die Katze kann von Würmern befallen sein, ohne dass der Halter das bemerkt. Wurmbefall ist daher ein Zustand, mit dem jeder Katzenkäufer naturgemäß rechnen muß. Ein Mangel liegt darin nicht. In der Praxis wird sich auch nicht ausschließen lassen, daß der Wurmbefall erst nach Übergabe der Katze an den Käufer verursacht worden ist, weil sich das Tier z.B. bei andeen im Haushalt des Käufers loebenden Tierewn „angesteckt" hat.

Die Schwellung der **Lymphknoten** als Reaktion auf die Impfung des Tieres kurz vor der Übergabe ist eine nur vorübergehende Reaktion. Auch sie stellt keinen Mangel dar.

---

[335] Streicher, Diagnostic Update IDEXX Laboraties, März 2010.
[336] Streicher, Diagnostic Update IDEXX Laboraties, März 2010.
[337] Streicher, Diagnostic Update IDEXX Laboraties, März 2010.

Kein Sachmangel ist die Infektion mit dem **felinen Herpesvirus**. Das Herpesvirus ist, ähnlich wie beim Menschen, in fast jedem Katzenorganismus latent vorhanden. Äußerlich gesunde Tiere können infiziert und jahrelang Überträger sein. Nachweisen läßt sich das Herpesvirus nur in einem aktiven Stadium. Sonst „versteckt" es sich im Trigeminalganglion. Symptome wie z. B. Husten, Niesen, Bindehautentzündung treten, ähnlich wie beim Menschen, in Stressituationen (Futterumstellung, Umzug, Wechsel in der Bezugsperson, hormonelle Schwankungen etc) auf. Das Herpesvirus wird in der Regel durch Tröpfcheninfektion übertragen, in seltenen Fällen auch durch infizierte Gegenstände (Futternapf, Spielzeug etc.). Eine Infektion läßt sich weder durch peinliche Hygiene noch durch sorgfältige Auslese bei der Zucht vermeiden. Jeder Katzenhalter muß damit rechnen, daß auch seine Katze das Herpesvirus trägt und daß eines Tages Symptome des Katzenschnupfens auftreten. Der Verkäufer einer Katze ist nicht verpflichtet, ein Tier im gesundheitlichen Idealzustand zu liefern. Ein Sachmangel liegt daher noch nicht vor, wenn das Tier mit dem felinen Herpesvirus infiziert ist, ohne Symptome zu zeigen. Die Krankheitsdisposition allein rechtfertigt noch keine Gewährleistungsansprüche aus Sachmängelhaftung. Anders verhält es sich, wenn durch das feline Herpesvirus z. B. eine Bindehautentzündung, eine Zungenläsion oder Fließschnupfen hervorgerufen wird. Liegt bei Übergabe der Katze eine solche Erkrankung vor, ist die Katze mangelhaft.

Giardien sind einzellige Parasiten (Protozone), die sich im Dünndarm von Wirbeltieren (Katzen, auch Menschen) einnisten und vom Darminhalt leben. Sie schädigen die Darmschleimhaut, sind hoch ansteckend und führen zu akutem oder chronischem Durchfall, ggf. auch zu Übelkeit, Erfrechen und Fieber. Betroffen sind meistens Jungtiere, kranke und alte Tiere und gestresste Tiere, die aus dem (südlichen und östlichen) Ausland importiert werden. Die Giardiose ist eine Zoonose, also eine Infektion, an der sowohl Menschen als auch Tiere erkranken können und die vom Menschen auf das Tier und vom Tier auf den Menschen übertragen werden kann. Giardien werden u. a. durch frischen Kot, Stubenfliegen, kontaminiertes Wasser (Pfützen, Wassertränken, Teiche), Nagetiere, beim gegenseitigen Beschnüffeln und durch Schmierinfektion übertragen. Kommt ein Mensch mit einem infizierten Tier in Berührung, kann der Parasit auch durch seine Kleidung,

Schuhe oder Hände übertragen werden. Die Behandlung ist langwierig und schwierig. Alle Tiere im Haushalt müssen medikamentös behandelt werden. Der gesamte Haushalt (Schlafstätten, Futternäpfe, Transportboxen, Toiletten, Kuscheldecken, Polstermöbel, Teppichböden, Fußböden, Gardinen etc.) muß sorgfältig und wiederholt desinfiziert werden.

Die Giardiose befällt erfahrungsgemäß eher Zuchtkatzen als Hauskatzen (Europäisch Kurzhaar), weil sich die Tiere häufig bei Katzenausstellungen infizieren. Der Parasit ist gegen die haushaltsüblichen Putz- und Desinfektionsmittel resistent und wird bei einer Behandlung mit dem Dampfstrahler erst ab 70 ° C zerstört. Aus veterinärmedizinischer Sicht ist die Giardiose keine unvermeidliche Krankheitsdisposition, die jeder Katze latent innewohnt und jederzeit ausbrechen kann. Die Giardiose kann durch entsprechendes Verhalten des Züchters/Halters (Hygiene, Verzicht auf oder Einschränkung der Teilnahme an Ausstellungen) vermieden werden. Eine Giradiose stellt daher einen Sachmangel dar, wenn sich nachweisen läßt, dass die Infektion bereits bei Übergabe des Tiers an den Käufer vorhanden war.

Eine Infektion mit **FIV** (Feline Immunodeficiency Virus), auch Katzenaids genannt, ist unheilbar und endet immer tödlich. FIV wird durch blutige Verletzungen übertragen, z. B. durch Revierkämpfe unkastrierter Freigängerkater oder den Nackenbiss des Katers bei der Paarung. Eine Übertragung durch Speichel ist eher selten, weil das Virus außerhalb des Körpers spätestens nach ein paar Stunden keine Gefahr mehr darstellt. Die Inkubationszeit kann Monate, manchmal sogar Jahre dauern. Eine Infektion mit FIV ist immer ein Sachmangel.

Ähnlich verhält es sich mit FPV, der **Katzenseuche** (Panleukopenie, FEline Parvovirose). Die Katzenseuche ist hochgradig ansteckend und gefährlich. Das Virus wird über Körperflüssigkeiten wie Speichel, Nasensekret, Blut, Kot, Urin und Erbrochenes ausgeschieden und direkt von Katze zu Katze oder indirekt durch den Kontakt zu Gegenständen (Futternapf, Transportbox, Kleidung, Schuhe etc.) oder über Zwischenwirte (Flöhe, Insekten) übertragen. Die Infektion verläuft, insbesondere bei Jungtieren, meistens tödlich. Erste Symptome zeigen sich drei bis fünf Tage nach der Infektion. Junge Katzen sterben oft innerhalb weniger Stunden nach dem Auftreten der ersten Symptome. Das Virus ist resistent gegen Einfrieren,

Austrocknung und haushaltsübliche Desinfektionsmittel. Bei Zimmertemperatur überlebt es Monate bis Jahre. Eine Infektion kann nur durch die regelmäßige prophylaktische Impfung der Katze vermieden werden. Katzenseuche ist ein Sachmangel.

Zu den Sachmängeln gehört auch das **Horner-Syndrom**. Das Horner-Syndrom ist eine Nervenschädigung, die mit einer Pupillenverengung (Miosis), Herabhängen des oberen Augenlides (Ptosis), scheinbar eingesunkenem Augapfel (Pseudoenophthalamus) und einem Vorfall der Nickhaut verbunden ist[338]. Das klinische Bild hängt von der Ursache der Erkrankung ab[339]. Bei einer Schädigung des Hirnstamms oder des Rückenmarks kommt es neben dem Horner-Syndrom zu einer Lähmung der Vorder-und Hintergliedmaßen[340]. Eine Läsion im Halsbereich durch eine Bißverletzung, Schilddrüsentumore oder Bandscheibenoperationen im Halsbereich führen zu einem Horner-Syndrom ohne weitere neurologische Symptome[341].

Wenn sich nach der Übergabe herausstellt, daß die „Chemie" zwischen Käufer und Katze nicht stimmt, berechtigt das den Käufer nicht, Gewährleistungsansprüche geltend zu machen. Angebliche **charakterliche Defizite** sind kein Sachmangel[342]. Das gilt vor allem dann, wenn die Disharmonie zwischen Mensch und Tier an der Unerfahrenheit des Käufers liegt und wenn es mit anderen Bezugspersonen keine Schwierigkeiten gibt[343].

Anders verhält es sich jedoch dann, wenn **Verhaltensstörungen** vorliegen wie übermäßige Schreckhaftigkeit, Angst, Aggressivität, das Pica-Syndrom (die fehlgeleitete Vorliebe für das Fressen unverdaulicher Materialien wie Wolle, Tapete etc.) oder die psychogene Alopezie (das krankhafte Auszupfen von Haaren an Bauch und Gliedmaßen). Solche Verhaltensstörungen sind für den Verkäufer/Züchter

---

[338] Streicher, Kleintiermedizin 5/6 -2010.
[339] Streicher, Kleintiermedizin 5/6 -2010.
[340] Streicher, Kleintiermedizin 5/6 -2010.
[341] Streicher, Kleintiermedizin 5/6 -2010.
[342] vgl. AG Lichtenfels vom 10.1.2007 – Az. 1 C 638/05; vgl. LG Coburg vom 11.4.2007 – Az. 32 S 23/07.
[343] vgl. AG Lichtenfels vom 10.1.2007 – Az. 1 C 638/05; vgl. LG Coburg vom 11.4.2007 – Az. 32 S 23/07.

kein unvermeidlicher Schicksalsschlag. Sie werden vielmehr entscheidend von der Haltung des Jungtieres in den ersten drei Lebensmonaten beeinflußt.

bb) Die Rechte des Käufers bei Mängeln der Katze

Ist die Katze mangelhaft, kann der Käufer Nacherfüllung verlangen (§§ 437, 439 BGB), vom Vertrag zurücktreten (§§ 437, 440, 323, 326 Abs. 5 BGB) oder den Kaufpreis mindern (§§ 437, 441 BGB) und Schadensersatz (§§ 437, 440, 280, 283, 311 a BGB) oder Ersatz vergeblicher Aufwendungen (§§ 437, 284 BGB) fordern.

Wenn der Verkäufer eine andere als die vereinbarte Katze (aliud)geliefert hat, muß der Käufer die **„falsche" Katze** nach § 812 BGB an den Käufer zurückgeben[344] und der Verkäufer die „richtige" Katze liefern[345]. Das soll jedenfalls dann gelten, wenn der Verkäufer die Leistungsbestimmung nach § 119 BGB angefochten hat[346]. Der Käufer hat kein Recht, die „falsche" Katze zu behalten, weil er sie nicht gekauft hat[347]. Der Verkäufer kann die „falsche" Katze aber dann nicht zurückfordern, wenn er sie bewußt ausgewählt und dem Käufer übergeben hat (§ 814 BGB). Eine nachträgliche Änderung des Kaufvertrages bleibt jedoch möglich[348]. Der Käufer kann also die „falsche" Katze als Vertragserfüllung akzeptieren. In diesem Fall entfällt der Primäranspruch aus § 433 Abs. 1 BGB[349].

aaa) Nacherfüllung und „Selbstvornahme"

a') Vorrang der Nacherfüllung

Unter den Gewährleistungsansprüchen hat die Nacherfüllung zunächst Vorrang (§ 439 BGB). **Nacherfüllung** bedeutet *Nachbesserung* (Beseitigung des Mangels) oder

---

[344] Lettl JuS 2002, 866, 871; Lorenz JuS 2003, 36 ff.; Palandt/Weidenkaff, BGB, § 434 Rn. 57; bestr. von Wiese AcP 206, 902 ff.
[345] Palandt/Weidenkaff, BGB, § 439 Rn. 15.
[346] Tiedtke/Schmidt, JZ 2004, 1092, 1098; Palandt/Weidenkaff, BGB, § 434 Rn. 57, str..
[347] Palandt/Weidenkaff, BGB, § 434 Rn. 57.
[348] Wenzel DB 2003, 1887, 1890 f; Palandt/Weidenkaff, BGB, § 434 Rn. 57.
[349] Palandt/Weidenkaff, BGB, § 439 Rn. 15 , a. A. Lettl JuS 2002, 866, 871.

Ersatzlieferung (Lieferung einer mangelfreien anderen Sache) wobei der Käufer im Sinne einer „elektiven Konkurrenz"[350] das Wahlrecht zwischen Nachbesserung und Neulieferung einer mangelfreien Sache hat[351]. Der Käufer ist in seiner Wahl frei und kann beliebig in seinem Interesse entscheiden, ohne auf das Interesse des Verkäufers Rücksicht nehmen zu müssen[352]. Er kann die Wahl aber auch dem Verkäufer überlassen[353]. Eine entsprechende (konkludente) Erklärung des Käufers liegt vor, wenn er – ohne zu spezifizieren – Nacherfüllung verlangt[354].

Der Käufer hat die Wahl, *ob* er Nachbesserung wünscht, aber nicht *wie* die Nachbesserung durchgeführt werden soll[355]. Der Verkäufer hat die größere Sachnähe[356]. Der Käufer kann bei fehlgeschlagener Nachbesserung nach § 440 S.1 BGB vom Kaufvertrag zurücktreten oder den Kaufpreis mindern (§ 441 Abs. 1 S. 1 BGB)[357].

Die **Ausübung des Wahlrechts** geschieht mit dem Verlangen der Nacherfüllung durch formfreie[358] empfangsbedürftige Willenserklärung[359]. Der Käufer muß den beanstandeten Mangel bezeichnen[360], der Inhalt der Erklärung muß für den Verkäufer zweifelsfrei sein[361]. Wegen ihrer Gestaltungswirkung ist die Erklärung bedingungsfeindlich und unwiderruflich[362]. Macht der Käufer die Einrede des nichterfüllten Vertrages aus § 320 BGB geltend, ohne das Wahlrecht auszuüben, verstößt er gegen § 242 BGB[363].

---

[350] s. Palandt/Weidenkaff, BGB, § 439 Rn. 5.
[351] Huber NJW 2002, 1004, 1005; Spickhoff BB 2003, 589, 590 f..
[352] Palandt/Weidenkaff, BGB, § 439 Rn. 5.
[353] Palandt/Weidenkaff, BGB, § 439 Rn. 5.
[354] Pammler in jurisPK-BGB, § 439 Rn. 35.
[355] Pammler in jurisPK-BGB, § 439 Rn. 32.
[356] Huber NJW 2002, 1004.
[357] Pammler in jurisPK-BGB, § 439 Rn. 32.
[358] Palandt/Weidenkaff, BGB, § 439 Rn. 6.
[359] OLG Saarbrücken NJW 2009, 369.
[360] OLG Saarbrücken NJW 2009, 369.
[361] Palandt/Weidenkaff, BGB, § 439 Rn. 6.
[362] Palandt/Weidenkaff, BGB, § 439 Rn. 6.
[363] Schroeter NJW 2006, 1761, 1764; Palandt/Weidenkaff, BGB, § 439 Rn. 5.

Das Wahlrecht des Käufers erlischt, wenn der Verkäufer die verlangte Nacherfüllung vorgenommen hat[364] oder wenn der Verkäufer zu einer bestimmten Form der Nacherfüllung verurteilt wird[365]. Eine andere Art der Nacherfüllung kann der Käufer jederzeit mit dem Verkäufer vereinbaren. Davon abgesehen kann der Käufer grundsätzlich sein Wahlrecht weiterhin ausüben und seine ursprüngliche Entscheidung ändern[366]. Allerdings darf der Käufer sein Wahlrecht nicht rechtsmißbräuchlich ausüben (venire contra factum proprium)[367]. Eine willkürliche Änderung, die den Verkäufer benachteiligt (etwa weil dieser bereits Aufwendungen für die ursprünglich gewünschte Art der Nacherfüllung gemacht hat), ist unzulässig (§ 242 BGB)[368]. Teilweise wird sogar die Auffassung vertreten, dem Käufer sei es nach Treu und Glauben verwehrt, den Verkäufer ohne Fristsetzung oder sachlich gerechtfertigten Grund mit einer veränderten Wahl zu konfrontieren[369]. Läßt der Verkäufer vereinbarte Termine bzw. angemessene Fristen zur Nacherfüllung verstreichen oder wird die gewählte Form der Nacherfüllung nachträglich unmöglich, kann der Käufer jedenfalls die andere Form der Nacherfüllung verlangen, sein Wahlrecht also erneut ausüben[370].

Der Käufer darf sich nicht darauf beschränken, den Verkäufer mündlich oder schriftlich zur Nacherfüllung aufzufordern; er muß bereit sein, dem Verkäufer die Katze zur **Überprüfung** der erhobenen Mängelrügen für eine entsprechende Untersuchung zur Verfügung zu stellen[371]. Der Nacherfüllungsanspruch besteht als "modifizierte Fortsetzung" des Erfüllungsanspruchs unabhängig von dem Vertretenmüssen des Verkäufers. Stellt sich nach der Übergabe heraus, daß das Tier krank ist, muß der Katzenkäufer vor Geltendmachung der Minderung und der Schadensersatzansprüche den Verkäufer zur Nacherfüllung auffordern, um ihm

---

[364] Sprickhoff BB 2003, 589, 592; OLG Celle NJW-RR 2007, 353 f.; Palandt/Weidenkaff, BGB, § 439 Rn. 7, str..
[365] Pammler in jurisPK-BGB, § 439 Rn. 34.
[366] Pammler in jurisPK-BGB, § 439 Rn. 34.
[367] Pammler in jurisPK-BGB, § 439 Rn. 35.
[368] Pammler in jurisPK-BGB, § 439 Rn. 35.
[369] OKG Saarbrücken NJW 2009, 369.
[370] Pammler in jurisPK-BGB, § 439 Rn. 35.
[371] Pammler in jurisPK-BGB, § 439 Rn. 37.

eine letzte Chance zu geben, den geschlossenen Vertrag ordnungsgemäß zu erfüllen[372]. Damit soll dem Verkäufer ermöglicht werden, die verkaufte Sache möglichst bald darauf überprüfen zu können, ob der vom Käufer behauptete Mangel überhaupt besteht, ob er bereits im Zeitpunkt der Übergabe bzw. des Gefahrenübergangs vorhanden war, auf welcher Ursache er beruht und ob bzw. wie er beseitigt werden kann, und hierzu gegebenenfalls Beweise zu sichern[373]. Weil die Nacherfüllung Vorrangstellung hat (§§ 281 Abs. 1, 323 Abs. 1 BGB), kann auch ein Recht des Verkäufers zur Nacherfüllung bestehen (Recht zur zweiten Andienung)[374]. Der Käufer kann eine Untersuchung durch den Verkäufer nicht davon abhängig machen, daß sich der Verkäufer zuvor mit der vom Käufer gewählten Art der Nacherfüllung einverstanden erklärt[375].

Der Käufer hat eine **Prüfpflicht**. Im Rahmen seiner Möglichkeiten hat er sorgfältig zu prüfen, ob der beanstandete Zustand der Katze Symptom eines Mangels ist oder ob die Ursache der Erscheinung in seinem eigenen Verantwortungsbereich liegt[376]. Verletzt der Käufer schuldhaft diese Prüfungspflicht und besteht tatsächlich kein Mangel, kann er verpflichtet sein, dem Verkäufer wegen dessen Kosten für die Überprüfung der Mängelanzeige Schadensersatz zu leisten[377]. Wenn der Verkäufer die Katze auf die Beanstandung des Käufers hin von einem Tierarzt oder Sachverständigen untersuchen läßt, dann hat der Käufer ihm bei voreiliger Mängelrüge die dadurch entstandenen Kosten zu erstatten. Dazu gehören auch die Fahrtkosten, wenn der Verkäufer das Tier am Wohnsitz des Käufers abholt und/oder der Tierarzt seine Praxis nicht am Wohnsitz des Verkäufers hat.

Im Rahmen der Nacherfüllung hat der Katzenkäufer die Möglichkeit, den Verkäufer aufzufordern, eine andere, gesunde Katze zu liefern[378]. Der Verkäufer ist

---

[372] BGH MDR 2006, 679, 680; OLG Frankfurt/M. vom 17.07.2006 – Az. 18 U 96/05.
[373] OLG Frankfurt/M. vom 17.07.2006 – Az. 18 U 96/05.
[374] vgl. dazu Ebert NJW 2004, 1761 ff.
[375] BGH NJW 2010, 1448.
[376] Palandt/Weidenkaff, BGB, § 439 Rn. 6
[377] BGH NJW 2008, 1147, 1148; LG Zweibrücken NJW-RR 1998, 1105; AG Münster NJW-RR 1994, 1261; Kaiser NJW 2008, 1709 f. ; Palandt/Weidenkaff, BGB, § 439 Rn. 6; kritisch Sutschet JZ 2008, 637 f..
[378] AG Peine vom 12.09.2007 – Az. 16 C 178/07.

jedoch nicht verpflichtet, eine Katze aus demselben Wurf zu liefern[379]. Er hat vielmehr das Recht eine gleichwertige Katze derselben Rasse und Farbe aus einem anderen Wurf zu liefern[380]. Beseitigt der Käufer den Mangel ohne Fristsetzung selbst, bringt er das Tier also gleich in tierärztliche Behandlung, ohne den Verkäufer zu kontaktieren, hat er keine Möglichkeit, vom Verkäufer Ersatz der durch die tierärztliche Behandlung entstandenen Kosten zu erhalten[381].

Neben der **Verjährung** (§ 438 BGB) gibt es keine bestimmte Frist, innerhalb derer der Käufer die Nacherfüllung verlangen muß[382].

Nach dem Wortlaut des Gesetzes besteht das Nacherfüllungsrecht des Käufers unabhängig von einer Fristsetzung bereits mit der Geltendmachung des Mangels und der Aufforderung zur Behebung. Voraussetzung für Rücktritt, Minderung, Schadensersatz statt Leistung und Ersatz vergeblicher Aufwendungen ist aber, daß der Käufer dem Verkäufer eine **angemessene Frist** zur Nacherfüllung setzt[383]. Die Länge der Frist richtet sich nach den Umständen des Einzelfalls. Sie ist so zu bemessen, daß der Verkäufer die Nacherfüllung rechtzeitig vornehmen kann[384]. Ist die Frist zu kurz, wird regelmäßig eine angemessene Frist in Lauf gesetzt[385]. In der Regel werden Fristen von einer Woche bis zu einem Monat angemessen sein[386]. Nach fruchtlosem Fristablauf kann der Käufer die Rechte aus § 437 Nr. 2 und Nr. 3 BGB geltend machen.

Erfüllungsort für die Nacherfüllung ist nach h. M. der Ort, an dem sich die Katze befindet, auch wenn sie vom Käufer abgeholt wurde[387]. Will der Käufer auf Schadensersatz klagen, nachdem er vergeblich Nacherfüllung verlangt hat, kann die

---

[379] AG Peine vom 12.09.2007 – Az. 16 C 178/07.
[380] AG Peine vom 12.09.2007 – Az. 16 C 178/07.
[381] BGH NJW 2006, 988.
[382] Palandt/Weidenkaff, BGB, § 439 Rn. 7.
[383] BGH NJW 2005, 1348, 1349; 2005, 3211 f.; 2006, 988, 989; BGH NJW-RR 2009, 667; Schubel JuS 2002, 313, 316 f..
[384] Palandt/Weidenkaff, BGB, § 439 Rn. 7.
[385] BGH NJW 1985, 2640 für § 326 a. F. .
[386] Palandt/Weidenkaff, BGB, § 439 Rn. 7.
[387] Palandt/Weidenkaff, BGB, § 439 Rn. 3 a m.w.N..

Klage bei dem Gericht erheben, in dessen Bezirk sich die Katze befindet. Er muß nicht am Wohnsitz des Verkäufers klagen.

b') Ausnahmefall: Selbstvornahmerecht

In seltenen Ausnahmefällen gestattet die Rechtsprechung dem Käufer eine sog. „Selbstvornahme", die es im Kaufrecht anders als im Werkvertragsrecht oder Mietrecht eigentlich gar nicht gibt. **Selbstvornahme** bedeutet, daß der Käufer einen Mangel selbst oder durch Dritte auf Kosten des Verkäufers beseitigt bzw. beseitigen läßt.

Eine Aufforderung des Verkäufers zur Nachbesserung ist unter Abwägung der beiderseitigen Interessen nach § 281 Abs. 2 BGB entbehrlich, wenn bei einem mit der Nachfristsetzung notwendigerweise verbundenen Zeitverlust ein wesentlich größerer Schaden droht als bei einer vom Gläubiger sofort vorgenommenen Mängelbeseitigung[388]. Der Käufer kann sofort den Schadensersatzanspruch geltend machen, wenn das gekaufte Tier erkrankt, eine sofortige tierärztliche Behandlung – jedenfalls aus damaliger Sicht – erforderlich scheint (Notfall) und der Verkäufer nicht sofort erreichbar ist, um seinerseits die Behandlung in die Wege zu leiten[389]. In einem solchen Fall ist es dem Käufer – auch unter dem Gesichtspunkt des Tierschutzes – nicht zuzumuten, zunächst den Verkäufer aufzusuchen[390].

Auch die Kosten für die weitere (Nach-)Behandlung sind ohne eine Fristsetzung ersatzfähig, da ein eventueller Tierarztwechsel nach Abwägung der Interessen weder zumutbar noch zweckmäßig ist[391]. Das gilt auch dann, wenn der Käufer im Kaufvertrag auf die Erstattung solcher Tierarztkosten verzichtet hat[392] und wenn sich bei der tierärztlichen Erstuntersuchung herausstellt, daß eine lebensbedrohliche Situation nicht vorliegt[393]. In diesem Fall ist eine Aufforderung zur Nacherfül-

---

[388] BGH NJW 2005, 3211; 2006, 988 ff.; AG Peine vom 12.09.2007 – Az. 16 C 178/07.
[389] BGH NJW 2005, 3211; 2006, 988 ff.; AG Peine vom 12.09.2007 – Az. 16 C 178/07.
[390] BGH NJW 2005, 3211; 2006, 988 ff.; AG Peine vom 12.09.2007 – Az. 16 C 178/07.
[391] BGH NJW 2005, 3211; 2006, 988 ff.; AG Peine vom 12.09.2007 – Az. 16 C 178/07.
[392] LG Essen NJW 2004, 527 f..
[393] BGH NJW 2005, 3211; 2006, 988 ff.; AG Peine vom 12.09.2007 – Az. 16 C 178/07.

lung wegen **Gefahr im Verzug** ausnahmsweise nicht mehr erforderlich[394]. Der Käufer muß nach der ersten Notbehandlung dem Verkäufer auch nicht die Nachbesserung in Form der Weiterbehandlung ermöglichen; ein solcher Wechsel in der tierärztlichen Behandlung wäre unzumutbar und unzweckmäßig[395].

> Bei Gefahr im Verzug darf der Käufer ausnahmsweise die Katze selbst tierärztlich behandeln lassen. Der Verkäufer hat ihm die Behandlungskosten zu erstatten.

Auf eine Differenzierung nach dem **Erwerbsmotiv** des Käufers eines Tieres kommt es für die Beurteilung, ob dem Käufer zugemutet werden kann, vom Verkäufer des Tieres Nacherfüllung zu verlangen, nicht an[396]. Die Unzumutbarkeit der Fristsetzung zur Nacherfüllung und die daraus folgende Entbehrlichkeit der Fristsetzung nach § 281 Abs.2 Alt. 2 BGB können daher nicht darauf gestützt werden, daß der Käufer ein Tier aus persönlichen und nicht aus wirtschaftlichen Beweggründen erworben hat, vielmehr ist die Fristsetzung unabhängig von den Erwerbsmotiven des Käufers nur bei unaufschiebbaren Notmaßnahmen entbehrlich[397].

c') Sonderfall Stückkauf

Die Ersatzlieferung kommt nur dann in Betracht, wenn Gegenstand des Kaufvertrages nicht ein ganz bestimmtes Tier ist (Stückkauf), z. B. die namentlich benannte Katze einer bestimmten Rasse oder die Katze mit einer bestimmten Tätowierungsnummer oder einem bestimmten Aussehen (Farbe, Zeichnung, Langhaar etc.). Gleichwohl kann die Nacherfüllung durch Ersatzlieferung auch beim **Stückkauf** in Betracht kommen, wenn es sich um eine Sache handelt, die einer vertretbaren Sa-

---

[394] BGH NJW 2005, 3211; 2006, 988 ff; AG Peine vom 12.09.2007 – Az. 16 C 178/07.
[395] BGH NJW 2005, 3211.
[396] BGH NJW 2006, 98 = ZIP 2006, 525.
[397] BGH NJW 2006, 98 = ZIP 2006, 525.

che wirtschaftlich entspricht und das Ersatzstück geeignet ist, das Leistungsinteresse des Käufers zufrieden zu stellen[398].

Nach einer im Schrifttum vertretenen Auffassung soll eine Ersatzlieferung beim Stückkauf in jedem Fall unmöglich sein[399] Zur Begründung wird ausgeführt, daß sich die Leistungspflicht des Verkäufers beim Stückkauf nur auf die verkaufte Sache beziehe und somit jede andere Sache von vornherein untauglich sei, den vertraglich geschuldeten Zustand herbeizuführen[400].

Diese Auffassung wird von der Rechtsprechung[401] und überwiegend auch im Schrifttum[402] abgelehnt. Eine einschränkende Auslegung des § 439 Abs. 1 BGB dahin, daß der Käufer einer Stücksache eine Ersatzlieferung in keinem Fall verlangen kann, findet nach dieser Ansicht im Wortlaut des § 439 Abs. 1 BGB keine Stütze und ist mit dem aus den Gesetzesmaterialien hervorgehenden Willen des Gesetzgebers nicht vereinbar. Sie würde dazu führen, daß der Vorrang des Anspruchs auf Nacherfüllung, der den §§ 437 ff. BGB zugrunde liegt, beim Stückkauf von vornherein entfiele. Das widerspricht dem Willen des Gesetzgebers. Gemäß § 439 Abs. 1 BGB, der durch das Schuldrechtsmodernisierungsgesetz vom 26.11.2001 in das Bürgerliche Gesetzbuch eingefügt worden ist, kann der Käufer als Nacherfüllung nach seiner Wahl die Beseitigung des Mangels oder die Lieferung einer mangelfreien Sache verlangen. Der Wortlaut der Bestimmung, wonach es

---

[398] OLG Braunschweig NJW 2003, 1053, 1054; LG Ellwangen NJW 2003, 517; LG Münster DAR 2004, 226,227; Bitter/Meidt ZIP 2001, 2114, 2116; Canaris JZ 2003, 831, 836; Spickhoff BB 2003, 589; Schulze/Ebers, JuS 2004, 462, 463 f..
[399] Ackermann JZ 2002, 378 f.; ders. JZ 2003, 1154 ff.; Huber, NJW 2002, 1004, 1006; Westermann NJW 2002, 241, 244; Lorenz JZ 2001, 742, 744; Reischl JuS 2003, 865, 869 f.; Schwab JuS 2002, 1, 6; Haas BB 2001, 1313, 1315; Tiedtke/ Schmitt, JuS 2005, 583, 586; Faust JZ 2007, 101, 103.
[400] Huber, NJW 2002, 1004, 1006; Ackermann JZ 2002, 378 f.
[401] BGH NJW 2006, 2839, 2840; OLG Braunschweig NJW 2003, 1053, 1054; OLG Zweibrücken OLGR Zweibrücken 2009, 717; OLG Hamm NJW-RR 2005, 1220; OLG Schleswig NJW-RR 2005, 1579 , OLG Koblenz NJW-RR 2009, 985, f.; 2009, 1067 f.; OLG Karlsruhe NJW-RR 2007, 1210, 1211; LG Düsseldorf vom 26.08.2003 - Az. 24 S 195/03; LG Ellwangen NJW 2003, 517; LG Münster DAR 2004, 226, 227.
[402] PWW/D. Schmidt, BGB, § 439 Rn. 25; Bitter/Meidt, ZIP 2001, 2114, 2116, 2119 f.; Canaris, JZ 2003, 831; 2003, 1156 f.; MünchKomm/Lorenz, BGB, vor § 474 Rn. 17; Palandt/Weidenkaff, BGB, § 439 Rn. 15; Oechsler NJW 2004, 1825, 1829; Musielak NJW 2008, 2801 ff.; Gsell JuS 2007, 97 ff.; Roth NJW 2006, 2953, 2954.

weder hinsichtlich der Nachbesserung noch der Ersatzlieferung darauf ankommt, ob ein Stückkauf oder ein Gattungskauf vorliegt, enthält keinen Anhaltspunkt für die Annahme, daß ein Anspruch des Käufers auf Ersatzlieferung nur bei einem Gattungskauf, nicht dagegen bei einem Stückkauf gegeben ist. Die nach früherem Recht bestehende Unterscheidung zwischen Stück- und Gattungskauf, wonach der Käufer nur im letzteren Falle die Lieferung einer mangelfreien Sache verlangen konnte (§ 480 Abs. 1 Satz 1 BGB a. F.), ist im neuen Recht aufgegeben worden. Der Gesetzgeber ist davon ausgegangen, daß die Schaffung des in §§ 459 ff. BGB a. F. nicht geregelten Nacherfüllungsanspruchs des Käufers unabhängig davon, ob ein Stückkauf oder ein Gattungskauf vorliegt, sowohl den Interessen des Käufers als auch denen des Verkäufers entspricht, und hat die Möglichkeit der Nacherfüllung durch die Lieferung einer mangelfreien anderen Sache bewußt auch für den Fall eines Stückkaufs vorgesehen. In der Entwurfsbegründung wird hierzu ausgeführt, der Käufer habe nicht in erster Linie ein Interesse an der Rückgängigmachung des Kaufs oder an der Herabsetzung des Kaufpreises; ihm gehe es vor allem darum, eine mangelfreie Sache zu erhalten. Dieses Interesse kann "in den meisten Fällen - auch beim Stückkauf - durch Nachbesserung oder Lieferung einer anderen gleichartigen Sache befriedigt werden"[403]. Daraus ist zu ersehen, daß der Gesetzgeber die Nacherfüllung durch Lieferung einer anderen, mangelfreien Sache beim Stückkauf nicht als grundsätzlich ausgeschlossen angesehen hat.

Auch wenn danach eine Ersatzlieferung beim Stückkauf nicht von vorneherein ausscheidet, so ist sie doch, wie schon in der Entwurfsbegründung betont wurdet[404], nicht in jedem Fall möglich. Dies gilt insbesondere für den **Kauf gebrauchter Sachen**. In den Gesetzesmaterialien wird darauf hingewiesen, daß beim Kauf einer bestimmten gebrauchten Sache eine Nachlieferung "zumeist von vornherein ausscheiden" werde[405]. Ob eine Ersatzlieferung in Betracht kommt, ist nach dem durch Auslegung zu ermittelnden Willen der Vertragsparteien bei Vertragsschluß zu beurteilen (§§ 133, 157 BGB). Möglich ist die Ersatzlieferung nach der Vorstel-

---

[403] BT-Drucks. 14/ 6040, S. 89, 220, 230.
[404] BT-Drucks. 14/ 6040, S. 209.
[405] BT-Drucks. 14/ 6040, S. 232

lung der Parteien nur dann, wenn die Kaufsache im Falle ihrer Mangelhaftigkeit durch eine gleichartige und gleichwertige ersetzt werden kann[406].

Beim Kauf einer Katze wird in der Regel die Ersatzlieferung ausgeschlossen sein, weil sich ein ganz bestimmtes Tier aus dem Wurf oder aus der Katzengemeinschaft für den Käufer entschieden hat und für den Käufer daraufhin ein anderes Tier nicht mehr in Betracht kommt. Eine Ersatzlieferung scheitert meist schon daran, daß es das betreffende Tier als unvertretbare Sache nur einmal gibt[407]. Ebenso verhält es sich, wenn zu dem Tier innerhalb der Wochen seit seinem Einzug in der Familie des Käufers eine emotionale Bindung entstanden ist[408] oder wenn das Tier wegen seiner Persönlichkeit oder seines Aussehens (z. B. die einzige Tricolorkatze eines Wurfs) gekauft wurde[409]. Der Vorrang der Nacherfüllung vor der Lösung vom Vertrag durch Rücktritt (§§ 440, 323 und 326 Abs. 5 BGB) oder der Minderung (§ 441 BGB) ist ersichtlich für Käufe über Sachen gemacht, die als Massenware angeboten werden, wie z. B. Autos, Elektrogeräte, nicht aber für Tiere[410].

> Wenn der Käufer sich wegen des Aussehens oder des Wesens für eine ganz bestimmte Katze entschieden hat, die es so nur einmal gibt, braucht er keine andere Katze des Züchters als Ersatz zu anzunehmen.

---

[406] BGH NJW 2007, 1346; Palandt/Weidenkaff, BGB, § 439 Rn. 15.
[407] vgl. LG Münster vom 20.07.2007 – Az. 10 O 240/06; Adolphsen in: AnwK BGB, Band 2, Anhang zu §§ 433-480 Rn. 26.
[408] BGH NJW 2005, 2852 = MDR 2005, 1337; Adolphsen in: AnwK BGB, Band 2, Anhang zu §§ 433-480 Rn. 26.
[409] AG Hannover RdL 2007, 10.
[410] Adolphsen in: AnwK BGB, Band 2, Anhang zu §§ 433-480 Rn. 26.

d') Unmöglichkeit der Nacherfüllung

Beim Kauf von Tieren kann die *Nachlieferung* deshalb unmöglich werden, weil der Käufer eine enge emotionale Bindung zum Tier aufgebaut hat[411].

Der Käufer ist nicht verpflichtet, dem Käufer die Möglichkeit zur *Nachbesserung* zu geben, wenn es um Umstände geht, die der Verkäufer objektiv gar nicht nachbessern kann[412]. Es gibt Mängel, die nicht nachgebessert werden können. Das ist z. B. bei genetisch bedingter Zuchtuntauglichkeit der Fall[413], bei einer chronischen Erkrankung[414] oder bei einem angeborenen Herzfehler[415]. In diesem Fall scheidet die Nachbesserung aus.

Handlungen, die einen Mangel nicht folgenlos beseitigen können, sondern einen neuen Sachmangel hervorrufen, stellen keine Mangelbeseitigung i. S. d. § 439 Abs. Alt. 1 BGB dar[416]. Sofern kein anderer Weg zur endgültigen Mangelbehebung zur Verfügung steht, ist die Nachbesserung unmöglich (§ 275 Abs. 1 BGB). Die Operation eines Tieres, die einen körperlichen Defekt nicht folgenlos beseitigen kann, sondern andere, regelmäßig zu kontrollierende gesundheitliche Risiken für das Tier selbst erst hervorruft, stellt keine Beseitigung eines Mangels i. S. d. § 439 Abs. 1 BGB dar[417]. Um einen als geringfügig anzusehenden und deshalb zu vernachlässigenden Fehler, der bei einer nicht vollständig möglichen Mangelbeseitigung unter Umständen noch hinzunehmen sein soll und den Bestand des Nacherfüllungsanspruchs gegebenenfalls nicht berührt, handelt es sich in diesem Fall nicht. Wenn andere Maßnahmen als die durchgeführte Operation nicht zur Verfügung stehen, ist eine den Anforderungen des § 439 Abs. 1 BGB entsprechende Beseitigung der anlagebedingten Fehlentwicklung nicht möglich, der Mangel als solcher also nicht behebbar[418].

---

[411] BGH NJW 2005, 2852.
[412] OLG Schleswig OLGR Schleswig 2008, 926 = SchlHA 2009, 85.
[413] BGH NJW 2005, 2852.
[414] Adolphsen in: AnwK BGB, Band 2, Anhang zu §§ 433-480 Rn. 26.
[415] BGH NJW 2007, 674 = ZIP 2007, 131.
[416] BGH NJW 2005, 2852.
[417] BGH NJW 2005, 2852.
[418] BGH NJW 2005, 2852.

e') unzumutbarer Aufwand

Der Verkäufer darf die vom Käufer geforderte Mangelbeseitigung nach § 275 Abs. 2 BGB verweigern, soweit diese einen Aufwand erfordert, der unter Beachtung des Inhalts des Schuldverhältnisses und der Gebote von Treu und Glauben in einem groben Mißverhältnis zu dem Leistungsinteresse des Käufers steht[419]. **Unzumutbar** ist der Aufwand, den eine Operation des Tieres erfordert, für den Verkäufer allerdings nicht schon deshalb, weil er die Operation nicht selbst vornehmen kann, sondern einen darauf spezialisierten Tierarzt hätte suchen und damit beauftragen müssen[420].

Der mit der Operation verbundene Aufwand ist dem Verkäufer aber dann nicht zuzumuten, wenn es nicht damit getan gewesen wäre, daß er das Tier bei einem Spezialisten operieren läßt, wenn die Operation zwangsläufig regelmäßige tierärztliche Kontrolluntersuchungen zur Überwachung der Risiken für die Gesundheit des Tieres zur Folge hat. Auch diese Kontrolluntersuchungen hätte der Verkäufer selbst zu veranlassen, wenn er die Operation als (noch mögliche) Nacherfüllung im Sinne des § 439 BGB schuldete[421]. Dies übersteigt auch unter Berücksichtigung des Leistungsinteresses des Käufers den für den Verkäufer noch zumutbaren Aufwand[422].

Der Verkäufer braucht sich nicht auf eine Maßnahme einzulassen, die das Tier nicht in einen vertragsgemäßen Zustand versetzen kann, die mit erheblichen gesundheitlichen Risiken für das Tier verbunden ist und die deshalb für den Verkäufer - während der gesamten Lebensdauer des Tieres – regelmäßige tierärztliche Kontrolluntersuchungen und darüber hinaus unabsehbaren weiteren Aufwand zur Folge hat[423]. Dabei fällt bei der Frage der Zumutbarkeit zugunsten des Verkäufers auch ins Gewicht, wenn dieser die anlagebedingte Fehlentwicklung nicht zu vertreten hat (§ 275 Abs. 2 Satz 2 BGB).

---

[419] BGH NJW 2005, 2852.
[420] BGH NJW 2005, 2852.
[421] BGH NJW 2005, 2852.
[422] BGH NJW 2005, 2852.
[423] BGH NJW 2005, 2852.

Wenn also die vom Käufer geforderte Mangelbeseitigung schon von Anfang an unmöglich oder für den Verkäufer unzumutbar ist, besteht kein Anspruch des Käufers auf Schadensersatz statt der Leistung wegen der vom Verkäufer verweigerten Nacherfüllung. Zwar enthält die Vorschrift des § 437 Nr. 3 BGB in Verbindung mit §§ 280, 283 BGB beziehungsweise § 311 a BGB eine Anspruchsgrundlage für den Schadensersatzanspruch bei an sich möglicher, aber nach § 275 Abs. 2 BGB unzumutbarer Nacherfüllung. Einem daraus etwa abzuleitenden Anspruch des Käufers stünde aber entgegen, daß der Verkäufer bei genetisch bedingtem Mangel die für den Anspruch auf Schadensersatz statt der Leistung maßgeblichen Umstände nicht zu vertreten hat (§ 280 Abs. 1 Satz 2, § 311 a Abs. 2 Satz 2 BGB) [424].

> Wenn die Katze an einem genetischen Defekt leidet, hat der Käufer keinen Anspruch auf tierärztliche Nachbehandlung oder Schadensersatz. Er kann nur vom Kaufvertrag zurücktreten und die Katze zurückgeben oder die Katze behalten und den Kaufpreis mindern.

bbb) Rücktritt vom Vertrag

Wenn die Nacherfüllung i. S. d. § 439 BGB von vornherein ausgeschlossen oder gescheitert ist, hat der Käufer die Wahl zwischen Rücktritt vom Vertrag, Minderung des Kaufpreises, Schadensersatz und Aufwendungsersatz. Der Rücktritt führt zur Rückabwicklung des gesamten Vertrages. Der Käufer muß dem Verkäufer das Tier zurückgeben. Der Verkäufer muß dem Käufer den Kaufpreis zurückzahlen.

Wenn sich durch eine im Kaufvertrag vereinbarte tierärztliche Ankaufsuntersuchung herausstellt, daß das Tier entgegen der ausdrücklichen Zusicherung des Verkäufers krank ist, darf der Verkäufer nicht unter Hinweis auf die Tierarztkosten die Zurückzahlung einer Anzahlung oder des Kaufpreises verweigern. Im Hinblick auf die vom Verkäufer gegebene Zusicherung entspricht es der vertraglichen Lo-

---

[424] BGH NJW 2005, 2852.

gik, daß der Verkäufer die entsprechenden Kosten für den Fall zu tragen hat, daß beim Tier wesentliche Mängel im Rahmen der Ankaufsuntersuchung festgestellt werden[425].

Haben die Parteien nichts anderes vereinbart, ist im Falle der Rückabwicklung der Austauschort dort, wohin der Käufer die Sache verbracht hat[426]. Ein Rücktritt ist ausgeschlossen, wenn ein unerheblicher Mangel vorliegt. Wann ein unerheblicher Mangel vorliegt, muß im Einzelfall entschieden werden.

> Der Käufer kann nicht vom Kaufvertrag zurücktreten, wenn nur ein unerheblicher Mangel vorliegt.

Der Katzenkäufer braucht dem Verkäufer nicht die sonst nach § 323 Abs. 1 BGB erforderliche Frist zur Nacherfüllung zu setzen, wenn sich der Kaufvertrag auf diese konkrete Katze bezieht, die Nacherfüllung (§ 439 BGB) daher ausgeschlossen und die Fristsetzung entbehrlich ist (§ 440 BGB). Der Katzenkäufer kann daher direkt vom Vertrag zurücktreten. Nach erfolgtem Rücktritt kann der Katzenkäufer Ersatz der seit dem Kauf aufgewendeten Fütterungskosten sowie notwendiger Tierarztkosten (z. B. Impfung) verlangen (§§ 280 ff., 325 BGB).

Das Rücktrittsrecht, also das **Recht *auf* den Rücktritt**, unterliegt als Gestaltungsrecht nicht der Verjährung, weil nur Ansprüche verjähren[427]. Kann jedoch der Anspruch auf Erfüllung oder der Anspruch auf Nacherfüllung nicht mehr durchgesetzt werden, weil Verjährung eingetreten ist, so soll auch ein Rücktritt nicht mehr möglich sein. Nach § 218 Abs. 1 Satz 1, 2 BGB kommt es daher für die Wirksamkeit des Rücktritts darauf an, daß er erklärt wird, bevor der hypothetische Nacherfüllungsanspruch verjährt ist. Maßgebend ist der Zeitpunkt der Ausübung des Gestaltungsrechts, nicht dagegen der Zeitpunkt der gerichtlichen Geltendmachung von Ansprüchen gemäß §§ 346 ff. BGB aus dem durch den Rücktritt ent-

---

[425] AG Obernburg/Main - Az. 1 C 0219/99.
[426] LG Freiburg i.Br. vom 07.11.2008 – Az. 8 O 98/08.
[427] Soergel/Niederführ, BGB, § 218 Rn. 1; Erman/Schmidt-Räntsch, BGB, § 218 Rn. 1.

stehenden Rückgewährschuldverhältnis[428]. Die Nichtigkeit tritt nicht ipso jure ein. Der Rücktritt ist vielmehr nur dann unwirksam, wenn der Verkäufer sich auf die Verjährung beruft[429]. Fristen für die Einrede der Unwirksamkeit gibt es nicht[430]. Der Verkäufer kann sich im Prozeß bis zum Schluß der mündlichen Verhandlung auf die Unwirksamkeit des Rücktritts berufen[431].

Davon zu unterscheiden ist das **Recht *aus* dem Rücktritt**. Nach h. M. unterliegen Ansprüche des Käufers *aus* wirksam erklärtem Rücktritt wegen eines Mangels der Kaufsache der dreijährigen Regelverjährung nach §§ 195, 199 BGB[432]. Erst durch den Rücktritt entsteht ein Rückabwicklungsschuldverhältnis nach §§ 346 bis 348 BGB, aus dem sich der Anspruch des Käufers auf Rückzahlung des Kaufpreises ergibt. Dieser Anspruch wird von § 438 BGB nicht erfaßt[433]. In Ermangelung einer Regelungslücke kommt auch eine analoge Anwendung des § 438 BGB nicht in Betracht[434].

ccc) Minderung des Kaufpreises

Der Katzenkäufer kann wahlweise, anstatt vom Vertrag zurückzutreten, den Kaufpreis mindern. In diesem Fall bleibt der Kaufvertrag wirksam, die gegenseitigen Rechte und Pflichten bleiben bestehen. Die Leistung des Katzenkäufers, der Kaufpreis, wird jedoch herabgesetzt. Im Gegensatz zum Rücktritt ist die **Kaufpreisminderung** auch dann möglich, wenn nur ein unerheblicher Mangel vorliegt. Soweit der Käufer den Kaufpreis bereits gezahlt hat, ist der Verkäufer verpflichtet, den Minderungsbetrag an den Käufer zurückzuzahlen. Einigen sich die Parteien

---

[428] BGH WuM 2006, 1960 = NJW 2006, 2838.
[429] Erman/Schmidt-Räntsch, BGB, § 218 Rn. 5.
[430] Erman/Schmidt-Räntsch, BGB, § 218 Rn. 5.
[431] Erman/Schmidt-Räntsch, BGB, § 218 Rn. 5.
[432] BGH NJW 2007, 674; OLG Koblenz ZGS 2006, 117, 118; Münch-Komm/Grothe, BGB, § 218 Rn. 4; MünchKomm/Westermann, BGB § 438 Rn. 4; Reinking ZGS 2002, 141; a. A. Staudinger/Peters/Jacoby, BGB, § 218 Rn. 6; Peters NJW 2008, 119 f.; Wagner ZIP 2002, 789, 791.
[433] BGH NJW 2007, 674 = ZIP 2007, 131; Münch-Komm/Grothe, BGB, § 218 Rn. 4; MünchKomm/Westermann, BGB § 438 Rn. 4; Palandt/Ellenberger, BGB, § 218 Rn. 7; Palandt/Weidenkaff, BGB § 438 Rn. 2, 20; Reinking, ZGS 2002, 140, 141.
[434] BGH NJW 2007, 674 = ZIP 2007, 131.

nicht über die Höhe der Minderung, wird sich der genaue Minderungsbetrag nur durch ein Sachverständigengutachten ermitteln lassen.

Das Recht des Käufers, wegen eines behebbaren Mangels vom Vertrag zurückzutreten oder den Kaufpreis zu mindern (§ 437 Nr. 2, §§ 323, 441 BGB), setzt - wenn nicht einer der gesetzlich geregelten Ausnahmetatbestände eingreift - ebenso wie der Anspruch auf Schadensersatz statt der Leistung (§ 437 Nr. 3, §§ 280, 281 BGB) voraus, daß der Käufer dem Verkäufer erfolglos eine **angemessene Frist** zur Nacherfüllung bestimmt hat. Dies gilt auch beim Tierkauf[435]. Der BGH hat jedoch entschieden, daß ein die sofortige Rückabwicklung des Kaufvertrages rechtfertigendes Interesse des Käufers (§ 323 Abs. 2 Nr. 3 BGB) im Regelfall anzunehmen ist, wenn der Verkäufer dem Käufer einen Mangel arglistig verschwiegen hat[436].

Arglistig handelt, wer unrichtige Erklärungen in Kenntnis ihrer Unrichtigkeit abgibt; bedingter Vorsatz reicht hierfür aus[437]. Ein Verkäufer handelt bereits dann arglistig, wenn er zu Fragen, deren Beantwortung erkennbar maßgebliche Bedeutung für den Kaufentschluß seines Käufers hat, ohne tatsächliche Grundlagen ins Blaue hinein unrichtige Angaben macht[438].

Bei einer vom Verkäufer beim Abschluß eines Kaufvertrags begangenen **Täuschungshandlung** ist in der Regel die für eine Nacherfüllung erforderliche Vertrauensgrundlage beschädigt[439]. Dies gilt insbesondere dann, wenn die Nacherfüllung durch den Verkäufer selbst oder unter dessen Anleitung im Wege der Mängelbeseitigung erfolgen soll[440]. In solchen Fällen hat der Käufer ein berechtigtes Interesse daran, von einer weiteren Zusammenarbeit mit dem Verkäufer Abstand zu nehmen[441]. Dem stehen regelmäßig keine maßgebenden Interessen des Verkäufers gegenüber. Denn die Chance zur nachträglichen Fehlerbeseitigung, die dem

---

[435] BGH NJW 2005, 3211 = MDR 2006, 141; BGH MDR 2006, 679, 680 = NJW 2006, 988; BGH NJW 2008, 1371 = ZIP 2008, 460.
[436] BGH NJW 2008, 1371 = ZIP 2008, 460.
[437] BGH NJW 1998, 2360; NJW 2006, 2839 = ZIP 2006, 1586.
[438] BGH NJW 2006, 2839 = ZIP 2006, 1586.
[439] BGH NJW 2008, 1371 = ZIP 2008, 460.
[440] BGH NJW 2008, 1371 = ZIP 2008, 460.
[441] BGH NJW 2008, 1371 = ZIP 2008, 460.

Verkäufer mit dem Vorrang der Nacherfüllung gegeben werden soll, verdient dieser nur dann, wenn ihm der Mangel bei Abschluß des Kaufvertrags nicht bekannt war[442]. Kannte er ihn dagegen, dann kann er ihn vor Abschluß des Vertrages beseitigen und das Tier in einem vertragsgemäßen Zustand übergeben. Entschließt sich der Verkäufer, den ihm bekannten Mangel nicht zu beseitigen und das Tier in einem vertragswidrigen Zustand zu veräußern, so besteht keine Veranlassung, ihm nach Entdeckung des Mangels durch den Käufer eine zweite Chance zu gewähren[443]. Der so handelnde Verkäufer verdient keinen Schutz vor den mit der Rückabwicklung des Vertrages verbundenen wirtschaftlichen Nachteilen[444]. Für das Recht des Käufers, den Kaufpreis sofort - ohne vorherige Fristsetzung zur Nacherfüllung - zu mindern, gelten die dargelegten Grundsätze gleichermaßen (§ 323 Abs. 3 Nr. 2, § 441 Abs. 1 Satz 1 BGB)[445].

> Wenn der Verkäufer arglistig verschwiegen hat, daß die Katze mangelhaft (z. B. krank) ist, braucht der Käufer ihm keine Frist zur Nachbesserung zu setzen. Er kann statt dessen gleich vom Kaufvertrag zurücktreten oder den Kaufpreis mindern.

ddd) Schadensersatz

Auch der Anspruch des Käufers auf Schadensersatz statt der Leistung wegen eines behebbaren Mangels kommt grundsätzlich nur dann in Betracht, wenn der Käufer dem Verkäufer zuvor erfolglos eine angemessene Frist zur Nacherfüllung gesetzt hat[446], soweit nicht einer der gesetzlich geregelten Ausnahmetatbestände eingreift[447]. Beseitigt der Käufer den Mangel selbst, ohne dem Verkäufer zuvor eine erforderliche **Frist zur Nacherfüllung** gesetzt zu haben, kann er auch nicht ge-

---

[442] BGH NJW 2008, 1371 = ZIP 2008, 460.
[443] BGH NJW 2008, 1371 = ZIP 2008, 460.
[444] BGH NJW 2007, 835.
[445] BGH NJW 2008, 1371 = ZIP 2008, 460.
[446] BGH NJW 2005, 3211 = ZGS 2005, 433; NJW 2006, 988.
[447] BGH NJW 2005, 1438 = WuM 2005, 945; NJW 2005, 3211 = ZGS 2005, 433.

mäß §326 Abs. 2 S. 2, Abs. 4 BGB (analog) die Anrechnung der vom Verkäufer ersparten Aufwendungen für eine Mangelbeseitigung auf den Kaufpreis verlangen oder den bereits gezahlten Kaufpreis in dieser Höhe zurückfordern[448]. Die §§ 437 ff. BGB enthalten insoweit eine abschließende Regelungen, die auch einen Anspruch auf Herausgabe ersparter Aufwendungen in unmittelbarer bzw. analoger Anwendung des § 326 Abs. 2 S. 2 BGB ausschließen; anderenfalls würde dem Käufer im Ergebnis ein Selbstvornahmerecht auf Kosten des Verkäufers zugebilligt, auf das der Gesetzgeber bewußt verzichtet hat[449]. Zudem würde der Vorrang des Nacherfüllungsanspruchs unterlaufen, der den §§ 437 ff. BGB zugrundeliegt.

Beim Kauf eines Tieres können besondere Umstände, die nach § 437 Ziff. 3 BGB i. V. m. §§ 440, 281 Abs. 2 BGB ausnahmsweise die sofortige Geltendmachung des Anspruches auf Schadensersatz statt der Leistung rechtfertigen, dann vorliegen, wenn der Zustand des Tieres eine unverzügliche tierärztliche Behandlung als **Notmaßnahme** erforderlich erscheinen läßt, die vom Verkäufer nicht rechtzeitig veranlaßt werden könnte[450]. Auf eine Differenzierung nach dem Erwerbsmotiv des Käufers kommt es für die Beurteilung, ob dem Käufer zugemutet werden kann, vom Verkäufer des Tieres Nacherfüllung zu verlangen, nicht an. Weder aus §§ 90 a, 433 ff. BGB noch aus dem Tierschutzgedanken des Art. 20 a GG ist herzuleiten, daß für den Vorrang der Nacherfüllung gegenüber dem Anspruch des Käufers auf Schadensersatz statt der Leistung beim Tierkauf maßgeblich zu sein hätte, ob es sich um ein Zuchttier oder ein Liebhabertier handelt[451].

Scheitert ein Anspruch des Käufers auf Schadensersatz statt der Leistung wegen eines Mangels daran, daß der Verkäufer die Verletzung der Pflicht zur Verschaffung einer mangelfreien Sache nicht zu vertreten hat, so kann der Käufer Kosten, die ihm dadurch entstanden sind, daß er den Mangel selbst beseitigt hat, auch dann nicht in Höhe der ersparten Aufwendungen des Verkäufers zur Man-

---

[448] BGH NJW 2005, 1438 = WuM 2005, 945; NJW 2005, 3211 = ZGS 2005, 433; NJW 2006, 988.
[449] BGH NJW 2005, 1438 = WuM 2005, 945; NJW 2005, 3211 = ZGS 2005, 433; NJW 2006, 988.
[450] BGH NJW 2006, 988; NJW 2005, 3211 = ZGS 2005, 433.
[451] BGH NJW 2005, 2852; 2006, 988.

gelbeseitigung ersetzt verlangen, wenn es ihm aus besonderen Gründen nicht zuzumuten war, dem Verkäufer zuvor Gelegenheit zur Nachbesserung zu geben[452].

Kann der Verkäufer seine Verpflichtung zur Lieferung eines mangelfreien Tieres (§ 433 Abs. 1 Satz 2 BGB) weder durch Beseitigung des Mangels noch durch Ersatzlieferung erfüllen, liegt der Fall einer **Unmöglichkeit** vor. Der Anspruch des Käufers auf Schadensersatz statt der Leistung richtet sich dann nicht nach den Vorschriften der §§ 437 Ziff. 3, 440, 280, 281 BGB, sondern nach §§ 437 Ziff. 3, 280, 283 BGB oder §§ 437 Ziff. 3, 311 a BGB[453]. Aus der Nichtbehebbarkeit des Mangels folgt für einen daran anknüpfenden Anspruch des Käufers auf Schadensersatz statt der Leistung, daß es für die Frage des Vertretenmüssens darauf ankommt, ob das Leistungshindernis von Anfang an bestand (§§ 437 Ziff. 3, 311 a BGB) oder erst nach Abschluß des Kaufvertrages entstanden ist (§§ 437 Ziff. 3, 280, 283 BGB) [454]. Wenn die vom Käufer verlangte Beseitigung des Mangels z. B. wegen einer genetisch bedingten Störung von Anfang an unmöglich war, ist der Verkäufer nicht nur von seiner Leistungspflicht aus § 433 Abs. 1 S. 2 BGB frei geworden, sondern ebenso von seiner aus § 439 BGB sich ergebenden Verpflichtung, den Mangel im Wege der Nacherfüllung zu beseitigen (§ 275 Abs. 1 BGB). Ein Anspruch auf Schadensersatz statt der Leistung nach §§ 437 Ziff. 3, 311 a BGB besteht damit auch unter dem Gesichtspunkt nicht vorgenommener Mangelbeseitigung nicht, wenn der Verkäufer das (anfängliche) Leistungshindernis - die genetisch bedingte Störung - bei Vertragsschluß nicht kannte und seine Unkenntnis nicht zu vertreten hatte[455].

eee) Ersatz vergeblicher Aufwendungen

Ist die Katze mangelhaft und tritt der Käufer deshalb vom Kaufvertrag zurück, dann kann er Rückzahlung des Kaufpreises und außerdem **Ersatz vergeblicher Aufwendungen** verlangen. Gemäß § 347 Abs. 2 S. 1 BGB ist der Verkäufer ver-

---

[452] BGH NJW 2006, 988.
[453] BGH NJW 2005, 2852.
[454] BGH NJW 2005, 2852.
[455] BGH NJW 2005, 2852.

pflichtet, dem Käufer (dem Rückgewährschuldner) notwendige Verwendungen zu ersetzen. Eine Ersatzpflicht wegen notwendiger Verwendungen besteht auch bei gewöhnlichen Erhaltungskosten[456]. Dazu gehören bei Tieren beispielsweise die Futterkosten[457], die Aufwendungen für eine tierärztliche Behandlung[458] sowie die Fahrtkosten (Abholen und Rücktransport der Katze).

Der Aufwendungsersatzanspruch aus § 347 Abs. 2 BGB entsteht mit der Rückgabe der Katze[459] und unterliegt - als ein sich aus dem Rückgewährschuldverhältnis ergebender Anspruch - ebenso wie der Anspruch auf Kaufpreisrückzahlung der dreijährigen Regelverjährungsfrist nach §§ 195, 199 BGB[460].

Wenn das Tier an einer ansteckenden Erkrankung leidet und beim Käufer andere Tiere angesteckt hat, dann wird der in der Ansteckung weiterer Tiere liegende sog. **Mangelfolgeschaden** durch den Schadensersatzanspruch abgedeckt. Der Ersatz des Mangelfolgeschadens ist eigentlich kein Gewährleistungsrecht und unabhängig vom eventuellem Gelingen der Nacherfüllung.

fff) Anfechtung wegen Eigenschaftsirrtums

Eine Anfechtung des Kaufvertrages wegen eines Irrtums über eine verkehrswesentliche Eigenschaft des Tieres § 119 Abs. 2 BGB ist nicht möglich, soweit die Mängelhaftung greift[461]. Die §§ 437 bis 441 BGB enthalten die speziellere und damit vorrangige Regelung[462]. Der Käufer könnte sonst auch durch Anfechtung Rechtsfolgen herbeiführen, die nach dem Gewährleistungsrecht ausgeschlossen

---

[456] BT-Drucks. 14/ 6040, S. 197.
[457] BGH NJW 2007, 674 = ZIP 2007, 131; OLG München NJW-RR 1992, 1081, 1082; OLG Koblenz OLGR Koblenz 1998, 450; MünchKomm/Gaier, BGB, § 347 Rn. 19.
[458] BGH NJW 2007, 674 = ZIP 2007, 131; OLG München NJW-RR 1992, 1081, 1082; Staudinger/Kaiser, BGB, § 347 Rn. 101.
[459] BGH NJW 2007, 674 = ZIP 2007, 131; vgl. MünchKomm/Gaier, BGB, § 347 Rn. 17.
[460] BGH NJW 2007, 674 = ZIP 2007, 131.
[461] Pamler in jurisPK-BGB, 5. Aufl. 2010, § 437 Rn. 55.
[462] Pamler in jurisPK-BGB, 5. Aufl. 2010, § 437 Rn. 55.

sind[463]. Umgangen würden insbesondere die Verjährungsvorschriften (§ 438 BGB) und der Vorrang der Nacherfüllung[464].

Der Vorrang der Gewährleistungsrituale vor der Anfechtung gilt nicht nur für die Zeit nach Gefahrübergang, sondern, wegen der Umgehungsgefahr auch für die Zeit *vor* Gefahrübergang, weil das neue Schuldrecht die Durchführung des Vertrages in den Vordergrund stellt[465]. Gegen eine Anfechtungsmöglichkeit nach § 119 Abs. 2 BGB auch vor Gefahrübergang spricht insbesondere die Tatsache, daß der Käufer sonst dem Verkäufer regelmäßig die Möglichkeit der Nacherfüllung nehmen könnte[466].

Auch bei Unmöglichkeit der Nacherfüllung bleibt es bei einer unterschiedlichen Behandlung hinsichtlich grob fahrlässiger Unkenntnis des Käufers von der Eigenschaft bzw. dem Mangel: Bei der Anfechtung ist die Unkenntnis unbeachtlich, bei den Kaufmängelgewährleistungsrechten hingegen nicht (§ 442 Abs. 1 Satz 2 BGB) [467]. Um die abweichenden Regelungen des Kaufmängelgewährleistungsrechts zu erhalten, muß die Anfechtung gemäß § 119 Abs. 2 BGB insgesamt ausgeschlossen bleiben, soweit die Mängelhaftung berührt ist[468].

Gleiches gilt für den Verkäufer. Er kann nicht den Kaufvertrag gem. § 119 Abs. 2 BGB mit der Begründung anfechten, er habe sich über die vereinbarte Beschaffenheit geirrt. Andernfalls könnte er sich der gesetzlichen Mängelhaftung entziehen[469].

cc) Besonderheiten beim Verbrauchsgüterkauf

Ein Verbrauchsgüterkauf liegt immer dann vor, wenn ein Verbraucher i. S. d. § 13 BGB einen Kauvertrag mit einem "Unternehmer" i. S. d. § 14 BGB schließt. Katzen, sind zwar nach § 90 a BGB keine Sachen mehr, die für Sachen geltenden Vor-

---

[463] Pamler in jurisPK-BGB, 5. Aufl. 2010, § 437 Rn. 55.
[464] Pamler in jurisPK-BGB, 5. Aufl. 2010, § 437 Rn. 55.
[465] Pamler in jurisPK-BGB, 5. Aufl. 2010, § 437 Rn. 55.
[466] Pamler in jurisPK-BGB, 5. Aufl. 2010, § 437 Rn. 55.
[467] Pamler in jurisPK-BGB, 5. Aufl. 2010, § 437 Rn. 55.
[468] Pamler in jurisPK-BGB, 5. Aufl. 2010, § 437 Rn. 55.
[469] Pamler in jurisPK-BGB, 5. Aufl. 2010, § 437 Rn. 56.

schriften sind aber auf Katzen entsprechend anzuwenden. Dazu gehören auch die Bestimmungen des Kaufrechts.

Verbraucher ist nach § 13 BGB jede natürliche Person, die ein Rechtsgeschäft zu einem Zwecke abschließt, der weder ihrer gewerblichen noch ihrer selbständigen beruflichen Tätigkeit zugerechnet werden kann. Das setzt voraus, daß der Kauf zu einem privaten Zweck abgeschlossen wurde, und zwar unabhängig vom Willen des kaufenden Verbrauchers[470]. Ob ein privater Kauf vorliegt, ergibt sich aus den äußeren Umständen, dem Auftreten des Käufers, dem Kaufgegenstand und dem Inhalt des Kaufvertrages[471]. Der Kauf eines kastrierten Liebhabertieres wird daher ein privater Kauf sein, der einer ausdrücklich als Zuchttier bezeichneten Katze kann ein nicht privater (gewerblicher) Kauf sein. Bei einem gemischten Zweck kommt es darauf an, wo der Schwerpunkt des Kaufvertrages liegt[472].

Unternehmer ist nach § 14 BGB eine natürliche oder juristische Person oder eine rechtsfähige Personengesellschaft, die bei Abschluß eines Rechtsgeschäfts in Ausübung ihrer gewerblichen oder selbständigen beruflichen Tätigkeit handelt. Für die Anwendung der Vorschriften über den Verbrauchsgüterkauf (§ 474 BGB) kommt es unter dem Gesichtspunkt des maßgebenden Schutzbedürfnisses des Verbrauchers nicht darauf an, ob er die Katze im eigenen oder im fremden Namen veräußert[473]. Eine gewerbliche Tätigkeit setzt ein selbständiges und planmäßiges, auf eine gewisse Dauer angelegtes Anbieten entgeltlicher Leistungen am Markt voraus[474]. Das ist z. B. der Fall, wenn ein Züchter in einer Fachzeitschrift für seine Tiere wirbt und dauerhaft nicht nur Zuchttiere für Verpaarungen, sondern auch Tiere aus der eigenen Nachzucht zum Verkauf anbietet[475]. Allein aus der Eintragung des Verkäufers als Züchter sowie seiner Verkaufsbemühungen für das betreffende mangelhafte Tier kann aber auf ein planmäßiges und dauerhaftes Anbieten von Leistungen am Markt nicht geschlossen werden[476].

---

[470] Palandt/Weidenkaff, BGB, § 474 Rn. 4.
[471] Palandt/Weidenkaff, BGB, § 474 Rn. 4.
[472] Palandt/Weidenkaff, BGB, § 474 Rn. 4.
[473] OLG Köln OLGR Köln 2008, 37 = RdL 2008, 68.
[474] BGH NJW 2006, 2250 = ZIP 2006, 1307; OLG Düsseldorf ZGS 2004, 271.
[475] BGH NJW 2006, 2250 = ZIP 2006, 1307.
[476] OLG Düsseldorf ZGS 2004, 271.

> Ein Züchter handelt gewerblich, wenn er *selbständig* und *planmäßig* Katzen züchtet und zum Kauf anbietet und die Zucht und der Verkauf von Katzen auf *Dauer* angelegt ist.

Anders als im Einkommenssteuerrecht setzt beim Verbrauchsgüterkauf nach § 474 BGB das Vorliegen eines Gewerbes und damit die Unternehmerstellung des Verkäufers nicht voraus, daß der Verkäufer mit seiner Geschäftstätigkeit die Absicht verfolgt, Gewinn zu erzielen[477]. In der Begründung zum Schuldrechtsmodernisierungsgesetz[478] zur Erläuterung des Unternehmerbegriffs in § 474 BGB wird nicht auf den traditionellen Gewerbebegriff des deutschen Handelsrechts Bezug genommen, sondern darauf hingewiesen, daß der für § 474 BGB maßgebliche Unternehmerbegriff in § 14 BGB der Definition des Verkäufers in Art.1 Abs. 2 lit. c der Verbrauchsgüterkaufsrichtlinie entspreche. Aus dieser Bezugnahme auf die Verbrauchsgüterkaufsrichtlinie wird deutlich, daß dem Unternehmerbegriff in § 474 BGB der europäisch-autonome Unternehmerbegriff zugrundeliegt, der vom Gedanken des Verbraucherschutzes geprägt ist[479]. Die überkommene Rechtsprechung des Bundesgerichtshofs zum handelsrechtlichen Gewerbebegriff hindert deshalb, wie bereits für den Verbraucherkredit entschieden[480], auch beim Verbrauchsgüterkauf nicht daran, für das Vorliegen einer gewerblichen Tätigkeit des Verkäufers auf das Merkmal der **Gewinnerzielungsabsicht** zu verzichten[481]. Dies ist im Interesse eines wirksamen Verbraucherschutzes auch geboten, weil eine Gewinnerzielungsabsicht des Verkäufers als rein unternehmensinterne Tatsache dem Verbraucher beim Vertragsschluß häufig verborgen bleiben wird[482] und auch kein überzeugender Grund dafür ersichtlich ist, den Verbraucherschutz beim Verbrauchsgüterkauf davon abhängig zu machen, ob der Verkäufer mit einer in pro-

---

[477] BGH NJW 2006, 2250 = ZIP 2006, 1307.
[478] BT-Drucks. 14/6040, S. 243.
[479] BGH NJW 2006, 2250 = ZIP 2006, 1307.
[480] BGHZ 155, 240 = NJW 2003, 2742.
[481] BGH NJW 2006, 2250 = ZIP 2006, 1307.
[482] vgl. BGH Z, 145, 246 = NJW 2001, 2173.

fessioneller Weise betriebenen Geschäftstätigkeit Gewinn erzielen oder damit lediglich Verluste reduzieren will[483]. Nichts spricht dafür, das Schutzbedürfnis des Verbrauchers, auf das für den Anwendungsbereich des Gesetzes wesentlich abzustellen ist, für geringer zu achten, wenn dem Verkäufer, der am Markt nach seinem gesamten Erscheinungsbild als Unternehmer auftritt, die Absicht der Gewinnerzielung fehlt[484].

> Für ein Auftreten als Unternehmer im Kaufrecht ist es nicht erforderlich, daß der Züchter mit der Zucht Gewinn erzielen will.

Entscheidend ist, ob der Unternehmer gerade in **unternehmerischer Tätigkeit** an einen **Verbraucher** verkauft. Das ist z. B. nicht der Fall, wenn eine Zahnärztin (Unternehmerin) ihr Auto verkauft (privates Geschäft) oder wenn ein Tierarzt (Unternehmer) ein Medikament an den Inhaber eines Mastbetriebes (Unternehmer) verkauft[485]. Ein Verbrauchsgüterkauf liegt hingegen vor, wenn der Tierarzt (Unternehmer) das Medikament an einen Heimtierliebhaber (Verbraucher) abgibt[486]. Unschädlich ist es, wenn der Unternehmer die Tätigkeit nebenberuflich ausübt[487], wie es vielfach beim Verkauf von Katzen durch Züchter geschieht. Es kommt dann darauf an, ob die private oder die unternehmerische Nutzung des Kaufgegenstands überwiegt[488].

> Ein Züchter kann auch dann Unternehmer sein, wenn er die Zucht nur nebenberuflich betreibt.

---

[483] BGH NJW 2006, 2250 = ZIP 2006, 1307.
[484] BGH NJW 2006, 2250 = ZIP 2006, 1307.
[485] Palandt/Weidenkaff, BGB, § 474 Rn. 5.
[486] Palandt/Weidenkaff, BGB, § 474 Rn. 5.
[487] Palandt/Weidenkaff, BGB, § 474 Rn. 5.
[488] OLG Celle NJW-RR 2004, 1645.

Die Beweislast für das Vorliegen eines Verbrauchsgüterkaufs trägt derjenige, der sich darauf beruft[489]. Das wird in aller Regel der Katzenkäufer sein. Die Beweislast für die Ausnahme des Abs. 1 S. 2 trägt der Unternehmer[490].

dd) Gewährleistungsfrist

Die Verjährungsfrist beträgt zwei Jahre (§ 438 Abs. 1 Ziff. 3 BGB). Eine Verkürzung der Verjährungsfrist auf ein Jahr ist zulässig, sofern es sich um einen Kaufvertrag handelt, an dem ausschließlich Unternehmer beteiligt sind. Das ist z. B. der Fall, wenn ein gewerblicher Züchter eine Katze von einem anderen gewerblichen Züchter kauft.

Handelt es sich hingegen um einen Verbrauchsgüterkauf nach § 474 BGB, also einen Kaufvertrag mit einem Verbraucher, dann kann die Gewährleistungsfrist auf ein Jahr ab Übergabe verringert werden. Das gilt aber nur für den Verkauf einer *gebrauchten* Sache (§ 475 Abs. 2 S. 2 BGB). Tiere, die verkauft werden, sind nicht generell als **"gebraucht"** anzusehen[491]. Nach dem in den Gesetzesmaterialien zum Ausdruck gebrachten Willen des Gesetzgebers ist auch beim Tierkauf zwischen "neuen" und "gebrauchten" Kaufobjekten zu unterscheiden; jedenfalls sollen junge Haustiere danach nicht als "gebraucht", sondern als "neu" anzusehen sein[492]. Daß der Beginn des "Gebrauchtseins" möglicherweise nicht für alle zum Kauf angebotenen Tiere nach einheitlichen Regeln bestimmt werden kann, rechtfertigt keine abweichende Beurteilung[493].

Im Schrifttum wird die Auffassung vertreten, bei der Ausfüllung des Begriffs "gebraucht" im Sinne von § 474 Abs. 1 S. 2, § 475 Abs. 2 BGB sei nicht nur auf das gebrauchsbedingte, sondern auch auf das altersbedingte Sachmängelrisiko ab-

---

[489] BGH NJW 2007, 2619 = ZIP 2007, 1611; OLG Düsseldorf ZGS 2004, 271, 273; OLG Celle NJW-RR 2004, 1645, 1646.
[490] Palandt/Weidenkaff, BGB, § 474 Rn. 5.
[491] BGH NJW 2007, 674 = ZIP 2007, 131; a. A. Erman/Grunewald, BGB, § 474 Rn. 7; Brückner/Böhme MDR 2002, 1406 ff..
[492] BT-Drucks. 14/6040, S. 245.
[493] BGH NJW 2007, 674 = ZIP 2007, 131; LG Aschaffenburg NJW 1990, 915.

zustellen, sofern sich der Zeitablauf nachteilig auf die Beschaffenheit auswirkt[494]. In Anbetracht der gesetzgeberischen Wertung, nach der jedenfalls junge Haustiere nicht als "gebraucht", sondern als "neu" anzusehen sein sollen[495], sei der bloße Zeitablauf unerheblich, solange das Tier noch "jung" ist. Ein Tier, das im Zeitpunkt des Verkaufs noch jung[496] und bis zum Verkauf nicht „benutzt"[497] worden ist, sei nicht "gebraucht"[498].

Die Abgrenzung zwischen neu und gebraucht bei Tieren ist sehr umstritten. Eine Definition des Begriffs in Abhängigkeit zur jeweiligen Nutzung ist zur Abgrenzung wenig praktikabel und eine Klärung häufig kaum ohne sachverständige Hilfe herbeizuführen. Überdies entstünde eine erhebliche Rechtsunsicherheit, weil mit zunehmendem Alter der Tiere in keiner Weise mehr nachvollzogen werden könnte, welcher Nutzung sie bereits unterlagen. Schließlich müßte das zum Verkauf stehende Tier bei unterschiedlichen Nutzungsmöglichkeiten (Liebhabertier, Ausstellungstier, Zuchttier) je nach beabsichtigter Nutzung unterschiedlich als neu oder alt eingestuft werden. Folglich ist als maßgeblicher Beurteilungszeitpunkt auf die Geburt des Tieres abzustellen[499]. Zum Teil wird die Ansicht vertreten, das Tier sei bereits mit der Geburt nicht mehr als neue Sache anzusehen[500]. Dagegen wird zu Recht eingewandt, dies führe letztlich dazu, daß Tiere aus dem Anwendungsbereich der Vorschrift ganz herausgenommen werden[501]. Deshalb muß zu dem Zeitpunkt der Geburt eine Zeitspanne von wenigen Wochen oder Monaten hinzutreten[502].

---

[494] MünchKomm/Lorenz, BGB, § 474 Rn. 14.
[495] BT-Drucks. 14/ 6040, S. 245.
[496] BGH NJW 2007, 674 = ZIP 2007, 131: sechs Monate alt; LG Aschaffenburg NJW 1990, 915: neun Wochen alt.
[497] BGH NJW 2007, 674 = ZIP 2007, 131: zur Zucht verwendet.
[498] OLG Düsseldorf ZGS 2004, 271.
[499] Brückner/Böhme MDR 2002, 1406, 1409.
[500] Brückner/Böhme MDR 2002, 1406, 1409.
[501] OLG Düsseldorf ZGS 2004, 271.
[502] OLG Düsseldorf ZGS 2004, 271.

Ob eine Sache oder ein Tier neu oder gebraucht ist, ist nach einem objektiven Maßstab zu bestimmen und - jedenfalls bei einem Verbrauchsgüterkauf - einer Parteivereinbarung entzogen[503]. Sachen oder Tiere, die nach objektiven Maßstäben noch neu sind, können durch einen Unternehmer an einen Verbraucher nicht mit der vereinbarten Beschaffenheit "gebraucht" verkauft werden, um eine Abkürzung der Verjährung von Mängelansprüchen des Verbrauchers zu ermöglichen[504]. Die Fristen dürfen auch nicht durch Vereinbarung eines früheren, vor der Ablieferung liegenden (§ 438 Abs. 2 BGB) Verjährungsbeginns verkürzt werden[505].

Ansprüche des Käufers *aus* dem durch den Rücktritt entstehenden Rückgewährschuldverhältnis unterliegen nicht der Verjährung nach § 438 Abs. 1, 2 BGB, sondern der regelmäßigen Verjährung nach §§ 195, 199 BGB[506].

ee) Beweislastumkehr

§ 476 BGB sieht entsprechend Art. 5 Abs. 3 der Verbrauchsgüterkaufrichtlinie eine Beweislastumkehr zugunsten des Verbrauchers vor. Abweichend von allgemeinen Beweisgrundsätzen, wonach der Käufer beweisen muß, daß ein Mangel besteht und daß dieser bei Übergabe bereits vorlag, wird beim Verbrauchsgüterkauf vermutet, daß ein innerhalb der ersten sechs Monate nach Übergabe auftretender Mangel bereits bei der Übergabe vorlag. Im Regelfall hat daher der Verkäufer zu beweisen, daß der Mangel nicht schon bei der Übergabe bestand.

Die Vermutung des § 476 BGB ist grundsätzlich auch auf den Tierkauf anzuwenden[507]. Sie kann jedoch wegen der Art des Mangels bei bestimmten Tierkrankheiten ausgeschlossen sein[508]. Beim Tierkauf sind die Besonderheiten zu berücksichtigen, die sich aus der Natur des Tieres als Lebewesen ergeben. Dies ergibt sich

---

[503] BGH NJW 2007, 674 = ZIP 2007, 131.
[504] BGH NJW 2007, 674 = ZIP 2007, 131.
[505] Palandt/Weidenkaff, BGB, § 475 Rn. 11.
[506] BGHZ 170, 31 = NJW 2007, 674 = ZIP 2007, 131.
[507] BGHZ 167, 40 = NJW 2006, 2250; BGH NJW 2007, 2619 = ZIP 2007, 1611; OLG Hamm ZGS 2005, 397; a. A. AG Helmstedt vom 01.04.2003 – Az. 2 C 486/02: Tiere sind wegen ihres verfassungsrechtlichen Schutzes keines „Verbrauchsgüter".
[508] BGHZ 167, 40 = NJW 2006, 2250.

schon daraus, daß Tiere keine Sachen sind (§ 90 a. S. 1 BGB) und auf sie die für Sachen geltenden Vorschriften nur entsprechend anzuwenden sind (§ 90 a S. 3 BGB). Anders als bewegliche Sachen unterliegen Tiere während ihrer gesamten Lebenszeit einer ständigen Entwicklung und Veränderung ihrer körperlichen und gesundheitlichen Verfassung, die nicht nur von den natürlichen Gegebenheiten des Tieres (Anlagen, Alter), sondern auch von seiner Haltung (Ernährung, Pflege, Belastung) beeinflußt wird[509]. Der wesentliche Unterschied zwischen Tieren und Sachen, der in der Regelung des § 90 a BGB zum Ausdruck kommt, ist nach der Aufhebung der Bestimmungen über den Viehkauf (§§ 481 ff BGB a. F.) im Zuge der Schuldrechtsreform nicht gegenstandslos geworden, sondern weiterhin von Bedeutung, insbesondere für die Frage, inwieweit die Vermutung des § 476 BGB mit der Art des Mangels unvereinbar ist[510]. In den Gesetzesmaterialien zu § 476 BGB wird ausdrücklich darauf hingewiesen, daß die Vermutung mit der Art des Mangels jedenfalls bei Tierkrankheiten häufig unvereinbar sein werde, weil wegen der Ungewißheit über den Zeitraum zwischen Infektion und Ausbruch der Krankheit nicht selten ungewiß bleiben werde, ob eine Ansteckung bereits vor oder erst nach Lieferung des Tieres an den Käufer erfolgt ist. Eine Vermutung, daß der Mangel zu einem bestimmten Zeitpunkt vorgelegen hat, lasse sich dann nicht rechtfertigen, was aber nicht unbedingt auch für andere Fehler eines Tieres gelten müsse[511].

Aus dieser Erläuterung zur Anwendung des § 476 BGB auf den Tierkauf folgt, daß sich die Frage, ob die Vermutung des § 476 BGB mit der Art des Mangels unvereinbar ist, nach der Vorstellung des Gesetzgebers nicht für alle erdenklichen Erkrankungen und sonstigen Mängel von Tieren einheitlich bejahen oder verneinen läßt, sondern je nach der Art der Erkrankung oder des sonstigen Mangels differenzierter Beurteilung bedarf[512]. Maßgeblich dafür sind einerseits der Sinn und Zweck des § 476 BGB, nämlich die Privilegierung des Verbrauchers aufgrund besserer Erkenntnismöglichkeiten des Unternehmers über den Zustand des Tieres bei

---

[509] BGHZ 167, 40 = NJW 2006, 2250.
[510] BGHZ 167, 40 = NJW 2006, 2250.
[511] BT Drucks. 14/6040, S. 245.
[512] BGHZ 167, 40 = NJW 2006, 2250.

Gefahrübergang[513], und andererseits die dabei auch zu berücksichtigenden Besonderheiten bestimmter Tierkrankheiten oder sonstiger Mängel, aus denen sich aufgrund der spezifischen Natur des Tieres die in der Begründung zu § 476 BGB (a.a.O.) beispielhaft aufgezeigten Grenzen für eine Beweislastumkehr ergeben können[514]. Je nach Inkubationszeit kann die Vermutung ausgeschlossen sein[515]. Die Tatsache hierfür muß der Verkäufer darlegen und beweisen[516].

Für die Beweislastumkehr nach § 476 BGB ist unerheblich, ob der Verkäufer den Mangel, sofern dieser schon bei Gefahrübergang vorhanden war, hätte erkennen können[517]. Sie setzt nicht voraus, daß der Verkäufer in Bezug auf den betreffenden Mangel bessere Erkenntnismöglichkeiten hat als der Käufer[518]. Dem Wortlaut der Vorschrift läßt sich dafür nichts entnehmen. Aus dem Gesetzeszweck ergibt sich nichts anderes. Zwar liegt der Beweislastumkehr des § 476 BGB ausweislich der Gesetzesbegründung die Erwägung zugrunde, daß ein Verkäufer, der als Unternehmer eine bewegliche Sache an einen Verbraucher verkauft, jedenfalls in engem zeitlichen Zusammenhang mit der Übergabe typischerweise über bessere Erkenntnis- und Beweismöglichkeiten verfügt als der Verbraucher[519]. Das Eingreifen der Vermutung hängt aber nicht davon ab, ob im Einzelfall tatsächlich ein Wissensvorsprung des Unternehmers hinsichtlich der Mangelfreiheit der Kaufsache besteht[520]. Andernfalls würde die Beweislastumkehr bei verdeckten Mängeln generell nicht eingreifen und der spezifisch verbraucherschützende Charakter der Vorschrift damit weitgehend leer laufen[521].

---

[513] vgl. BT-Drucks. 14/6040, S. 245.
[514] BGHZ 167, 40 = NJW 2006, 2250.
[515] Palandt/Weidenkaff, BGB, § 476 Rn. 11.
[516] LG Essen NJW 2004, 527.
[517] BGH NJW 2007, 2619 = ZIP 2007, 1611.
[518] BGH NJW 2007, 2619 = ZIP 2007, 1611.
[519] BT-Drucks. 14/ 6040 S. 245.
[520] BGH NJW 2007, 2619 = ZIP 2007, 1611.
[521] BGH NJW 2007, 2619 = ZIP 2007, 1611.

Bei einer saisonal sichtbaren Allergie[522] oder einer sich schleichend fortentwickelnden Krankheit, deren Inkubationszeit regelmäßig noch vor der Übergabe begonnen hat[523] wie z. B. bei der Infektionskrankheit der Mikrosporie, greift die Vermutung des § 476 BGB ein. Daß die Mikrosporie jederzeit auftreten kann, rechtfertigt keine Ausnahme von der Vermutung des § 476 BGB[524].

Das OLG Hamm[525] und das LG Kiel[526] haben Käufern Gewährleistungsansprüche zugesprochen, weil die verkauften Tiere innerhalb von sechs Monaten nach dem Verkauf ein Sommerekzem entwickelten (Empfindlichkeit gegen Kriebelmücken). Dabei konnte in beiden Fällen nicht mehr geklärt werden, ob die Krankheit schon bei der Übergabe vorhanden war. Nach einem anderen Urteil des LG Kiel[527] soll die Beweislastumkehr nur dann anwendbar sein, wenn es sich um einen Mangel handelt, der einen hinreichend wahrscheinlichen Rückschluß auf das Vorliegen eines Grundmangels zum Zeitpunkt der Übergabe zuläßt. Insbesondere auch aus Gründen möglicher Kreuzreaktionen ist bei einem Sommerekzem ein hinreichend wahrscheinlicher Rückschluß auf das Vorliegen eines Grundmangels über mehr als vier Wochen nicht möglich. Nach Ansicht des LG Lüneburg[528] besagt die Einstufung einer Krankheit als chronisch nicht, daß sie schon immer vorhanden war.

Die Beweislastumkehr greift hingegen nicht bei einer Borrelioseerkrankung[529].

ff) Ausschluß oder Einschränkung der Gewährleistung

Auf eine *vor Mitteilung eines Mangels* an den Unternehmer getroffene Vereinbarung, die zum Nachteil des Verbrauchers von den §§ 433 bis 435, 437, 439 bis 443 BGB sowie von den Vorschriften über den Verbrauchsgüterkauf abweicht, kann der

---

[522] BGHZ 167, 40 = NJW 2006, 2250.
[523] OLG Hamm ZGS 2005, 397.
[524] BGH NJW 2007, 2619 = ZIP 2007, 1611.
[525] OLG ZGS 2006, 156.
[526] LG Kiel vom 27.10.2005 - Az. 7 S 39/05.
[527] LG Kiel RdL 2006, 65.
[528] LG Lüneburg vom 08.12.2003 - Az. 4 O 302/03.
[529] LG Verden RdL 2005, 176,177 (Pferdekauf).

Unternehmer sich nicht berufen. Diese Vorschriften finden auch dann Anwendung, wenn sie durch anderweitige Gestaltungen umgangen werden (§ 475 Abs. 1 BGB). In einem Kaufvertrag zwischen einem gewerblichen Züchter (Unternehmer) und einem Verbraucher (z. B. Liebhaber) dürfen also die Gewährleistungsrechte (Anspruch auf Nacherfüllung, Rücktritt vom Vertrag, Minderung des Kaufpreises, Schadensersatz, Ersatz von Aufwendungen) nicht eingeschränkt oder ausgeschlossen werden, *bevor* der Käufer den Verkäufer über den Mangel informiert hat.

Der Nachteil des Verbrauchers, der durch § 475 BGB vermieden werden soll, kann unmittelbar oder mittelbar sein. Nachteil ist jeder, auch teilweiser, Ausschluß der Haftung oder deren Beschränkung, indem die Haftung oder eine Garantie eingeschränkt oder aufgehoben wird, Fristen zu Lasten des Verbrauchers verkürzt werden, die Verjährung erleichtert wird oder die Geltendmachung der Gewährleistungsrechte aus § 437 BGB erschwert wird[530].

Das Verbot, die Gewährleistung zum Nachteil des Verbraucher einzuschränken oder auszuschließen, gilt nicht für den Schadensersatzanspruch (§ 475 Abs. 3 BGB).

gg) Einzelfälle

Wer nach negativer tierärztlicher **Ankaufsuntersuchung** ein Tier kauft und kurze Zeit später feststellt, daß das Tier krank ist, hat gegen den Tierarzt, der den Fehlbefund erhoben hat, dann keinen Schadenersatzanspruch wegen der tierärztlichen Behandlung, wenn er den Verkäufer selbst nicht auf Rückgabe in Anspruch nimmt, weil er das Tier zwischenzeitlich liebgewonnen hat[531].

Wenn bei einem Tier eine **chronische Entzündung** vorliegt, ohne daß es zu klinischen Symptomen oder Leistungsbeeinträchtigungen kommen muß, Streßsituationen aber die Krankheit kurzfristig auslösen können, ist die Beweislastumkehrregelung des § 476 BGB bei dem Auftreten einer solchen Krankheit nicht an-

---

[530] Palandt/Weidenkaff, BGB, § 475 Rn. 4.
[531] AG Burgwedel RdL 2006, 152.

wendbar. Das heißt: der Käufer muß selbst beweisen, daß die Krankheit bereits bei Übergabe des Tieres vorhanden war[532].

Nach der Rechtsprechung des BGH[533] greift die Vermutung des § 476 BGB auch bei der Infektionskrankheit der **Mikrosporie** ein, die sich innerhalb von sechs Monaten seit Gefahrübergang zeigt. Daß die Mikrosporie jederzeit auftreten kann, rechtfertigt keine Ausnahme von der Vermutung des § 476 BGB[534].

Das AG Zittau sieht das ganz anders. Eine verkaufte Katze, die an einer Sporeninfektion (microsporum canis) leidet, weist danach zwar nach dem Kaufvertragsrecht einen Mangel auf, jedoch ist dieser Mangel für die Gewährleistung ohne Belang[535]. Microsporum canis ist der häufigste isolierte Dermatophyt bei der Katze, der bis zu 98 % der Hutpilzerkrankungen bei der Katze verursacht[536]. Die Katze ist der „natürliche Wirt" der weitverbreiteten Sporen[537]. Ein sehr hoher Anteil der Katzen ist latent infiziert[538]. Etwa 20 Prozent aller Katzen (in Südeuropa sogar über 90 Prozent)[539] sind latent infiziert und natürliche Infektionsträger. Nach überstandener Infektion bleiben Katzen nicht selten latent infiziert; damit sind sie eine mögliche Infektionsquelle[540]. Der Käufer muß daher von Anfang an mit einer derartigen Infektion bzw. der Übertragung der Sporen auf andere Haustiere oder sogar Menschen rechnen. Die Inkubationszeit beträgt in der Regel eine bis vier Wochen [541].

Verkauft ein Züchter ein Jungtier und wird bei diesem Tier später eine genetisch bedingte Fehlstellung des Sprunggelenks festgestellt, so haftet hierfür der Verkäufer nicht, wenn er bei der Auswahl der Zuchttiere darauf geachtet hat, daß **genetische Fehler** bei den Elterntieren nicht vorliegen. Der Verkäufer hat in die-

---

[532] LG Kiel RdL 2006, 65.
[533] BGH NJW 2007, 2619 = ZIP 2007, 1611.
[534] BGH NJW 2007, 2619 = ZIP 2007, 1611.
[535] AG Zittau NJW-RR 2006, 168.
[536] Streicher, Kleintiermedizin 2010, 205.
[537] Streicher, Kleintiermedizin 2010, 205.
[538] Streicher, Kleintiermedizin 2010, 205.
[539] Speth, Ärztezeitung vom 27.04.2010; Streicher, Kleintiermedizin 2010, 205: 88 Prozent.
[540] Streicher, Kleintiermedizin 2010, 205.
[541] Streicher, Kleintiermedizin 2010, 205.

sem Fall zwar seine Hauptpflicht aus dem Kaufvertrag zur Verschaffung eines von Sachmängeln freien Tieres (§§ 90 a, 433 Abs. 1 S. 2 BGB) verletzt. Gleichwohl steht dem Käufer kein Schadensersatzanspruch nach §§ 437 Ziff. 3, 440, 280, 281 BGB zu, weil der Verkäufer die angenommene Pflichtverletzung jedenfalls nicht zu vertreten hat (§ 280 Abs. 1 S. 2 BGB)[542]. Zu vertreten im Sinne des § 280 Abs. 1 S. 2 BGB hat der Schuldner Vorsatz und Fahrlässigkeit, sofern nicht aus dem Inhalt des Schuldverhältnisses, insbesondere aus der Übernahme einer Garantie, eine strengere Haftung zu entnehmen ist (§ 276 Abs. 1 S. 1 BGB). Das wäre z. B. der Fall, wenn der Verkäufer eine Garantie für die genetische Beschaffenheit des Tieres (§ 443 BGB) übernommen hat[543]. Ein Züchter hat nicht schlechthin für eventuelle genetische Fehler eines Tieres einzustehen[544]. Ein Züchter, der eine Garantie für eine bestimmte Entwicklung des Tieres nicht übernommen hat, hat dessen anlagebedingte Fehlentwicklung zu vertreten, wenn er – von Vorsatz abgesehen - für die genetischen Ursachen der Fehlentwicklung deshalb die Verantwortung zu tragen hat, weil er bei der Zucht die im Verkehr erforderliche Sorgfalt außer Acht gelassen und dadurch fahrlässig gehandelt hat (§ 276 Abs. 2 BGB) [545]. Ist die Fehlstellung des Sprunggelenks genetisch bedingt, so beruht sie auf einem schon durch die Zeugung vorgegebenen Defekt der spezifischen, für die Knochenentwicklung maßgeblichen Anlagen des Tieres. Hinsichtlich eines solchen, in der Natur des Tieres begründeten genetischen Fehlers ist dem Züchter keine Fahrlässigkeit vorzuwerfen, wenn er die Zucht nach den dafür geltenden, auf Wissenschaft und Erfahrung beruhenden züchterischen Grundsätzen - lege artis - betreibt[546].

Nach den Vorschriften des Verbrauchsgüterkaufs kann der Verkäufer sich nicht auf einen Gewährleistungsausschluß berufen, weil zwingendes Recht dem entgegensteht. Den Kaufvertragsparteien ist es aber nicht verwehrt, eine **negative Beschaffenheitsvereinbarung**[547] aufzunehmen. Dies auch dann, wenn dadurch

---

[542] BGH NJW 2005, 2852.
[543] BGH NJW 2005, 2852.
[544] BGH NJW 2005, 2852.
[545] BGHZ 163, 234 = NJW 2005, 2852.
[546] BGHZ 163, 234 = NJW 2005, 2852.
[547] z. B.: Das Tier leidet an einer Futtermittelallergie gegen Reis und Huhn.

der Gewährleistungsausschluß wieder greifen würde. Anderenfalls wären sonst Tiere mit einem möglichen angelegten Mangel unverkäuflich[548].

Wer einen „Zuchtkater" kauft hat gegen den Verkäufer keinen Anspruch auf Schadensersatz, wenn keine der Zuchtkatzen trächtig wird und sich bei einer tierärztlichen Untersuchung herausstellt, daß der Kater zeugungsunfähig ist. Aus der Bezeichnung **"Zuchtkater"** läßt sich eine Zuchteigenschaft nicht ableiten. In Fachkreisen wird dieser Begriff nämlich so verstanden, daß der Kater von seiner Abstammung und seinen äußerlichen Eigenschaften her für das Zuchtziel wünschenswerte Eigenschaften mitbringt und daher zur Zucht zugelassen wird. Dies hat keinerlei Aussagekraft für die Zeugungsfähigkeit des Katers, d. h. weder für seine Deck- noch für seine Befruchtungsfähigkeit[549].

Die in § 476 BGB ausgesprochene Vermutung, daß ein Kaufgegenstand mangelhaft ist, wenn sich der Mangel innerhalb der ersten sechs Monate seit Übergabe zeigt, ist beim Tierkauf gegenstandslos, wenn der Käufer das Tier vor Abnahme einer tierärztlichen **Ankaufsuntersuchung** unterzogen hat und das Tier dann auf Grund der erhobenen Befunde als gesund abnimmt[550].

Ein Züchter verkaufte ein Jungtier. Zuvor wurde das Tier von einem Tierarzt untersucht, der eine **nicht behandlungsbedürftige Erkrankung** (Nabelbruch) feststellte. Der Tierarzt war der Auffassung, daß die Erkrankung von alleine ausheilt. Gut sechs Wochen nach Übergabe des Tieres ließ der Käufer dann das Tier doch operieren und verlangte vom Verkäufer die Erstattung der Tierarztkosten, was dieser ablehnte. Auch das Gericht gab dem Züchter Recht. Der Käufer hätte nach erfolglosem Abwarten des Heilungsverlaufs den Züchter hiervon in Kenntnis setzen und ihm erst eine angemessene Frist zur Nacherfüllung setzen müssen. Erst nach Ablauf dieser Frist hätte dann der Käufer die Operation durchführen lassen können. Weil er von dem Züchter diese Nacherfüllung nicht verlangt hatte, standen ihm Ersatzansprüche für die tierärztliche Behandlung nicht zu[551].

---

[548] OLG Schleswig RdL 2005, 266.
[549] vgl. AG Gifhorn AuR 2005, 264 hier: Zuchtbulle.
[550] OLG Oldenburg RdL 2005, 65.
[551] AG Blomberg RdL 2006, 179.

c) häufig verwendete Vertragsklauseln

aa) Gewährleistungsklauseln

Zuweilen versuchen Verkäufer, ihre Gewährleistungspflicht einzuschränken oder auszuschließen, und sie sind dabei äußerst erfinderisch.

Die Gewährleistungsrechte des Käufers verjähren innerhalb von 12 Monaten nach Gefahrübergang.

Diese Klausel, nach der "die Gewährleistungsrechte des Käufers" innerhalb von zwölf Monaten nach Gefahrübergang verjähren, ist bereits deshalb unwirksam, weil sie gegen die Klauselverbote des § 309 Nr. 7 lit. a und b BGB verstößt[552]. Nach diesen Bestimmungen kann in Allgemeinen Geschäftsbedingungen die Verschuldenshaftung für Körper- und Gesundheitsschäden nicht, für sonstige Schäden nur für den Fall einfacher Fahrlässigkeit, ausgeschlossen oder begrenzt werden. Eine Begrenzung der Haftung im Sinne des § 309 Nr. 7 lit. a und b BGB ist auch die zeitliche Begrenzung der Durchsetzbarkeit entsprechender Schadensersatzansprüche durch Abkürzung der gesetzlichen Gewährleistungsfrist[553]. Hiergegen verstößt die o.g. Klausel. Denn sie erfaßt auch Schadensersatzansprüche des Käufers, die auf Ersatz eines Köper- oder Gesundheitsschadens wegen eines vom Verkäufer zu vertretenden Mangels gerichtet oder auf grobes Verschulden des Verkäufers oder seiner Erfüllungsgehilfen gestützt sind[554]. Die verbotswidrige Begrenzung der Haftung für die in § 309 Nr. 7 lit. a und b BGB aufgeführten Fälle hat zur Folge, daß die Klausel generell unwirksam ist. Verstößt eine Formularbestimmung gegen ein Klauselverbot, so kann sie nur unter der Voraussetzung teilweise aufrechterhalten bleiben, daß sie sich nach ihrem Wortlaut aus sich heraus verständlich und sinnvoll in einen inhaltlich zulässigen und einen unzulässigen Regelungsteil trennen läßt[555]. Daran fehlt es hier. Die Klausel enthält nur eine ein-

---

[552] BGH NJW 2007, 674 = ZIP 2007, 131.
[553] BGH MDR 1988, 24 = NJW-RR 1987, 1252; BGH NJW 2007, 674 = ZIP 2007, 131.
[554] BGH NJW 2007, 674 = ZIP 2007, 131.
[555] BGH NJW 2007, 674 = ZIP 2007, 131.

zige homogene Regelung, mit der für sämtliche Gewährleistungsrechte des Käufers die Verjährung auf zwölf Monate abgekürzt wird. Um zu einem inhaltlich zulässigen Klauselinhalt zu gelangen, müßte die Klausel um eine Ausnahmeregelung für die Verjährung der in § 309 Nr. 7 lit. a und b BGB aufgeführten Schadensersatzansprüche ergänzt werden[556]. Das wäre der Sache nach jedoch eine geltungserhaltende Reduktion durch inhaltliche Veränderung einer unzulässigen Klausel, die nach der Rechtsprechung des Bundesgerichtshofs nicht zulässig ist[557] Aus demselben Grund kann die Klausel auch nicht in einem einschränkenden Sinne dahin ausgelegt werden, daß die in § 309 Nr. 7 lit. a und b BGB aufgeführten Ansprüche von der Abkürzung der Verjährung unberührt bleiben sollten[558]. Gemäß § 306 Abs. 2 BGB tritt an die Stelle der unwirksamen Klausel die gesetzliche Verjährungsfrist des § 438 Abs. 1 Ziff. 3, Abs. 2 BGB, die - auch für Ansprüche des Käufers wegen Mängeln einer gebrauchten Sache - zwei Jahre beträgt[559].

Ansprüche aus Mängeln sind innerhalb einer Ausschlußfrist von sechs Wochen, gerechnet vom Zeitpunkt des Gefahrübergangs, schriftlich geltend zu machen.
Diese Bestimmung verstößt ebenfalls gegen § 309 Ziff. 7 BGB und § 475 Abs. 2 BGB, weil sie die gesetzliche Verjährungsfrist für die Mängelansprüche des Käufers unzulässig verkürzt, und darüber hinaus gegen § 309 Ziff. 8 lit. b ee BGB, weil sie auch die Anzeige nicht offensichtlicher Mängel im Sinne dieser Vorschrift erfaßt[560].

Sämtliche Ansprüche aus der Mängelhaftung verjähren bei Verbrauchern im Sinne von § 13 BGB innerhalb von einem Jahr nach Gefahrübergang [...]. Außerhalb der vereinbarten Beschaffenheitsmerkmale haftet der Verkäufer nicht. Insoweit wird das Tier verkauft wie besichtigt unter Ausschluß jedweder Sachmängelhaftung.

---

[556] BGH NJW 2007, 674 = ZIP 2007, 131.
[557] BGH NJW 2005, 1574; BGH NJW 2007, 674 = ZIP 2007, 131.
[558] BGH NJW 2007, 674 = ZIP 2007, 131.
[559] BGH NJW 2007, 674 = ZIP 2007, 131.
[560] BGH NJW 2007, 674 = ZIP 2007, 131

Bei diesen Klausel handelt es sich um der Inhaltskontrolle nach §§ 307 ff. BGB unterliegende Allgemeine Geschäftsbedingungen. Der Gewährleistungsausschluß für Sachmängel, die nicht in der Abweichung von vereinbarten Beschaffenheitsmerkmalen bestehen, erfaßt für Sachmängel im Sinne des § 434 Abs. 1 S. 2 BGB auch Schadensersatzansprüche des Käufers wegen Körper- und Gesundheitsschäden infolge eines Mangels sowie wegen sonstiger mangelbedingter Schäden, die auf grobem Verschulden des Verkäufers oder seines Erfüllungsgehilfen beruhen. Für derartige Schäden ist ein Ausschluß oder eine Begrenzung der Haftung in Allgemeinen Geschäftsbedingungen gemäß § 309 Ziff. 7 lit. a und b BGB unwirksam. Da die Klausel derartige Schäden nicht ausnimmt und die darin liegende unangemessene Benachteiligung des Käufers nicht durch Abtrennung eines unwirksamen Teils der Klausel behoben werden kann, ist der Gewährleistungsausschluß insgesamt gemäß § 309 Ziff. 7 lit. a und b BGB unwirksam[561].

Die Haftung des Verkäufers beschränkt sich auf die Einhaltung der in Ziff. 5 dargestellten Beschaffenheitsvereinbarung mit der Einschränkung, daß Ansprüche auf Nacherfüllung oder Minderung ausgeschlossen sind.

Auf eine solche Abweichung von § 439 BGB zum Nachteil des Verbrauchers kann der Verkäufer sich als Unternehmer bei einem Verbrauchsgüterkauf nicht berufen (§ 475 Abs. 1 S. 1 BGB), auch nicht zu seinem Vorteil. Das entspricht der Rechtslage bei Allgemeinen Geschäftsbedingungen, wonach sich der Verwender einer Formularbestimmung nicht auf deren Unwirksamkeit berufen kann[562].

Bei bevorstehenden OPs, Eingriffen oder tierärztlichen Behandlungen, die in die Gewährleistung (bis zu 2 Jahren) fallen würden, muß vom Käufer dem Verkäufer die Möglichkeit eingeräumt werden, nachzubessern oder die Katze umzutauschen. Ansonsten entfällt die Gewährleistung.

Auch diese Klausel ist sehr fragwürdig. Nimmt man sie wörtlich, dann betrifft der Gewährleistungsausschluß alle medizinischen Eingriffe, die während der zweijähri-

---

[561] vgl. BGHZ 170, 31 = NJW 2007, 674; BGH NJW-RR 2010, 1210.
[562] vgl. BGH NJW 2006, 2115; BGHZ 170, 31 = NJW 2007, 674.

gen Gewährleistungsfrist vorgenommen werden, in der Sache aber keine Mängelbeseitigung darstellen. Das wäre z. B. bei der Kastration der Fall. Erfaßt würde auch die Behandlung von Erkrankungen (Mängeln), die nicht unter die Gewährleistung fallen, weil sich die Katze z. B. auf einer Ausstellung oder beim Tierarzt infiziert oder beim Freigang verletzt hat.

> *Sollte sich innerhalb von drei Monaten nach Kauf herausstellen, daß die Katze beim Erhalt nicht gesund gewesen ist, wird für die entstehenden Behandlungskosten oder die Wertminderung der Katze ein Preisnachlaß vereinbart. Kommt es hier nicht zu einer Einigung über dessen Höhe, ist der Verkäufer anschließend innerhalb von 10 Tagen zur Rücknahme der Katze zum vollen Welpenpreis verpflichtet. Mit einem Rückkaufangebot des Verkäufers zum vollen Welpenpreis erlischt jegliche Gewährleistung.*

Die Klausel ist unwirksam (§ 307 BGB). Sie schränkt die Gewährleistungsrechte des Katzenkäufers nach § 437 BGB auf Nacherfüllung, Rücktritt vom Kaufvertrag, Minderung, Schadensersatz und Ersatz von Aufwendungen ein und verkürzt die gesetzliche Gewährleistungsfrist von zwei Jahren (§ 438 Abs. 1 Ziff. 3 BGB) auf drei Monate. Sofern es sich um einen Vertrag zwischen einem Verbraucher und einem Züchter handelt, der Unternehmer ist, kann der Züchter sich auch nach § 475 BGB nicht auf diese Gewährleistungsklausel berufen.

> *Der Verkäufer übernimmt lediglich die gesetzliche Gewährleistung in der Form, daß ihm in dem Falle, daß er den Mangel oder die Krankheit zu vertreten hat, das Recht zur Ersatzlieferung zusteht.*

Die Klausel ist unzulässig, weil sie im Fall eines Verbrauchsgüterkaufs die Gewährleistungsrechte des Käufers auf Rücktritt vom Vertrag, Minderung des Kaufpreises, Schadensersatz und Aufwendungsersatz ausschließt.

> *Der Züchter haftet nicht für versteckte Mängel und Krankheiten, auch wenn es sich dabei um Zuchttauglichkeitsfehler handeln sollte. Im übrigen hat der Käufer das Tier besichtigt. Die Katze wird verkauft wie besichtigt. Spätere Ansprüche*

des Käufers auf Schadenersatz, Wandlung oder Minderung wegen äußerlich erkennbarer Mängel gegenüber dem Züchter sind ausgeschlossen.

Auch diese Klausel ist unzulässig. Sie schließt jegliche Gewährleistung aus, für Unternehmer wie für Verbraucher, für versteckte Mängel ebenso wie für erkennbare Mängel.

Der Züchter versichert außerdem, daß ihm keine offensichtlichen Mängel sowie Krankheiten (erworbene oder vererbte) bekannt sind. Der Züchter haftet nicht für verborgene Mängel und Krankheiten. Spätere Ansprüche des Käufers auf Schadenersatz, Wandlung oder Minderung wegen Mängeln, die nach der Übergabe des Tieres auftreten sind, sind gegenüber dem Züchter ausgeschlossen.

Unzulässig ist der Passus, wonach der Züchter nicht für verborgene Mängel und Krankheiten haftet. Der Züchter ist verpflichtet, ein gesundes, mangelfreies Tier zu liefern. Die o.g. Klausel schließt praktisch jegliche Gewährleistung aus.

Der Züchter haftet nicht für irgendwelche Mängel, die er selbst nicht erkennen kann, auch wenn es sich um Zuchttauglichkeitsfehler oder Krankheiten etc. handelt.

Diese Klausel in einem Vertrag mit einem Hobbyzüchter ist unwirksam, weil sie praktisch die Gewährleistung vollständig ausschließt.

Die Katze wird unter Ausschluß jeglicher Gewährleistung gekauft, und dem Käufer ist mit seiner Unterschrift bewußt, daß es für den Züchter unmöglich ist, auf ein lebendes Tier eine Garantie von zwei Jahren zu geben. Der Züchter versichert, daß ihm zum Abgabezeitpunkt keine bestehenden Erkrankungen bekannt sind.

Soweit es sich um einen Vertrag zwischen einem Unternehmerzüchter und einem Verbraucher handelt, ist die Klausel unwirksam, weil sie gegen zwingende Bestimmungen des Verbrauchgüterkaufs verstößt (§ 475 Abs. S. 1 BGB). Liegen die Voraussetzungen des Verbrauchsgüterkaufs nicht vor, dann ergibt sich die Unwirksamkeit der Klausel aus § 309 Abs. 1 Ziff. 8 lit. b ff BGB, wenn es sich um ein Jungtier handelt, in allen anderen Fällen aus § 307 Abs. 2 Ziff. 1 BGB, weil der vollständige Gewährleistungsausschluß mit wesentlichen Gedanken der gesetzlichen Regelung im Kauf- und Gewährleistungsrecht nicht zu vereinbaren ist.

> *Die Katze ist zum Zeitpunkt der Übergabe erkennbar gesund und frei von Krankheiten. Da jedoch bei lebenden Tieren aus nie einwandfrei zu klärenden Gründen Krankheit und Tod auftreten können, wird folgende Risikobegrenzung zum Vertragsgegenstand gemacht: Der Käufer übernimmt die Katze nach eingehender Besichtigung im gegenwärtigen Zustand. Das Risiko, das mit dem Transport einhergeht, und das Risiko für alle versteckten Fehler, Mängel, Erkrankungen, Verletzungen, Mißwuchs, Abweichungen vom Rassestandard und Erbfehler trägt der Käufer. Sichtbare, erkennbare Fehler und Mängel wie vor gelten als bei Besichtigung erkannt, bekannt und anerkannt. Daher verzichtet der Käufer mit seiner Unterschrift ausdrücklich auf alle eventuellen Rechte der Wandlung, Mängelrüge, Minderung, Umtausch sowie Stellung irgendwelcher Ersatzansprüche.*

Auch diese Klausel ist unwirksam. Soweit es sich um einen Vertrag zwischen einem Unternehmerzüchter und einem Verbraucher handelt, ergibt sich die Unwirksamkeit aus § 475 Abs. S. 1 BGB. Liegen die Voraussetzungen des Verbrauchsgüterkaufs nicht vor, so folgt die Unwirksamkeit der Klausel aus § 307 Abs. 2 Ziff. 1 BGB, weil der vollständige Gewährleistungsausschluß mit wesentlichen Gedanken der gesetzlichen Regelung im Kauf- und Gewährleistungsrecht nicht zu vereinbaren ist. Die Klausel fingiert eine Erklärung des Käufers, wonach er „sichtbare, erkennbare" Mängel erkennt und anerkannt, und zwar unabhängig davon, ob er diese Mängel tatsächlich bemerkt hat. Die Klausel verstößt damit auch gegen § 308 Ziff. 5 BGB.

> *Die Verkäuferin bestätigt, daß ihr keine verborgenen Krankheiten oder Mängel bekannt sind. Beim Ausbruch versteckter schwerer Krankheiten oder Mängel (z. B. Seuchenausbruch) innert 10 Tagen nach Übernahme der Katze verpflichtet sich die Verkäuferin zur Rücknahme der Katze unter Rückerstattung des Kaufpreises. Falls der Kaufvertrag nicht rückgängig gemacht werden soll, verpflichtet sich die Verkäuferin zur Übernahme der tatsächlich anfallenden Behandlungskosten bis zum Maximum des halben Kaufpreises. Allfällige Behandlungskosten*

für Leukose, FIP und Mikrosporie trägt die Käuferin/der Käufer alleine, falls die Verkäuferin nachweist, keine akut daran erkrankten Tiere zu halten. Spätere Ansprüche der Käuferin/des Käufers auf Schadensersatz, Wandlung oder Minderung wegen Mängeln, die nach Übergabe der Katze aufgetreten sind, sind gegenüber der Züchterin ausgeschlossen.

Diese Klausel schränkt in unzulässiger Weise die Gewährleistungsrechte des Käufers ein. Die Gewährleistungsfrist wird von zwei Jahren auf zehn Tage verkürzt. Nach dem Wortlaut der Klausel ist der Käufer nur beim Ausbruch *schwerer* Krankheiten berechtigt, vom Kaufvertrag zurückzutreten. Der Anspruch auf Aufwendungsersatz ist auf die Höhe des halben Kaufpreises begrenzt, obwohl die Kosten der tierärztlichen Heilbehandlung, insbesondere die einer notwendigen Operation, diese Grenze häufig überschreiten werden. Für Leukose, FIP und Mikrosporie ist die Gewährleistung praktisch ausgeschlossen. Die Klausel benachteiligt den Käufer unangemessen und ist daher unwirksam.

bb) Besuchs- und Kontrollrecht des Verkäufers

Häufig sehen Katzenkaufverträge ein Besuchsrecht des Verkäufers für die Zeit nach Übergabe des Tieres an den Käufer vor, z. B.:

Die Züchterin/Verkäuferin ist berechtigt, die Tierhaltung mit oder ohne Voranmeldung zu besichtigen und ungehindert zu überprüfen und sich persönlich vom Wohlergehen und der artgerechten Haltung der Katze zu überzeugen. Sollte die Verkäuferin dabei Mißstände feststellen, so kann sie deren sofortige Behebung verlangen.

Hier liegt der Gedanke an eine unbillige Benachteiligung des Käufers im Sinne des § 307 BGB nahe. Man wird jedoch berücksichtigen müssen, aus welchem Grund der Verkäufer das Besuchsrecht in den Vertrag aufgenommen hat, wie lange, zu welchen Zeiten und wie oft das Besuchsrecht ausgeübt werden kann und ob der Besuch angekündigt werden muß. Die Katze ist zwar nach der gesetzlichen Regelung keine Sache mehr (§ 90 a BGB), wird aber rechtlich wie eine Sache behandelt. Der Käufer erwirbt mit der Übergabe der Katze Eigentum und kann mit dem Tier – im Rahmen der Gesetze, z. B. des Tierschutzgesetzes – mit der Katze nach Belieben verfahren (§ 903 BGB). Andererseits hat der Gesetzgeber in § 90 a BGB anerkannt, daß ein Tier ein Mitlebewesen ist, zu dem anders als bei Sachen eine besondere emotionale Bindung besteht. Aus den Schutzvorschriften wiederum ergibt sich, daß gegenüber dem Tier – anders als bei Sachen - besondere Pflichten bestehen.

Soweit der Katzenverkäufer sich ein Besuchsrecht vorbehält, um sich davon zu vergewissern, daß der Katzenhalter das Tier art- und verhaltensgerecht hält, liegt eine unangemessene Benachteiligung des Katzenkäufers nicht vor. Das setzt allerdings voraus, daß dieses Besuchs- und Kontrollrecht nicht katzenlebenslang, nicht unangemeldet, nicht in regelmäßigen kurzen Abständen und nicht zur Unzeit ausgeübt wird. Kontrollen, die nur den Zweck verfolgen, Macht auszuüben, Präsenz zu zeigen oder den Katzenkäufer zu bevormunden und zu schikanieren, sind unzulässig.

Die Interessen des Katzenkäufers sind ausreichend gewahrt, wenn das Besuchsrecht des Katzenverkäufers nach Zeitraum, Tageszeit und Häufigkeit eingeschränkt ist und erkennbar im Interesse des Tiers in den Vertrag aufgenommen wurde. In Betracht kommt etwa folgende Regelung:

Der Verkäufer hat das Recht, sich bis zum Ablauf von drei Monaten nach Übergabe des Tieres in regelmäßigen Abständen und zu angemessenen Tageszeiten nach vorheriger Terminvereinbarung mit dem Käufer von der artgerechten Haltung und dem Gesundheitszustand der Katze zu überzeugen. Der Verkäufer ist berechtigt bei Zweifeln die Katze mitzunehmen und tierärztlich untersuchen zu lassen. Der Käufer ist verpflichtet, die Kosten der tierärztlichen Untersuchung und einer notwendigen Behandlung zu tragen. Sollte der untersuchende Tierarzt feststellen, daß die Katze durch nicht artgerechte Haltung und/oder Pflege erkrankt ist, hat der Käufer das Recht, binnen vier Wochen vom Kaufvertrag zurückzutreten. Die Frist beginnt zu laufen, sobald der Untersuchungsbefund des Tierarztes beim Verkäufer eingegangen ist. Der Käufer ist verpflichtet, die Katze, den Stammbaum und den Impfausweis an den Käufer zurückzugeben. Der Verkäufer ist berechtigt, den erhaltenen Kaufpreis zu als Vertragsstrafe zu behalten. Der Betrag wird auf die nach § 8 dieser Vereinbarung verwirkte Vertragsstrafe angerechnet.

cc) Impfklauseln

In manchen Katzenkaufverträgen ist genau geregelt. Wann der Katzenkäufer welche Impfungen durchführen muß, etwa:

Der Käufer verpflichtet sich, regelmäßig weiter zu impfen und die Katze mit 16 Wochen erstmalig gegen FIP und Leukose impfen zu lassen. Nach drei Wochen erfolgt dann die Wiederholungsimpfung. Versäumt der Käufer diese Impfungen zum richtigen Zeitpunkt, verzichtet er automatisch auf die Gewährleistung. Auch bei einem leichten Infekt sollte wenigstens die FIP-Impfung fristgerecht durchgeführt werden.

Diese Klausel ist unwirksam. Sie greift in unzulässiger Weise in die Eigentumsrechte des Katzenkäufers ein. Es ist Sache des Katzenkäufers, zu entscheiden, welche Impfungen er durchführen läßt und welchem Impfrisiko er seine Katze aussetzt. Unter Tiermedizinern ist umstritten, ob die FIP-Impfung überhaupt zu empfehlen ist. Die Schutzimpfung ist seit 1991 auf dem Markt. Einige meinen, Katzen, die gegen FIP geimpft werden, seien einem hohen Infektionsdruck ausgesetzt und erkrankten eher an FIP als Katzen, die keinen Impfschutz hatten. Andere wiederum argumentieren unter Berufung auf Veröffentlichungen der Pharmaindustrie, die Effektivität der Impfung betrage 85 Prozent und die Impfung sei ein Segen für Mensch und Tier.

Kritisch wird auch die Tollwutimpfung betrachtet. In den USA soll Tollwut bei Katzen kaum noch auftreten[563]. Es gibt daher immer wieder Stimmen, die eine Tollwutimpfung zumindest bei reinen Wohnungskatzen und bei Katzen, die keine Ausstellungen besuchen, per se nicht für erforderlich halten oder die meinen, das mit einer Tollwutimpfung verbundende Risiko sei größer als das Risiko, an Tollwut zu erkranken.

Ähnlich verhält es sich mit der Leukoseimpfung. Impfungen gegen Tollwut oder FeLV können die Entwicklung von Fibrosarkomen verursachen[564]. Hautpenetrationen durch Injektionen oder Dornen führen bei Katzen zuweilen zur Bildung

---

[563] 95 Prozent der Tollwut-Erkrankungen bei Menschen gibt es in Asien und Afrika, Jelinek, Ärztezeitung vom 30.03.2010.
[564] Yin/Nolte, Praxisleitfaden Hund und Katze, S. 272.

von Tumoren. Bei diesen Sarkomen handelt es sich um Tumore des Bindegewebes. Sie treten dort auf, wo eine Impfung verabreicht wurde, vorzugsweise zwischen den Schulterblättern oder seitlich in der Brustkorbgegend. Sarkome sind im Gegensatz zu Lipomen sehr bösartig. Die Tumorzellen breiten sich rasch in der Tiefe der Unterhaut aus und dringen zwischen und durch die Muskulatur bis zur Wirbelsäule. Sie metastasieren in etwa 25 Prozent der Fälle. Die geschätzte Häufigkeit von Fibrosarkomen liegt bei zwei pro 10.000 geimpften Katzen. Das Risiko impfinduzierter Sarkome steigt mit der Häufigkeit der Impfungen. Oft ist trotz aggressiver Chirurgie eine komplette Entfernung schwierig, und es muß mehrmals operiert werden, weil der Tumor nach kurzer Zeit wieder auftritt. Fibrosarkome haben eine große Rezidivneigung, sie können an gleicher Stelle wieder wachsen. In der Regel verläuft die Erkrankung tödlich.

Es ist Sache des Tierhalters, welchen Impfrisiken er seine Katze aussetzt. An Vorgaben des Verkäufers ist er nicht gebunden.

dd) Fütterungsklauseln

In den ersten Wochen ist das Futter zu verabreichen, das der Züchter gegeben hat.
Die Klausel ist unzulässig. Welches Futter die Katze in Zukunft bekommt, bestimmt der Käufer, nicht der Verkäufer. Die Klausel verletzt das Eigentumsrecht des Käufers (§ 903 BGB).

ee) Gerichtsstandsvereinbarungen

Gerichtsstand und Erfüllungsort ist der o.g. Wohnsitz des Verkäufers.
Der allgemeine Gerichtsstand einer Person wird durch den Wohnsitz bestimmt (§ 13 ZPO). Für Klagen des Käufers gegen den Verkäufer ist das Gericht am Wohnsitz des Verkäufers zuständig, für Klagen des Verkäufers gegen den Käufer das Gericht am Wohnsitz des Käufers. Eine Gerichtsstandsvereinbarung wie die oben zitierte Klausel ist nur dann zulässig, wenn Verkäufer und Käufer Kaufleute sind (§ 38 Abs. 1 ZPO). Gegenüber Verbrauchern sind Gerichtsstandsvereinbarungen grundsätzlich unwirksam. Kaufmann ist, wer ein Handelsgewerbe betreibt

(§ 1 HGB) oder wer aus anderen Rechtsgründen im HGB als Kaufmann eingeordnet wird (§ 2 ff. HGB). Wer zwar Kaufmann ist, weil er z. B. einen Getränkehandel betreibt, aber die Katze als Liebhaber oder Hobbyzüchter erwirbt, ist beim Abschluß des Katzenkaufvertrages Verbraucher. Ihn betrifft die Gerichtsstandsvereinbarung nicht.

Neben dem allgemeinen Gerichtsstand des Wohnsitzes nach § 13 ZPO gibt es u. a. den Gerichtsstand des Erfüllungsortes (§ 29 ZPO). Erfüllungsort ist der Ort, an dem der Schuldner die versprochene Leistung vorzunehmen hat. Bei Bringschulden liegt der Erfüllungsort am Ort des Gläubigers, bei Holschulden am Ort des Schuldners. Mit der oben zitierten Klausel versucht der Verwender über eine Regelung des Erfüllungsortes doch noch zu einer Vereinbarung des ihm angenehmen Gerichtsstands zu kommen. Das ist unzulässig. Eine Vereinbarung über den Erfüllungsort begründet die Zuständigkeit nämlich nur dann, wenn die Vertragsparteien Kaufleute, juristische Personen des öffentlichen Rechts oder öffentlich rechtliche Sondervermögen sind (§ 29 Abs. 2 ZPO). Die o.g. Klausel regelt für sämtliche rechtlich denkbaren Fälle einen Erfüllungsort auch für den geschäftlichen Verkehr mit dem Verbraucher. Im nicht kaufmännischen Verkehr sind Erfüllungsortklauseln nach § 29 Abs. 2 ZPO unzulässig. Es ist nicht statthaft, über die Erfüllungsortklausel den rechtlich nicht vorgebildeten Durchschnittskunden dazu zu verleiten, den für ihn ungünstigen, falschen Gerichtsstand zu wählen.

Diese Gerichtsstandsklausel ist unwirksam, weil sie auch den Verkehr mit dem privaten Letztverbraucher betrifft und deshalb nach den Bestimmungen der Zivilprozeßordnung unzulässig ist (§ 38 ZPO). Damit liegt unangemessene Benachteiligung des Vertragspartners gemäß § 307 BGB vor.

ff) Kastrationspflicht

Obwohl die Tierschutzvereine sich um Kastration und Versorgung der in den Städten ausgesetzten, herrenlosen und verwildert lebenden Katzen bemühen, steigt die Anzahl der Stadtkatzen weiter an. Zum Teil haben Tierheime wegen Kapazitätsauslastung bereits einen Aufnahmestop für Katzen anordnen müssen. Anders als bei Wildtieren regelt sich die Populationsdichte bei wildlebenden Katzen nicht auf natürliche Weise. Die ansteigende Bestandsdichte erhöht die Gefahr von Krankheiten, gesundheitlicher Gefahren für Menschen und Haustiere, hygienischer Belästigung der Bevölkerung, Verringerung frei lebender, teilweise bestandsbedrohter Tiere und Leiden verletzter und/oder kranker Katzen. Die Stadt Paderborn hat daher bereits am 08.11.2008 durch Änderung der ordnungsbehördlichen Verordnung vom 12.03.1997 geregelt, daß männliche und weibliche Freigängerkatzen ab dem fünften Lebensmonat kastriert und gechipt werden müssen, um eine unkontrollierte Vermehrung zu verhindern. Durch die Kennzeichnung kann die erfolgte Kastration nachvollzogen und geprüft werden. Eine entsprechende Verordnung hat die Stadt Delmenhorst hat am 22.06.2010 erlassen. Die Stadt Gütersloh zieht nach.

Viele Katzenkaufverträge verpflichten den Käufer, das Tier zu einem bestimmten Zeitpunkt kastrieren zu lassen. Das ist zulässig, wenn das Tier ausdrücklich als Liebhabertier verkauft wird und der Kaufpreis daher – wie üblich - auch deutlich niedriger ist als bei einem Zuchttier.

Zu weit geht jedoch die folgende Klausel:

Liebhabertiere, die Freigang bekommen sollen, dürfen frühestens 1 Monat nach erfolgter Kastration ins Freie gelassen werden und müssen vom Tierarzt mit einem Mikrochip und der dazugehörigen Registrierung versehen werden.

Sie greift in unzulässiger Weise in das Eigentumsrecht des Erwerbers ein. Es ist seine Sache, zu entscheiden, ob das Tier mit einem Mikrochip versehen und registriert wird, sofern das nicht in seiner Gemeinde ordnungsbehördlich vorgeschrieben ist. Ein schutzwürdiges Interesse des Verkäufers an der Registrierung besteht nicht. Der Mikrochip dient der Identifizierung der Katze bei Reisen, Entlaufen oder Diebstahl. Er betrifft damit ausschließlich Eigentumsinteressen des neuen Eigentümers.

gg) Vertragsstrafe

Viele Katzenkaufverträge sehen eine Vertragsstrafe für den Fall vor, daß der Käufer seine Pflichten aus dem Kaufvertrag nicht oder nicht ordnungsgemäß erfüllt, indem er z. B. die Katze nicht artgerecht hält, sie nicht wie vereinbart kastrieren läßt, sie vertragswidrig zur Zucht einsetzt etc.. Die Vertragsstrafe (§ 339 BGB) ist eine meist in Geld bestehende Leistung, die der Käufer für den Fall verspricht, daß er eine Verbindlichkeit nicht oder nicht gehörig erfüllt[565]. Sie hat den doppelten Zweck, die Erfüllung der Hauptverbindlichkeit aus dem Kaufvertrag als Druckmittel zu sichern und dem Verkäufer den Schadensbeweis zu erleichtern[566].

Das Strafversprechen unterliegt den Auslegungsgrundsätzen der §§ 133, 157 BGB[567]. Einen allgemeinen Grundsatz, daß Strafversprechen im Zweifel eng auszulegen sind, gibt es nicht[568]. Das Versprechen muß die die Vertragsstrafe auslösende Pflichtverletzung und die zu leistende Strafe bestimmt oder zumindest bestimmbar bezeichnen[569]. Hinreichend bestimmt ist ein Vertragsversprechen wegen „Vertragsbruchs"[570] oder wegen eines „gravierenden Vertragsverstoßes", wenn dieser durch Beispiele konkretisiert ist[571]. Die Festsetzung der **Strafhöhe** kann gem. §§ 315 ff BGB dem Verkäufer oder Dritten überlassen werden. Eine ausdrückliche Bezeichnung als „Vertragsstrafe" ist nicht nötig[572].

Das Strafversprechen in einem Katzenkaufvertrag kann nach allgemeinen Grundsätzen, insbesondere nach § 134, 138 BGB, nichtig sein, was über § 139 BGB auch zur Unwirksamkeit des gesamten Kaufvertrages führen kann. Nach § 138 Abs. 1 BGB ist ein Rechtsgeschäft, das gegen die guten Sitten verstößt, nichtig. Nichtig ist insbesondere ein Rechtsgeschäft, durch das der Verkäufer unter Ausbeutung der Zwangslage, der Unerfahrenheit, des Mangels an Urteilsvermögen oder der erheblichen Willensschwäche des Käufers sich oder einem Dritten für den Verkauf der Katze Vermögensvorteile versprechen oder sich gewähren läßt, die in einem auffälligen Mißverhältnis zu seiner Leistung stehen (§ 138 Abs. 2 BGB). Das ist der Fall des **Wuchers**. § 138 BGB greift jedoch nicht schon dann

---

[565] Palandt/Grüneberg, BGB, § 339 Rn. 1.
[566] BGHZ 49, 89; 63, 259; 85, 312; 105, 27.
[567] BGHZ 33, 163, 168 = BGH NJW 1960, 2332; BGHZ 146, 318 = NJW 2001, 2622.
[568] BGH NJW-RR 1991, 1319.
[569] Palandt/Grüneberg, BGB, § 339 Rn. 11.
[570] LAG Berlin BB 1967, 1422; a. A. OLG Düsseldorf DB 1992, 86.
[571] BAG NZA 2006, 34, 36.
[572] Palandt/Grüneberg, BGB, § 339 Rn. 11.

ein, wenn die Vertragsstrafe unverhältnismäßig hoch ist. Es müssen vielmehr besondere Umstände in Bezug auf Inhalt, Beweggrund des Verkäufers oder Zweck der Abrede hinzutreten[573], z. B. Ausnutzung wirtschaftlicher Macht[574], Gefährdung der wirtschaftlichen Existenz[575] oder eine Verfallklausel, die mit den Zwecken der Vertragsstrafe offensichtlich unvereinbar ist[576]. Maßgebend für die Beurteilung der Sittenwidrigkeit ist der Zeitpunkt des Vertragsschlusses[577].

Nach § 307 BGB kann die Vertragsstrafenklausel unwirksam sein, wenn die Strafe unverhältnismäßig hoch oder unangemessen oder die Klausel intransparent ist[578]. Eine Vertragsstrafe, die in einem bei Überlassung einer Katze zu Zuchtzwecken geschlossenen "Schutzvertrag" vereinbart wurde, stellt eine unangemessene Benachteiligung des Vertragspartners im Sinne des § 307 BGB dar und ist darüber hinaus sittenwidrig gem. § 138 BGB, wenn der Wert des Strafversprechens den Wert der Katze um das 20fache übersteigt[579].

Der Katzenkäufer muß die Pflichtverletzung nach § 276 BGB zu vertreten haben[580]. Der Vertragsstrafenanspruch entfällt daher, wenn der Käufer beweist, daß er die Pflichtverletzung nicht verschuldet hat (§ 286 Abs. 4 BGB). Der Käufer hat nicht nur für eigenes Verschulden einzustehen, sondern nach § 278 BGB auch für das von Hilfspersonen[581]. Das Verschuldenserfordernis ist nicht zwingend. Die Vertragsstrafe kann unabhängig von einem Verschulden versprochen werden[582], das jedoch lediglich in einer Individualvereinbarung[583]. Entsprechende formularmäßige Klauseln sind nur dann wirksam, wenn für sie wichtige Gründe vorliegen[584].

---

[573] BGH WM 1971, 441, 443.
[574] RG 90, 181.
[575] RG 85, 100.
[576] BGH NJW-RR 1993, 247.
[577] RG JW 36, 179.
[578] OLG Celle MDR 2009, 857 f.
[579] vgl. OLG Celle MDR 2009, 857 f.: Zuchtpony.
[580] BGH DAR 2008, 204.
[581] BGH NJW 1988, 127; BGH NJW-RR 2007, 1505.
[582] BGH NJW 1971, 883; 1979, 105; 1982, 759; BGH NJW-RR 1997, 686, 688.
[583] Palandt/Grüneberg, BGB, § 339 Rn. 15.
[584] BGH NJW 1971, 883; 1979, 105; 1982, 759; BGH NJW-RR 1997, 686, 688.

Auch wenn das Vertragsstrafenversprechen wirksam ist, kann die Geltendmachung des Anspruchs auf die Vertragsstrafe nach § 242 BGB rechtsmißbräuchlich sein. Das ist z. B. der Fall, wenn der Verkäufer selbst vertragsbrüchig ist[585], sich zu seinem eigenen Verhalten in Widerspruch setzt oder wenn seine Interessen durch die Vertragsverletzung des Käufers weder beeinträchtigt noch ernsthaft gefährdet worden sind[586].

Ob die Vertragsstrafe bei mehrmaligen Verstößen einmal oder mehrfach anfällt, ist eine Frage der Auslegung[587]. In der Regel ist davon auszugehen, daß die Strafe, auch wenn keine natürliche **Handlungseinheit** vorliegt, nicht für jede einzelne Tat, sondern nur einmal verwirkt ist[588]. Gleichartige Einzelhandlungen können als eine Verletzung anzusehen sein, wenn zwischen ihnen ein Fortsetzungszusammenhang besteht[589]. Der uneingeschränkte Verzicht auf die Einrede des Fortsetzungszusammenhangs in formularmäßigen Vertragsstrafenversprechen ist unwirksam[590]. Ausnahmsweise kann er durch ein schutzwürdiges Interesse des Verkäufers gerechtfertigt sein[591].

Hat der Käufer die Strafe für den Fall versprochen, daß er seine Verbindlichkeit nicht erfüllt, so kann der Verkäufer die verwirkte Strafe *anstelle* der Erfüllung verlangen (§ 340 Abs. 1 S. 1 BGB). Erklärt der Verkäufer dem Käufer, daß er die Strafe verlangt, dann ist der Anspruch auf Erfüllung des Vertrages ausgeschlossen (§ 340 Abs. 1 S. 2 BGB). Hat der Käufer die Strafe für den Fall versprochen, daß er seine Vertragspflichten nicht in gehöriger Weise, insbesondere nicht zu der bestimmten Zeit, erfüllt, so kann der Verkäufer die verwirkte Strafe *neben* der Erfüllung verlangen (§ 341 Abs. 1 BGB). Nimmt der Verkäufer die Erfüllung an, so

---

[585] BGH NJW-RR 1991, 569.
[586] Palandt/Grüneberg, BGB, § 339 Rn. 16; a. A. BGH NJW 1984, 919, 920.
[587] BGH NJW 1984, 919, 920; 2001, 2622, 2623 f.; Palandt/Grüneberg, BGB, § 339 Rn. 18.
[588] BGH NJW 2001, 2622 ff.; OLG Hamm NJW-RR 1990, 1197 f; OLG Frankfurt/M. NJW-RR 1992, 620; Palandt/Grüneberg, BGB, § 339 Rn. 18.
[589] BGH NJW 1960, 2332, 2333; 1993, 2993, 2994; 1998, 1144, 1146; OLG München NJW-RR 1994, 867, 868; OLG Hamm NJW-RR 1990, 1197; MünchKomm/Gottwald, BGB, § 339 Rn. 39; Palandt/Grüneberg, BGB, § 339 Rn. 18.
[590] BGH NJW 1993, 721; Palandt/Grüneberg, BGB, § 339 Rn. 18.
[591] BGH NJW 1993, 1786, 1788; OLG München BB 1994, 105; Palandt/Grüneberg, BGB, § 339 Rn. 18.

kann er die Strafe nur verlangen, wenn er sich das Recht dazu bei der Annahme vorbehält (§ 341 Abs. 3 BGB).

Nicht zulässig ist es, im Formularvertrag eine Vertragsstrafe oder pauschalierten Schadensersatz für den Fall zu vereinbaren, daß der Vertragspartner sich durch Rücktritt, Widerruf oder Kündigung vom Vertrag löst (§ 309 Abs. 6 Ziff. 6 BGB). Unwirksam ist daher folgende Klausel:

Für den Fall, daß der Käufer vor Übergabe der Katze vom Kaufvertrag zurücktreten möchte, kann der Verkäufer statt der Kaufvertragserfüllung einen pauschalierten Schadensersatz in Höhe von 25 % des Kaufpreises verlangen und mit der gezahlten Anzahlung verrechnen.

Unwirksam ist auch folgende Klausel:

Es ist eine Anzahlung von 300,00 EUR bei Vertragsschluß zu zahlen.[...]Bei Vertragsrücktritt wird die gezahlte Anzahlung als Aufwandsentschädigung vom Verkäufer einbehalten.

Die Aufwandsentschädigung im Rücktrittsfall ist ein verkappter pauschalierter Schadensersatz. Die Klausel verstößt damit gegen § 309 Abs. 6 Ziff. 6 BGB. Unwirksam wäre die Klausel aber auch dann, wenn man die Aufwandsentschädigung nicht als pauschalierten Schadensersatz, sondern tatsächlich als Aufwandsentschädigung ansähe. Der Rücktritt, den die Klausel regelt, kann nur nach Zahlung der Anzahlung, also nach Vertragsschluß, und vor Zahlung des restlichen Kaufpreises, also vor Übergabe der Katze an den Käufer ausgeübt werden. Der einzige Aufwand, den der Verkäufer im Zusammenhang mit dem Abschluß des Kaufvertrages betreibt, besteht darin, den Kaufvertrag zweifach auszudrucken, zu heften und zu unterschreiben. Futter- und Pflegekosten sind sog. Sowieso-Kosten, die der Verkäufer auch dann hätte, wenn der Käufer nicht vom Vertrag zurückgetreten und die Katze zum vereinbarten Termin abgeholt hätte. Der Aufwand des Verkäufers (Ausdrucken und Unterschreiben des Kaufvertrages) steht in einem krassen Mißverhältnis zur Aufwandsentschädigung (300,00 EUR). Die Klausel ist daher auch sittenwidrig nach § 138 BGB.

hh) sonstige Klauseln

Bei schlechter und insbesondere tierschutzwidriger Behandlung des Tieres kann der Züchter das Tier zurückverlangen.

Diese Klausel verstößt gegen das Transparenzgebot des § 307 Abs. 1 BGB, weil nicht erkennbar ist, unter welchen Voraussetzungen genau der Verkäufer berechtigt sein soll, das Tier zurückzuverlangen, welche Erklärung er dazu abgeben muß (Widerruf, Rücktritt, Kündigung) und wie sich sein Herausgabeverlangen auf den Bestand des Vertrages und die wechselseitig erbrachten Leistungen auswirkt. Muß er den Kaufpreis zurückzahlen oder Aufwendungen erstatten? Die Klausel ist unwirksam, auch wenn der Käufer kein Verbraucher und/oder der Züchter kein Unternehmer ist.

§ 4 Wird die Katze innerhalb von sieben Tagen nach Übergabetermin nicht abgeholt worden sein, wird eine Pensionsgebühr von 8,00 EUR pro Tag erhoben, auf einen begrenzten Zeitraum von 14 Tagen. Danach wird vom Rücktritt des Käufers ausgegangen und es tritt § 3 in Kraft.
[...]
§ 3 Für den Fall, daß der Käufer vor Übergabe der Katze vom Kaufvertrag zurücktreten möchte, kann der Verkäufer statt der Kaufvertragserfüllung einen pauschalierten Schadensersatz in Höhe von 25 % des Kaufpreises verlangen und mit der gezahlten Anzahlung verrechnen.

Die Formularklausel ist unwirksam nach § 308 Ziff. 5 BGB, weil sie einen Rücktritt des Käufers fingiert, obwohl der Käufer gar keinen Rücktritt erklärt und der Verkäufer dem Käufer keine angemessene Frist zum Rücktritt eingeräumt hat. Die Klausel zum pauschalierten Schadensersatz, die nach dem fingierten Rücktritt in Kraft treten soll, verstößt gegen § 309 Abs. 6 Ziff. 6 BGB. Auch sie ist unwirksam.

Die Käuferin / der Käufer kann den vorliegenden Verkaufsvertrag innerhalb von drei Tagen nach Abschluß durch schriftliche Erklärung rückgängig machen und das ihm allenfalls abgegebene Tier zurück geben. In diesem Fall hat die Verkäu-

ferin die Hälfte des Verkaufspreises zurück zu erstatten, der Rest des Betrages verfällt.

Diese Klausel ist unwirksam. Sie benachteiligt den Käufer unangemessen, weil sie zum Nachteil des Käufers von der gesetzlichen Regelung abweicht, obwohl hierfür keine schutzwürdigen Interessen der Verkäuferin erkennbar sind. Wenn die Parteien vertraglich geregelt haben, daß der Käufer innerhalb einer bestimmten Frist vom Kaufvertrag zurücktreten darf, dann hat der Käufer das Tier zurückzugeben und die Verkäuferin den Kaufpreis *vollständig* zurückzuzahlen.

Die Verkäuferin kann bis zur Übergabe der Katze vom Kaufvertrag zurücktreten, falls ihr Informationen vorliegen, wonach das Wohlergehen der Katze oder ihr Ruf als Züchterin gefährdet ist.

Die Klausel verstößt gegen § 242 BGB und § 307 BGB. Nach dem Wortlaut liegt ein Rücktrittsrecht der Verkäuferin schon dann vor, falls jemand, der mit dem Käufer gar nicht in Verbindung steht, den Ruf der Verkäuferin gefährdet. Vorkommnisse, die nicht der Sphäre des Käufers zuzurechnen sind, berechtigen den Verkäufer nicht, sich vom Kaufvertrag zu lösen.

Die Käuferin / der Käufer verpflichtet sich, die Katze tiergerecht und einwandfrei zu halten, zu füttern und zu pflegen, die Katze nicht zu mißhandeln oder zu quälen und auch keinerlei Mißhandlungen durch Dritte zuzulassen. Das Tier ist tierärztlich genügend versorgen zu lassen. Es muß im Minimum einmal jährlich zur Nachimpfung sowie Kontroll- und Vorsorgeuntersuchung einem anerkannten Kleintierarzt vorgestellt werden. Dem Tier sind ausreichende und geeignete Beschäftigungsmöglichkeiten und soziale Kontakte zu bieten.

Die Klausel ist zulässig. Sie konkretisiert nur, wozu der Katzenhalter nach dem Tierschutzgesetz ohnehin verpflichtet ist.

Bei einem Wohnungswechsel ist der Züchterin / Verkäuferin die neue Adresse unverzüglich mitzuteilen.

Die Klausel ist unzulässig, weil sie der Züchterin/Verkäuferin praktisch ein unbefristetes Kontrollrecht über den Käufer einräumt, das nach dem Wortlaut der

Klausel auch dann noch besteht, wenn die Katze nicht mehr lebt. Zulässig wäre es, eine Mitteilungspflicht für die Dauer eines befristeten Besuchsrechts zu vereinbaren. Ein befristetes Besuchsrecht könnte wie folgt geregelt werden:

> *Der Verkäufer hat das Recht, sich bis zum Ablauf von drei Monaten nach Übergabe des Tieres zweimal zu angemessenen Tageszeiten nach vorheriger Terminvereinbarung mit dem Käufer von der artgerechten Haltung und dem Gesundheitszustand der Katze zu überzeugen. Er hat dabei die Privatsphäre des Käufers in angemessener Weise zu berücksichtigen.*

d) Verjährung von Ansprüchen

Die regelmäßige Verjährungsfrist für Ansprüche aus dem Kaufvertrag beträgt drei Jahre (§ 195 BGB). Die Verjährungsfrist gilt für die vertraglichen Erfüllungsansprüche, also den Anspruch des Käufers auf Aushändigung der Katze und der Papiere und den Anspruch des Verkäufers auf Zahlung des Kaufpreises. Dazu gehört für den gewerblichen Züchter-Käufer auch der Anspruch auf Erteilung einer Rechnung mit gesondert ausgewiesener Umsatzsteuer[592].

Auch der Anspruch auf Vertragsschluß aus einem Vorvertrag oder Rahmenvertrag[593] sowie Schadensersatzansprüche aus Vertrag, c.i.c. (culpa in contrahendo) oder Delikt verjähren innerhalb von drei Jahren[594]. Dazu gehören z. B. der Anspruch auf Schadensersatz wegen Pflichtverletzung (§ 280 Abs. 1 BGB), der Anspruch auf Schadensersatz statt der Leistung (§§ 281 ff. BGB), der Anspruch auf Ersatz vergeblicher Aufwendungen (§ 284 BGB), der Anspruch auf Ersatz von Verzugsschaden und Verzugszinsen (§ 280 Abs. 2 i.V.m §§ 286, 288 BGB), der Anspruch aus c.i.c. (§ 311 Abs. 2 und 3 BGB), der Anspruch aus § 311 a Abs. 2 BGB und Ansprüche aus §§ 823 ff. BGB[595].

---

[592] BGHZ 120, 315, 317 ff..
[593] BGH NJW 1983, 1494; Palandt/Ellenberger, BGB, § 195 Rn. 3.
[594] Palandt/Ellenberger, BGB, § 195 Rn. 4.
[595] Palandt/Ellenberger, BGB, § 195 Rn. 4.

Der Anspruch auf Herausgabe der Katze nach Übertragung des Eigentums sowie rechtskräftig festgestellte (titulierte) Ansprüche (z.B. auf Zahlung des Kaufpreises) verjähren innerhalb von 30 Jahren (§ 197 Abs. 1 BGB).

Die regelmäßige Verjährungsfrist beginnt, soweit nicht ein anderer Verjährungsbeginn bestimmt ist, mit Schluß des Jahres, in dem der Anspruch entstanden ist und der Gläubiger von den Umständen, die den Anspruch begründen, und der Person des Schuldners Kenntnis erlangt oder ohne grobe Fahrlässigkeit erlangen müßte (§ 199 Abs. 1 BGB). Unabhängig von der Kenntnis oder grob fahrlässigen Unkenntnis des Gläubigers verjähren Ansprüche innerhalb von 10 Jahren seit ihrer Entstehung, spätestens jedoch innerhalb von 30 Jahren seit der Begehung der Handlung, der Pflichtverletzung oder dem sonstigen, den Schaden auslösenden Ereignis (§ 199 Abs. 3 BGB).

6. Die Katze beim Deckkater

> ***Die Katze***
>
> *Die Katze hat ein gelbes Fell*
> *und sitzt auf meinem Schoße.*
> *Sie mag gern Fisch und eventuell*
> *auch Schmorbraten mit Soße.*
>
> *Auch fängt sie Mäuse dann und wann*
> *und ab und zu - was seh' ich ! -*
> *mal einen Vogel, doch nur dann,*
> *wenn er des Flugs nicht fähig.*
>
> *Oft bleibt sie meiner Kate fern;*
> *dann weilt sie gegenüber.*
> *Sie hat zwar meine Kate gern;*
> *doch ist ihr'n Kater lieber.*
>
> *Heinz Erhardt*

Der Deckvertrag ist in der Regel ein Dienstvertrag und kein Werkvertrag. Anders als beim Werkvertrag wird beim Dienstvertrag kein Erfolg, sondern eine Leistung geschuldet. Für einen erfolgsbezogenen Werkvertrag fehlt die erforderliche Beherrschbarkeit zahlreicher Faktoren physischer und psychischer Art. Wenn der Deckkaterhalter durch eine Zusammenführung von Deckkater und Zuchtkatze auch eine Verpaarung der Tiere und eine Belegung der Katze anstrebt, kann er selbst bei sorgfältigster Behandlung nicht garantieren, daß das Ziel erreicht wird. Der Deckkaterhalter schuldet nach dem Deckvertrag nicht den Erfolg der Deckung. Er kann nur die Möglichkeit bieten, daß der Deckkater die Katze deckt und die Katze nach der Verpaarung trächtig ist. Hinzukommen Serviceleistungen wie Unterkunft, Verpflegung, Pflege, Beaufsichtigung und soziale Kontakte. Der Katzenhalter trägt daher das Risiko, daß der Deckkater zwar die Katze deckt, die Katze aber keine Jungen bekommt.

Anders verhält es sich, wenn der Deckkaterhalter leichtfertig mit dem Katzenhalter vereinbart:

> *Der Katzenbesitzer bringt seine Katze ... zum Zwecke einer Belegung durch den Kater ... in die Wohnung des Deckkaterbesitzers. Die Katze soll in der Zeit von ... bis ... gedeckt werden.*

Das wäre ein klassischer Werkvertrag. Hier schuldet der Deckkaterhalter den Erfolg, also die Befruchtung der Katze. Bleibt die Katze leer, steht ihm die vereinbarte Decktaxe nicht zu. In diesem Fall hat der Deckkaterhalter seine Pflichten aus dem Werkvertrag nicht erfüllt.

Katzenzüchter sehen es zuweilen als unbillig an, daß sie die Decktaxe auch dann zu zahlen haben, wenn die Katze nach dem Besuch beim Deckkater nicht trächtig ist. Sie meinen, der Deckkaterhalter habe in diesem Fall für die Decktaxe gar keine Gegenleistung erbracht. Das ist nicht richtig. Der Deckkaterhalter hat Serviceleistungen wie Unterkunft, Verpflegung, Pflege, Beaufsichtigung und soziale Kontakte erbracht und für die Laufzeit des Vertrages eine fremde grölende Katze in seinem Haushalt ertragen. Wer schon einmal rund um die Uhr eine rollende Katze erlebt hat, weiß, daß nach ein paar Tagen nicht nur beim Deckkater die Nerven blank liegen.

Deckkaterverträge enthalten zuweilen die nachfolgende Regelung:

> *Der Deckkaterbesitzer weist ausdrücklich darauf hin, daß er selbst nur wenige, ausgewählte Tiere aus der Nachkommenschaft des Katers an Züchter verkauft, um die übermäßige Verbreitung seiner Linien und die damit verbundene mögliche Wertminderung seiner Zucht zu verhindern. Der Katzenbesitzer verpflichtet sich daher, von den aus der Verpaarung mit dem oben genannten Kater resultierenden Jungtieren höchstens ein Jungtier an einen Züchter zu verkaufen. Das Recht, ein Tier aus dem Wurf zum Zwecke der eigenen Zucht zu behalten, und das Recht zum Verkauf der Jungtiere an Liebhaber bestehen uneingeschränkt.*

Es liegt auf der Hand, daß der Deckkaterhalter daran interessiert, einer weiten Verbreitung seiner Linie entgegenzuwirken. Nur dann, wenn seine Katzen rar und etwas Besonderes sind, wird er am Markt einen guten Preis durchsetzen und auf den Ausstellungen erfolgreicher sein als die Konkurrenz. Gleichwohl wird eine derartige Klausel nach § 307 BGB unwirksam sein, weil sie den Katzenhalter unangemessen benachteiligt. Der Katzenhalter ist Eigentümer der Zuchtkatze, und er wird, wenn die Verpaarung erfolgreich war, Eigentümer der Jungtiere sein. Wesen des Eigentums ist es, soweit nicht Gesetz oder Rechte Dritter entgegenstehen, mit der Sache nach Belieben zu verfahren und andere von jeder Einwirkung auszuschließen. Rechte Dritter können z. B. Urheberrechte oder das Nachbarrecht sein oder beschränkte dingliche Rechte wie das Erbbaurecht, die Dienstbarkeit, das Dauerwohnrecht, das dingliche Vorkaufsrecht. Eigentum ist das umfassendste und grundsätzlich unbeschränkte Herrschaftsrecht an einer Sache. Katzen sind zwar nach der Änderung des Gesetzes keine Sachen mehr, fallen aber gleichwohl unter den Anwendungsbereich von § 903 BGB. An einer Katze kann Eigentum (und nicht nur Besitz) bestehen.

Mit dem Eigentumsrecht des Katzenhalters ist es nicht zu vereinbaren, wenn der Deckkaterhalter bestimmt, wieviele der Jungtiere später als Zuchttiere verwendet werden dürfen. Hier maßt sich der Deckkaterhalter eine Eigentümerposition zu, die ihm nicht zusteht. Die Jungtiere werden dem Halter der Zuchtkatze gehören und nicht dem Halter des Deckkaters. Nur der Halter der Zuchtkatze hat das Recht über die weitere Verwendung der Jungtiere zu entscheiden, und zwar uneingeschränkt und ohne Rücksprache mit dem Deckkaterhalter.

7. Verträge mit Tierheimen

Man kann nichts in die Tiere hinein prügeln, aber man kann manches aus ihnen heraus streicheln.

Astrid Lindgren

Viele Katzenliebhaber nehmen Katzen aus Tierheimen auf. Sie schließen mit dem Tierheim einen Vertrag, der sich „Schutzvertrag", „Abgabevertrag", „Vermittlungsvertrag" oder „Überlassungsvertrag" nennt und dem Tierheim oder dem Tierschutzverein als Träger des Tierheims formularmäßig umfangreiche Rechte einräumt. So wird der Erwerber zur Zahlung einer sog. Schutz- oder Vermittlungsgebühr verpflichtet, zum Teil in Höhe des marktüblichen Kaufpreises, der Erwerber darf das Tier nicht an Dritte weitergeben, er hat es kastrieren zu lassen, muß dem Tierheim Änderungen seiner Anschrift und den Aufenthaltsort des Tieres mitteilen und ihm zur Durchführung von Kontrollbesuchen den Zutritt zu seinen Privaträumen gestatten. In der Regel vereinbaren die Vertragsparteien eine Vertragsstrafe für den Fall, daß der Erwerber seine vertraglichen Pflichten verletzt. Das Eigentum an dem Tier geht erst nach einer gewissen Warte- oder Probezeit auf den Erwerber über. In der Regel sind Haftung und Gewährleistung des Tierheims weitgehend eingeschränkt.

Dieser Vertrag zwischen Tierheim und Erwerber ist kein Kaufvertrag, sondern ein sog. **atypischer Verwahrungsvertrag**[596]. Aus den allgemeinen Vertragsbestimmungen ergibt sich, daß im Vordergrund des Vertrages die Versorgung des Tieres durch den Übernehmer steht[597]. Die Gewährleistungsvorschriften des Kaufrechts sind auf diesen Vertrag nicht anzuwenden, weil der Schwerpunkt des Vertrages nicht in der für den Kaufvertrag prägenden entgeltlichen Übergabe und Eigentumsverschaffung des Tieres, sondern in der Übergabe des Tieres zur Haltung und Pflege durch den Übernehmer liegt[598]. Zwar soll der Übernehmer nach

---

[596] LG Krefeld vom 13.04.2007 – Az. 1 S 79/06; a. A. AG Hamburg vom 04.09.2009 – Az. 15A C 71/09: Kaufvertrag.
[597] AG Krefeld vom 01.09.2006 – Az. 7 C 255/06.
[598] LG Krefeld vom 13.04.2007 – Az. 1 S 79/06.

Ablauf einer Probezeit grundsätzlich Eigentümer des übernommenen Tieres werden, jedoch steht diese Pflicht ausdrücklich unter dem Vorbehalt, daß das Eigentum an dem Tier überhaupt übertragen werden kann[599]. Es besteht immer die Gefahr, daß es sich bei dem Tier um eine abhanden gekommene Sache i. S. d. § 935 BGB handelt, an der durch Rechtsgeschäft kein Eigentum erworben werden kann. Angesichts der insbesondere bei Fundtieren erkennbaren und nahe liegenden Ungewißheit hinsichtlich der Möglichkeit zur Eigentumsverschaffung kann es sich hierbei nicht um eine das Vertragsverhältnis prägende Hauptpflicht handeln[600]. Damit scheidet eine Qualifizierung als Kaufvertrag aus[601].

Wie andere Vertragsbedingungen auch unterliegen die allgemeinen Geschäftsbedingen eines Tierheims der richterlichen Inhaltskontrolle. Das Gericht prüft z. B., ob die Klauseln überraschend sind oder gegen Treu und Glauben verstoßen und den Erwerber unangemessen benachteiligen und ob das Tierheim sich bei Ausübung seines Kontroll- und Wegnahmerechts innerhalb der gesetzlichen und vertraglichen Grenzen bewegt oder verbotene Eigenmacht begeht[602].

Ein Tierschutzverein ist nicht berechtigt, den Betreuungs- oder Pflegevertrag mit dem Übernehmer einer Katze zu kündigen, ohne daß für dieses Tier eine konkrete Gefahr besteht. Allein aus der Tatsache, daß dem Katzenhalter bei der Behandlung einer anderen Katze ein Fehlverhalten vorgeworfen werden kann, läßt sich noch nicht schließen, daß bei der anderen Katze eine solche konkrete Gefahr für das Tier selbst besteht[603].

---

[599] AG Krefeld vom 01.09.2006 – Az. 7 C 255/06.
[600] AG Krefeld vom 01.09.2006 – Az. 7 C 255/06.
[601] AG Krefeld vom 01.09.2006 – Az. 7 C 255/06.
[602] AG Reutlingen – Az. 14 C 437/08.
[603] AG Fürstenfeldbruck - Az. 3 C 1612/00.

8. Haftungsfragen

> *Ob eine schwarze Katze Unglück bringt oder nicht, hängt davon ab, ob man ein Mensch ist oder eine Maus.*
>
> Max o'Rell

a) Die Haftung des Tierhalters

Als Ausgleich dafür, daß andere das Halten von Tieren und die von Tieren ausgehenden Gefahren als „erlaubtes Risiko" hinnehmen müssen, hat der Tierhalter nach § 833 BGB für Schäden einzustehen, die sein Tier verursacht. Der Tierhalter haftet auf Schadensersatz, wenn sich die spezifische Tiergefahr, d. h. die durch die Unberechenbarkeit seines Verhaltens hervorgerufene Gefährdung von Leben, Gesundheit oder Eigentum Dritter verwirklicht hat[604]. Durch § 833 BGB wird nicht nur geschützt, wer sich aus sozialer Notwendigkeit mit einem Tier abgibt, sondern jeder, dem die Entfaltung der Gefahr nur gegen Schadloshaltung zugemutet werden kann[605].

aa) Entstehungsgeschichte und Normzweck der Tierhalterhaftung

Schon das römische Recht kannte eine Haftung für Schäden, die ein Tier verursacht hatte. Die Tierhaftung war in den Zwölftafelgesetzen (*leges duodecim tabularum*) geregelt, einer um 450 v. Chr. in Rom entstandenen Gesetzessammlung, die in zwölf hölzernen Tafeln auf dem Forum Romanum ausgestellt war. Danach gab es für Tierschäden eine *actio de pauperie*. Als Täter galt ursprünglich der Tierdämon. Erst später kam man zu der Erkenntnis, daß das Tier den Schaden entgegen seiner natürlichen Friedfertigkeit selbst angerichtet haben müsse[606]. Der Eigentümer des

---

[604] BGHZ 67, 129, 132; BGH NJW 1999, 3119; OLG Saarbrücken NJW-RR 2006, 893; OLG Zweibrücken vom 04.01.2007 – Az. 4 U 22/06; Palandt/Sprau, BGB § 833 Rn. 6; PWW/Schaub, BGB, § 833 Rn. 4.
[605] Staudinger/Eberl-Borges, BGB, § 833 Rn. 190 m.w.N..
[606] Schlund, FS Karl Schäfer, S. 224.

Tieres haftete (*noxa caput sequitur*)[607] für Schäden, die das Tier „wider seine Natur" (*contra naturam sui generis*) verursacht hatte[608].

Die Tierhalterhaftung nach dem römischen Privatrecht war eine Noxalhaftung (*actio noxalis*), eine verschuldensunabhängige Haftung des Gewalthabers (Herrn) für Schäden, die ein Gewaltunterworfener (Sklave, Hauskind oder Haustier) einem Dritten zugefügt hatte. Die Haftung für erlittene Schäden war ursprünglich ein Rachezugriff des Verletzten und seiner Sippe auf den Schädiger[609]. Die Privatrache wurde später durch die Bußzahlung abgelöst. Wollte der Schädiger einen Zugriff des Verletzten oder seiner Sippe verhindern, mußte er also eine Buße zahlen[610]. Die jüngere Entwicklung kehrte das Verhältnis von Preisgabe und Bußzahlung um. Der Gewalthaber hatte nun primär für die fremde Tat Buße zu leisten. Es wurde ihm aber erlaubt, den Gewaltunterworfenen (Sklave, Hauskind, Haustier) dem Verletzten preiszugeben (*noxae deditio*), um der Bußzahlung zu entgehen[611]. Die Noxalhaftung stellte den Gewalthaber als Anspruchsgegner also vor die Wahl, entweder den Schaden auszugleichen, als hätte er selbst ihn verursacht, oder aber den Täter an den Geschädigten auszuliefern (*noxae deditio*)[612]. Damit stand dem Gewalthaber eine Alternative zum Schadensausgleich zur Verfügung. Nach römischer Rechtsauffassung wäre es unbillig, wenn der Gewalthaber über den Wert, den der Gewaltunterworfene für ihn darstellt, hinaus für dessen Verhalten haften sollte.

Mit der Zeit verlor die *noxae deditio* den Charakter der Preisgabe zur Rache[613]. Sie zielte vielmehr darauf, dem Verletzten den Vermögenswert des Täters durch Auslieferung (*mancipatio*) des Gewaltunterworfenen zugute kommen zu lassen[614].

---

[607] Staudinger/Eberl-Borges, BGB, § 833 Rn. 1.
[608] MünchKomm/Wagner, BGB, § 833 Rn. 1.
[609] Hausmaninger/Selb, Römisches Privatrecht, S. 290.
[610] Hausmaninger/Selb, Römisches Privatrecht, S. 290.
[611] Hausmaninger/Selb, Römisches Privatrecht, S. 290.
[612] Kaser/Knütel, Römisches Privatrecht, S. 315.
[613] Hausmaninger/Selb, Römisches Privatrecht, S. 290.
[614] Hausmaninger/Selb, Römisches Privatrecht, S. 290.

Bei dieser *noxae deditio* mußte der Verletzte den Täter freilassen, sobald die Schuld abgearbeitet war[615].

Der Gewalthaber, der von der Tat gewußt, sie aber nicht verhindert hatte, haftete persönlich als der Täter, also ohne Privileg der *noxae deditio*[616]. Der Gewalthaber war dem Geschädigten persönlich verpflichtet. Die Noxalklage war daher eine *actio in personam*[617].

Das römische Recht behandelte die Tierhaftung restriktiv. Haftungsvoraussetzung war, daß entgegen der zahmen Natur des Tieres die tierische Wildheit durchbrach[618]. Das war z. B. der Fall, wenn ein Pferd, das zum Ausschlagen neigte, jemanden mit dem Huf traf, oder ein Rind, das die Eigenart hatte, mit Hörnern anzugreifen, jemanden angriff. Die Tierhaftung war jedoch ausgeschlossen, wenn äußerer Zwang mitgewirkt hatte, also vor allem bei jeder Art menschlicher Einwirkung auf das Tier. Wenn das Maultier infolge Verschuldens des Maultiertreibers die Last abwarf oder wenn ein Pferd durch einen Stachel gereizt wurde, galten die allgemeinen deliktsrechtlichen Grundsätzen der *lex aquilia*.

Die Tierhalterhaftung nach § 833 BGB versucht nun einen Spagat zwischen Gefährdungs- und Verschuldenshaftung. Der Gesetzgeber wollte zunächst am Verschuldensprinzip festhalten, weil sonst der Boden des Delikts verlassen und eine in das Rechtssystem sich schwer einfügende *obligatio legalis* geschaffen werde[619]. Kritiker wandten ein, diese Haftung stehe im Widerspruch zum uralten indogermanischen Recht[620]. Am 01.01.1900 trat § 833 BGB in Kraft mit einer Gefährdungshaftung ohne Unterscheidung zwischen Nutz- und Luxustieren[621]. Zweck der Regelung war es, demjenigen, der die tatsächliche Gewalt über das Tier ausübt und der das Tier daher letztlich auch kontrollieren kann, haftungsrechtliche Anrei-

---

[615] Hausmaninger/Selb, Römisches Privatrecht, S. 290.
[616] Hausmaninger/Selb, Römisches Privatrecht, S. 290.
[617] Hausmaninger/Selb, Römisches Privatrecht, S. 290.
[618] Seiler, FS Albrecht Zeuner, S. 282.
[619] MünchKomm/Wagner, BGB, § 833 Rn. 1.
[620] MünchKomm/Wagner, BGB, § 833 Rn. 1.
[621] MünchKomm/Wagner, BGB, § 833 Rn. 1.

ze zur Beherrschung der Kreatur im Interesse der Schadensvermeidung zu geben[622].

Das Bekenntnis des Bürgerlichen Gesetzbuchs zur Gefährdungshaftung hat nur acht Jahre lang gehalten. Auf massiven Druck der Agrarlobby wurde mit der Novelle vom 30.05.1908 die Exkulpationsmöglichkeit für die Halter von Nutztieren geschaffen. Durch diese Änderung wird die kommerzielle Tierhaltung privilegiert und die ideelle Zwecksetzung diskriminiert, obwohl nur die landwirtschaftlich Tätigen die Kosten der Haftung über den Preis der hergestellten Güter auf die Allgemeinheit abwälzen können und der Preis für Tierprodukte wiederum die Zahl der gehaltenen Tiere bestimmt[623]. Die Abmilderung der Haftung ist zwar verständlich, weil Gefahren durch Nutztiere eher von der Gesellschaft hingenommen werden sollten als solche von Luxustieren, aufgrund der heute bestehenden umfassenden Versicherungsmöglichkeit durch Haftpflichtversicherungen ist diese Privilegierung allerdings überflüssig und nicht gerechtfertigt[624]. Im übrigen ist die Zahl der Nutztiere naturgemäß in den vergangenen 100 Jahren stark zurückgegangen[625]. Nach Ansicht des BGH verstößt die Haftungsprivilegierung des Nutztierhalters nicht gegen Art. 3 Abs. 1 GG[626].

bb) Begriff des Tierhalters

aaa) Übernahme der Bestimmungsmacht

Tierhalter ist, wer die Bestimmungsmacht über das Tier hat, aus eigenem Interesse für die Kosten des Tieres aufkommt, den allgemeinen Wert und Nutzen des Tieres für sich in Anspruch nimmt, das wirtschaftliche Risiko seines Verlusts trägt[627], und

---

[622] MünchKomm/Wagner, BGB, § 833 Rn. 2.
[623] MünchKomm/Wagner, BGB, § 833 Rn. 3.
[624] Moritz in jurisPK-BG, § 833 Rn. 52.
[625] Moritz in jurisPK-BG, § 833 Rn. 52.
[626] BGH NJW 2009, 3233.
[627] BGH NJW-RR 1988, 655, 656 m.w.N..

sei es auch nur aus Liebhaberei[628], so daß das Tier insgesamt gesehen seiner Lebens- und Wirtschaftssphäre angehört[629]. Auf Eigentum oder auch nur Eigenbesitz[630] oder wie diese Lage herbeigeführt worden ist[631] kommt es für die Haltereigenschaft nicht an[632]. Entscheidend sind die tatsächlichen, nicht die rechtlichen Verhältnisse[633]. Die physische Gewährung von Obdach und Unterhalt sind ein wichtiges Indiz; maßgebend ist aber auch, wer über die Existenz des Tieres und den Kreis seiner Aktivitäten entscheiden kann[634]. Halter kann folgerichtig sogar der Dieb sein[635].

bbb) Kauf und Schenkung

Beim Kauf und bei der Schenkung ist für die Haftung der Zeitpunkt zu bestimmen, in dem die Zuständigkeit für das Tier vom Veräußerer zum Erwerber wechselt. Das wird in der Regel der Zeitpunkt der Übergabe sein[636]. Bringt der Verkäufer die Katze vereinbarungsgemäß zum Käufer, bleibt er auf dem Weg zum Käufer Halter[637]. Beim Versendungskauf hingegen haftet der Käufer bereits für solche Schäden, die das Tier während des Transports verursacht[638]. Tritt der Käufer nach Übergabe des Tieres vom Vertrag zurück, dann endet seine Haltereigenschaft nicht

---

[628] Fikentscher/Heinemann, Schuldrecht, Rn. 1686 S. 818.
[629] Soergel/Zeuner, BGB, § 833 Rn. 12; Bornhövd JR 1978, 50.
[630] BGH VersR 1956, 574; BGH NJW-RR 1990, 789, 790; MünchKomm/Wagner, BGB, § 833 Rn. 23; LG Paderborn NJW-RR 1996, 154.
[631] Staudinger/Eberl-Borges, BGB, § 833 Rn. 115.
[632] BGH VersR 1956, 574; BGH NJW-RR 1990, 789, 790; MünchKomm/Wagner, BGB, § 833 Rn. 23; LG Paderborn NJW-RR 1996, 154.
[633] Fikentscher/Heinemann, Schuldrecht, Rn. 1686 S. 818.
[634] RGZ 66, 1, 3; MünchKomm/Wagner, BGB, § 833 Rn. 23.
[635] Larenz/Canaris, Schuldrecht II/2, § 84 II 1 b; Eberl-Borges VersR 1996, 1070 ff..
[636] RG JW 1930, 2421; Soergel/Zeuner, BGB, § 833 Rn. 17; MünchKomm/Wagner, BGB, § 833 Rn. 26.
[637] Erman/Schiemann, BGB, § 833 Rn. 8.
[638] OLG Hamburg HRR 1936 Nr. 872; MünchKomm/Wagner, BGB, § 833 Rn. 26.

schon mit der Rücktrittserklärung, sondern erst mit Rückgabe des Tieres[639]. Das gleiche gilt für den Kauf auf Probe[640].

ccc) Tod des Tierhalters

Hat das Tier vor dem Tod des Tierhalters einen Schaden angerichtet, stirbt der Tierhalter aber, bevor der Schaden reguliert ist, dann sind Schadensersatzansprüche bereits entstanden. Der Geschädigte kann Ersatz aus dem Nachlaß fordern[641].

Hat der Erbe das Tier übernommen, ist er Tierhalter und haftet nach § 833 BGB für Schäden, die das geerbte Tier unter seiner Obhut anrichtet.

Spannend wird die Frage der Tierhalterhaftung, wenn das Tier einen Schaden anrichtet, nachdem der Tierhalter gestorben ist, aber bevor der Erbe das Tier in seine Obhut übernommen hat. Im Schrifttum wird die Auffassung vertreten, der Erbe hafte nicht schon mit dem Anfall der Erbschaft (§ 1942 Abs. 1 BGB) und dem damit verbundenen Besitzerwerb (§ 857 BGB), sondern erst dann, wenn er tatsächlich die Bestimmungsmacht über das Tier übernommen hat, aus eigenem Interesse für die Kosten des Tieres aufkommt, den allgemeinen Wert und Nutzen des Tieres für sich in Anspruch nimmt und damit Halter geworden ist[642]. Tritt der Schadensfall ein, bevor der Erbe in diesem Sinne Tierhalter wird, dann richte sich der Ersatzanspruch des Geschädigten allein gegen den Nachlaß[643].

Bemerkenswert an dieser Auffassung ist, daß das Tier mit dem Tod des ursprünglichen Tierhalters zwar nicht herrenlos, aber halterlos würde, bis der Erbe tatsächlich die Bestimmungsmacht übernimmt. Das Tier bliebe halterlos, wenn der Erbe zwar vom Erbfall erfährt und die Erbschaft annimmt, die tatsächliche Bestimmungsmacht über das Tier aber nicht übernimmt, insbesondere das Tier nicht versorgt. Der Nachlaß ist nicht rechtsfähig; er kann daher nicht Halter sein und haftet auch nicht nach § 833 BGB. Eine Haftung des gefälligen Nachbarn, der den

---

[639] OLG Kassel SeuffA 59 Nr. 257; OLG Naumburg SeuffA 58 Nr. 210; MünchKomm/Wagner, BGB, § 833 Rn. 26.
[640] Erman/Schiemann, BGB, § 833 Rn. 8.
[641] Staudinger/Eberl-Borges, BGB, § 833 Rn. 112.
[642] MünchKomm/Wagner, BGB, § 833 Rn. 32; Eberl-Borges VersR 1996, 1070, 1072 f..
[643] MünchKomm/Wagner, BGB, § 833 Rn. 32.

verwaisten Kater vorübergehend versorgt, scheitert an der fehlenden vertraglichen Vereinbarung. Zwischen dem Tod des Tierhalters und der tatsächlichen Übernahme der Bestimmungsmacht durch den Erben kann daher nach dieser Meinung eine Zeitspanne liegen, in der das Tier zwar im Eigentum und im Besitz des Erben steht, aber niemand nach § 1 TierSchG für die Versorgung des Tiers verantwortlich ist und niemand nach § 833 BGB für Schäden aufzukommen hat, die das Tier anrichtet. Dieses Ergebnis ist unbillig und systemwidrig, zumal der Erbe – unabhängig von seiner Kenntnis und seinem Einverständnis - Rechtsnachfolger des ursprünglichen Tierhalters geworden und damit auch in die Pflichten des Erblassers eingetreten ist. Es geht nicht an, daß der Erbe nach der „Rosinentheorie" zwar die Vorteile der Erbfolge in Anspruch nimmt, die Verantwortung für das zur Erbmasse gehörende Tier aber ablehnt. Die Haltereigenschaft ist ein Minus zum Eigentum und daher, wenn Eigentum an einem Tier besteht, auch immer – gewissermaßen als Annex - mit dem Eigentum verbunden. Der Tierhalter muß zwar nicht zugleich Eigentümer des Tieres sein; der Eigentümer des Tieres ist aber immer zugleich Tierhalter. Das ergibt sich aus dem Grundgedanken des Art 14 GG (Eigentum verpflichtet) und aus dem Tierschutzgesetz. Der Erbe wird mit dem Eigentumsübergang durch Erbfolge Eigentümer des Tieres; von diesem Moment an ist er verantwortlich für die Versorgung des Tieres, und er haftet nach § 833 BGB[644]. Der Erbe kann jedoch seine persönliche Haftung mit den ihm allgemein zur Verfügung stehenden Mitteln wie Ausschlagung (§§ 1943 ff. BGB), Nachlaßverwaltung und Nachlaßinsolvenz (§§ 1975 ff. BGB) sowie Dürftigkeitseinrede (§§ 1999 ff BGB) ausschließen[645].

ddd) vorübergehender Besitzverlust

Ein vorübergehender Besitzverlust führt nicht zum Verlust der Halterschaft und begründet keine Verantwortlichkeit der Transportperson[646]. Ein Entlaufen läßt die Haltereigenschaft nicht entfallen, solange nicht ein anderer das Tier aufnimmt und

---

[644] i.E.e. Staudinger/Eberl-Borges, BGB, § 833 Rn. 112.
[645] MünchKomm/Wagner, BGB, § 833 Rn. 32.
[646] MünchKomm/Wagner, BGB, § 833 Rn. 25.

dadurch Halter wird[647]. Auch wenn die für die Haltereigenschaft kennzeichnende faktische Beziehung zu dem entlaufenden Tier nicht mehr besteht, ist doch der von ihm verursachte Schaden auf eine Gefahr aus der Zeit der früheren tatsächlichen Zugehörigkeit des Tieres zur Sphäre des Halters zurückzuführen[648]. Die Tierhalterhaftung ist gleichsam der Preis für die Erlaubnis, andere der nur unzulänglich beherrschbaren Tiergefahr auszusetzen[649]. Deshalb soll derjenige, der der "Unternehmer" des mit der Tierhaltung verbundenen Gefahrenbereichs ist, für daraus erwachsende Schäden einzustehen haben[650]. In diesem Sinne handelt es sich bei der Tierhalterhaftung sozusagen um Betriebskosten einer gefahrträchtigen "Veranstaltung"[651]. Bei dieser Betrachtungsweise kann es nicht entscheidend darauf ankommen, wessen unmittelbarer Einwirkung das Tier zur Zeit des Schadensfalles unterliegt[652].

> Der Tierhalter haftet auch dann noch für Schäden, die seine Katze verursacht, wenn er die Katze vorübergehend nicht in Besitz hat.

eee) Haftung für Fundkatzen

Wenn jemandem eine Katze zuläuft, dann wird er Halter, wenn er zu erkennen gibt, daß er die Katze behalten will[653]. Der Finder eines verlorenen Tieres wird jedoch nicht Halter, solange er Ermittlungen nach dem Eigentümer anstellt oder sonst zu erkennen gibt, daß er das Tier nicht im eigenen Interesse im Besitz hat[654]. Wer eine zugelaufene Katze, die sich nicht ständig auf dem Grundstück aufhält, regelmäßig füttert, mit einem Flohhalsband ausstattet, teilweise beherbergt oder sie

---

[647] BGH NJW 1965, 2397; BGH VersR 1978, 515; Deutsch JuS 1987, 673, 678; Wilts VersR 1965, 1019, 1020; PKK/Schaub, BGB, § 833 Rn. 6; a. A. Fikentscher/Heinemann, Schuldrecht, Rn. 1686 S. 818: keine Halterhaftung mehr, wenn endgültig entlaufen.
[648] Soergel/Zeuner, BGB, § 833 Rn. 12; Wilts VersR 1965, 1019.
[649] BGH NJW-RR 1988, 655.
[650] BGH NJW-RR 1988, 655.
[651] BGH NJW-RR 1988, 655.
[652] BGH NJW-RR 1988, 655.
[653] Soergel/Zeuner, BGB, § 833 Rn. 19; vgl. Rottenburg JW 1913, 715; Weimar MDR 1957, 658.
[654] OLG Nürnberg MDR 1978, 757; Erman/Schiemann, BGB, § 833 Rn. 8.

nach einem Unfall zum Einschläfern zum Tierarzt bringt, der übernimmt die Sachherrschaft über das Tier, nicht nur eine vorübergehende Besitzerstellung, und gilt als Tierhalter[655]. Er muß für den Schaden aufkommen, der entsteht, wenn das über die Straße läuft und ein Autofahrer deshalb vor eine Mauer fährt[656].

> Wer eine Katze, die ihm zugelaufen ist, regelmäßig füttert und versorgt, wird Halter und haftet für Schäden, die diese Katze anrichtet.

Daß der Finder in Erwartung eines Finderlohns handelt, begründet keine Nutzung des Tieres im eigenen Interesse[657]. Der Finder wird jedoch Halter, sobald er zu erkennen gibt, daß er das Tier für sich behalten will oder er die Absicht, das Tier zurückzugeben wieder aufgegeben hat[658].

fff) Personenmehrheit

Tierhalter können natürliche oder juristische Personen sein, z. B. ein Tierschutzverein als Träger eines Tierheims[659]. Zwar wird das Tier zum Zweck des Tierschutzes gepflegt und unterhalten, das erforderliche Eigeninteresse wird jedoch darin gesehen, daß das Tierheim seinen satzungsmäßigen Aufgaben nachkommt[660].

Als Tierhalter kommen auch mehrere Personen zugleich in Betracht[661]. Das OLG Düsseldorf[662] hatte darüber zu entscheiden, wer bei Eheleuten für das Verhalten des Hundes in Anspruch genommen werden kann. In dem Fall kam ein Pkw von der Straße ab, weil angeblich ein kleiner Hund die Fahrbahn überquert hatte. Der beklagte Ehemann beantragte Klageabweisung mit der Begründung, er

---

[655] AG Hannover – Az. 532 C 19535/88; LG Paderborn NJW-RR 1996, 154
[656] LG Paderborn NJW-RR 1996, 154.
[657] Weimar MDR 1964, 901, 902.
[658] OLG Nürnberg MDR 1978, 757; vgl. LG Paderborn NJW-RR 1996, 154; Staudinger/Eberl-Borges, BGB, § 833, Rn. 108.
[659] AG Duisburg NJW-RR 1999, 1628 f..
[660] LG Hanau NJW-RR 2003, 457.
[661] BGH NJW 1977, 2158; OLG Köln NJW-RR 1999, 1628.
[662] OLG Düsseldorf - Az. 12 U 189/70.

sei nicht Tierhalter, der Hund stehe im Eigentum der Ehefrau. Das Gericht entschied jedoch, daß die tatsächlichen Eigentumsverhältnisse für die Tierhaltereigenschaft nicht maßgeblich seien. Es komme allein darauf an, ob das Tier im gemeinsamen Hausstand in eigenem Interesse auf Dauer "verwendet" werde. Dies bejahte hier das Gericht. Der Ehemann haftete für den Schaden des Autofahrers.

ggg) minderjährige Tierhalter

Auch im Rahmen der Tierhalterhaftung ist der Schutz Minderjähriger zu berücksichtigen. Die wirksame Kontrolle einer Gefahrenquelle setzt die Fähigkeit voraus, das Gefährdungspotential eines Tiers zu erfassen und zu steuern. Umstritten ist, welcher Schutzstandard bei der Tierhalterhaftung gelten soll.

Eine Meinung wendet die für Rechtsgeschäfte geltenden Bestimmungen der §§ 104 ff BGB an[663]. Danach kann ein beschränkt Geschäftsfähiger ohne Zustimmung des gesetzlichen Vertreters nicht Halter werden.

Nach anderer Ansicht sind §§ 827, 828 BGB auch auf die Gefährdungshaftung, insbesondere nach § 833 S. 1 BGB, anzuwenden[664]. Die §§ 104 ff BGB beträfen das rechtsgeschäftliche Eingehen von Verpflichtungen und eigneten sich nicht zur Konfliktlösung bei Tatbeständen des Haftpflichtrechts.[665]. Die Haftung des Minderjährigen sei nach §§ 827 ff BGB ausgeschlossen, der Ausschluß werde jedoch durch die Billigkeitshaftung des § 828 BGB gemildert; im übrigen komme anstelle der Haftung des Verschuldensunfähigen eine Haftung des Aufsichtspflichtigen nach § 832 BGB in Betracht[666].

EBERL-BORGES stellt weder auf die Geschäfts- noch auf die Deliktsfähigkeit, sondern auf den jeweiligen Reifegrad des minderjährigen Halters ab[667].

---

[663] Canaris NJW 1964, 1987, 1991; Larenz/Canaris, Schuldrecht II/2, § 84 I 2 g; Staudinger/Schmidt Jura 2000, 347, 349; Weimar MDR 1964, 208; ders. 1967, 100, 101; Reichold in: jurisPK-BGB, § 827 Rn. 4.
[664] Erman/Schiemann, BGB, § 827 Rn. 1; Greger, Haftungsrecht des Straßenverkehrs, § 9 Rn. 8.
[665] v. Caemmerer, FS Flume I, S. 359, 363; Deutsch JuS 1981, 317; Lorenz, S. 221; Soergel/Zeuner, BGB, v. §§ 827 – 829 Rn. 2; Erman/Schiemann, BGB, § 827 Rn. 1.
[666] Erman/Schiemann, BGB, § 827 Rn. 1.
[667] Eberl-Borges VersR 1996, 1070, 1074; Staudinger/Eberl-Borges, BGB, § 833 Rn 115.

Eine vermittelnde Ansicht läßt den Minderjährigen stets dann haften, wenn er mit Zustimmung des gesetzlichen Vertreters Tierhalter wurde; hält der Minderjährige das Tier auf eigene Faust, soll sich die Verantwortlichkeit nach §§ 828 f. BGB richten[668].

Der BGH hingegen vertritt die Auffassung, daß die Eltern in der Regel die Kontrolle über das Tier behalten und daher selbst als Halter anzusehen sind, wenn das Tier dem Minderjährigen mit Zustimmung der Eltern überlassen wird[669].

> Tierhalter ist, wer die Bestimmungsmacht über das Tier hat, aus eigenem Interesse für die Kosten des Tieres aufkommt, den allgemeinen Wert und Nutzen des Tieres für sich in Anspruch nimmt und das wirtschaftliche Risiko seines Verlusts trägt.

cc) Tiergefahr

Aus der Formulierung "durch" ein Tier ergibt sich, daß sich die spezifische Tiergefahr verwirklicht haben muß[670]. Das RG, der BGH und die Literatur sahen die Tiergefahr zunächst in dem gefährlichen Ausbruch der tierischen Natur, in der von keinem vernünftigen Wollen geleiteten Entfaltung der tierischen, organischen Kraft, der selbständigen Entwicklung einer nach Wirkung und Richtung unberechenbaren tierischen Energie, so daß der Schaden durch ein der tierischen Natur entspringendes, selbsttätiges, willkürliches Verhalten des Tieres verursacht worden sein müsse[671]. Danach verwirklichte sich die Tiergefahr z. B. durch Beißen[672],

---

[668] Hofmann NJW 1964, 228, 232 f.; Deutsch JuS 1987, 673, 678; Palandt-Sprau, BGB, § 833 Rn. 10.
[669] BGH NJW-RR 1990, 789, 790; ebenso Larenz/Canaris, Schuldrecht II/2, § 84 I 2 b, S. 615; MünchKomm/Wagner, BGB, § 833 Rn. 33.
[670] RGZ 80, 237, 238 f.; BGHZ 67, 129, 130 = NJW 1976, 2130; BGH NJW 1982, 763; Fikentscher/Heinemann, Schuldrecht, Rn. 1686 S. 818; Staudinger/Eberl-Borges, BGB, § 833 Rn. 28.
[671] RGZ 80, 237, 238 f.; 54, 73, 74; 60, 65, 68 f.; 65, 103, 106; 141, 406, 407; BGH VersR 1959, 853, 854; 1966, 1073, 1074; BGH NJW 1971, 509 = VersR 1971, 320; BGH NJW 1975, 867, 868 = VersR 1975, 522; OLG Nürnberg VersR 1959, 573; 1963, 759; 1970, 1059, 1060; OLG Oldenburg VersR 1963, 444; OLG Hamburg VersR 1964, 1273, 1274; OLG Düsseldorf VersR 1975, 1122, 1123.
[672] OLG Stuttgart VersR 1978, 1123, 1124.

Durchbrennen[673], Umstoßen, Anspringen. Ein solches willkürliches Tierverhalten liege hingegen nicht vor, wenn das Tier menschlicher Leitung folgt[674]. Der Schutzzweck des § 833 BGB soll dann entfallen[675].

Der BGH hat in seiner Entscheidung vom 06.07.1976[676] dieses Verständnis der Tiergefahr aufgegeben. Er orientiert sich nun am Zweck der Tierhalterhaftung, die Schutz vor der Unberechenbarkeit des Tierverhaltens und der damit verbundenen Gefährdung von Leben, Gesundheit und Eigentum Dritter gewähren soll. Der Tierhalter hat für all das einzustehen, was infolge der tierischen Unberechenbarkeit an Schaden entsteht. Die Tiergefahr liegt danach ausschließlich in dem für den Halter unberechenbaren Tierverhalten[677]. Die Instanzgerichte und die Literatur sind dem BGH gefolgt.[678]

Nach der neueren Literatur liegt die Tiergefahr in dem selbsttätigen Verhalten des Tieres[679]. Die von Tieren ausgehende Gefahr beruht letztlich darauf, daß Tiere, anders als leblose Sachen, als lebende, bewegliche Organismen eine eigene Kraftquelle darstellen[680]. Tiere bewegen sich von selbst; infolge tierischer Eigenart kann diese Bewegung gefährlich werden[681]. Zu den möglichen Tiergefahren gehören daher die Unberechenbarkeit tierischen Verhaltens, die Neigung zu Schreckreaktionen, die Beeinflußbarkeit des Tieres durch den Menschen und der Verteidigungs-

---

[673] RGZ 50, 219, 221; 54, 73, 74 f..
[674] Haase JR 1973, 10, 11, 13.
[675] Fikentscher/Heinemann, Schuldrecht, Rn. 1686 S. 818.
[676] BGHZ 67, 129, 132 f. = NJW 1976, 2130, 2131.
[677] BGHZ 67, 129 = NJW 1976, 2130, 2131; BGH NJW 1965, 2397; BGH VersR 1978, 515; BGH NJW 1982, 763, 764; BGH NJW 1992, 2474 = VersR 1992, 1145, 1146.
[678] OLG Düsseldorf VersR 1983, 115; OLG Karlsruhe MDR 1994, 453; OLG Schleswig NJW-RR 1994, 289; OLG Stuttgart VersR 1978, 1123, 124; Bornhövd VersR 1979, 398; Honsell MDR 1982, 798.
[679] Lorenz, S. 172, 178; Pfab VersR 2006, 894, 896; Schmid JR 1976, 274, 275; Siegfried, S. 68, 79, 98; Deutsch NJW 1978, 1998, 2000 f.; Terbille VersR 1994, 1151, 1153; Hoffmann ZfS 2000, 181, 182; Staudinger/Eberl-Borges, BGB, § 833 Rn. 40.
[680] Staudinger/Eberl-Borges, BGB, § 833 Rn. 13.
[681] Staudinger/Eberl-Borges, BGB, § 833 Rn. 41.

instinkt[682]. Die Tierhalterhaftung muß sich danach auf alle tiereigentümlichen Verhaltensweisen erstrecken[683].

Im Rahmen der Tierhalterhaftung kommt es nicht darauf an, ob es sich um ein "gefährliches" Tier handelt oder nicht oder ob das Tier schnell oder langsam ist[684]. Jedes Tier ist, unabhängig von seiner Art, potentiell gefährlich. Das ergibt sich daraus, daß alle Tiere aufgrund ihrer Natur letztlich unberechenbar bleiben. Die sanfteste Katze kann im Einzelfall unvorhersehbar und überraschend reagieren. Der Tierhalter soll für die Verwirklichung dieser spezifischen Tiergefahr haften, weil er diese Gefahrenquelle allein durch die Haltung dieses Tieres geschaffen hat. Das Tier muß sich aber nicht abweichend von einem Durchschnittstier verhalten; auch und gerade völlig arttypisches Verhalten genüg für eine Haftung des Halterst[685]. Eine spezifische Tiergefahr verwirklicht sich stets dann, wenn die Beschädigung auf die Lebendigkeit des Tieres, die es von den sonstigen unbelebten Gegenständen unterscheidet, zurückzuführen ist[686].

Eine spezifische Tiergefahr ist jedoch dann nicht mehr anzunehmen, wenn keinerlei eigene Energie des Tieres an dem Geschehen beteiligt ist[687]. Sie fehlt, wenn das Tier als bloßes mechanisches (folgsames) Werkzeug fungiert, wenn beispielsweise eine Katze als Wurfgeschoß mißbraucht wird[688] oder wenn das Tier so sehr der Wirkung durch äußere Kräfte ausgesetzt ist, daß ihm keine andere Möglichkeit als die des schädigenden Verhaltens bleibt[689]. Das ist zum Beispiel der Fall, wenn der Tierarzt von einem Tier gebissen wird, das er mit einem mißlungenen Bolzenschuß töten wollte[690].

---

[682] Staudinger/Eberl-Borges, BGB, § 833 Rn. 41.
[683] Staudinger/Eberl-Borges, BGB, § 833 Rn. 41.
[684] Staudinger/Eberl-Borges, BGB, § 833 Rn. 13.
[685] Eichelberger, Anmerkung zu BGH vom 17.03.2009 – Az. VI ZR 16/08, ZfS 2009, 567, 568.
[686] Eichelberger, Anmerkung zu BGH vom 17.03.2009 – Az. VI ZR 16/08, ZfS 2009, 567, 568.
[687] Erman/Schiemann, BGB, § 833 Rn. 4.
[688] Erman/Schiemann, BGB, § 833 Rn. 4; Staudinge/Eberl-Borges, BGB, § 833 Rn. 43.
[689] Eichelberger, Anmerkung zu BGH vom 17.03.2009 – Az. VI ZR 16/08, ZfS 2009, 567, 568.
[690] LG Hechingen VersR 1958, 738; MünchKomm/Wagner, BGB, § 833 Rn. 14; a. A. OLG Hamm NJW-RR 2003, 239, 240.

Die spezifische Tiergefahr verwirklicht sich auch dann, wenn sich das Tier, z. B. eine Katze[691], auf der Fahrbahn niederläßt oder sonst ein Verkehrshindernis bildet, unabhängig davon, ob das Tier auf die Fahrbahn läuft oder dort bereits ruhig steht oder liegt, als der Unfall passiert[692]. Das gleiche gilt, wenn sich das Tier auf einem Gehweg befindet und ein Fußgänger darüber stolpert[693]. Darauf, ob das Tier zum Zeitpunkt des Unfalls bereits tot war, kommt es nicht an, sofern es aus eigener Energie in den Verkehr gelangt ist[694]. Die Tierhalterhaftung greift jedoch dann nicht ein, wenn sich das Tier nur einen unpassenden Aufenthalts- oder Ruheort gesucht hat. Stolpert also jemand über den Kopf einer Katze, die sich in ihr Katzenhaus zurückgezogen hat und mit dem Kopf im Freien liegt, dann wirkt sich bei dem Sturz keine Tiergefahr aus[695]. Ähnlich verhält es sich, wenn ein Motorradfahrer ein ruhig in Fahrtrichtung laufendes Tier von hinten anfährt, weil sich das Tier hier „verkehrsgerecht" verhält[696].

Die Halterhaftung setzt nicht „unsorgfältiges Verhalten" auf Seiten des Tieres voraus. Die Tierhalterhaftung erfaßt daher auch den Fall, daß das Tier durch sein natürliches (nicht notwendig unberechenbares) Verhalten einen Schaden verursacht, wenn etwa ein krankes Tier durch Beschnüffeln seine Artgenossen infiziert[697] oder tierische Stoffwechselprodukte Schäden verursachen[698], wenn das Tier

---

[691] LG Bielefeld ZfS 1983, 3.
[692] BGH VersR 1956, 127 f.; 1990, 796, 797; OLG Hamm VersR 1982, 1009, 1010; OLG Frankfurt/M. VersR 1982, 908; OLG Karlsruhe VersR 195, 510; OLG Celle VersR 1980, 430, 431; OLG Saarbrücken NJW-RR 2006, 893, 894; MünchKomm/Wagner, BGB, § 833 Rn. 15; Deutsch NJW 1978, 1998, 2001; Larenz/Canaris, Schuldrecht II/2 § 84 II 1 c; Greger, Haftungsrecht des Straßenverkehrs, § 9 Rn. 13.
[693] Staudinger/Eberl-Borges, BGB, § 833 Rn. 49; Siegfried, S. 92 f..
[694] vgl. OLG Celle VersR 1980, 430, 431; vgl. MünchKomm/Wagner, BGB, § 833 Rn. 15; Staudinger/Eberl-Borges, BGB, § 833 Rn. 49.
[695] Staudinger/Eberl-Borges, BGB, § 833 Rn. 50.
[696] OLG Celle HRR 1935 Nr. 1658; Staudinger/Eberl-Borges, BGB, § 833 Rn. 50.
[697] Staudinger/Eberl-Borges, BGB, § 833 Rn. 63; Erman/Schiemann, BGB, § 833 Rn. 4; MünchKomm/Wagner, BGB, § 833 Rn. 17; Siegfried, S. 107; a. A. Soergel/Zeuner, BGB, § 833 6; RGZ 80, 237.
[698] RGZ 80, 237, 239; 141, 406, 407; OLG Karlsruhe VersR 1969, 808; OLG Karlsruhe MDR 1994, 453; OLG Oldenburg VersR 1976, 644; LG Köln VersR 1961, 95, a. A. LG Köln MDR 1960, 924; Weimar JR 1963, 415; Stötter MDR 1970, 100, 101; Staudinger/Eberl-Borges, BGB, § 833 Rn. 63; Hoffmann ZfS 2000, 181, 183; Siegfried, S. 111, 114.

z.B. auf den Teppich uriniert[699] oder die Wohnung mit Ungeziefer verseucht[700]. Auch der tierische Deckakt ist generell verwirklichte Tiergefahr[701]. Darauf, ob der Deckakt mit Wissen und Willen des Halters vollzogen wird, kommt es nicht an[702]. Das Tierverhalten ist das gleiche, ob der Halter daneben steht oder nicht[703].

dd) Kausalität

Vom Geschädigten zu beweisende Haftungsvoraussetzung ist, daß der Schaden durch die Katze des in Anspruch genommenen Tierhalters verursacht wurde. Der Halter haftet nicht, wenn eine vom Verhalten seines Tieres unabhängige Unfallursache nicht ausgeschlossen werden kann[704], allerdings reicht Mitverursachung aus[705]. Ein unmittelbarer Kontakt zwischen der Katze und dem Geschädigtem ist nicht erforderlich; es genügt, wenn ein Tier auf ein anderes Tier oder auf einen Menschen einwirkt und das andere Tier oder der Mensch infolge der Einwirkung einen Schaden hervorruft[706]. Der Tierhalter haftet daher auch für sog. „Fernschäden", z.B. bei Schäden durch schreckhaftes Reagieren auf das Erscheinen eines Tieres[707]. Geschützt wird jedoch nicht, wer sich beim bloßen Anblick raufender Katzen so erregt wird, daß er einen Herzinfarkt erleidet[708]. Bei typischen Handlungsabläufen kann der Anscheinsbeweis herangezogen werden[709].

Waren die Tiere verschiedener Halter an einem einheitlichen Gefährdungsvorgang beteiligt, kann der Geschädigte jeden der Halter in Anspruch nehmen, ohne

---

[699] OLG Karlsruhe VersR 1995, 927, OLG Karlsruhe MDR 1994, 453; AG Böblingen WuM 1998, 33.
[700] MünchKomm/Wagner, BGB, § 833 Rn. 17.
[701] OLG Köln VersR 1972, 177, 178; Staudinger/Eberl-Borges, BGB, § 833 Rn. 65; Siegfried, S. 119; Stötter MDR 1970, 100, 103.
[702] Staudinger/Eberl-Borges, BGB, § 833 Rn. 65; a. A. OLG Düsseldorf MDR 1975, 229; LG Mainz MDR 1960, 496; Schünemann JuS 1978, 376, 378.
[703] Staudinger/Eberl-Borges, BGB, § 833 Rn. 65.
[704] OLG München DAR 1999, 456.
[705] Greger, Haftungsrecht des Straßenverkehrs, § 9 Rn. 15.
[706] Greger, Haftungsrecht des Straßenverkehrs, § 9 Rn. 15.
[707] OLGR Celle 1999, 105; OLGR Düsseldorf 1996, 169.
[708] vgl. OLG Karlsruhe NJW-RR 1992, 1120 (Hunde).
[709] BGH NJW 1987, 2876, 2877; OLG Koblenz vom 13.08.2007 – Az. 10 U 1703/06.

beweisen zu müssen, daß gerade dessen Tier den Schaden verursacht hat[710]. Auch in den Fällen der Tierhalterhaftung ist es gerechter, nach § 830 Abs. 1 S. 2 BGB alle haften zu lassen, die sich an der gemeinsamen Gefährdung in einer ihre Haftung begründenden Weise beteiligt haben, als den Geschädigten leer ausgehen zu lassen[711]. Den Halter eines sog Luxustieres trifft die Anwendung des § 830 Abs. 1 S. 2 BGB auch nicht ungebührlich hart; er hat es weitgehend in der Hand, das Ausmaß der vom Tier ausgehenden Gefahr zu steuern[712].

ee) Gefährdungshaftung, Verschuldenshaftung und Mitverschulden

Der Tierhalter haftet gem. § 833 S. 1 BGB ohne Verschulden. Im Grundsatz geht das Gesetz bei der Tierhalterhaftung von einer Gefährdungshaftung aus. Die Gefährdungshaftung basiert auf der Überlegung, daß derjenige, der zu seinem persönlichen Nutzen einen möglichen Gefahrenbereich eröffnet, auch für die Schäden verantwortlich ist, die sich aus der Verwirklichung dieses Risikos ergeben. Außerdem kann der potentielle Schädiger Vorsorge durch Abschluß einer Haftpflichtversicherung für die mit der Tierhaltung verbundenen Gefahren treffen[713].

Der Grundsatz der Gefährdungshaftung nach § 833 S. 1 BGB gilt nur für sog. **Luxustiere**, also Tiere, die aus reinem Vergnügen bzw. Hobby gehalten werden, nicht aber für Nutztiere[714]. **Nutztiere** sind Tiere, die dem Beruf, der Erwerbstätigkeit oder dem Unterhalt des Tierhalters zu dienen bestimmt sind (§ 833 S. 2 BGB). Zu diesen sog. Berufstieren gehören auch Zuchttiere und die zur Veräußerung bestimmten Tiere eines Tierhändlers[715]. Ein Tierschutzverein (Tierheim) kann sich nicht nach § 833 S. 2 BGB entlasten, da die Tiere, die sich in seiner Obhut befinden, keine Nutztiere sind[716].

---

[710] Greger, Haftungsrecht des Straßenverkehrs, § 9 Rn. 7.
[711] BGHZ 55, 96.
[712] BGHZ 55, 96.
[713] Fuchs, Deliktsrecht, S. 238.
[714] Soergel/Zeuner, BGB, § 833 Rn. 30; Fuchs, Deliktsrecht, S. 238.
[715] PWW/Schaub, BGB, § 833 Rn. 14.
[716] Moritz in jurisPK-BGB, § 833 Rn. 11.

Katzen sind normalerweise Luxustiere, werden jedoch zum Nutztier, wenn sie in Unternehmen (Mühlen, Gastwirtschaften, landwirtschaftlichen Betrieben etc.) zum Schutz von Vorräten gegen Mäuse und Ratten gehalten werden[717]. Voraussetzung ist jedoch, daß das betreffende Tier überwiegend einem der in § 833 S. 2 BGB zitierten Zwecke dient[718]. Katzen dienen mittelbar der Erwerbstätigkeit eines Landwirts, wenn sie Schädlinge, die Futtermittel gefährden, vertilgen oder fernhalten[719]. Unter diesen Umständen kann auch das Halten von mehr als einer Katze nicht ohne weiteres als Liebhaberei angesehen werden, solange die Zahl der Katzen nicht ungewöhnlich hoch ist[720]. In einem Sonderfall mit starkem Ratten- und Mäusebefall der Umgebung wurde das Halten von bis zu drei Katzen als nicht ungewöhnlich angesehen[721]. Es kann aber schlechterdings nicht angehen, unter Berufung auf eine dauernde Mäuse- oder Rattenplage für eine Vielzahl von Katzen das Haftungsprivileg des § 833 S. 2 BGB in Anspruch zu nehmen[722]. Denn nach dem Willen des Gesetzgebers soll grundsätzlich der Tierhalter für die Gefahren einstehen müssen, die durch ein Tier herbeigeführt werden[723]. Bei welchen Verhältnissen Katzen als privilegierte Haustiere angesehen werden können, kann jedoch nur für den Einzelfall unter Berücksichtigung aller Umstände entschieden werden[724].

Wird ein Kater gelegentlich als Deckkater eingesetzt, wird er dadurch noch nicht zum Nutztier[725]. Das gleiche gilt, wenn Tiere auf Ausstellungen präsentiert und dort prämiert werden[726].

---

[717] OLG Oldenburg VersR 1960, 840; LG Ravensburg VersR 1986, 823; LG Kiel NJW 1984, 2297; LG Bielefeld VersR 1982, 1083; LG Traunstein VersR 1966, 198; MünchKomm/Wagner, BGB, § 833 Rn. 41; Soergel/Zeuner, BGB, § 833 Rn. 45; Staudinger/Eberl-Borges, BGB, § 833 Rn. 135.
[718] LG Ravensburg VersR 1986, 823.
[719] OLG Oldenburg VersR 1960, 840; LG Ravensburg VersR 1986, 823; LG Bielefeld VersR 1982, 1083.
[720] LG Ravensburg VersR 1986, 823.
[721] vgl. LG Oldenburg VersR 1960, 840.
[722] LG Ravensburg VersR 1986, 823.
[723] LG Ravensburg VersR 1986, 823.
[724] LG Ravensburg VersR 1986, 823.
[725] LG Flensburg VersR 1987, 942: Hund.
[726] LG Osnabrück NJW-RRW 1998, 959.

Bei „potentiell doppelfunktionalen" Tieren kommt es auf die überwiegende objektive Zweckbestimmung an[727], insbesondere die Eignung des Tieres für den vorgesehenen Zweck und die konkrete Art seiner Haltung[728]. Es genügt nicht, daß das Tier nur nebenbei als Berufstier verwendet wird[729].

Der Halter eines Berufstiers kann sich entlasten, wenn er die gesetzliche Kausalitätsvermutung (§ 833 S. 2 Alt. 2 BGB) oder die Verschuldensvermutung (§ 833 S. 2 Alt. 1 BGB) widerlegt. Der Nutztierhalter wird gegenüber dem ideelle Interessen verfolgenden Tierhalter privilegiert. Nach § 833 S. 2 BGB haftet der Tierhalter für Schäden, die von einem zu beruflichen oder Erwerbs- bzw. Unterhaltszwecken gehaltenen Haustier verursacht worden sind, nur unter der Voraussetzung, daß er eine Pflichtverletzung begangen hat (Aufsichtsverschulden)[730]. Auf die Realisierung einer konkreten Tiergefahr kommt es nicht an, weil es sich bei § 833 S. 2 BGB um eine **Verschuldenshaftung** handelt, die nicht auf spezielle Risikolagen begrenzt ist[731]. Das Privileg des Tierhalters, sich durch den Nachweis pflichtgemäßen Verhaltens zu entlasten, gilt aber nur dann, wenn es sich bei dem schadensträchtigen Tier um ein Haustier und *zugleich* um ein Nutztier handelt[732], das einem kommerziellen Zweck zu dienen bestimmt ist[733]. Die Haftung des Katzenhalters nach § 833 S. 2 BGB wird eher die Ausnahme sein.

Hinsichtlich der Beaufsichtigung von Katzen sind im Allgemeinen keine weitgehenden Vorkehrungen zu verlangen[734].

Der Verletzte muß sich auch im Rahmen der Gefährdungshaftung u. U. ein **mitwirkendes Verschulden** nach § 254 BGB anrechnen lassen, z. B. wenn er sich

---

[727] BGH VersR 1955, 116; BGH NJW 1971, 509; BGH NJW-RR 2005, 1183; OLG Hamm VersR 2001, 1519; MünchKomm/Wagner, BGB, § 833 Rn. 42.
[728] LG Bayreuth NJW-RR 2008, 976.
[729] Soergel/Zeuner, BGB, § 833 Rn. 30.
[730] Erman/Schiemann, BGB, § 833 Rn. 1.
[731] MünchKomm/Wagner, BGB, § 833 Rn. 36.
[732] MünchKomm/Wagner, BGB, § 833 Rn. 39.
[733] MünchKomm/Wagner, BGB, § 833 Rn. 40.
[734] OLG Oldenburg VersR 1957, 742; LG Traunstein VersR 1966, 198; LG Kiel NJW 1984, 2297; Weimar, Anmerkung zu OLG Oldenburg VersR 1958, 332; Soergel/Zeuner, BGB, § 833 Rn. 45.

leichtfertig der Tiergefahr aussetzt oder das Tier gereizt hat[735]. Wer mit dem Tier bewußt besondere Risiken eingeht, soll den Halter nicht auf Schadensersatz verklagen dürfen, wenn dann ein Unfall passiert. Das gilt z. B. bei erkennbar bösartigen Tieren[736]. Das LG Rottweil[737] hatte über die Klage eines Postboten zu entscheiden, der durch den Biß und den Pfotenhieb einer Katze verletzt worden war. Der Postbote hatte sich freiwillig der Tiergefahr dadurch ausgesetzt, daß er, um die Katze zu streicheln, eine Hand nach ihr ausstreckte. Das LG Rottweil bezog, anders als das OLG Frankfurt[738], mit dem BGH[739] auch denjenigen in den Schutzbereich des § 833 S. 1 BGB ein, der sich – wie hier durch das versuchte Streicheln der Katze – freiwillig der Tiergefahr aussetzt. Der Geschädigte mußte sich jedoch nach § 254 Abs. 1 BGB ein Mitverschulden von 40 Prozent anrechnen lassen. Ein Mitverschulden kommt allerdings dann nicht in Betracht, wenn die Katze den Geschädigten anfällt, ohne von ihm dazu provoziert worden zu sein[740].

Der von der Rechtsprechung entwickelte Tatbestand des Handelns auf eigene Gefahr[741] ist erfüllt, wenn sich jemand bewußt in eine Situation drohender Eigengefährdung begibt. Das **Handeln auf eigene Gefahr** fällt als schuldhafte Selbstgefährdung unter § 254 BGB. Bei der Tierhalterhaftung (§ 833 BGB) kann das Handeln auf eigene Gefahr ein Haftungsausschlußgrund sein, wenn sich der Verletzte bewußt Risiken aussetzt, die über die normale Tiergefahr hinausgehen[742]. Abgesehen von diesem Sonderfall führt Handeln auf eigene Gefahr lediglich zur Anwendung des § 254 BGB und damit in der Regel zu einer Schadensteilung[743].

Hat der Verletzte das Tier in seiner Obhut und Gewalt und unter seinem Einfluß, dann muß er bei Geltendmachung eines Anspruchs aus § 833 BGB gegen den

---

[735] BGH JZ 1955, 87; BGH NJW 1993, 2611, 2612; OLG Düsseldorf NJW-RR 2006, 93 f.; LG Flensburg vom 04.11.2005 – Az. 1 S 62/05.
[736] BGH NJW 1977, 2158 = VersR 1977, 864.
[737] LG Rottweil NJW-RR 1988, 539.
[738] OLG Frankfurt/M. VersR 1976, 1138.
[739] vgl. BGH VersR 1977, 864; 1982, 366.
[740] Borrmann/Greck ZMR 1993, 51, 52.
[741] BGH NJW-RR 2005, 1183, 1184; 2006, 813, 815.
[742] BGH NJW 1974, 234, 235; BGH NJW-RR 2005, 1183, 1184 f.; 2006, 813, 815.
[743] OLG Düsseldorf NJW-RR 2001, 899.

Tierhalter beweisen, daß er seiner eigenen Sorgfalt als Tierhüter genügt hat und ich an der Entstehung des Schadens kein eigenes Verschulden trifft[744]. Der Tierhalter haftet nicht gegenüber dem gewerblichen Betreiber einer Tierklinik, der ein Tier zum Zweck einer Diagnose oder einer Behandlung vom Tierhalter übernommen hat[745].

Überwiegt das Nutzungsinteresse des Geschädigten gegenüber dem des Eigentümers und beherrscht der Geschädigte im Gegensatz zum Eigentümer die Tiergefahr, dann ist der Geschädigte selbst Tierhalter[746].

Hat die **vom eigenen Tier** des Geschädigten **ausgehende Tiergefahr** den Schaden mit versursacht, muß sich der Geschädigte seine eigene Tierhalterhaftung entsprechend § 254 BGB anrechnen lassen[747]. Das gleiche gilt, wenn sich die Tiere verschiedener Halter gegenseitig verletzen oder eines der Tiere von dem anderen verletzt wird[748]. Die Ersatzpflicht bestimmt sich nach dem Gewicht, mit dem die Tiergefahr beider Tiere im Verhältnis zueinander wirksam geworden ist[749]. Im Einzelfall kann eine der beiden Tiergefahren ganz zurücktreten[750].

Erleidet der Tierhalter wegen Verschuldens einer anderen Person einen Schaden durch das eigene Tier, den er gem. § 833 S. 1 BGB einem Dritten ersetzen müßte, falls dieser verletzt worden wäre, ist § 254 BGB wegen § 840 Abs. 3 BGB nicht anwendbar[751]. In diesem Fall muß sich der geschädigte Tierhalter die beim Schadenseintritt mitwirkende (bloße) Tiergefahr auf seinen Schadensersatzanspruch gegen den aus Verschulden haftenden Schädiger nach § 840 Abs. 3 BGB nicht anspruchsmindernd anrechnen lassen[752]. Im Innenverhältnis haftet der Dritte allein. Verfassungsrechtlichen Bedenken gegen die Anwendung von § 840 Abs. 3

---

[744] BGH VersR 1972, 1047, 1048.
[745] OLG Nürnberg VersR 1999, 240, 241.
[746] Staudinger/Eberl-Borges, BGB, § 833 Rn. 191.
[747] OLG Köln NJW-RR 2003, 884; OLG Frankfurt/M. NJW-RR 2007, 748; Palandt/Sprau, BGB, § 833 Rn. 13.
[748] BGH NJW 1976, 2130; OLG Düsseldorf NJW-RR 1999, 1256.
[749] BGH NJW 1985, 2416.
[750] OLG Hamm NJW-RR 1995, 599; OLG Stuttgart NJW-RR 2003, 242.
[751] OLG Schleswig NJW-RR 1990, 470.
[752] BGH NJW-RR 1995, 215; BGH vom 23.09.2010 – Az. III ZR 246/ 09; OLG Hamm, NJW-RR 1990, 794, 795; OLG Schleswig NJW-RR 1990, 470.

BGB greifen nicht durch. Nach Art. 3 Abs. 1 GG ist in dieser Hinsicht keine Gleichbehandlung der Tierhalterhaftung mit der Haftung des Kraftfahrzeughalters (§ 7 StVG) geboten[753]. Daß für die Fahrzeughalterhaftung eine entsprechende Anwendung von § 840 Abs. 3 BGB ausscheidet[754] erfordert von Verfassungs wegen nicht, die Tierhalterhaftung nach § 833 BGB ebenfalls vom Anwendungsbereich des § 840 Abs. 3 BGB auszunehmen[755]. Die Gefährdungshaftungen enthalten für die einzelnen Haftungsbereiche im Hinblick auf die Besonderheiten der jeweiligen Materie und ihrer Entstehungsgeschichte eigenständige und in sich abgeschlossene Regelungen, die nur aus ihrem jeweiligen Zusammenhang heraus verstanden und angewendet werden können und daher einer entsprechenden Anwendung auf andere Gefährdungshaftungen nicht zugänglich sind[756]. Die Differenzierung zwischen der Tierhalterhaftung einerseits und der Kraftfahrzeughalterhaftung andererseits ist sachlich dadurch gerechtfertigt, daß die typische Tiergefahr zu ihrer Verwirklichung keiner menschlichen Einwirkung bedarf, wohingegen die von einem Kraftfahrzeug ausgehende Gefahr regelmäßig erst durch menschliches Handeln zur Wirkung gelangt[757].

Die Regelung des § 840 Abs. 3 BGB greift nicht nur im Verhältnis mehrerer Schädiger untereinander, sondern nach ihrem Sinngehalt auch dann ein, wenn es im Rahmen der Verschuldenshaftung um den eigenen, vom Tier des Anderen verursachten Schaden des Tierhalters geht[758]. Danach scheidet eine allein auf dem Gesichtspunkt der Gefährdungshaftung gem. § 833 S. 1 BGB beruhende Haftung des anderen Tierhalters aus, wenn der geschädigte Tierhalter selbst das Unfallgeschehen zu verantworten hat[759].

---

[753] BGH ZGS 2010, 508.
[754] BGHZ 6, 3, 28.
[755] BGH ZGS 2010, 508.
[756] BGH NJW 1992, 2474.
[757] BGH ZGS 2010, 508.
[758] vgl. BGH NJW-RR 1995, 215 f., 216; NJW 2004, 951 ff. (953); OLG Hamm NJW-RR 1090, 794 f.; LG Limburg ZfS 2010, 492.
[759] LG Limburg ZfS 2010, 492.

Sind mehrere Personen Halter desselben Tieres, so haften sie nach § 840 Abs. 1 BGB als **Gesamtschuldner**[760]. Im Innenverhältnis erfolgt der Ausgleich nach § 840 BGB.

Sind zwei Personen Halter desselben Tieres und wird eine von ihnen durch das Tier verletzt, stehen ihr keine Ansprüche aus § 833 S. 1 BGB gegen den anderen Halter zu. Der Tierhalter selbst fällt nicht unter den Schutzbereich des § 833 BGB[761]. Der Grund für die strenge Tierhalterhaftung liegt in der Unberechenbarkeit tierischen Verhaltens und der dadurch hervorgerufenen Gefährdung von Gesundheit und Eigentum Dritter, für die der Halter als derjenige, der die Gefahr im eigenen Interesse schafft und beherrscht, einstehen soll[762]. Nach diesem Schutzzweck kann § 833 BGB im Verhältnis zwischen Mithaltern keine Anwendung finden[763].

ff) Haftungsausschluß

Die sozialrechtlichen Unfallversicherungsregelungen in den §§ 104 bis 106 SGB VII enthalten einen **gesetzlichen Haftungsausschluß**. Danach haftet der Unternehmer seinen Arbeitnehmern oder Arbeitnehmern eines mit ihm zusammen arbeitenden Unternehmers privatrechtlich nicht, wenn er oder seine Mitarbeiter den Unfall fahrlässig verursacht haben. Insbesondere entfällt ein Anspruch auf Schmerzensgeld gem. § 253 Abs. 2 BGB[764]. Auch das faktische Tätigwerden für einen Gewerbebetrieb genügt für den Haftungsausschluß (§ 7 Abs. 2 S. 1 SGB VII)[765].

---

[760] OLG Celle OLGR Celle 5, 250; Staudinger/Eberl-Borges, BGB, § 833 Rn. 207.
[761] OLG Köln NJW-RR 1999, 1628; Thüringer OLG RuS 2010, 126; Staudinger/Eberl-Borges, BGB, § 833 Rn. 205.
[762] Thüringer OLG RuS 2010, 126.
[763] Thüringer OLG RuS 2010, 126.
[764] vgl. BGH NJW 2005, 288; Moritz in jurisPK-BGB, § 833 Rn. 24.
[765] SG Frankfurt vom 09.05.2006 – Az. S 8 U 3800/03.

Wer bei Unglücksfällen Hilfe leistet und dabei verletzt wird, hat nur Ansprüche gegen die gesetzliche Unfallversicherung (§ 2 Abs. 1 Nr. 13a SGB VII)[766]. Auch hier scheiden Ansprüche gegen den Tierhalter aus.

gg) Beweislast

Der Geschädigte muß darlegen und beweisen, daß der Schaden durch ein Tier verursacht wurde, dessen Halter der Anspruchsgegner ist[767]. Die Beweislast gilt auch für die Tatsachen, aus denen sich die Haltereigenschaft ergibt; die Qualifikation als Halter hingegen ist eine Rechtsfrage[768]. Im übrigen genügt der Geschädigte seiner Darlegungs- und Beweislast, wenn er geltend macht, die Rechtsgutverletzung sei von einem Tier verursacht worden[769].

hh) Schadensersatz

Die Tiergefahr muß sich in einem Schaden an Leben, Körper oder Gesundheit eines Menschen oder in einer Sachbeschädigung verwirklicht haben[770]. Die Aufzählung in § 833 BGB ist abschließend; sie kann nicht auf sonstige – z. B. im Rahmen von § 823 Abs. 1 BGB – geschützte Rechtsgüter ausgedehnt werden[771]. Zur Sachbeschädigung gehört auch die Verletzung des Eigentums durch Entziehung (z. B. Verschleppung durch ein Tier)[772] oder die Beeinträchtigung des Nutz- oder Gebrauchswertes (z. B. das ungewollte Decken eines weiblichen Tieres oder das Decken eines Rassetieres durch ein Tier anderer Rasse)[773].

---

[766] LSG München vom 19.01.2005 – Az. L 3 U 65/04.
[767] OLG Düsseldorf VersR 1981, 82, 83; OLG Siegen NJW-RR 2005, 1340 f.; MünchKomm/Wagner, BGB, § 833 Rn. 63; Terbille VersR 1995, 129.
[768] MünchKomm/Wagner, BGB, § 833 Rn. 63.
[769] MünchKomm/Wagner, BGB, § 833 Rn. 63.
[770] Erman/Schiemann, BGB, § 833 Rn. 3.
[771] Staudinger/Eberl-Borges, BGB, § 833 Rn. 21.
[772] Staudinger/Eberl-Borges, BGB, § 833 Rn. 22.
[773] BGHZ 67, 129, 134 = NJW 1976, 2130, 2131; OLG Karlsruhe VersR 1969, 808, 809; OLG Köln VersR 1972, 177, 178 = JZ 1972, 408, 409; OLG Nürnberg VersR 1970, 1059, 1060; Staudinger/Eberl-Borges, BGB, § 833 Rn. 22.

Der Anspruch aus § 833 S. 1 BGB kann auf Schadensersatz in Geld, aber gem. 253 Abs. 2 BGB auch auf Schmerzensgeld gerichtet sein[774]. Bei der Bemessung der Schmerzensgeldhöhe sind Unterscheidungen danach, ob ein Mädchen/eine Frau oder ein Junge/ein Mann betroffen ist, nicht mehr zeitgemäß, da das äußere Erscheinungsbild eines Menschen in einer von Medien geprägten Welt mit entsprechenden Schönheitsvorstellungen für beide Geschlechter die gleiche Rolle spielt[775].

Der Tierhalter als Mieter haftet sowohl aus einer Verletzung der Nebenpflichten aus dem Mietvertrag als auch aus § 833 S. 1 BGB auf Schadensersatz für die Beseitigung der Kratzspuren, die von seiner Katze auf der Oberfläche des Handlaufs des Treppengeländers verursacht worden sind[776]. Ein Anspruch auf Erstattung auch des Mehrwertsteueranteiles besteht jedoch erst nach ausgeführter Reparatur[777]. Nach den Grundsätzen der Vorteilsausgleichung erfolgt ein Abzug "alt für neu"[778].

Hat ein Tier einem Menschen bereits Rechtsgutverletzungen zugefügt und ist mit weiteren zu rechnen, kann der Betroffene den Halter nach § 1004 BGB auf Unterlassung in Anspruch nehmen[779].

ii) Einzelfälle

aaa) Schmerzensgeld

Der Schmerzensgeldanspruch ist ein einheitlicher Anspruch, der nicht in mehrere Teilbeträge zerlegt werden kann[780]. Erleidet jemand durch ein Tier eine Zahnverletzung und bestehen seit dem Vorfall Angstzustände und Angstträume, die über

---

[774] BGH NJW 1977, 2158, 2159 = VersR 1977, 864, 866BGH VersR 1982, 348, 349; OLG Stuttgart VersR 1978, 1123, 1124; OLG Koblenz NJW-RR 2006, 529 f.; LG Berlin NJW 2006, 732 f.; Bornhövd JR 1978, 50, 54; Staudinger/Eberl-Borges, BGB, § 833 Rn. 22.
[775] LG Berlin NJW 2006, 702 = VersR 2006, 499.
[776] AG Schöneberg MM 2010, Nr. 9, 30.
[777] LG Dortmund vom 28.03.2008 – Az. 3 O 368/07.
[778] LG Dortmund vom 28.03.2008 – Az. 3 O 368/07.
[779] LG Coburg NJW-RR 2003, 20; MünchKomm/Wagner, BGB, § 833 Rn. 58.
[780] OLG Zweibrücken vom 04.01.2007 – Az. 4 U 22/06.

ein Jahr andauern, ist ein Schmerzensgeld in Höhe von insgesamt 2.500,00 EUR angemessen, wenn sich der Vorfall auf einem eingezäunten Privatgelände ereignet hat[781].

bbb) Mitverschulden des Geschädigten

Die Gefährdungshaftung des § 833 S. 1 BGB rechtfertigt sich aus dem Umstand, daß der Tierhalter aufgrund des nur eingeschränkt einschätzbaren Tierverhaltens für Dritte ein besonderes Risiko setzt[782]. Dieser Gefährdungsaspekt wird jedoch durch das Verhalten des Geschädigten überlagert, wenn er bewußt die Nähe des Tieres geduldet und sich damit freiwillig der Tiergefahr ausgesetzt hat[783]. Es ist dann nicht Opfers eines von ihm unbeeinflußbaren Risikos in Form einer von ihm unbeherrschbaren Tiergefahr geworden. Den Geschädigten trifft daher u. U. ein Mitverschulden, wenn er ein Tier streichelt, das er nicht kennt. Die im Verkehr erforderliche Sorgfalt gebietet es, ein Tier erst nach einer Phase des wechselseitigen Vertrautwerdens zu streicheln, jedoch keinesfalls bereits bei einem ersten Besuch; erst recht nicht in dessen ersten fünfzehn Minuten[784].

Ein Tierschutzverein, der eine ausgesetzte Katze zur Weitervermittlung aufnimmt, wird im Sinne des Gesetzes Tierhalter. Damit haftet der Tierschutzverein auch für Schäden, die dieses Tier anrichtet (§ 833 BGB). Weisen aber Mitarbeiter des Tierschutzvereines den Interessenten darauf hin, daß die Katze schwierig ist, und greift der Interessent gleichwohl unvermittelt zum Kopf des Tieres, dann tritt die Haftung des Tierschutzvereines zurück, wenn die Katze zubeißt oder kratzt. Das Eigenverschulden des Geschädigten ist erheblich höher zu bewerten als die Haftung des Tierschutzvereins. Gerade bei ausgesetzten Tieren muß man generell davon ausgehen, daß solche Tiere schwieriger sind, als vom Züchter abgegebene Katzen. Wer sich auf solche Umstände, die auf der Hand liegen, aber nicht ein-

---

[781] OLG Zweibrücken vom 04.01.2007 – Az. 4 U 22/06.
[782] OLG Frankfurt/M. OLGR Frankfurt 2001, 5.
[783] OLG Frankfurt/M. OLGR Frankfurt 2001, 5.
[784] OLG Frankfurt/M. OLGR Frankfurt 2001, 5: Rottweiler.

stellt, setzt sich der Gefahr, verletzt zu werden, bewußt aus und hat keinen Anspruch auf Schadensersatz[785].

Ein Tierhüter (Catsitter) hat gegen den Tierhalter eines sog. Luxustieres Anspruch auf Schadenersatz, es sei denn, der Tierhüter hätte sich einer Sorgfaltspflichtverletzung bei der Führung der Aufsicht über die Tiere schuldig gemacht[786]. Eine Sorgfaltspflichtverletzung liegt jedoch nicht vor, wenn die zu beaufsichtigenden Katzen, die in der Vergangenheit keinen Schaden verursacht haben, in einem kurzen Zeitraum ohne Beobachtung Möbel in der Wohnung des Tieraufsehers beschädigen[787].

ccc) Nachbars Goldfische

Ein Katzenhalter, dessen Tier im Nachbarsgarten einen Goldfisch aus dem Teich „angelt", ist für den eingetretenen Schaden genauso haftbar, als hätte er sich selbst diese Goldfische aus dem Teich geholt. Voraussetzung für einen solchen Schadensersatzanspruch ist aber, daß man der „fischliebenden" Katze ihre Vorliebe tatsächlich auch nachweisen kann. Eine reine Vermutung reicht für eine Haftung des Katzenhalters nicht aus. Der geschädigte Gartenteichbesitzer muß den vollen Beweis dafür führen, daß gerade diese Katze und keine andere die Goldfische verzehrt, verletzt oder getötet hat. Zwar muß der Katzenhalter seiner Katze den Auslauf dann nicht verbieten, für den Schaden muß er jedoch aufkommen[788].

ddd) Der potente Kater und seine Duftmarken

Wer wilden Katzen durch ein offenstehendes Fenster ermöglicht, in den Keller zu gelangen, und wer diese Katzen durch Futter anlockt, wird dadurch zum Tierhalter. Er haftet für die Kosten, die durch die Entfernung von Duftmarken entstehen, die ein fremder, unkastrierter Kater hinterläßt. Die Wohnungsverwaltung ist be-

---

[785] AG Duisburg NJW-RR 1999, 1628.
[786] AG Nürtingen vom 15.07.2009 – Az. 11 C 790/09.
[787] AG Nürtingen vom 15.07.2009 – Az. 11 C 790/09.
[788] AG Bonn - Az. 11 C 463/84; LG Augsburg NJW 1998, 499 = WuM 1989, 624; OLG Celle NJW-RR 1986, 821-822.

rechtigt, die Fütterung im Keller zu verbieten und Kostenerstattung zu verlangen[789].

eee) Die Katze auf dem heißen Blechdach

Wer einen Tierhalter auf Schadensersatz in Anspruch nehmen will, muß nachweisen, daß gerade das Tier dieses Halters und kein anderes Tier den Schaden verursacht hat. Zerkratzt eine Katze das Auto des Nachbarn, wirft dessen Blumenvase um oder beschädigt seine Gartenmöbel, kann der Nachbar vom Katzenhalter nach § 833 BGB Schadensersatz verlangen. Er muß aber nachweisen, daß der Schaden gerade durch dieses Tier entstanden ist. Ein „dringender Tatverdacht" reicht nicht aus. Das Amtsgericht Aachen[790] lehnte daher den Antrag eines Geschädigten ab, ein DNA-Gutachten einzuholen, um eine tatverdächtige Katze zu überführen.

Unabhängige Sachverständige haben im übrigen festgestellt, daß Katzen Autolack gar nicht zerkratzen können. Der Eigentümer eines Porsches verklagte seinen Nachbarn, Halter einer Katze, auf Schadensersatz in Höhe von rund 2.000,00 EUR, weil dessen Katze auf seinem Fahrzeug herum gelaufen sei und dabei den Lack zerkratzt habe. Seine Klage wurde abgewiesen. Der vom Gericht bestellte Sachverständige hielt es für unwahrscheinlich, daß eine Katze solche Lackschäden verursachen kann. Es sei unplausibel, daß sich das Tier mit ausgefahrenen Krallen über glatte Oberflächen bewegt. Die weichen Ballen an den Pfoten haften zwar auf der glatten Lackierung. Die Haftung gehe aber verloren, wenn die Katze die Krallen ausfährt. Lediglich leichte Lackkratzer seien daher durch eine Katze möglich. Diese Lackverschrammungen rührten aus anhaftenden Sandkörnern zwischen Ballen und Pfotenbehaarung her, könnten aber nicht die vom Eigentümer des Porsches behaupteten Schäden verursacht haben[791].

Ähnlich entschied das AG Oberhausen[792], nachdem ein Sachverständiger die Schäden am Auto begutachtet hatte. „Sodann hat der Sachverständige unter Ge-

---

[789] AG Hohenschönhausen - Az. 2 C 435/03.
[790] AG Aachen NJW-RR 2007, 907.
[791] AG Celle VersR 1999, 1376.
[792] AG Oberhausen – Az. 34 C 157/93.

fahr für die eigene Gesundheit mit Hilfe eines eher weniger zur Mitarbeit bereiten Vergleichstieres Kratzspuren auf einem extra dafür hergestellten Blechteil zu erzeugen versucht, um dieses Material sodann auszuwerten und mit dem Befund am klägerischen Pkw zu vergleichen. Dieses um möglichste Objektivität bemühte Vorgehen, bei dem der Sachverständige abschließend auch seine in länger andauernder Beobachtung gewonnene Erfahrung über das Aufspringen bzw. Abrutschverhalten von Katzen auf Autos eingebracht hat, ist in keiner Weise zu beanstanden. Sämtliche zu berücksichtigende Faktoren, selbst die Aushärtzeit des Lackes auf dem Vergleichsblech, sind vom Sachverständigen D. berücksichtigt worden. Die aufgrund seines optimal sorgfältigen Vorgehens gewonnenen Ergebnisse lassen nur den Schluß zu, daß die Kratzer nicht von einer Katze [...] stammen können".

Ein vergleichbarer Fall lag dem AG Lichtenfels[793] und – in zweiter Instanz - dem LG Coburg[794] zur Entscheidung vor. Der vom Gericht bestellte Sachverständige kam zu dem Ergebnis, die Kratzer auf dem Auto des Nachbarn könnten nicht von einer Katze verursacht worden sein. Dies habe er unter Einsatz einer „Versuchskatze", deren Pfoten er mit Sand verschmutzt habe, einer „Versuchsmotorhaube" und einer Spielschnur festgestellt. Katzen bevorzugten zum Kratzen Materialien mit relativ weicher, Widerstand bietender Oberfläche, also nicht lackierte Motorhauben. Der Kläger nahm die Berufung zurück und akzeptierte die Entscheidung des Amtsgerichts.

Eine Haftung des Katzenhalters für Lackschäden kommt aber dann in Betracht, wenn Steinchen an den Katzenpfoten hängen bleiben und beim Sprung oder Abrutschen über den Lack schleifen, wenn die Katze auf das Autodach springt und dadurch Dellen im Blech entstehen oder wenn die Katze täglich schmutzige Pfotenabdrücke auf einem Wagen hinterläßt, der z. B. als Dienstwagen genutzt wird und daher sauber sein muß. Eine nur gelegentliche Verschmutzung des Lacks wird der Eigentümer des Wagens hinnehmen müssen.

---

[793] AG Lichtenfels – Az. 1 C 466/97.
[794] LG Coburg – Az. 32 S 143/99.

> Abhilfe könnten hier eine Autohaube zum Abdecken des Fahrzeugs, eine Folie für die Frontscheibe, ein anderer Abstellplatz für den Pkw oder geänderte Zeiten für den Freigang der Katze schaffen. Denkbar ist auch, daß der Autohalter eine Garage anmietet und der Katzenhalter sich an der Garagenmiete beteiligt.

fff) Der unerwünschte Catnizer und die Rassekatze

Auch die bloße Beeinträchtigung der Nutzungsmöglichkeit eines Tieres wie z. B. das ungewollte Decken einer Katze fällt nach h. M. unter den Schutzbereich des § 833 BGB; es erfüllt außerdem den Tatbestand der Eigentumsverletzung und der Sachbeschädigung[795]. Wenn ein Kater ohne Stammbaum ungewollt eine Rassekatze mit Stammbaum deckt und aus dieser Verpaarung Mischlinge hervorgehen, ist der Halter des Katers verpflichtet, wegen des ungewollten Deckaktes Schadensersatz an den Halter der Rassekatze zu leisten. Wird die von einem Tier ausgehende Gefahr ausschließlich in dem für dessen Halter unberechenbaren Tierverhalten gesehen, so muß zumindest jeder Deckakt, den Tiere ohne Wissen und Willen ihrer Halter vollziehen, als Ausfluß dieser Tiergefahr angesehen werden, denn der von einer rolligen Katze ausgehende Duft übt auf ihre männlichen Artgenossen einen Reiz aus und lockt sie an, so daß sie ihnen mit beharrlicher Ausdauer folgen[796]. Der Deckakt des Katers ist daher nichts anderes als die Resultante der jeweiligen Triebkonstellation von Katze und Kater[797], so daß dadurch verursachte Schäden als "Wirklichkeit gewordene Tiergefahr" angesehen werden müssen und die Haftung nach § 833 BGB auslösen[798].

---

[795] vgl. BGHZ 67, 129, 134 = NJW 1976, 2130, 2131 = JR 1977, 153; OLG Karlsruhe VersR 1969, 808, 809; OLG Köln VersR 1972, 177, 178 = JZ 1972, 408, 409 m. zust. Anm. von Stötter; OLG Nürnberg VersR 1970, 1059, 1060; MünchKomm/Wagner, BGB, § 833 Rn. 5; Soergel/Zeuner, BGB, § 833 10; Erman/Schiemann, BGB, § 833 Rn. 4; a. A. OLG München OLGZ 1971, 404.
[796] vgl. BGH . BGHZ 67, 129, 134 = NJW 1976, 2130, 2131 = JR 1977, 153 (Hündin).
[797] vgl. OLG Köln, VersR 1972, 177 = JZ 1972, 408.
[798] vgl. BGH . BGHZ 67, 129, 134 = NJW 1976, 2130, 2131 = JR 1977, 153 (Hündin).

Dagegen ließe sich einwenden, die Gefahr eines unerwünschten Deckaktes gehe in erster Linie von der rolligen Katze aus[799], und man könne einen Kater nicht dafür verantwortlich machen, daß er seinen Instinkten folgt und eine rollige Katze deckt[800]. Gerade in diesem Verhalten des erotisch interessierten Katers äußert sich jedoch die spezifische Tiergefahr. Ein Tier folgt auch seinem Instinkt, wenn es die Mietwohnung oder das Mobiliar durch Kratzen oder Urinieren markiert oder wenn es, weil es sich bedroht fühlt, beißt oder kratzt. Genau für diese Fälle soll der Tierhalter haften. Der Tierhalter (er ist verantwortlich und nicht der Kater) hat auch die Möglichkeit, derartig unerwünschte Deckakte zu verhindern, indem er entweder den Kater kastrieren läßt oder ihn unkastriert als reine Wohnungskatze ohne Auslauf hält oder ihm Auslauf nur unter Aufsicht und mit Geschirr und Leine ermöglicht.

Allerdings haftet der Tierhalter allein, wenn er sorglos seine rollige Katze im eingezäunten Gelände frei laufen läßt[801]. Läßt der Halter der Katze diese längere Zeit in einem umzäunten Garten unbeaufsichtigt, obwohl ihm bekannt ist, daß ein erotisch interessierter Kater den Garten seit Tagen belagert und bereits in diesem eingedrungen ist, dann kann es im Rahmen der Mitverschuldensabwägung gerechtfertigt sein, den Halter des Katers von jeder Haftung für die unerwünschte Deckung der Katze freizustellen[802]. Der Halter einer rolligen (Rasse)Katze hat zur Verhinderung eines unerwünschten Deckungsaktes besondere Sicherungsmaßnahmen zu treffen, anderenfalls trifft ihn ein Mitverschulden an der Entstehung seines Schadens[803].

Spannend ist der Fall der ungewollt schwangeren Rottweilerhündin, der auf die unplanmäßige und unerwünschte Schwangerschaft einer Zuchtkatze entsprechend anzuwenden ist. Ein Mischlingsrüde verschaffte sich gewaltsam Zugang zu seiner angebeteten Rottweilerhündin. Er zwängte sich durch den Zaun und deckte die Hündin. Um die ungewollte Schwangerschaft zu beseitigen, wurden die Hündin

---

[799] vgl. OLG Hamm NJW-RR 1994, 804. (Hündin).
[800] vgl. AG Daun – Az. 3 C 436/95: Rüde deckt Hündin.
[801] vgl. OLG Hamm NJW-RR 1994, 804. (Hündin).
[802] vgl. OLG Hamm NJW-RR 1994, 804. (Hündin).
[803] vgl. BGH NJW 1976, 2130; vgl. OLG Hamm NJW-RR 1990, 1052.

kastriert und die Welpenföten entfernt. Der Halter der Hündin verlangte vom Halter des Rüden Erstattung der Tierarztkosten. Das AG Lampertheim[804] gab ihm teilweise Recht. Durch den ungewollten Deckakt sei dem Halter der Hündin ein Schaden entstanden. Der Hündinhalter habe nicht damit rechnen müssen, daß der Rüde die Grundstückseinfriedung überwindet. Er sei auch nicht verpflichtet gewesen, die Schwangerschaft austragen zu lassen. Die Folgekosten für das Aufziehen der Welpen wären höher gewesen wären als eine Unterbrechung der Schwangerschaft. Die Kosten der Kastration müsse der Rüdenhalter aber nicht in voller Höhe übernehmen. Bei einer frühzeitigen tierärztlichen Untersuchung der Hündin hätte die ungewollte Schwangerschaft durch eine kostengünstige Hormonspritze beseitigt werden können.

ggg) Die Katzenallergie

Ein Tierhalter ist nicht verpflichtet, an einen allergischen Nachbarn ein Schmerzensgeld zu zahlen, wenn der Nachbar schon vor dem Einzug des Tieres unter asthmatischen Beschwerden litt und zweifelhaft ist, ob das Tier die Allergie ausgelöst hat. Im Allgemeinen führen allergische Reaktionen nicht zur automatischen Haftung durch den Tierhalter[805].

hhh) Die nicht stubenreine Ferienkatze

Wer aus Gefälligkeit die Verwahrung eines Tieres für den Tierhalter zusagt, übernimmt damit im Verhältnis zum Tierhalter keineswegs das Risiko, das sich aus der allgemeinen und besonderen Tiergefahr ergibt[806]. Die Haftung als Tieraufseher nach § 834 BGB besteht nicht nur hinsichtlich solcher Schäden, die die beaufsichtigten Tiere *Dritten* gegebenenfalls zufügen, sondern auch hinsichtlich solcher Schäden, die diese dem *Tieraufseher* selbst zufügen wie die Beschädigung von Mobi-

---

[804] AG Lampertheim - Az. 3 C 306/98.
[805] LG Hildesheim WuM 2002, 316.
[806] OLG Düsseldorf NJW-RR 1991, 605 = VersR 1991, 1036.

liar durch Katzen[807]. Wenn das geschieht, ist es Sache des Catsitters, gem. § 834 S. 2 BGB darzulegen und zu beweisen, daß die Beschädigung seiner Rechtsgüter nicht auf eine von ihm zu vertretende Verletzung der Aufsicht über die Katzen zurückzuführen ist[808]. Der Catsitter ist entlastet, wenn er in hinreichendem Maße dafür Sorge getragen hat, daß er die Katzen während ihres Aufenthalts in der Wohnung entweder beobachtet oder gegebenenfalls in Zeiten eigener Abwesenheit so gehalten hat, daß sie unbemerkt keinen relevanten Schaden anstellen können[809]. Mißlingt ihm dieser Nachweis, so ist analog § 254 Abs. 1 BGB eine Haftungsteilung vorzunehmen[810] Im Rahmen des § 254 BGB ist dabei auch das Ausmaß der Aufsichtspflichtverletzung mit zu berücksichtigen[811]. Eine Sorgfaltspflichtverletzung liegt jedoch nicht schon darin, daß der Tierhüter aufgrund vergangener Erfahrungen auf die Harmlosigkeit der Katzen vertraut hat[812].

Allerdings gibt es Lebenssachverhalte, in denen es dem Tierhüter im Verhältnis zum Tierhalter verwehrt ist, Ersatzansprüche für solche Schäden geltend zu machen, die dem Tierhüter selbst vom Tier zugefügt werden[813]. Wer ein Tier des Nachbarn während dessen Urlaub zu sich nimmt und versorgt, hat keinen Anspruch auf eine Vergütung, wenn man hierfür keine ausführliche Vereinbarung getroffen hat. Es handelt sich um eine Gefälligkeit des täglichen Lebens. Selbst wenn das Tier während "seines Urlaubs" den wertvollen Teppich beschmutzt, besteht für den Tiersitter kein Schadensersatzanspruch, weil der Tiersitter sich freiwillig der Gefahr ausgesetzt hat. Dies gilt vor allem dann, wenn der Nachbar weiß, daß das in Pflege genommene Tier nicht stubenrein ist[814].

---

[807] LG Dortmund vom 28.03.2008 – Az. 3 O 368/07.
[808] LG Dortmund vom 28.03.2008 – Az. 3 O 368/07.
[809] LG Dortmund vom 28.03.2008 – Az. 3 O 368/07.
[810] LG Dortmund vom 28.03.2008 – Az. 3 O 368/07; vgl. OLG Hamm VersR 1975, 865; OLG Saarbrücken NJW-RR 1988, 1493, 1494.
[811] LG Dortmund vom 28.03.2008 – Az. 3 O 368/07.
[812] AG Nürtingen vom 15.07.2009 – Az. 11 C 790/09.
[813] OLG Düsseldorf NJW-RR 1991, 605 = VersR 1991, 1036.
[814] AG Hagen – Az. 13 C 20/96.

jj) Special: Haftung gegenüber dem behandelnden Tierarzt

Bei der Tierhalterhaftung kommt eine vollständige Haftungsfreistellung des Tierhalters unter dem Gesichtspunkt des Handelns auf eigene Gefahr nur in eng begrenzten Ausnahmefällen in Betracht. Der Umstand, daß sich der Geschädigte der Gefahr selbst ausgesetzt hat, kann regelmäßig erst bei der Abwägung der Verursachungs- und Verschuldensanteile nach § 254 BGB berücksichtigt werden[815]. Nur in Ausnahmefälle ist es denkbar, daß die Tierhalterhaftung bereits im Anwendungsbereich ausgeschlossen ist, weil deren Geltendmachung gegen Treu und Glauben verstieße[816].

Ein Ausschluß der Tierhalterhaftung wegen Handelns auf eigene Gefahr kommt regelmäßig nicht in Betracht, wenn sich der Geschädigte der Tiergefahr ausgesetzt hat, um - z. B. als Tierarzt - aufgrund vertraglicher Absprache mit dem Tierhalter Verrichtungen an dem Tier vorzunehmen[817]. Das gilt jedenfalls dann, wenn die Behandlung in Gegenwart und unter Mitwirkung des Tierhalters erfolgt[818]. Von einem Handeln auf eigene Gefahr im Rechtssinne kann nur dann die Rede sein, wenn sich jemand in eine Situation drohender Eigengefährdung begibt, obwohl er die besonderen Umstände kennt, die für ihn eine konkrete Gefahrenlage begründen, ohne daß dafür ein triftiger - rechtlicher, beruflicher oder sittlicher - Grund vorliegt[819]. Denn die Grundlage eines Haftungsausschlusses wegen Handelns auf eigene Gefahr ist der Grundsatz von Treu und Glauben und das sich hieraus ergebende Verbot widersprüchlichen Handelns[820].

Von einem widersprüchlichen Verhalten kann erkennbar nicht die Rede sein, wenn es um die vom Tierhalter veranlaßte ärztliche Behandlung eines Tieres geht. Hier liegt ein triftiger Grund dafür vor, daß der Tierarzt sich der Tiergefahr aus-

---

[815] BGH VersR 2009, 693 = MDR 2009, 749.
[816] BGH VersR 2006, 416, 418 m.w.N..
[817] RG JW 1904, 57; RG JW 1912, 797; BGH VersR 1968, 797 ff.; BGH VersR 2009, 693 = MDR 2009, 749.
[818] OLG Hamm NJW-RR 2003, 239 = NJW-RR 2003, 240.
[819] BGHZ 34, 355 = NJW 1961, 655; BGH VersR 2009, 693 = MDR 2009, 749.
[820] BGHZ 34, 355, 363 = NJW 1961, 655; BGH NJW-RR 2006, 813; BGH VersR 2009, 693 = MDR 2009, 749.

setzt[821]. Letztlich dient die Rechtsfigur des Handelns auf eigene Gefahr bei der Gefährdungshaftung dazu, die Tierhalterhaftung in solchen Fällen auszuschließen, in denen sie nach dem Normzweck als unangemessen erscheint, weil der Schaden nicht der Tiergefahr, sondern dem Handeln des Geschädigten selbst zuzurechnen ist[822]. Höchstrichterliche Rechtsprechung und Schrifttum lehnen daher einen grundsätzlichen Ausschluß der Tierhalterhaftung gegenüber Personen ab, die sich der Tiergefahr aus beruflichen Gründen vorübergehend aussetzen, ohne die vollständige Herrschaft über das Tier zu übernehmen[823] Deshalb haftet der Tierhalter, soweit die tatbestandlichen Haftungsvoraussetzungen des § 833 S. 1 BGB vorliegen, einem Tierarzt, der bei der Behandlung eines Tieres durch dessen Verhalten verletzt wird[824]. Ein für die Verletzung mitursächliches Fehlverhalten des Tierarztes kann jedoch anspruchsmindernd nach § 254 BGB berücksichtigt werden[825].

Zum Teil wird die Auffassung vertreten, der Tierhalter hafte nicht, wenn der Tierarzt nicht beweist, daß er alle zumutbare Sorgfalt hat walten lassen[826].

Das OLG Nürnberg[827] ist der Ansicht, der Schutzbereich der Tierhalterhaftung gem. § 833 S. 1 BGB sei nicht mehr berührt, wenn der Betreiber einer Tierklinik ein Tier zum Zweck einer Behandlung oder einer Diagnose vom Halter übernommen hat und das Tier in Abwesenheit des Halters mehrere Stunden in der Klinik verbleibt. In einem solchen Fall müsse schon im Hinblick auf die berufliche Ausbildung eines Tierarztes angenommen werden, daß der Tierarzt die mit der Tiergefahr verbundenen Risiken der Situation kennt, sich diesen freiwillig und bewußt aussetzt und auch – im Gegensatz zum Tierhalter – die Möglichkeit besitzt, jegliche konkrete Schutzmaßnahme (bis hin zum Abschluß entsprechender Versicherungen) zu ergreifen. Das Gericht weist weiter darauf hin, daß das erhebliche Ei-

---

[821] BGH VersR 2009, 693 = MDR 2009, 749.
[822] BGH VersR 2009, 693 = MDR 2009, 749.
[823] vgl. RG JW 1904, 57; 1912, 797; 1911, 89 f; BGH VersR 1968, 797 ff.; BGH VersR 2009, 693 = MDR 2009, 749.
[824] BGH VersR 2009, 693 = MDR 2009, 749; OLG Hamm NJW-RR 2003, 239 = NJW-RR 2003, 240; MünchKomm/Wagner, BGB, § 833 Rn. 59.
[825] BGH VersR 2009, 693 = MDR 2009, 749.
[826] RGZ 61, 54, 56; OLG Zweibrücken VersR 1997, 457; OLG Nürnberg VersR 1999, 240, 24.
[827] OLG Nürnberg VersR 1999, 240.

geninteresse des Tierhalters an der Behandlung seines Tieres keine abweichende Beurteilung rechtfertige. Denn der Betreiber der Tierklinik biete seine Leistungen nicht an, um Tierhaltern entgegenzukommen oder um Tiere um deren selbst willen zu pflegen, sondern aus gewerblichen Gründen, um damit Einkommen zu erzielen. Der Schaden beim/am Tierarzt unterfalle daher nicht mehr dem Schutzzweck der Tierhalterhaftung. An diesem Ergebnis würde sich, so das OLG Nürnberg, auch nichts ändern, wenn nicht auf die Einschränkung des Schutzbereiches des § 833 S. 1 BGB abgestellt würde. Denn dann müßte die allgemeine Regelung Anwendung finden, nach der die Beweislast für ein Mitverschulden des Geschädigten zwar der Schädiger trägt. Der Geschädigte trage die Darlegungs- und Beweislast dafür, daß zum Zeitpunkt des Schadenseintritts jede nach den Umständen erforderliche Sorgfalt aufgewendet worden, der Schaden aber dennoch eingetreten sei, oder daß der Schaden auch dann eingetreten wäre, wenn diese Sorgfalt beachtet worden wäre. Denn anders als der nicht anwesende Tierhalter kenne der behandelnde Tierarzt die Vorgänge im Zusammenhang mit dem Schadensereignis. Dem Tierhalter die Beweislast in Bezug auf einen Vorgang zu überbürden, von dem er naturgemäß keine Kenntnis haben kann, hieße, ihn auf bloße Spekulationen zu verweisen.

Der BGH folgt dieser Ansicht nicht[828]. Die vertragliche Beziehung zwischen Tierhalter und Tierarzt bietet seiner Meinung nach für eine solche Beweislastverteilung, etwa nach dem Gedanken der im Bereich der vertraglichen Haftung geltenden gesetzlichen Beweislastregel des § 282 BGB a. F. und des § 280 Abs. 1 S. 2 BGB n. F., keine Grundlage[829]. Sofern der Tierhalter grundsätzlich nach § 833 BGB haftet, geht es nicht um die vertraglichen Pflichten des Tierarztes, sondern darum, ob und inwieweit dessen tatsächliches Verhalten Anlaß gibt, die Haftung des Tierhalters zu mindern[830].

Ob das Verhalten desjenigen, der sich der Tiergefahr vertragsgemäß aussetzt, ohne Tierhüter zu sein (§ 834 BGB), bei der Schadensverursachung mitgewirkt hat, ist ausschließlich nach § 254 BGB zu beurteilen[831]. Für ein die Haftung mindern-

---

[828] BGH VersR 2009, 693 = MDR 2009, 749.
[829] BGH VersR 2009, 693 = MDR 2009, 749.
[830] BGH VersR 2009, 693 = MDR 2009, 749.
[831] BGH VersR 2009, 693 = MDR 2009, 749.

des Mitverschulden des Geschädigten ist aber regelmäßig der Schädiger darlegungs- und beweispflichtig[832], im Anwendungsbereich des § 833 BGB also der Tierhalter[833]. Daß dieser zu den Handlungen des Geschädigten beim Umgang mit dem Tier möglicherweise mangels Kenntnis nicht ausreichend vortragen kann, rechtfertigt nach Ansicht des BGH keine Umkehr der Beweislast[834]. Der Geschädigte hat insoweit im Rahmen seiner sekundären Darlegungslast konkret zu seinem Handeln vorzutragen; der Schädiger hat zu beweisen, inwieweit der Vortrag des Geschädigten unrichtig ist[835].

b) Die Haftung des Tierhüters

Wer sich als Betreiber einer Tierpension oder als Catsitter vertraglich verpflichtet hat, auf ein fremdes Tier aufzupassen, haftet wie der Halter für entstandene Schäden, die durch eine Verletzung seiner Aufsichtspflicht verursacht wurden. Hat er jedoch angemessen auf seinen Schützling Acht gegeben, scheidet eine Haftung aus.

Als Tierhüter kommt in Betracht, wer ein fremdes Tier in Pension nimmt[836]. Wer jedoch nur vorübergehend aus **Gefälligkeit** auf ein fremdes Tier aufpaßt, haftet nicht. Überläßt der Tierhalter seine Katze für die Dauer seines zweiwöchigen Urlaubs der Obhut der Nachbarin und frißt die Katze während dieser Zeit einen fremden Kanarienvogel, muß die Nachbarin keinen Schadensersatz an den Vogelhalter leisten. Für Schäden, die die Katze verursacht, ist nur der Halter verantwortlich. Halter ist derjenige, der das Tier hauptsächlich "nutzt" und für die Kosten seiner Haltung aufkommt; das ist in der Regel der Eigentümer[837], nicht aber die Urlaubsvertretung.

§ 834 BGB setzt voraus, daß die Aufsicht über das Tier durch **Vertrag** übernommen worden ist. Die nur tatsächliche Übernahme der Aufsicht wird daher von

---

[832] BGHZ 175, 153, 158; BGH VersR 2009, 693 = MDR 2009, 749.
[833] vgl. BGH VersR 2005, 1254, 1256; BGH VersR 2009, 693 = MDR 2009, 749.
[834] BGH VersR 2009, 693 = MDR 2009, 749.
[835] vgl. BGHZ 100, 190, 195 f.; 163, 209, 214; BGH VersR 2009, 693 = MDR 2009, 749.
[836] OLG Hamm VersR 1975, 865.
[837] BGH MDR 1988, 571 = NJW-RR 1988, 655.

§ 834 BGB nicht erfaßt[838]. Familienangehörige, die nur tatsächlich die Beaufsichtigung von Tieren für den Tierhalter übernehmen, sind mangels einer vertraglichen Beauftragung hierzu durch den Tierhalter grundsätzlich nicht als Tierhüter im Sinne von § 834 BGB anzusehen[839]. Allerdings genügt es, wenn der Tierhüter die Verantwortung für das Tier mit Rechtsbindungswillen übernimmt, mag auch der Übernahmevertrag unwirksam sein[840]. Der Vertrag braucht nicht mit dem Tierhalter selbst geschlossen zu werden[841]. Erforderlich ist nur, daß nach dem Inhalt des Vertrages die Aufsicht über das Tier übernommen wird[842]. Der Vertrag kann auch stillschweigend geschlossen werden[843].

§ 834 BGB gilt nicht für die **gesetzliche Aufsichtspflicht**. Er ist daher nicht anwendbar, wenn die Aufsichtsführung in Erfüllung einer gesetzlichen Verpflichtung erfolgt[844], z. B. die Aufsichtspflicht des gesetzlichen Vertreters eines Tierhalters (elterliche Sorge), die Pflicht eines Ehegatten zur Mitarbeit als Beitrag zum Familienunterhalt, die eheliche Lebensgemeinschaft, die Dienstleistungspflicht des zum Haushalt gehörenden Kindes im Hauswesen oder Geschäft der Eltern und die Verwahrungspflicht des Finders[845]. Tierhüter ist auch nicht, wer nach landesrechtlichen Naturschutzbestimmungen eine fremde streunende Katze einfängt und auf begrenzte Dauer verwahrt[846].

Die strenge Haftung für vermutetes Verschulden[847] setzt voraus, daß der Tierhüter ähnlich wie der Tierhalter eigenverantwortlich und selbständig die Beherrschung der Tiergefahr übernimmt. Der Tierhüter muß daher die *selbständige* Auf-

---

[838] OLG Celle vom 01.11.2000 – Az. 20 U 11/00.
[839] OLG Nürnberg NJW-RR 1991, 1500.
[840] Staudinger/Eberl-Borges, BGB, § 833 Rn. 12; Erman/Schiemann, BGB, § 834 Rn. 2; Münch-Komm/Wagner, BGB, § 834 Rn. 5.
[841] RG JW 1905, 202, 203; Weimar MDR 1968, 640, 641; Staudinger/Eberl-Borges, BGB, § 834 Rn. 13.
[842] Staudinger/Eberl-Borges, BGB, § 834 Rn. 12.
[843] Staudinger/Eberl-Borges, BGB, § 834 Rn. 12; Weimar MDR 1968, 640, 641.
[844] Staudinger/Eberl-Borges, BGB, § 834 Rn. 15.
[845] Staudinger/Eberl-Borges, BGB, § 834 Rn. 15.
[846] Staudinger/Eberl-Borges, BGB, § 834 Rn. 15.
[847] Palandt/Sprau, BGB, § 845 Rn 1.

sicht über das Tier übernehmen, eine Tätigkeit auf Weisung des Tierhalters erfüllt die Voraussetzungen der Übernahme nicht[848].

Anders als bei Haftung für ein nicht der Erwerbstätigkeit dienendes „Luxustier" (§ 833 S. 1 BGB) setzt die Haftung des Tierhüters **Verschulden** voraus. In beiden Fällen wird das Verschulden des Tierhalters bzw. des Tierhüters vermutet. Während die Tierhalterhaftung nach § 833 S. 1 BGB jedoch eine verschuldensunabhängige Gefährdungshaftung ist, kann sich der Tierhüter entlasten.

Da § 834 BGB Verschulden voraussetzt, haften **Deliktsunfähige** nur nach § 829 BGB[849], wenn die Billigkeit unter Berücksichtigung aller Umstände die Schadloshaltung des Geschädigten erfordert[850]. Der Ersatzanspruch setzt in diesem Fall ein wirtschaftliches Gefälle, also wesentlich bessere Vermögensverhältnisse des Schuldners voraus[851]. Dabei kann eine freiwillige Haftpflichtversicherung von Bedeutung sein, allein aber nicht zur Billigkeitshaftung[852] oder zur Zubilligung von Beträgen führen, die die finanziellen Möglichkeiten des Schädigers sonst überschreiten würden[853].

Tierhalter und Tierhüter haften dem geschädigten Dritten als **Gesamtschuldner** nach §§ 840 Abs. 1, 426 BGB[854]. Sofern die Beteiligten allein aus §§ 833 ff BGB haften, ist im Innenverhältnis die vertragliche Absprache und nicht § 840 Abs. 3 BGB maßgebend[855]. Im Innenverhältnis hat der Tierhüter den Schaden voll zu tragen[856]. Macht der Tierhalter gegen den Tierhüter Regreßansprüche aus dem Gesichtspunkt der positiven Vertragsverletzung geltend, muß sich der Tierhüter nach § 280 Abs. 1 S. 2 BGB entlasten[857].

---

[848] OLG Köln OLGR Köln 1999, 253.
[849] Palandt/Sprau, BGB, § 845 Rn 1.
[850] BGHZ 127, 186; Palandt/Sprau, BGB, § 829 Rn 4.
[851] Palandt/Sprau, BGB, § 829 Rn 4.
[852] BGH NJW 1979, 2096; OLG Heilbronn NJW 2004, 2391; Palandt/Sprau, BGB, § 829 Rn 4.
[853] BGHZ 76, 279; Palandt/Sprau, BGB, § 829 Rn 4.
[854] RGZ 60, 313, 315; OLG Hamm NJW-RR 1995, 599; OLG Saarbrücken VersR 1988, 1080; MünchKomm/Wagner, BGB, § 834 Rn 7; Staudinger/Eberl-Borges, BGB, § 834 Rn 26.
[855] Palandt/Sprau, BGB, § 840 Rn 3; MünchKomm/Wagner, BGB, § 834 Rn 7; Staudinger/Eberl-Borges, BGB, § 834 Rn 26.
[856] Staudinger/Eberl-Borges, BGB, § 834 Rn 26.
[857] Staudinger/Eberl-Borges, BGB, § 834 Rn 26.

Wird der Tierhüter selbst verletzt, so greift zwar grundsätzlich die Haftung des Tierhalters nach § 833 BGB ein[858]. Jedoch wird ein **Mitverschulden** des Aufsehers vermutet; er hat sich nach § 834 S. 2 BGB zu entlasten[859]. Der Tierhüter, der Aufsichtpflichten übernommen hat, muß beweisen, daß er selbst die erforderliche Aufsichtspflicht eingehalten hat oder der Mangel in der Aufsichtsführung für den Schadenseintritt nicht ursächlich geworden ist[860]; andernfalls wird die Haftung analog § 254 BGB verteilt[861].

Zum Teil wird auch die Auffassung vertreten, der Tierhüter könne den Tierhalter gar nicht auf der Grundlage von § 833 S. 1 BGB auf Schadensersatz in Anspruch nehmen, weil die ratio der Gefährdungshaftung nicht zutrifft, wenn die Schäden demjenigen entstehen, der die Schadensquelle selbst kontrolliert[862]. Wenn der Verletzte selbst in der Lage ist, die Maßnahmen zu ergreifen, die seinen bestmöglichen Schutz gewährleisten, wiegt sein eigenes Interesse im Verhältnis zum Tierhalter den Gesichtspunkt auf, daß dieser den Nutzen des Tieres hat[863].

Der Geschädigte trägt die Beweislast dafür, daß der Tierhüter durch Vertrag die Aufsicht über ein Tier übernommen hat, daß der Tierhüter seine Aufsichtspflicht verletzt hat und daß das Tier durch die Verletzung der Aufsichtspflicht den Schaden verursacht hat. Der Aufseher trägt die Beweislast für den Einwand, ihn treffe kein Verschulden.

c) Haftung des Tierschutzvereins

Ein Tierschutzverein, der einen entlaufenen Siamkater schon drei Tage nach der Aufnahme ins Tierheim kastriert, handelt fahrlässig und ist verpflichtet, dem Kat-

---

[858] RG JW 1905, 393; OLG Frankfurt/M. MDR 196, 590; Staudinger/Eberl-Borges, BGB, § 834 Rn 28.
[859] OLG Karlsruhe NJW-RR 2009, 453; Palandt/Sprau, BGB, § 845 Rn 3.
[860] BGH VersR 1972, 1047, 1048; Staudinger/Eberl-Borges, BGB, § 834 Rn 28.
[861] OLG Frankfurt/M. MDR 1996, 590; OLG Saarbrücken NJW-RR 1988, 1492, 1493; Palandt/Sprau, BGB, § 845 Rn 3; Terbille VersR 1995, 129, 132 f; a. A. OLG Celle VersR 1990, 794 f; da der Schutzbereich von § 833BGB nicht eröffnet sei.
[862] MünchKomm/Wagner, BGB, § 834 Rn 8.
[863] OLG Celle VersR 1990, 794 f..

zenhalter die Kosten der tierärztlichen Nachbehandlung zu erstatten[864]. Ein weitergehender Schadenersatzanspruch steht dem Halter jedoch auch dann nicht zu, wenn der Kater als Zuchttier einen Wert von 1.200,00 EUR hatte und es bereits Interessenten für drei Katzenjunge im Wert von jeweils 200,00 EUR gegeben hatte[865].

Der aus § 833 BGB in die Haftung genommene Tierschutzverein kann sich nicht mit Erfolg darauf berufen, die in Obhut genommenen Tiere seien lediglich ein "erforderliches Mittel", um die satzungsgemäßen Zwecke des Trägervereins zu erfüllen, mit der Folge, daß er nicht Halter sei[866]. Tierhalter ist derjenige, der andere erlaubtermaßen der nur unzulänglich beherrschbaren Tiergefahr aussetzt, also derjenige, der die Bestimmungsmacht über das Tier ausübt[867]. Im übrigen besteht der Vereinszweck darin, die Obhut und Pflege der Tiere zu übernehmen. Das spricht gerade dafür, daß der Träger des Tierheims selbst Tierhalter ist und im Schadenfall nach § 833 BGB haftet[868].

d) Produkthaftung

Unter Produkthaftung versteht man die Haftung des Herstellers für Folgeschäden, die der Anwender durch den bestimmungsgemäßen Gebrauch des Produkts infolge eines Fehlers des Erzeugnisses erleidet[869]. Es geht um das Einstehen des Herstellers für Gefahren wegen fehlender Sicherheit des Produktes, also um das Integritätsinteresse[870].

Der Hersteller haftet für Körper-, Gesundheits- und Sachschäden, die durch den Fehler eines Produktes verursacht worden sind, für Sachschäden aber nur dann, wenn eine andere Sache als das fehlerhafte Produkt selbst beschädigt wird und diese andere Sache ihrer Art nach gewöhnlich für den privaten Gebrauch oder

---

[864] AG Lemgo vom 14.06.2010 – Az. 17 C 28/10.
[865] AG Lemgo vom 14.06.2010 – Az. 17 C 28/10.
[866] LG Hanau MDR 2003, 993 = VersR 2003, 873.
[867] LG Hanau MDR 2003, 993 = VersR 2003, 873.
[868] LG Hanau MDR 2003, 993 = VersR 2003, 873.
[869] Palandt/Sprau, BGB, Einführung v. § 1 ProdHaftG Rn. 1.
[870] Palandt/Sprau, BGB, Einführung v. § 1 ProdHaftG Rn. 1.

Verbrauch bestimmt ist und auch hauptsächlich verwendet wird[871]. Nicht unter die Ersatzpflicht nach dem Produkthaftungsgesetz fallen Entwicklungsgefahren, der Ersatz von Schäden an Sachen für den beruflichen Gebrauch, der Ersatz von Vermögensschäden, von Arzneimittelschäden und Nuklearschäden[872].

Anspruchsberechtigt ist der Geschädigte, insbesondere jeder Benutzer/Verwender des fehlerhaften Produktes, aber auch jeder unbeteiligte Dritte, der mit ihm in Berührung kommt und dabei Schaden erleidet[873]. Der Geschädigte trägt die Beweislast für den Produktfehler, den Schaden und die Ursächlichkeit des Produktfehlers für den eingetretenen Schaden (§ 1 Abs. 4 S. 1 ProdHaftG).

Behauptet ein Tierhalter, daß seine Tiere an einem vorgefertigten, industriell hergestellten Futter verendet seien, dann muß er für diese Behauptung und für seinen damit einhergehenden Schadenersatzanspruch gegen den Futterhersteller den vollen Beweis antreten[874]. Die Beweisregeln eines so genannten Anscheinsbeweises kommen ihm nicht zugute. Denn es kann nicht ausgeschlossen werden, daß der gefahrbringende Zustand des Futters erst dann entstanden ist, nachdem das Produkt den Herstellerbetrieb bereits verlassen hat. Eine Ausnahme von diesem Grundsatz kommt nur dann in Betracht, wenn ein festgestellter Schaden, z. B. eine bestimmte Erkrankung von Menschen oder Tieren, mehrere Ursachen haben kann, aber nur für eine dieser Ursachen konkrete Anhaltspunkte vorliegen[875]. In derartigen Fällen kann der Beweis des ersten Anscheins für diese Ursache sprechen. Dafür, daß das hergestellte Futter bereits bei Auslieferung einen Schadstoff enthielt, könnte dann ein konkreter Anhaltspunkt bestehen, wenn der die Erkrankung der Tiere auslösender Fehler im gelieferten Kraftfutter selbst hätte festgestellt werden können[876].

---

[871] Palandt/Sprau, BGB, Einführung v. § 1 ProdHaftG Rn. 6.
[872] Palandt/Sprau, BGB, Einführung v. § 1 ProdHaftG Rn. 6.
[873] Palandt/Sprau, BGB, § 1 ProdHaftG Rn. 10, 11.
[874] OLG Hamm - Az. 19 U 43/01 - (58/03).
[875] OLG Hamm - Az. 19 U 43/01 - (58/03).
[876] OLG Hamm - Az. 19 U 43/01 - (58/03).

e) Die Haftung des Tierquälers

Wer einer Katze vorsätzlich Schaden zufügt, haftet dem Eigentümer nach § 823 Abs. 1 BGB und § 823 Abs. 2 BGB i. V. m. § 303 StGB und § 17 TierSchG auf Schadensersatz.

Darüber hinaus wird mit Freiheitsstrafe bis zu drei Jahren oder mit Geldstrafe bestraft, wer eine Katze ohne vernünftigen Grund tötet oder einer Katze aus Roheit erhebliche Schmerzen oder Leiden oder länger anhaltende oder sich wiederholende erhebliche Schmerzen oder Leiden zufügt.

f) Schadenshöhe

Wird die Katze verletzt, muß der Schädiger die Kosten der tierärztlichen Heilbehandlung übernehmen. Die Aufwendungen können den Kaufpreis der Katze übersteigen. Das gilt auch für rasselose Katzen, für die kein Marktwert angegeben werden kann. Mit der Einfügung des § 251 Abs. 2 S. 2 BGB im Zusammenhang mit dem Gesetz zur Verbesserung der Rechtsstellung des Tieres im bürgerlichen Recht vom 20.08.1990 hat der Gesetzgeber zum Ausdruck gebracht, dem Affektionsinteresse des Halters an der Wiederherstellung seines Tieres im Rahmen des § 251 Abs. 2 BGB Rechnung tragen zu wollen[877]. Die Regelung, mit der klargestellt wird, **daß Heilbehandlungskosten** nicht schon dann unverhältnismäßig sind, wenn sie den Wert des verletzten Tieres erheblich übersteigen, ist Ausdruck des gewandelten Verständnisses der Beziehung des Menschen zu seiner Umwelt und zu seinen Mitgeschöpfen[878]. Davon unberührt bleibt aber die in § 251 Abs. 2 S. 1 BGB enthaltene Regelung, wonach unverhältnismäßige Wiederherstellungskosten nicht geschuldet sind. Dies hat zur Folge, daß trotz der neuen gesetzgeberischen Wertung bei der Behandlung von Tieren eine Obergrenze zu ziehen ist, jenseits derer aufgewandte Heilungskosten unverhältnismäßig sind und deshalb nicht ersetzt werden müssen[879].

---

[877] LG Bielefeld NJW 1997, 3320, 3321.
[878] LG Bielefeld NJW 1997, 3320, 3321.
[879] LG Bielefeld NJW 1997, 3320, 3321.

Die Heilbehandlungskosten sind nicht schon dann unverhältnismäßig, wenn sie den Wert der Katze erheblich übersteigen (§ 251 Abs. 2 S. 2 BGB). Bei einer Katze ohne Marktwert überschreiten Aufwendungen von 1.500,00 EUR noch nicht die Grenze der **Verhältnismäßigkeit**[880]. Behandlungskosten in Höhe von 1.942,91 EUR bei einem Wert des Tieres von 434,60 EUR können noch verhältnismäßig sein[881]. Auch wenn das verletzte Tier für eine Schutzgebühr von nur 51,13 EUR erworben wurde, hat der schadenersatzpflichtige Halter des anderen Tieres die geltend gemachten Behandlungskosten von 2.815,68 EUR zu ersetzen[882]. Bei der Beurteilung sind das Alter und der Gesundheitszustand des Tieres zu berücksichtigen sowie die Intensität gefühlsmäßiger Bindungen des Halters. Das bedeutet jedoch nicht, daß es bei der Erstattung von Tierheilungskosten überhaupt nicht auf deren Höhe ankommt. Vielmehr gibt es auch bei Tieren durchaus eine Obergrenze, jenseits derer die Heilungskosten unverhältnismäßig sind. Bei Bestimmung dieser Obergrenze haben die besonders gelagerten emotionalen Bindungen des Halters zu seinem Tier keine Bedeutung mehr[883]. Bei einem geschätzten Wert des verletzten Tieres in Höhe 255,65 EUR bis 511,29 EUR ist die Obergrenze bei 5.112,90 EUR erreicht[884]. Wird die Katze getötet oder gestohlen, ist hingegen nur Schadensersatz in Höhe des **Wiederbeschaffungswertes** zu leisten[885].

Bei einer Haftung aus unerlaubter Handlung (§ 833 BGB, § 834 BGB), steht dem Geschädigten – anders als bei der Haftung aus Vertragsverletzung[886] - auch eine **Kostenpauschale** von 25,00 EUR zu[887].

---

[880] LG Bielefeld NJW 1997, 3320, 3321; LG Essen NJW 2004, 52; anders noch LG Lüneburg NJW 1984, 1234: 1.500,00 bis 2.000,00 DM.
[881] AG Frankfurt/M. NJW-RR 2001, 17.
[882] LG Baden-Baden NJW-RR 1999, 609; AG Idar-Oberstein NJW-RR 1999, 1629 = VersR 2000, 66.
[883] LG Mannheim vom 02.02.1995 – Az.10 S 127/94.
[884] LG Mannheim vom 02.02.1995 – Az.10 S 127/94.
[885] Palandt/Grüneberg, BGB, § 249 Rn. 21 m.w.N..
[886] AG Frankfurt NJW-RR 2001, 17.
[887] AG Nürtingen vom 15.07.2009 – Az. 11 C 790/09.

9. Die Katze und der Tierarzt

a) Die Schweigepflicht des Tierarztes

> *„Was immer ich sehe und höre, bei der Behandlung oder außerhalb der Behandlung im Leben der Menschen, so werde ich von dem, was niemals nach draußen ausgeplaudert werden soll, schweigen indem ich alles derartige als solches betrachte, das nicht ausgesprochen werden darf."*
>
> Aus dem Eid des Hippokrates, um 500 v. Chr.

Der Eid des Hippokrates gilt allgemein als der historische Ursprung der ärztlichen Schweigepflicht. Kodifiziert wurde die ärztliche Schweigepflicht erstmals im Preußischen Allgemeinen Landrecht von 1794. Danach war der Bruch der Verschwiegenheit bei „Medizinalpersonen" mit Strafe bedroht. Die ärztliche Schweigepflicht hat heute ihre Grundlage in Art. 1 GG (Würde des Menschen), Art 2 GG (freie Entfaltung der Persönlichkeit), § 203 StGB und in den Berufsordnungen der Tierärztekammern.

„Wer sich in ärztliche Behandlung begibt, muß und darf erwarten, daß alles, was der Arzt im Rahmen seiner Berufsausübung erfährt, geheim bleibt und nicht zur Kenntnis Unbefugter gelangt"[888]. Nach § 203 StGB ist der Tierarzt verpflichtet, über alle Tatsachen Schweigen zu bewahren, die ihm bei der Ausübung seines Berufes anvertraut und bekannt werden. Nach § 203 Abs. 3 S. 2 StGB gilt dieses Schweigegebot gleichermaßen für das tierärztliche Hilfspersonal und für die Personen, die bei ihm zur Vorbereitung auf den Beruf tätig sind. Tathandlung ist die Offenbarung eines in beruflicher Eigenschaft erlangten fremden Geheimnisses. Der Geheimnisoffenbarung steht die Datenpreisgabe im Amt gleich.

Geschütztes Rechtsgut ist die Individualsphäre des Einzelnen[889]. Nach anderer Meinung wird das öffentliche Interesse an der Funktionsfähigkeit der in

---

[888] S. BVerfGE 32, 373, 379.
[889] Leipziger Kommentar-Schünemann, StGB, § 203Rn. 14.

§ 203 StGB genannten Berufe geschützt[890]. Das allgemeine Vertrauen in die Verschwiegenheit des Arztes als Kollektivrechtsgut soll eine effektive Gesundheitspflege gewährleisten, weil der Patient die erforderlichen Angaben nur macht, wenn die Vertraulichkeit gesichert ist. Bis zuletzt war bei einer Reihe von Berufen zweifelhaft, ob sie in den Katalog aufgenommen werden[891]. Der Tierarzt, der im landwirtschaftlichen Produktionsprozeß in erster Linie aus wirtschaftlichen Gründen in Anspruch genommen wird[892], gelangte eher zufällig hinein[893].

Geheimnis ist eine Tatsache, die nur einem begrenzten Personenkreis bekannt oder zugänglich ist, die derjenige, aus dessen Sphäre sie stammt, nicht aus diesem Kreis hinausgelangen lassen will und an deren Geheimhaltung er ein von seinem Standpunkt aus verständliches Interesse hat[894]. Die Elemente des Geheimnisbegriffs sind damit Geheimsein, Geheimhaltungswille, objektives Geheimhaltungsinteresse[895].

Das Verhältnis zwischen Tierarzt und Auftraggeber wird nach wohl h. M. - anders als bei den Heilberufen - nicht von besonderem Vertrauen und der Erwartung absoluter Verschwiegenheit geprägt[896]. Nach dem Berufsbild der Bundestierärzteordnung ist der Tierarzt berufen, Leiden und Krankheiten der Tiere zu verhüten, zu lindern und zu heilen, zur Erhaltung und Entwicklung eines leistungsfähigen Tierbestandes beizutragen, den Menschen vor Gefahren und Schädigungen durch Tierkrankheiten sowie durch Lebensmittel und Erzeugnisse tierischer Herkunft zu schützen und auf eine Steigerung der Güte von Lebensmitteln tierischer Herkunft hinzuwirken[897]. Weder gehört zu seinen Aufgaben der unmittelbare Dienst an der Gesundheit des Menschen, noch ist die individuelle Beratung anderer in persönlichen, rechtlichen, finanziellen oder wirtschaftlichen Angelegenheit für seine Be-

---

[890] Grömig NJW 1970, 1209, 1210; Henssler NJW 1994, 1817, 1819; Laufs NJW 1975, 1433; Rein VersR 1976, 117; Solbach DRiZ 1978, 204.
[891] Leipziger Kommentar-Schünemann, StGB, § 203 Rn. 14.
[892] BVerfGE 38 312, 323.
[893] Leipziger Kommentar-Schünemann, StGB, § 203 Rn. 14.
[894] Leipziger Kommentar-Schünemann, StGB, § 203 Rn. 19.
[895] Leipziger Kommentar-Schünemann, StGB, § 203 Rn. 19.
[896] BVerfGE 38, 312.
[897] BVerfGE 38, 312.

rufsausübung kennzeichnend[898]. Auch dort, wo er beratende Funktionen erfüllt, bleibt seine Tätigkeit auf einen Sektor beschränkt, in dem die von ihm erwartete Leistung nicht davon abhängt, daß der Auftraggeber zu ihm in ein besonderes **Vertrauensverhältnis** tritt, das die Wahrung schutzwürdiger Geheimhaltungsbelange - auch gegenüber den Organen der Strafrechtspflege - umfaßt und verlangt[899]. Folgerichtig räumt § 53 Abs. 1 Nr. 3 StPO dem Tierarzt im Strafverfahren kein berufsbezogenes Zeugnisverweigerungsrecht ein[900].

Die Informationen über die Erkrankung und Behandlung des Tieres selbst stellen nach h. M. noch kein geschütztes Geheimnis dar[901]. Zum geschützten Rechtsgut gehört – anders als beim Menschen – nicht die gesamte Krankengeschichte des Tieres, da dem Patient Tier kein strafrechtlicher Geheimnisschutz zuteil werden kann[902]. Geschützt sind nur die persönlichen Geheimnisse des Eigentümers oder des Auftraggebers, die dem Tierarzt anläßlich der Behandlung anvertraut oder bekannt werden[903]. Der Gesetzgeber hat bei der Aufnahme des Tierarztes in den Tatbestand des § 203 StGB berücksichtigt, daß der Tierarzt oft neben oder vor dem Humanmediziner z. B. von Zoonosen oder meldepflichtigen Infektionskrankheiten erfährt und der Schutz des persönlichen Geheimnisbereichs unvollkommen wäre, wenn zwar der Humanmediziner über derartige Erkenntnisse hinsichtlich des Menschen schweigen müßte, nicht aber der Tierarzt[904]. Denkbar sind aber auch Fälle, in denen der Tierarzt vom Halter zur Behandlung eines Tieres gerufen wird, das der Halter zuvor schwer mißhandelt hat; hier ist die Tatsache der Mißhandlung ein Geheimnis des Tierhalters[905].

Die h. M. verkennt, daß es im Verhältnis zwischen Tierarzt und Patientenhalter Bereiche gibt, die nicht nur wirtschaftliche Interessen betreffen, sondern auch die

---

[898] BVerfGE 38, 312.
[899] BVerfGE 38, 312.
[900] BVerfGE 38, 312.
[901] Vgl. OLG Celle NJW 1995, 786; LG Lüneburg NJW 1993, 2994; LG Bochum NJW 1993, 1535.
[902] LG Dortmund NJW-RR 2006, 779; Schönke/Schröder, STGB, § 203 Rn. 35.
[903] LG Dortmund NJW-RR 2006, 779.
[904] OLG Celle NJW 1995, 786; LG Dortmund NJW-RR 2006, 779; Schönke/Schröder, StGB, § 203 Rn. 35.
[905] Schönke/Schröder, StGB, § 203 Rn. 35.

Würde und das Persönlichkeitsrecht des Patientenhalters berühren. Der Tierarzt ist eben nicht nur für Landwirte tätig, die zu ihren Tieren eine professionelle Distanz wahren (müssen) und für die Tiere eher ein Wirtschaftsfaktor sind. Er kümmert sich vielmehr auch um die zahlreichen Haustiere, zu denen enge emotionale Bindungen bestehen, die quasi den Rang von Familienmitgliedern einnehmen und in vielen Fällen sogar einen Partner oder eine Partnerin ersetzen.

Unter die Schweigepflicht gehören daher m. E., wie in der Humanmedizin auch, schon die Tatsache, daß ein Patient erkrankt ist und der Patientenhalter tierärztliche Hilfe in Anspruch nimmt, sowie die Krankengeschichte des Tieres. Dabei geht es nicht darum, die Würde des Patienten Tier zu wahren. Geschützt wird vielmehr die Privatsphäre des Patientenhalters. Die Privatsphäre des Patientenhalters schließt auch sein Schamgefühl ein, das durch die Offenbarung seiner sehr privaten Verhältnisse oder seiner Unzulänglichkeiten verletzt wird. Das Schamgefühl etwa kann betroffen sein, wenn die Katze durch Unwissenheit des Halters zu Schaden kommt, wenn sie sich z. B. über den Tulpenstrauß hermacht und dann infolge der Vergiftung schwer erkrankt und Blut erbricht. Wenn seine Katze Durchfall hat, sieht der Patientenhalter sich möglicherweise dem unbegründeten Vorwurf ausgesetzt, er habe das Tier vernachlässigt oder er habe – was für eine Sauerei - Giardien in seinem Haushalt. Hat sich die Katze bei einem mißglückten Sprung ins Bücherregal verletzt, könnte schnell das Gerücht aufkommen, er habe sein Tier getreten und mißhandelt. Leidet die Katze an einer (noch unerkannten) Futtermittelallergie und kratzt sie sich wund oder leckt sich das Fehl kahl, hält man vielleicht Abstand vom Patientenhalter aus Sorge, die Erkrankung der Katze könne für den Menschen ansteckend sein. Hat die Katze Flöhe, hält man den Patientenhalter möglicherweise für ungepflegt und meidet ihn aus Angst davor, selbst von Flöhen befallen zu werden. Das Auftreten von HCM (HKM) in einer Zucht, auch bei einem einzelnen Tier, kann dazu führen, daß ein Züchter für keine seiner Katzen mehr einen Abnehmer findet, und zwar auch dann nicht, wenn die Katzen gesund, mit dem erkrankten Tier nicht verwandt sind und/oder ihre Eltern und Großeltern beim HCM-Screening wiederholt keinerlei Auffälligkeiten zeigten. Solche vom Patientenhalter nicht verschuldeten Vorfälle können schnell dazu führen, daß er zu Unrecht diffamiert und ausgegrenzt wird. Es kommt leider immer wieder vor, daß sich Züchter im Wettlauf um Auszeichnungen und Pokale über Konkurrenten abfällig äußern. Gerede über tierärztlich festgestellte Erkrankungen oder Parasiten in seinem Zwinger würde für den betroffenen Konkurrenzzüchter schnell für lange Zeit das Ende seiner Katzenzucht bedeuten.

Manche Erkrankungen der Katze befallen auch den Katzenhalter und seine Mitbewohner. Das gilt z. B. für Microsporum canis. Microsporum canis ist der häufigste Dermatophyt, der beim Menschen die Tinea capitis vor der Pubertät oder die Tinea corporis und die Tinea faciale beim Erwachsenen hervorruft[906]. Ist eine Katze an Microsporum canis erkrankt, dann wird in der Regel zugleich eine Infektion des Katzenhalters vorliegen. Würde der Tierarzt über die Erkrankung der Katze plaudern, dann wäre damit das berechtigte Interesse des Katzenhalters an der Gemeinhaltung seiner (möglichen) eigenen Erkrankung verletzt.

Ein Züchter kann sehr schnell an die Grenzen seiner Zahlungsfähigkeit gelangen, wenn sich in seinem Zwinger Vorfälle mehren, die außerplanmäßige tierärztliche Untersuchungen oder Behandlungen erfordern. Das kann der Not-Kaiserschnitt bei einer Zuchtkatze sein, der gerne rund 500,00 EUR kostet, oder die lebensbedrohliche Infektionserkrankung des gesamten Wurfs. Viele Züchter werden solche Unglücksfälle kennen. Viele von ihnen zahlen die Honorare ihres Tierarztes bereits diskret in Raten ab. Aber auch der Liebhaber ist betroffen, z. B. durch die Augenverletzung seines auf Krawall gebürsteten Katers, die Hauterkrankung der Katze, deren Ursache nur durch langwierige, aufwendige Untersuchungen festgestellt werden kann, oder das nekrotische Gewebe am Katzenschwanz, den ein Katzenhasser dem Freigänger abgeschnitten hat. Die angespannte finanzielle Situation des derart heimgesuchten Patientenhalters geht nur ihn, seinen Tierarzt und sein Kreditinstitut etwas an, vielleicht noch das Finanzamt. Sie ist jedoch nicht für die Allgemeinheit und schon gar nicht für die interessierte Konkurrenz oder die schadenfrohe Nachbarschaft bestimmt.

Die tierärztliche Schweigepflicht ist umfassend. Sie gilt auch für Mitteilungen privaten und anderen Inhalts (auch über Dritte), wenn und soweit sie dem Tierarzt in seiner Eigenschaft als Tierarzt anvertraut oder bekannt geworden und nicht

---

[906] Streicher, Kleintiermedizin 2010, 205, 206.

allgemein bekannt ist. Notwendig und ausreichend ist der Zusammenhang mit dem tierärztlichen Tun; die Grenze ist weit zu ziehen.

Die Berufsordnungen für Tierärzte in den Bundesländern Sachsen, Baden-Württemberg, Rheinland-Pfalz, Hamburg, Bremen und Berlin greifen nur auf § 203 StGB zurück, ohne die Schweigepflicht inhaltlich zu konkretisieren. Nach der Berufsordnung Nordrhein, der Berufsordnung Westfalen-Lippe und der Berufsordnung Hessen besteht zumindest dann eine weit gefaßte Schweigepflicht, soweit dies „berechtigte Belange" erfordern. Ähnlich weit gefaßt wie das hier vertretene Verständnis der Schweigepflicht ist die tierärztliche Pflicht zur Verschwiegenheit in den Berufsordnungen der Tierärztekammern Bayern und Niedersachen.

Die Berufsordnung Bayern enthält folgende Regelung:
Der Tierarzt hat über das, was ihm in seiner Eigenschaft als Tierarzt anvertraut oder bekannt geworden ist, zu schweigen. Dazu gehören auch schriftliche Mitteilungen des Patientenbesitzers, Aufzeichnungen über Tiere, Röntgenaufnahmen und sonstige Untersuchungsbefunde.

Die Tierärztekammer Niedersachen regelt in ihrer Berufsordnung:
[...] Alle Tierärztinnen und Tierärzte sind verpflichtet, [...] über das zu schweigen, was ihnen im Rahmen ihrer beruflichen Tätigkeit anvertraut oder bekannt geworden ist. Diese Schweigepflicht besteht nicht, wenn öffentliche Belange die Bekanntgabe ihrer Feststellungen erforderlich machen.

Die wirksame **Einwilligung** des Patientenhalters in die Preisgabe des Geheimnisses oder der geschützten Daten bzw. die Entbindung von der Schweigepflicht schließen die Strafbarkeit nach § 203 StGB aus[907]. Die Einwilligung muß aber *vor* der Tat - nicht notwendig gegenüber dem schweigepflichtigen Tierarzt- erklärt worden sein, und sie muß auf fehlerfreier Willensbildung beruhen[908]. Rechtsgutbezogene Irrtümer, Täuschung und Drohung machen das Einverständnis unwirk-

---

[907] Leipziger Kommentar-Schünemann, StGB, § 203 Rn. 91.
[908] Leipziger Kommentar-Schünemann, StGB, § 203 Rn. 103.

sam[909]. Wie für die Einwilligungsfähigkeit allgemein, so ist auch im Einzelfall zu fordern, daß der Betroffene Bedeutung und Tragweite seiner Entscheidung überblickt[910]. Er muß also z. B. damit rechnen, daß der Tierarzt über ihm unbekannte Geheimnisse verfügt, die der Patientenhalter freigibt[911]. Im Zeitpunkt der Preisgabe des Geheimnisses durch den schweigepflichtigen Tierarzt muß die Einwilligung noch wirksam sein; ihr Widerruf ist im Allgemeinen jederzeit möglich[912].

Der Rechtfertigende Notstand (§ 34 StGB) ist auch im Rahmen des § 203 StGB ein Rechtfertigungsgrund. Dazu gehört z. B. die vom Patientenhalter als Geheimnisträger provozierte Honorarklage des Tierarztes, bei der die Güter- und Interessenabwägung sowohl wegen des Grundgedankens des § 228 BGB als auch wegen der Rechtsschutzgewährungspflicht des Staates klar zugunsten des Anspruchsinhabers ausfällt[913]. Klagt der Tierarzt sein Honorar ein, dann ist die prozessual notwendige Substantiierung rechtmäßig[914]. Anderenfalls hätte der Gesetzgeber in den verschiedenen Gebührenordnungen, welche die Honoraransprüche der Berufsangehörigen im Einzelnen regeln, Vorschriften zur Sicherung ihrer Lebensgrundlage geschaffen; das ist aber in keiner Gebührenordnung geschehen[915].

Auch im **Strafverfahren** darf der Tierarzt seine Rechte ohne Einschränkung wahrnehmen. Er darf als Geschädigter Anzeige erstatten oder sich als Beschuldigter verteidigen, weil die Justizgewährungspflicht des Staates auch für ihn verfassungsrechtlich verbürgt ist[916] und § 172 StPO keine Ausnahme vorsieht[917]. Seine Beteiligung an Straftaten darf er offenbaren[918], weil sie nicht unter sein Schweigegebot fällt[919]. Wenn die von einem Amtstierarzt als Angeklagten benötigte Aussagegenehmigung gem. §§ 61 f BBG, 39 BRRG verweigert und hierdurch das Recht

---

[909] Leipziger Kommentar-Schünemann, StGB, § 203 Rn. 103.
[910] Leipziger Kommentar-Schünemann, StGB, § 203 Rn. 104.
[911] Leipziger Kommentar-Schünemann, StGB, § 203 Rn. 104.
[912] Leipziger Kommentar-Schünemann, StGB, § 203 Rn. 104.
[913] Leipziger Kommentar-Schünemann, StGB, § 203Rn. 133.
[914] vgl. Leipziger Kommentar-Schünemann, StGB, § 203 Rn. 133.
[915] Leipziger Kommentar-Schünemann, StGB, § 203 Rn. 133.
[916] BVerfG NJW 1987 1929.
[917] Leipziger Kommentar-Schünemann, StGB, § 203 Rn. 134.
[918] BGH MDR 1956 625, 626.
[919] Leipziger Kommentar-Schünemann, StGB, § 203 Rn. 134.

auf Verteidigung in seinem Kern tangiert wird, verliert das Verfahren seine rechtsstaatliche Basis und muß eingestellt werden[920].

In Passivprozessen oder als Opfer von Gerüchten und Presseäußerungen ist der Tierarzt zur **Abwehr rechtswidriger Angriffe** auf sein Vermögen oder seinen Ruf im Rahmen des Erforderlichen befugt, Geheimnisse zu offenbaren[921]. Rechtfertigende Norm ist § 32 StGB, wenn es um Geheimnisse des Angreifers geht, sonst § 34 StGB[922]. Die Mitteilung von Geheimnissen an Selbstschutzeinrichtungen der Kredit- und Versicherungswirtschaft ist hingegen nur bei Einwilligung des Patientenhalters zulässig; von einer stillschweigenden Einwilligung kann in diesen heiklen Fällen nicht ausgegangen werden[923].

Notstandsfähig sind auch **Rechtsgüter der Allgemeinheit**[924]. Hat der Tierarzt zuverlässige Kenntnis bevorstehender **Straftaten** von Gewicht, dann darf er nach bisher h. M. die Polizei informieren[925]. Voraussetzung ist aber stets die konkrete Gefahr weiterer Rechtsbrüche sowie das Fehlen milderer Abwehrmittel[926]. Allgemeine präventive Interessen des Rechtsgüterschutzes rechtfertigen einen Eingriff in Privatgeheimnisse aber nicht, ebensowenig die allgemeine staatliche Pflicht zur Strafverfolgung nach begangener Tat, so daß eine Verletzung der Schweigepflicht zum Zweck der Strafverfolgung niemals gerechtfertigt sein kann[927].

Der Tierarzt ist daher berechtigt, die zuständige Ordnungsbehörde oder die Polizei zu informieren, wenn er erfährt, daß ein Tierhalter oder Tierhüter ein Tier mißhandelt oder nicht artgerecht hält, versorgt oder pflegt, und wenn das Tier im Wiederholungsfall höchstwahrscheinlich einen Schaden erleidet. Je größer der Schaden ist, der dem Tier droht, wenn der Tierarzt schweigt, desto geringer sind die Anforderungen an den Grad der Wahrscheinlichkeit seines Eintritts. Die Offenbarung der tierschutzwidrigen Umstände muß jedoch geeignet sein, die Gefahr

---

[920] BGHSt 36, 44; Leipziger Kommentar-Schünemann, StGB, § 203 Rn. 134.
[921] Leipziger Kommentar-Schünemann, StGB, § 203 Rn. 134.
[922] Leipziger Kommentar-Schünemann, StGB, § 203 Rn. 134.
[923] Leipziger Kommentar-Schünemann, StGB, § 203 Rn. 135.
[924] Leipziger Kommentar-Schünemann, StGB, § 203 Rn. 136.
[925] Leipziger Kommentar-Schünemann, StGB, § 203 Rn. 141.
[926] Leipziger Kommentar-Schünemann, StGB, § 203 Rn. 141.
[927] Leipziger Kommentar-Schünemann, StGB, § 203 Rn. 141.

für das Tier abzuwenden. Unter mehreren Möglichkeiten muß sie für den Patientenhalter das mildeste Mittel sein. Der Bruch der Schweigepflicht darf immer nur als das letzte Mittel eingesetzt werden. Der Tierarzt muß zunächst den Tierhalter auf den tierschutzwidrigen Zustand hinweisen und mit allem Nachdruck versuchen, ihn von weiteren tierschutzwidrigen Handlungen bzw. Unterlassungen abzuhalten. Er darf einen tierschutzwidrigen Zustand erst dann der Ordnungsbehörde oder der Polizei mitteilen, wenn der Patientenhalter seiner Aufforderung, den tierschutzwidrigen Zustand zu beenden bzw. sein tierschutzwidriges Verhalten einzustellen, nicht nachkommt.

Ohne Zustimmung des Tierhalters ist der Tierarzt nicht berechtigt, einem Dritten, der sich etwa für ein zum Kauf angebotenes Tier interessiert, Auskunft über den Gesundheitszustand des Tieres, mögliche Vorerkrankungen und/oder Erkrankungen der Eltern zu erteilen.

Der Tierarzt ist jedoch verpflichtet, Informationen weiterzugeben, wenn eine meldepflichtige Krankheit i. S. d. Tierseuchengesetzes besteht.

b) Ohne Moos nix los - Das tierärztliche Honorar

Der Tierarzt kann vom Patientenhalter gemäß § 612 Abs. 1, 2 BGB Bezahlung seines Honorars verlangen. Der tierärztliche Behandlungsvertrag ist ein Dienstvertrag; der Tierarzt schuldet nicht den Erfolg seiner tierärztlichen Tätigkeiten[928].

Bei einem Behandlungsfehler des Tierarztes in Form eines Diagnosefehlers entfällt der Vergütungsanspruch des Tierarztes nur dann, wenn der Diagnosefehler schuldhaft und für den Schadenseintritt ursächlich war[929]. Dies ist nicht der Fall, wenn für die zunächst vom Tierarzt vor und während der Behandlung gestellte Diagnose ein hinreichender Verdacht bestand, der sich erst bei nachträglicher Betrachtung nicht bestätigte, und wenn der Auftraggeber die vereinbarte Nachuntersuchung unterlassen hatte, so daß der Tierarzt den zu diesem Zeitpunkt erkennbaren zutreffenden Befund nicht erheben konnte[930].

---

[928] AG Rotenburg/Wümme RdL2006, 265.
[929] AG Rotenburg/Wümme RdL2006, 265.
[930] AG Rotenburg/Wümme RdL2006, 265.

Der Tierarzt kann die **Honorarklage** auch am Erfüllungsort erheben. Der Gerichtsstand des Erfüllungsortes ist für eine Honorarklage am Ort der Tierarztpraxis[931].

Rechnet der Patientenhalter im Rahmen der Honorarklage eines Tierarztes mit Schadenersatzansprüchen wegen Schlechterfüllung des Behandlungsvertrages oder gem. § 823 BGB auf, so trifft ihn die volle Beweislast für einen Behandlungsfehler[932]. Dies gilt auch dann, wenn das Tier nach einer Operation in der Tierarztpraxis in der Zeit der Rekonvaleszenz verstirbt, denn es gibt keinen allgemeinen Erfahrungssatz, daß eine Komplikation im Heilbehandlungsverlauf auf einen tierärztlichen Fehler zurückzuführen ist[933].

Umstritten ist, ob der Tierarzt seine Honorarforderung an eine Verrechnungsstelle abtreten darf. Nach Ansicht des LG Dortmund ist die **Abtretung von Tierarzthonoraren** nur dann nach § 134 BGB i.V. m. § 203 StGB unwirksam, wenn im konkreten Einzelfall Anhaltspunkte dafür bestehen, daß aus der Behandlung des Tieres Rückschlüsse auf die Gesundheit des Tierhalters möglich sind[934]. Die Bestimmung des § 203 StGB diene in erster Linie dem Schutz der Individualsphäre des Patienten, indem sie das unbefugte Offenbaren eines unter die ärztliche Schweigepflicht fallenden Geheimnisses mit Strafe bedroht[935]. Die Abtretung sei gem. § 134 BGB aber nur dann unwirksam, wenn ein objektiver Verstoß gegen § 203 StGB vorliegt[936]. Dies sei zwar bei der Weitergabe von Behandlungsdaten des Menschen immer, bei der Behandlung von Tieren regelmäßig nicht der Fall. Nur wenn im konkreten Einzelfall Anhaltspunkte dafür vorliegen, daß von der Erkrankung des Tieres auf eine Erkrankung des Tierhalters geschlossen werden kann, komme ein Verstoß gegen § 203 StGB in Betracht[937]. Dies bedeute, daß der Tierarzt immer im Einzelfall entscheiden muß, ob die Behandlung des Tieres Rückschlüsse auf die Gesundheit des Menschen erlaubt und er daher die Honorar-

---

[931] AG Rotenburg/Wümme RdL 2006, 196.
[932] AG Rotenburg/Wümme RdL 2006, 196.
[933] AG Rotenburg/Wümme RdL 2006, 196.
[934] LG Dortmund NJW-RR 2006, 779.
[935] LG Dortmund NJW-RR 2006, 779.
[936] LG Dortmund NJW-RR 2006, 779.
[937] LG Dortmund NJW-RR 2006, 779.

forderung nicht abtreten darf, um die Geheimnissphäre des Tierhalters zu schützen[938].

Nach Meinung des AG Düsseldorf hat der Gesetzgeber den Tierarzt hinsichtlich seiner Verschwiegenheitsverpflichtung mit den übrigen Ärzten gleichgestellt[939]. Ein Verstoß gegen diese Schweigepflicht muß konsequenterweise die gleichen zivilrechtlichen Folgen auslösen[940]. Auch für den Bereich der Tierärzte darf daher eine Abtretung der ärztlichen Honorarforderung nicht ohne Zustimmung des Vertragspartners des Behandlungsvertrages erfolgen[941]. Diese Entscheidung ist konsequent, wenn man der hier vertreten Auffassung folgt, daß unter die Schweigepflicht auch die Tatsache der tierärztlichen Behandlung, die Erkrankung des Tieres und dessen Krankengeschichte fallen.

Unterbietet ein Tierarzt die **Gebührensätze** der GOT, ohne daß die Voraussetzungen des § 4 Abs. 1 GOT vorliegen, so ist sein Verhalten als Rechtsbruch sittenwidrig (§ 1 UWG)[942].

Steht aufgrund fehlender Dokumentation zu vermuten, daß der Tierarzt zur Abklärung der Erfolgsaussicht einer weiteren Behandlung gebotene diagnostische Maßnahmen unterlassen und deshalb die Behandlung zu spät abgebrochen hat, führt dies im Ergebnis dazu, daß dem Eigentümer des Tieres im Wege des **Schadenersatzes** aus positiver Verletzung des Behandlungsvertrages ein Anspruch auf - teilweise - Befreiung von dem Vergütungsanspruch des Tierarztes zusteht[943].

Wenn der Patientenhalter das Honorar, das dem Tierarzt für die Behandlung der Katze zusteht, nicht bezahlt, kann der Tierarzt nach § 273 BGB von seinem **Zurückbehaltungsrecht** Gebrauch machen und bis zur vollständigen Bezahlung seines Honorars die Herausgabe der Katze verweigern. Die Geltendmachung des Zurückbehaltungsrechts verstößt jedoch gegen Treu und Glauben (§ 242 BGB), wenn sich die Gegenforderung durch die Ausübung des Zurückbehaltungsrechts

---

[938] LG Dortmund NJW-RR 2006, 779.
[939] AG Düsseldorf NJW-RR 1992, 1143.
[940] AG Düsseldorf NJW-RR 1992, 1143.
[941] AG Düsseldorf NJW-RR 1992, 1143.
[942] LG Kleve WRP 2001, 441.
[943] OLG Stuttgart VersR 1996, 1029.

noch erhöht (z. B. Futterkosten), soweit die Gegenforderung nicht ausschließlich oder überwiegend gerade auf der Ausübung des Zurückbehaltungsrechts beruht[944]. Bei der erforderlichen Einzelfallprüfung ist auch das Verhalten von Schuldner und Gläubiger im Hinblick auf die Rückführung der Gegenforderung maßgeblich[945].

Die Kosten für die Betreuung, Pflege und tierärztliche Versorgung einer Katze können bis zu 20 Prozent der Aufwendungen, höchstens 600,00 EUR, als haushaltsnahe Dienstlungen steuermindernd geltend gemacht werden. Berücksichtigt werden jedoch nur Dienstleistungen, die gewöhnlich von Mitgliedern des privaten Haushalts erledigt werden können. Das Honorar eines Tierarztes, der ein Tier in seiner Praxis behandelt, sowie die Material- und Arzneimittelkosten gehören nicht dazu. In dem Verfahren 6 K 3010/E klagte ein Hundehalter vor dem Finanzgericht Münster. Das Finanzamt hatte die Kosten der Betreuung nicht anerkannt und den entsprechenden Einspruch des Steuerpflichtigen abgelehnt. Vor der Entscheidung des Finanzgerichts gab das Finanzamt nach. Der Rechtsstreit wurde für erledigt erklärt. Das Gericht hatte nur noch über die Kosten zu entscheiden. Es hat dem Finanzamt nach § 138 Abs. 2 FGO die Kosten des Verfahrens auferlegt.

Steuermindernd wird man künftig wohl Tierbetreuungskosten, Tierpflegekosten und Tierarztkosten bei der Versorgung im Haushalt des Steuerpflichtigen geltend machen können. Behandlungen in der Praxis des Tierarztes stellen nur dann haushaltsnahe Dienstleistungen dar, wenn sie wie z. B. der Verbandswechsel, die Gabe von Tabletten oder die Injektion von Insulin auch von Mitgliedern des privaten Haushalts erledigt werden können. In diesem Fall sollte die Rechnung des Tierarztes einen entsprechenden Vermerk enthalten. Der Steuerpflichtige hat die Aufwendungen durch Vorlage einer Rechnung und eines Zahlungsbelegs (Quittung, Überweisung) nachzuweisen.

c) Die Tierarztpraxis

Eine Tierarztpraxis kann in einem reinen oder allgemeinen **Wohngebiet** errichtet werden, da unzumutbare Störungen oder Belästigungen für die Nachbarschaft

---

[944] OLG Braunschweig OLGR Braunschweig 2005, 297.
[945] OLG Braunschweig OLGR Braunschweig 2005, 297.

nicht zu erwarten sind[946].

Die Bezeichnung "Kleintierpraxis und Fachpraxis für Zahnheilkunde und Kieferorthopädie" durch einen Tierarzt ist unzulässig[947]. Es ist dem Tierarzt untersagt, **berufswidrige Werbung** durchzuführen, zu veranlassen oder zu dulden. Berufswidrige Werbung ist insbesondere eine nach Inhalt, Form und Häufigkeit übermäßig anpreisende, marktschreierische, irreführende, unsachliche, wahrheitswidrige, vergleichende oder unlautere Werbung (§ 6 Abs. 2 S. 2 BO). Als berufswidrig ist eine Werbung anzusehen, die zu Irrtümern und damit zu einer Verunsicherung der Kranken/Patienten führen würde[948]. Das ist insbesondere dann der Fall, wenn unzulässige Zusätze in Zusammenhang mit den geregelten Qualifikationsbezeichnungen und Titeln geführt werden[949]. Für interessengerechte und sachangemessene Informationen, die keinen Irrtum erregen, muß hingegen im rechtlichen und geschäftlichen Verkehr Raum bleiben[950].

Die Bezeichnung "Fachpraxis für Zahnheilkunde und Kieferorthopädie" assoziiert durch die Wortwahl ("...praxis für ...") beim Durchschnittstierhalter eine Nähe zu der nach der Berufsordnung allein zulässigen Bezeichnung "Tierärztliche Praxis für..." und ist trotz der andersartigen Wortwahl geeignet, den Eindruck zu erwecken, daß es sich um eine Praxis nach der Berufsordnung handelt[951]. Die Berechtigung zum Führen der allein zulässigen Bezeichnung "Tierärztliche Praxis für ..." hängt von bestimmten weiterbildungsrechtlichen Anforderungen und Tätigkeitsnachweisen ab und unterliegt bestimmten Überprüfungen[952]. Die Bezeichnung "Fachpraxis für Zahnheilkunde und Kieferorthopädie" erweckt beim Durchschnittstierhalter die falsche Vorstellung, auch sie sei entsprechenden Vorgaben und Kontrollen durch die Tierärztekammer unterworfen[953].

---

[946] Bayerischer VGH ÖffBauR 2004, 8.
[947] OVG Münster RdL2010, 334.
[948] OVG Münster RdL2010, 334.
[949] OVG Münster RdL2010, 334.
[950] OVG Münster RdL2010, 334.
[951] OVG Münster RdL2010, 334.
[952] OVG Münster RdL2010, 334.
[953] OVG Münster RdL2010, 334.

Der Betreiber einer tierärztlichen Fachpraxis, der die Bezeichnung "Tierklinik" führt, obwohl die Genehmigung zum Führen dieser Bezeichnung widerrufen worden ist, wirbt irreführend, denn die Praxis entspricht nicht den tatsächlichen Erwartungen, die der Verkehr an eine "Klinik" stellt[954]. Für die Klinik ist eine gewisse personelle und auch operative Mindestausstattung für die stationäre Betreuung erforderlich[955]. Die Verbraucher gehen bei der Verwendung "Tierärztliche Klinik" davon auch aus, daß diese Mindestanforderungen auch tatsächlich erfüllt sind[956]. Dadurch verschafft sich der Tierarzt auch einen Wettbewerbsvorteil gegenüber Anbietern, die die Voraussetzungen für die Bezeichnung "Tierklinik" ebenfalls nicht erfüllen, sich aber an die gesetzlichen Vorgaben halten[957].

d) Die Haftung des Tierarztes

Eine Haftung des Tierarztes kommt in Betracht bei fehlerhafter Behandlung, Fehldiagnosen, mißglückter Operation und fehlerhafter Ankaufsuntersuchung.

aa) Haftung für fehlerhafte Behandlung

aaa) Behandlungsvertrag

Wer einen Tierarzt mit einer Untersuchung oder Behandlung seines Tieres beauftragt, schließt mit ihm einen Vertrag über eine tiermedizinische Leistung. Der Tierarzt hat die Leistung zu erbringen, der Auftraggeber hat sie zu bezahlen. Die Höhe des Honorars richtet sich nach der Gebührenordnung für Tierärzte (GOT). Eine **Schriftform** ist für den Abschluß des Vertrags nicht erforderlich; der Vertrag kann sogar stillschweigend zustande kommen[958].

---

[954] LG Amberg WRP 2010, 162.
[955] LG Amberg WRP 2010, 162.
[956] LG Amberg WRP 2010, 162.
[957] LG Amberg WRP 2010, 162.
[958] so Althaus/Ries/Schnieder/Großbölting, Praxishandbuch Tierarztrecht, S. 44.

Umstritten ist, ob der Vertrag über eine Operation oder eine bestimmte Behandlung des Tieres ein Werkvertrag[959] oder ein Dienstvertrag[960] ist. Beim Werkvertrag schuldet der Tierarzt einen Erfolg, beim Dienstvertrag nur die sachverständige Durchführung. Für die Abgrenzung im Einzelfall wird es darauf ankommen, wie konkret der Auftrag war und wie sicher der Erfolg einer Maßnahme ist, ob die ärztliche Kunst oder eine handwerkliche Fähigkeit im Vordergrund steht.

M. E. ist der Vertrag zwischen dem Tierarzt und dem Tierhalter über eine Behandlung (Heilbehandlung, Impfung etc.) oder Operation als **Dienstvertrag** und nicht als Werkvertrag zu qualifizieren. Für einen erfolgsbezogenen Werkvertrag fehlt die erforderliche Beherrschbarkeit zahlreicher Faktoren physischer und psychischer Art. Wenn der Tierarzt durch eine Behandlung eine Heilung anstrebt, kann er selbst bei sorgfältigster Behandlung die Erreichung dieses Ziels nicht garantieren[961]. Dem Tierarzt sind bei Ausübung seines Berufs durch die Unterschiedlichkeit eines jeden Organismus und dessen Reaktionen biologische und medizinische Grenzen gesetzt[962]. Der Tierarzt schuldet nur die sachverständige Durchführung einer Untersuchung, Behandlung oder Operation, nicht jedoch einen Heilungserfolg. Der Tierarzt schuldet eine Behandlung unter Berücksichtigung der anerkannten Regeln der tierärztlichen Heilkunde. Er ist verpflichtet, sich um die Wiederherstellung der Gesundheit zu bemühen, nicht aber die Gesundheit wiederherzustellen[963].

Ein **Werkvertrag** liegt hingegen vor, wenn es sich um einen Gesundheitscheck oder Pflegebehandlungen wie Krallenschneiden, Entfernung verfilzten Fells, Ohrenreinigung, Entfernung von Zahnstein, Kastration etc. handelt, weil bei diesen Serviceleistungen der Auftrag des Tierhalters auf das Ergebnis gerichtet ist und der Tierarzt auch für das Ergebnis einstehen kann.

---

[959] so OLG Karlsruhe MDR 1982, 669 = VersR 1982, 707.
[960] Saarländiges OLG RuS 1990, 300; Soergel/Teichmann, BGB, v. § 631 Rn. 88; Althaus/Ries/Schnieder/Großbölting, Praxishandbuch Tierarztrecht, S. 44; Graf, Die Haftung des Human- und Veterinärmediziners und des Zahnarztes, S. 10.
[961] Althaus/Ries/Schnieder/Großbölting, Praxishandbuch Tierarztrecht, S. 44.
[962] Althaus/Ries/Schnieder/Großbölting, Praxishandbuch Tierarztrecht, S. 44.
[963] Althaus/Ries/Schnieder/Großbölting, Praxishandbuch Tierarztrecht, S. 45.

Die Differenzierung zwischen Dienstvertrag und Werkvertrag ist von entscheidender Bedeutung im Hinblick auf die Haftung des Tierarztes. Beim Dienstvertrag wird die reine Tätigkeit geschuldet, beim Werkvertrag hingegen der Erfolg. Zur Herbeiführung eines Heilerfolges ist der Tierarzt nicht verpflichtet. Bleibt der Heilungserfolg aus oder treten unerwünschte Nebenfolgen der Behandlung auf, liegt deshalb noch nicht zwingend eine Vertragsverletzung vor. Erst wenn der Tierarzt den tierärztlichen Sorgfaltsmaßstab unterschreitet, kann hierin ein Behandlungsfehler liegen, der den Tierarzt zum Schadensersatz verpflichtet.

> Das Ausbleiben des Erfolgs der tierärztlichen Behandlung oder das Auftreten unerwünschter Nebenfolgen stellt noch nicht zwingend eine Vertragsverletzung dar, die den Tierarzt zum Schadensersatz verpflichtet. Ein Vertragsverstoß liegt aber dann vor, wenn der Tierarzt den tierärztlichen Sorgfaltsmaßstab bei der Behandlung unterschreitet.

bbb) Aufklärungspflicht

Für die tierärztliche Behandlung gelten nicht die im Bereich der Humanmedizin entwickelten Grundsätze[964]. Die bloße Komplexität des Sachverhaltes allein reicht jedenfalls nicht aus, um von den allgemeinen Regeln des Zivilprozesses abzuweichen[965]. Die Aufklärung des Patientenhalters dient daher nicht als Voraussetzung einer wirksamen, die Rechtswidrigkeit des ärztlichen Eingriffs ausschließenden Einwilligung, weshalb aus dem Gesichtspunkt der Aufklärungspflichtverletzung des Tierarztes nur vertragliche Schadenersatzansprüche in Betracht kommen[966]. Im Haftungsrecht der Humanmedizin dient die ordnungsgemäße Aufklärung dem Selbstbestimmungsrecht des Patienten[967]. Bei der tiermedizinischen Behandlung geht es hingegen (auch) um wirtschaftliche Interessen. Art und Umfang der tier-

---

[964] BGH VersR1980, 652; KGR Berlin 2006, 14 = ZGS 2005, 407.
[965] OLG Oldenburg NdsRpfl 2004, 129.
[966] KGR Berlin 2006, 14 = ZGS 2005, 407.
[967] OLG Hamm VersR 2009, 691, 692.

ärztlichen Aufklärungspflicht richten sich deshalb nach überwiegender Rechtsprechung nach den dem Tierarzt erkennbaren Interessen des Auftraggebers oder nach dessen besonderen Wünschen. Dabei kann auch der materielle oder ideelle Wert des Tieres für den Auftraggeber eine Rolle spielen[968].

Der Tierarzt ist verpflichtet, vor einer Behandlung oder einem Eingriff den Katzenhalter vorab über die **Behandlungsmethode** und ihre Gefahren zu beraten. Diese Beratung ist Voraussetzung dafür, daß der Tierhalter entscheiden kann, welche Behandlung er für sein Tier wünscht. Erörtert werden müssen die Art und Weise einer geplanten Behandlung in groben Zügen, die Erfolgsaussichten und die Risiken. Eine Verpflichtung des Tierarztes, unaufgefordert über alle Risiken einer Operation aufzuklären, besteht jedoch nicht[969]. Die Beratungs- und Aufklärungspflicht erstreckt sich auch nicht auf Komplikationen, mit denen normalerweise nicht gerechnet zu werden braucht[970]. Über äußerst seltene Risiken oder über Risiken, die allgemein bekannt sind, muß der Tierarzt nicht aufklären.

Der Tierarzt muß den Patientenhalter auch über **alternative Behandlungsmöglichkeiten** beraten, wenn mehrere gleichwertige Methoden mit unterschiedlichen Risiken vorhanden sind[971]. Die Aufklärung und Beratung muß den Auftraggeber in die Lage versetzen, abzuwägen, welche der vorgeschlagenen Behandlungsmaßnahmen ihm wünschenswert erscheint und in welche Eingriffe des Tierarztes er einwilligen will[972].

Eine Aufklärungspflicht im Hinblick auf das **Narkoserisiko** besteht nicht[973]. Anders verhält es sich nur dann, wenn das Risiko von Komplikationen, die unter Umständen tödlich sein können, wegen der Art der vorgesehenen Narkose vergrößert ist[974]. Hat sich bei dem narkotisierten Tier ein seltenes Narkoserisiko verwirklicht, kann dem Tierarzt, der über dieses Risiko nicht aufgeklärt hat, kein Vorwurf gemacht werden, denn auf Komplikationen, mit denen normalerweise nicht ge-

---

[968] BGH VersR 1980, 652, 653.
[969] OLG Karlsruhe MDR 1982, 669 = VersR 1982, 707.
[970] OLGR Hamm 2000, 173.
[971] OLGR Frankfurt 1996, 234.
[972] BGH NJW 1980, 1904, 1905; OLGR Frankfurt 1996, 234.
[973] BGH VersR 1980, 652; OLGR Frankfurt 1996, 234.
[974] BGH VersR 1980, 652.

rechnet zu werden braucht, erstreckt sich die Aufklärungspflicht nicht[975]. Die unterlassene Aufklärung über das Narkoserisiko stellt sich auch dann nicht als ein Pflichtenverstoß dar, wenn es im Rahmen der notwendigen Diagnostik keine Alternative zur Durchführung einer Untersuchung oder eines Eingriffs bei Vollnarkose gibt[976].

Wenn eine weibliche Katze kastriert werden soll, gehört zur Aufklärung auch die Frage des Tierarztes, ob die Katze schon einmal rollig war und wann sie das letzte Mal gerollt hat, weil die Kastration frühestens einen Monat nach dem Ende der letzten Rolligkeit durchgeführt werden darf. Andernfalls ist das Operationsrisiko für die Katze zu hoch. Fehlerhaft wäre es, die Katze zu kastrieren, ohne die Frage der letzten Rolligkeit vor dem Eingriff zu klären.

Die Anforderungen an der Aufklärungspflicht über ein **Operationsrisiko** steigen, wenn der Eingriff nicht dringlich oder das Tier sehr wertvoll ist[977]. Daher spielt nach der Rechtsprechung die statistische Häufigkeit des Eintritts eines Risikos, im Gegensatz zur Humanmedizin, eine entscheidende Rolle.

Wenn das Tier durch eine fehlerhafte tierärztliche Behandlung einen Schaden erleidet, ergibt sich aus der mangelhaften Aufklärung allein noch kein **Schadensersatzanspruch** des Patientenhalters. Es kommt vielmehr darauf an, wie sich der Patientenhalter verhalten hätte, wenn der Tierarzt ihn vor der Behandlung oder dem Eingriff ordnungsgemäß aufgeklärt hätte[978]. Bei Feststellung eines Behandlungsfehlers hat ein Aufklärungsfehler keine eigenständige Bedeutung mehr[979].

Im Bereich der Tiermedizin besteht für den mit der Durchführung einer Operation betrauten Angestellten (Erfüllungsgehilfen) des Tierarztes keine Verpflichtung, sich darüber zu vergewissern, ob der Patientenhalter bei der Auftragserteilung zutreffend und vollständig beraten worden ist[980]. Der kunstgerechte tierärztliche Heileingriff, der zu einer Verletzung und in der Folge ggf. zu einer Tötung des

---

[975] OLGR Frankfurt 1996, 234.
[976] OLGR Frankfurt 1996, 234.
[977] OLG München VersR 2005, 1546, 1547.
[978] Althaus/Ries/Schnieder/Großbölting, Praxishandbuch Tierarztrecht, S. 53.
[979] OLG Hamm VersR 2009, 691.
[980] BGH VersR 1980, 652.

behandelten Tieres führt, stellt deshalb nur dann eine unerlaubte Handlung des angestellten Tierarztes nach § 823 Abs. 1 BGB dar, wenn er nicht durch eine Einwilligung des Eigentümers gedeckt ist[981].

ccc) Behandlungsfehler

Ein Behandlungsfehler liegt vor, wenn der Tierarzt bei Ausübung seines Berufes gegen die ihm obliegenden Pflichten verstößt. Der Tierarzt schuldet eine sorgfältige und gewissenhafte Untersuchung und Behandlung des anvertrauten Tieres unter Einsatz der von einem gewissenhaften Veterinärmediziner zu erwartenden tiermedizinischen Kenntnisse und Erfahrungen[982]. Ob die Behandlung fehlerhaft ist, hängt davon ab, ob der Tierarzt die gebotene **Sorgfalt** verletzt hat und sein Verhalten nach dem Standard der Tiermedizin unsachgemäß und schädigend ist[983]. Entscheidend sind dabei die von einem gewissenhaften Veterinärmediziner zu erwartenden tiermedizinischen Kenntnisse und Erfahrungen[984]. Es kommt also nicht auf das Maß an Sorgfalt an, die der einzelne Tierarzt individuell aufbringen kann. Vielmehr wird der Tierarzt immer ohne Rücksicht auf seine individuellen Fähigkeiten an der Sorgfalt des erfahrenen und gewissenhaften Veterinärmediziners gemessen[985].

Ein praktischer Tierarzt handelt nicht schuldhaft, wenn er sich nicht jeweils die neueste Auflage eines Standardlehrbuchs beschafft und sie systematisch auf Änderungen gegenüber der Vorauflage untersucht, um sich über neu erkannte Gefahren bisher allgemein üblicher Behandlungsmethoden zu informieren[986]. Es genügt, wenn er seinen Wissensstand ständig durch die Lektüre mehrerer einschlägiger Fachzeitschriften und den Besuch von Fortbildungsveranstaltungen ergänzt[987].

---

[981] BGH VersR 1980, 652.
[982] BGH VersR 1980, 652; 1983, 665, OLG Stuttgart VersR 1992, 979; OLG Düsseldorf VersR 1986, 61; OLG München VersR 1989, 714; OLG Düsseldorf VersR 1990, 867.
[983] Althaus/Ries/Schnieder/Großbölting, Praxishandbuch Tierarztrecht, S. 46.
[984] Althaus/Ries/Schnieder/Großbölting, Praxishandbuch Tierarztrecht, S. 46.
[985] Althaus/Ries/Schnieder/Großbölting, Praxishandbuch Tierarztrecht, S. 46.
[986] OLG Oldenburg VersR 1978, 831.
[987] OLG Oldenburg VersR 1978, 831.

Werden in der tiermedizinischen Wissenschaft mehrere **Behandlungsmethoden** vertreten, die sich in der Praxis gegenüberstehen, ist der Tierarzt in der Wahl der Methode frei[988].

Unter den Begriff des Behandlungsfehlers fällt auch das Unterlassen einer sachlich gebotenen Maßnahme. Grundsätzlich wird das Handeln dem **Unterlassen** gleichgestellt[989]. Die Möglichkeit eines Behandlungsfehlers ist im übrigen nicht auf den therapeutischen Bereich beschränkt. Ein Behandlungsfehler kann dem Tierarzt auch bei diagnostischen Maßnahmen, bei der Organisation von Abläufen und ähnlichem unterlaufen.

Bei der Behandlung muß der Tierarzt sich an bewährte **tierärztliche Behandlungsregeln** halten und die Behandlungsmethode mit dem geringsten Risiko für das Tier wählen. Schadensersatzansprüche können entstehen, wenn ein Eingriff nicht medizinisch indiziert ist, wenn der Tierarzt nicht die sicherste und risikoärmste Vorgehensweise gewählt hat oder wenn der Eingriff nicht lege artis, also nach den anerkannten Regeln der medizinischen Lehre und Praxis durchgeführt worden ist. Allerdings kann es dem operierenden Tierarzt nicht als pflichtwidriges Verhalten angelastet werden, wenn er unter mehreren Behandlungsmöglichkeiten eine bestimmte, möglicherweise risikoreichere Methode wählt, sofern er sie lege artis ausführt[990].

Ein Behandlungsfehler liegt immer dann vor, wenn der Tierarzt bei der Diagnose, Therapie oder einer sonstigen medizinischen Maßnahme diejenige Sorgfalt außer Acht läßt, die allgemein von einem ordentlichen, pflichtgetreuen Durchschnittstierarzt des Faches in der konkreten Situation erwartet wird. Maßstab für das konkrete Handeln des Tierarztes ist dabei aber keineswegs das unter Tierärzten „Übliche". Unterschreitet der Tierarzt den objektiv geforderten **Sorgfaltsmaßstab**, so kann er sich nicht damit rechtfertigen, daß „das alle machen". Gleichermaßen sorgfaltswidrig handelt ein Tierarzt, der eine Behandlung übernimmt, die sein persönliches Können überfordert.

---

[988] OLG Celle RdL 2010, 39.
[989] Althaus/Ries/Schnieder/Großbölting, Praxishandbuch Tierarztrecht, S. 47.
[990] OLG Karlsruhe VersR 1982, 707.

Es wird vom Tierarzt nicht erwartet, daß er bereits bei der ersten Untersuchung die richtige Diagnose stellt[991]. Dabei soll dem Umstand Rechnung getragen werden, daß man sich erst im Verlauf einer Behandlung und den damit zusammenhängenden Beobachtungen auf eine einzige Diagnose festlegen kann. Ein **Diagnoseirrtum** ist also noch nicht gleich ein Behandlungsfehler. Ein Behandlungsfehler liegt jedoch dann vor, wenn Untersuchungen oder notwendige Befunderhebungen zur Diagnosestellung nicht durchgeführt wurden[992] Diagnosefehler des Tierarztes können (auch grobe) Behandlungsfehler darstellen, wenn der Tierarzt sein Können und Wissen bei der Diagnosestellung nicht sorgfältig einsetzt und infolgedessen falsch behandelt[993]. Das ist z. B. der Fall bei einer unrichtigen Auswertung einer eindeutigen Röntgenaufnahme[994].

Kann der Tierarzt die Ursache für die Koliken eines Tieres nicht finden, so muß er zur Wahrung der wirtschaftlichen Interessen des Eigentümers seine Behandlung abbrechen und vorschlagen, daß das Tier sofort in einer Fachklinik weiterbehandelt wird[995]. Verstößt der Tierarzt gegen diese Grundsätze, so stellt dies einen groben Behandlungsfehler dar[996].

Ein tierärztlicher Diagnosefehlers führt nur dann zum Wegfall des Vergütungsanspruches für den Tierarzt, wenn diesem ein schuldhafter Diagnosefehler vorzuwerfen ist. Das ist aber bei einer im Nachhinein als unrichtig feststehenden Diagnose, für die ein zutreffender Anfangsverdacht bestand, nicht der Fall. Der Tierhalter muß daher das tierärztliche Honorar bezahlen[997].

Außer **Fehlbehandlungen durch Medikamente**, können Behandlungsfehler in sämtlichen Stadien der Behandlung auftreten. Bereits bei der **Impfung** eines Tieres kann durch die Benutzung eines nicht hygienisch einwandfreien Bestecks (Kanüle) eine Entzündung entstehen, die unter Umständen zum Tode führt. Die Mehrfachverwendung eines Impfbestecks nach vorherigem Einsatz bei einem

---

[991] Althaus/Ries/Schnieder/Großbölting, Praxishandbuch Tierarztrecht, S. 47.
[992] Althaus/Ries/Schnieder/Großbölting, Praxishandbuch Tierarztrecht, S. 47.
[993] BGH VersR 1985, 886; 1988, 293; OLG Stuttgart VersR 1992, 979.
[994] OLG Celle VersR 1987, 941.
[995] OLG Celle VersR 1989, 714.
[996] OLG Celle VersR 1989, 714.
[997] AG Rotenburg/Wümme vom 06.06.2006 - Az. 8 C 75/05.

anderen Tier und Reinigung mit Wasser entspricht nicht der geschuldeten tierärztlichen Sorgfalt[998]. Es ist eine vorherige Desinfektion oder Verwendung getrennter Impfbestecke erforderlich[999]. Die geschuldete Sorgfalt durch den Tierarzt ist auch dann verletzt, wenn die Pflicht zur Verwendung sterilen Bestecks bisher nur im Beipackzettel des Impfstoffherstellers und auf tierärztlichen Kongressen, aber erst nach dem Schadeneintritt in den amtlichen Mitteilungen für Tierärzte publiziert wurde[1000].

Der Tierarzt hat bei der **Infusion** zu beachten, daß er das sicherste und dabei ungefährlichste Verfahren wählt. Bei gleicher Wirksamkeit muß er das Medikament in einer ungefährlicheren Weise zuführen. Die Indikation für eine intravenöse **Injektion** ist vor allem auch dann gegeben, wenn eine möglichst rasche Wirkung erforderlich ist oder wenn das Medikament nicht anders appliziert werden kann. Will der Tierarzt, obwohl keine strenge Indikation vorliegt, eine intravenöse Injektion durchführen, muß er den Patientenhalter aufklären und seine Einwilligung einholen. Wenn ein Wirkstoff mit vergleichbarem Erfolg sowohl intravenös als auch oral verabreicht werden kann, so ist der oralen Gabe in jedem Falle der Vorzug zu geben, um z. B. die Entstehung eines Fibrosarkoms zu vermeiden.

Für Zwischenfälle muß der Tierarzt eine **Notfallapotheke** am Patienten bereit halten[1001]. Gerade im Fall von Injektionen muß der Tierarzt eine gewisse Beobachtungszeit einplanen, bevor er den „Patienten" entläßt, um mögliche Kreislaufreaktionen (z. B. Schock) zu vermeiden[1002]. Verendet ein Tier, dem wegen Erkrankung der Atmungsorgane eine Terosot-Spritze verabreicht wird, aufgrund einer **Unverträglichkeitsreaktion** an einem anaphylaktischen Schock, so trifft den behandelnden Tierarzt dafür keine Verantwortlichkeit[1003]. Ein praktischer Tierarzt darf sich darauf verlassen, daß die mit der Verabreichung eines Medikamentes verbundenen Risiken auf dem Beipackzettel vermerkt sind (z. B. Schocktod nach intrave-

---

[998] OLG Oldenburg RdL 2007, 8 = AUR 2009, 371; LG Osnabrück AUR 2007, 200.
[999] OLG Oldenburg RdL 2007, 8 = AUR 2009, 371; LG Osnabrück AUR 2007, 200.
[1000] OLG Oldenburg vom 06.06.2006 - Az. 11 U 115/05.
[1001] vgl. OLG Frankfurt/M. – Az. 8 U 43/85.
[1002] OLG Frankfurt/M. – Az. 8 U 43/85.
[1003] OLG Oldenburg RuS 1998, 241 = VersR 1998, 902.

nöser Verabreichung eines entzündungshemmenden Präparates)[1004]. Nach Behandlung eines durch die Gabe von Antibiotika ausgelösten Herz-Kreislauf-Schocks durch Injektion von Cortison und Antihistamin muß der Tierarzt das Tier solange unter Bobachtung halten, bis es selbst aufgestanden ist oder von ihm ein Aufstellversuch veranlaßt worden ist[1005]. Verläßt der Tierarzt das Tier kurz nach der Schockbehandlung in nicht stabilisiertem Zustand, liegt ein grober Behandlungsfehler vor[1006].

Wenn ein Tier an den Folgen einer Injektion verendet ist, spricht das nicht mit an Sicherheit grenzender Wahrscheinlichkeit dafür, daß der Tierarzt fehlerhaft vorgegangen sein muß. Wenn auch die Todesfolge bei Injektionen selten ist, so kann sie dennoch auch bei regelrechtem Vorgehen vorkommen. Auch bei Durchführung eines regelrechten **Aspirationsversuchs** könnte das Medikament unbemerkt in ein Gefäß gelangen, weil entweder die Injektionskanüle durch Gewebspartikel verstopft worden oder es zu einer Verlagerung der Kanülenspitze gekommen sein kann[1007]

Für die Versorgung eines Tieres mit einem **Stiftzahn** oder einem Implantat allein aus kosmetischen Gründen, um das Tier für eine Ausstellung kurzfristig als vollzahnig erscheinen zu lassen, gibt es aus tierärztlicher Sicht keinen vernünftigen Grund[1008]. Der allein aus kosmetischen Gründen durchgeführte Eingriff stellt einen Verstoß gegen das Tierschutzgesetz dar[1009]. Bei der Behandlung hat der Tierarzt auch die sittlichen Gebote des Tierschutzes zu berücksichtigen[1010].

Ein Tierarzt ist dem Tierhalter zum Schadenersatz verpflichtet, wenn ihm bei der **Kaiserschnittentbindung** einer Zuchtkatze gravierende tierärztliche Fehler unterlaufen und die Katze nicht mehr aus der Narkose erwacht[1011]. Erst recht gilt

---

[1004] OLG Frankfurt/M. NJW-RR 1991, 476.
[1005] OLGR Köln 2003, 22.
[1006] OLGR Köln 2003, 22.
[1007] OLG Hamm OLGR Hamm 2000, 173.
[1008] OLG Hamm NJW-RR 2001, 1172.
[1009] OLG Hamm NJW-RR 2001, 1172.
[1010] OLG Hamm NJW-RR 2001, 1172.
[1011] OLG Hamm vom 12.05.2003 – Az. 3 U 87/02; LG Münster - Az. 15 O 54/00.

dies dann, wenn der gerichtlich bestellte Sachverständige die Notwendigkeit einer solchen risikoreichen Entbindung nicht feststellen konnte[1012].

Wird dem Tierarzt vom Tierhalter, der selbst Mediziner ist, ein eigenes **Desinfektionsmittel** zur Verfügung gestellt, darf er von dessen Benutzbarkeit ausgehen[1013].

Führt der Behandlungsfehler des Tierarztes, der in der **Fehlinterpretation** seiner Untersuchungsergebnisse lag, dazu, daß die erforderliche operative Versorgung erst mit einer Verspätung von zwei Monaten durchgeführt wird, und zieht sich das frisch operierte Tier beim Aufstehen nach der operationsbedingten Narkose einen weiteren unheilbaren Bruch zu, so hat sich der Behandlungsfehler nicht kausal auf das eingetretene Schadensereignis ausgewirkt; vielmehr hat sich das allgemeine Operationsrisiko verwirklicht[1014], und der vollständige Bruch des Gelenks hätte nicht mehr erfolgreich geheilt werden können. Eine solche Verletzung eines frisch operierten Tieres kurz nach dem Abklingen der Narkose ist ein eher seltenes Risiko, das jeder operationsbedingten Narkose anhaftet[1015].

Ein Tierarzt, dem ein Tier zur stationären Behandlung übergeben worden ist, ist berechtigt und gleichzeitig verpflichtet, das Tier zu töten, wenn weitere Behandlungsmaßnahmen keinen Erfolg versprechen und dem Tier längere Qualen erspart werden sollen[1016]. Das setzt eine sorgfältige Beobachtung der **Krankheitsentwicklung** unter Einschluß der im Rahmen des Behandlungsauftrags gebotenen Befunderhebung voraus[1017]. Unberührt hiervon bleibt die Verpflichtung des Tierarztes, nach Möglichkeit vorher seinen Auftraggeber von neuen Krankheitsentwicklungen bei dem Tier zu verständigen und ihn über weitere Maßnahmen zu beraten[1018].

ddd) Kausalzusammenhang

[1012] OLG Hamm vom 12.05.2003 – Az. 3 U 87/02; LG Münster - Az. 15 O 54/00.
[1013] OLG Celle RdL 2010, 39.
[1014] OLG Hamm VersR 2008, 1549 (Pferd).
[1015] OLG Hamm VersR 2008, 1549 (Pferd).
[1016] BGH NJW 1982,132; OLG Stuttgart VersR 1996, 1029.
[1017] OLG Stuttgart VersR 1996, 1029.
[1018] BGH NJW 1982,132.

Ein Behandlungsfehler allein reicht noch nicht aus, um Schadensersatzansprüche des Tierhalters zu begründen. Der Tierarzt haftet nur dann für fehlerhafte Behandlung, wenn zwischen dem Behandlungsfehler und dem eingetretenen Schaden ein Kausalzusammenhang besteht. Der Behandlungsfehler muß ursächlich für den Schaden gewesen sein. Verkennt der Tierarzt beispielsweise die Schwere eines Krankheitsbildes und unterläßt er weitergehende Behandlungen, dann ist er nicht zum Schadensersatz verpflichtet, wenn die Krankheit ohnehin nicht heilbar gewesen wäre.

Ein Kausalzusammenhang besteht zwischen dem Verhalten des Tierarztes und dem entstandenen Schaden infolge der Tötung eines Tieres, wenn der Arzt durch einen schweren Diagnoseirrtum und grobe Behandlungsfehler die Unaufklärbarkeit des Sachverhaltes verschuldet hat und deshalb das Tier eingeschläfert werden mußte[1019].

Die Ursächlichkeit des Arztfehlers des erstbehandelnden Arztes entfällt mit der Weiterbehandlung durch einen hinzugezogenen anderen Arzt nur dann, wenn feststeht, daß sich der Fehler des Erstbehandelnden auf den weiteren Krankheitsverlauf nicht mehr auswirkt[1020].

eee) Darlegungs- und Beweislast

Die Darlegungs- und Beweislast für eine objektive Pflichtverletzung des Tierarztes und deren Kausalität für den eingetretenen Schaden trägt der anspruchstellende Tierhalter. In der Regel wird der Tierhalter diesen Beweis nicht erbringen können, weil er nicht weiß, was mit seinem Tier während seiner Abwesenheit geschehen ist und wie ein von ihm vermuteter Behandlungsfehler hätte vermieden werden können. Nur in sehr engen Ausnahmefällen kommt dem Tierhalter eine Beweiserleichterung oder – in seltenen Ausnahmefällen - eine Beweislastumkehr im Bereich der haftungsbegründenden Kausalität zugute.

[1019] OLG München VersR 1989, 714.
[1020] BGH VersR 1986, 601; OLG Stuttgart VersR 1992, 979.

a') Beweiserleichterungen bei grobem Behandlungsfehler

Die h. M. nimmt derartige Beweiserleichterungen im Falle grober Behandlungsfehler an[1021]. Ein Behandlungsfehler wird als „grob" bezeichnet, wenn der Tierarzt eindeutig gegen bewährte tierärztliche Behandlungsregeln oder gesicherte veterinärmedizinische Erkenntnisse verstoßen und einen Fehler begangen hat, der aus objektiver Sicht nicht mehr verständlich erscheint, weil er dem Tierarzt schlechterdings nicht unterlaufen darf[1022]. Es reicht dann aus, daß der grobe Behandlungsfehler geeignet ist, den geltend gemachten Schaden verursacht zu haben[1023]. Zugunsten des Tierhalters wird die Kausalität unterstellt, soweit der Tierarzt nicht beweisen kann, daß ein solcher Zusammenhang hier nicht vorliegt[1024].

Ein grober Behandlungsfehler führt nur zu einer Beweiserleichterung bzw. Beweislastumkehr im Bereich der *haftungsbegründenden* Kausalität, nicht aber im Bereich der *haftungsausfüllenden* Kausalität[1025]. Die Rechtsfigur des groben Behandlungsfehlers ist zum Ausgleich dafür entwickelt worden, daß durch das Gewicht des Fehlers die Aufklärung des Behandlungsgeschehens und insbesondere des Ursachenzusammenhangs zwischen Fehler und Schadenseintritt besonders erschwert worden ist und sich deshalb der Patient in Beweisnot befindet[1026]. Dadurch daß der Tierarzt besonders fehlerhaft gehandelt hat, wird aber die Ermittlung des Wertes des Tieres nicht erschwert; dieser Wert kann unabhängig vom Handeln des Tierarztes ermittelt werden[1027].

Der Tierarzt begeht einen zur Beweislastumkehr führenden groben Behandlungsfehler, wenn er sich mit der nicht durch objektive Befunde abgesicherten

---

[1021] OLG München VersR 1989, 714; OLG Stuttgart VersR 1992, 979; OLG Hamm VersR 2008, 1549, 1550; 2009, 691; OLGR Hamm 2004, 62; OLG Celle VersR 1989, 714 ; vgl. BGH VersR 1982, 435; 1987, 1089.
[1022] Althaus/Ries/Schnieder/Großbölting, Praxishandbuch Tierarztrecht, S. 55.
[1023] Althaus/Ries/Schnieder/Großbölting, Praxishandbuch Tierarztrecht, S. 55.
[1024] OLG Hamm VersR 2008, 1549, 1550; 2009, 691; OLGR Hamm 2004, 62; Althaus/Ries/Schnieder/Großbölting, Praxishandbuch Tierarztrecht, S. 55.
[1025] OLG Hamm VersR 2008, 1549, 1550; 2009, 691.
[1026] BGHZ 85, 212, 215; BGH NJW 1994, 801; NJW 1997, 794.
[1027] OLG Hamm VersR 2008, 1549, 1550; 2009, 691.

Verdachtsdiagnose begnügt, ohne der klinisch und röntgenologisch eindeutig erkennbaren eigentlichen Krankheitsursache nachzugehen[1028].

Das OLG Koblenz[1029] hingegen vertritt die Auffassung, daß die Beweisregeln für die humanmedizinische Haftung wegen eines groben Behandlungsfehlers für die Tierarzthaftung keine Anwendung finden.

Beweiserleichterungen gelten immer nur für die objektive Pflichtverletzung und deren Kausalität für den eingetretenen Schaden, nicht aber für die sog. haftungsausfüllende Kausalität, also die Ermittlung der Schadenshöhe.

b') Dokumentationspflicht

Nach dem Berufsrecht ist der Tierarzt verpflichtet, eine ordnungsgemäße Dokumentation zu erstellen[1030]. Die Dokumentationspflicht ist eine Nebenpflicht aus dem zwischen Tierarzt und Tierhalter geschlossenen Vertrag[1031]. Die Dokumentation ist also auch im Interesse des Patientenhalters zu führen. Krankenaufzeichnungen dienen jedoch ausschließlich der medizinischen Seite der Behandlung, sie zielen nicht auf die Beweissicherung für einen evtl. Haftungsprozeß des Tierhalters. Deshalb ist eine Dokumentation, die medizinisch nicht erforderlich ist, auch nicht aus Rechtsgründen geboten.

In der Dokumentation sind die wesentlichen medizinischen Aspekte bezüglich der Behandlung des Tieres niederzulegen. Die wichtigsten diagnostischen und therapeutischen Maßnahmen und Verlaufsdaten sind festzuhalten. An Art und Umfang der Dokumentation dürfen jedoch nicht so hohe Anforderungen wie an die eines Humanmediziners gestellt werden. Es kommt auch nicht darauf an, ob die Dokumentation für den Tierhalter verständlich ist. Der Tierarzt selbst oder ein Fachkollege muß die erhobenen Befunde und den bisherigen Krankheitsverlauf sowie die gestellte Diagnose und die eingeschlagene Therapie nachvollziehen können. Die Dokumentation soll dabei nur die wesentlichen Aspekte unter Außeracht-

---

[1028] OLG Stuttgart VersR 1992, 979.
[1029] OLG Koblenz VersR 2009, 1503.
[1030] OLG Hamm VersR 2003, 1139.
[1031] OLG Hamm VersR 2003, 1139.

lassung der Selbstverständlichkeiten in der Behandlung des Tieres erfassen. Dabei ist eine Aufzeichnung in Stichworten ausreichend, wenn ein Nachbehandler die Behandlung aufnehmen und weiterführen könnte[1032].

Der Tierhalter hat das Recht, die Dokumentation - auch außerhalb eines Rechtsstreites - einzusehen[1033]. Der selbständig einklagbare Anspruch auf Einsicht besteht auch dann, wenn der Tierhalter in einem laufenden Haftungsrechtsstreit gegen den Tierarzt Schadensersatzansprüche geltend macht, und die tierärztliche Dokumentation bereits an den gerichtlichen Sachverständigen übergeben worden ist[1034]. Der Tierarzt ist verpflichtet, dem Patientenhalter Fotokopien der Krankenunterlagen auszuhändigen[1035]. Die Kosten für die Anfertigung der Kopien hat der Patientenhalter zu tragen[1036]. Die tiermedizinische Dokumentation ist nicht nur eine Gedächtnisstütze des Tierarztes, sondern sie soll dem Tierhalter auch zur Entscheidung über eine Weiterbehandlung des Tieres oder zur selbständigen Prüfung von Schadensersatzansprüchen dienen. Dabei muß der Tierarzt die Gefahr einer Selbstbezichtigung hinnehmen, weil nur so im Tierarzthaftungsprozeß dem Grundsatz der Waffengleichheit Rechnung getragen werden kann. Andernfalls hat der Tierarzt im Vergleich zum Tiereigentümer einen ähnlich großen Wissensvorsprung wie der Arzt gegenüber einem Patienten[1037].

Sind in den Behandlungsunterlagen Umstände nicht festgehalten worden, obwohl sie dokumentationspflichtig sind, so ergibt sich hieraus zunächst keine eigenständige Haftung des Tierarztes. Vielmehr wird zunächst zugunsten des Tierhalters unterstellt, daß eine dokumentationspflichtige, aber nicht dokumentierte Maßnahme auch tatsächlich nicht erfolgt ist[1038]. Dem Tierhalter, dem es typischerweise schon schwer fällt, einen tierärztlichen Pflichtverstoß darzulegen und zu beweisen, wird die Beweisführung durch eine unzureichende Dokumentation noch weiter

---

[1032] OLG Hamm VersR 2003, 1139.
[1033] BGH NJW 1983, 328 = MDR 1983, 298; AG Bad Hersfeld RdL 2006, 56.
[1034] AG Bad Hersfeld RdL 2006, 56.
[1035] BGH NJW 1983, 328 = MDR 1983, 298.
[1036] BGH NJW 1983, 328 = MDR 1983, 298.
[1037] OLG Frankfurt/M. vom 20.09.1991 - Az. 25 U 263/90.
[1038] BGH NJW 1987, 1482; 1993, 2375; OLG Frankfurt AgrarR 1999, 218; Althaus/Ries/Schnieder/Großbölting, Praxishandbuch Tierarztrecht, S. 55.

erschwert. Nach dem von der Rechtsprechung entwickelten Grundsatz der Waffengleichheit zeigen daher Dokumentationsversäumnisse in der Regel das Unterbleiben aufzeichnungspflichtiger Maßnahmen an[1039]. Ist aus den Behandlungsunterlagen nicht ersichtlich, daß der Tierarzt seiner Pflicht zur sorgfältigen Beobachtung der Krankheitsentwicklung nachgekommen ist, muß er sich diese Dokumentationsversäumnisse anlasten lassen[1040]. Insoweit gelten die gleichen Grundsätze in der Veterinärmedizin, wie sie für die Dokumentationspflichten im Bereich der Humanmedizin entwickelt worden sind[1041]. Voraussetzung ist jedoch, daß die Aufzeichnung der Maßnahme geboten war, um Ärzte und Pflegepersonal über den Verlauf der Krankheit und die bisherige Behandlung für ihre künftigen Entscheidungen ausreichend zu informieren[1042]. Eine Dokumentation, die medizinisch nicht erforderlich ist, ist auch nicht aus Rechtsgründen geboten, so daß aus dem Unterbleiben derartiger Aufzeichnungen keine beweisrechtlichen Folgerungen gezogen werden können. Steht aufgrund fehlender Dokumentation zu vermuten, daß der Tierarzt zur Abklärung der Erfolgsaussicht einer weiteren Behandlung gebotene diagnostische Maßnahmen unterlassen und deshalb die Behandlung zu spät abgebrochen hat, führt dies im Ergebnis dazu, daß dem Eigentümer des Tieres im Wege des Schadenersatzes aus positiver Verletzung des Behandlungsvertrages ein Anspruch auf - teilweise - Befreiung vom Vergütungsanspruch des Tierarztes zusteht[1043].

Die selbständige Beiziehung von Unterlagen durch den Sachverständigen ist, solange der Sachverständige weder eine Partei bevorzugt noch erkennbar gegen den Willen des Gerichts handelt, kein Indiz für die Befangenheit des Sachverständigen[1044]. Das Gericht zieht, wenn der Sachverständige dies für notwendig erachtet, die Behandlungsdokumentation des Tierarztes seinerseits bei. Im übrigen begründen selbst bei einem Richter Verfahrensfehler nur dann die Besorgnis der Befan-

---

[1039] Althaus/Ries/Schnieder/Großbölting, Praxishandbuch Tierarztrecht, S. 55.
[1040] OLG Stuttgart VersR 1996, 1029.
[1041] OLG Stuttgart VersR 1996, 1029.
[1042] BGH NJW 1989, 2330, 2331 = VersR 1989, 512; BGH NJW 1993, 2375 = VersR 1993, 836.
[1043] BGH NJW 1989, 2330, 2331 = VersR 1989, 512; BGH NJW 1993, 2375 = VersR 1993, 836.
[1044] OLG München I vom 26.04.2005 – Az. 1 W 1373/05.

genheit, wenn sie nach Art oder Häufung den Eindruck einer sachwidrigen Voreingenommenheit zulassen. Erst recht gilt dies für einen (etwaigen) Verfahrensfehler des Sachverständigen, da Verfahrensfehler des Sachverständigen häufig auf Unkenntnis oder Fehleinschätzung der Rechtslage (nicht auf Voreingenommenheit) beruhen[1045].

c') Sicherung medizinischer Befunde

Die gleiche beweisrechtliche Folge wie ein Dokumentationsmangel hat das Unterlassen von gebotenen Untersuchungen oder Befunderhebungen. Ein Verstoß gegen die Pflicht zur Erhebung und Sicherung medizinischer Befunde führt zu einer Umkehr der Beweislast zu Lasten des Tierarztes, falls die **Befunderhebung** mit hinreichender Wahrscheinlichkeit zu einem positiven Ergebnis geführt hätte und sich dessen Verkennung als fundamental fehlerhaft darstellen müßte[1046].

Wenn ein Tier unter der Obhut eines Tierarztes stirbt, muß der Tierhalter das Tier obduzieren lassen, auch wenn die **Obduktion** zunächst mit erheblichen Kosten verbunden ist. Der Tierhalter setzt sich möglicherweise dem Vorwurf der Beweisvereitelung aus, wenn er bei Verdacht auf einen Behandlungsfehler das Tier nicht obduzieren, sondern entsorgen läßt[1047]. Wenn Streit über das Vorliegen eines Behandlungsfehlers und seine Ursächlichkeit für den Tod des Tieres besteht, kann nur die Sektion die nötige Gewißheit verschaffen. Durch eine Obduktion kann zugleich der Wert des Tieres festgestellt werden, wenn der behandelnde Tierarzt behauptet hat, es gebe anderweitige Vorerkrankungen oder Vorschäden, die wertmindernd zu berücksichtigen sind[1048].

[1045] OLG München I vom 26.04.2005 – Az. 1 W 1373/05.
[1046] Althaus/Ries/Schnieder/Großbölting, Praxishandbuch Tierarztrecht, S. 55.
[1047] OLG Koblenz VersR 2009, 1503.
[1048] vgl. OLG Hamm VersR 2009, 691, 692.

fff) Rechtsfolgen

Die fehlerhafte Behandlung eines Tieres begründet **Schadensersatzansprüche**, nicht aber einen Schmerzensgeldanspruch des Tierhalters[1049], weil die Verletzung eines Tieres keine Rechtsgutverletzung i. S. d. § 253 Abs. 2 BGB darstellt[1050]. Schläfert ein Tierarzt versehentlich die gesunde von zwei Katzen ein, die die Katzenhalterin mit in die Praxis gebracht hat, braucht er ihr kein **Schmerzensgeld** zu zahlen, da Trauer um ein Tier – anders als um einen Familienangehörigen – zum „allgemeinen Lebensrisiko" zählt[1051]. Voraussetzung für einen Schmerzensgeldanspruch gemäß § 847 BGB ist eine Gesundheitsverletzung im Sinne von § 823 BGB[1052]. Eine Gesundheitsverletzung im Sinne des § 823 BGB liegt nur dann vor, wenn medizinisch feststellbare psychische Auswirkungen vorliegen, die über das allgemeine Lebensrisiko hinausgehen, beispielsweise das Erleiden eines „Schocks", wenn jemand den Unfalltod eines nahen Angehörigen miterlebt[1053]. Voraussetzung ist bei diesen Fällen immer, daß ein Mensch zu Tode gekommen ist[1054]. Eine Ausdehnung des Schmerzensgeldanspruchs auch auf den Tod von Haustieren hätte nach der Rechtsprechung eine rechtlich nicht mehr klar abgrenzbare, mit der Funktion des § 847 BGB nicht mehr in Einklang stehende Auswucherung des Anspruchs zur Folge[1055]. § 90 a BGB dient dem Schutz des Tieres und dem Respekt vor diesem Lebewesen, das gleich dem Menschen ein Mitgeschöpf ist und deswegen der Sache nicht gleichgestellt werden darf[1056]. Das Zuerkennen eines Schmerzensgeldanspruches hingegen verbessert nicht die Stellung des Tieres, wie es durch Einführung des § 90 a BGB beabsichtigt worden ist, sondern die des

---

[1049] MünchKomm/Oetker, BGB, § 251 Rn. 55; Deutsch/Spickhoff, Medizinrecht, S. 228.
[1050] AG Frankfurt/M. NJW-RR 2001, 17, 18; Lorz MDR 1990, 1057, 1059; MünchKomm/Oetker, BGB, § 251 Rn. 55
[1051] AG Mannheim – Az. 9 C 4082/96.
[1052] AG Frankfurt NJW-RR 2001, 17.
[1053] AG Frankfurt NJW-RR 2001, 17.
[1054] AG Frankfurt NJW-RR 2001, 17.
[1055] AG Frankfurt NJW-RR 2001, 17.
[1056] AG Frankfurt NJW-RR 2001, 17.

Tierhalters[1057]. Ein dermaßen umfassender Schutz der Mensch-Tier-Beziehung kann aus den genannten Vorschriften nicht folgen[1058].

Der Schaden, der durch den Tod eines Tieres aufgrund fehlerhafter tierärztlicher Behandlung verursacht worden ist, kann nur nach § 251 Abs. 1 BGB ausgeglichen werden, wenn die Beschaffung eines gleichartigen und gleichwertigen Tiers unmöglich ist[1059]. Das wird bei einer Liebhaberkatze i. d. R., bei einer Zuchtkatze immer der Fall sein.

Beim Tod des Tieres muß der Schädiger dem Tierhalter die **Anschaffungskosten** ersetzen[1060], und zwar auch dann, wenn bei ordnungsgemäßer tierärztlicher Behandlung die Sterblichkeitsrate bei etwa 50 Prozent liegt[1061]. Außerdem hat er die durch die Heilbehandlung entstandenen Kosten, einschließlich etwaiger **Fahrtkosten**, zu erstatten, sofern diese nicht unangemessen hoch sind[1062]. Die Angemessenheit beurteilt sich anhand der zu dem Tier bestehenden gefühlsmäßigen Bindung sowie dessen Alter und Gesundheitszustand[1063]. Dem Eigentümer der Katze steht aber kein Anspruch auf Erstattung der **Beerdigungskosten** zu[1064]. Der Schädiger schuldet nur Ersatz der Kosten, die dem Eigentümer aufgrund der Verpflichtung zur Beseitigung des Tierkörpers entstehen[1065]. Eine **Kostenpauschale** für Telefonate kann der Tierhalter nicht fordern[1066]. Zwar ist bei Verkehrsunfällen dem Geschädigten für Telefon, Porto und Fahrtkosten ohne weitere Spezifizierung eine Auslagenpauschale zuzuerkennen, dies wurde bislang von der Rechtsprechung allerdings nur für den speziellen Fall der Verkehrsunfälle entschieden[1067]. Nach h. M. ist auch weder der **Zeitaufwand** noch die vom Patientenhalter eingesetzte eigene Arbeitskraft zu ersetzen. Etwas anderes gilt nur dann,

---

[1057] AG Frankfurt NJW-RR 2001, 17.
[1058] AG Frankfurt NJW-RR 2001, 17.
[1059] OLG Hamm VersR 2009, 691.
[1060] AG Frankfurt NJW-RR 2001, 17.
[1061] OLG Stuttgart VersR 1994, 113.
[1062] AG Frankfurt NJW-RR 2001, 17.
[1063] AG Frankfurt NJW-RR 2001, 17.
[1064] MünchKomm/Oetker, BGB, § 251 Rn. 55.
[1065] MünchKomm/Oetker, BGB, § 251 Rn. 55.
[1066] AG Frankfurt NJW-RR 2001, 17.
[1067] AG Frankfurt NJW-RR 2001, 17.

wenn er konkret nachweisen kann, daß ihm durch seinen Einsatz anderer Erwerb entgangen ist[1068].

Bei Verletzung eines Tieres ist der Ersatzpflichtige zur Naturalrestitution durch Geldersatz (§ 249 S. 2 BGB) grundsätzlich nur im Rahmen der Verhältnismäßigkeit verpflichtet (§ 251 Abs. 2 S. 1 BGB). Aufwendungen, die aus der Nachbehandlung eines verletzten Tieres entstehen, sind nach der ausdrücklichen Regelung des § 251 Abs. 2 S. 2 BGB nicht schon dann als unverhältnismäßig anzusehen, wenn sie den Wert des Tieres erheblich übersteigen. Anders als bei der Verletzung eines Menschen, wo die **Heilbehandlungskosten** im Rahmen des medizinisch Gebotenen grundsätzlich uneingeschränkt erstattungsfähig sind, gibt es bei Tieren eine Obergrenze, jenseits derer die Kosten der Heilbehandlung unverhältnismäßig sind und daher nicht ersetzt werden müssen[1069]. Welcher Aufwand noch verhältnismäßig ist und in welcher Höhe der Schädiger die Behandlungskosten zu tragen hat, muß jeweils im Einzelfall bestimmt werden. Der Wert des oft „wirtschaftlich mehr oder weniger wertlosen Tieres" ist kaum entscheidend, eher schon Alter, Gesundheitszustand, vielleicht auch die Tierart, dies vorbehaltlich einer stark ausgeprägten gefühlsmäßigen Bindung des Tierhalters (Affektionsinteresse)[1070]. Entscheidend ist, was der Eigentümer der Katze in der konkreten Situation ohne die Fremdschädigung für sein Tier aufgewendet hätte[1071]. Die Vermögensverhältnisse des Schädigers, das Maß seines Verschuldens und das Vorhandensein eines Haftpflichtschutzes sind für die Höhe der erstattungsfähigen Behandlungskosten ohne Belang[1072]. Mit steigendem Wert des Tieres nimmt der Prozentsatz zu, bis zu dem die Behandlungskosten zu erstatten sind[1073]. Im Falle von Nutztieren wird eine typischerweise geringere gefühlsmäßige Bindung dazu führen, die Grenze der Verhältnismäßigkeit niedriger anzusetzen[1074].

[1068] AG Frankfurt NJW-RR 2001, 17.
[1069] LG Lüneburg NJW 1997, 3320, 3321; MünchKomm/Oetker, BGB, § 251 Rn. 58.
[1070] Deutsch/Spickhoff, Medizinrecht, S. 231.
[1071] Staudinger/Schiemann, BGB, § 251 Rn. 28; MünchKomm/Oetker, BGB, § 251 Rn. 64.
[1072] MünchKomm/Oetker, BGB, § 251 Rn. 65.
[1073] MünchKomm/Oetker, BGB, § 251 Rn. 62.
[1074] Deutsch/Spickhoff, Medizinrecht, S. 231.

Die Berücksichtigung des Affektionsinteresses führt dazu, daß es bei der Ersatzfähigkeit von Heilbehandlungskosten weniger als bei sonstigen Wiederherstellungskosten darauf ankommt, wie erfolgreich die Behandlung voraussichtlich sein wird[1075]. Der Eigentümer des Tieres kann zwar nicht jede minimale Heilungschance auf Kosten des Schädigers wahrnehmen[1076]. Die Kosten der Heilbehandlung sind jedoch auch dann erstattungsfähig, wenn der Heilungserfolg unsicher war und schließlich nicht erreicht worden ist[1077]. Selbst bei im Ergebnis erfolgloser, aber auf den ersten Blick (ex ante) noch sinnvoller Behandlung sind die Anschaffungskosten für das neue (Ersatz-)Tier und die Heilbehandlungskosten für das verstorbene (alte) Tier zu tragen[1078]. Je unwahrscheinlicher der Erfolg ist, desto eher wird die Heilbehandlung allerdings unvernünftig und unverhältnismäßig sein[1079]. Zur „Heilbehandlung" i. S. d. § 251 BGB gehören beim hilflosen und moribunden Tier, das materiell gar keinen Wert mehr hat, auch Hilfe und Linderung sowie das Einschläfern des schwer verletzten Tieres[1080].

Das haftungsrechtliche Risiko für den Tierarzt kann daher im Ergebnis geringer sein, wenn er ein Tier tötet anstatt eine riskante Behandlung zu versuchen, weil diese bei nachträglich (ex post) festgestellten Behandlungs- und Beratungsfehlern weit höhere Folgeschäden auslösen kann. Jedenfalls ist in der Rechtsprechung anerkannt, daß nach der sofortigen Tötung eines Tieres nur die Anschaffungskosten zu ersetzen sind[1081]. Allerdings macht der Tierarzt sich strafbar, wenn noch Heilungschancen bestanden und es für die Tötung des Tieres keinen vernünftigen Grund i. S. d. Tierschutzgesetzes gab.

[1075] MünchKomm/Oetker, BGB, § 251 Rn. 59.
[1076] MünchKomm/Oetker, BGB, § 251 Rn. 59.
[1077] MünchKomm/Oetker, BGB, § 251 Rn. 59; Staudinger/Schiemann, BGB, § 251 Rn. 29.
[1078] AG Frankfurt/M. NJW-RR 2001,17; Deutsch/Spickhoff, Medizinrecht, S. 232.
[1079] Staudinger/Schiemann, BGB, § 251 Rn. 29.
[1080] Staudinger/Schiemann, BGB, § 251 Rn. 29.
[1081] Deutsch/Spickhoff, Medizinrecht, S. 232.

> Die zivilrechtliche Haftung des Tierarztes ist von der strafrechtlichen Sanktionierung fehlerhafter Behandlung zu unterscheiden. Zahlungen des Tierarztes werden nur zum Ausgleich eines tatsächlich entstandenen materiellen Schadens geleistet. Sie dienen nicht der Bestrafung fehlerhaften Verhaltens.

Anders als bei der Arzthaftung in der Humanmedizin wird es bei der Tierarzthaftung in der Regel nicht auch um eine strafrechtliche Verantwortung des behandelnden Tiermediziners gehen. Das gilt jedenfalls dann, wenn der Tierarzt nicht vorsätzlich handelt. Die Verletzung eines Tieres (§ 303 StGB) ist anders als die Verletzung eines Menschen (§ 223 StGB, § 229 StGB) nur dann strafbar, wenn sie vorsätzlich erfolgt, wenn also der Tierarzt weiß, daß er dem Tier rechtswidrig Schaden zufügt, und das auch will. Fahrlässigkeit reicht nicht aus. Das gleiche gilt für die Tötung des Tieres.

Der Eigentümer der Katze ist nach § 251 BGB nicht verpflichtet, das verletzte Tier behandeln zu lassen[1082]. Unterläßt er die tierärztliche Versorgung, steht ihm nur **Wertersatz** zu, nicht aber Ersatz der fiktiven Behandlungskosten[1083]. Bis zur Höhe des Wertes ist er daher in der Verwendung der Schadensersatzsumme frei[1084]. Die über den Wert des Tieres hinausgehenden Behandlungskosten muß der Schädiger aber nur dann erstatten, wenn der Geschädigte die Behandlung auch tatsächlich durchführt[1085].

Ein anspruchsminderndes Mitverschulden des Katzenhalters gem. § 254 Abs. 1 BGB kommt in Betracht, wenn er trotz ausdrücklicher Frage des Tierarztes Vorerkrankungen des Tieres verschweigt oder die Frage vereint[1086].

Vom Geschädigten zur Schadensbeseitigung zusätzlich hinzugezogene Dritte sind nicht Erfüllungsgehilfen im Verhältnis zum Schädiger[1087]. Der Patientenhalter

---

[1082] Wohl aber nach dem TierSchG.
[1083] Staudinger/Schiemann, BGB, § 251 Rn. 27.
[1084] MünchKomm/Oetker, BGB, § 251 Rn. 66.
[1085] MünchKomm/Oetker, BGB, § 251 Rn. 67.
[1086] OLG Hamm VersR 2009, 691 f..
[1087] OLG Stuttgart VersR 1992, 979.

muß sich daher nicht ein etwaiges Verschulden des Tierarztes zurechnen lassen, den er mit der weiteren Behandlung des Tiers beauftragt[1088].

Der Geschädigte braucht die Kosten der tierärztlichen (Nach-)Behandlung nicht vorzuschießen[1089]. Er kann die Kostenerstattung schon vor Beginn der Behandlung verlangen[1090]. Verwendet er den Betrag ganz oder zum Teil endgültig nicht für die tierärztliche Behandlung, hat er ihn an den Schädiger aus dem Gesichtspunkt der ungerechtfertigten Bereicherung zurückzuzahlen, soweit er den zu ersetzenden Wert des Tieres übersteigt[1091].

bb) Haftung für tierärztliche Untersuchung vor dem Verkauf

Es ist üblich – zumindest beim Verkauf von Rassekatzen - und ratsam, vor dem Verkauf bzw. der Übergabe der Katze an den Käufer eine tierärztliche Untersuchung durchführen zu lassen, um sicherzustellen, daß das Tier gesund und wie vereinbart geimpft ist. Der Tierarzt stellt über diese Untersuchung ein Gesundheitsattest aus. Wird ein Tierarzt im Rahmen einer Ankaufsuntersuchung mit der Begutachtung eines zum Verkauf stehenden Tieres beauftragt, so schuldet der Tierarzt seinem Auftraggeber eine Befundbeschreibung. Er schuldet aber keine prognostische Bewertung über mögliche zukünftige Entwicklungen und Auswirkungen seiner getroffenen Feststellungen[1092].

Der Vertrag über die Ankaufsuntersuchung ist – anders als der Behandlungsvertrag - ein Werkvertrag. Der Schaden, der aufgrund eines unrichtigen tierärztlichen Untersuchungsbefundes entstanden ist, wird als entfernter Mangelfolgeschaden qualifiziert und kann einen Anspruch auf Schadensersatz begründen[1093].

Der Tierarzt hat die Pflicht, seinen Auftraggeber über den gesundheitlichen Zustand des Tieres richtig und umfassend zu unterrichten. Dabei hat er alle Erkenntnisse weiterzugeben, die er während der gesamten Behandlungsdauer erwor-

---

[1088] OLG Stuttgart VersR 1992, 979.
[1089] MünchKomm/Oetker, BGB, § 251 Rn. 67.
[1090] MünchKomm/Oetker, BGB, § 251 Rn. 67.
[1091] MünchKomm/Oetker, BGB, § 251 Rn. 67.
[1092] LG Lüneburg RdL 2006, S. 97.
[1093] OLG München VersR 1996, 731.

ben hat und die für die Kaufentscheidung relevant sein könnten. Dazu muß er seine Behandlungsunterlagen über das Tier konsultieren. Der Tierarzt schuldet eine gründliche Aufklärung über die Bedeutung dieser Befunde.

Ein Tierarzt, der bei der Ankaufsuntersuchung nicht alle mit seinem Auftraggeber abgesprochenen Untersuchungen durchführt, begeht eine Pflichtverletzung. Für den Schaden des Auftraggebers, der aufgrund eines unrichtigen tierärztlichen Untersuchungsbefundes entstanden ist, haftet der Tierarzt aber nur dann, wenn der unrichtige Befund auf der konkreten Pflichtverletzung beruht[1094].

Der Umfang der im Kaufvertrag geregelten tierärztlichen Untersuchung ist zugleich maßgeblich für die Haftung des Tierarztes. Eine spezielle Untersuchung eines Organsystems hat der Tierarzt nur dann durchzuführen, wenn sie ausdrücklich in Auftrag gegeben worden ist und wenn Anhaltspunkte für weitere Nachforschungen vorliegen. Ist das nicht der Fall, ist dem Tierarzt keine schuldhafte Verletzung einer vertraglichen Nebenpflicht vorzuwerfen, wenn er nur die durchschnittliche Allgemeinuntersuchung durchführt und daher einen Defekt übersieht[1095].

Es ist als sittenwidrige Schädigung zu werten, wenn ein Tierarzt ohne Entnahme einer Gewebsprobe eine walnußgroße Verdickung als gutartig attestiert[1096]. Der Fall eines sittenwidrigen Handelns ist grundsätzlich schon bei grober Leichtfertigkeit gegeben[1097]. Wenn ein Gutachter wichtige Fragen zu untersuchen hat und vom Ergebnis des Gutachtens weittragende wirtschaftliche Folgen für die Beteiligten abhängen, so ist eine leichtfertige Begutachtung im Sinne einer sittenwidrigen Schädigung bereits dann zu bejahen, wenn der Schädiger mit Rücksicht auf sein Ansehen oder seinen Beruf eine Vertrauensstellung einnimmt[1098]. Der Käufer hat aber nur dann gegen den Tierarzt einen Anspruch aus § 826 BGB wenn er nach-

---

[1094] OLG Celle vom 29.07.1994 – Az. 21 U 4/94.
[1095] AG Ahrensburg vom 02.02.2001 - Az. 44 C 673/98.
[1096] BGH NJW-RR 1986, 1150 f..
[1097] BGH NJW-RR 1986, 1150 f..
[1098] BGH NJW-RR 1986, 1150 f..

weisen kann, daß der Tierarzt die Schädigung des Käufers beabsichtigt oder zumindest billigend in Kauf genommen hat[1099].

Stellt ein Tierarzt im Auftrag des Verkäufers ein Gesundheitsattest aus mit der dem Tierarzt bekannten Bestimmung, auch dem Käufer eine Grundlage für die Kaufentscheidung und damit Aufschluß über die gesundheitliche Verfassung der Katze zu geben, dann ist der Käufer in den Schutzbereich des Vertrages zwischen Tierarzt und Verkäufer einbezogen und kann gegen den Tierarzt im Falle einer fehlerhaften Ankaufsuntersuchung einen Anspruch auf Schadensersatz geltend machen[1100]. Die den Tierarzt treffenden Vertragspflichten sind dann nicht auf den Verkäufer als Auftraggeber der Ankaufsuntersuchung beschränkt. Die Rechtsprechung hat hier die Rechtsfigur des Vertrages mit Schutzwirkung zugunsten Dritter entwickelt[1101] Der Gesetzgeber hat diese Rechtsprechung später durch die Einführung des § 311 Abs. 3 BGB bestätigt. Der Käufer wird als Adressat in den Schutzbereich der Ankaufsuntersuchung einbezogen, so daß er selbst unmittelbar Berechtigter hinsichtlich der Schutzpflichten wird, die sich aus der vom Verkäufer in Auftrag gegebenen tierärztlichen Untersuchung ergeben.

Unter Umständen hat der Käufer gegen den Tierarzt einen Anspruch auf Schadensersatz aus einem **Auskunftsvertrag** nach §§ 311, 241, 280 Abs. 1 BGB, wenn auf Seiten des Tierarztes der für den Vertragsschluß der erforderliche Rechtsbindungswille vorliegt und es nicht nur um eine unverbindliche Auskunft nach § 675 Abs. 2 BGB geht. Die Abgrenzung, ob den Erklärungen der Parteien ein Wille zur rechtlichen Bindung zu entnehmen ist oder die Parteien nur aufgrund einer außerrechtlichen Gefälligkeit handeln, ist nach den Umständen des jeweiligen Einzelfalles zu bewerten[1102]. Ob bei einer Partei ein Rechtsbindungswille vorhanden ist, hängt davon ab, ob die andere Partei unter den gegebenen Umständen nach Treu und Glauben mit Rücksicht auf die Verkehrssitte auf einen solchen Willen schließen mußte[1103]. Dies ist anhand objektiver Kriterien aufgrund der Erklärungen und

---

[1099] OLG Celle RdL 2010, 262.
[1100] OLG Köln NJW-RR 1992, 49.
[1101] OLG Schleswig vom 09.09.1996 – Az. 4 U 121/95.
[1102] BGHZ 56, 204, 209 f.
[1103] OLG Celle RdL 2010, 262.

des Verhaltens der Parteien zu ermitteln, wobei vor allem die wirtschaftliche sowie die rechtliche Bedeutung der Angelegenheit, insbesondere für den Begünstigten, und die Interessenlage der Parteien heranzuziehen sind[1104].

Nach ständiger Rechtsprechung des Bundesgerichtshofs ist der stillschweigende Abschluß eines Auskunftsvertrages zwischen Geber (Tierarzt) und Empfänger (Käufer) der Auskunft und damit eine vertragliche Haftung des Auskunftgebers für die Richtigkeit seiner Auskunft regelmäßig dann anzunehmen, wenn die Auskunft für den Empfänger erkennbar von erheblicher Bedeutung ist und er sie zur Grundlage wesentlicher Entschlüsse machen will[1105]. Dies gilt insbesondere in Fällen, in denen der Auskunftgeber für die Erteilung der Auskunft besonders sachkundig oder ein eigenes wirtschaftliches Interesse bei ihm im Spiel ist[1106]. Für das Zustandekommen eines Auskunftsvertrages reicht aber ohne Rücksicht auf die Besonderheiten des jeweiligen Falles nicht schon die Sachkunde des Auskunftgebers allein und die Bedeutung der Auskunft für den Empfänger aus[1107]. Diese Umstände stellen vielmehr lediglich Indizien dar, die, wenn auch mit erheblichem Gewicht, in die Würdigung der gesamten Gegebenheiten des konkreten Falles einzubeziehen sind[1108].

Für den stillschweigenden Abschluß eines Auskunftsvertrages ist entscheidend darauf abzustellen, ob die Gesamtumstände unter Berücksichtigung der Verkehrsauffassung und des Verkehrsbedürfnisses den Rückschluß zulassen, daß beide Teile nach dem objektiven Inhalt ihrer Erklärungen die Auskunft zum Gegenstand vertraglicher Rechte und Pflichten gemacht haben[1109]. Neben der Sachkunde des Auskunftgebers und der Bedeutung seiner Auskunft für den Empfänger sind jeweils auch weitere Umstände mit zu berücksichtigen, die für einen Verpflichtungswillen des Auskunftgebers sprechen können, wie z.B. dessen eigenes wirt-

---

[1104] BGHZ 21, 102, 106 f.; 92, 164, 168; BGH NJW-RR 1990, 204, 205; 2006, 117, 120; OLG Celle RdL 2010, 262.
[1105] BGHZ 74, 103, 106 ff.; 100, 117; BGH NJW 1992, 2080, 2082; BGH WM 2004, 1825, 1827.
[1106] BGHZ 74, 103, 106 ff.; 100, 117; BGH NJW 1992, 2080, 2082; BGH WM 2004, 1825, 1827.
[1107] BGH WM 1985, 1531, 1532; OLG Celle RdL 2010, 262.
[1108] OLG Celle RdL 2010, 262.
[1109] BGH WM 1973, 141, 143; 1978, 576, 577; OLG Celle RdL 2010, 262.

schaftliches Interesse an dem Geschäftsabschluß[1110], ein persönliches Engagement in der Form von Zusicherungen nach Art einer Garantieübernahme[1111], das Versprechen eigener Nachprüfung der Angaben des Geschäftspartners des Auskunftsempfängers[1112], die Hinzuziehung des Auskunftgebers zu Vertragsverhandlungen auf Verlangen des Auskunftsempfängers[1113] oder die Einbeziehung in solche Verhandlungen als unabhängige neutrale Person[1114] sowie eine bereits anderweitig bestehende Vertragsbeziehung zwischen Auskunftsgeber und Auskunftsempfänger[1115].

Ob Verkäufer und Tierarzt **Gesamtschuldner** nach § 421 BGB sind, hängt davon ab, ob der Tierarzt im Hinblick auf die Verkaufsverhandlungen im Lager des Verkäufers stand oder gar ein eigenes wirtschaftliches Interesse verfolgte[1116]. Soweit ein Gesamtschuldverhältnis nicht durch Gesetz bestimmt und auch nicht durch Vertrag ausdrücklich vereinbart wird, bedarf es zusätzlich zu den in § 421 BGB beschriebenen Voraussetzungen einer Gleichstufigkeit zwischen den für die Begründung einer Gesamtschuld in Betracht kommenden Verpflichtungen[1117]. An einer solchen Gleichstufigkeit fehlt es insbesondere dann, wenn sich aus der Gläubigerperspektive im Außenverhältnis ergibt, daß sich die Schuldner nicht gleichwertig gegenüberstehen[1118].

Aus der Tatsache, daß bei einem Tier rund vier Wochen nach einer tierärztlichen Ankaufsuntersuchung ein systolisches Herzgeräusch feststellbar ist, läßt sich nicht sicher herleiten, daß ein solches Herzgeräusch bereits bei der Ankaufsuntersuchung hätte diagnostiziert werden können. Eine Haftung des Tierarztes wegen fehlerhafter Ankaufsuntersuchung kommt deshalb nicht in Betracht[1119].

[1110] BGH WM 1962, 1110, 1111.
[1111] BGHZ 7, 371, 377; BGH NJW 1962, 1500.
[1112] BGH WM 1965, 287, 288.
[1113] BGH WM 1966, 1283, 1284.
[1114] BGH WM 1972, 466, 468.
[1115] BGH WM 1969, 36, 37.
[1116] OLG Celle RdL 2010, 262.
[1117] BGHZ 106, 313, 319; 137, 76, 82; 155, 265, 268; 159, 318, 320; OLG Celle RdL 2010, 262.
[1118] vgl. MünchKomm/Bydlinski, BGB, § 421 Rn. 12; OLG Celle RdL 2010, 262.
[1119] OLG Düsseldorf VersR 2003, 917.

Verlangt der Käufer einer Katze von einem Tierarzt wegen der schuldhaften Verletzung seiner Pflichten aus dem Vertrag über die Verkaufsuntersuchung Schadensersatz, ist bei der Bemessung des zu ersetzenden Schadens nach dem Prinzip der **Vorteilsausgleichung** zu berücksichtigen, daß der Schädiger die Schadensersatzpflicht nur gegen Herausgabe derjenigen Vorteile zu erfüllen braucht, die mit dem schädigenden Ereignis in adäquatem Zusammenhang stehen[1120]. Der Käufer muß daher dem Tierarzt die ihm gegen den Verkäufer zustehenden Ansprüche auf Sachmangelgewährleistung und das Eigentum an der Katze im Wege der Vorteilsausgleichung und unter Berücksichtigung des Rechtsgedankens des § 255 BGB Zug um Zug gegen Ausgleich seines Schadens übertragen bzw. abtreten[1121]. Schließt der Käufer mit dem Verkäufer der Katze einen Vergleich, in dem er u. a. auf seine Ansprüche gegen den Verkäufer verzichtet und die Katze zurück übereignet, verstößt er gegen die **Schadensminderungspflicht**, die ihm gegenüber dem in Anspruch genommenen Tierarzt obliegt[1122]. Kann der Katzenkäufer bei Abschluß des Vergleichs erkennen, daß er Ansprüche gegen den untersuchenden Tierarzt geltend machen kann und daß der Tierarzt in diesem Fall ein maßgebliches Interesse daran hat, nach Abtretung vertraglicher Ansprüche durch den Käufer Rückgriff beim Verkäufer zu nehmen, geschieht diese Obliegenheitsverletzung auch schuldhaft[1123].

cc) Haftung des Tierarztes als Arbeitgeber

Eine Mitarbeiterin einer Tierarztklinik, die während der Behandlung eines Tieres verletzt worden ist, kann vom Arbeitgeber kein Schmerzensgeld verlangen[1124]. Ihrem Begehren steht § 104 Abs. 1 S. 1 SGB VII entgegen, der bei Arbeitsunfällen dem geschädigten Arbeitnehmer nur dann einen Schadensersatz- bzw. Schmerzensgeldanspruch unmittelbar gegen den Arbeitgeber zubilligt, wenn dieser den

---

[1120] BGH NJW-RR 2009, 603.
[1121] OLG Celle MDR 2010, 372 (Pferdekauf).
[1122] OLG Celle MDR 2010, 372 (Pferdekauf).
[1123] OLG Celle MDR 2010, 372 (Pferdekauf).
[1124] AG Lichtenberg AE 2009, 285; Hessisches LAG vom 14.07.2009 – Az. 13 Sa 2141/08 UV-Recht Aktuell 2009, 1360.

Schaden vorsätzlich herbeigeführt hat[1125]. Grund dieser Haftungsbeschränkung ist, daß an die Stelle der privatrechtlichen Haftung bei Arbeitsunfällen die sozialversicherungsrechtliche Gesamthaftung der Berufsgenossenschaft tritt[1126]. Dadurch steht dem Geschädigten einerseits stets ein solventer Anspruchsverpflichteter zur Verfügung, andererseits werden Konfliktsituationen im Betrieb durch zivilrechtliche Haftungsfragen vermieden.

Der Arbeitgeber muß zwar davon ausgehen, daß es beim Fangen eines renitenten Tieres in einer Tierklinik durchaus zu Verletzungen kommen kann. Er nimmt dadurch aber offenkundig nicht billigend in Kauf, daß sich die Mitarbeiterin in derartiger Weise verletzen würde[1127]. Ihm könnte allenfalls bewußte Fahrlässigkeit vorgehalten werden, die vorliegt, wenn der Handelnde darauf vertraut, daß der für möglich gehaltene Schaden gerade nicht eintreten werde. Bei fahrlässigem Handeln im Rahmen eines Arbeitsunfalls greift aber das Haftungsprivileg des § 104 Abs. 1 S. 1 SGB VII[1128].

dd) Verletzung des Tierhüters

Nimmt der Tierarzt bei der Operation einer Katze den Tierhüter zu Hilfe, um das Tier wegen der notwendigen Behandlung zu fixieren, so kommt dem Tierarzt das Haftungsprivileg nach § 104 Abs. 1 SGB VII zugute, wenn die Katze sich losreißt und den Tierhüter in den Daumen beißt[1129]. Ob und wann der gesetzliche Unfallversicherungsschutz zu bejahen und die zivilrechtliche Haftung des Unternehmers folglich ausgeschlossen ist, hängt nicht von der arbeitsrechtlichen Eingliederung des Verunglückten in den Unfallbetrieb im Sinne eines Abhängigkeitsverhältnisses persönlicher oder wirtschaftlicher Art ab[1130]. Es genügt, daß die Tätigkeit, bei der es zu einem Personenschaden kommt, wegen ihrer Ähnlichkeit mit einer im Rahmen eines Arbeitnehmerverhältnisses geleisteten Arbeit es rechtfertigt, den Verun-

---

[1125] Hessisches LAG vom 14.07.2009 – Az. 13 Sa 2141/08 UV-Recht Aktuell 2009, 1360.
[1126] Hessisches LAG vom 14.07.2009 – Az. 13 Sa 2141/08 UV-Recht Aktuell 2009, 1360.
[1127] Hessisches LAG vom 14.07.2009 – Az. 13 Sa 2141/08 UV-Recht Aktuell 2009, 1360.
[1128] Hessisches LAG vom 14.07.2009 – Az. 13 Sa 2141/08 UV-Recht Aktuell 2009, 1360.
[1129] OLG Düsseldorf NJW-RR 1991, 605 = VersR 1991, 1036 zu § 539 Abs. 2 RVO.
[1130] OLG Düsseldorf NJW-RR 1991, 605 = VersR 1991, 1036.

glückten im Unfallversicherungsschutz einem Arbeitnehmer gleichzustellen[1131]. Die Tätigkeit muß dem in Betracht kommenden Unternehmen dienen und dem wirklichen oder mutmaßlichen Willen des Unternehmers entsprechen[1132]. Der Art nach muß die Tätigkeit sonst von Personen verrichtet werden können, die in einem Betrieb des betroffenen Gewerbes üblicherweise beschäftigt werden[1133]. Dagegen kommt es für die Abgrenzung nicht auf die Beweggründe und Interessen des Tätigen und auch nicht darauf an, ob solche Tätigkeiten regelmäßig gegen Entgelt oder unentgeltlich erbracht werden[1134]. Hieraus folgt, daß auch Tätigkeiten, die aus Gefälligkeit erbracht werden und nur aus einem einzelnen Handgriff oder einer kurzen Leistung bestehen, die Individualhaftung ausschließen[1135].

ee) Verletzung des Patientenhalters

Eine Katzenbesitzerin hielt auf Bitten des Tierarztes den Kopf ihres Katers während der Behandlung fest. Plötzlich biß das Tier seine Halterin so stark in den Daumenballen, daß sie eine Woche lang im Krankenhaus behandelt werden mußte. Die Tierhalterin verlangte vom Tierarzt 4.000,00 EUR Schmerzensgeld. Ihre Klage hatte jedoch keinen Erfolg. Eine Haftung scheidet aus, wenn der Tierhalter bei der Behandlung selbst die Assistenz übernimmt[1136].

ff) Zusammenfassung

Der Tierarzt haftet zivilrechtlich auf Schadensersatz. Die Haftung ergibt sich aus dem Vertrag über eine Ankaufsuntersuchung oder aus dem Behandlungsvertrag und aus § 823 BGB, weil zugleich das Eigentum des Tierhalters beschädigt worden ist. Sofern eine vorsätzlich falsche Behandlung oder Euthanasierung vorliegt, sind

---

[1131] OLG Düsseldorf NJW-RR 1991, 605 = VersR 1991, 1036.
[1132] OLG Düsseldorf NJW-RR 1991, 605 = VersR 1991, 1036.
[1133] OLG Düsseldorf NJW-RR 1991, 605 = VersR 1991, 1036.
[1134] OLG Düsseldorf NJW-RR 1991, 605 = VersR 1991, 1036.
[1135] OLG Düsseldorf NJW-RR 1991, 605 = VersR 1991, 1036.
[1136] OLG Oldenburg NJW-RR 2002, 819.

zugleich die Straftatbestände der Sachbeschädigung (§ 303 StGB) und der tierschutzwidrigen Tötung (§ 17 Ziff. 1 TierSchG) erfüllt.

> Der Tierarzt haftet (nur) dann, wenn
> - er einen Behandlungsfehler begangen hat,
> - ein Schaden beim Tier entstanden ist,
> - zwischen dem Behandlungsfehler und dem Schaden ein ursächlicher Zusammenhang besteht,
> - der Behandlungsfehler rechtswidrig ist und
> - der Tierarzt schuldhaft gehandelt hat.

10. Die Katze im Verkehrsrecht

> *Die Überlegenheit der Katze über den Hund zeigt sich darin, daß es keine Polizeikatzen gibt.*
>
> *Jean Cocteau*

Wer schuldhaft einen Verkehrsunfall verursacht, haftet dem Geschädigten nach § 823 Abs. 1 BGB i. V. m. §§ 7 Abs. 1, 17 StVG auf Schadensersatz. Schuldformen sind Vorsatz und Fahrlässigkeit. Beide erfordern zusätzlich Zurechnungsfähigkeit[1137]. Schuldhaft kann nur ein objektiv pflichtwidriges Verhalten sein[1138]. Verschulden ist daher das objektiv pflichtwidrige und subjektive vorwerfbare Verhalten eines Zurechnungsfähigen[1139]. Nach ständiger Rechtsprechung handelt derjenige grob fahrlässig, der die im Verkehr erforderliche Sorgfalt nach den gesamten Umständen in ungewöhnlich hohem Maße verletzt und unbeachtet läßt, was im gegebenen Fall jedem einleuchten müßte[1140]. Im Gegensatz zur einfachen Fahrlässigkeit muß es sich bei einem grob fahrlässigen Verhalten um ein auch in subjektiver Hinsicht unentschuldbares Fehlverhalten handeln, das ein gewöhnliches Maß erheblich übersteigt[1141]. Ob die Fahrlässigkeit im Einzelfall als einfach oder grob zu bewerten ist, hängt von der Abwägung aller objektiven und subjektiven Tatumstände ab[1142]. Der Begriff der groben Fahrlässigkeit ist jedoch nicht jeweils nach der konkreten Verkehrssituation unterschiedlich zu definieren[1143]. Der Rechtsbegriff der groben Fahrlässigkeit ist grundsätzlich einheitlich bestimmt[1144].

[1137] Palandt/Grüneberg, BGB, § 276 Rn. 5.
[1138] Palandt/Grüneberg, BGB, § 276 Rn. 5.
[1139] Palandt/Grüneberg, BGB, § 276 Rn. 5.
[1140] BGH NJW 2003, 1118, 1119 = MDR 2003, 505; BGH NJW 2007, 2988 = MDR 2007, 1367.
[1141] BGH NJW 2003, 1118, 1119 = MDR 2003, 505; BGH NJW 2007, 2988 = MDR 2007, 1367.
[1142] BGH NJW 2007, 2988 = MDR 2007, 1367.
[1143] BGH NJW 2007, 2988 = MDR 2007, 1367.
[1144] BGH NJW 2007, 2988 = MDR 2007, 1367; BGH NJW 2003, 1118, 1119 = MDR 2003, 505.

Autofahrer müssen in Wohngebieten nicht mit Schrittgeschwindigkeit fahren, um auf diese Weise das Überfahren einer Katze zu vermeiden[1145]. Kein Autofahrer kann auf öffentlichen Straßen, auch nicht in einem **Zone-30-Gebiet**, derart fahren, daß er einen Zusammenstoß mit einer Katze vermeiden kann, wenn diese plötzlich hinter einem geparkten Fahrzeug hervorkommt und über die Straße laufen will[1146]. Das gilt vor allem dann, wenn der Abstand sehr kurz ist. Bei der Prüfung, ob der Autofahrer die im Verkehr erforderliche Sorgfalt beachtet hat, verbietet sich ein Vergleich mit plötzlich auftretenden Kindern schon deshalb, weil Katzen, die recht klein und kaum sichtbar sind, nicht etwa mit Kindern und Jugendlichen gleichgestellt werden können[1147].

Bremst ein Autofahrer **innerhalb einer geschlossenen Ortschaft** für eine Katze und fährt der Hintermann dabei auf das bremsende Fahrzeug auf, so muß dessen Haftpflichtversicherung den Schaden des Vordermanns regulieren[1148]. Im Gegensatz zum Fahren auf "freier" Strecke, wo immer zwischen dem Leben des Tieres und einem eventuellen Unfallrisiko abzuwägen ist, muß innerhalb geschlossener Ortschaften niemand eine Katze überfahren, nur weil der Hintermann zu wenig Abstand hält und beim Bremsmanöver auffahren könntet[1149]. Bremsen auch für Tiere ist erlaubt, wenn der Abstand zum nachfolgenden Verkehr groß genug ist[1150]. Es besteht ein zwingender Grund für die Notbremsung, wenn dem abbremsenden Fahrer keine Möglichkeit bleibt, zwischen dem Überfahren des Tieres und einer möglichen Gefährdung des nachfolgenden Verkehrs abzuwägen. Allerdings dürfen Verkehrsteilnehmer nicht grundsätzlich für kleinere Tiere abrupt bremsen[1151]. Entscheidend sind immer die Umstände des Einzelfalles. Der sofortige Tritt auf die Bremse bei plötzlichem Auftauchen einer Katze auf der Fahrbahn ist eine spontane, reflexartige Reaktion[1152].

[1145] AG München vom 06.06.2005 - Az. 331 C 7937/05.
[1146] AG München vom 06.06.2005 - Az. 331 C 7937/05.
[1147] AG München vom 06.06.2005 - Az. 331 C 7937/05.
[1148] LG Paderborn vom 07.09.2000 - Az. 5 S 181/00; LG Koblenz DAR 2001, 227.
[1149] LG Paderborn vom 07.09.2000 - Az. 5 S 181/00.
[1150] OLG Köln VersR 2001, 1042 (Ls.).
[1151] OLG Köln VersR 2001, 1042 (Ls.).
[1152] LG Koblenz DAR 2001, 227.

Ein Autofahrer, der nachts mit einer Geschwindigkeit von 120 km/h **außerhalb geschlossener Ortschaften** einem Tier reflexartig leicht nach rechts ausweicht und dabei mit dem Fahrzeug die Leitplanke streift, handelt nicht grob fahrlässig[1153]. Er haftet nur in Höhe des vertraglich vereinbarten Selbstbehalts für den Schaden des Autovermieters[1154].

Überquert ein Tier die Straße und reagiert ein Autofahrer daraufhin bei 70 km/h mit einer Vollbremsung, so kann diese riskante Reaktion nicht ohne weiteres als „grob fahrlässig" eingestuft werden[1155].

Bremst ein Autofahrer auf einer **Bundesstraße** sein Fahrzeug plötzlich ab, weil vor ihm eine Katze über die Fahrbahn läuft, und fährt ein nachfolgendes Fahrzeug auf das ruckartig haltende Fahrzeug auf, kann der Autofahrer nur Schadensersatz in Höhe von 50 Prozent geltend machen. Ein plötzliches Abbremsen ist für den nachfolgenden Verkehr nicht ersichtlich. Deswegen kann es zu Auffahrunfällen kommen. Der Autofahrer darf, da es sich nur um ein Kleintier handelte, nicht plötzlich bremsen. Bei einer gewöhnlichen Hauskatze ist es nach Ansicht des AG Schorndorf[1156] jedenfalls zumutbar, diese zu überfahren, weil die mögliche Gefährdung des Lebens der Katze geringer zu bewerten sei als der entsprechende Sachschaden.

Ein Pkw-Fahrer darf in der Regel keine riskanten Ausweichmanöver machen, um einem Kleintier auszuweichen. Für einen Motorradfahrer gilt dieser Grundsatz nicht. Es ist nicht als grobe Fahrlässigkeit einzustufen, wenn ein **Motorradfahrer** während der Kurvenfahrt ein Ausweichmanöver ausführt, um einen Zusammenstoß mit einem Kleintier zu vermeiden[1157]. Bei einer Kurvenfahrt mit Schräglage besteht nämlich die Gefahr des Wegrutschens, wenn das Vorderrad ein Kleintier überfährt[1158]. In einem solchen Fall muß die Versicherung zahlen[1159].

[1153] BGH NJW 2007, 2988 = MDR 2007, 1367.
[1154] BGH NJW 2007, 2988 = MDR 2007, 1367.
[1155] LG Nürnberg DAR 2001, 224.
[1156] AG Schorndorf NJW-RR 1993, 356.
[1157] OLG Hamm MDR 2001, 1051 = NJW-RR 2001, 1317.
[1158] OLG Hamm MDR 2001, 1051 = NJW-RR 2001, 1317.
[1159] OLG Hamm MDR 2001, 1051 = NJW-RR 2001, 1317.

Stürzt ein **Fahrradfahrer**, weil in der Dämmerung eine Katze seinen Weg kreuzt, dann muß er im Schadensersatzprozeß anhand mehrerer vom Richter vorgelegter Fotos die an dem Unfall beteiligte Katze eindeutig identifizieren können. Ist ihm das nicht möglich, dann kann er weder Schadenersatz noch Schmerzensgeld von dem in Verdacht stehenden Katzenliebhaber verlangen[1160].

Falsch geparkte Autos dürfen auch dann abgeschleppt werden, wenn ein Tier im Innenraum sitzt. Bloß weil sich ein Tier im Wagen aufhält, können die Beamten nicht mit der baldigen Rückkehr des Autofahrers rechnen. Dem Tier drohen zwar Unannehmlichkeiten, andererseits sind jedoch Fußgänger gefährdet, wenn sie wegen des Autos auf die Straße ausweichen müssen. Die Interessen der Fußgänger haben nach Ansicht des VG Tier[1161] Vorrang.

Nach § 49 Abs. 2 StVO handelt ordnungswidrig, wer als Tierhalter der Vorschrift des § 28 Abs. 1 StVO zuwiderhandelt. Nach § 28 Abs. 1 S. 1 StVO und § 2 StVO sind Haustiere, die den Verkehr gefährden können, von der Straße fernzuhalten. Sie sind dort nur zugelassen, wenn sie von geeigneten Personen begleitet sind, die ausreichend auf sie einwirken können[1162]. Daraus ergibt sich zwar kein allgemeiner „Leinenzwang". In jedem Fall ist aber erforderlich, daß eine Person das Tier begleitet und im Fall einer drohenden Gefährdung eingreifen kann[1163]. Das OLG Düsseldorf[1164] hat einen Tierhalter wegen fahrlässiger Körperverletzung zu einer Geldstrafe von 10 Tagessätzen zu je 50,00 DM verurteilt, weil er seinen Hund nur in Begleitung seiner 12 Jahre alten Tochter hatte frei herumlaufen lassen. Der machte sich allein auf den Heimweg, überquerte eine Straße und geriet dabei gegen das Fahrrad einer Frau. Die Frau stürzte und erlitt eine Verstauchung und Prellungen der rechten Hand.

[1160] LG Osnabrück vom 15.03.2004 - Az. 2 O 33/04.
[1161] VG Trier - Az. 1 K 88/99.
[1162] OLG Düsseldorf NJW 1987, 201.
[1163] OLG Düsseldorf NJW 1987, 201.
[1164] OLG Düsseldorf NJW 1987, 201.

Auf Katzen ist § 28 StVO nicht anwendbar[1165]. Katzen entziehen sich ihrer Natur nach jeder Einwirkung, die sie am freien Umherlaufen hindert. An die Sorgfalt eines Katzenhalters sind daher keine besonderen Anforderungen zu stellen. Insbesondere muß er die Katze nicht eingesperrt halten[1166]. Der Katzenhalter haftet daher – anders als der Hundehalter - nicht, wenn seine Katze über eine Straße läuft und dadurch einen Kfz-Unfall verursacht[1167] oder- entgegen der Lebenserfahrung – einen Menschen oder einen Hund anfällt[1168].

[1165] OLG Oldenburg VersR 1957, 742; Staudinger/Eberl-Borges, BGB, § 833 Rn. 186.
[1166] Staudinger/Eberl-Borges, BGB, § 833 Rn. 186.
[1167] OLG Oldenburg VersR 1957, 742 mit zust. Anm. Weimar VersR 1958, 332; LG Oldenburg VersR 1960, 840; LG Bielefeld VersR 1982, 1083; LG Kiel NJW 1984, 2297; Staudinger/Eberl-Borges, BGB, § 833 Rn. 186; a. A. Teplitzky NJW 1961, 1659, 1660 f..
[1168] LG Traunstein VersR 1966, 198; Staudinger/Eberl-Borges, BGB, § 833 Rn. 186.

11. Nachts sind alle Katzen grau - Die Katze und die lieben Nachbarn

> *Wie jeder, der eine Weile mit einer Katze zusammengelebt hat, weiß, haben Katzen unendlich viel Geduld mit den Grenzen des menschlichen Verstands.*
>
> *Cleveland Amory*

Neben Laub und Wildblumensamen (auch schnöde „Unkraut" genannt), die in Nachbars Garten hinüber wehen, neben Efeu, Riesenknöterich und Giersch, die durch den Zaun auf der Grundstücksgrenze nach „drüben" wuchern, neben dem Geruch dampfender Komposthaufen und qualmender Gartengrills, dem Rasenmähen, Holzhacken, Schreddern von Zweigen und Ästen in der Mittagszeit, der sich nur mäßig bekleidet sonnenbadenden Nachbarin im Sommer und dem Schneeschippen im Winter sind es die streunenden Katzen, die immer wieder zu erregten Debatten und zuweilen verbalen Entgleisen („Sie Hirsch, Sie!") zu beiden Seiten des Gartenzauns führen. Es wird heftig und sehr kontrovers darüber gestritten, ob die Katzen nach drüben dürfen oder nicht, und wenn ja, wieviele, wie oft und zu welcher Uhrzeit.

a) Verbietungsrecht contra Duldungspflicht

aa) Der unerwünschte Besuch im Garten

> *„Wollte man alle auch nur geringfügigen Auswirkungen von Tieren auf Gartenpflanzen ausschließen, dann müßte man alle Grundstücke in Wohngegenden mit hohen Mauern und eisernen Vorhängen umgeben."*[1169]

Das AG Mannheim[1170] vertritt die Auffassung, die Katze gehöre von alters her (seit den Kreuzzügen in Deutschland) zur natürlichen Umwelt des Menschen. Ihre

---

[1169] s. Sojka WuM 1984, 259, 260.
[1170] AG Mannheim – Az. 9 C 5/84.

Haltung sei Bestandteil der allgemeinen Lebensführung, sie sei daher grundsätzlich jedermann gestattet. Ihrem natürlichen Instinkt folgend, verlasse die Hauskatze bei Freilauf Haus und Hof ihres Halters und dringe, je kleiner die Grundstücke des Halters und der Nachbarn sind, um so öfter in die Grundstücke der Nachbarn ein. Dieses Verhalten sei in der in ihr wirkenden Wildnatur als Raubtier begründet. Durch das Eindringen der Hauskatze in fremde Grundstücke sei daher das Tatbestandsmerkmal der Beeinträchtigung gemäß § 1004 BGB selbst dann nicht erfüllt, wenn die Katze dort gelegentlich Exkremente ausscheidet. Dieses natürliche Verhalten des Tieres stelle folglich keine unzulässige Störung durch den Katzenhalter dar, sondern sei lediglich eine vom Eigentümer hinzunehmende Grundstücksbeeinträchtigung, die auf Naturvorgänge zurückzuführen und somit hinzunehmen sei.

Nach Ansicht des AG Bonn[1171] ist jemand, der sich durch fremde Katzen in seinem Garten gestört fühlt, empfindlicher als der normale Durchschnittsbürger. Das überspitzte Empfinden eines „Gestörten" könne aber nicht dazu führen, daß ein Katzenbesitzer seine Tiere nicht mehr artgerecht halten kann. Auslauf sei für viele Katzen und für viele Katzenhalter artgerecht.

Andere meinen, in einem reinem Wohngebiet dürften Katzen nicht in größerer Zahl gehalten werden, wenn davon für die Bewohner des Nachbargrundstücks unzumutbare Belästigungen ausgehen[1172].

Zum Teil wird die Auffassung vertreten, allein die Tatsache, daß Katzen ein Grundstück betreten, stelle bereits einen Eingriff in das Eigentum dar[1173], deren Beseitigung der Grundstückseigentümer von seinem Nachbarn verlangen könne. Auch beim Eindringen sonstiger fester Körper auf ein Grundstück werde die Eigentumsbeeinträchtigung nicht davon abhängig gemacht, daß von dem Eindringen konkret nachteilige Wirkungen ausgehen[1174]. Grundsätzlich könnten Eigentümer die Zuführung fester Stoffe nicht unerheblichen Umfangs ohne Rücksicht auf

---

[1171] AG Bonn vom 28.11.1984 – Az. 11 C 463/84.
[1172] OLG München NJW-RR 1991, 17.
[1173] AG Passau NJW 1983, 2885; OLG Köln NJW 1985, 2338; LG Augsburg NJW 1985, 499; AG Neu-Ulm NZM 1999, 432 = ZAP EN-Nr. 578/99.
[1174] AG Neu-Ulm NZM 1999, 432 = ZAP EN-Nr. 578/99.

Wesentlichkeit und Ortsüblichkeit abwehren[1175]. Während das AG Neu-Ulm das Ausmaß der Störungen dann im Rahmen der Interessenabwägung nach § 242 BGB unter dem Gesichtspunkt des nachbarrechtlichen Gemeinschaftsverhältnisses berücksichtigt[1176], vertreten das AG Passau und das OLG Köln die Auffassung, Grundstückseigentümer müßten Katzen ihrer Nachbarn nicht in ihrem Garten dulden[1177]. Das Betreten eines Nachbargrundstückes durch Katzen werde durch §906 Abs. 1 BGB nicht gedeckt[1178]. Hier bestehe grundsätzlich ein Verbietungsrecht des Grundstückseigentümers, selbst wenn die Einwirkung unwesentlich oder ortsüblich ist[1179]. Auf eine besondere Art der Beschädigung komme es nicht an[1180].

Nach Ansicht des AG Diez[1181] stellt nicht bereits das Eindringen der Katzen in ein fremdes Grundstücks eine Besitzstörung dar. Um den Eingriff rechtserheblich erscheinen zu lassen, müßten vielmehr weitere Beeinträchtigungen hinzutreten. Aber auch weitere Beeinträchtigungen seien hinzunehmen, wenn sie nur von wenigen Tieren ausgehen. Dulden müsse der Gestörte in einer Wohngegend mit Gartengrundstücken den Besuch von ein bis zwei Tieren.

Nach wohl h. M. erlauben das nachbarliche Gemeinschaftsverhältnis[1182] und die Sozialbindung des Eigentums[1183] es einem Grundstückseigentümer jedenfalls in einem **Vorortviertel** mit Gartengrundstücken oder in einem Wohngebiet mit Einfamilienhaus- und Reihenhausbebauung, eine Katze mit freiem Auslauf zu halten, auch wenn diese sich in Nachbars Garten mit Kotablagerungen "verewigt"[1184]. Die Haltung einer Katze mit Auslauf gehört dort zur Lebensführung vieler Familien, zumal gerade diese Art der Katzenhaltung als artgerecht gilt und die Katze eines

---

[1175] AG Neu-Ulm NZM 1999, 432 = ZAP EN-Nr. 578/99.
[1176] AG Neu-Ulm NZM 1999, 432 = ZAP EN-Nr. 578/99.
[1177] AG Passau NJW 1983, 2885.
[1178] AG Passau NJW 1983, 2885.
[1179] OLG Köln NJW 1985, 2338.
[1180] AG Passau NJW 1983, 2885.
[1181] AG Diez NJW 1985, 2339.
[1182] OLG Celle NJW-RR 1986, 821.
[1183] LG Oldenburg NJW-RR 1986, 883.
[1184] OLG München MDR 1990, 1117; LG Nürnberg-Fürth vom 26.06.1990 – Az. 13 S 1664/90; LG Hildesheim vom 01.10.2003 – Az. 1 S 48/03; AG Neu-Ulm NZM 1999, 432 = ZAP EN-Nr. 578/99; AG Rheinberg NJW-RR 1992, 408.

der beliebtesten Haustiere Deutschlands ist[1185]. Die von Katzen für einen Garten ausgehenden Beeinträchtigungen sind für einen normal und durchschnittlich empfindenden Gartenbesitzer als geringfügig zu bezeichnen[1186]. Ansonsten würde über diese Einschränkung das Verbot einer Katzenhaltung mit freiem Auslauf bewirkt[1187]. Für kleine Schäden, z. B. hin und wieder aufgegrabene Blumenbeete, kann ein Nachbar keinen Schadensersatz verlangen, weil man Freilaufkatzen normalerweise nicht innerhalb des eigenen Grundstücks halten kann und dies auch nicht muß[1188]. Entsprechende Beeinträchtigungen sind durch die sich aus dem nachbarschaftlichen Gemeinschaftsverhältnis ergebende Duldungspflicht gedeckt[1189]. Wird die Zumutbarkeitsgrenze überschritten, so steht dem gestörten Nachbarn ein nachbarrechtlicher Ausgleichsanspruch in Geld zu[1190].

Die nachbarliche Rücksichtnahme erfordert eine Abwägung der gegenseitigen Interessen[1191]. Das führt unter Umständen dazu, daß an sich bestehende Abwehrrechte nicht ausgeübt werden dürfen[1192]. Andernfalls könnte ein einziger Bewohner eines Wohnviertels weitgehend die Katzenhaltung Dritter beeinflussen[1193]. Eine derartige Rechtsposition kann aber auch unter Berücksichtigung des sich aus dem Grundstückseigentum ergebenden Unterlassungsanspruchs des belästigten Nachbarn und unbeschadet etwaiger Schadensersatzansprüche bei Beschädigung seines Eigentums nicht schützenswert sein[1194].

Bewohner von Gebieten mit Einfamilienhäusern und Gärten müssen es daher hinnehmen, daß Nachbars Katze über ihr Grundstück streunt[1195]. Denn es liegt in

---

[1185] OLG Köln NJW 1985, 2338; LG Augsburg NJW 1998, 499; AG Neu-Ulm NZM 1999, 432 = ZAP EN-Nr. 578/99.
[1186] AG Gemünden/M. – Az. 2 C 499/84.
[1187] AG Neu-Ulm NZM 1999, 432 = ZAP EN-Nr. 578/99.
[1188] AG Rheinberg NJW-RR 1992, 408.
[1189] AG Mainz – Az. 8 C 501/84; LG Mainz – Az. 3 S 491/84.
[1190] Neu-Ulm NZM 1999, 432 = ZAP EN-Nr. 578/99.
[1191] Neu-Ulm NZM 1999, 432 = ZAP EN-Nr. 578/99.
[1192] LG Nürnberg-Fürth vom 26.06.1990 – Az. 13 S 1664/90.
[1193] LG Hildesheim vom 01.10.2003 – Az. 1 S 48/03; LG Darmstadt NJW-RR 1994, 147; AG Neu-Ulm NZM 1999, 432 = ZAP EN-Nr. 578/99.
[1194] LG Hildesheim vom 01.10.2003 – Az. 1 S 48/03.
[1195] LG Bonn NJW-RR 2010, 310 = NZM 2010, 515.

der Natur von Hauskatzen mit Auslauf, daß sich diese nicht an Grundstücksgrenzen halten, sich auch auf fremdes Areal begeben und Vögeln sowie anderen Kleintieren nachstellen[1196]. Wenn eine Katze an Freilauf gewöhnt ist und dadurch niemanden belästigt, dann kann ihr Halter auf der Beibehaltung des Freilaufs bestehen, da dies zur artgerechten Haltung gehört[1197].

Es besteht dagegen keine Pflicht, das Betreten des Wohnbereichs durch die Katzen des Nachbarn zu dulden[1198]. Das gilt auch dann, wenn es für den Halter aufgrund der baulichen Gestaltungsmöglichkeit schwierig ist, die Katzen so sicher zu verwahren, daß sie nicht in den **Wohnbereich** des Nachbarn gelangen[1199]. Die Katzen müssen nach h. M. so gehalten werden, daß sie nicht in die Wohnung anderer Bewohner eindringen können und deren **Terrasse** oder **Balkon** nicht durch Kotablagerungen oder Erbrochenes verschmutzen[1200]. Die aus dem Gesichtspunkt des nachbarrechtlichen Gemeinschaftsverhältnisses folgende Pflicht des Eigentümers, das Betreten seines Grundstückes durch Katzen des Nachbarn zu dulden, endet dort, wo von der Katze über das bloße Betreten hinausgehend Belästigungen wie Verschmutzung und Beschädigung ausgehen und unter Abwägung der beiderseitigen Interessen ein vorrangiges Interesse des Nachbarn an der ausgeübten Katzenhaltung nicht besteht[1201].

Im Rahmen des sachgerechten Interessensausgleichs ist es dem Katzenhalter zuzumuten, auf die gleichzeitige **Haltung mehrerer Tiere** mit freiem Auslauf zu verzichten[1202], zumal sich die Zahl der streunenden Katzen dadurch, daß auch andere Nachbarn möglicherweise Katzen mit Freigang halten, ohnehin erhöht[1203].

Für das Zentrum einer **Großstadt** dürfte eine Katzenhaltung mit freiem Auslauf auch nur eines einzelnen Tieres nicht in Betracht kommen[1204].

[1196] AG Überlingen vom 21.02.1985 – Az. 1 C 414/84; LG Konstanz – Az. 1 S 55/85.
[1197] OLG Celle NJW-RR 1986, 821.
[1198] LG Bonn NJW-RR 2010, 310 = NZM 2010, 515.
[1199] LG Bonn NJW-RR 2010, 310 = NZM 2010, 515.
[1200] LG Bonn NJW-RR 2010, 310 = NZM 2010, 515.
[1201] LG Lüneburg DAR 2000, 271 = NZM 2001, 397.
[1202] OLG Köln NJW 1985, 2338, 2339.
[1203] OLG Celle NJW-RR 1986, 821; LG Hildesheim vom 01.10.2003 – Az. 1 S 48/03.
[1204] OLG Köln NJW 1985, 2338, 2339.

Das freie Auslaufenlassen einer Mehrzahl von Katzen kann der betroffene Nachbar nach §1004 BGB abwehren[1205]. Der Katzenhalter hat zwar ebenso wie der belästigte Nachbar das Grundrecht aus Art. 14 GG bezüglich seines Grundstücks. Dieses Grundrecht betrifft jedoch nur die Nutzung seines eigenen Grundstücks und nicht die Mitbenutzung des Nachbargrundstücks[1206]. Selbst in ländlichen Gegenden darf ein Katzenhalter nicht beliebig viele Katzen mit freiem Auslauf halten. Nach der Rechtsprechung darf ein Katzenhalter maximal ein[1207] bis zwei[1208] Katzen freien Auslauf gewähren. Nicht geduldet werden müssen drei Katzen eines Nachbarn[1209] Die von 17 Katzen ausgehende Störung ist auch unter Berücksichtigung der örtlichen Verhältnisse unzumutbar[1210]. Die weiteren Katzen müssen im Haus verbleiben, wenn der Halter ihnen nicht auf seinem Grundstück einen sog. „gesicherten Auslauf" durch geeignete Einfriedungsmaßnahmen anbieten kann[1211].

> In einem reinen Wohngebiet mit freistehenden Häusern und Gärten und in ländlicher Lage ist der Freilauf von Katzen ortsüblich und daher grundsätzlich von den Nachbarn zu dulden. Nimmt die Zahl der Katzen jedoch überhand, kann der Nachbar verlangen, daß jeweils nur ein oder zwei Katzen zugleich Freigang erhalten.

[1205] LG Lüneburg vom 08.10.2004 – Az. 4 S 48/04; LG Hildesheim vom 01.10.2003 – Az. 1 S 48/03; AG Neu-Ulm NZM 1999, 432 = ZAP EN-Nr. 578/99.
[1206] LG Lüneburg vom 08.10.2004 – Az. 4 S 48/04.
[1207] OLG Köln NJW 1985, 2338, 2339; OLG Celle VersR 1986, 973 = NJW-RR 1986, 821; LG Hildesheim vom 01.10.2003 - Az. 1 S 48/03, LG Paderborn – Az. 2 C 0947/98; LG Oldenburg NJW-RR 1986, 883AG Neu-Ulm NZM 1999, 432 = ZAP Nr. 578/99; LG Mönchengladbach NJW-RR 89; AG Bückeburg - Az. 43 C 232/91; AG Mainz – Az. 37 C 281/95; AG Rheinberg NJW-RR 1992, 408.
[1208] OLG München NJW-RR 1991, LG Lüneburg vom 08.10.2004 - Az. 4 S 48/04; LG Darmstadt NJW-RR 94, 147; LG Nürnberg-Fürth vom 11.03.1998 – Az. 8 O 3577/97; AG Bersenbrück vom 28.02.2002 – Az. 4 C 1323/01 (VIII).
[1209] OLG Köln NJW 1985, 2338, 2339; LG Hildesheim vom 01.10.2003 – Az. 1 S 48/03.
[1210] AG Diez NJW 1985, 2339.
[1211] LG Lüneburg vom 08.10.2004 - Az. 4 S 48/04.

Wer mit der Katzenhaltung des Ehepartners oder der Tochter einverstanden ist und die Tiere zumindest teilweise auch füttert und beaufsichtigt, ist ebenfalls Störer i. S. d. § 1004 Abs. 1 BGB[1212]. Er hat ebenso wie der Eigentümer der Katzen dafür zu sorgen, daß die Tiere nicht auf dem Grundstück des Nachbarn streunen[1213].

In Wohngegenden von Vororten[1214] sind gelegentliche „Besuche" einer Nachbarkatze hinzunehmen, auch wenn das Tier an der Gartentränke **Vögel** jagt[1215]. Auch Scharrspuren im **Gemüsebeet** und Tapsen auf der **Terrasse** sind kein Grund, eine Abschaffung der Katze zu verlangen. Hält ein Nachbar eine Katze, die während ihrer Ausflüge auch den Garten des Nachbarn mit Kot verschmutzt, ist dies vom Betroffenen zu dulden. Das gilt selbst dann, wenn von den Beschmutzungen **Spielgeräte** eines Kindes betroffen sind. Nicht hinnehmen muß der Nachbar jedoch die Kotablagerungen von mehreren Tieren[1216]. Der Gartenbesitzer darf Katzen mit angemessenen Mitteln von seinem Grund vertreiben[1217].

Dem Halter einer Katze kann es nicht zugemutet werden, sein Tier in einem Wohngebiet mit Einfamilienhäusern zu bestimmten Zeiten einzusperren. Auch dann nicht, wenn eine Anwohnerin Angst um das Leben ihrer freilaufenden **Meerschweinchen** hat. In einer solchen Wohngegend ist es üblich, daß Katzen frei herumlaufen. Für Meerschweinchen gilt dies nicht[1218].

„Es erscheint als erforderlich, daß sich Parteien und Gerichte auch bei der Behandlung von Tierhaltungen im Rahmen des Wohn- und Nachbarrechts an das gesetzliche Schikaneverbot (§ 226 BGB) erinnern."[1219]

[1212] LG Hildesheim vom 01.10.2003 – Az. 1 S 48/03.
[1213] LG Hildesheim vom 01.10.2003 – Az. 1 S 48/03.
[1214] OLG Köln NJW 1985, 2338: nicht in der Großstadt.
[1215] LG Augsburg NJW 1985, 499 = WM 1989, 624.
[1216] AG Neu-Ulm NZM 1999, 432 = ZAP EN-Nr. 578/99.
[1217] AG Rheinberg NJW-RR 1992, 408.
[1218] AG Köln - Az. 134 C 281/00.
[1219] s. Sojka WuM 1984, 259, 260.

bb) Der unerwünschte Ruheplatz

Katzenbesitzer haben dafür zu sorgen, daß ihre Lieblinge die Autos der Nachbarschaft weder als Ruheplätzchen noch als Teil ihrer Laufstrecke benutzen. Wem dies nicht gelingt, dem drohen Ordnungsgelder und bei Lackschäden durch Krallen auch Schadensersatzforderungen. Die Duldungspflicht der Nachbarn endet, wenn die Katze Fahrzeuge betritt, beschmutzt oder gar beschädigt[1220]. Allerdings muß der Geschädigte nachweisen, daß die Lackschäden durch die Katze verursacht worden sind. Sachverständige haben festgestellt, daß Katzen in der Regel Autolack nicht zerkratzen können.

cc) Fütterung wild streunender Katzen

Die Fütterung frei lebender herrenloser Katzen ist verpflichtend und kann nicht verboten werden, sofern die Tiere bereits über Jahre hinweg gefüttert wurden und sonst zu verhungern drohen. Wer verwilderte Katzen füttert, wird Garant, weil er eine enge Gemeinschaftsbeziehung zu den Tieren hergestellt und freiwillig Pflichten für deren Wohlergehen übernommen hat[1221]. Das Füttern von Tieren ist ein den Tierschutzbestimmungen entsprechendes Verhalten, das nicht im Wege der Besitzstörungsklage verboten werden kann[1222]. Sofern Katzen nicht erst durch das ausgelegte Futter angelockt werden, kann aus §§ 1004 Abs. 1, 862 BGB kein Anspruch hergeleitet werden, das Füttern der Katzen zu unterlassen[1223], sondern allenfalls das Unterlassen der daraus resultierenden Beeinträchtigungen[1224]. Durch die Fütterung der Katzen auf dem Nachbargrundstück müßten also für den sich belästigt fühlenden Nachbarn konkrete Beeinträchtigungen wie Lärm, Schäden am Eigentum, Betreten des Grundstücks etc. ausgelöst werden[1225].

[1220] LG Lüneburg DAR 2000, 271 = NZM 2001, 397.
[1221] OLG Schleswig NJW-RR 1988, 1360; LG Itzehoe NJW 1987, 2019; AG Elmshorn – Az. 53 C 513/85.
[1222] OLG Schleswig NJW-RR 1988, 1360.
[1223] OLG Köln NJW-RR 1989, 205.
[1224] Borrmann/Greck ZMR 1993, 51, 53.
[1225] Borrmann/Greck ZMR 1993, 51, 53.

Wild streunende Katzen sind grundsätzlich ein nicht abwehrfähiges Naturereignis. Ein Unterlassungsanspruch nach §§ 1004 Abs. 1, 862 BGB besteht daher nur dann, wenn dem Nachbarn, der durch die Fütterung der Katzen aktiven Tierschutz übt, die durch die Katzen erfolgten Beeinträchtigungen als Handlungsstörer zuzurechnen sind[1226]. Die Zurechnung ist dann problematisch, wenn sich schon vor Beginn der Fütterung streunende Katzen in dem fraglichen Gebiet und konkret auf dem Grundstück des Gestörten aufgehalten haben. In diesem Fall müßte der sich belästigt fühlende Nachbar darlegen und beweisen, welche zusätzlichen Beeinträchtigungen seines Grundstücks durch die regelmäßige Fütterung der Streuner verursacht worden sind[1227]; das wird in der Regel schwierig sein. Anders verhält es sich, wenn der Nachbar die Katzen erst durch das ausgestreute Futter angelockt hat; in diesem Fall ist er als Handlungsstörer verantwortlich[1228].

Einem Grundstückseigentümer, der nicht Halter von Katzen ist, kann in einer Wohngegend das Anfüttern von Hauskatzen verboten werden, wenn auf Grund des Fütterns bis zu 10 Katzen aus der Nachbarschaft angelockt werden, auf das Grundstück des Nachbarn gelangen und dort stören[1229]. Dagegen ist der Anspruch, Maßnahmen zu treffen, die fremde Katzen nicht mehr auf das Grundstück des Nachbarn gelangen lassen, nicht begründet, weil damit etwas rechtlich und tatsächlich Unmögliches gefordert wird[1230]. Allerdings darf eine Kommune Privatleuten das Füttern von Katzen auf dem eigenen Grundstück verbieten, wenn von der Fütterung bzw. den Katzen Gesundheitsgefahren ausgehen können[1231].

dd) Ansprüche nach längerer Duldung

Nachbarn haben kein Recht, gegen die Katzenhaltung auf dem angrenzenden Grundstück vorzugehen, wenn sie diese jahrelang hingenommen haben[1232]. Spätes-

---

[1226] Borrmann/Greck ZMR 1993, 51, 53.
[1227] OLG Schleswig NJW-RR 1988, 1360; LG Itzehoe NJW 1987, 2019.
[1228] OLG Köln NJW-RR 1989, 205; Borrmann/Greck ZMR 1993, 51, 53.
[1229] OLG Köln NJW-RR 1989, 205.
[1230] OLG Köln NJW-RR 1989, 205.
[1231] OVG NVwZ-RR 2002, 351.
[1232] VG Koblenz vom 02.12.2004 – Az. 7 K 2188/04.KO: Haltung von Hunden über 5 Jahre.

tens nach fünf Jahren haben die Nachbarn ihr mögliches Abwehrrecht verwirkt[1233]. Das ergibt sich aus den beiderseitigen Pflichten zur Rücksichtnahme im nachbarlichen Gemeinschaftsverhältnis[1234]. Ein Grundstückseigentümer muß nach spätestens fünf Jahren wissen, ob sich seine Nachbarn mit seiner Grundstücksnutzung abgefunden haben oder nicht[1235]. Für ihn ist es unzumutbar, wenn sich die Nachbarn auf unbegrenzte Zeit offen halten könnten, ob sie gegen die Grundstücksnutzung vorgehen[1236]. Außerdem sind Nachbarn verpflichtet, wirtschaftlichen und auch immateriellen Schaden von einander abzuwenden[1237]. Mit der Zeit entsteht zwischen Mensch und Tier eine vertiefte emotionale Beziehung; für den Halter bedeutet es nach so langer Zeit einen schwerwiegenden Eingriff, wenn er die Tiere wieder weggeben muß[1238].

ee) Einzelfälle

Zwei Mieter, die jeweils von ihrer Wohnung Zugang zum gemeinsamen Garten hatten, stritten über den Auslauf von zwei Katzen des einen Mieters. Diese waren ab und zu auf die Terrasse und auch einmal in die Wohnung des Mitmieters gelaufen. Dabei wurde einmal ein Blumentopf umgeworfen und zerstört. Dadurch fühlte sich der Nachbar derart gestört, daß er vom Gericht ein Verbot dergestalt forderte, daß diese Katzen "sein Grundstück" nicht betreten durften. Während das erstinstanzliche Gericht auf diese Forderung einging, folgte das Berufungsgericht diesem Antrag nicht. Denn ein Verbot, das sich auf das gesamte Mietgrundstück ausdehnt, ist zu weit gefaßt. Das Verbot hätte sich nur auf einen gewissen Grundstücksteil, der von diesem Mieter allein genutzt werden durfte, beziehen dürfen[1239].

Katzenhalter dürfen ihre Katzen nicht auf Kinderspielplätzen laufen lassen[1240].

[1233] VG Koblenz vom 02.12.2004 – Az. 7 K 2188/04.KO.
[1234] VG Koblenz vom 02.12.2004 – Az. 7 K 2188/04.KO.
[1235] VG Koblenz vom 02.12.2004 – Az. 7 K 2188/04.KO.
[1236] VG Koblenz vom 02.12.2004 – Az. 7 K 2188/04.KO.
[1237] VG Koblenz vom 02.12.2004 – Az. 7 K 2188/04.KO.
[1238] VG Koblenz vom 02.12.2004 – Az. 7 K 2188/04.KO.
[1239] LG Darmstadt - Az. 7 S 241/01.
[1240] AG Köln – Az. 19 C 496/91.

Ein Panther hat in einem Wohngebiet nichts zu suchen; auch in einem Freigehege darf er nicht gehalten werden[1241].

b) Beweislastverteilung

Der sich gestört fühlende Grundstückseigentümer trägt die Beweislast dafür, daß gerade die Katze des beklagten Tierhalters auf sein Grundstück gelaufen und daher als Störer anzusehen ist, allerdings mit folgender Einschränkung: Gelingt es dem Gestörten, einen Lebenssachverhalt vorzutragen, der nach der allgemeinen Lebenserfahrung regelmäßig auf eine bestimmte Ursache hinweist und in bestimmter Richtung zu verlaufen pflegt, so ist die ihn treffende Beweislast nach den Grundsätzen des Prima-facie-Beweises (Beweis des ersten Anscheins) abgeschwächt. Der Tierhalter muß dann den Regelverlauf typischer Geschehensabläufe dadurch zu entkräften versuchen, daß er Tatsachen darlegt und beweist, die auf die ernsthafte Möglichkeit eines atypischen Ursachenverlaufs hinweisen, ohne diesen Geschehensablauf allerdings als solchen positiv nachzuweisen[1242]. Gelingt dies, dann hat die beweisbelastete Partei, also der gestörte Grundstückseigentümer, den vollen Beweis für die Voraussetzungen des von ihm geltend gemachten Anspruchs zu erbringen[1243].

Für die Grundstücksnutzung durch Katzen bedeutet das: Erfahrungsgemäß streunen Hauskatzen, die im Garten gehalten werden und freien Auslauf haben, auf anderen Grundstücken. Das liegt in ihrer Natur. Gegenüber diesem als gesichert geltenden Erfahrungssatz kann der Katzenhalter nur einen atypischen Sachverhalt vortragen und beweisen, der den Schluß darauf zuläßt, daß gerade die Katzen des beklagten Tierhalters das Grundstück des Gestörten nicht betreten[1244].

[1241] VGH Baden-Württemberg vom 10.09.1985 – Az. 3 S 1733/85.
[1242] BGH NJW 1969, 277.
[1243] BGH NJW 1963, 53.
[1244] OLG Köln NJW 1985, 2338.

c) Anspruchsinhalt und Klageantrag

Der Katzenhalter darf, solange nicht Belange des Tierschutzes oder des Ordnungsrechts berührt sind, auf seinem Grundstück so viele Katzen halten wie er will. Der gestörte Nachbar kann daher nicht verlangen, daß der Katzenhalter die Katzen abschafft oder nur angeleint in den eigenen Garten läßt. Der Anspruch des Gestörten geht vielmehr dahin, den Katzenhalter zu verurteilen, die Katzen nicht mehr auf das Grundstück des Gestörten zu lassen. Eingeschränkt werden soll nicht die Katzenhaltung als solche, sondern das freie, sich der Kontrolle durch den Katzenhalter entziehende Herumlaufen der Tiere, verbunden mit der ständigen Gefahr, daß die Katzen erneut Grund und Boden des Gestörten betreten[1245].

d) Der Nachbar und die Katzenfalle

Es soll vorkommen, daß Anwohner in ihren Gärten Fallen aufstellen, um sich lästiger Nachbarskatzen zu entledigen.

Es ist unzulässig, auch nach vorheriger Rücksprache mit dem Tierschutzverein, eine **Lebendfalle** aufzustellen, Katzen einzufangen und im Tierheim zum Zwecke der Kastration, zum Verbleib oder zur Vermittlung abzugeben. Das gilt auch dann, wenn die Tiere nicht gechipt sind und es in der entsprechenden Stadt/Gemeinde eine Verordnung gibt, die die Kastration von Freigängern vorschreibt. Das Verhalten des Nachbarn wäre als Sachbeschädigung strafbar (§ 303 StGB), möglicherweise auch als Diebstahl (§ 242 StGB). Einen Diebstahl begeht u. a. derjenige, der eine weggenommene Sache verschenkt, ohne daß es darauf ankommt, ob der Täter das fremde Eigentum leugnet, Aufwendungen erspart oder zumindest mittelbare Vorteile erhält[1246]. Allerdings reicht es nicht, daß der Täter die Sache nur preisgeben oder beiseite schaffen oder den Eigentümer nur ärgern will[1247].

Die Verwendung einer **Tötungsfalle** im Nachbargarten ist nach § 17 Ziff. 1 TierSchG und den Landesjagdgesetzen verboten. Hauskatzen unterliegen grund-

---

[1245] Borrmann/Greck ZMR 1993, 51, 52.
[1246] Leipziger Kommentar/Vogel, StGB, § 242 Rn. 148
[1247] Leipziger Kommentar/Vogel, StGB, § 242 Rn. 150.

sätzlich nicht der Jagd. Außerdem darf in eingefriedeten Privatgrundstücken nicht gejagt werden. Der Ausnahmetatbestand des Wildschutzes greift nicht ein, wenn die Katze weder streunt noch wildert und sich in unmittelbarer Nähe eines bewohnten Hauses aufhält. Die Tötungsfalle gefährdet das Leben von Menschen, insbesondere das spielender Kinder. Vielfach werden auch der nach Landesrecht für die Fallen- oder Fangjagd erforderliche Sachkundenachweis und die Ausnahmegenehmigung fehlen.

e) Zwischenruf

„Es wäre an der Zeit, Tiere auch in Wohngegenden nicht als Lästlinge oder gar Schädlinge zu empfinden, sondern sich über diese Lebewesen ebenso zu freuen wie über die wildlebenden zu Lande oder in der Luft. Die materialistische Einstellung, die auch Lebewesen als Sachen bewertet, erscheint als unzeitgemäß. Denn der sterbende Baum in unseren Wäldern könnte ein Symbol sein für alles Wachstum, das nur auf den Augenblicksvorteil bedacht ist. Die Rückbesinnung auf die Geborgenheit des Daseins in der Gemeinschaft auch mit Tieren und Pflanzen und die Bescheidenheit auch im Geltendmachen und Durchsetzen nachbarlicher Ansprüche sind für den Lebenswert geeigneter als das bloße Beharren auf förmlichem Recht. […].Wer biologisch baut und natürlich lebt, darf nicht vergessen, daß der Kontakt des Menschen zu anderen Lebewesen ein Elementarrecht darstellt, das älter ist als jedes staatliche Gesetz und jede Wohnrechtsklausel."[1248]

[1248] s. Sojka WuM 1984, 259, 260.

12. Die Katze und die Erbschaft

*Es gibt kaum Leute die Katzen nicht lieben,
sondern nur Leute die Katzen nicht kennen.*
Audrey A. Hayes

Obwohl Tiere nach der Änderung des Gesetzes keine Sachen mehr sind (§ 90 a BGB), können sie nicht erben[1249]. Erbfähig sind natürliche oder juristische Personen. Erben kann nur, wer Träger von Rechten und Pflichten sein kann. Das ist bei Tieren nicht der Fall. Tiere können daher nicht wirksam im Testament als Erben eingesetzt werden. Wer gleichwohl für seine Katze vorsorgen möchte, kann eine Person seines Vertrauens (natürliche Person) oder einen Tierschutzverein (juristische Person) zum Erben bestimmen und diesem Erben im Testament die Auflage machen, das Tier zu pflegen und zu versorgen. Durch die Anordnung von Testamentsvollstreckung kann der Tierhalter sicherstellen, daß die Auflage auch tatsächlich erfüllt wird.

Alternativ kann der Tierhalter eine Stiftung zur Gründung eines Katzenheims oder eines Tierschutzvereins einrichten, der er Geld- oder Sachmittel auch zur Pflege der eigenen Katze zur Verfügung stellt.

Auch eine Erbschaft, die dazu dienen soll, die Katzen einer Verstorbenen zu unterhalten (hier: u. a. Futter für die Katze "Flocki" - zwei Pfund Rindfleisch pro Woche), ist für denjenigen, der die Pflege übernommen hat - abzüglich des für ihn maßgebenden Freibetrags - steuerpflichtig, selbst wenn die tatsächlichen Aufwendungen den ursprünglichen Betrag im Laufe der Zeit übersteigen[1250].

[1249] LG München I vom 03.03.2004 – Az. 16 T 22604/03.
[1250] FG Düsseldorf EFG 1998, 1274 = ZEV 1998, 406.

13. Wohnen mit einer Katze

> *Katzen sitzen immer an der falschen Seite einer Tür. Läßt man sie raus, wollen sie rein, läßt man sie rein, wollen sie raus.*
>
> Yolanda, Florida

a) Wohnungseigentum

Jeder Wohnungseigentümer kann, soweit nicht das Gesetz oder Rechte Dritter entgegenstehen, mit den im Sondereigentum stehenden Gebäudeteilen nach Belieben verfahren (§ 13 WEG). Zum Sondereigentum gehören nach § 2 Abs. 2 WEG die in sich abgeschlossenen Räume, die über einen eigenen, abschließbaren Zugang verfügen (Wohnung, Kellerraum) oder deren Fläche durch eine dauerhafte Markierung kenntlich gemacht worden ist (Garagenstellplatz). Die Wohnungseigentümer können den Gebrauch des Sondereigentums und des Gemeinschaftseigentums durch Vereinbarung regeln (§ 15 WEG). Umstritten ist, ob die Haltung von Haustieren beim Wohnungseigentum zum sog. Wohngebrauch gehört und ob die Eigentümer die Haustierhaltung durch Beschluß einschränken oder gar verbieten dürfen.

aa) Wohngebrauch und Tierhaltung

Die Haltung von Haustieren zählt nach den herkömmlichen soziokulturellen Vorstellungen zu den Eigentumsrechten aus § 13 WEG, sofern Dritte dadurch nicht gestört werden[1251]. Sie ist grundsätzlich Bestandteil des ordnungsgemäßen Wohngebrauchs[1252]. Ob die Tierhaltung im Einzelfall zum sozial üblichen Bewohnen gehört, hängt - ähnlich wie im Mietrecht – ab von der Art, der Größe, dem Verhalten und der Anzahl der Tiere, der Art, der Größe dem Zustand und der Lage der Wohnung sowie der Wohnanlage, der Anzahl, den persönlichen Verhältnissen, den

---

[1251] Bärmann/Klein, WEG, § 14 Rn. 36.
[1252] Dallemand/Balsam ZMR 1997, 621, 622; a. A. BGH NJW 1995, 2036, 2037 = ZMR 1995, 416; KG OLGR 1998, 272 f.; OLG Zweibrücken ZMR 1999, 853, 854.

berechtigten Interessen der übrigen Wohnungseigentümer sowie der Art und Anzahl anderer Tiere im Haus[1253].

Werden in einer Eigentumswohnung übermäßig viele Haustiere gehalten (z. B. im Rahmen einer Zucht), liegt hierin, auch wenn die Teilungserklärung keine Beschränkung der Tierhaltung vorsieht, eine unzumutbare Belastung der anderen Wohnungseigentümer[1254]. Auf die konkrete Geruchs- oder Geräuschbelästigung für die Nachbarn kommt es nicht an[1255]. Es genügt, daß eine Belästigung zu befürchten ist[1256]. Jeder Wohnungseigentümer kann gemäß § 13 Abs. 1 WEG im Rahmen seines Alleingebrauchsrechts andere von Einwirkungen auf sein Sondereigentum ausschließen. Diesem Ausschlußrecht steht andererseits nach § 14 Ziff. 3 WEG die Pflicht des Wohnungseigentümers gegenüber, Einwirkungen auf die im Sondereigentum stehenden Gebäudeteile zu dulden, soweit sie auf einem nach § 14 Ziff. 1 und 2 WEG zulässigen Gebrauch beruhen. Dabei sind auch solche Beeinträchtigungen und Nachteile zu dulden, die nicht über das bei einem geordneten Zusammenleben unvermeidliche Maß hinausgehen. Ein Eigentümer ist jedoch grundsätzlich nicht verpflichtet, die Verschmutzung seiner Dachterrasse und das Betreten seines Wohnbereichs durch die Katzen eines anderen Wohnungsnachbarn zu dulden[1257]. Die Interessenabwägung aufgrund des nachbarrechtlichen Gebots zur Rücksichtnahme kann allerdings die Verpflichtung ergeben, das bloße Betreten der Dachterrasse durch Katzen zu dulden, wenn es sich dabei nur um eine geringfügige Beeinträchtigung im Sinne von § 14 Ziff. 1 WEG handelt. Im übrigen sind Katzen eher scheu kann und lassen sich daher problemlos verscheuchen. Durch Anbringen einer Insektenschutztür kann der sich gestört fühlende Bewohner außerdem verhindern, daß Katzen in die Wohnung eindringen, wenn die Terrassen- oder Balkontür offensteht.

[1253] Bärmann/Klein, WEG, § 13 Rn. 11.
[1254] OLG Zweibrücken ZMR 1999, 853.
[1255] OLG Zweibrücken ZMR 1999, 853, 854.
[1256] OLG Zweibrücken ZMR 1999, 853, 854.
[1257] LG Bonn NJW-RR 2010, 310 = NZM 2010, 515.

Ein Wohnungseigentümer hat gegen den Mieter eines anderen Wohnungseigentümers unmittelbar keinen Anspruch auf Entfernung eines in der Mietwohnung gehaltenen, nicht störenden Tieres[1258].

Die Haltung von mehr als vier Katzen in einer 42 qm großen Ein-Zimmer-Wohnung überschreitet das Maß des ordnungsgemäßen Gebrauchs i. S. d. § 14 Ziff. 1 WEG[1259]. Eine solche Haustierhaltung stellt nicht mehr einen Gebrauch der im Sondereigentum stehenden Gebäudeteile dar, der im Interesse der Gesamtheit der Wohnungseigentümer nach billigem Ermessen entspricht[1260].

bb) Regelung der Tierhaltung durch die Gemeinschaft

Die Haustierhaltung gehört nicht zum Kernbereich des Sondereigentums i. e. S.[1261]. Sie kann daher durch *Vereinbarung* der Wohnungseigentümer, nicht aber durch **Mehrheitsbeschluß** generell verboten werden.[1262]. Eigentümer einer Wohnungsgemeinschaft können nicht einheitlich beschließen, das Halten von Hunden und Katzen in einer Eigentumswohnung *generell* zu verbieten[1263]. In einem solchen Beschluß läge eine unzulässige Beschränkung der Persönlichkeitsrechte[1264]. Ein durch Mehrheitsbeschluß ausgesprochenes generelles Verbot ist – anders als ein Verbot mit Erlaubnisvorbehalt – schwebend unwirksam[1265]. Es ist nicht nach § 134 BGB i. V. m. §§ 13 Abs. 1, 15 Abs. 2 WEG nichtig, weil es sich hierbei nicht um Verbotsgesetze handelt[1266]. Die Durchsetzung eines vereinbarten Tierhaltungsver-

---

[1258] LG Köln WuM 1989, 288.
[1259] KG NJW-RR 1991, 1111 = WuM 1991, 440.
[1260] KG NJW-RR 1991, 1111 = WuM 1991, 440.
[1261] Bärmann/Klein, WEG, § 14 Rn. 36.
[1262] BGHZ 129, 329 = NJW 1995, 2036; KG NJW 1956, 1679, 1680; KG NJW 1992, 2577; BayObLG WuM 1973, 771; OLG Stuttgart BlGBW 1985, 227; Bärmann/Klein, WEG, § 14 Rn. 36; Dallemand/Balsam ZMR 1997, 621, 622; Blank NZM 1998, 5, 8; Staudinger/Heinrich Kreuzer, WEG, § 15 Rn. 49.
[1263] LG München I vom 20.04.2004 – Az. 1 T 1633/04; LG Berlin -Az. 24 W 267/91.
[1264] LG Berlin -Az. 24 W 267/91.
[1265] Bärmann/Klein, WEG, § 14 Rn. 36.
[1266] Bärmann/Klein, WEG, § 14 Rn. 36; a. A. OLG Saarbrücken NJW 2007, 779, 780 = NZM 2007, 168.

bots kann im Einzelfall treuwidrig sein, wenn ein Wohnungseigentümer aus gesundheitlichen Gründen auf die Tierhaltung angewiesen ist[1267].

Dagegen kann die *Art der Tierhaltung* auch durch Mehrheitsbeschluß in der Hausordnung geregelt werden[1268]. Gültig ist daher die Beschlußfassung: "Hunde und Katzen dürfen nicht frei in der Anlage herumlaufen."[1269] Das Verbot, Katzen frei herumlaufen zu lassen, ist kein Verbot der Katzenhaltung, sondern nur eine zulässige Einschränkung[1270]. Möglich ist es auch, die Anzahl der Tiere zu beschränken[1271].

Mit Stimmenmehrheit kann die Versammlung der Wohnungseigentümer beschließen, daß die zukünftige Anschaffung von Haustieren von der vorherigen Zustimmung von Verwalter und Beirat abhängt[1272] oder daß bei Nichtbeachtung der Hausordnung nach drei erfolglosen Abmahnungen die Tierhaltung durch den Verwalter untersagt werden muß[1273]. Ein solcher Beschluß entspricht einer ordnungsgemäßen Verwaltung, um unzumutbare Belästigungen der anderen Wohnungseigentümer zu unterbinden[1274]. Er verstößt nicht gegen das Anstandsgefühl und greift auch nicht in den dinglichen Kernbereich des Wohnungseigentums ein[1275].

Durch die **Hausordnung** kann die Tierhaltung soweit eingeschränkt werden, wie dies keine das Sondereigentum unangemessen beeinträchtigende Gebrauchsregelung darstellt[1276]. Eine Regelung, die z. B. die Haustierhaltung auf einen Hund

---

[1267] vgl. BGHZ 129, 329, 334 f. = NJW 1995, 2036; BayObLG NJW-RR 2002, 226 f. Bärmann/Klein, WEG, § 14 Rn. 36.
[1268] LG München I vom 20.04.2004 – Az. 1 T 1633/04.
[1269] So auch BayObLG NJW-RR 2004, 1380 = ZMR 2004, 769.
[1270] LG München I vom 20.04.2004 - Az. 1 T 1633/04.
[1271] Staudinger/Heinrich Kreuzer, WEG, § 15 Rn. 49.
[1272] OLG Düsseldorf OLGR Düsseldorf 1997, 251, 252, OLG Saarbrücken NZM 1999, 621; Bärmann/Klein, WEG, § 14 Rn. 36; Staudinger/Heinrich Kreuzer, WEG, § 15 Rn. 49.
[1273] BayObLG NJW 1994, 1078 = NJW-RR 1994, 658.
[1274] BayObLG NJW 1994, 1078 = NJW-RR 1994, 658; BayObLG NJW-RR 2004, 1380 = ZMR 2004, 769.
[1275] OLG Saarbrücken NZM 1999, 621.
[1276] KG NZM 1998, 670 = NJW-RR 1998, 1385; Bärmann/Klein, WEG, § 14 Rn. 36.

oder drei Katzen beschränkt, ist in aller Regel nicht zu beanstanden[1277]. Auf die konkrete Geruchs- oder Geräuschbelästigung einzelner Wohnungseigentümer kommt es nicht an[1278]. Ein Verbot gilt jedoch nicht, wenn durch die Tierhaltung ihrer Art nach (z. B. bei Zierfischen) andere überhaupt nicht beeinträchtigt werden können[1279]. Für Katzen, die Freilauf gewohnt sind, ist nach Ansicht des AG Hannover ein Beschluß der Eigentümer, die Tiere künftig in der Wohnung zu halten, nicht zulässig; wenn die Katzenhaltung rechtmäßig ist, dann muß auch eine artgerechte Haltung der Katzen möglich sein[1280].

Auf Vertrauensschutz kann ein Wohnungseigentümer sich nicht berufen. Wohnungseigentümer haben bereits bei Anschaffung einer Katze damit zu rechnen, daß das Streunen von der Eigentümergemeinschaft untersagt wird, weil Gemeinschaftsflächen wie etwa Kinderspielplätze von streunenden Tieren verunreinigt werden können und von den Tieren auch ein gewisses Gefahrenpotential ausgeht[1281]. Die Gefahr kann durch das Anleinen des Tieres zwar nicht gänzlich ausgeschlossen werden. Das Anleinen gewährleistet jedoch, daß sich das Tier nicht frei bewegen kann und daß es sich in Begleitung einer Person befindet, die auf das Tier einwirken kann[1282]. § 2 Nr. 2 TierSchG hindert die Wohnungseigentümer nicht, in einer Hausordnung das freie Herumlaufen von Hunden und Katzen in einer Wohnanlage zu verbieten. Normadressat dieser Vorschrift ist derjenige, der ein Tier hält, betreut oder zu betreuen hat. Das trifft auf die Gemeinschaft der Wohnungseigentümer nicht zu, die keine Katze hält[1283].

Das OLG Saarbrücken[1284] und das OLG Düsseldorf[1285] vertreten hingegen die Auffassung, zum wesentlichen Inhalt der Nutzung von Wohnungseigentum gehöre

---

[1277] KG NZM 1998, 670 = NJW-RR 1998, 1385; OLG Celle NZM 2003, 242; Bärmann/Klein, WEG, § 14 Rn. 36.
[1278] OLG Frankfurt/M. NZM 2006, 265; OLG Köln ZMR 1996, 98; OLG Zweibrücken ZMR 1999, 854; Bärmann/Klein, WEG, § 14 Rn. 36.
[1279] Staudinger/Heinrich Kreuzer, WEG, § 15 Rn. 49; OLG Stuttgart ZMR 1985, 345.
[1280] AG Hannover - Az. 8611 C 76/86.
[1281] BayObLG NJW-RR 2004, 1380 = ZMR 2004, 769.
[1282] BayObLG NJW-RR 2004, 1380 = ZMR 2004, 769.
[1283] BayObLG NJW-RR 2004, 1380 = ZMR 2004, 769.
[1284] OLG Saarbrücken WE 1999, Nr. 8, 6 v- 7.
[1285] OLG Düsseldorf MietRB 2005, 321; OLG Düsseldorf OLGR Düsseldorf 1997, 251,

nicht die Möglichkeit zur Tierhaltung. Die Hausordnung einer Wohnungseigentumsanlage darf nach dieser Ansicht daher ein generelles Verbot der Hunde- und Katzenhaltung vorsehen[1286]. Eine in der Teilungserklärung einer Wohnungseigentümergemeinschaft enthaltene Regelung, die besagt, daß das Sondereigentum im Interesse des friedlichen Zusammenlebens der Hausgemeinschaft so auszuüben ist, daß weder einem anderen Miteigentümer noch einem Hausbewohner über das bei einem geordneten Zusammenleben unvermeidliche Maß hinaus ein Nachteil erwächst und daß dies insbesondere für die Tierhaltung und die Musikausübung gilt, hindere die Wohnungseigentümer nicht, durch Mehrheitsbeschluß im Rahmen des ordnungsgemäßen Gebrauchs über eine Einschränkung oder ein Verbot der Tierhaltung zu entscheiden[1287]. Das Tierverbot lasse sich jedoch nicht rückwirkend durchsetzen[1288]. Neuanschaffungen können nur verboten werden, solange sich nicht auch nur ein einziger der Eigentümer gegen das Verbot ausspricht[1289].

Der Mehrheitsbeschluß einer Wohnungseigentümerversammlung, der einem Wohnungseigentümer mit Blick auf vorangegangene Unzuträglichkeiten (hier: Haltung von jeweils vier Hunden und vier Katzen) aufgibt, die Haltung und den Aufenthalt von Katzen und Hunden in seiner Eigentumswohnung zu beenden und künftig dort nicht mehr Katzen und Hunde zu halten, aufzunehmen oder zu betreuen, beschränkt nicht das Sondereigentum, sondern ist auf Herstellung des ordnungsgemäßen Gebrauchs desselben gerichtet. Wird ein solcher Beschluß nicht fristgerecht vom betroffenen Wohnungseigentümer vor dem Amtsgericht angefochten, dann ist dieser Beschluß grundsätzlich wirksam. Der Wohnungseigentümer ist verpflichtet, die Hunde- und Katzenhaltung vollständig einzustellen[1290].

Nicht zulässig ist es, die Tierhaltung von der Zustimmung *aller* Miteigentümer abhängig zu machen[1291]. Eine solche Klausel käme einem Verbot gleich, weil bei vielen Parteien praktisch nie Einstimmigkeit zu erzielen ist.

252.
[1286] OLG Düsseldorf OLGR Düsseldorf 1997, 251, 252.
[1287] OLG Düsseldorf MietRB 2005, 321.
[1288] OLG Stuttgart vom 04.03.1982 – Az. 8 W 8/82.
[1289] OLG Düsseldorf NZM 2002, 872.
[1290] OLG Düsseldorf NZM 2002, 872.
[1291] OLG Karlsruhe ZMR 1988, 184.

b) Mietrecht

Katzen sind die rücksichtsvollsten und aufmerksamsten Gesellschafter, die man sich wünschen kann.

Pablo Picasso

aa) Recht zur Katzenhaltung in der Wohnung

„Die Wohnung ist für jedermann Mittelpunkt seiner privaten Existenz. Der einzelne ist auf ihren Gebrauch zur Befriedigung elementarer Lebensbedürfnisse sowie zur Freiheitssicherung und Entfaltung seiner Persönlichkeit angewiesen. Der Großteil der Bevölkerung kann zur Deckung seines Wohnbedarfs jedoch nicht auf Eigentum zurückgreifen, sondern ist gezwungen, Wohnraum zu mieten. Das Besitzrecht des Mieters erfüllt unter diesen Umständen die Funktionen, wie sie typischerweise dem Sacheigentum zukommen. Dieser Bedeutung der Wohnung hat der Gesetzgeber mit der Ausgestaltung des Besitzrechts Rechnung getragen. Es stellt eine privatrechtliche Rechtsposition dar, die dem Mieter wie Sacheigentum zugeordnet ist."[1292]

Die Haustierhaltung im Mietrecht ist ein Thema, das die Gemüter immer wieder erhitzt. Nirgendwo prallen widerstreitende Interessen so heftig aufeinander: hier die Liebe des Halters zu seinem Tier und das Recht auf freie Entfaltung der Persönlichkeit, dort die Sorge des Vermieters um den Wert seiner Immobilie, die Angst vor Schäden, Geruchsbelästigung oder Verschmutzung. Man ist zunächst davon ausgegangen, die Zulässigkeit der Haustierhaltung sei nach der Verkehrssitte (§ 157 BGB) zu beurteilen. Wenn die Tierhaltung nicht vertraglich geregelt ist, könne der Mieter „in der ortsüblichen Weise die für Räume in Rede stehender Art nicht unangebrachten Haustiere, Hund, Katze, Zimmervögel […] halten, jedoch mit der Einschränkung, daß dadurch keine Belästigungen für den Vermieter, seine Leute […] oder andere Hausbewohner oder deren Besucher und keine Nachteile für das Miethaus entstehen dürfen."[1293] Allzu große praktische Bedeutung hat diese

---

[1292] s. BVerfG ZMR 1993, 405 = NJW 1993, 2035.
[1293] s. Mittelstein, Die Miete, 259 f..

Formel nicht erlangt, weil sie sehr früh durch Formblattverträge verdrängt worden ist[1294]. Auch in der Nachkriegszeit gab es so gut wie keinen Formularmietvertrag, in dem nicht die Tierhaltung ausgeschlossen war oder von der Zustimmung des Vermieters abhing[1295].

Durch Rechtsentscheid vom 13.01.1981 hat das OLG Hamm[1296] entschieden, daß der Vermieter nach freiem Ermessen die Zustimmung zur Haustierhaltung erteilen oder versagen dürfe. Nach dieser Rechtsprechung schien zunächst klar zu sein, daß die Gestattung der Haustierhaltung in einer Mietwohnung im Belieben des Vermieters steht, falls nicht im Einzelfall besondere Umstände vorliegen[1297]. Die Entscheidung des OLG Hamm hat eine heftige und sehr kontrovers geführte Diskussion ausgelöst. Inzwischen hat sich die obergerichtliche Rechtsprechung verstärkt auf die verbraucherschützende Funktion des AGBG bzw. der §§ 307 ff BGB besonnen. Der BGH hat in seiner Entscheidung vom 14.11.2007[1298] nun die Haltung von Haustieren in Mietwohnungen erheblich erleichtert.

Der Gesetzgeber hat nicht geregelt, ob und in welchem Umfang ein Mieter Tiere in seiner Mietwohnung halten darf. Der Blick in den Mietvertrag hilft oft auch nicht weiter, weil manche Mietverträge Tierhaltung gar nicht erwähnen oder die Tierhaltung zwar erwähnen, aber unzulässige Regelungen vorsehen. Es kommt daher, auch wenn das für Mieter und Vermieter zunächst unbefriedigend ist, immer auf den Einzelfall an. Eine allgemeingültige Lösung des Problems gibt es nicht.

aaa) Mietvertrag mit Katzenerlaubnis

„Neben den Urrechten wie auf Grundnahrungsmittel und Wohnung tritt seit einiger Zeit der Anspruch in den Vordergrund mit Tieren und Pflanzen zu leben, und zwar auch in Stadtwohnungen und Hochhäusern. [...] Und der Kontakt zu

---

[1294] Derleder in Blank, NZM 1998, 5, 6.
[1295] Blank, NZM 1998, 5, 6.
[1296] OLG Hamm NJW 1981, 1626 = WuM 1981, 53.
[1297] OLG Karlsruhe OLGZ 1982, 85 = WuM 1981, 248.
[1298] BGH NJW 2008, 218 = MDR 2008, 134.

anderen Lebewesen entspricht einem subsistentiellen Bedürfnis, auch und gerade beim Stadtmenschen."[1299]

Unproblematisch ist der Fall, wenn der Mietvertrag ausdrücklich Haustierhaltung erlaubt. Der Mieter darf dann die üblichen Haustiere halten. Die Erlaubnis gilt, solange das Mietverhältnis besteht[1300].

Die Erlaubnis kann auch stillschweigend erteilt werden[1301]. Voraussetzung für die Annahme der stillschweigenden Duldung ist aber die Kenntnis des Vermieters oder eines Vertreters[1302]. Die Kenntnis des Vermieters oder seines Vertreters allein genügt i. d. R. jedoch noch nicht, weil die rügelose Hinnahme eines vertragswidrigen Verhaltens nicht zugleich dessen Billigung bedeutet[1303]. Die Forderung, die Tierhaltung zu unterlassen und das Tier abzuschaffen, kann aber im Einzelfall treuwidrig sein, wenn der Vermieter den Eindruck erweckt hat, er werde gegen die Tierhaltung nichts unternehmen[1304].

Will der Mieter allerdings Katzen züchten, so bedarf es hierfür einer besonderen ausdrücklichen Regelung.[1305]

bbb) Mietvertrag ohne Regelung zur Tierhaltung

Schwierig wird es, wenn vertragliche Regelungen fehlen, weil der Mietvertrag nur mündlich geschlossen wurde oder weil eine entsprechende Klausel im schriftlichen Vertrag fehlt oder unwirksam ist. Fehlt es an einer wirksamen Regelung der Tierhaltung im Mietvertrag, ist die gesetzliche Regelung maßgebend[1306]. In den subsidiär geltenden mietrechtlichen Bestimmungen des BGB ist die Haustierhaltung in einer Mietwohnung weder ausdrücklich gestattet noch verboten, so daß man auf

---

[1299] s. Sojka WuM 1998, 259.
[1300] Blank NZM 1998, 5, 9.
[1301] Schmid, Mietrecht, § 535 Rn. 107.
[1302] Schmid, Mietrecht, § 535 Rn. 107.
[1303] LG Berlin GE 1982, 993 = WuM 1984, 130; AG Westerburg WuM 1992, 600; Blank NZM 1998, 5, 9.
[1304] Blank NZM 1998, 5, 9.
[1305] AG Berlin-Tiergarten MM 1991, 304; Blank NZM 1998, 5, 9.
[1306] BGH NJW 2008, 218 = NJW 2008, 218.

die allgemeinen Grundsätze zurückgreifen muß. Anknüpfungspunkt ist der „vertragsgemäße Mietgebrauch", also die Frage, ob und in welchem Umfang Tierhaltung zur allgemeinen Lebensführung und zum vertragsgemäßen Gebrauch gehören.

a') erlaubnisfreie Kleintiere

Eine deutlich abgegrenzte Fallgruppe bilden zunächst Kleintiere. Unter Kleintieren versteht man Tiere, von denen ihrer Art nach irgendwelche Störungen und Schädigungen Dritter unter keinen Umständen ausgehen können. Dazu gehören – soweit ihre Anzahl nicht das übliche Maß überschreitet[1307] - kleine Vögel, Zierfische, Goldhamster, Meerschweinchen[1308], Schildkröten, Zwergkaninchen[1309], ungefährliche Schlangen in Terrarien[1310], harmlose kleine Echsen, Chinchillas und Yorkshire-Terrier. In der Rechtsprechung und im Schrifttum besteht Einigkeit darüber, daß unabhängig von einer vertraglichen Regelung im Mietvertrag das Halten von sog. Kleintieren nicht verboten werden kann[1311]. Das Halten solcher Tiere ist – im Rahmen des Üblichen und Vertretbaren[1312] - vom allgemeinen vertragsgemäßen Gebrauch gedeckt. Überschreitet die Anzahl der Kleintiere jedoch ein bestimmtes Ausmaß, so kann vertragswidriger Gebrauch vorliegen[1313].

Umstritten ist, ob auch Katzen zu den sog. Kleintieren zählen. Das LG Mönchengladbach[1314], das LG München[1315], das AG Steinfurt[1316], das AG Sinzig[1317], das

---

[1307] Blank NZM 1989, 5, 6.
[1308] Blank NZM 1989, 5, 6.
[1309] AG Aachen WuM 1989, 263.
[1310] AG Köln NJW-RR 1991, 10.
[1311] BGHZ 129, 329, 334 = NJW 1995, 2036; BGH NJW 1993, 1061 = WuM 1993, 109, 110; OLG Frankfurt/M. WuM 1992, 56, 60; LG Essen NJW-RR 1996, 138 = ZMR 1996, 37; LG Freiburg WuM 1997, 175; LG Kassel WuM 1997, 260; LG München I WuM 1999, 217; AG Hanau WuM 2002, 91; AG München WuM 2005, 649; AG Aachen WuM 1989, 236; Horst NZM 1998, 647, 648; Blank NZM 1998, 5, 6.
[1312] AG München WuM 2005, 649 f.; Staudinger/Emmerich, BGB, § 535 Rn. 52.
[1313] Blank NZM 1989, 5, 6.
[1314] LG Mönchengladbach ZMR 1989, 21.
[1315] LG München I WuM 1999, 217.
[1316] AG Steinfurt WuM 1981, 2310.

AG Aachen[1318], das AG Düren[1319] sowie das AG Schöneberg[1320] sehen Katzen als Kleintiere an. Der BGH[1321], das AG Hamburg[1322], das LG Hamburg[1323], das AG Bonn[1324] und das LG Berlin[1325] und Teile des Schrifttums[1326] sind der Ansicht, Katzen gehörten nicht zu den erlaubnisfreien Kleintieren. Zur Begründung führt das LG Berlin in seiner Entscheidung aus, Katzen zählten nicht zu den Kleintieren im obigen Sinne, denn eine Schädigung der Mietsache, etwa durch Kratzspuren, Geruchsbelästigung oder durch Katzenstreu (Verstopfungen), sei nicht auszuschließen.

b') vertragsgemäßer Gebrauch

Fehlt es an einer wirksamen Regelung im Mietvertrag, hängt die Zulässigkeit der Katzenhaltung davon ab, ob sie zum vertragsgemäßen Gebrauch der Mietwohnung gehört[1327]. In Rechtsprechung und Schrifttum ist streitig, ob die Haltung von Katzen in Mietwohnungen zum vertragsgemäßen Gebrauch i. S. d. § 535 Abs. 1 BGB gehört. Die Beantwortung dieser Frage erfordert bei anderen Haustieren als Kleintieren eine umfassende Abwägung der Interessen des Vermieters und des Mieters sowie der weiteren Beteiligten[1328]. Diese Abwägung läßt sich nicht allgemein, sondern nur im Einzelfall vornehmen, weil die dabei zu berücksichtigenden Umstände so individuell und vielgestaltig sind, daß sich jede schematische Lösung

---

[1317] AG Sinzig NJW-RR 1990, 652.
[1318] AG Aachen WuM 1992, 601.
[1319] AG Düren WuM 1983, 59.
[1320] AG Schöneberg WuM 1990, 192.
[1321] BGH NJW 2008, 218 = MDR 2008, 134.
[1322] AG Hamburg NJW-RR 1992, 203.
[1323] LG Hamburg WuM 1993, 120.
[1324] AG Bonn WuM 1994, 323.
[1325] LG Berlin GE 1993, 1273; LG Berlin ZMR 1999, 28, 29.
[1326] Emmerich/Sonnenschein, Miete, § 535 Rn. 28; MünchKomm/Häublein, BGB, § 535 Rn. 93; Staudinger/Emmerich, BGB, § 535 Rn. 52; Blank NJW 2007, 731, 732.
[1327] BGH NJW 2008, 218 = MDR 2008, 134.
[1328] BGH NJW 2008, 218 = MDR 2008, 134; LG Hamburg WuM 2002, 666; LG Freiburg WuM 1997, 175; LG Düsseldorf WuM 1993, 604; LG Mannheim ZMR 1992, 545; AG Köln WuM 1997, 366; MünchKomm/Häublein, BGB, § 535 Rn. 93.

verbietet[1329]. Zu berücksichtigen sind insbesondere Art, Größe, Verhalten und Anzahl der Tiere, Art, Größe, Zustand und Lage der Wohnung sowie des Hauses, in dem sich die Wohnung befindet[1330], Anzahl, persönliche Verhältnisse, namentlich Alter, und berechtigte Interessen der Mitbewohner[1331] und Nachbarn, Anzahl und Art der Tiere im Haus, bisherige Handhabung durch den Vermieter sowie besondere Bedürfnisse des Mieters[1332].

Eine Meinung geht zugunsten des Mieters sehr weit und hält eine uneingeschränkte Tierhaltung für zulässig[1333], solange der Mieter nicht gegen seine Obhutspflicht und/oder die Wahrung des Hausfriedens verstößt[1334]. Der „vertragsgemäße Mietgebrauch" im Mietrecht korrespondiert mit dem „ordnungsgemäßen Wohngebrauch" im Wohnungseigentumsrecht[1335]. Da im Wohnungseigentumsrecht die Tierhaltung nach § 13 Abs. 1 WEG grundsätzlich zulässig ist und ihre Grenzen nur in dem Gebot des § 14 Ziff. 1 WEG zur Rücksichtnahme findet, sei die Haustierhaltung auf mietrechtlicher Ebene von § 535 S. 1 BGB grundsätzlich erfaßt und nur dann vertragswidrig, wenn von dem Tier konkrete Störungen ausgehen[1336].

Andere meinen, das Halten üblicher Haustiere wie Hunde und Katzen zähle zum typischen Wohngebrauch[1337] - auch in einer Stadtwohnung[1338] - zumal Tiere

---

[1329] BGH NJW 2008, 218 = MDR 2008, 134.
[1330] Sternel, Mietrecht aktuell, Rn. VI 221.
[1331] Sternel, Mietrecht aktuell, Rn. VI 221.
[1332] BGH NJW 2008, 218 = MDR 2008, 134.
[1333] KG Berlin WuM 2004, 721, 722; LG München I WuM 1999, 217; LG Braunschweig WuM 1996, 291; LG Braunschweig – Az. 6 S 458/99; AG Bonn WuM 1994, 323; LG Hildesheim WuM 1989, 9; AG Köln NJW-RR 1995, 1416; AG Offenbach ZMR 1986, 57, 58; AG Bremen vom 05.05.2006– Az. 7 C 240/05; Lammel, Wohnraummietrecht, § 535 Rn. 251; Schmidt-Futterer/Eisenschmid, Mietrecht, §535 BGB Rn. 508; Dillenburger/Pauly ZMR 1994, 249, 251.
[1334] Dallemand/Balsam ZMR 1997, 621, 623.
[1335] Dallemand/Balsam ZMR 1997, 621, 622.
[1336] LG Braunschweig WuM 1996, 291; LG Hildesheim WuM 1989, 9; AG Neuss DWW 1992, 233; Dallemand/Balsam ZMR 1997, 621, 622.
[1337] KG Berlin WuM 2004, 721, 722; LG Hildesheim WuM 1989, 9; LG München I WuM 1999, 217; LG Mönchengladbach ZMR 1989, 21; LG Düsseldorf WuM 1993, 604; AG Bonn WuM 1994, 323; AG Köln MDR 1997, 344 = NJWE-MietR 1997, 244; AG Köln NJW-RR 1995, 1416; AG Sinzig NJW-RR 1990, 653; AG Düren WuM 1983, 59; AG Berlin Schöneberg WuM 1990, 192; AG Dortmund WuM 1980, 206; AG Dortmund WuM 1989, 495 f.; AG Hamburg WuM 1996, 613; AG

zunehmend kommunikative Bedürfnisse erfüllen[1339]. Das gelte zumindest dann, wenn durch die Tierhaltung Mitbewohner oder Mietobjekt nicht beeinträchtigt werden[1340] und Belange des Tierschutzes nicht betroffen sind[1341]. Eine übermäßige Tierhaltung, die die Mietsache stark belastet[1342] oder die Mitbewohner unzumutbar und unbillig belästigt, sei vom vertragsgemäßen Gebrauch jedoch nicht gedeckt[1343]. Ein Verbot der Tierhaltung müsse der Vermieter beim Vertragsschluß eindeutig zum Ausdruck bringen[1344]. Solange Katzenhaltung im Mietvertrag nicht ausdrücklich verboten ist, darf der Mieter eine Katze halten[1345]. Der Vermieter darf die Haustierhaltung nur untersagen, wenn hierdurch der Hausfrieden gestört wird[1346].

KINNE[1347] vertritt die Auffassung, zumindest in Räumen außerhalb der städtischen Bebauung gehöre die Haltung von Katzen zum vertragsgemäßen Gebrauch.

Nach anderer Ansicht kommt es darauf an, ob es sich um ein Einfamilienhaus oder ein Mehrfamilienhaus handelt. In Einfamilienhäusern sei die Katzenhaltung in aller Regel dem Wohngebrauch zuzuordnen; in Mehrfamilienhäusern sei das eher nicht der Fall[1348].

Aachen WuM 1992, 601; AG Friedberg/Hessen WuM 1993, 398; AG Neuss DWW 1992, 344; Schmidt-Futterer/Eisenschmid, Mietrecht, §535 BGB Rn. 503, 508; Dillenburger/Pauly ZMR 1994, 249, 251; Mittelstein, S. 366 f.; Schmidt-Futterer WuM 1962, 147, 148.
[1338] KG WuM 2004, 721.
[1339] OLG Stuttgart WuM 1985, 93 = MDR 1982, 583; LG Hamburg WuM 1977, 69= ZMR 1978, 50; AG Dortmund WuM 1989, 494; AG Offenbach/M. ZMR 1986, 57.
[1340] AG Hamburg WuM 1996, 613; AG Kerpen ZMR 1995, I 4; AG Dortmund WuM 1989, 495; AG Offenbach/M. ZMR 1986, 57; Neuhaus DWW 2001, 45, 47.
[1341] AG Frankfurt/M. WuM 2000, 569.
[1342] AG Berlin-Lichtenberg NJW-RR 1997, 774; Schmidt-Futterer/Eisenschmid, Mietrecht, § 535 BGB Rn. 494.
[1343] OLG Köln WE 1996, 234; AG Frankfurt/M. WuM 2000, 569; AG Berlin-Lichtenberg NJW-RR 1997, 774 = NJWE-MietR 1997, 175 L.; Schmidt-Futterer/Eisenschmid, Mietrecht, § 535 BGB Rn. 494.
[1344] LG Hildesheim WuM 1989, 9.
[1345] LG Braunschweig – Az. 6 S 458/99.
[1346] AG Bremen WuM 2007, 124: Hundegebell.
[1347] Kinne, Miet- und Mietprozeßrecht, S. 122 (Rn. 37 b).
[1348] OLG Hamm NJW 1981, 1262; MünchKomm/Häublein, BGB, § 535 Rn. 93; Bub/Treier/Kraemer, Handbuch der Geschäfts- und Wohnraummiete, Rn. III A 1038.

Andere wiederum meinen, daß Hunde- und Katzenhaltung nicht zum vertragsgemäßen Gebrauch gehört[1349] und grundsätzlich ohne Zustimmung des Vermieters nicht zulässig ist[1350]. Gemieteter Wohnraum sei für Menschen bestimmt, zum Menschen gehöre das Tier nicht begriffsnotwendig[1351]. Für den Mieter einer normalen Stadtwohnung gebe es kein Persönlichkeitsrecht, wonach die Tierhaltung zum Wohngebrauch gehört[1352]. Katzen neigten zu Verunreinigungen, zögen andere Katzen an[1353], beschädigten die Mietsache[1354] und verursachten „wenn auch keinen Lärm, so doch aber störende, meist sogar nächtliche Geräusche"[1355]. Auf die Erlaubnis zur Haustierhaltung habe der Mieter keinen Anspruch, ihre Versagung könne aber im Einzelfall treuwidrig sein (§242 BGB)[1356].

Der BGH[1357] macht die Zulässigkeit der Katzenhaltung von einer Interessenabwägung abhängig. Katzen dürfen unter Umständen in der Wohnung gehalten werden, sofern sich aus einer umfassenden Abwägung der Interessen des Vermieters und des Mieters sowie der weiteren Beteiligten nichts Gegenteiliges ergibt. Bei der Interessenabwägung sind nach der Entscheidung des BGH Art, Größe, Verhalten und Anzahl der Tiere, Art, Größe, Zustand und Lage der Wohnung sowie des Hauses, in dem sich die Wohnung befindet, Anzahl, persönliche Verhältnisse, namentlich das Alter, und berechtigte Interessen der Mitbewohner und Nachbarn, Anzahl und Art anderer Tiere im Haus, die bisherige Handhabung durch den Vermieter und besondere Bedürfnisse des Mieters zu berücksichtigen. Gesichtspunkte, die sich in allgemeinplatzartigen, generalpräventiven Erwägungen erschöp-

---

[1349] OLG Hamm WuM 1981, 53 = NJW 1981, 1626; Gather DWW 2003, 174, 177.
[1350] OLG Köln NJW-RR 1988, 12; OLG Hamm WuM 1981, 53 = NJW 1981, 1626; LG Mannheim ZMR 1992, 545; LG Göttingen WuM 1991, 536; LG Konstanz DWW 1987, 196; LG Karlsruhe NJW-RR 2002, 585; LG Bonn ZMR 1989, 179; AG Neukölln GE 198, 621; AG Bayreuth ZMR 2000, 765; Palandt/Weidenkaff, BGB, § 535 Rn. 26; Schmid, Mietrecht § 535 BGB Rn. 105.
[1351] Kossmann, Handbuch der Wohnraummiete, § 62 Rn. 2.
[1352] Kossmann, Handbuch der Wohnraummiete, § 62 Rn. 2.
[1353] Kossmann, Handbuch der Wohnraummiete, § 62 Rn. 2; Bub/Treier/Kraemer, Handbuch der Geschäfts- und Wohnraummiete, Rn. III A 1038.
[1354] Bub/Treier/Kraemer, Handbuch der Geschäfts- und Wohnraummiete, Rn. III A 1038.
[1355] s. Kossmann, Handbuch der Wohnraummiete, § 62 Rn. 2.
[1356] OLG Hamm WuM 1981, 53,54 = ZMR 1981, 153, 154; LG Karlsruhe, NJW-RR 2002, 585.
[1357] BGH NJW 2008, 218 = MDR 2008, 134.

fen, scheiden dagegen aus. Die Haltung größerer Tiere wie Hunde und Katzen ohne Zustimmung des Vermieters oder Gestattung im Mietvertrag muß aber die Ausnahme sein. Hunde und Katzen sind keine Kleintiere und bedürfen für die Haltung in der Mietwohnung der Zustimmung des Vermieters, entweder generell im Mietvertrag oder als gesonderte Erklärung.

Eine Tierhaltung zu Zucht- oder Sammelzwecken ist nicht mehr vom Wohngebrauch gedeckt[1358]. Will der Mieter Katzen züchten, bedarf es hierzu einer besonderen ausdrücklichen Regelung[1359].

Der Mieter ist verpflichtet, dem Vermieter die beabsichtigte Tierhaltung anzuzeigen, damit der Vermieter eine eigenständige Interessenabwägung vornehmen kann[1360].

ccc) Mietvertrag mit Katzenverbot

Die Katzenhaltung kann im Mietvertrag geregelt werden. Sie kann auch uneingeschränkt ausgeschlossen werden[1361]. Der *generelle* Ausschluß der Tierhaltung ist jedoch nur durch Individualvereinbarung möglich[1362], nicht aber durch Formularklausel[1363]. Auch in einer Hausordnung[1364] oder in einer Mieterselbstauskunft[1365] ist das *generelle* Tierhaltungsverbot unwirksam.

[1358] MünchKomm/Häublein, BGB, § 535 Rn. 93.
[1359] AG Berlin-Tiergarten MM 1991, 304; Blank/Börstinghaus, Miete, § 535 BGB Rn. 471.
[1360] Sternel, Mietrecht aktuell, Rn. VI 225.
[1361] KG MDR 1998, 1345 = NJW-RR 1998, 1385.
[1362] BVerfG WuM 1981, 77; OLG Hamburg ZMR 1963, 40; LG Mannheim MDR 1962, 989; LG Lüneburg WuM 1995, 704; Dallemand/Balsam ZMR 1997, 621, 622; Blank/Börstinghaus, Miete, § 535 BGB Rn. 465; Blank NZM 1998, 5, 8.
[1363] BGH MDR 1993, 339, 340; OLG Frankfurt/M. WuM 1992, 57; LG Berlin GE 1993, 1273; LG Frankfurt/M. WuM 1990, 271; LG Hamburg WuM 1993, 120; LG Konstanz DWW 1987, 196; AG Essen NJW-RR 1996, 139; AG Konstanz WuM 2007, 315; AG Berlin-Charlottenburg NJW-RR 1986, 175; Kinne, Miet- und Mietprozeßrecht, S. 121; Palandt/Weidenkaff, BGB, § 535 Rn. 26; Blank NZM 1998, 5, 8; Blank NJW 2007 731, 732; Hülsmann NZM 2004, 841, 842; Dallemand/Balsam ZMR 1997, 621, 622; Schmid, Mietrecht, § 535 BGB Rn. 109; Blank/Börstinghaus, Miete, § 535 BGB Rn. 465; a. A. LG Karlsruhe NZM 2002, 19: formularmäßiges Verbot der Katzenhaltung ist wirksam.
[1364] AG München NZM 2003, 23.
[1365] Schmid, Mietrecht, § 535 BGB Rn. 109.

Liegt eine **Individualvereinbarung** vor, die Tierhaltung in der Mietwohnung ausdrücklich untersagt, ist der Ausschluß wirksam[1366]. Er verstößt weder gegen die guten Sitten, noch ist er aus anderen Gründen unzulässig[1367]. Es bestehen auch keine verfassungsrechtlichen Bedenken gegen ein individualvertragliches Tierhalteverbot[1368]. Der Vermieter braucht keine weitere Begründung dafür anzugeben, wenn er auf der strikten Einhaltung des Verbotes besteht[1369].

Nur unter besonders engen Voraussetzungen kann der Mieter die Zustimmung des Vermieters verlangen[1370]. Das ist z. B. der Fall, wenn sich das Berufen auf die Vertragsvereinbarung als schikanös darstellt[1371]. Der Vermieter darf sich nicht auf den vertraglichen Ausschluß der Katzenhaltung berufen, wenn der Mieter aus medizinischen, pädagogischen oder sonstigen Gründen auf das Tier angewiesen ist und aus Sicht des Vermieters keine sachlichen Gründe gegen die Anschaffung des Tier sprechen[1372]. Depressionen allein genügen jedoch nicht, um sich über das Tierhalteverbot hinwegzusetzen[1373]. Das Interesse des Tierhalters überwiegt in diesem Fall nur dann, wenn es zur Tierhaltung keine anderen gesundheitlich vertretbaren Möglichkeiten gibt[1374].

Im Einzelfall kann der Mieter trotz des wirksamen Tierhalteverbotes einen Anspruch auf Erteilung der Erlaubnis haben, wenn die Vertragsparteien den fraglichen Sachverhalt bei Abschluß des Vertrages nicht bedacht haben und die Auslegung ergibt, daß sie bei Kenntnis der nun aufgetretenen besonderen Situation den

---

[1366] LG Lüneburg WuM 1995, 704; Schmidt-Futterer/Eisenschmid, Mietrecht, § 535 Rn. 505; Schmid, Mietrecht, § 535 Rn. 106.
[1367] Blank NZM 1998, 5, 8; Schmidt-Futterer/Eisenschmid, Mietrecht, § 535 Rn. 505.
[1368] Blank NZM 1998, 5, 8.
[1369] LG Köln DWW 1994, 185.
[1370] LG Lüneburg WuM 1995, 704.
[1371] Schmidt-Futterer/Eisenschmid, Mietrecht, § 535 Rn. 506.
[1372] Schmidt-Futterer/Eisenschmid, Mietrecht, § 535 Rn. 506; Blank/Börstinghaus, Miete, § 535 BGB Rn. 468.
[1373] AG Hamburg – Az. 35b C 1137/93.
[1374] LG Hamburg WuM 1996, 532 f..

Mietvertrag anders gestaltet hätten[1375]. Das ist insbesondere dann der Fall, wenn nach Vertragsschluß wichtige Gründe für die Tierhaltung entstehen[1376].

Liegen die Voraussetzungen für eine **Ausnahmegenehmigung** nicht vor, darf der Mieter keine Katze halten. Er darf nicht einmal eine fremde Katze für kurze Zeit, z. B. drei Tage, zur Beaufsichtigung in der Wohnung aufnehmen[1377].

Der Vermieter hat vor dem Einzug der Mieter bzw. vor Unterzeichnung des Mietvertrages die Möglichkeit, den künftigen Mietern einen sog. „Fragebogen für Wohnungsbewerbungen" vorzulegen. Darin kann u. a. darüber informiert werden, daß die Haltung von Katzen und Hunden in der Mietwohnung untersagt ist. Stimmt der Mieter dieser Klausel per Unterschrift zu, so bleibt sie gültig und kann auch Jahre später nicht angefochten werden[1378].

Durch **Formularmietvertrag** ist ein *genereller* Ausschluß der Tierhaltung in der Regel nicht möglich[1379], weil das Verbot auch solche Tiere erfaßt, deren Vorhandensein von Natur aus – wie etwa bei Zierfischen im Aquarium – keinen Einfluß auf die schuldrechtlichen Beziehungen zwischen Vermieter und Mieter von Wohnraum haben kann[1380] und damit nicht die nach dem Gesetz geschuldete „Bilanz der gegenseitigen Interessen" berücksichtigt" [1381]. Ein formularvertragliches *generelles* Verbot der Haustierhaltung verstößt gegen das Übermaßverbot, weil ein generelles Verbot eine Interessenabwägung ausschließt[1382]. Es benachteiligt den Mieter unan-

---

[1375] Blank NZM 1998, 5, 8.
[1376] Blank/Börstinghaus, Miete § 535 BGB Rn. 468.
[1377] vgl. AG Bergisch Gladbach ZMR 1995, I 3.
[1378] LG Hamburg – Az. 307 S 155/04.
[1379] Blank NZM 1998, 5, 8.
[1380] BGH NJW 2008, 218 = MDR 2008, 134; BGH NJW 1993, 1061 = MDR 1993, 339; OLG Frankfurt/M. WuM 1992, 56, 65 = NJW-RR 1992 S. 396, 400; LG Berlin GE 1993, 1273; LG Frankfurt/M. WuM 1990, 271; LG Hamburg WuM 1993, 120; LG Freiburg vom 01.09.1994 - Az. 3 S 240/93; AG Essen NJW-RRW 1996, 138, 139 = NJWE-MietR 1996, 53 L; AG Köln NJW-RR 1995, 1416; AG Köln MDR 1997, 344; AG Kerpen ZMR 1995 I 4; AG Hamburg-Blankenese WuM 1985, 256.
[1381] s. BGH NJW 1993, 1061.
[1382] BGH MDR 1993, 339 = WuM 1993, 109; BGH NZM 2008, 78 = ZMR 2008, 111; OLG Frankfurt/M. WM 1992, 56, 60; Sternel, Mietrecht aktuell, 4. Aufl., Rn. VI 230; Neuhaus DWW 2001, 45, 48.

gemessen und ist unwirksam nach § 307 BGB[1383]. Wohnen umfaßt die gesamte Lebensführung; Tierhaltung gehört zum normalen Wohnen[1384]. Zulässig ist dagegen die Beschränkung auf bestimmte Tiergruppen (Kleintiere)[1385] oder die Beschränkung der Menge (ein Kleintier pro Wohnung)[1386]. Dagegen wendet STERNEL[1387] jedoch ein, daß mit einer solchen Regelung das Ergebnis einer Interessenabwägung vorweggenommen werde.

Der Begriff der „Kleintiere" ist relativ weit auszulegen. Ein exotischer Kleinzoo, bestehend aus Fischen in Aquarien und harmlosen Echsen in Terrarien kann genehmigungsfrei sein[1388]. Werden die Kleintiere ausgenommen, dann kann Tierhaltung im Mietvertrag auch formularmäßig verboten werden; das Verbot ist zulässig und für den Mieter bindend[1389].

Rechnet man die Katzenhaltung zum Wohngebrauch, dann ist ein uneingeschränktes formularmäßiges Verbot der Katzenhaltung auch unter Beachtung zulässiger Kleintierhaltung mit dem Kernbereich des Nutzungsrechts nicht mehr vereinbar[1390]. Der Mieter würde durch das Verbot in einem wesentlichen Recht beschnitten[1391]. Die Bedeutung der Tierhaltung für Mieter erfordert eine Abwägung zwischen den Interessen des Vermieters und denen des Mieters, bevor die Tierhaltung untersagt wird[1392]. Formularklauseln, die die Tierhaltung generell verbieten, wollen die Abwägung der unterschiedlichen Interessen gerade verhindern.

[1383] BGH NJW 1993, 1061; MünchKomm/Häublein, BGB, § 535 Rn. 94.
[1384] AG Köln MDR 1997, 344.
[1385] BGH NJW 1993, 1061; 2008, 218; LG Karlsruhe NZM 2002, 19; LG Hamburg WuM 1993, 120; LG Karlsruhe NZM 2002, 19; AG Berlin-Neukölln GE 1998, 621.
[1386] OLG Celle NZM 2003, 242; AG Köln WuM 1997, 109; Koch WuM 1997, 148.
[1387] Sternel, Mietrecht aktuell, Rn. VI 230.
[1388] LG Bonn PuR 1995, 345 ff.
[1389] LG Hamburg WuM 1993, 120 f.; LG Braunschweig ZMR 1988, 140; LG Konstanz DWW 1987, 196.
[1390] Schmidt-Futterer/Eisenschmid, Mietrecht, § 535 BGB Rn. 508; Blank NZM 1998, 5, 8; Dallemand/Balsam ZMR 1997, 621, 623.
[1391] Dallemand/Balsam ZMR 1997, 621, 623.
[1392] Schmidt-Futterer/Eisenschmid, Mietrecht, § 535 BGB Rn. 508.

Eine derartige Klausel benachteiligt den Mieter unangemessen[1393] und ist wegen eines Wertungsverstoßes unzulässig und unwirksam nach § 307 Abs. 2 BGB.

Allerdings ist nicht jede mit dem Mieter getroffene Regelung bereits eine **Individualvereinbarung**. Die Regelung muß ausgehandelt sein. Ein Aushandeln liegt nur dann vor, wenn die Klausel ernsthaft zur Disposition des Mieters gestellt wurde[1394]. Ein Vorlesen, Erörtern, Erläutern, Besprechen und dergleichen genügt nicht[1395]. Dem Mieter muß vielmehr die Möglichkeit eingeräumt werden, auf die konkret auszuhandelnde Vertragsklausel Einfluß zu nehmen[1396]. Allein das Schriftbild (hand- oder maschinenschriftlich eingefügt) besagt noch gar nichts. Sobald der Vermieter die Klausel mehrmals verwendet oder auch nur wiederholt verwenden möchte, wird sie schon zur Formularklausel. Nicht erforderlich ist, daß der Verwender selbst die Absicht hat, die Vertragsbedingung mehrfach zu verwenden. Es reicht aus, wenn er auf vorformulierte Vertragsbestimmungen (Mietvertragsformular, Formularhandbuch) eines Dritten zurückgreift und sich der abstrakt generelle Charakter aus der Zweckbestimmung des Aufstellers ergibt[1397]. In der Praxis gibt es daher kaum echte Individualvereinbarungen. Bei den meisten sog. Individualvereinbarungen handelt es sich bei näherem Hinschauen um Formularklauseln.

Legt ein Vermieter in seinem Mietvertrag im Einzelnen dar, aus welchen Gründen er die Tierhaltung nicht gestattet, kann das Verbot wirksam sein[1398].

Nach Ansicht des AG Hamburg kann die Haltung einer Katze in der Mietwohnung vom Vermieter nicht grundsätzlich verboten werden[1399]. Von dieser Tierart gehe keine Belästigung aus. Die Haltung muß geduldet werden.

[1393] AG Köln NJW-RR 199, 1416: vier Katzen trotz Verbot der Hunde- und Katzenhaltung im Mietvertrag.
[1394] Schmid, Mietrecht, § 535 Rn. 107.
[1395] Schmid, Mietrecht, § 535 Rn. 107.
[1396] Schmid, Mietrecht, § 535 Rn. 107.
[1397] OLG Düsseldorf ZGS 2004, 271.
[1398] AG Tempelhof-Kreuzberg – Az. 5 C 574/93.
[1399] AG Berlin-Lichtenberg NJW-RR 1997, 774.

ddd) Mietvertrag mit Erlaubnisvorbehalt

> *„Daß Tiere [...] zu einem Teil der Persönlichkeitssphäre des Halters werden, dessen Verlust dem Menschen selbst Leid, Trauer und oft sogar Verzweiflung zufügt und daß dies zu einer erheblichen Beeinträchtigung des seelischen und damit des körperlichen Wohlbefindens führen kann, ist eine Erkenntnis, die an vielen Stellen Eingang auch in die Rechtsprechung gefunden hat."*[1400]

Die meisten Formularmietverträge enthalten ein sog. **Verbot mit Erlaubnisvorbehalt**. Danach ist die Tierhaltung nur dann zulässig, wenn der Vermieter ihr zustimmt. Der Vermieter behält sich das Recht vor, die Zustimmung zu widerrufen. Diese Klausel enthält zugleich die Zusage des Vermieters, im Einzelfall über die Tierhaltung unter Beachtung der betroffenen Interessen zu entscheiden[1401]. Der Mieter darf, wenn der Mietvertrag eine derartige Klausel enthält, erwarten, daß der Vermieter seiner Pflicht zur Interessenabwägung nachkommt und die Zustimmung nur versagt, wenn gewichtige Gründe vorliegen[1402]. Allerdings sind auch sonstige Umstände zu berücksichtigen, die einen anderen Vertragswillen als den schriftlich fixierten ergeben können[1403].

Eine solche mit einem Widerrufsvorbehalt verbundene Klausel kann grundsätzlich auch in einem Formularmietvertrag wirksam vereinbart werden[1404]. Das gilt allerdings dann nicht, wenn die Klausel für die Zustimmungserklärung des Vermieters *Schriftform* verlangt[1405]. Die Schriftformklausel benachteiligt den Mieter unan-

---

[1400] s. Sojka WuM 1998, 127, 128.
[1401] OLG Karlsruhe WuM 1981, 48 = DWW 1982, 123; LG Stuttgart WuM 1988, 121; LG München WuM 1985, 263 = NJW 1984, 2368; LG Mannheim WuM 1984, 78 = NJW 1984, 59; AG Köln WuM 1997, 366; vgl. AG Hamburg-Bergedorf WuM 1991, 259 = NJW-RR 1991, 1413.
[1402] AG Köln WuM 1988, 12; AG Bonn WuM 1990, 197; AG Hamburg-Blankenese WuM 1985, 256; Schmidt-Futterer/Eisenschmid, Mietrecht, § 535 Rn. 509.
[1403] AG Leonberg WuM 1997, 210.
[1404] LG Mannheim ZMR 1992, 545 f.; AG Hamburg-Bergedorf WuM 1991, 259 f.; AG Hamburg-Bergedorf WuM 1990, 489 ff.; Kinne ZMR 2000, 725, 732.
[1405] LG Mannheim ZMR 1992, 545 f.; LG Freiburg WuM 1997, 175; LG Berlin GE 1993, 1273; LG Düsseldorf WuM 1993, 604; AG München NZM 2003, 23; AG Bayreuth ZMR 2000, 765; AG Köln NJWE-MietR 1997, 245; AG Konstanz WuM 2007, 315; Schmidt-Futterer/Eisenschmid, Mietrecht, § 535 BGB Rn. 509; MünchKomm/Häublein, BGB, § 535 Rn. 94; Blank NJW 2007, 731, 732;

gemessen, weil er von der Durchsetzung der ihm zustehenden Rechte dann abgehalten werden könnte, wenn ihm die Erlaubnis zur Tierhaltung nur mündlich oder konkludent erteilt worden ist[1406]. Die Schriftformklausel ist unwirksam[1407]. Unwirksam ist diese Klausel auch deshalb, weil die Kleintierhaltung nicht vom Erlaubnisvorbehalt des Vermieters ausgenommen ist[1408].

Teilweise wird die Auffassung vertreten, die Klausel sei zwar wirksam, die Genehmigungspflicht bleibe bestehen, der Vermieter dürfe sich aber auf das Schriftformerfordernis nicht berufen[1409]. Damit wird die Klausel auf ihren zulässigen Inhalt reduziert. Diese Ansicht ist bedenklich, weil Klauseln, die den Vertragspartner unbillig belasten, nicht mit einem gerade noch zulässigen Inhalt aufrechterhalten werden, sondern unwirksam sind[1410]. Die Verwender von Formularverträgen sollen zu einer ausgewogenen Vertragsgestaltung veranlaßt werden, die den Interessen beider Vertragsteile Rechnung trägt[1411]. Damit stünde es nicht im Einklang, wenn die Grenzen des Zulässigen folgenlos überschritten werden könnten[1412].

Die Erteilung einer Erlaubnis darf im Ergebnis nicht von der **Schriftform** abhängig gemacht werden, da dies dem Vorrang der Individualabrede widersprechen würde[1413].

Hülsmann NZM 2004, 841, 842; Blank/Börstinghaus, Miete § 535BGB Rn. 469; a. A Schopp ZMR 1994, 451.
[1406] AG Bayreuth ZMR 2000, 765; Hülsmann NZM 2004, 841, 842; Blank NZM 1998, 5, 6.
[1407] LG Mannheim ZMR 1992, 545; LG Berlin GE 1993, 1273; LG Freiburg WuM 1997, 175; Blank NZM 1998, 5, 8; Blank/Börstinghaus, Miete, § 535 BGB Rn. 469.
[1408] Blank NZM 1998, 5, 8; Hülsmann NZM 2004, 841, 842.
[1409] OLG Frankfurt/M. NJW-RR 1992, 396 = WuM 1992, 56, 57; LG Berlin GE 1995, 699; LG Berlin NZM 1999, 455 = GE 1998, 1401; AG Köln NJWE-MietR 1997, 245 = WuM 1997, 109; Sternel, Mietrecht aktuell, Rn. VI 232.
[1410] BGH NJW 1982, 2309; NJW 1983, 1322; NJW 1989, 2404; Blank NZM 1998, 5, 8.
[1411] Blank NZM 1998, 5, 8.
[1412] Blank NZM 1998, 5, 8.
[1413] BGH NJW 1991, 1750 = ZMR 1991, 290; OLG Frankfurt/M. WuM 1992, 56, 62; Kinne, Miet- und Mietprozeßrecht, S. 122 (Rn. 37 a).

> Eine Klausel im Mietvertrag, wonach Tierhaltung nur mit schriftlicher Erlaubnis des Vermieters gestattet ist, ist immer unwirksam. Auch die mündliche Erlaubnis gilt. Sie muß aber im Streitfall vom Mieter bewiesen werden.

Vereinzelt wurde die Auffassung vertreten, das Recht des Mieters, ein nicht störendes Haustier zu halten, könne nicht ausgeschlossen werden[1414]. Eine Klausel, die das Halten von Tieren nur mit vorheriger Zustimmung des Vermieters gestattet, sei unwirksam[1415]. Tiere dürften grundsätzlich in einer Wohnung gehalten werden, wenn von ihnen keine Belästigung ausgeht[1416]. Die bloße Möglichkeit, daß es dazu kommen könne, rechtfertige nicht das Verlangen nach Beseitigung des Tieres[1417].

Der BGH hat in seiner Entscheidung vom 14.11.2007[1418] nun die Haltung von Haustieren in Mietwohnungen erheblich erleichtert. Eine mietvertragliche Klausel, die vorschreibt, daß "jede Tierhaltung, insbesondere von Hunden und Katzen, mit Ausnahme von Ziervögeln und Zierfischen, ... der Zustimmung des Vermieters" bedarf, ist nach § 307 Abs. 1 BGB unwirksam, weil sie den Mieter entgegen den Geboten von Treu und Glauben unangemessen benachteiligt[1419]. Die Benachteiligung ergibt sich daraus, daß eine Ausnahme vom Zustimmungserfordernis nur für Ziervögel und Zierfische besteht, hingegen nicht für andere kleine Haustiere[1420]. Deren Haltung gehört zum vertragsgemäßen Gebrauch der Mietwohnung, weil von ihnen in der Regel Beeinträchtigungen der Mietsache und Störungen Dritter nicht ausgehen können[1421]. Das ist nicht nur bei den in der Klausel aufgeführten

---

[1414] AG Dortmund WuM 1980, 206.
[1415] AG Kerpen ZMR 1995, I 4.
[1416] AG Kerpen ZMR 1995, I 4.
[1417] AG Kerpen ZMR 1995, I 4.
[1418] BGH NJW 2008, 218 = MDR 2008, 134.
[1419] BGH NJW 2008, 218 = MDR 2008, 134; im Ergebnis ebenso AG Köln MDR 1997, 344 = NJW-MietR 1997, 244; LG Freiburg WuM 1997, 175; AG Bayreuth ZMR 2000, 765.
[1420] BGH NJW 2008, 218 = MDR 2008, 134.
[1421] BGH NJW 2008, 218 = MDR 2008, 134.

Ziervögeln und Zierfischen, sondern auch bei anderen Kleintieren der Fall, die, wie etwa Hamster und Schildkröten, ebenfalls in geschlossenen Behältnissen gehalten werden. Die Klausel ist auch dann unwirksam, wenn danach die Zustimmung zur Tierhaltung nicht im freien Ermessen des Vermieters stehen sollte, sondern von diesem nur aus sachlichen Gründen versagt werden dürfte[1422]. Denn sie bringt nicht eindeutig zum Ausdruck, daß die Zustimmung zur Haltung von anderen Kleintieren als Ziervögeln und Zierfischen nicht versagt werden darf, weil es hierfür keinen sachlichen Grund gibt. Es besteht deshalb die Gefahr, daß der Mieter unter Hinweis auf den Mietvertrag von der Durchsetzung seiner Rechte abgehalten wird[1423].

Nach Ansicht von STERNEL[1424] gilt Entsprechendes, wenn sich der Erlaubnisvorbehalt nur auf das Halten von Hunden oder Katzen bezieht. Auch hier läßt die Klausel die Auslegung zu, daß dem Vermieter ein freies Ermessen eingeräumt werden soll, was jedoch ebenfalls das Ergebnis einer gebotenen Interessenabwägung vorwegnähme.

Formularmäßige Verbote mit Erlaubnisvorbehalt sind daher nur dann zulässig, wenn zwischen sog. Kleintieren und anderen Haustieren unterschieden wird und der Vorbehalt bezüglich der anderen Haustiere eindeutig zum Ausdruck bringt, daß der Vermieter die Erlaubnis nur versagen darf, wenn er hierfür konkrete sachliche Gründe hat[1425]. Aus der Klausel muß sich ausdrücklich ergeben, daß die Haltung von Kleintieren keiner Erlaubnis bedarf[1426].

Fehlt es an einer wirksamen Regelung im Mietvertrag, hängt die Zulässigkeit der Tierhaltung davon ab, ob sie zum vertragsgemäßen Gebrauch der Mietwohnung gehört[1427]. Wenn eine wirksame Haustierklausel vorliegt, stellt sich die Frage,

---

[1422] BGH NJW 2008, 218 = MDR 2008, 134.
[1423] BGH NJW 2008, 218 = MDR 2008, 134.
[1424] Sternel, Mietrecht aktuell, Rn. VI 231.
[1425] BGH NZM 2008, 78 = ZMR 2008, 111; LG Berlin GE 1993, 1273; Sternel, Mietrecht aktuell, Rn. VI 231; Blank NZM 1998, 5, 8.
[1426] Blank NZM 1998, 5, 9.
[1427] BGH NJW 2008, 218 = MDR 2008, 134.

unter welchen Voraussetzungen der Vermieter der Haustierhaltung zustimmen muß und wann er die Zustimmung verweigern darf. Einige meinen, ob der Vermieter zustimmt oder nicht, liege in seinem freien **Ermessen**[1428], seine Entscheidungsfreiheit sei nur durch das Verbot des Rechtsmißbrauchs begrenzt[1429]. Konkrete sachliche Gründe müsse er nicht darlegen, wenn er die Haltung von Katzen untersagen will[1430]. Gebunden sei sein Ermessen nur dann, wenn im Mietvertrag geregelt ist, auf welchem Weg der Vermieter zu seiner Zustimmung zu gelangen hat oder unter welchen Umständen er sie versagen darf[1431]. Darauf, daß der Vermieter auch anderen Bewohnern die Haustierhaltung gestattet hat, soll der Mieter sich nicht berufen können[1432].

Zum Teil wird die Auffassung vertreten, das Ermessen sei eingeschränkt[1433] und die Zustimmung dürfe nur bei Vorliegen konkreter sachlicher Gründe versagt werden[1434]. Die Versagung der Zustimmung zur Tierhaltung sei somit nicht die nicht näher begründungsbedürftige Regel, sondern die begründungsbedürftige

---

[1428] OLG Hamm NJW 1981, 1626 = WuM 1981, 53 = MDR 1981, 406; LG Berlin GE 1993, 1337; GE 1993, 421; LG Karlsruhe DWW 2002, 100; LG Göttingen WuM 1991, 536; LG Köln DWW 1994, 185 = ZMR 1994, 478; LG Köln WuM 1997, 109; LG Braunschweig NJW-RR 1988, 910 = ZMR 1988, 140; LG Hannover WuM 1989, 567; LG Kassel NZM 1998, 154; LG Bonn ZMR 1989, 179; LG Krefeld WuM 2006, 675, 676; LG Hamburg MDR 1986, 937; LG Lübeck SchlHA 1984, 161; LG Karlsruhe 2002, 246; AG Berlin-Mitte GE 2002, 739; Staudinger/Emmerich, BGB, §535 Rn. 56.
[1429] OLG Hamm WuM 1981, 53 = NJW 1981, 1626 = MDR 1981, 406; Staudinger/Emmerich, BGB, §535 Rn. 56; Lammel, Wohnraummietrecht, § 535 Rn. 251: sachgerechte Ausübung.
[1430] LG Berlin PuR 1995, 320 ff.; LG Köln DWW 1994, 185 ff.; LG Berlin PuR 1994, 82; OLG Hamm WuM 1981, 53 = NJW 1981, 1626 = MDR 1981, 406; Staudinger/Emmerich, BGB, §535 Rn. 56.
[1431] OLG Hamm WuM 1981, 53 = NJW 1981, 1626 = MDR 1981, 406.
[1432] AG Berlin-Neukölln MM 1991, 368.
[1433] LG München I NJW 1984, 2368 f.; LG Stuttgart WuM 1988, 121; LG Mannheim WuM 1984, S. 78; LG Ulm WuM 1990, 343 = NJW-RR 1991, 10; Schmidt-Futterer/Eisenschmid, Mietrecht, § 535 BGB Rn. 503.
[1434] LG Stuttgart WuM 1988, 121; LG Mannheim 1984, 59; LG Ulm WuM 1990, 343 = NJW-RR 1991, 10; LG Frankfurt/M. ZMR 1989, 302; LG Berlin GE 1993, 1273; AG Dortmund WuM 1973, 67; AG Dortmund WuM 1978, 67; AG Leonberg WuM 1997, 210; AG Bückeburg NJW-RR 2000, 376 = NZM 2000, 238; AG Berlin-Wedding GE 2002, 997; AG Köln WuM 1997, 366; Blank NJW 2007, 731, 732; Hülsmann NZM 2004, 841, 843; Kinne, Miet- und Mietprozeßrecht, S. 122 (Rn. 37 b); Schmidt-Futterer/Eisenschmid, Mietrecht, § 535 BGB Rn. 503.

Ausnahme[1435]. Die Genehmigungsklausel stelle nur ein Kontrollinstrument dar, um mögliche Störungen rechtzeitig zu erkennen und zu verhindern[1436]. Nach Treu und Glauben dürfe der Vermieter dem Mieter nicht ohne triftigen Grund die beabsichtigte Nutzung der Wohnung untersagen, durch die er als Vermieter nicht oder allenfalls unwesentlich beeinträchtigt wird, der Hausfrieden nicht gestört und die Mietsache nicht verschlechtert wird[1437]. Die Entscheidung über die Zulässigkeit der Tierhaltung erfordere eine umfassende Interessenabwägung[1438]. Die Behauptung, der Vermieter und die übrigen Mieter seien mit der Tierhaltung nicht einverstanden, reiche für die Versagung der Genehmigung nicht aus[1439]. Die Genehmigung müsse erteilt werden, wenn das Tier Vermieter oder andere Mieter nicht beeinträchtigt[1440]. Das Recht des Mieters, ein nicht störendes Tier wie eine Katze zu halten, könne nicht ausgeschlossen werden; das Halten eines solchen Tieres gehöre zur geschützten freien Entfaltung der Persönlichkeit[1441]. Allerdings soll es zulässig sein, die Katzenhaltung zunächst unter Erlaubnisvorbehalt zu stellen, weil der Vermieter sich die Möglichkeit offen halten darf, im Einzelfall zu prüfen, ob Versagungsgründe (z. B. Anzahl der Katzen, Größe der Wohnung) vorliegen[1442].

Rechnet man die Katzenhaltung zum Mietgebrauch, kann der Vermieter nicht mehr frei entscheiden, ob er der Tierhaltung zustimmen will oder nicht. Seine Entscheidung unterliegt dann einem gebundenen Ermessen[1443]. Der Vermieter muß gewichtige, sachliche Gründe anführen, um die Katzenhaltung ablehnen zu können[1444]. Folgt man hingegen der Auffassung, Katzenhaltung gehöre nicht zum

---

[1435] Dallemand/Balsam ZMR 1997, 621, 622.
[1436] Blank WuM 1981, 121; Dallemand/Balsam ZMR 1997, 621, 622.
[1437] Kinne, Miet- und Mietprozeßrecht, S. 122 (Rn. 37 b).
[1438] Blank WuM 1981, 121, 122; Blank NZM 1998, 5, 7; Schmidt-Futterer/Eisenschmid, Mietrecht, § 535 BGB Rn. 503.
[1439] LG Frankfurt/M. ZMR 1989, 302.
[1440] LG Wuppertal vom 25.11.1997 – Az. 10 S 383/97.
[1441] AG Dortmund WuM 1980, 206.
[1442] Kinne, Miet- und Mietprozeßrecht, S. 122 (Rn. 37 b).
[1443] Schmidt-Futterer/Eisenschmid, Mietrecht, § 535 BGB Rn. 503, 510.
[1444] Schmidt-Futterer/Eisenschmid, Mietrecht, § 535 BGB Rn. 503, 510.

vertragsgemäßen Gebrauch der Mietsache, führt dies zu einem freien Ermessen des Vermieters[1445]. Die Verweigerung der Erlaubnis wird dann nur durch das Verbot es Rechtsmißbrauchs beschränkt.

Der Meinungsstreit zwischen den Anhängern des freien und des gebundenen Ermessens relativiert sich durch den Gesichtspunkt des **Rechtsmißbrauchs** wieder. Sowohl die freie Ermessensentscheidung als auch die gebundene Ermessensentscheidung unterliegen der Kontrolle, ob die Ermessensausübung rechtsmißbräuchlich war[1446]. Ein wesentlicher Unterschied zwischen beiden Standpunkten liegt jedoch in der Verteilung der Beweislast. Beim freien Ermessen des Vermieters muß der Mieter die Rechtsmißbräuchlichkeit der Ablehnung beweisen, beim gebundenen Ermessen trägt der Vermieter die Beweislast für seine Ablehnungsgründe.

Rechtsmißbräuchlich ist die Versagung oder der Entzug der Tierhaltungserlaubnis immer dann, wenn dem Vermieter keine schutzwürdigen Eigeninteressen zur Seite stehen[1447]. Dies ist anzunehmen, wenn durch die Tierhaltung der Vermieter oder andere Mieter nicht gestört, belästigt, gefährdet oder verletzt werden können und auch eine übermäßige Abnutzung der Mietwohnung nicht zu erwarten ist[1448]. Überempfindlichkeiten anderer Mieter sind bei der Ermessensausübung nicht zu berücksichtigen[1449]. Teilweise wird sogar vertreten, daß ein treuwidriges Verhalten des Vermieters bereits dann vorliegt, wenn die Interessen des Mieters an der Tierhaltung überwiegen[1450].

[1445] LG Karlsruhe NJW-RR 2002, 585; LG Berlin GE 1998, 1401 = NZM 1999, 455; LG Köln DWW 1994, 185 = ZMR 1994, 478; LG Göttingen WuM 1991, 536; LG Braunschweig NJW-RR 198, 910m = ZMR 198, 140.
[1446] OLG Hamm WuM 1981, 53 = NJW 1981, 1626; LG Hamburg WM 1996, 532; LG Berlin GE 1995, 699; LG Köln ZMR 1994, 478; DWW 1994, 185; LG Bonn ZMR 1989, 179; LG Hannover WuM 1989, 567; Hülsmann NZM 2004, 841, 843; Staudinger/Emmerich, BGB, §535 Rn. 56.
[1447] AG Hamburg-Bergedorf NZM 2003, 898; Hülsmann NZM 2004, 841, 843.
[1448] Hülsmann NZM 2004, 841, 843.
[1449] AG Bückeburg NJW-RR 2000, 376 = NZM 2000, 238; Hülsmann NZM 2004, 841, 843.
[1450] LG Ulm NJW-RR 1991, 10; AG Hamburg-Bergedorf WuM 1991, 259; AG Leonberg WuM 1997, 210.

> Die Tierhaltung ist nach der gesetzlichen Regelung weder generell verboten noch allgemein erlaubt.

Über die Zulässigkeit der Tierhaltung ist danach im Einzelfall auf Grund umfassender Interessenabwägung zu entscheiden[1451]. Der Vermieter muß eine Ermessensabwägung im konkreten Fall vornehmen. Er darf sich nicht darauf beschränken, einen generell selbst erstellten Katalog von Ermessenskriterien ohne Ansehung der Besonderheiten des einzelnen Falles anzuwenden[1452]. Die Eigentumsinteressen des Vermieters müssen mit dem Interesse des Mieters an der Entfaltung seiner Persönlichkeit in Einklang gebracht werden[1453]. Einen allgemeinen Vorrang der einen oder anderen Partei gibt es nicht[1454]. Das Ergebnis der **Interessenabwägung** muß den Bedürfnissen der Vertragsparteien, der von der Tierhaltung betroffenen Hausbewohner und den Belangen des Tierschutzes hinreichend Rechnung tragen[1455]. Hierbei kommt es insbesondere auf die Art und Zahl der Tiere[1456], die Größe der Wohnung[1457], die Art und Größe des Hauses[1458], die Art und Anzahl der im Haus gehaltenen Tiere[1459] und die Anzahl der Bewohner[1460], besondere Bedürfnisse des Mieters[1461], die Altersstruktur der Nachbarn und Mitbewohner[1462], das Verhalten des Vermieters in vergleichbaren Fällen[1463] und andere Umstände

---

[1451] Blank NZM 1998, 5, 7; Schmidt-Futterer/Eisenschmid, Mietrecht, § 535 BGB Rn. 503.
[1452] AG Köln WuM 1997, 366, 367; Hülsmann NZM 2004, 841, 843; Schmid, Mietrecht, § 535 BGB Rn. 115.
[1453] Blank NZM 1998, 5, 7.
[1454] Schmidt-Futterer/Eisenschmid, Mietrecht, § 535 BGB Rn. 503.
[1455] Blank NZM 1998, 5, 7.
[1456] LG Hannover WuM 1989, 567 zu Zweithund; Blank NZM 1998, 5, 7; Hülsmann NZM 2004, 841, 843.
[1457] Schmidt-Futterer/Eisenschmid, Mietrecht, § 535 BGB Rn. 503, 510; Hülsmann NZM 2004, 841, 843; Blank NZM 1998, 5, 7.
[1458] Blank NZM 1998, 5, 7.
[1459] Blank NZM 1998, 5, 7.
[1460] AG Kassel WuM 1987, 144; AG Bergisch-Gladbach WuM 1991, 341; Schmidt-Futterer/Eisenschmid, Mietrecht, § 535 BGB Rn. 510
[1461] Blank NZM 1998, 5, 7.
[1462] Schmidt-Futterer/Eisenschmid, Mietrecht, § 535 BGB Rn. 503.
[1463] Blank NZM 1998, 5, 7.

an[1464]. Dabei kann es auch von Bedeutung sein, ob und unter welchen Umständen der Vermieter anderen Mietern die Tierhaltung erlaubt hat[1465] und ob er, wenn er im gleichen Haus wohnt, selbst ein Tier hält[1466].

Der Mieter hat einen Rechtsanspruch auf Erteilung der Erlaubnis, wenn seine Interessen an der Tierhaltung gewichtiger als die Interessen des Vermieters an der Versagung sind[1467]. Der Vermieter muß aber auf die mit der Lebensplanung seines Mieters einhergehenden Bedürfnisse eingehen. Einem betagten Mieter, der nach Eintritt in den Ruhestand sein Leben durch die Beschäftigung mit dem Tier sinnvoll und freudebringend ausfüllen möchte, kann daher die Erlaubnis, eine Katze oder einen kleinen Hund in der Wohnung zu halten, nicht verwehrt werden[1468].

> Der Mieter hat einen Rechtsanspruch auf Erteilung der Erlaubnis, wenn seine Interessen an der Tierhaltung gewichtiger als die Interessen des Vermieters an der Versagung sind

Die Ablehnung ist **rechtsmißbräuchlich**, wenn bereits andere Mieter im Hause mit Kenntnis des Vermieters Tiere gleicher Art halten[1469] oder wenn der Vermieter stillschweigend die Tierhaltung über eine längere Zeit duldet[1470] und sich dann ohne konkreten Anlaß auf das Fehlen der Erlaubnis beruft[1471]. Allerdings kommt

---

[1464] Schmidt-Futterer/Eisenschmid, Mietrecht, § 535 BGB Rn. 503.
[1465] Schmidt-Futterer/Eisenschmid, Mietrecht, § 535 BGB Rn. 510.
[1466] LG Berlin WuM 1987, 213; LG Freiburg WuM 1986, 247; LG Hamburg MDR 1982, 146; AG Leonberg WuM 1997, 210; AG Köln WuM 1978, 167; AG Lörrach WuM 1986, 247; Schmidt-Futterer/Eisenschmid, Mietrecht, § 535 BGB Rn. 503, 510; a. A. AG Berlin-Neukölln MM 1991, 36 .
[1467] Blank NZM 1998, 5, 7.
[1468] LG Hamburg WuM 2002, 666.
[1469] LG Berlin GE 1989, 41 = WuM 1987, 213.
[1470] LG Stuttgart WuM 1988, 121: wenn der Hund bereits ca. 4 Jahre in der Wohnung gehalten wird, bisher niemanden gestört hat und daher zu erwarten sei, daß er auch in Zukunft nicht stören wird; AG Aachen NJW-RR 1992, 906 f. = WuM 1992, 601: Katzen, die schon über 5 Jahre in der Wohnung leben.
[1471] LG Essen WuM 1986, 117; LG Frankenthal WuM 1990, 118; Bub/Treier/Kraemer, Handbuch der Geschäfts- und Wohnraummiete, Rn. III A 1041.

es auf die Kenntnis des Vermieters selbst an und nicht auf die Kenntnis eines nicht vertretungsberechtigten Angestellten des Vermieters oder des Hausmeisters[1472].

Die Versagung der Erlaubnis bzw. die Untersagung ist auch rechtsmißbräuchlich, wenn der Mieter auf die Tiere aus gesundheitlichen Gründen angewiesen ist[1473]. Das gilt zumindest solange, wie durch das Tier keine Störungen auftreten. Allerdings sind an das Vorliegen des Rechtsmißbrauchs hohe Anforderungen zu stellen. Der Mieter muß auf die Tierhaltung angewiesen sein; daran fehlt es, wenn die Tierhaltung lediglich positive Auswirkungen hat, diese aber auch anderweitig erzielt werden können[1474]. Der Vermieter hat die Haltung einer Katze hinzunehmen, wenn der Mieter in Rahmen der Drogenentwöhnung auf das Tier angewiesen ist[1475]. Auch psychische Gründe reichen aus[1476]. Es genügt jedoch nicht, daß der Mieter unter Betreuung steht[1477].

Für eine Ablehnung der Erlaubnis muß der Vermieter einen triftigen Grund haben[1478]. Die Größe des Tieres allein läßt weder den Schluß auf eine besondere Gefährlichkeit des Tieres noch auf eine übermäßige Abnutzung des Mietobjekts zu[1479]. Der Vermieter kann die Zustimmung aber versagen, wenn wegen der Größe der Wohnung und der Anzahl der Bewohner eine artgerechte Haltung des Tiers nicht gewährleistet ist[1480]. So hat der Mieter z. B. keinen Anspruch auf Haltung von sieben Katzen in einer Dreizimmerwohnung[1481].

[1472] AG Westerburg WuM 1992, 600.
[1473] AG Münster WuM 1992, 116 f.; AG Bonn WuM 1994, 323; AG Hamburg-Blankenese WuM 1985, 256: Blindenhund.
[1474] LG Hamburg WuM 1996, 532 f..
[1475] vgl. LG Hamburg WuM 1997, 674: kleiner Hund.
[1476] AG Bonn WuM 1994, 323.
[1477] AG Potsdam NZM 2002, 735.
[1478] BGH NJW 2008, 218 = MDR 2008, 134; LG Mannheim NJW 1984, 59; LG Frankfurt/M. ZMR 1989, 302; LG Berlin GE 1993, 1273; AG Dortmund WuM 1978, 67; AG Leonberg WuM 1997, 210; AG Köln WuM 1997, 366; AG Bückeburg NJW-RR 2000, 376 = NZM 2000, 238 f.; AG Wedding GE 2002, 997; AG Hamburg-Bergedorf NZM 2003, 898 f. = NJW-RR 203, 1520; Sojka WuM 1984, 259; Blank WuM 1981, 121; ders. NJW 2007, 729; Blank/Börstinghaus, Miete, § 535 BGB Rn. 470.
[1479] AG Köln WuM 1997, 366.
[1480] AG Kassel WuM 1987, 144; AG Bergisch Gladbach WuM 1991, 341; Schmidt-Futterer/Eisenschmid, Mietrecht, § 535 BGB Rn. 511.
[1481] AG Berlin-Lichtenberg NJW-RR 1997, 774.

Es ist treuwidrig, wenn der Vermieter die Entfernung eines betagten Tieres verlangt, das der Mieter wegen der Erkrankung eines Familienmitgliedes von diesem übernommen hat[1482].

Katzen haben bei artgerechter Haltung so gut wie keinen Einfluß auf das gedeihliche Zusammenleben der Mieter im Haus. Auch der Vermieter hat keine Nachteile für sich zu befürchten. Daher muß er die Haltung einer Katze genehmigen[1483]. Das Halten einer Katze ist immer erlaubt, solange es nicht zu Beeinträchtigungen für die Nachbarn kommt[1484]. Das Verlangen nach Entfernung einer Katze ist rechtsmißbräuchlich, wenn von dem Tier keine Störungen ausgehen[1485]. Steht zu befürchten, daß dem Mieter bei einer Trennung von seinem Tier gesundheitliche Nachteile drohen, so ist der Vermieter in der Regel gehalten, die Tierhaltung zu genehmigen[1486].

> Die Forderung des Vermieters, eine Katze abzuschaffen, ist rechtsmißbräuchlich, wenn von dem Tier keine Störungen ausgehen.

Kein Rechtsmißbrauch liegt jedoch vor, wenn die Zustimmung verweigert oder Unterlassung verlangt wird, nachdem der Mieter ohne die ausdrückliche im Mietvertrag vorausgesetzte Zustimmung des Vermieters Haustiere gehalten hat[1487] oder es schon früher zu Störungen gekommen ist[1488]. In diesem Fall braucht der Vermieter seine Entscheidung nicht zu begründen[1489].

[1482] LG Ulm NJW-RR 1991, 10 = WuM 1990, 343: Dackel.
[1483] AG Hamburg vom 15.08.1995 – Az. 47 C 520/95.
[1484] LG Mönchengladbach NJW-RR 1989, 145; AG Schöneberg MM 1990, 192, 193; AG Mannheim vom 08.08.1978 – Az. 11 C 269/78.
[1485] AG Hamburg-Bergedorf NJW-RR 1991, 1413 = WuM 1991, 259.
[1486] AG Neukölln MM 1991, 195.
[1487] Palandt/Weidenkaff, BGB, § 535 Rn. 26; LG Braunschweig ZMR 1988, 140, 141.
[1488] LG Hamburg ZMR 1986, 440.
[1489] Palandt/Weidenkaff, BGB, § 535 Rn. 26; LG Bonn ZMR 1989, 179, 180.

> Steht im Mietvertrag „Jede Tierhaltung ist verboten", dann ist diese Bestimmung unwirksam, weil sie auch die Haltung von Zierfischen und Kanarienvögeln verbietet, die den Vermieter in keiner Weise beeinträchtigen könnten, sowie die Haltung eines Blindenhundes, die dem Mieter nicht verwehrt werden kann.

Neue Mieter müssen ein Tierhalteverbot hinnehmen, während Mieter, die schon da waren, Tiere halten dürfen. Das Tierhalteverbot ist gültig, wenn alle neuen Mieter ab sofort ein Tierhalteverbot auferlegt bekommen. Zum Teil wird die Auffassung vertreten, es gelte das Gebot der **Gleichbehandlung**[1490], zumindest in engen Grenzen[1491]. Das ergebe sich aus dem Grundsatz der mittelbaren Drittwirkung der Grundrechte, die auch das Mietrecht beeinflusse[1492]. Der Vermieter dürfe die Erlaubnis der Katzenhaltung nicht versagen, wenn andere Hausbewohner eine Katze haben[1493]. Wenn der Vermieter willkürlich einem Teil der Mieter die Haustierhaltung gestattet, anderen Mietern jedoch ohne sachlichen Grund die Haustierhaltung verweigert, führe dies zu unerträglichen Unbilligkeiten[1494]. Ein pauschales Verbot der Haustierhaltung sei daher unzulässig, insbesondere, wenn bereits einzelne Mieter mit stiller Duldung oder gar Billigung des Vermieters Hunde und Katzen halten[1495]. Ein Anspruch auf Gleichbehandlung bestehe aber nur bei gleichartigen Tieren. Wenn der Vermieter dem einen Mieter die Hundehaltung erlaube, müsse er nicht dem anderen Mieter die Katzenhaltung gestatten. Umgekehrt ergebe sich aus der Tatsache, daß der Vermieter einem Mieter die Katzenhaltung gestattet, für

---

[1490] LG Berlin GE 2004, 363, 365; Staudinger/Emmerich, BGB, §535 Rn. 56; Schmid, Mietrecht, §535 BGB Rn. 128.
[1491] MünchKomm/Häublein, BGB, § 535 Rn. 95.
[1492] Dillenburger/Pauly ZMR 1994, 249, 250.
[1493] LG Gießen NJW-RR 1995; LG Berlin WuM 1987, 213 = GE 1989, 41; LG Freiburg WuM 1986, 247; LG Hamburg MDR 1982, 146; AG Leonberg WuM 1997, 210; NZM 2002, 246; AG Bonn WuM 1987, 213; AG Köln WuM 1978, 167; Schmidt-Futterer/Eisenschmid, Mietrecht, § 535 BGB Rn. 512.
[1494] LG Berlin WuM 1987, 213 = GE 1989, 41.
[1495] AG Bonn WuM 1987, 213.

einen anderen Mieter noch kein Anspruch auf Genehmigung der Hundehaltung[1496].

Nach wohl h. M. gibt es jedoch keinen allgemeinen Gleichheitssatz, wonach der Vermieter dann, wenn er einem Mieter die Katzenhaltung gestattet hat, auch anderen Mietern die Haltung einer Katze gestatten muß[1497]. Der grundrechtliche Schutz des Art. 3 GG gilt im privatrechtlichen Verhältnis zum Vermieter nicht so generell, weil sich aus einem bestimmten Verhalten eines Vertragspartners anderen Mitmietern gegenüber nicht quasi automatisch ein Rechtsanspruch für den Parallelfall ergibt[1498]. Dementsprechend besteht auch kein Anspruch des Mieters auf z. B. gleiche Miete oder gleiche Ausstattung der Wohnung[1499]. Dies ist bei der Tierhaltung nicht anders. Gerade wenn bereits mehrere Tiere im Wohnobjekt gehalten werden, kann das Hinzukommen weiterer Tiere zu Problemen und Streitigkeiten führen, so daß eine Selbstbindung des Vermieters, der bereits ein oder mehrere Tiere erlaubt hat oder duldet, nicht angenommen werden kann[1500]. Der Vermieter kann triftige Gründe dafür haben, sich unterschiedlich zu verhalten[1501]. Der Gedanke an Gleichbehandlung kann daher nur im Rahmen des Willkürverbots in Anwendung des § 242 BGB (Treu und Glauben) von Bedeutung sein[1502].

[1496] AG Waldshut-Tiengen DWW 2003, 36.
[1497] OLG Hamm WuM 1981, 53 = NJW 1981, 1626, OLG Hamburg ZMR 1963, 40; LG Mannheim MDR 1962, 989; LG Berlin vom 26.10.1993 – Az. 64 S 188/93; LG Köln ZMR 2010, 533; AG Neukölln MM 1991, 368; Erman-Jendrek, BGB, § 541 Rn. 6; Kinne, Miet- und Mietprozeßrecht, S. 123; Blank NZM 1998, 5, 8; Bub/Treier/Kraemer, Handbuch der Geschäfts- und Wohnraummiete, Rn. III A 1041.
[1498] Kinne, Miet- und Mietprozeßrecht, S. 123.
[1499] LG Köln ZMR 2010, 533.
[1500] LG Köln ZMR 2010, 533.
[1501] LG Köln ZMR 2010, 533.
[1502] Kinne, Miet- und Mietprozeßrecht, S. 123.

> Auch wenn Sie den Vertrag mit einer rechtswidrigen Klausel zur Tierhaltung unterschreiben, können Sie sich jederzeit auf die Unwirksamkeit der Bestimmung berufen. Wenn Sie vor Abschluß des Mietvertrages den Vermieter nicht auf die Unwirksamkeit der Tierhaltungsklausel hinweisen, hat er keine Möglichkeit, die Klausel vor Unterzeichnung noch nachzubessern oder den Abschluß des Mietvertrages mit Ihnen ganz abzulehnen.

Die Erlaubnis zur Katzenhaltung darf nicht davon abhängig gemacht werden, daß der Mieter eine zusätzliche **Mietsicherheit** zahlt, deren Höhe die Grenze des § 551 Abs. 1 BGB überschreitet[1503]. Die Risiken der erlaubten Katzenhaltung zählen zu denen des Mietgebrauchs; sie werden durch die übliche Mietsicherheit abgedeckt[1504].

Katzenuringeruch innerhalb einer Wohnung, der nach Auszug der Mieter automatisch wieder verschwindet, berechtigt den Vermieter nicht, die Erlaubnis zur Haltung von zwei Katzen in der Mietwohnung zu versagen[1505].

Die Erlaubnis zur Katzenhaltung kann schriftlich, mündlich oder konkludent erteilt werden: Der Mieter trägt die Darlegungs- und Beweislast für die Erteilung der Erlaubnis durch den Vermieter[1506]. Es genügt allerdings nicht, wenn der Mieter nur pauschal behauptet, daß ihm die Erlaubnis erteilt worden sei. Im Prozeß muß er vortragen, wer die Erlaubnis erteilt hat, wann, wo und mit welchen Worten das geschehen ist[1507].

Der zur Tierhaltung berechtigte Mieter kann gegenüber dem Vermieter seinen mietvertraglichen Erfüllungsanspruch geltend machen[1508].

[1503] AG Aachen WuM 2006, 304; Sternel, Mietrecht aktuell, Rn. VI 231.
[1504] Sternel, Mietrecht aktuell, Rn. VI 231.
[1505] Horst NZM 1998 647, 648.
[1506] Hülsmann NZM 2004 841, 842; Blank NZM 1998, 5, 9.
[1507] Blank/Börstinghaus, Miete, § 535 BGB Rn. 474.
[1508] LG Kassel WuM 1998, 296; NZM 1998, 154; LG Hamburg WuM 1986, 248; Blank NZM 1998, 5, 10; Hülsmann NZM 2004, 841, 844.

eee) Einzelne Vertragsklauseln

"Haustiere, insbesondere Hunde, Katzen, Hühner und Kaninchen dürfen nur mit schriftlicher Erlaubnis des Vermieters gehalten werden. Die Erlaubnis kann widerrufen werden, wenn Unzuträglichkeiten eintreten. Der Mieter haftet für alle durch die Tierhaltung entstehenden Schäden."

Die Klausel ist unwirksam, da Kleintiere vom Verbot nicht ausgenommen sind und außerdem für die Erlaubnis Schriftform verlangt wird[1509].

"Tiere dürfen nicht gehalten werden mit Ausnahme von Kleintieren wie z. B Zierfische, Wellensittich, Hamster."

Diese Klausel ist wirksam, da Kleintiere vom Verbot ausgenommen sind[1510].

"Tierhaltung ist erlaubt."

Mit dieser Klausel ist ohne weitere Konkretisierung nur eine Haustierhaltung im üblichen Umfang gemeint. Die Haltung exotischer Tiere oder Tiere in unüblicher Anzahl wird damit nicht erlaubt.

"Die Haltung von kleinen Hunden ist erlaubt."

Die Einschränkung der Tierhaltung auf bestimmte Tiere, wie z. B. kleine Hunde, ist zulässig. Der Mieter muß sich daran halten.

"Tierhaltung nur nach vorheriger Genehmigung."

Solche Klauseln sind unzulässig[1511]. Die Haltung von Kleintieren kann in einem Formularmietvertrag nicht untersagt werden.

[1509] AG München NZM 2003, S. 23.
[1510] LG Hamburg WuM 1993, 120.
[1511] BGH NJW 2008, 218 = MDR 2008, 134.

fff) Anzahl der erlaubten Katzen

In den meisten Betten haben bis zu sechs Katzen Platz, ohne den legitimen Besitzer bis zu zehn.
Stephen Baker

Es ist nicht überraschend, daß die Gerichte sich auch in der Frage, wieviele Katzen denn nun gehalten dürfen, nicht einig sind. Die h. M. geht davon aus, daß ein bis zwei Katzen in der Regel zumutbar sind[1512]. Dabei ist aber auch die Wohnungsgröße entscheidend. Die Zahl der Tiere kann durch das Gericht auf das ortsübliche Maß beschränkt werden[1513]. Zum Teil werden drei bis vier Katzen für zulässig gehalten[1514], jedenfalls solange, wie von ihnen keine Belästigung ausgeht[1515].

> Ein bis zwei Katzen in der Mietwohnung sind in der Regel zumutbar.

Enthält der Mietvertrag die Klause „Hauskatzen erlaubt", dann dürfen in einem Haus mit 13 m² Wohnfläche und Garten zwei bis maximal vier Tiere gehalten werden[1516]. Unzulässig ist es hingegen, 15 Hauskatzen in Freigehegen zu halten. Ob die Tiere kastriert sind und eine Nachzucht nicht zu erwarten ist, ist unerheblich[1517]. Maßgebend ist nach der Rechtsprechung des AG Leer der „Blick des neutralen Beobachters, der beim Besuch eines Hauses feststellen kann, daß es dort auch Katzen gibt, oder aber, daß Zubehör der Katzenhaltung, Käfige und Klettereinrichtungen innerhalb und außerhalb der Wohnung sofort den Eindruck vermitteln, daß die Katzenhaltung ein besonderes Interesse der Bewohner darstellen." [1518]

[1512] OLG München NJW-RR 1991, 17; AG Hamburg – Az. 8C 185/96; AG Sinzig NJW-RR 1990, 652.
[1513] OLG München NJW-RR 1991, 17.
[1514] KG NJW-RR 1991, 1116 = MDR 1992, 50 (42-Quadratmeter-Wohnung); AG Hamburg vom 04.12.1991 - Az. 40 a C 484/91.
[1515] AG Hamburg vom 04.12.1991 - Az. 40 a C 484/91.
[1516] AG Leer vom 28.08.2009 – Az. 072 C 342/09 (VII), 72 C 342/09 (VII).
[1517] AG Leer vom 28.08.2009 – Az. 072 C 342/09 (VII), 72 C 342/09 (VII).
[1518] AG Leer vom 28.08.2009 – Az. 072 C 342/09 (VII), 72 C 342/09 (VII).

Die Verwandlung der Mietwohnung in ein „Katzenheim" überschreitet in jedem Fall die Grenzen des vertragsgemäßen Gebrauchs.[1519] Nicht mehr zumutbar sind sieben Katzen in einer Drei-Zimmer-Wohnung[1520] bzw. in einer Zwei-Zimmer-Wohnung[1521]. Sieben Katzen in einer Wohnung mit zwei oder drei Zimmern zu halten, stellt einen vertragswidrigen Gebrauch der Mietsache dar[1522], ohne daß es auf zusätzlichen Beeinträchtigungen, etwa durch Geruchsbelästigungen, ankommt[1523]. Eine Mietwohnung dient in erster Linie den Menschen zu Wohnzwecken. Die Mieter müssen sich daher beschränken, auch wenn sie selbst ihren Wohnbedarf anscheinend im Wesentlichen in der Katzenhaltung sehen. Die Größe der Wohnung und das notwendige Zusammenleben mit anderen Bewohnern erfordert es, die Zahl der Tiere zu reduzieren. Allein der Umfang der Tierhaltung ist schon als vertragswidriger Gebrauch der Wohnung anzusehen. Deshalb kommt es nicht darauf an, wie groß konkret der Grad der Beeinträchtigung - z. B. die Geruchsbelästigung - für die Nachbarn ist[1524].

14 Katzen in einer 42 m²-Wohnung sind zuviel. Die Anzahl muß auf vier Katzen reduziert werden[1525].

Die formularmäßige Gestattung der Katzenhaltung umfaßt nicht das Betreiben einer Katzenzucht in den Wohnräumen[1526].

ggg) Die Katze zu Besuch

Es kommt vor, daß Besucher des Mieters ihre Katze mitbringen. Wo der zulässige Besuch mit Katze aufhört und die unerlaubte Katzenhaltung anfängt, ist nicht immer klar abzugrenzen. Entscheidend ist, was die Parteien im Mietvertrag vereinbart haben, wie lange der Besuch dauert und wie oft er sich wiederholt.

[1519] Staudinger/Emmerich, BGB, § 535 Rn. 52.
[1520] AG Berlin-Lichtenberg NJW-RR 1997, 774.
[1521] LG Mainz WuM 2003, 624, 625: sieben Katzen, ein Schäferhund und zwei Chinchillas.
[1522] LG Mainz WuM 2003, 624, 625.
[1523] Horst NZM 1998, 647, 648.
[1524] AG Berlin-Lichtenberg NJW-RR 1997, 774.
[1525] KG NJW-RR 1991, 1116 = MDR 1992, 50.
[1526] vgl. AG Berlin-Tiergarten MM 1991, 304.

Haben Vermieter und Mieter individualrechtlich die Tierhaltung ausgeschlossen, darf der Mieter Tiere auch nicht besuchsweise in der Wohnung aufnehmen[1527].

Ist im Mietvertrag ein formularmäßiger Erlaubnisvorbehalt enthalten, dann ist der Vermieter grundsätzlich nicht berechtigt, dem Mieter zu untersagen, Besucher mit einer Katze zu empfangen[1528]. Das mietvertragliche Tierhaltungsverbot umfaßt nicht den stundenweisen Aufenthalt eines Tieres in Begleitung des Tierhalters anläßlich von Besuchen[1529]. Ein Tierbesuch ist erlaubt, sofern es sich nur um einige Stunden handelt. Dies gilt jedoch dann nicht, wenn es durch den Besuch zu einer Belästigung anderer Bewohner kommt[1530], z. B. wenn das Tier im Treppenhaus frei herumläuft[1531]. Der Besuch mit Tier ist jedoch unzulässig, wenn er sich regelmäßig wiederholt[1532] und der Besucher mit dem Tier über Nacht bleibt[1533].

> Ein Katzenbesuch in der Mietwohnung ist erlaubt, wenn der Besuch nur einige Stunden bleibt und andere Hausbewohner dadurch nicht belästigt werden.

Kritisch wird es, wenn der Besuch über Nacht bleibt. Es ist als Tierhaltung mit allen Konsequenzen anzusehen, wenn der Besucher eines Mieters ständig ein Tier mit in die Wohnung bringt und das Tier dort über Nacht bleibt[1534]. Die Abgrenzung wird im Einzelfall schwierig sein. Letztlich kommt es auf die Häufigkeit und Dauer der jeweiligen Besuche an. Ständiger Katzenbesuch wird jedenfalls mit einer Tierhaltung durch den Mieter selbst gleichgesetzt.

[1527] LG Berlin GE 1988, 777.
[1528] AG Aachen WuM 1992, 432: Hund; AG Bergisch-Gladbach ZMR 1995, I 3; vgl. AG Hamburg ZMR 2006, 131: Hundehaltungsverbot; Sternel, Mietrecht aktuell, Rn. VI 228; Blank NJW 2007, 732, 732; Bub/Treier/Kraemer, Handbuch der Geschäfts- und Wohnraummiete, Rn. III A 1041.
[1529] AG Osnabrück WuM 1987, 380; AG Bergisch Gladbach ZMR 1995, I 3.
[1530] Blank NJW 2007, 732, 732.
[1531] Koch/Stürzer, Mietrecht für Vermieter von A - Z, S. 384.
[1532] Koch/Stürzer, Mietrecht für Vermieter von A - Z, S. 384.
[1533] AG Frankfurt/M. ZMR 198, 343 = NJW-RR 1988, 783.
[1534] AG Frankfurt/M. ZMR 1988, 343 = WuM 1988, 157; LG Frankfurt/M. ZMR 1988, 343.

Hat sich der Mieter wirksam individualrechtlich, also nicht durch Formularmietvertrag, verpflichtet, in seiner Wohnung keine Katze zu halten, ist er nicht berechtigt, die Katze eines anderen zur Beaufsichtigung für einen Zeitraum von drei Tagen aufzunehmen[1535].

hhh) Erlöschen und Widerruf der Erlaubnis

Die Erlaubnis des Vermieters gilt im Zweifel nur für das betreffende Tier[1536]. Wenn im Mietvertrag nichts anderes geregelt ist, erlischt die Tierhaltungsgenehmigung daher, wenn ihr Objekt entfällt, das genehmigte Tier also stirbt, abgeschafft wird oder sonstwie auf Dauer aus der Wohnung verschwindet[1537]. Die Genehmigung erstreckt sich nicht auf Ersatztiere[1538].

Das gleiche gilt, wenn es sich um eine **Einzelfallerlaubnis** handelt. Auch hier darf der Mieter nach dem Tod des Tiers nicht ohne weiteres ein neues Tier anschaffen[1539]. Der Mieter genießt keinen Bestandsschutz[1540]. Er muß sich vielmehr um eine neue Genehmigung des Vermieters bemühen[1541].

Anders verhält es sich, wenn der Vermieter nicht eine Einzelfallerlaubnis erteilt, sondern die **Tierhaltung allgemein** erlaubt hat[1542]. Dann wirkt die Erlaubnis grundsätzlich über den Tod des Tieres hinaus[1543]. Sie gilt auch für ein Nachfolge-

---

[1535] AG Bergisch Gladbach ZMR 1995, I 31.
[1536] AG Kassel WuM 1987, 144; Blank NZM 1998, 5, 9; Blank NJW 2007, 731, 733; Lammel, Wohnraummietrecht, § 535 Rn. 25; Blank/Börstinghaus, Miete, § 535 BGB Rn. 475; Bub/Treier/Kraemer, Handbuch der Geschäfts- und Wohnraummiete, Rn. III A 1038.
[1537] AG Speyer DWW 1991, 372 ff.; AG Kassel WuM 1987, 144; AG Karlsruhe vom 12.07.2002 – Az. 2 C 219/02; a. A. AG Neustrelitz WuM 1995, 535 ff..
[1538] AG Speyer DWW 1991, 372 ff.; AG Kassel WuM 1987, 144; a. A. AG Neustrelitz WuM 1995, 535 ff..
[1539] AG Kassel WuM 1987, 14; AG Speyer DWW 1991, 372; Schmidt-Futterer/Eisenschmid, Mietrecht, § 535 BGB Rn. 516.
[1540] OLG Celle ZMR 2003, 440 zum WEG.
[1541] AG Kassel WuM 1987, 144; AG Speyer DWW 1991, 372; Blank NZM 1998, 5, 9; ders. NJW 2007, 731, 73.
[1542] Blank NJW 23007, 731, 733.
[1543] AG Neustrelitz WuM 1995, 535 ff..

tier, auch nach mehrjähriger Unterbrechung der Tierhaltung[1544]. Der Mieter ist berechtigt, ein neues gleichartiges Tier anzuschaffen[1545]. Ein Tier aus einer anderen Gattung darf der Mieter auswählen, wenn damit keine größeren Auswirkungen auf die Mietsache oder die Mitbewohner verbunden sind[1546].

Bezieht sich die Erlaubnis auf eine **bestimmte Tierart**, so darf der Mieter ein Tier aus derselben Gattung auswählen[1547]. Im Zweifel wird man derartige Vereinbarungen dahin gehend auslegen müssen, daß der Mieter auch ein Tier aus einer anderen Art halten darf, wenn hiermit nur geringe Auswirkungen verbunden sind[1548].

Hat der Vermieter dem Mieter die Tierhaltung gestattet, so gilt die Erlaubnis auch zugunsten des **Erben**, der Wohnung und Tier übernimmt. Die erteilte Genehmigung ist nur dann widerruflich, wenn ein wichtiger Grund vorliegt[1549].

Die Darlegungs- und Beweislast dafür, daß eine generelle oder spezielle Erlaubnis erteilt wurde, trägt der Mieter[1550].

Durch die Erlaubnis zur Haustierhaltung in der Mietwohnung wird der Umfang des vertragsgemäßen Gebrauchs erweitert. Das gilt jedenfalls dann, wenn man nicht die Katzenhaltung ohnehin schon zum vertragsgemäßen Gebrauch zählt. Ein derart erweitertes Mietverhältnis kann nach allgemeinen Grundsätzen nur einvernehmlich wieder geändert werden (§ 305 BGB). Eine einmal erteilte Erlaubnis kann daher nicht widerrufen werden, es sei denn, die Parteien hätten einen Widerrufsvorbehalt vereinbart[1551]. Es wird jedoch –ähnlich wie beim **Widerruf** der Untermieterlaubnis – die Auffassung vertreten, ein Widerruf sei aus wichtigem Grund möglich. Aus einer an § 133 BGB orientierten Auslegung der Erlaubnis ergebe sich, daß die Zustimmung zur Tierhaltung unter dem stillschweigenden Vorbehalt

---

[1544] AG Neustrelitz WuM 1995, 535 ff..
[1545] Schmidt-Futterer/Eisenschmid, Mietrecht, § 535 BGB Rn. 517.
[1546] Blank NZM 1998, 5, 9; Schmidt-Futterer/Eisenschmid, Mietrecht, § 535 BGB Rn. 517
[1547] Blank NJW 2007, 731, 732.
[1548] Blank NJW 2007, 731, 733.
[1549] LG Frankfurt/M. - Az. 2/11 S 123/6; Emmerich/Sonnenschein, Miete, § 535 Rn. 30.
[1550] Blank NZM 1998, 5, 9.
[1551] Blank NZM 1998, 5, 9.

der Zumutbarkeit erteilt wird[1552]. Der Vermieter soll daher die Erlaubnis zur Tierhaltung auch ohne vertraglich vereinbarten Widerrufsvorbehalt widerrufen können, wenn hierfür ein wichtiger Grund vorliegt[1553].

Manche Mietverträge sehen ausdrücklich vor, daß der Vermieter die Zustimmung zur Haustierhaltung widerrufen darf. Ein Widerruf ist jedoch auch dann nicht grundsätzlich zulässig[1554]. Eine formularvertragliche Vereinbarung, wonach die erteilte Erlaubnis *jederzeit* widerrufen werden kann, verstößt gegen § 307 BGB[1555]. Die einmal erteilte Genehmigung kann nur aus wichtigem Grund widerrufen werden[1556]. Hat der Vermieter eine Zustimmung zur Tierhaltung einmal erteilt, so kann er sie nicht willkürlich widerrufen, sondern nur dann, wenn dies im Interesse der Aufrechterhaltung der Ruhe und Ordnung im Hause erforderlich ist[1557], wenn sich der Tierhalter als unerfahren oder verantwortungslos erweist[1558], wenn eine artgerechte Tierhaltung wegen der beengten Raumverhältnisse nicht möglich ist[1559] oder wenn von dem Tier konkret nachweisbare Störungen ausgehen[1560], mit denen der Vermieter bei Erlaubniserteilung nicht ohne weiteres rechnen konnte[1561]. Das ist z. B. der Fall, wenn das Tier erhebliche Schäden am Mietobjekt verursacht[1562], untypisch die Hausbewohner belästigt[1563], das Treppenhaus

---

[1552] Blank NZM 1998, 5, 10.
[1553] Blank NZM 1998, 5, 10.
[1554] Hülsmann NZM 2004, 841, 843.
[1555] Blank NJW 2007, 731, 733.
[1556] OLG Düsseldorf NJW 1990, 1676 = NJW 1990, 1677; LG Kassel NZM 1998, 154; Schmidt-Futterer/Eisenschmid, Mietrecht, § 535 BGB Rn. 512; Blank NJW 2007, 731, 733; Hülsmann NZM 2004, 841, 843; Schmid, Mietrecht, § 535 BGB Rn. 122; Bub/Treier/Kraemer, Handbuch der Geschäfts- und Wohnraummiete, Rn. III A 1041.
[1557] AG Wuppertal vom 01.01.1963 - Az. 9 C 369/62.
[1558] Blank NJW 2007, 731, 733; ders. NZM 1998, 5, 10.
[1559] Blank NZM 1998, 5, 10.
[1560] LG Berlin GE 1993, 97; LG Heidelberg NJW-RR 1987, 658; LG Hamburg WuM 1999, 453; AG Hamburg-Wandsbek WuM 1991, 94; AG Hamburg-Altona WuM 1989, 624; AG Potsdam PuR 1996, 512; Emmerich/Sonnenschein, Miete, § 535 Rn. 30; Blank NJW 2007, 731, 733.
[1561] AG Hamburg-Wandsbek WuM 1991, 94; Bub/Treier/Kraemer, Handbuch der Geschäfts- und Wohnraummiete, Rn. III A 1041.
[1562] AG Steinfurt WuM 1991, 260 ff..
[1563] AG Hamburg-Wandsbek WuM 1991, 94.

beschmutzt, in fremde Wohnungen eindringt[1564], wenn es zu erheblichen Geruchsbelästigungen durch Fäkalien kommt[1565] oder die Katzen Flöhe haben[1566]. Das gleiche soll gelten, wenn ein anderer Mieter unter einer Tierhaarallergie leidet[1567].

Der Umstand, daß sich einer der Mitbewohner über das Tier beschwert hat, reicht für sich allein noch nicht aus, um einen Widerruf der Erlaubnis zu rechtfertigen[1568]. Es kommt vielmehr darauf an, ob die Beschwerden berechtigt sind und ein hinreichendes Gewicht haben[1569]. Dabei ist zu beachten, daß ein Tierhalter sein Tier niemals restlos beherrschen kann[1570].

Bei Kleintieren, die ungefährlich sind und nicht stören, kommt ein Widerruf nicht in Betracht. Das gleiche gilt, wenn der Mieter zur psychischen Stabilisierung auf das Tier angewiesen ist[1571] oder die Weggabe des Tieres zu erheblichen seelischen Belastungen aufgrund depressiver Veranlagung des Mieters führte[1572].

Gestattet der Mietvertrag die Haltung *einer* Katze, so kann der Vermieter die damit erteilte Zustimmung widerrufen, sofern die Katze Junge bekommt und sich andere Hausbewohner belästigt fühlen[1573]. Die Befugnis des Mieters, ein Tier zu halten, findet ihre Grenzen dort, wo die Obhutspflicht gegenüber dem Vermieter hinsichtlich der Mietsache, Schutz- und Rücksichtnahmepflichten gegen Mitmieter oder den Vermieter, Gesichtspunkte des Tierschutzes und schließlich die Wahrung des Hausfriedens dies erfordern[1574].

[1564] AG Hamburg-Altona WuM 1989, 624.
[1565] LG Berlin NJW-RR 1997, 395; AG Hamburg-Altona WuM 1989, 624; Schmidt-Futterer/Eisenschmid, Mietrecht, § 535 BGB Rn. 512.
[1566] AG Brühl vom 21.04.2008 - Az. 28 C 402/05.
[1567] LG Hildesheim WuM 2002, 316.
[1568] Blank NZM 1998, 5, 10.
[1569] Blank NZM 1998, 5, 10; a. A. AG Hamburg-Bergedorf NJW-RR 1991, 461.
[1570] Blank NZM 1998, 5, 10.
[1571] vgl. LG Hamburg WuM 1996, 532.
[1572] vgl. LG Mannheim ZMR 1992, 545.
[1573] LG Hamburg – Az. 316 S 195/97.
[1574] AG Schöneberg vom 21.03.1991- Az. 8 C 11/91.

iii) Sonderfall: Katzenzucht

Der Mieter darf die ihm überlassene Wohnung grundsätzlich nur bestimmungsgemäß nutzen (§ 543 Abs. 2 BGB). Die Nutzung einer Wohnung zum Zweck der Tierzucht anstatt zu Wohnzwecken ist generell als vertragswidrig anzusehen. Der Vermieter kann die sofortige Unterlassung verlangen und bei Nichtbefolgung nach Abmahnung das Mietverhältnis kündigen.

Darüber hinaus bedarf die Tierzucht, wenn sie einen bestimmten Umfang erreicht, einer behördlichen Erlaubnis nach § 11 TierSchG. In einer kleinen Wohnung wird eine Tierzucht für die Tiere nicht artgerecht möglich sein. In diesen Fällen dürfte eine entsprechende Genehmigung nach dem Tierschutzgesetz kaum zu erlangen sein.

jjj) Konsequenzen unerlaubter Katzenhaltung

> *Die Menschheit läßt sich keinen Irrtum nehmen, der ihr nützt.*
>
> Friedrich Hebbel

a') Unterlassungsanspruch des Vermieters

Hält der Mieter eine Katze, obwohl der Vermieter die Katzenhaltung nicht genehmigt oder die Genehmigung rechtmäßig widerrufen hat, so macht er im Sinne des § 541 BGB vertragswidrig Gebrauch von der Mietsache. Der Vermieter muß diesen vertragswidrigen Gebrauch nicht dulden[1575]. Bei vertragswidriger Tierhaltung kann der Vermieter **Unterlassungsklage** erheben. Etwas anderes gilt nur dann, wenn der Vermieter die nach dem Mietvertrag erforderliche Genehmigung hätte erteilen müssen[1576]. Eine vertragswidrige Tierhaltung liegt nicht schon dann vor, wenn ein Mieter eine erforderliche Erlaubnis nicht eingeholt hat, auf deren Erteilung er einen Anspruch hat[1577]. In diesem Fall ist es dem Vermieter verwehrt, unter

---

[1575] AG Hamburg NJW-RR 1992, 203, 204.
[1576] LG Wuppertal WuM 1978, 167.
[1577] Sternel, Mietrecht aktuell, Rn. VI 233; Blank NJW 2007, 731, 733.

Berufung auf das im Mietvertrag enthaltene Tierhaltungsverbot die Entfernung der Katze zu verlangen (dolo agit, qui petit, quod statim redditurus est.)[1578]. Sanktionen des Vermieters stünde der Einwand des Rechtsmißbrauchs entgegen[1579].

Will der Vermieter die unerlaubte Katzenhaltung unterbinden, muß er zunächst die Vertragsverletzung **abmahnen** und dem Mieter eine Frist zur Abschaffung des Tieres setzen, sofern nicht Gefahr im Verzug ist. Die Abhilfefrist ist so zu bemessen, daß der Mieter das Tier anderweitig unterbringen oder die Wohnung wechseln kann[1580]. Der Vermieter kann den Anspruch auf Abschaffung des Tieres neben dem Anspruch geltend machen, die Anschaffung eines neuen Tieres zu unterlassen[1581]. Setzt der Mieter trotz Abmahnung durch den Vermieter seine ungenehmigte und damit rechtswidrige Tierhaltung fort, kann der Vermieter gem. § 541 BGB die Unterlassung der Tierhaltung verlangen.

Die Klage auf Unterlassung des vertragswidrigen Gebrauchs beinhaltet denknotwendig auch einen Anspruch auf Entfernung der Katze(n), weil nur durch die Entfernung dem Erfüllungsanspruch des Vermieters entsprochen wird[1582]. Anstelle der Unterlassungsklage kann auch **Klage auf Entfernung des Tieres** erhoben werden; das Urteil auf Entfernung des Tieres ist vollstreckbar[1583]. Unterlassung der vertragswidrigen Tierhaltung und Entfernung des Tieres sollten jedoch nicht mit derselben Klage begehrt werden, da mit beiden Anträgen dasselbe Klageziel verfolgt wird[1584].

Umstritten ist, ob der Vermieter Unterlassung der nicht genehmigten Katzenhaltung verlangen kann, wenn der Mieter die Katze(n) bereits seit längerer Zeit hält. Nach Ansicht des LG Essen dürfen dem Vermieter grundsätzlich keine Rechtsnachteile entstehen, wenn er die vertragswidrige Tierhaltung zunächst dul-

---

[1578] AG Essen-Steele vom 16.08.1990 – Az. 11 C 74/90.
[1579] Sternel, Mietrecht aktuell, Rn. VI 233.
[1580] Sternel, Mietrecht aktuell, Rn. VI 233.
[1581] Sternel, Mietrecht aktuell, Rn. VI 233.
[1582] AG Berlin-Lichtenberg NJW-RR 1997, 774 = NJWE-MietR 1997, 175 L; Horst NZM 1998, 647, 648; Hülsmann NZM 2004, 841, 844.
[1583] Hülsmann NZM 2004, 841, 844; a. A. AG Berlin-Lichtenberg NJW-RR 1997, 774 = NJWE-MietR 1997, 175 L
[1584] Hülsmann NZM 2004, 841, 844.

det[1585]. Es wird sogar die Auffassung vertreten, der Mieter könne sich nicht auf die regelmäßige dreijährige Verjährungsfrist berufen, weil die vertragswidrige Tierhaltung ein Dauerverhalten mit sich ständig wiederholenden Zuwiderhandlungen sei[1586].

Die h. M. hingegen nimmt an, ein sehr langes Zuwarten könne zum Verlust des Beseitigungsanspruchs durch **Verwirkung** führen[1587], wenn der Mieter darauf vertrauen durfte, daß er das Tier auch in Zukunft behalten darf[1588]. Gleiches gelte, wenn der Vermieter oder einer seiner Erfüllungsgehilfen beim Mieter den Eindruck erweckt haben, daß die Tierhaltung erlaubt sei[1589]. Der Vermieter könne die Entfernung von nicht genehmigten Katzen nicht verlangen, wenn der Mieter die Tiere bereits seit vier[1590] oder fünf Jahren[1591] unbeanstandet hält und sich mittlerweile eine feste Mensch-Tier-Beziehung entwickelt hat[1592]. Eine solche Beziehung zwischen Mensch und Haustier stehe seit dem Gesetz zur Verbesserung der Rechtsstellung des Tiers im bürgerlichen Recht vom 20.08.1990 unter dem besonderen Schutz der Rechtsordnung[1593]. Ein Unterlassungsanspruch bestehe nur dann, wenn der Vermieter oder Mitmieter sonst in unzumutbarer Weise belästigt werden oder die öffentliche Sicherheit und Ordnung durch die Tierhaltung in Gefahr gerät[1594]. Die bloße Möglichkeit, daß es zu einer Belästigung kommt, rechtfertige das

---

[1585] LG Essen WuM 1986, 117.
[1586] Emmerich/Lützenkirchen/Gath, Mietrecht im Umbruch, S. 169.
[1587] LG Berlin WuM 1984, 130 = GE 1982, 993; LG Frankenthal WuM 1990, 118; LG Essen WuM 1986, 117; AG Berlin-Tiergarten MM 1990, 232; AG Neustadt/R. WuM 1987, 272; AG Westerburg WuM 1992, 600; AG Wernigerode WuM 2002, 491; AG Aachen WuM 1992, 601; MünchKomm/Häublein, BGB, §535 Rn. 95; Sternel, Mietrecht aktuell, Rn. VI 237 a; Blank NJW 2007, 731, 733; Hülsmann NZM 2004, 841, 843.
[1588] AG Hamburg-Harburg WuM 1983, 236; Blank NZM 1998, 5, 10.
[1589] LG Frankenthal WuM 1990, 118; Blank NZM 1998, 5, 10.
[1590] LG Stuttgart WuM 1988, 121.
[1591] LG Essen WuM 1996, 117.
[1592] AG Aachen NJW-RR 1992, 906, 907 = ZMR 1992, 454; AG Hamburg vom 06.03.1991 – Az. 40b C 1736/90; AG Düsseldorf vom 15.07.1987 – Az. 29 C 36/87.
[1593] AG Aachen NJW-RR 1992, 906, 907 = ZMR 1992, 454; AG Hamburg vom 06.03.1991 – Az. 40b C 1736/90.
[1594] AG Aachen NJW-RR 1992, 906, 907 = ZMR 1992, 454; AG Hamburg vom 06.03.1991 – Az. 40b C 1736/90.

Verlangen nach Beseitigung des Tieres nicht[1595]. Eine solche Störung sei bei Katzen schwer vorstellbar[1596]. Selbst gegen eine ohne seine Zustimmung angeschaffte Katze könne der Vermieter nichts erwirken, wenn er keine ernsthafte Belästigung der Mitmieter nachweisen kann; bestehe er in einem solchen Fall auf der Abschaffung, so mißbrauche er sein Recht[1597]. Die Tatsache, daß die Katzen die Wände der Mietwohnung beschädigen, habe außer Betracht zu bleiben[1598]. Der Mieter sei selbstverständlich verpflichtet, diese Beschädigung zu beseitigen, so daß dem Vermieter kein irreparabler Schaden entstehe[1599].

Nach Ansicht des AG Hamburg-Harburg[1600] verwirkt der Unterlassungsanspruch nach § 242 BGB bereits dann, wenn durch die Katzenhaltung kein Hausbewohner belästigt wird und der Vermieter bereits seit einem dreiviertel Jahr von der Tierhaltung weiß.

Die Verwirkung bezieht sich nur auf die dem Vermieter bereits bekannten Tiere[1601]. Es tritt aber keine Selbstbindung in der Ermessensausübung ein[1602]. Der Vermieter muß nicht auch die Haltung weiterer Tiere dulden[1603].

Wenn seine Angestellte(n), der Prokurist oder die Hausverwaltung Kenntnis von der unerlaubten Katzenhaltung hat, ist dem Vermieter das wie eigene Kenntnis zuzurechnen[1604]. Das gilt jedoch nicht für Personen, die keine Vertretungsbefugnis haben[1605].

[1595] AG Kerpen ZMR 1995, I 4.
[1596] AG Aachen NJW-RR 1992, 906, 907 = ZMR 1992, 454; AG Hamburg vom 06.03.1991 – Az. 40b C 1736/90.
[1597] LG Hamburg MDR 1982, 146.
[1598] AG Aachen NJW-RR 1992, 906, 907 = ZMR 1992, 454; AG Hamburg vom 06.03.1991 – Az. 40b C 1736/90.
[1599] AG Aachen NJW-RR 1992, 906, 907 = ZMR 1992, 454; AG Hamburg vom 06.03.1991 – Az. 40b C 1736/90.
[1600] AG Hamburg-Harburg WuM 1983, 236.
[1601] Hülsmann NZM 2004, 841, 843.
[1602] Hülsmann NZM 2004, 841, 843.
[1603] Hülsmann NZM 2004, 841, 843.
[1604] AG Köln WuM 1992, 596; Balsam/Dallemand, S. 46; Sternel, Mietrecht aktuell, Rn. VI 237 a; Schmidt-Futterer/Eisenschmid, Mietrecht, § 535 BGB Rn. 514; Blank NJW 2007, 729, 733.
[1605] AG Westerburg WuM 1992, 600; Sonnenschein NJW 1997, 1270, 1279; Hülsmann NZM 2004, 841, 843: nicht von Personen, die keine Vertretungsbefugnis haben.

> Es kann als stillschweigende Zustimmung zur Katzenhaltung angesehen werden, wenn der Vermieter die nicht genehmigte Katzenhaltung über einen längeren Zeitraum duldet. Dann handelt der Vermieter rechtsmißbräuchlich, wenn er verlangt, daß die Katze abgeschafft wird.

Bald nach der Abmahnung bzw. dem Widerruf der Genehmigung muß der Vermieter Klage gegen den Mieter erheben. Der Vermieter, der die unberechtigte Tierhaltung abmahnt, muß der Abmahnung alsbald Taten folgen lassen, wenn der Mieter auf sein Verlangen erkennbar nicht eingeht[1606]. Tut der Vermieter das nicht, besteht die Gefahr, daß das Gericht ihm eine stillschweigende Duldung der Tierhaltung unterstellt. Bleibt der Vermieter nach einer Abmahnung zunächst ein Jahr lang untätig, dann muß er den Mieter vor Ausspruch einer Kündigung noch einmal abmahnen[1607].

Das Gerichtsurteil, mit dem Mieter die Tierhaltung untersagt wird, schließt alle **Umgehungshandlungen** des Mieters ein[1608]. Der Mieter darf ein Unterlassungsurteil nicht dadurch umgehen, daß er z. B. das Tier verkauft und es dann regelmäßig besuchsweise aufnimmt[1609].

Bleibt der Mieter uneinsichtig und setzt die unerlaubte Katzenhaltung fort, kann der Vermieter aus dem Urteil gegen ihn vollstrecken und die Festsetzung von Zwangsgeld – ersatzweise Zwangshaft – gegen den Mieter beantragen. Das Urteil auf Entfernung des Tieres ist nach § 887 ZPO zu vollstrecken[1610]. Erst wenn diese **Vollstreckung** nicht durchführbar ist, darf der Gläubiger nach § 888 ZPO vorgehen[1611]. Bei Volstreckungsmaßnahmen ist stets § 765 a Abs. 1 S. 1 ZPO zu beach-

---

[1606] LG Düsseldorf WuM 1993, 604.
[1607] LG Halle NZM 2003, 309.
[1608] AG Hannover WuM 2000, 188; AG Hamburg ZMR 2006, 131; Lammel, Wohnraummietrecht, § 535 Rn. 251.
[1609] LG Berlin GE 1988, 777.
[1610] Sternel, Mietrecht aktuell, Rn. VI 234.
[1611] Sternel, Mietrecht aktuell, Rn. VI 234.

ten[1612]. Wenn die Maßnahme mit dem Tierschutz nicht in Einklang steht, ist Vollstreckungsschutz nach § 765 a ZPO auch gegen eine Zwangsvollstreckung zu gewähren, die für den Schuldner selbst keine sittenwidrige Härte bedeutet[1613].

Der Vermieter kann die Abschaffung eines Tieres jedoch auch bei generellem Tierhaltungsverbot nicht verlangen, wenn das Tier eine wichtige Rolle für die seelische Gesundheit des Mieters oder seines verhaltensgestörten oder behinderten Kindes spielt[1614] Das LG Münster hält es für unzulässig, einem querschnittsgelähmten Jungen den Hund wegzunehmen, der zur psychischen Stabilisierung des Kindes beiträgt[1615]. Nach Ansicht des Bayerischen Obersten Landesgerichts muß behinderten Menschen mehr Rücksicht und Toleranz entgegengebracht werden[1616]. Das gilt insbesondere dann, wenn das Tier die Auswirkungen der Behinderung teilweise ausgleicht[1617].

b') Kündigungsrecht des Vermieters

Umstritten ist die Frage, ob der Vermieter das Mietverhältnis kündigen darf, wenn der Mieter trotz fehlender Genehmigung oder sogar gegen den Willen des Vermieters die unerwünschte Tierhaltung fortsetzt.

Das AG Jever[1618] hält eine fristlose Kündigung gem. §§ 543, 569 BGB für zulässig, wenn es wegen der Größe und der Unberechenbarkeit des Tieres dem Vermieter, der vor dem Tier Angst hat, nicht zuzumuten ist, erst auf Unterlassung zu klagen.

Andere gehen noch weiter. Sieht ein Mietvertrag ausdrücklich vor, daß der Mieter zur Hunde- oder Katzenhaltung vorher die Zustimmung des Vermieters einholen muß, dann rechtfertigt die gleichwohl vorgenommene Tierhaltung die fristlose

---

[1612] Zöller/Stöber, ZPO, § 765 a Rn. 10 a; Sternel, Mietrecht aktuell, Rn. VI 233.
[1613] Zöller/Stöber, ZPO, § 765 a Rn. 10 a.
[1614] BayObLG ZMR 2002, 287, 288; LG Berlin GE 1993, 1273; LG Münster WuM 1992, 116; AG Bonn WuM 1994, 323.
[1615] LG Münster WuM 1992, 116.
[1616] BayObLG ZMR 2002, 287, 288.
[1617] BayObLG ZMR 2002, 287, 288.
[1618] AG Jever vom 21.07.1994 - Az. C 429/94: Haltung einer Dogge;

Kündigung durch den Vermieter[1619]. Der vertragswidrige Gebrauch der Mietsache durch die unerlaubte Tierhaltung stellt nach dieser Ansicht eine Vernachlässigung der Sorgfaltspflicht des Mieters dar, die die Mietsache gefährdet[1620]. Das Recht zur fristgemäßen Kündigung ergibt sich daraus, daß in der unerlaubten Tierhaltung zugleich eine nicht unerhebliche Verletzung des Mietvertrages liegt[1621]. Selbst wenn es sich bei dem streitigen Tier um ein ausgesprochen friedliches Exemplar handelt, das die Mitbewohner in keinster Weise stört, geht das Interesse des Vermieters, die gesamte Wohnanlage ruhig zu halten, vor[1622]. Denn wenn der Vermieter dem einen Mieter die Tierhaltung genehmigt, muß er auch den anderen Mietern hierzu seine Zustimmung erteilen[1623].

Eine vermittelnde Meinung hält eine fristlose Kündigung des Mietverhältnisses erst für zulässig, wenn die unerlaubte Katzenhaltung die übrigen Mieter stört[1624], wenn von dem Tier eine Gefahr ausgeht[1625] oder mit der Tierhaltung sonstige Belästigungen verbunden sind[1626] und wenn der Vermieter der Katzenhalter abgemahnt hat. Erst nach Nichtbeachtung der Abmahnung kann die Kündigung ausgesprochen werden[1627]. Fehlt es hieran, so scheidet eine Kündigung aus[1628]. Die Kündigung ist unverhältnismäßig und daher unzulässig, wenn die Tierhaltung die Bewohner nicht gefährdet und den Hausfrieden nicht stört[1629].

Die Gegenmeinung ist der Ansicht, daß eine fristlose Kündigung des Mietverhältnisses wegen fortgesetzt ungenehmigter Katzenhaltung in der Regel rechtlich nicht möglich sei[1630]. Denn nach überwiegender Ansicht gehöre die Katzenhaltung auch in einer Stadtwohnung zum vertragsgemäßen Gebrauch der Mietsache. Kön-

---

[1619] AG Waldshut-Tiengen DWW 2002, 234; i. E. e. LG Berlin ZMR 1999, 28.
[1620] Hülsmann NZM 2004, 841, 844.
[1621] Hülsmann NZM 2004, 841, 844.
[1622] AG Waldshut-Tiengen DWW 2002, 234.
[1623] AG Waldshut-Tiengen DWW 2002, 234.
[1624] Sojka WuM 1984, 259.
[1625] LG Berlin GE 1993, 97.
[1626] LG Berlin GE 1996, 1433; AG München NZM 1999, 616.
[1627] LG Freiburg WuM 1997, 175; AG Berlin-Lichtenberg NJW-RR 1997, 774.
[1628] AG Köln WuM 2001, 512; Blank NJW 2007, 731, 733.
[1629] AG Frankfurt/M. NZM 1998, 759; Sternel, Mietrecht aktuell, Rn. VI 235.
[1630] LG Frankenthal WuM 1990, 118; LG München WuM 1999, 217; LG Berlin PuR 1995, 299.

ne zudem der Vermieter auch keine nachvollziehbaren Gründe vortragen, die ein Versagen der Zustimmung zur Katzenhaltung rechtfertigen würden, so sei auch aus diesen Gründen die ausgesprochene fristlose Wohnraumkündigung unwirksam[1631].

Darf der Mieter bei Vertragsschluß subjektiv die Vorstellung haben, ihm sei die Tierhaltung erlaubt, so ist die fristlose Kündigung wegen untersagter Tierhaltung unbegründet[1632].

Das Recht zur Kündigung des Mietverhältnisses wird nicht von vornherein durch den Anspruch auf Abschaffung des Tieres verdrängt[1633]. Der Vermieter muß auch nicht vor Ausspruch der Kündigung den Anspruch auf Abschaffung des Tieres gerichtlich geltend machen[1634]. Der Kündigungsanspruch des Vermieters ist gegenüber dem Unterlassungsanspruch nicht nachrangig[1635]. Insbesondere ergibt sich die Nachrangigkeit der Kündigung nicht unter dem Gesichtspunkt der Verhältnismäßigkeit der Mittel, weil die Kündigung erst nach erfolgloser Abmahnung zulässig ist[1636]. Durch die Abmahnung ist der Mieter gewarnt; setzt er gleichwohl die rechtswidrige Tierhaltung fort, rechtfertigt dieser schwere Vertragsverstoß die Kündigung[1637]. Andernfalls wäre der Vermieter gezwungen, jahrelang Verfahren auf Unterlassung der Tierhaltung zu führen, bevor er überhaupt kündigen könnte[1638].

Ein Kündigungsgrund liegt i. d. R. vor, wenn der Mieter das Tier nicht innerhalb angemessener Frist aus der Wohnung entfernt, obwohl er dazu verurteilt worden ist, oder wenn Vollstreckungsversuche gescheitert sind[1639].

[1631] KG Berlin GE 2004, S. 1588.
[1632] LG Frankenthal WuM 1990, 118; LG Essen WuM 1986, 117.
[1633] Sternel, Mietrecht aktuell, Rn. VI 235; Lammel, Wohnraummietrecht, § 535 Rn. 251.
[1634] LG Berlin ZMR 1999, 28; AG Spandau GE 2002, 670; Sternel, Mietrecht aktuell, Rn. VI 235.
[1635] LG Berlin ZMR 1999, 28, 29; Horst NZM 1998, 647, 648; Hülsmann NZM 2004, 841, 844; a. A. LG München I WuM 1999, 217; AG Frankfurt/M. NZM 1998, 759.
[1636] Hülsmann NZM 2004, 841, 844.
[1637] Hülsmann NZM 2004, 841, 844.
[1638] Horst NZM 1998, 647, 648; Hülsmann NZM 2004, 841, 844.
[1639] Sternel, Mietrecht aktuell, Rn. VI 235

Eine fristlose Kündigung des Mietvertrages wurde für zulässig gehalten bei besonderer Gefährlichkeit des Tieres[1640], übermäßiger Nutzung der Wohnung durch mehrere Tiere[1641], bei fortgesetzter unerlaubter Katzenhaltung trotz Abmahnung[1642], insbesondere wenn diese zur Geruchsbelästigung anderer Mieter beiträgt, und wenn Mitmieter durch einen Biß verletzt werden[1643]. Die Grenze der gemäß Mietvertrag mit der Formulierung "Hauskatzen erlaubt" zugelassene Hauskatzenhaltung ist überschritten, wenn der Mieter 15 Hauskatzen in Freilaufgehegen auf dem Grundstück eines Einfamilienhauses hält[1644]. Denn die Betreuung von 15 Katzen geht weiter über das hinaus, was der Rechtsverkehr als normale Hauskatzenhaltung versteht[1645]. Der Rechtsverkehr versteht unter Katzenhaltung - auch in einem Einfamilienhaus - allenfalls das Halten von ein bis drei Katzen[1646]. Kommt der Mieter einer Abmahnung in Verbindung mit der Aufforderung zur Abschaffung der Katzen nicht nach, liegt ein Kündigungsgrund des § 573 Abs. 2 Nr. 1 BGB vor[1647].

Ist die Haustierhaltung wirksam durch den Mietvertrag ausgeschlossen worden, hält der Mieter aber gleichwohl eine Katze zur Bekämpfung einer Mäuseplage, dann ist die Tierhaltung zwar vertragswidrig, berechtigt den Vermieter aber nicht zur Kündigung des Mietverhältnisses[1648]. Wenn der Mieter zur Mäuse- und Rattenbekämpfung eine Katze hält, so erscheint dies als durchaus angemessene Bekämpfungsmaßnahme zur Eindämmung des Ratten- und Mäusebestandes. Unter Berücksichtigung dieses Grundes, der den Mieter zur Katzenhaltung veranlaßt hat, ist

---

[1640] AG Spandau GE 2002, 670; AG Frankfurt/M. NZM 1998, 759, 760; a. A. LG Offenburg WuM 1998, 285, 286 (Kampfhunde).
[1641] LG Karlsruhe NZM 2001, 891 (100 Vögel); AG München NZM 1999, 616; AG Neustadt NZM 1999, 308.
[1642] LG Berlin ZMR 1999, 28, 29; NJW-RR 1997, 395 = NJWE-MietR 1997, 102 L (Katzengestank); a. A. LG München I WuM 1999, 217.
[1643] LG Berlin GE 1993, 97: Hundebiß.
[1644] LG Aurich vom 05.11.2009 – Az. 1 S 275/09.
[1645] LG Aurich vom 05.11.2009 – Az. 1 S 275/09.
[1646] LG Aurich vom 05.11.2009 – Az. 1 S 275/09.
[1647] LG Aurich vom 05.11.2009 – Az. 1 S 275/09.
[1648] AG Steinfurt WuM 1981, 230.

der Vertragsverstoß nicht als so schwerwiegend zu werten, daß er den Vermieter zur Kündigung des Mietverhältnisses berechtigen würde[1649].

c') Mietminderung und Schadensersatz

Wenn die Mietwohnung mangelhaft ist, kann der Mieter nach § 536 Abs. 1 BGB die Miete mindern. Die Katzenhaltung von Mitmietern als solche begründet jedoch keinen **Mangel** der Mietwohnung[1650]. Ein Mangel liegt nur dann vor, wenn die Istbeschaffenheit der Wohnung von der vertraglich vereinbarten Sollbeschaffenheit abweicht[1651]. Dabei ist die Verkehrsanschauung maßgebend. Subjektive Überempfindlichkeiten bleiben außer Betracht. Die Sollbeschaffenheit der Mietwohnung schließt die Möglichkeit ein, daß im Haus Mitmieter wohnen, die Katzen halten[1652]. Ein Wohnungsmangel kann aber durchaus vorliegen, wenn das Haus infolge der Katzenhaltung unsauber ist, wenn Katzen den Sandkasten verunreinigen oder im Hausflur Kot absetzen[1653]. Ein einmaliger Vorfall oder wenige Vorfälle dieser Art rechtfertigen eine Mietminderung jedoch nicht[1654].

Bei starker Belästigung oder Gefährdung hat der durch die Tierhaltung beeinträchtigte Mieter auch einen Anspruch auf fristlose **Eigenkündigung** gem. § 569 Abs. 1 BGB i. V. m. § 543 Abs. 1 BGB wegen Gesundheitsgefährdung[1655]. Auch ein Schadensersatzanspruch wegen positiver Vertragsverletzung des Mietvertrages kommt in Betracht[1656].

Dem Vermieter können gegen den Tierhalter nach § 280 Abs. 1 S. 1 BGB und §§ 823 Abs. 2, 1004 Abs. 1 BGB **Schadensersatzansprüche** wegen positiver Vertragsverletzung zustehen, wenn andere Mieter die Miete mindern, weil sie sich durch das Tier belästigt fühlen (z. B. durch Verunreinigung von Gemeinschaftsan-

---

[1649] AG Steinfurt WuM 1981, 230.
[1650] AG Bad Arolsen WuM 2007, 191 = NZM 2008, 83.
[1651] AG Bad Arolsen WuM 2007, 191 = NZM 2008, 83.
[1652] AG Bad Arolsen WuM 2007, 191 = NZM 2008, 83.
[1653] AG Bad Arolsen WuM 2007, 191 = NZM 2008, 83.
[1654] AG Bad Arolsen WuM 2007, 191 = NZM 2008, 83.
[1655] AG Bremen NZM 1998, 717 = NJW 1998, 3282, 3283 (Katzenflöhe).
[1656] AG Bremen NZM 1998, 717 = NJW 1998, 3282, 3283; Hülsmann NZM 2004, 841, 844.

lagen)[1657]. Erfolgt die Störung vom vermieteten Nachbarobjekt, kann sich ein Anspruch aus §§ 823 Abs. 2, 1004 Abs. 1 BGB auch gegenüber dem Vermieter des Nachbarobjekts ergeben[1658].

d') Zwangsvollstreckung

Räumt der Mieter die Mietwohnung nicht, nachdem der Vermieter das Mietverhältnis wegen unzulässiger Tierhaltung gekündigt und ein Räumungsurteil gegen den Mieter erstritten hat, kann der Vermieter aus dem Räumungsurteil vollstrecken. Bei einer Räumung ist die gesamte bewegliche Habe des Schuldners – so sie nicht Gegenstand der Zwangsvollstreckung ist - zu entfernen[1659]. Die Räumungsvollstreckung gegen einen Haustierhalter bringt jedoch erhebliche Probleme mit sich.

Der Gerichtsvollzieher hat nach § 885 Abs. 2 ZPO im Rahmen der Räumungsvollstreckung bewegliche Sachen, die nicht Gegenstand der Zwangsvollstreckung sind, wegzuschaffen und dem Schuldner oder einer Hilfsperson des Schuldners zu übergeben oder zur Verfügung zu stellen. Zum Teil wird die Auffassung vertreten, Tiere seien keine „Sachen" i. S. d. § 885 Abs. 2 ZPO[1660]. Wenn sich der Mieter weigert, die Tiere anzunehmen, oder z. B. wegen Obdachlosigkeit dazu nicht in der Lage ist, könne der Gerichtsvollzieher die Tiere nicht gem. § 885 Abs. 3 ZPO in ein Pfandlokal schaffen oder anderweitig in **Verwahrung** bringen[1661]. Pfandlokale oder Verwahrungsstätten seien für die Lagerung von Mobiliar oder ähnlichen Gerätschaften geeignet, nicht aber für die Unterbringung und Betreuung lebender Tiere[1662]. Das Versorgen und Verpflegen von Tieren sei auch nicht vom Begriff des Verwahrens i. S. d. § 885 Abs. 3 S. 1 ZPO umfaßt, gehe vielmehr darüber hin-

---

[1657] Sternel, Mietrecht aktuell, Rn. VI 235
[1658] AG Köln WuM 2001, 493, 494; KG NJW-RR 1191, 116, 1117; Hülsmann NZM 2004, 841, 844.
[1659] LG Brake DGVZ 1995, 44; Geißler DGVZ 1995, 145, 146.
[1660] OLG Karlsruhe NJW 1997, 1789 = NJWE-MietR 1997, 173 L; Geißler DGVZ 1995, 145, 146.
[1661] OLG Karlsruhe NJW 1997, 1789 = NJWE-MietE 1997, 173 L; Geißler DGVZ 1995, 145, 146; Hülsmann NZM 2004 841, 845.
[1662] OLG Karlsruhe JZ 1997, 573, 574; Geißler DGVZ 1995, 145, 146.

aus[1663]. Es fragt sich daher, ob der Gerichtsvollzieher überhaupt nach dieser Bestimmung gegen Tiere vorgehen darf[1664].

Andere meinen, § 885 ZPO sei auf die Räumungsvollstreckung auch dann anzuwenden, wenn sich in dem Mietobjekt Tiere befinden[1665]. Das gelte zumindest dann, wenn es sich um eine überschaubare Zahl handelt[1666]. Die Räumungsvollstreckung an der Versorgungsbedürftigkeit von Haustieren scheitern zu lassen, sei widersprüchlich, weil selbst nach dem Verbleib der Schuldner – also immerhin von Menschen – nicht gefragt werde[1667]. Der Gerichtsvollzieher habe die Tiere wie bewegliche Sachen (§ 90 a BGB) wegzuschaffen und dem Schuldner oder einer Ersatzperson zur Verfügung zu stellen[1668]. Sei das nicht möglich, dann habe der Gerichtsvollzieher die Tiere in Verwahrung zu bringen[1669], z. B. in einem Tierheim[1670], einer Fundtierstelle, Tierhandlungen, kommerziellen Tierpensionen, Mietställen, Tierschutzvereinen, einer Stallung o. ä. unterzubringen[1671] und ggf. zu verwerten[1672], auch bei erheblichen Kosten[1673]. Könne der Gerichtsvollzieher die Tiere nicht selbst in Verwahrung bringen, dann müsse er bei drohender Störung der öffentlichen Sicherheit und Ordnung die Ordnungsbehörde verständigen. Die

---

[1663] AG Lahr vom 19.09.1996 – Az. 3 M 1208/96.
[1664] Hülsmann NZM 2004 841, 845.
[1665] LG Oldenburg DGVZ 1995, 44; Prütting/Gehrlein/Olzen, ZPO, § 885 Rn. 24; Zöller/Stöber, ZPO, Rn. 19; Stein/Jonas/Brehn, ZPO, § 885 Rn. 3; Musielak/Lackmann, ZPO, § 885 Rn. 14; MünchKomm-Gruber, ZPO, § 855 Rn. 52; Ferst DGVZ 1997, 177, 178; Braun JZ 1997, 574, 575; Sues DGVZ 2008, 129 f..
[1666] Thomas/Putzo/Hüßtege, ZPO, § 885 Rn. 13; Sues DGVZ 2008, 129.
[1667] Braun JZ 1997, 574, 575.
[1668] Prütting/Gehrlein/Olzen, ZPO, § 885 Rn. 24; Zöller/Stöber, ZPO, Rn. 19.
[1669] MünchKomm/Pfohl, StGB, § 17 TierSchG Rn. 110; Zöller/Stöber, ZPO, § 885 Rn. 19.
[1670] MünchKomm-Gruber, ZPO, § 855 Rn. 52; Musielak/Lackmann, ZPO, § 855 Rn. 14.
[1671] Ferst DGVZ 1997, 177, 179; Zöller/Stöber, ZPO, Rn. 19; Sues DGVZ 2008, 129, 133; Braun JZ 1997, 574, 575; Rigol MDR 1999, 1363; a. A. Karlsruhe MDR 1997, 291 = NJW 1997, 1789; LG Oldenburg DGVZ 1995, 44.
[1672] MünchKomm-Gruber, ZPO, § 855 Rn. 52; Musielak/Lackmann, ZPO, § 855 Rn. 14; Zöller/Stöber, ZPO, Rn. 19; Sues DGVZ 2008, 129, 133.
[1673] MünchKomm-Gruber, ZPO, § 855 Rn. 52; Sues DGVZ 2008, 129 ff; a. A. Ferst DGVZ 1997, 177 ff.

Ordnungsbehörde habe dann die Unterbringung und Versorgung der Tiere zu übernehmen[1674].

Die Verwahrung der Tiere verursacht ganz erhebliche **Kosten**. Die Unterbringung und Versorgung der Tiere obliegt nicht dem Gerichtsvollzieher[1675]. Der Vermieter hat zunächst für die Kosten aufzukommen, die durch die Unterbringung der Tiere anfallen.[1676], auch wenn er den Mieter später in Regreß nehmen kann. Der Gerichtsvollzieher kann die Durchführung des Räumungsauftrags daher von einem entsprechenden Vorschuß abhängig machen. So hatte der Gerichtsvollzieher z. B. in einem Fall beim Vollstreckungsgläubiger einen Kostenvorschuß für die Räumungsvollstreckung in Höhe von 110.000,00 DM angefordert[1677]. Für Unterbringung und Versorgung der Tiere hat aber der Eigentümer/Halter zu sorgen. Aus § 885 ZPO ergibt sich nicht, daß der Aufwand einschließlich der laufenden Fütterungskosten dem Vermieter als Vollstreckungsgläubiger aufzubürden ist[1678]. Zwar haftet letztlich nicht der Vollstreckungsgläubiger, sondern der Vollstreckungsschuldner für die Kosten der Zwangsvollstreckung. Ist der Vollstreckungsschuldner jedoch nicht zahlungsfähig, kann der Vermieter seinen Regreßanspruch nicht gegen ihn durchsetzen. Der Gerichtsvollzieher muß folglich, wenn der Mieter oder eine Ersatzperson die Tiere nicht im Empfang nimmt, entweder die Räumungsvollstreckung einstellen oder der zuständigen Ordnungsbehörde Gelegenheit zum Einschreiten geben[1679]. Wegen der drohenden Gefährdung der öffentlichen Sicherheit und Ordnung durch „halterlose" Tiere ist die Ordnungsbehörde

---

[1674] Zöller/Stöber, ZPO, Rn. 19; OLG Karlsruhe MDR 1997, 291 = NJW 1997, 1789; LG Oldenburg DGVZ 1995, 44; AG Eschwege DGVZ 2008, 140, Ferst DGVZ 1997, 177; VG Freiburg NJW 1997, 1796 f.: größere Anzahl von Tieren; LG Ingolstadt DGVZ 1997, 167, 168; a. A. Sues DGVZ 2008, 129, 132: Einschreiten der Behörde liegt in ihrem Ermessen; a. A. VGH Mannheim NJW 1997, 1798; a. A. MünchKomm-Gruber, ZPO, Bd. 2, § 855 Rn. 53.
[1675] Geißler DGVZ 1995, 145, 146; Prütting/Gehrlein/Olzen, ZPO, § 885 Rn. 24.
[1676] OLG Karlsruhe NJW 1997, 1789 = NJWE-MietE 1997, 173 L; Geißler DGVZ 1995, 145, 146; Hülsmann NZM 2004 841, 845; a. A. LG Oldenburg DGVZ 1995, 44.
[1677] AG Brake DGVZ 1995, 44.
[1678] Geißler DGVZ 1995, 145, 147; a. A. Ferst DGVZ 1997, 177, 179.
[1679] vgl. AG Göttingen DGVZ 1996, 14; OLG Karlsruhe NJW 1997, 1789; LG Ingolstadt DGVZ 1997, 167; Prütting/Gehrlein/Olzen, ZPO, § 885 Rn. 24.

verpflichtet, zum Zecke der Gefahrenabwehr einzuschreiten[1680]. Wenn die Behörde jedoch nicht tätig wird, kann der Gerichtsvollzieher die Räumung nicht vollziehen[1681].

Zum Teil wird vorgeschlagen, die Tiere je nach Lage des Einzelfalls zur Vermeidung von Verwahrungskosten nach dem sog. Berliner Modell an ihrem bisherigen Standort zu belassen oder sie in die neue Wohnung des Schuldners zu bringen[1682]. Eine **Tötung** der Tiere allein wegen der Kosten, die der Vermieter sonst zu tragen hätte[1683], scheidet wegen § 1 TierSchG aus[1684].

Bei der Entfernung von in der Wohnung gehaltenen Haustieren soll es sich nach einer Rechtsmeinung um eine vertretbare Handlung handeln, so daß eine Vollstreckung nicht nach § 888 ZPO, sondern zunächst nach § 887 ZPO in Betracht kommt[1685]. Die Vollstreckung nach § 887 ZPO belaste den Schuldner weniger als die Vollstreckung nach § 888 ZPO, so daß im Zweifel nach § 887 ZPO zu verfahren sei[1686]. Eine Handlung wird dann als vertretbar anzusehen sein, wenn es aus Sicht des Gläubigers wirtschaftlich gleichgültig ist, durch wen die Handlung vorgenommen wird, und wenn es vom Standpunkt des Schuldners aus rechtlich zulässig ist, daß ein anderer an seiner Stelle die Handlung vornimmt[1687]. Für die Annahme, die Entfernung des in der Wohnung gehaltenen Haustiers sei eine unvertretbare Handlung, spricht jedoch die Tatsache, daß sich Haustiere häufig nur durch ihren Halter einfangen lassen[1688]. Bei der Vollstreckung nach § 887 ZPO

[1680] OLG Karlsruhe NJW 1997, 1789 = NJWE-MietE 1997, 173 L; LG Oldenburg DGVZ 1995, 44; Zöller/Stöber, ZPO, §885 Rn. 19; Hülsmann NZM 2004 841, 845; Geißler DGVZ 1995, 145, 148; a. A. Stollenberg JurBüro 1997, 620, 621: keine Verpflichtung der Ordnungsbehörde zum Einschreiten; VGH Mannheim NJW 1997, 1798: kein Einschreiten der Tierschutzbehörde; Loritz DGVZ 1997, 150 f.; Rigol MDR 1999, 1363.
[1681] Hülsmann NZM 2004 841, 845.
[1682] MünchKomm-Gruber, ZPO, Bd. 2, § 855 Rn. 52.
[1683] Befürwortet für nicht verwertbare Tiere von Sues DGVZ 2008, 129, 134; MünchKomm/Pfohl, StGB, § 17 TierSchG Rn. 110.
[1684] MünchKomm-Gruber, ZPO, § 855 Rn. 52.
[1685] OLG Hamm NJW 1966, 2415; LG Hamburg NJW-RR 1986, 158; a. A. LG Köln MDR 1963, 228.
[1686] OLG Hamm NJW 1966, 2415; LG Hamburg NJW-RR 1986, 158.
[1687] OLG Bamberg MDR 1983, 499.
[1688] OLG Köln MDR 1963, 228; Hülsmann NZM 2004, 841, 845.

stellt sich auch wieder das zuvor geschilderte vollstreckungsrechtliche Problem. Möglicherweise kann der Gerichtsvollzieher das Tier nicht in Verwahrung nehmen oder der Vollstreckungsgläubiger hat erhebliche Kostenvorschüsse zu zahlen, wenn der Schuldner nicht zahlungsfähig ist. Es erscheint daher sinnvoller, aus einem Titel auf Unterlassung der Tierhaltung bzw. Entfernung des Tieres nach § 888 ZPO zu vollstrecken[1689].

bb) Die Katze und der allergische Nachbar

Ein in einem Mehrparteienmiethaus wohnender Mieter kann die Miete nicht deshalb mindern, weil er unter einer Katzenallergie leidet. Eine Katze stellt keinen Mangel i. S. d. § 536 BGB dar. In einem Mehrfamilienhaus müssen einzelne Mieter damit rechnen, daß anderen Mietern die Tierhaltung erlaubt wird[1690]. Bei der Bestimmung des Mangelbegriffs bleiben subjektive Überempfindlichkeiten außer Betracht[1691]. Eine Katzenallergie gehört zu den subjektiven Überempfindlichkeiten, die dem Durchschnittsmieter nicht anhaften[1692]. Der allergische Mieter hat daher keinen Anspruch gegen den Vermieter, daß dieser das Haus katzenfrei macht[1693]. Der Mangelbegriff ist standardisiert; die Katzenbehaftetheit eines Miethauses kann nicht im Verhältnis zu einem Nichtallergiker mangelfrei und zugleich im Verhältnis zu einem Allergiker mangelhaft sein[1694].

Uneinigkeit besteht wieder in der Frage, wie sich eine Allergie des Vermieters oder eines anderen Hausbewohners auf die Genehmigung der Haustierhaltung auswirkt.

Nach Ansicht des AG Hannover ist eine Katzenallergie des Nachbarn kein Grund, die Tierhaltung zu verbieten. Voraussetzung ist allerdings, daß die Katze nicht in unerlaubter Weise in der Wohnung des Nachbarn streunt. Für Katzen, die Freilauf gewohnt sind, ist ein Beschluß der Eigentümer, die Tiere künftig in der

---

[1689] Hülsmann NZM 2004, 841, 845.
[1690] AG Bad Arolsen WuM 2007, 191 = NZM 2008, 83.
[1691] AG Bad Arolsen WuM 2007, 191 = NZM 2008, 83.
[1692] AG Bad Arolsen WuM 2007, 191 = NZM 2008, 83.
[1693] AG Bad Arolsen WuM 2007, 191 = NZM 2008, 83.
[1694] AG Bad Arolsen WuM 2007, 191 = NZM 2008, 83.

Wohnung zu halten, nicht zulässig. Wenn die Katzenhaltung rechtmäßig ist, dann muß auch eine artgerechte Haltung der Katzen möglich sein[1695].

Hält der Vermieter selbst ein Haustier dann berechtigt ihn die behauptete Allergie seiner Ehefrau nach Ansicht des LG München nicht zur Kündigung des Mietverhältnisses, und das unabhängig von der Frage, ob die Tierhaltung im Mietvertrag überhaupt wirksam untersagt werden durfte oder nicht. Es ist nicht als grob mißachtender bewußter Vertragsverstoß zu werten, wenn sich die Mieter nicht von ihrer Katze trennen wollen. Im übrigen ist das Risiko, der Mieterkatze zu begegnen, nicht größer als die Wahrscheinlichkeit, anderen Katzen über den Weg zu laufen[1696].

Anders beurteilen das AG Bonn[1697], das AG Köln[1698], das LG Hildesheim[1699] und das AG Aachen[1700] die Situation. Danach darf die Genehmigung verweigert werden, wenn der im gleichen Haus wohnende Vermieter oder ein anderer Mieter im Wohngebäude unter einer Tierhaarallergie leidet. Der Grund für die Zustimmungsverweigerung muß aber unverzüglich geltend gemacht werden und nicht erst nach eineinhalb Jahren[1701]. Stellt sich heraus, daß die Allergie weniger schlimm ist als ursprünglich angenommen und daß nur ein unmittelbarer Kontakt zum Tier die Allergie auslöst, dann kann der Vermieter zur Zustimmung verpflichtet sein[1702]. Dies gilt insbesondere dann, wenn die beabsichtigte Tierhaltung nachvollziehbare vernünftige Interessen verfolgt. Hier ist dann die Zustimmung zur Tierhaltung zu erteilen; sie kann auch nicht von der Stellung einer zusätzlichen Mietsicherung abhängig gemacht werden[1703]. Zur Vermeidung eines indirekten Kontaktes (über

---

[1695] AG Hannover - Az. 8611 C 76/86.
[1696] LG München I WuM 1999, 217.
[1697] AG Bonn WuM 1990, 197 f..
[1698] AG Köln WuM 1988, 122.
[1699] LG Hildesheim WuM 2002, 316.
[1700] AG Aachen WuM 2006, 304.
[1701] AG Bonn WuM 1990, 197 f.
[1702] AG Aachen WuM 2006, 304.
[1703] AG Aachen WuM 2006, 304.

Katzenhaare auf der Treppe) hat der Katzenhalter für entsprechende Sauberkeit zu sorgen[1704].

Noch weiter gehen das AG München[1705] und das LG München[1706]. Sie sind der Ansicht, Allergiker hätten ein Recht auf eine katzenfreie Nachbarschaft, und verurteilten eine Wohnungsgenossenschaft, die einem Mieter gegenüber erklärte Erlaubnis zur Katzenhaltung zu widerrufen. Der allergische Nachbar konnte durch ärztliches Attest nachweisen, daß durch die Katzenhaare ein lebensbedrohlicher Asthmaanfall ausgelöst werden könnte. Er forderte den Vermieter auf, die Erlaubnis zur Katzenhaltung zu widerrufen. Die Katzenbesitzer argumentierten, daß das Tier als reine Wohnungskatze gehalten werde. Zudem sei die Katze wichtig für die psychotherapeutische Behandlung ihres zwölfjährigen Sohnes, der an Panikattacken und Sprachstörungen leide. Das Amtsgericht entschied, daß die Vermeidung eines schweren Asthmaanfalles zweifellos schwerer wiege als die Unterstützung einer psychischen Behandlung durch die Katze. Das Landgericht bestätigte dieses Urteil in der Berufung. Es sei bekannt, daß gegen eine Allergie nur die Vermeidung der allergenen Stoffe helfe. Natürlich werde der Kläger im täglichen Leben immer wieder einmal Katzen begegnen. Während er hier jedoch ausweichen könne, bestehe diese Möglichkeit im eigenen Wohnbereich gerade nicht. Dagegen könne das Kind der Katzenhalter, sofern aus psychologischen Gründen geboten, auf ein anderes Haustier ausweichen, mit dem das Kind Autonomie erleben und erlernen, Verantwortungsgefühl entwickeln und Pflichtbewußtsein zeigen könne[1707]. Darauf, ob der Vermieter bei Abschluß des Vertrages die Asthmaerkrankung und die Katzenallergie des Mieters kannte, komme es nicht an[1708].

[1704] AG Bonn WuM 1990, 197 f..
[1705] AG München vom 28.06.2004 - Az. 191 C 10647/03.
[1706] LG München I vom 25.03.2004 - Az. 34 S 16167/03.
[1707] LG München I vom 25.03.2004 - Az. 34 S 16167/03.
[1708] LG München I vom 25.03.2004 - Az. 34 S 16167/03.

cc) Der Ärger mit der Katzenklappe

Wer ohne Einwilligung seines Vermieters eine Katzenklappe in die *Wohnungstür* einbaut und diese nach Aufforderung des Vermieters nicht wieder entfernt, muß mit einer außerordentlichen Kündigung rechnen[1709]. Der Einbau einer Katzenklappe stellt eine erhebliche Beschädigung und "optische Beeinträchtigung" der hölzernen Wohnungstür dar, denn die Einbaumaßnahme beschränkt sich nicht auf den Zustand innerhalb der Wohnung, sondern ist von der Außenseite (vom Treppenhaus aus) sichtbar. Die Vermieterinteressen sind nicht nur geringfügig beeinträchtigt, weil die Katzenklappe dazu führt, daß die Katze unkontrollierten Zugang zum Treppenhaus hat. Der Aufenthalt von Tieren im Treppenhaus muß - unabhängig von der Frage, ob es dadurch zu Verschmutzungen komme oder nicht - vom Vermieter mit Rücksicht auf die Interessen der übrigen Mieter des Hauses nicht hingenommen werden[1710].

Anders verhält es sich, wenn die Nachbarinteressen durch eine Katzenklappe nicht beeinträchtigt werden. Der Einbau einer Katzenklappe in eine *Zimmertür* rechtfertigt keine Kündigung des Mietverhältnisses, und zwar weder eine fristlose noch eine ordentliche Kündigung. Das Einfügen des „Katzenlochs" in eine Zimmertür stellt zwar möglicherweise einen vertragswidrigen Gebrauch der Mietsache dar, jedoch fehlt es an der Erheblichkeit[1711]. Die Katzenklappe führt nicht zur Belästigung anderer Mieter. Es sind lediglich Schadenersatzansprüche des Vermieters möglich[1712]. Allerdings muß der Katzenhalter bei einem Auszug die Tür ersetzen[1713].

dd) Die lästigen Katzen der Nachbarn

Der Vermieter ist verpflichtet, seine Mieter vor streunenden Katzen aus der Nachbarschaft zu schützen und diese beseitigen lassen, sofern es zu regelmäßigen und

---

[1709] LG Berlin GE 2004, 1394.
[1710] LG Berlin GE 2004, 1394.
[1711] AG Erfurt WuM 2000, 629.
[1712] AG Schöneberg GE 2004, 756.
[1713] AG Erfurt WuM 2000, 629.

nicht hinnehmbaren Belästigungen durch das Tier kommt[1714]. Allerdings darf der Vermieter dabei nur auf geeignete Mittel zurückgreifen, die Leib und Leben des Tiers nicht gefährden, etwa einen gerichtlichen Beschluß erwirken[1715].

Mieter dürfen sich durch Belästigungen der nachbarlichen Katzen wehren, wenn das Einwirken der Katzen in fremde Wohnungen oder Grundstücke das übliche Maß überschreitet. Das bloß vereinzelte Eindringen fremder Katzen in Nachbarhäuser kann aber grundsätzlich nicht als Besitz- oder Eigentumsstörung angesehen werden[1716].

ee) Wenn es kreucht und fleucht oder riecht wie in einem Pumakäfig

Der Mieter haftet aus positiver Vertragsverletzung für das Einschleppen von Katzenflöhen in das Wohnhaus durch seine Katze[1717]. Er ist verpflichtet, auf seine Kosten die **Flöhe** zu beseitigen.

Eine Mieterin muß an einem Mietvertrag nicht festhalten, wenn eine Wohnung durch die Katzen der Vormieter mit Katzenflöhen verseucht worden ist[1718]. Darüber hinaus kann die Mieterin Schadenersatz, Rückzahlung der Miete und Ersatz für nutzlose Aufwendungen verlangen, die ihr durch die Suche nach einer neuen Wohnung und den Umzug entstanden sind[1719]. Wenn durch Katzen des Vormieters Katzenflöhe in die Wohnung gelangt sind und die neue Mieterin, die selbst keine Tiere hat, in erheblichem Umfang von Katzenflöhen gebissen wird[1720], mehrere Versuche seitens des Vermieters, die Flöhe zu beseitigen, fehlschlagen und selbst der Kammerjäger die Flöhe nicht beseitigen kann, liegt ein Mangel der Mietwohnung vor.[1721].

[1714] AG Eckernförde – Az. 6 C 322/00.
[1715] AG Eckernförde – Az. 6 C 322/00.
[1716] OLG Koblenz - Az. 3 U 834/88.
[1717] AG Köln WuM 1997, 40.
[1718] AG Bremen NJW 1998, 3280 f..
[1719] AG Bremen NJW 1998, 3280 f..
[1720] ca. 80 Flohbisse binnen zwei Monaten.
[1721] AG Bremen NJW 1998, 3280 f..

Verunreinigt die Katze des Nachbarn das Treppenhaus, z. B. durch **Markieren**, kann dies den Mieter zu einer Mietkürzung von bis zu 20 Prozent berechtigen[1722].

Die gelegentliche Verunreinigung der Treppe berechtigt den Vermieter aber noch nicht, das mit dem Katzenhalter bestehende Mietverhältnis fristlos zu kündigen[1723]. Es ist für die anderen Hausbewohner zwar unangenehm, wenn die Katze ins Treppenhaus uriniert. Sie müssen das aber hinnehmen, wenn es nicht ständig passiert und die Haustierhaltung erlaubt ist[1724].

Der Vermieter ist berechtigt, das Mietverhältnis außerordentlich fristlos zu kündigen, wenn es im Flur vor der Wohnung des Katzenhalters wie in einem Raubtierhaus im Zoo riecht und man sich wegen des Gestanks auf dem Balkon der darüber liegenden Wohnung nicht mehr aufhalten kann. Die **Geruchsbelästigung** ist eine so erhebliche Störung des Hausfriedens, daß dem Vermieter die Fortsetzung des Mietverhältnisses nicht mehr zuzumuten ist. In hunderttausenden Haushalten werden Katzen gehalten, ohne daß es zu Geruchsbelästigungen kommt. Es wäre also möglich, sie abzustellen. Wenn das der Mieter trotz Abmahnung nicht tut, ist die fristlose Kündigung gerechtfertigt, weil es hier auch um die Art und Weise der Tierhaltung geht[1725].

Anders entschied das AG Hamburg[1726]. Der Vermieter verlangte, daß der Mieter zwei in der Wohnung lebende Katzen entfernt. Der Hausverwalter hatte bei einer Begehung der Räume den Geruch von Katzenurin festgestellt. Der Vermieter befürchtete dauerhafte Schäden an der Wohnung und verlangte Unterlassung der Katzenhaltung. Das Amtsgericht wies die Klage ab und betonte, daß auch in einer Großstadt wie Hamburg das Halten von Katzen innerhalb einer Wohnung zur freien Lebensgestaltung der Mieter gehöre. Hauskatzen verursachten bei artgerechter Haltung keinen störenden Lärm. Ferner seien Katzen reinlich und beschädigten nichts, zumindest nicht irreparabel. Etwaige Kratzspuren auf den Tapeten zum Beispiel seien allemal bei Renovierungsarbeiten wieder auszubessern. Wenn die

---

[1722] vgl. AG Münster WuM 1995, 534: Hund.
[1723] AG Köln WuM 2001, 512.
[1724] AG Köln WuM 2001, 512.
[1725] LG Berlin NJW-RR 1997, 395.
[1726] AG Hamburg WuM 1996, 613.

Katzentoilette groß genug ist und regelmäßig gereinigt wird, müsse auch nicht mit dauerhafter Geruchsbelästigung gerechnet werden. Nach dem Auszug der Katzenfreunde verziehe sich jedenfalls der Geruch wieder, so daß dem Vermieter kein bleibender Schaden entstehe. Der typische Katzengeruch lasse sich durch die Verwendung handelsüblicher Streumittel weitgehend überdecken. Da der Katzengeruch nicht außerhalb der Wohnung bemerkbar war und sich die anderen Hausbewohner bei der Befragung nicht nennenswert über die Tierhaltung beschwert hatten, hatte der Vermieter gegen die zwei Katzen keine Handhabe[1727].

ff) Wenn das Mietobjekt Schaden nimmt

Uneinig ist man sich in der Rechtsprechung auch darüber - das wird den Leser sicher nicht erstaunen - was geschieht, wenn das Tier Schäden in der Mietwohnung verursacht.

Erlaubt ein Vermieter die Haltung eines Hundes und einer Katze und hält der Mieter statt dessen sieben Katzen, einen Schäferhund und zwei Chinchillas in der Mietwohnung, dann ist die Tierhaltung vertragswidrig. Der Mieter ist verpflichtet, nach seinem Auszug die gesamte Wohnung auf Grund der bestehenden **Geruchsbelästigung** neu zu tapezieren und die Holzdecken zu reinigen[1728].

Anders liegt der Fall, wenn der Mieter nur die Tiere in der Mietwohnung hält, die der Vermieter nach Art und Anzahl genehmigt hatte. Wenn dann der Parkettboden der vermieteten Wohnung **Kratzspuren** aufweist, kann der Vermieter von den Mietern keinen Schadensersatz für das erforderliche Abschleifen des Parkettbodens verlangen. Die vom Tier des Mieters stammenden Kratzer sind nur die Folge der vertragsgemäßen Nutzung der Wohnung. Wenn der Vermieter die Tierhaltung geduldet hat, gehört auch die Abnutzung des Parkettbodens durch Kratzer zum üblichen entschädigungslosen Mietgebrauch[1729].

[1727] AG Hamburg WuM 1996, 613.
[1728] LG Mainz WuM 2003, 624.
[1729] AG Berlin-Köpenick - Az. 8 C 126/98.

Hat nach dem Mietvertrag der Vermieter die Verpflichtung übernommen, bei Beendigung des Mietverhältnisses die Wohnung zu renovieren, dann muß er die Schönheitsreparaturen selbst dann übernehmen, wenn die Katze des Mieters den Türanstrich zerkratzt hat[1730]. Etwas anderes gilt nur dann, wenn die Kratzspuren so tief sind, daß auch das Türholz selbst in Mitleidenschaft gezogen worden ist[1731]. Ist das nicht der Fall, dann muß der Vermieter die Kratzspuren, die die Katze auf der Tür hinterlassen hat, hinnehmen und die Kratzer selbst beseitigen[1732].

Erbricht die Katze des Mieters auf den Teppichboden in der angemieteten Wohnung, dann haftet der Mieter dem Vermieter auf Schadensersatz, weil der Schaden durch ein willkürliches Verhalten (§ 823 BGB) entstanden ist[1733]. Je nach Alter des **Teppichbodens** muß sich allerdings der Vermieter einen Abzug „alt für neu" gefallen lassen[1734].

Wenn das genehmigte Tier erhebliche Schäden am Mietobjekt verursacht, darf der Vermieter aber die Erlaubnis zur Tierhaltung widerrufen[1735].

gg) Immer wieder gern: Das Katzennetz am Balkon

Immer noch heiß diskutiert wird die Frage, ob ein Mieter oder Wohnungseigentümer zum Schutz seiner Katze ein Katzenschutznetz am Balkon seiner Wohnung anbringen darf.

aaa) Das Netz am Mietbalkon

Zum Teil wird die Auffassung vertreten, ein Mieter dürfe auf seinem Balkon ein Fangnetz anbringen, damit seine Katze nicht entwischen oder abstürzen kann[1736]. Zwar müßten Mieter grundsätzlich die Zustimmung ihres Vermieters einholen,

---

[1730] AG Steinfurt WuM 1995, 652.
[1731] AG Steinfurt WuM 1995, 652.
[1732] AG Steinfurt WuM 1995, 652.
[1733] AG Böblingen WuM 1998, 33.
[1734] AG Böblingen WuM 1998, 33.
[1735] AG Hamburg-Altona WuM 1989, 624.
[1736] AG Hamburg vom 17.12.1997 - Az. 41 b C 195/97; LG Hamburg – Az. 11 S 291/88.

wenn sie eine Veränderung an der Mietsache vornehmen. Ob die Mieter vorher um Erlaubnis gefragt haben oder ob der Vermieter ausdrücklich zugestimmt hat oder nicht, sei aber dann nicht entscheidend, wenn der Vermieter nach Treu und Glauben auf jeden Fall verpflichtet wäre, der Anbringung des Fangnetzes zuzustimmen. Wenn die Ständer, an denen das Fangnetz vom Mieter aufgehängt wird, mit der Balkonbrüstung verschraubt wird, die Verschraubungen ohne Eingriffe in die Mietsache wieder zu entfernen ist und das keine häßliche, ins Auge fallende Anlage ist, muß der Vermieter das Netz dulden[1737]. Das gilt auch dann, wenn das Netz zwar von der Straße aus gut zu sehen ist, dies aber nur, wenn man bewußt auf den Balkon schaut[1738]. Der Vermieter darf dem Mieter nicht ohne triftige, sachbezogene Gründe Einrichtungen versagen, die diesem die Nutzung der Mietwohnung als Mittelpunkt seines Lebens und der Entfaltung seiner Persönlichkeit sowie als Freiraum eigenverantwortlicher Betätigung ermöglichen[1739]. Es ist offenkundig und entspricht der allgemeinen Lebenserfahrung, daß Katzen von der Balkonbrüstung fallen können, wenn das Netz entfernt wird[1740].

Andere meinen, ein Vermieter müsse es nicht dulden, daß ein Mieter den angemieteten Balkon zum Schutz seiner Katze mit einem Netz versieht[1741]. Und die Gestattung der Tierhaltung in der Wohnung durch den Vermieter beinhalte nicht automatisch auch die Genehmigung eines Katzennetzes am Balkon. Ein auf dem Balkon angebrachtes Katzennetz muß entfernt werden, wenn es eine negative Veränderung des optischen Gesamteindrucks der Wohnanlage darstellt[1742].

Ein vom Mieter angebrachtes Fenstergitter an der Rückfront des Hauses muß geduldet werden[1743].

[1737] AG Köln WuM 2002, 605.
[1738] AG Hamburg vom 17.12.1997 – Az. 41b C 195/97.
[1739] OLG Karlsruhe NJW 1993, 2815, WuM 1993,525,526; LG Hamburg vom 17.06.1997 – Az. 316 S 271/96.
[1740] AG Hamburg vom 17.12.1997 – Az. 41b C 195/97.
[1741] AG Wiesbaden NJW-RR 2000,1031.
[1742] BayObLG FGPrax 2003, 123.
[1743] AG Lörrach WuM 1986, 247.

bbb) Das Netz am eigenen Balkon

Ein Mehrheitsbeschluß der Wohnungseigentümergemeinschaft, mit dem einem Katzen haltenden Wohnungseigentümer aufgegeben wird, ein an seinem Balkon angebrachtes sog. "Katzennetz" zu entfernen, ist gültig[1744], auch wenn das "Katzennetz" von dunkler Farbe ist[1745]. Bauliche Veränderungen können von Wohnungseigentümern nur dann gegen den Willen der anderen Eigentümer durchgeführt werden, soweit diesen kein über das bei einem geordneten Zusammenleben unvermeidliche Maß hinausgehender Nachteil erwächst. Als Nachteil wird hierbei jede nicht ganz unerhebliche Beeinträchtigung verstanden[1746]. Diese kann auch in einer nachteiligen Veränderung des optischen Gesamteindrucks der Wohnanlage liegen[1747].

Das Anbringen eines Katzenetzes an einer Loggia stellt eine bauliche Veränderung dar, die in einer Wohnungseigentümergemeinschaft der Zustimmung aller Eigentümer bedarf. Liegt eine entsprechende Zustimmung nicht vor, ist die Schutzvorrichtung zu beseitigen[1748]. Dabei spielt es keine Rolle, ob dieses Katzennetz durch einen Eingriff in das Mauerwerk befestigt wurde oder nicht. Entscheidend ist allein der optische Eindruck[1749].

hh) häufig verwendete Mietvertragsklauseln

Jede Tierhaltung, insbesondere von Hunden und Katzen, mit Ausnahme von Ziervögeln und Zierfischen bedarf der Zustimmung des Vermieters.

Die Klausel ist nach § 307 Abs. 1 BGB unwirksam, weil sie den Mieter unangemessen benachteiligt[1750]. Die Benachteiligung ergibt sich daraus, daß eine Ausnahme vom Zustimmungserfordernis nur für Ziervögel und Zierfische besteht, nicht aber für andere kleine Haustiere, die wie z. B. Hamster und Schildkröten gleichfalls

---

[1744] BayObLG FGPrax 2003, 123; OLG Zweibrücken ZMR 1998, 464 = NZM 1998, 376.
[1745] OLG Zweibrücken ZMR 1998, 464 = NZM 1998, 376.
[1746] BGHZ 116, 392.
[1747] BayObLG NZM 1998, 775; BayObLG FGPrax 2003, 123.
[1748] OLG Zweibrücken ZMR 1998, 464 = NZM 1998, 376.
[1749] BayObLG FGPrax 2003, 123.
[1750] BGH NJW 2008, 218 = MDR 2008, 134.

in geschlossenen Behältnissen gehalten werden[1751]. Die Haltung derartiger Kleintiere gehört zum vertragsgemäßen Gebrauch der Mietwohnung, weil sie die Mietsache nicht beeinträchtigt und Dritte nicht stört[1752].

Haustiere, insbesondere Hunde, Katzen, Hühner, Kaninchen, dürfen nur mit schriftlicher Einwilligung des Vermieters gehalten werden. Die Einwilligung gilt nur für das bestimmte Tier. Sie kann widerrufen werden, wenn Unzuträglichkeiten eintreten. Der Mieter haftet für alle durch die Haltung entstehenden Schäden.

Diese Klausel ist nach § 307 BGB unwirksam, weil sie eine schriftliche Einwilligung des Vermieters verlangt[1753]. Die Klausel erweckt in unzulässiger Weise den Eindruck, eine mündliche Zustimmung sei unwirksam. Darüber hinaus verstößt die Klausel gegen § 307 BGB, weil sie alle Tiere, auch die Kleintiere, in den Genehmigungsvorbehalt einbezieht[1754].

c) Die Katze auf dem Campingplatz

Für die Tierhaltung auf Campingplätzen gelten zum Teil andere Grundsätze als für die Tierhaltung in Mietwohnungen. Die Mietwohnung stellt den Lebensmittelpunkt des Mieters dar. Hier ist dem Mieter daher grundsätzlich ein Recht zur freien Gestaltung seiner Lebensverhältnisse einzuräumen, auch soweit es um die Tierhaltung geht[1755]. Die Miete eines Stellplatzes auf einem Campingplatz, auf dem der Mieter sich nicht ständig, sondern nur vorübergehend aufhält, ist damit nicht vergleichbar[1756]. Die Interessen des Mieters an der Tierhaltung wiegen geringer als die Interessen des Vermieters[1757]. Der Vermieter ist daher u. U. berechtigt, die Tierhaltung zu verbieten oder eine einmal erteilte Erlaubnis zu widerrufen[1758]. Hinrei-

---

[1751] BGH NJW 2008, 218 = MDR 2008, 134.
[1752] BGH NJW 2008, 218 = MDR 2008, 134.
[1753] AG Konstanz WuM 2007, 315.
[1754] AG Konstanz WuM 2007, 315.
[1755] LG Heidelberg NJW-RR 1987, 658.
[1756] LG Heidelberg NJW-RR 1987, 658.
[1757] LG Heidelberg NJW-RR 1987, 658.
[1758] LG Heidelberg NJW-RR 1987, 658.

chende Gründe sind z. B. die Verschmutzung von Spielflächen, Kinderspielplätzen oder Liegewiesen durch Kot der Tiere, die Verunreinigung von Sanitärbereichen sowie die Störung der Nachtruhe durch die Tierhaltung auf relativ engem Raum[1759]. Diese Belästigungen lassen sich auch bei ordnungsgemäßer Beaufsichtigung der Tiere kaum vermeiden[1760].

[1759] LG Heidelberg NJW-RR 1987, 658.
[1760] LG Heidelberg NJW-RR 1987, 658, 659.

14. Die Katze im Urlaub

Wer seine Katze mit in den Urlaub nimmt, hat auch bei Zahlung eines Aufschlags keinen Anspruch auf Futter für das Tier[1761]. Der **Aufschlag** enthält keine Verpflegungskosten, sondern ist lediglich ein Ausgleich für „erhöhte Dienstleistung"[1762].

M. E. ist eine Klausel in einem Beherbergungsvertrag, wonach für mitgebrachte Haustiere wie Hunde und Katzen zuzüglich zum regulären Übernachtungspreis ein Aufschlag zu zahlen ist, unwirksam nach § 307 BGB, wenn der Hotelier kein Futter, keine Futter- oder Trinknäpfe, keine Katzentoilette und keine Streu, keine Schlafstelle und keinen Kratzbaum als Gegenleistung zur Verfügung stellt. Allein die Tatsache, daß sich auch eine Katze im Hotelzimmer oder in der Ferienwohnung aufhält, rechtfertigt es nicht, einen Zuschlag zu fordern. Dabei ist zu berücksichtigen, daß Katzen sehr reinliche Tiere sind, die häufig weniger Schmutz zurücklassen als menschliche Mieter, so daß der Zuschlag auch nicht als Schmutzzulage gerechtfertigt wäre. Für Schäden am Mietobjekt, die das Tier verursacht hat, muß der Mieter ohnehin gesondert aufkommen. Derartige hypothetische Schäden sind mit dem Zuschlag gerade nicht abgegolten. Im übrigen wäre die Zulage auch als pauschalierter Schadensersatz unzulässig (§ 309 Ziff. 5 lit. a BGB).

Ein Beherbergungsvertrag, der von einem Katzenhalter einen Zuschlag für den Aufenthalt der mitgebrachten Katze verlangt, ohne eine Gegenleistung für diesen Zuschlag zu erbringen, ist mit wesentlichen Grundgedanken des gesetzlichen Miet- und Dienstrechts nicht zu vereinbaren (§ 307 Abs. 2 Ziff. 1 BGB) und benachteiligt den Urlauber/Mieter unangemessen (§ 307 Abs. 1 BGB).

Wenn während des Urlaubs zahlreiche wild herumlaufende Katzen und Hunde **die Hotelgäste belästigen**, sich von den Tellern der Gäste bedienen und die Liegestühle belagern und dann noch das im Reiseprospekt vollmundig angepriesene Frühstück nur aus etwas Brot, einer kleinen Portion Marmelade und zwei dünnen Scheiben Wurst besteht, darf der Urlauber den Reisepreis um 20 Prozent mindern[1763].

[1761] LG Frankfurt/M. – Az. 2-24 S 59/99.
[1762] LG Frankfurt/M. – Az. 2-24 S 59/99.
[1763] AG Köln – Az. 144 C 141/98.

Wenn das Hotel und der Strand völlig verdreckt sind und von unzähligen streunenden Katzen heimgesucht werden, es überall von Fliegen nur so wimmelt, die Matratzen stark gelbbraun verfleckt sind, die Teppiche große Löcher haben, die sanitären Einrichtungen vergammelt sind, der Garten voller Unrat ist und die Ober beim Abräumen der Tische zur Freude der Katzen die Speisereste einfach in den verwahrlosten Garten werfen, kann der Urlauber den Reisepreis um 60 Prozent mindern[1764].

[1764] OLG Frankfurt/M. OLGR Frankfurt 2001, 41.

15. Die Katzenzucht

a) Der Zwingername

Der Zwingername ist mehr als die Bezeichnung, unter der eine Zucht in der Öffentlichkeit auftritt. Er ist Ausdruck der Persönlichkeit dessen, der hinter dem Namen steht. Oftmals enthält der Zwingername Bestandteile aus dem Namen oder Wohnsitz des Züchters. Er erhält den Rang einer Qualitätsbezeichnung ähnlich wie „made in Germany", wenn sich der Zwingername durch Erfolge bei Leistungsschauen und Ausstellungen am Markt etabliert hat. Es spricht sich schnell herum, welcher Zwinger seriös ist, bestimmte Farben favorisiert, auf jahrelange Erfahrung und sorgfältige Auslese zurückgreift, auf gesunden Linien aufbaut etc.. Der Zwingername rückt damit praktisch in den Rang einer Marke auf. Umso ärgerlicher ist es, wenn ein anderer Zwinger denselben Namen trägt.

Das Recht an einem Zwingernamen ergibt sich aus § 12 BGB. Danach gilt der Grundsatz der Priorität. Wer nachweislich zuerst den Namen führte, darf ihn behalten[1765]. Er kann denjenigen, der sich später denselben Zwingernamen zugelegt hat, auf Unterlassung in Anspruch nehmen, wenn trotz verschiedener Rassen eine gewisse Verwechslungsgefahr besteht[1766]. Das AG Bottrop[1767] hat einem Züchter bei Androhung eines Ordnungsgeldes von 500.000,00 DM oder ersatzweise Ordnungshaft von sechs Monaten untersagt, den später angemeldeten Zwingernahmen weiterhin zu führen. „Wird das Recht zum Gebrauch eines Namens dem Berechtigten von einem anderen bestritten oder wird das Interesse des Berechtigten dadurch verletzt, daß ein anderer unbefugt den gleichen Namen gebraucht, so kann der Berechtigte von dem anderen Beseitigung der Beeinträchtigung verlangen. Sind weitere Beeinträchtigungen zu besorgen, so kann er auch auf Unterlassung klagen."[1768]

[1765] AG Bottrop vom 19.05.1995 – Az. 15 C 403/94.
[1766] AG Bottrop vom 19.05.1995 – Az. 15 C 403/94.
[1767] AG Bottrop vom 19.05.1995 – Az. 15 C 403/94.
[1768] AG Bottrop vom 19.05.1995 – Az. 15 C 403/94.

Der Berechtigte, der sein Namensrecht wahren möchte, muß nachweisen, daß er den Zwingernamen als Erster geführt hat und der Name daher ihm zusteht.

> Um zu beweisen, seit wann der Zwingername geführt wird, müssen im Streifall Unterlagen über die Anmeldung des Namens vorgelegt werden. Die Unterlagen müssen sorgfältig aufbewahrt werden, auch für den Fall, daß der Züchter ohne Änderung des Zwingernamens den Verein wechselt und seine Daten beim alten Verein nach einer gewissen Zeit gelöscht werden.

b) Gewerbe oder Liebhaberei?

Viel diskutiert wird die Frage, wann eine Zucht ein Gewerbe und wann eine Liebhaberei ist. Von dieser Frage hängt ab, ob Einnahmen aus der Zucht zu versteuern sind, ob der Züchter eine ordnungsbehördliche Erlaubnis benötigt und ob der Züchter Unternehmer im Sinne der Bestimmungen über den Verbrauchsgüterkauf ist. Das Gesetz verwendet die Begriffe „gewerblich" bzw. „Gewerbe", „Unternehmen" und „gewerbsmäßig".

aa) Blick ins Steuerrecht

Der Begriff „Gewerbe" wird im Steuerrecht verwandt. Einkünfte aus Gewerbetrieb unterliegen der Einkommenssteuer (§ 2 Abs. 1 Nr. 2 EStG). Wer gewerblich agiert, ist veranlagungspflichtig zur Einkommens-, Umsatz- und Gewerbesteuer[1769]. Auch wenn er keinen Gewinn erzielt, entbindet ihn dies nicht von der allgemeinen Steuerveranlagungspflicht[1770].

Einkünfte sind der Überschuß der Einnahmen über die Werbungskosten (§ 2 Abs. 2 Nr. 2 EStG) vermindert um die Freibeträge (§ 32 Abs. 6 EStG), den Haushaltsfreibetrag (§ 32 Abs. 7 EStG) und um die sonstigen vom Einkommen abzuziehenden Beträge (§ 2 Abs. 5 S. 1 EStG).

[1769] LG Darmstadt vom 27.10.1999 – Az. 2 O 163/00
[1770] LG Darmstadt vom 27.10.1999 – Az. 2 O 163/00

Gewerblich ist jede erlaubte, selbständige, nach außen erkennbare Tätigkeit, die planmäßig, für eine gewisse Dauer und zum Zwecke der Gewinnerzielung ausgeübt wird und kein freier Beruf ist. Eine Tätigkeit ist nach außen gerichtet, wenn sie für Dritte nach außen offen erkennbar in Erscheinung tritt. Die für Dritte nicht erkennbare Absicht ein Gewerbe zu betreiben reicht hierfür nicht aus. Selbständig ist, wer nicht weisungsgebunden ist. Es muß sich um eine rechtliche Selbständigkeit handeln. Eine wirtschaftliche Selbständigkeit allein reicht nicht aus. Der Gewerbetreibende muß seine Tätigkeit im Wesentlichen frei gestalten und seine Arbeitszeit bestimmen können. Planmäßig und auf gewisse Dauer betrieben ist die gewerbliche Tätigkeit, wenn sie nicht nur gelegentlich betrieben werden wird. Die vorgenommenen Handlungen müssen auf eine Vielzahl von Geschäften gerichtet sein. Es reicht nicht, wenn ein Gewerbe nur saisonal betrieben wird. Entscheidend ist vielmehr, ob wiederholt und regelmäßig Geschäfte getätigt werden (objektiv) und eine entsprechende Absicht zugrunde liegt (subjektiv).

Gewinnerzielungsabsicht ist das Streben nach Vermehrung des Betriebsvermögens[1771]. Bei Gewinnerzielungsabsicht gilt der Gewinnbegriff des § 4 Abs. 1 EStG. Gewinn ist der Unterschiedsbetrag zwischen dem Betriebsvermögen am Schluß des Wirtschaftsjahres und dem Betriebsvermögen am Schluß des vorangegangenen Wirtschaftsjahres, vermehrt um den Wert der Entnahmen und vermindert um den Wert der Einlagen (§ 4 Abs. 1 S. 1 EStG). Entnahmen sind alle Wirtschaftsgüter (Barentnahmen, Waren, Erzeugnisse, Nutzungen und Leistungen), die der Steuerpflichtige dem Betrieb für sich, für seinen Haushalt oder für andere betriebsfremde Zwecke im Laufe des Wirtschaftsjahres entnommen hat (§ 4 Abs. 1 S. 2 EStG). Einer Entnahme für betriebsfremde Zwecke steht der Ausschluß oder die Beschränkung des Besteuerungsrechts der Bundesrepublik Deutschland hinsichtlich des Gewinns aus der Veräußerung oder der Nutzung eines Wirtschaftsguts gleich (§ 4 Abs. 1 S. 3 EStG).

Bei der Gewinnerzielungsabsicht handelt es sich um ein subjektives Tatbestandsmerkmal, das nicht nach den Absichtserklärungen des Steuerpflichtigen,

---

[1771] BFH BStBl. II 1998, S. 727.

sondern nach äußeren Merkmalen zu beurteilen ist[1772]. Aus objektiven Umständen muß auf das Vorliegen oder Fehlen der Absicht geschlossen werden, wobei einzelne Umstände einen Anscheinsbeweis (prima-facie-Beweis) liefern können, der vom Steuerpflichtigen entkräftet werden kann[1773]. In diesem Fall bleibt es bei der objektiven Beweislast des Finanzamtes[1774]. Beweisanzeichen für das Vorliegen einer Gewinnerzielungsabsicht kann eine Betriebsführung sein, bei der der Betrieb nach seiner Wesensart und der Art seiner Bewirtschaftung auf die Dauer gesehen dazu geeignet und bestimmt ist, mit Gewinn zu arbeiten[1775]. Dies erfordert eine in die Zukunft gerichtete und langfristige Beurteilung, wofür die Verhältnisse eines bereits abgelaufenen Zeitraums wichtige Anhaltspunkte bieten können. Alle Umstände des Einzelfalls sind zu berücksichtigen. Wenn dauernde Verluste auf das Fehlen einer Gewinnabsicht hindeuten, kann dies allein nicht ausschlaggebend sein. Bei längeren Verlustperioden muß aus weiteren Beweisanzeichen die Feststellung möglich sein, daß der Steuerpflichtige die verlustbringende Tätigkeit nur aus im Bereich seiner Lebensführung liegenden persönlichen Gründen oder Neigungen ausübt[1776]. Dabei ist auch zu bedenken, daß bei einer Tätigkeit Gewinnabsicht später einsetzen oder wegfallen kann mit der Folge, daß eine einkommensteuerrechtlich relevante Tätigkeit entsprechend später beginnt oder wegfällt[1777].

Bei der Prüfung, ob der Steuerpflichtige beabsichtigt, **Gewinn** zu erzielen, ist auf den vom Steuerpflichtigen erzielten Totalgewinn (Gesamtergebnis des Betriebes von der Gründung bis zur Beendigung) und nicht auf einzelne Periodenergebnisse abzustellen[1778]. Hierbei sind Veräußerungsgewinne im Sinne von § 16 EStG zu berücksichtigen. Die Gewinnerzielungsabsicht kann nach dem eindeutigen Gesetzeswortlaut Nebenzweck der Tätigkeit sein (§ 15 Abs. S. 3 EStG). Unerheblich

---

[1772] BFHE 125, 516, BStBl II 1978, 620; FG Mecklenburg-Vorpommern vom 07.03.2003 2 –Az. K 399/00.
[1773] BFHE 125, 516, BStBl II 1978, 620.
[1774] BFHE 129, 53, BStBl II 1980, 69
[1775] BFH BFHE 121, 78, BStBl II 1977, 250; BFHE 134, 339, BStBl II 1982, 381
[1776] BFH BFHE 132, 518, BStBl II 1981, 452.
[1777] BFH BFHE 134, 339, BStBl II 1982, 381, für Gewinneinkünfte; BFH BFHE 135, 320, BStBl II 1982, 463, für Überschußeinkünfte.
[1778] BFH BStBl II 1988, S. 778.

ist auch, ob im Einzelfall tatsächlich Gewinne erzielt werden[1779]. Einkünfte aus Gewerbebetrieb liegen aber dann nicht vor, wenn der Steuerpflichtige mit seinen Einnahmen lediglich die Selbstkosten zu decken versucht[1780].

Eine Gewinnerzielungsabsicht liegt nicht vor, wenn die Tätigkeit ihren Ursprung tatsächlich in den persönlichen Neigungen des Steuerpflichtigen hat (sog. Liebhaberei)[1781]. An die Feststellung persönlicher Gründe und Motive, die den Steuerpflichtigen zur Weiterführung seines Unternehmens bewogen haben könnten, sind in diesen Fällen keine hohen Anforderungen zu stellen[1782]. Der Bundesfinanzhof vertritt die Auffassung, daß **Liebhaberei** vorliegt, wenn ein Betrieb nicht nach betriebswirtschaftlichen Gesichtspunkten geführt wird und nach seiner Wesensart auf Dauer gesehen keinen Gewinn erzielen kann[1783]. Klassisches Indiz für die fehlende Gewinnerzielungsabsicht und damit das Vorliegen einer „Liebhaberei-Tätigkeit" sind das Fortführen der Tätigkeit trotz andauernder Verluste sowie (Anlauf-)Verluste, die über die gewöhnliche Anlaufzeit hinausgehen[1784].

Gewerblich im Sinne des **Einkommenssteuerrechts** ist jede erlaubte, selbständige, nach außen erkennbare Tätigkeit, die planmäßig, für eine gewisse Dauer und zum Zwecke der Gewinnerzielung ausgeübt wird und kein freier Beruf ist.

[1779] BFH BStBl. II 1984, S. 751.
[1780] BFH BStBl. II 1985, S. 61.
[1781] BFH BStBl. 1984 II S. 751; Hessisches FG vom 23.9.2005 – Az. 1 K 2505/01; FG Köln vom 23.9.2005 – Az. 15 K 4853/03; FG Rheinland-Pfalz vom 2.9.2004 4 – Az. K 2259/00; FG Mecklenburg-Vorpommern vom 07.03.2003 – Az. 2 K 399/00.
[1782] BFH vom 17.11.2004 – Az. X R 62/01.
[1783] BFHE 105, 360 = BStBl II 1972, 599; BFH BStBl. II 1985, S. 205
[1784] BFH BStBl. 1984 II S. 751; FG München vom 28.03.2007 – Az. 9 K 2689/04; BFH - FG Düsseldorf vom 17.11.2004 – Az. X R 62/01.

Folgende Kriterien sind Indizien für eine von Liebhaberei getragenen Tätigkeit:
   aa) es handelt sich um ein Hobby,
   bb) der Lebensunterhalt oder die resultierenden Verluste werden mit anderen Einkünften finanziert oder ausgeglichen[1785]
   cc) trotz anhaltender jahrelanger Verluste wird die Tätigkeit weder aufgegeben noch die Art der Betriebsführung verändert[1786].
   dd) insgesamt gesehen ist auf Dauer kein Totalüberschuß zu erzielen (sogenannte Totalüberschußprognose) (BFH Beschluß vom 25.6.1984 (GrS 4/82) BStBl. 1984 II S. 751).

Der BFH hat im Hinblick auf die reichhaltige höchstrichterliche Judikatur (insbesondere den grundlegenden Beschluß des Großen Senats des BFH vom 25. Juni 1984 GrS 4/82, BFHE 141, 405, BStBl II 1984, 751) die Rechtsfrage, unter welchen Umständen eine steuerrechtlich unbeachtliche Liebhaberei anzunehmen ist, als geklärt beurteilt und zudem ausgeführt, die Feststellung der Gewinnerzielungsabsicht im Einzelfall liege auf tatsächlichem Gebiet[1787].

Eine Gewinnerzielungsabsicht liegt nicht vor, wenn die Tierzucht auf der schmalen Basis von nur wenigen Zuchttieren erfolgt, weil Ausfälle und andere Unwägbarkeiten nicht zeitnah kompensiert werden können.[1788]. Züchterische Fehlentwicklungen und Fehlschläge können nur durch An- und Verkauf vorhandener Zuchttiere ausgeglichen werden[1789].

Die Zucht von und der Handel mit Katzen ist steuerlich als Liebhaberei zu beurteilen, wenn über einen Zeitraum von mehr als 13 Jahren keinerlei Aussicht be-

---

[1785] BFH vom 14.12.2004 – Az. XI R 6/02; FG München v. 28.03.2007 – Az. 9 K 2689/04; FG Berlin vom 25.04.1996 – Az. I 37/94.
[1786] BFH in BFHE 202, 119, BStBl II 2003, 702; BFH vom 28.08.2008 – Az. VI R 50/06; BFH vom 17.03.2010 – Az. IV R 60/07.
[1787] vgl. BFH-Beschluß vom 19.08.2004 XI B 9/04, die Verfassungsbeschwerde wurde mit Beschluß vom 26.10.2005 2 BvR 2228/04 vom BVerfG nicht zur Entscheidung angenommen; ferner BFH-Beschluß vom 15.01.2004 – Az. VIII B 300/02.
[1788] BFH ZSteu 2010, R935.
[1789] BFH ZSteu 2010, R935.

steht, einen Gewinn zu erzielen und auch im Anschluß daran zweifelhaft ist, ob der Betrieb in die Gewinnzone kommt[1790].

bb) Blick ins Ordnungsrecht

Wer gewerbsmäßig Tiere züchtet oder hält, bedarf der Zustimmung der zuständigen Behörde (§ 10 a Abs. 1 Ziff. 3 lit. a TierSchG). Die **Erlaubnis** darf nur erteilt werden, wenn der Züchter auf Grund seiner Ausbildung oder seines bisherigen beruflichen oder sonstigen Umgangs mit Tieren nachweislich die für die Zucht erforderlichen fachlichen Kenntnisse, Fähigkeiten und die Zuverlässigkeit hat und die der Zucht dienenden Räume und Einrichtungen eine den Anforderungen des § 2 TierSchG entsprechende Ernährung, Pflege und Unterbringung der Tiere ermöglichen (§ 10 a Abs. 2 TierSchG).

Die Voraussetzungen für ein *gewerbsmäßiges* Züchten sind in der Regel erfüllt, wenn eine Haltungseinheit fünf oder mehr fortpflanzungsfähige Katzen oder fünf oder mehr Würfe pro Jahr erreicht[1791]. Bei Prüfung der Anzahl des Zuchttierbestandes sind nach Ziff. 12.2.1.5.1 AVV sowohl die weiblichen als auch die männlichen Tiere mit zu zählen[1792].

Für die Annahme einer Gewerbsmäßigkeit reicht es aus, daß, auch wenn Verluste erwirtschaftet werden oder der Gewinn den erhofften Umfang nicht erreicht, jedenfalls eine **Gewinnerzielungsabsicht** besteht[1793].

Nach § 11 Abs. 3 S. 2 TierSchG soll schon aus formellen Gründen eine Untersagung der Zucht erfolgen. Eine Ausnahme vom Regelfall kommt in Betracht, wenn alle Erlaubnisvoraussetzungen offensichtlich erfüllt sind, insbesondere die für die Tätigkeit erforderliche Sachkunde sowie dem Tierschutzgesetz entspre-

---

[1790] FG München vom 09.11.2009 – Az. 7 K 2846/08 (Papageien).
[1791] Allgemeine Verwaltungsvorschrift zur Durchführung des Tierschutzgesetzes vom 09.02.2000, BAnz. Nr. 36 a vom 22.02.2000, Artikel 12.2.1.5.1.
[1792] VG Mainz NVwZ-RR 2010, 840.
[1793] VG Mainz NVwZ-RR 2010, 840.

chende Haltungsbedingungen vorliegen, und der Erlaubnisantrag mit den hierzu notwendigen Angaben und Unterlagen bereits gestellt wurde[1794].

> Gewerbsmäßiges Züchten im Sinne des **Ordnungsrechts** liegt vor, wenn ein Zwinger fünf oder mehr fortpflanzungsfähige Katzen hält oder fünf oder mehr Würfe pro Jahr erreicht.

Das Züchten von durchschnittlich 13 Welpen pro Jahr über mehrere Jahre hinweg geht im Umfang klar über zufällige Vermehrungsereignisse, Liebhaberei oder Nebenbeschäftigung hinaus[1795]. Wer mehrere Zuchttiere gleichzeitig hält, um dies zu ermöglichen, handelt gewerblich[1796]. Ob er dadurch einen Gewinn erzielt, ist für die Einordnung völlig unerheblich; ausreichend ist eine entsprechende Absicht[1797]. Wenn dem Umsatz aus Welpenverkäufen Ausgaben in gleicher Höhe gegenüberstehen, mag dies Zweifel an den betriebswirtschaftlichen Fähigkeiten des Züchters begründen[1798]. Es ändert aber nichts daran, daß das Handeln des Züchters auf Gewinnerzielung gerichtet und damit gewerblich ist[1799].

Die Erlaubnis setzt einen Antrag und einen **Sachkundenachweis** voraus. Der Antragsteller muß über die erforderlichen fachlichen Kenntnisse und Fähigkeiten verfügen; eine bestimmte Berufsausbildung braucht jedoch nicht vorzuliegen. Der Antragsteller muß zuverlässig sein (§ 17 Abs. 2 Ziff. 2 TierSchG). Die Erlaubnis kann daher versagt werden bei fehlender Geschäftsfähigkeit, Alkohol- und Drogenmißbrauch, psychischen Störungen mit Bezug zum Umgang mit Tieren, Straftaten wie Roheitsdelikten, Sachbeschädigung an Tieren, Umweltdelikten[1800] und früheren Verstößen gegen formelles Tierschutzrecht[1801], Jagdrecht, Fischereirecht

---

[1794] VG Mainz NVwZ-RR 2010, 840.
[1795] LG Darmstadt vom 27.10.1999 – Az. 2 O 163/99.
[1796] LG Darmstadt vom 27.10.1999 – Az. 2 O 163/99.
[1797] LG Darmstadt vom 27.10.1999 – Az. 2 O 163/99.
[1798] LG Darmstadt vom 27.10.1999 – Az. 2 O 163/99.
[1799] LG Darmstadt vom 27.10.1999 – Az. 2 O 163/99.
[1800] Lorz/Metzger, TierSchG, 6. Aufl., § 11Rn. 31.
[1801] VG Potsdam vom 06.09.2010 – Az. 3 L 159/10.

usw. mit materiellem Tierschutzcharakter[1802]. Räume und Einrichtungen müssen die tierschutzgerechte Haltung ermöglichen. Die Verwaltungsbehörde muß, wenn nicht ein Sonderfall vorliegt, demjenigen die Zucht untersagen, der die erforderliche Erlaubnis nicht hat (§ 11 Abs. 3 S. 2 TierSchG).

Züchtet jemand in seinem Wohnhaus Katzen, hat hierfür aber offensichtlich keine ausreichend notwendige Sachkunde, da sich die Todesfälle von Tieren außergewöhnlich häufen, kann ihm von der zuständigen Behörde mit sofortiger Wirkung die gewerbsmäßige Zucht von Katzen und der Handel mit ihnen untersagt werden[1803].

Die Erlaubnis ist zu widerrufen, wenn grobe und wiederholte Verstöße gegen das TierSchG vorliegen und der Züchter sich daher als unzuverlässig erwiesen hat[1804]. Der Begriff der **Zuverlässigkeit** im tierschutzrechtlichen Sinne knüpft an den entsprechenden gewerberechtlichen Begriff an[1805]. Daß der Gesetzgeber die gewerbliche Katzenzucht von der Zuverlässigkeit der für die Tätigkeit verantwortlichen Person abhängig machen durfte, begegnet auch im Hinblick auf die Staatszielbestimmung Tierschutz und damit einhergehenden Schutzpflichten keinen ernstlichen verfassungsrechtlichen Bedenken, auch wenn damit in die Berufsfreiheit auch in ihrem Wahlaspekt durch Errichtung subjektiver Zulassungsschranken eingegriffen wird[1806].

cc) Kaufrecht und Verbraucherschutz

Viele Katzenkaufverträge erfüllen – und das wird die Züchter wenig freuen – die Voraussetzungen des Verbrauchsgüterkaufs nach § 474 BGB. Ein Verbrauchsgüterkauf liegt immer dann vor, wenn ein Verbraucher i. S. d. § 13 BGB einen Kaufvertrag mit einem "Unternehmer" i. S. d. § 14 BGB schließt.

[1802] Lorz/Metzger, TierSchG, 6. Aufl., § 11 Rn. 31.
[1803] VG Mainz NVwZ 2010, 840.
[1804] VG Potsdam vom 06.09.2010 – Az. 3 L 159/10.
[1805] VG Potsdam vom 06.09.2010 – Az. 3 L 159/10.
[1806] Bayerischer VGH vom 14.07.2008 – Az. 9 Cs 08.536.

Der klassische Katzenliebhaber ist Verbraucher. **Verbraucher** ist nach § 13 BGB, wer ein Rechtsgeschäft zu einem Zwecke abschließt, der weder seiner gewerblichen noch seiner selbständigen beruflichen Tätigkeit zugerechnet werden kann. Das setzt voraus, daß der Kauf für den Käufer zu einem privaten Zweck abgeschlossen wird[1807]. Ob ein privater Kauf vorliegt, ergibt sich aus den äußeren Umständen, dem Auftreten des Käufers, dem Kaufgegenstand und dem Inhalt des Kaufvertrages[1808]. Der Kauf eines kastrierten Liebhabertieres wird daher ein privater Kauf sein, der einer ausdrücklich als Zuchttier bezeichneten Katze kann ein nicht privater (gewerblicher) Kauf sein. Bei einem gemischten Zweck kommt es darauf an, wo der Schwerpunkt des Kaufvertrages liegt[1809].

> Ein **Verbrauchsgüterkauf** liegt immer dann vor, wenn ein Verbraucher einen Kauvertrag mit einem "Unternehmer schließt

Unternehmer ist nach § 14 BGB, wer bei Abschluß eines Rechtsgeschäfts in Ausübung seiner gewerblichen oder selbständigen beruflichen Tätigkeit handelt. Gewerbliche Tätigkeit setzt ein selbständiges und planmäßiges, auf eine gewisse Dauer angelegtes Anbieten entgeltlicher Leistungen am Markt voraus[1810]. Das ist z. B. der Fall, wenn ein Züchter in einer Fachzeitschrift für seine Tiere wirbt und dauerhaft nicht nur Zuchttiere für Verpaarungen, sondern auch Tiere aus der eigenen Nachzucht zum Verkauf anbietet[1811]. Allein aus der Eintragung des Verkäufers als Züchter im Zuchtregister des Vereins sowie seiner Verkaufsbemühungen für das betreffende Tier kann aber auf ein planmäßiges und dauerhaftes Anbieten von Leistungen am Markt nicht geschlossen werden[1812]. Anders als im Einkommensteuerrecht setzt beim Verbrauchsgüterkauf nach § 474 BGB das Vorliegen eines Gewerbes und damit die Unternehmerstellung des Verkäufers nicht voraus, daß

[1807] Palandt/Weidenkaff, BGB, § 474 Rn. 4.
[1808] Palandt/Weidenkaff, BGB, § 474 Rn. 4.
[1809] Palandt/Weidenkaff, BGB, § 474 Rn. 4.
[1810] BGH NJW 2006, 2250 = ZIP 2006, 1307; OLG Düsseldorf ZGS 2004, 271.
[1811] BGH 2006, 2250 = ZIP 2006, 1307.
[1812] OLG Düsseldorf ZGS 2004, 271.

der Verkäufer mit seiner Geschäftstätigkeit die Absicht verfolgt, Gewinn zu erzielen[1813].

> Gewerbliche Tätigkeit im Sinne des **Verbrauchsgüterkaufrechts** setzt ein selbständiges und planmäßiges, auf eine gewisse Dauer angelegtes Anbieten entgeltlicher Leistungen am Markt voraus. Eine Gewinnerzielungsabsicht ist nicht erforderlich.

Entscheidend ist, ob der Unternehmer gerade in unternehmerischer Tätigkeit an einen Verbraucher verkauft. Unschädlich ist es, wenn der Unternehmer die Tätigkeit nebenberuflich ausübt[1814], wie es vielfach beim Verkauf von Katzen durch Züchter geschieht. Es kommt dann darauf an, ob die private oder die unternehmerische Nutzung des Kaufgegenstands überwiegt[1815].

Die Beweislast für das Vorliegen eines Verbrauchsgüterkaufs trägt derjenige, der sich darauf beruft[1816]. Die Beweislast für die Ausnahme des Abs. 1 S. 2 trägt der Unternehmer[1817].

dd) Lauterkeitsrecht

Das UWG schützt die unternehmerische Teilnahme am Markt vor unlauterem Wettbewerb und das Interesse der Allgemeinheit an der Erhaltung eines unverfälschten, funktionsfähigen Wettbewerbs[1818]. Unzulässig sind unlautere geschäftliche Handlungen, die geeignet sind, den Wettbewerb spürbar zu beeinträchtigen (§ 3 UWG). Unlauter handelt insbesondere, wer Waren, Tätigkeiten oder die persönlichen Verhältnisse eines Mitbewerbers herabsetzt oder verunglimpft (§ 4 Ziff. 7 UWG). Wettbewerber in diesem Sinne können auch Katzenzüchter sein.

[1813] BGH NJW 2006, 2250 = ZIP 2006, 1307.
[1814] Palandt/Weidenkaff, BGB, § 474 Rn. 5.
[1815] OLG Celle NJW-RR 2004, 1645.
[1816] BGH NJW 2007, 2619 = ZIP 2007, 1611; OLG Düsseldorf ZGS 2004, 271, 273; OLG Celle NJW-RR 2004, 1645, 1646.
[1817] Palandt/Weidenkaff, BGB, § 474 Rn. 5.
[1818] Harte-Bavendamm/Henning-Bodewig/Keller, UWG, § 2 Rn. 174.

Mitbewerber ist jeder Unternehmer, der mit einem oder mehreren Unternehmern als Anbieter von Waren in einem konkreten Wettbewerbsverhältnis steht (§ 2 Abs. 1 Ziff. 3 UWG). Unternehmer ist jede natürliche oder juristische Person, die geschäftliche Handlungen im Rahmen ihrer gewerblichen Tätigkeit vornimmt[1819]. Eine gewerbliche Tätigkeit ist eine planmäßige, auf Dauer angelegte, selbständige, wirtschaftliche Tätigkeit unter Teilnahme am Wettbewerb[1820]. Es ist nicht erforderlich, daß ein in kaufmännischer Weise eingerichteter Gewerbebetrieb geführt wird[1821]. Erfaßt wird jede marktbezogene geschäftliche – anbietende oder nachfragende - Tätigkeit in jedem denkbaren Wirtschaftszweig für jedwede marktfähigen Güter[1822]. Der Geschäftszweck kann beliebiger Natur sein; der Begriff ist weit auszulegen[1823]. Eine Gewinnerzielungsabsicht ist nicht erforderlich; geschäftlicher Verkehr setzt nicht notwendig ein Handeln gegen Entgelt voraus[1824].

c) Der Züchter im Verein

Wechselt ein Züchter von Tieren die Züchtervereinigung, so ist die alte Züchtervereinigung verpflichtet, den Zuchtbuchauszug der anderen Züchtervereinigung zur Verfügung zu stellen. Dies folgt aus der vereinsrechtlichen Treuepflicht. Der Züchter kann aber nur verlangen, daß der Zuchtbuchauszug der neuen Züchtervereinigung übergeben wird, also nicht ihm selbst[1825].

[1819] Harte-Bavendamm/Henning-Bodewig/Keller, UWG, § 2 Rn. 117.
[1820] Harte-Bavendamm/Henning-Bodewig/Keller, UWG, § 2 Rn. 190.
[1821] Harte-Bavendamm/Henning-Bodewig/Keller, UWG, § 2 Rn. 190.
[1822] Harte-Bavendamm/Henning-Bodewig/Keller, UWG, § 2 Rn. 117; Fezer, UWG, § 2 Rn. 18.
[1823] Fezer, UWG, § 2 Rn. 18.
[1824] Fezer, UWG, § 2 Rn. 18.
[1825] OLG Schleswig-Holstein AgrarR 1999, 245.

d) Züchter unter sich

Private Mitteilungen über die Privatangelegenheiten des lieben Nächsten kann man nicht verbieten, ohne drei Vierteln der Menschheit drei Viertel ihres Gesprächsstoffs zu rauben[1826].

Katzenzüchter sind nicht immer nett zueinander. Äußerungen von Züchtern über andere Züchter, insbesondere auf ihren **Websites**, geben zuweilen Anlaß zu Aufregung. Die Veröffentlichungen sind zulässig, sofern der andere Züchter zugestimmt hat und die Veröffentlichung nur einen Kommentar ohne herabsetzenden Charakter enthält[1827]. Die Veröffentlichung ist hingegen unzulässig, wenn die über den anderen Züchter aufgestellten Behauptungen geeignet sind, den Ruf des anderen Züchters zu schädigen[1828]. Das ist z. B. der Fall, wenn ein Züchter dem anderen Züchter vorwirft, er betreibe eine am Steuerrecht vorbeigehende und tierschutzrechtlich nicht genehmigte Zucht[1829]. Ein Züchter darf nicht die Zustimmung des anderen Züchters zur Veröffentlichung von eindeutig werbenden Texten mißbrauchen, um den anderen Züchter mit nicht gerechtfertigten, schweren Vorwürfen zu überziehen[1830].

Unzulässig und nicht von der Pressefreiheit gedeckt ist es auch, über jemanden z. B. in einem **Zeitungsartikel** zu behaupten oder zu verbreiten,

„Katzenhexe, Du hast unsere Miezen gestohlen! [...] Wenn sie durch's Dorf radelt, dass schaudert's die Kinder von ... (Kreis E). Die Haare wild. Der Blick fanatisch. Am Lenker eine Plastiktüte mit Transportkäfig drin. "Die Katzenhexe" flüstern die Kleinen [...] Am Dienstag hat "Katzenhexe" [...] wieder zugeschlagen. Da pflückte sie die Katzen der Bauernfamilie, [...] komplett von der Wiese [...]" [1831].

[1826] S. Leipziger Kommentar-Schünemann, StGB, § 203 Rn. 6.
[1827] LG Darmstadt vom 27.10.1999 – Az. 2 O 163/99.
[1828] LG Darmstadt vom 27.10.1999 – Az. 2 O 163/99.
[1829] LG Darmstadt vom 27.10.1999 – Az. 2 O 163/99.
[1830] LG Darmstadt vom 27.10.1999 – Az. 2 O 163/99.
[1831] OLG München vom 25.05.2010 – Az. 18 U 1604/10.

Die Darstellung einer Straftat unter Identifizierung des angeblichen Straftäters berührt den Schutzbereich seiner Grundrechte aus Art. 2 Abs. 1 GG i. V. m. Art. 1 Abs. 1 GG. Das Recht auf freie Entfaltung der Persönlichkeit und die Menschenwürde sichern jedem einzelnen einen autonomen Bereich privater Lebensgestaltung, in dem er seine Individualität entwickeln und wahren kann[1832]. Hierzu gehört auch das Recht, in diesem Bereich "für sich zu sein", "sich selber zu gehören"[1833]. Das umfaßt nicht nur das Recht am eigenen Bild, sondern auch das Verfügungsrecht über Darstellungen der Person[1834]. Jedermann darf grundsätzlich selbst und allein bestimmen, ob und wieweit andere sein Lebensbild im Ganzen oder bestimmte Vorgänge aus seinem Lebensbild öffentlich darstellen dürfen[1835]. Auch die Berichterstattung über einen ehrenrührigen Verdacht ist geeignet, das Ansehen der betroffenen Person zu beeinträchtigen. Auch sie greift daher in das Persönlichkeitsrecht des Betroffenen ein[1836].

Unzulässig ist es, mit den Kunden eines anderen Züchters, die sich in dessen Website-**Gästebuch** eingetragen haben, Kontakt aufzunehmen, und den Züchter zu diffamieren. Insbesondere ist es nicht erlaubt, zu behaupten, dieser Züchter züchte bzw. verkaufe kranke Tiere, nachdem in einem Einzelfall, zwei Jahre nach dem Verkauf eines Kitten aus diesem Zwinger HCM (HKM) aufgetreten ist. Auch das erfüllt den Tatbestand der üblen Nachrede und verpflichtet ggf. zum Schadensersatz. Soweit Züchter über einen konkurrierenden Züchter unwahre ehrenrührige Behauptungen in dessen Verein verbreiten, die zum Ausstellungsverbot oder Ausschluß des diffamierten Züchters führen, liegt u. U. ein Eingriff in den eingerichteten und ausgeübten Gewerbebetrieb vor.

Herabsetzende Äußerungen eines Züchters über einen Wettbewerber verpflichten als unlautere geschäftliche Handlung nach §§ 4 Ziff. 4, 6 Ziff. 5, 8 UWG zur Unterlassung und nach § 9 UWG zum Schadensersatz. Handeln im geschäftlichen Verkehr ist jede wirtschaftliche Tätigkeit auf dem Markt, die der Förderung eines

---

[1832] OLG München vom 25.05.2010 – Az. 18 U 1604/10.
[1833] OLG München vom 25.05.2010 – Az. 18 U 1604/10.
[1834] OLG München vom 25.05.2010 – Az. 18 U 1604/10.
[1835] BVerfG NJW 1973, 1226, 1227 f.
[1836] OLG München vom 25.05.2010 – Az. 18 U 1604/10.

eigenen oder fremden Geschäftszwecks zu dienen bestimmt ist[1837]. Der Geschäftszweck kann beliebiger Natur sein; der Begriff ist weit auszulegen[1338]. Eine Gewinnerzielungsabsicht ist nicht erforderlich; geschäftlicher Verkehr setzt nicht notwendig ein Handeln gegen Entgelt voraus[1839].

Wettbewerbswidrig sind die Schmähkritik und pauschale Abwertungen eines Mitbewerbers, seiner Kompetenz, Leistungsfähigkeit oder seiner Leistungen ohne adäquate Begründung[1840]. Eine pauschale Abwertung liegt vor, wenn eine Äußerung unangemessen abfällig, abwertend oder unsachlich ist[1841]. Die Verbreitung wahrer Tatsachen kann wettbewerbswidrig sein, wenn ein ernsthaftes Interesse der Allgemeinheit oder des Adressaten der Mitteilung an der Kenntnis der Tatsache nicht besteht; sie ist nur zulässig, wenn der Urheber einen hinreichenden Anlaß zu der Behauptung hatte und er sich bei ihrer Verbreitung auf das Erforderliche beschränkt hat[1842].

Ist der Unterlassungsanspruch des Wettbewerbers begründet, dann kann er den Züchter abmahnen. Die **Abmahnung** dient der außergerichtlichen Geltendmachung des Unterlassungsanspruchs. Der Empfänger soll sich durch Unterzeichnung einer strafbewehrten Unterlassungserklärung verpflichten, das beanstandete Verhalten zu unterlassen und bei Nichtbeachtung eine Vertragsstrafe zu zahlen. Macht der Wettbewerber den Unterlassungsanspruch ohne vorherige Abmahnung gerichtlich geltend, dann muß er bei einem sofortigen Anerkenntnis des Beklagten die Kosten tragen.

Der abmahnenden Partei steht gegen den Züchter wegen **unlauteren Wettbewerbs** ein verschuldensunabhängiger Anspruch auf Ersatz der Abmahnkosten zu einschließlich der Anwaltskosten. Der Anspruch auf Kostenerstattung ergibt sich nach ständiger Rechtsprechung aus dem Gesichtspunkt der Geschäftsführung ohne Auftrag sowie des Schadensersatzes. Der Anspruch auf Kostenerstattung

---

[1837] Fezer, UWG, § 2 Rn. 18.
[1838] Fezer, UWG, § 2 Rn. 18.
[1839] Fezer, UWG, § 2 Rn. 18.
[1840] Harte-Bavendamm/Henning-Bodewig/Omsels, UWG, § 4 Nr. 7 Rn. 20.
[1841] Harte-Bavendamm/Henning-Bodewig/Omsels, UWG, § 4 Nr. 7 Rn. 20.
[1842] Harte-Bavendamm/Henning-Bodewig/Omsels, UWG, § 4 Nr. 7 Rn. 22.

besteht auch dann, wenn der abgemahnte Wettbewerber den rechtswidrigen Zustand sofort beseitigt. Der Gegenstandsewert für die anwaltliche Abmahnung liegt im gewerblichen Bereich regelmäßig zwischen 10.000,00 EUR und 50.000,00 EUR. Ein Anspruch auf Erstattung der Mehrwertsteuer besteht nur dann, wenn der Abmahnende nicht zum Vorsteuerabzug berechtigt ist. Die Abmahnung ist allerdings rechtsmißbräuchlich, wenn sie nur zu dem Zweck erfolgt, Kosten der Rechtsverfolgung geltend zu machen.

> Eine Abmahnung sollte immer ernst genommen werden und nicht ungelesen im Altpapier landen. Die Fristen sollten immer eingehalten werden. Vor der Unterzeichnung der strafbewehrten Unterlassungserklärung sollte man aber stets prüfen lassen, ob die Abmahnung berechtigt ist.

16. Die Katze im Sozialrecht

Hält ein Bezieher von Arbeitslosengeld II ein Haustier, so muß er die mit der Tierhaltung verbundenen Kosten aus der Regelleistung bezahlen - ein Mehrbedarf ist hierfür nicht vorgesehen. Dagegen werden jedoch die Einnahmen aus der Tierhaltung (z. B. Verkauf von Welpen) berücksichtigt[1843].

Bei den Erlösen aus dem Verkauf der Tiere handelt es sich um Einnahmen, die zunächst zur Deckung des eigenen Lebensunterhalts zu verwenden sind, bevor steuerfinanzierte Leistungen in Anspruch genommen werden[1844]. Eine Verwendung der Mittel für den Unterhalt der Tiere ist nachrangig und erst nach vollständiger Deckung des Bedarfs der Antragsteller zulässig. Von den Einnahmen können daher nur die mit der Zucht verbundenen Betriebsausgaben, d. h. die Kosten für die Aufzucht der Welpen und der Elternpaare dieser Welpen, abgezogen werden, alles andere muß aus der Regelleistung beglichen werden. Wenn das erzielte Einkommen den Bedarf der Antragsteller deckt, besteht kein Anspruch auf Leistungen nach dem SGB II[1845].

In dem Fall, über den das Sozialgericht zu entscheiden hatte, ging es um eine Familie mit vier Kindern, die zeitweise über 40 Hunde, ein Pferd, ein Pony und eine Katze hielt. Aus dem Verkauf von Welpen wurden monatlich Einnahmen in Höhe von etwa 2.400,00 EUR erzielt. Hinzu kamen Kindergeld sowie die finanzielle Zuwendung eines Onkels. Die Antragsteller hatten damit argumentiert, die Erlöse aus der Hundezucht dienten zur Deckung der Kosten für alle Tiere und könnten daher nicht als Einkommen gewertet werden.

Ein Empfänger von Arbeitslosengeld II, der in seiner Wohnung Katzen hält, hat keinen Anspruch darauf, daß die Tiere während seines Kuraufenthaltes von der Agentur für Arbeit versorgt werden oder daß die Agentur die Kosten der Pflege übernimmt[1846].

[1843] SG Gießen vom 20.03.2009 – Az. S 29 AS 3/09 ER.
[1844] SG Gießen vom 20.03.2009 – Az. S 29 AS 3/09 ER.
[1845] SG Gießen vom 20.03.2009 – Az. S 29 AS 3/09 ER.
[1846] VG Berlin – Az. 8 A 6/96 zur Sozialhilfe.

Es ist nicht die Aufgabe des Gerichts, und schon gar nicht die des Gläubigers, die Verwendung von Sozialleistungen zu kontrollieren. Wenn sich eine Schuldnerin freiwillig einschränkt, um eine Katze zu halten, dann ist das ihre Sache[1847]. 1982 war eine Käuferin einem Händler rund 120,00 EUR schuldig geblieben. Zahlungsaufforderungen des Händlers und Zwangsvollstreckungsmaßnahmen blieben über Jahre hinweg ohne Erfolg, weil die Schuldnerin zahlungsunfähig war. Der Händler ließ deren Girokonto bei der Postbank pfänden, um ihre Forderung einzutreiben. Mittlerweile hatte sich die Summe mit Zinsen und Gerichtskosten auf fast 7.500,00 EUR erhöht. Die Schuldnerin beantragte bei Gericht, den Pfändungsbeschluß wegen besonderer Härte aufzuheben, weil sie außer Altersruhegeld und ergänzender Sozialhilfe keine Einkünfte habe und diese Beträge unpfändbar seien. Das LG Essen[1848] bestätigte die Entscheidung des Amtsgerichts, das die Zwangsvollstreckung eingestellt hatte. Die Erfolgsaussichten der Pfändung stünden in krassem Mißverhältnis zu dem Schaden für die Sozialhilfeempfängerin. Der Schuldnerin drohe die Auflösung ihres Girokontos, womit sie vom bargeldlosen Zahlungsverkehr abgeschnitten wäre. Der Gläubiger dagegen könne auf diese Weise seine Forderung gar nicht eintreiben, weil auf dem Girokonto der Schuldnerin nur Beträge eingingen, deren Pfändung gesetzlich verboten sei. Durch die zahlreichen Vollstreckungsversuche waren Kosten angefallen, die inzwischen etwa das Fünfzigfache der geschuldeten Summe ausmache.

Das Halten von Katzen ist als sozialüblich anzusehen. Demgemäß erscheint es angemessen und geboten, die hiermit verbundenen Kosten in die allgemeinen Lebenshaltungskosten mit einfließen zu lassen. Die Finanzierung der Kosten der Haltung einer Katze durch öffentliche Mittel gemäß § 27 d Abs. 2 BVG i. V. m. § 1 Abs. 1 S. 1 OEG ist auch dann nicht gerechtfertigt, wenn durch das Halten der Katze im Einzelfall die Gemütsverfassung einer als versorgungsberechtigt anerkannten, psychisch kranken Person verbessert bzw. wenigstens stabilisiert werden mag[1849]. Das VG Würzburg[1850] hatte über die Klage einer 47 Jahre alten Frau zu

---

[1847] LG Essen NJR-RR 2002, 483.
[1848] LG Essen NJW-RR 2002, 483.
[1849] VG Würzburg vom 13.07.2010 – Az. W 3 K 10.181.
[1850] VG Würzburg vom 13.07.2010 – Az. W 3 K 10.181.

entscheiden, die seit ihrem 32. Lebensjahr anerkannte Versorgungsberechtigte nach § 10 a OEG mit einem Grad der Schädigung (GdS) von 50 Prozent war. Die Klägerin litt an einer schizotypen Störung mit Borderline-Strukturen, verursacht durch langjährigen schwersten sexuellen Kindesmißbrauch. Sie bezog eine laufende monatliche Grundrente in entsprechender Anwendung von § 31 BVG, eine gesetzliche Erwerbsunfähigkeitsrente sowie eine gesetzliche Unfallrente. Die Klägerin begehrte vom beklagten Kommunalen Sozialverband die Übernahme von Kosten für die Haltung einer Katze nach den Bestimmungen des OEG. Die Haltung eines Tieres sei ein probates Mittel, um in besonderen Situationen, z. B. in Phasen der Erinnerung Panikattacken, Depressionen, Suizidgedanken usw. vorzubeugen, diesen entgegenzuwirken bzw. sie aufzufangen. Sie lebe allein. Derartige Situationen würden sehr oft mitten in der Nacht nach Alpträumen auftreten. Dann sei die sie behandelnde Psychotherapeutin schwer erreichbar. Die Katze wirke dann beruhigend. Blutdruck und Pulsfrequenz würden gesenkt. Die Klägerin spreche dann besser auf beruhigende weitere Maßnahmen, wie z. B. Medikamente oder Meditation, an. Chronische Schmerzzustände würden gemindert. Auch fördere die Haltung eines Tieres die Fähigkeit, sich auf Beziehungen einzulassen. Tiefere Schichten würden angeregt. Ihre Befähigung, sich besser zu spüren und nach außen mitzuteilen, werde forciert. Positive Emotionen würden freigesetzt. Durch ein Tier erfolge keine „Viktimisierung" und keine Verurteilung, was die Klägerin leider sehr oft im Umgang mit Menschen erfahren müsse. Ergänzend zog die Klägerin auch einen Vergleich mit Tiertherapien und Blindenführhunden heran.

Das Verwaltungsgericht hat die Klage abgewiesen. Zur Begründung hat es ausgeführt, zwar umfasse die Krankenhilfe i. S. d. sozialen Entschädigungsrechts gem. § 26 b Abs. 2 S. 1 BVG u. a. auch „sonstige zur Genesung, zur Besserung oder zur Linderung der Krankheitsfolgen erforderliche Leistungen"; diese Leistungen „sollen" gemäß § 26 b Abs. 2 S. 2 BVG (nur) „in der Regel" den Leistungen entsprechen, die nach den Vorschriften über die gesetzliche Krankenversicherung gewährt werden, so daß grundsätzlich Raum ist für Ausnahmen in besonderen Fällen. Hiermit ließen sich jedoch die Kosten für das Halten einer Katze (mag eine solche Tierhaltung auch im Hinblick auf das seelische Wohlbefinden der Klägerin sehr sinnvoll sein) nicht vergleichen. Der Zweck der Kriegsopferfürsorge, nämlich Ergänzung der übrigen BVG-Leistungen durch besondere Hilfen im Einzelfall, der bei der Auslegung des Tatbestandsmerkmals „gerechtfertigt" in § 27 d Abs. 2 BVG schon nach dem ausdrücklichen Gesetzeswortlaut zu berücksichtigen ist, rechtfertige es auch unter den besonderen Umständen des vorliegenden Einzelfalles und auch im Hinblick auf den zusätzlich zu Gunsten der Klägerin zu berücksichtigenden speziellen Sinn und Zweck des OEG nicht, Kosten für das Halten einer Katze zu übernehmen und somit einen Ermessensspielraum nach § 27 d Abs. 2 BVG als eröffnet anzusehen.

17. Versorgung von Fundtieren

Niemand guckt so vorwurfsvoll wie eine Katze, die darauf wartet, gefüttert zu werden.
                                                        Henry James

Umstritten ist, ob Kommunen verpflichtet sind, die Aufwendungen zu erstatten, die mit der Aufnahme und Versorgung von Fundkatzen verbunden sind.

Das VG Gießen[1851] hat die Klage eines Tierschutzvereins auf Zahlung von **Aufwendungsersatz** abgewiesen mit der Begründung, der Anspruch auf Erstattung der für die Versorgung und Unterbringung der Fundkatzen gemachten Aufwendungen könne nicht auf § 970 BGB gestützt werden, weil der klagende Tierschutzverein nicht Finder i. S. d. § 965 Abs. 1 BGB sei. Finder der Katzenwelpen sei die Frau, die die Katzen in die Obhut des Tierschutzvereins gegeben habe. Außerdem habe es sich bei den Katzen genau genommen nicht um „Fundtiere" gehandelt. Fundsachen seien verlorene Sachen, also alle beweglichen Sachen, nach § 90 a BGB auch Tiere, die besitz- aber nicht herrenlos sind. Herrenlos seien Tiere, wenn sie in niemandes Eigentum stehen, d. h. wenn an ihnen niemals Eigentum begründet worden ist wie beispielsweise an wilden Tieren oder wenn der Eigentümer in der Absicht, auf das Eigentum zu verzichten, den Besitz aufgibt. Es sei nicht feststellbar, daß es sich bei den Katzenwelpen um Tiere handelte, die dem Berechtigten entlaufen und daher als verlorene Tiere anzusehen waren. Die Katzenwelpen seien in einer Feldgemarkung an einer Hecke aufgefunden worden. An der Mutter der Katzenwelpen könnten zwar durchaus Eigentumsrechte bestehen. Diese erstreckten sich aber nicht etwa in entsprechender Anwendung von § 4 Staatsangehörigkeitsgesetz durch Abstammung auf die von ihr zur Welt gebrachten Welpen. Besitzloses Eigentum kraft Abstammung sei dem deutschen Recht fremd. Die Vorschriften über Vermischung und Verbindung (§§ 946 ff BGB) könnten auf den Vorgang von Zeugung und Geburt auch nicht entsprechend angewandt werden, so daß es hinsichtlich der Katzenwelpen an einem zum Besitz berechtigten Eigentümer im Zeitpunkt des Auffindens fehle. Nach § 960 Abs. 3 BGB werde

---

[1851] VG Gießen NVwZ-RR 2002, 95.

zudem ein gezähmtes Tier herrenlos, wenn es die Gewohnheit ablegt, an den ihm bestimmten Ort zurückzukehren. Damit sei in Bezug auf die Mutter der Katzenwelpen davon auszugehen, daß sie entweder nicht verloren i. S. d. Gesetzes oder aber herrenlos gemäß § 960 Abs. 3 BGB sei. Bei den gefundenen Katzenwelpen könne es sich daher nicht um Fundtiere i. S. d. § 965 BGB handeln.

Vielmehr seien nach § 958 Abs. 1 BGB entweder der Tierschutzverein oder die „Finderin" Eigentümer der Katzenwelpen geworden. Im übrigen habe die Finderin den Fund der Katzen nicht unverzüglich nach § 965 Abs. 2 BGB der zuständigen Behörde angezeigt. Die Geltendmachung eines Anspruchs auf Aufwendungsersatz könnte rechtsmißbräuchlich sein, weil der Finder nach Ablauf von sechs Monaten nach der Anzeige des Fundes bei der zuständigen Behörde grundsätzlich das Eigentum an den Tieren erwirbt (§ 973 Abs. 1 BGB). Die Finderin habe dadurch ggf. in Zusammenwirken mit dem Tierschutzverein, der die Welpen mit der Flasche aufgezogen hat, vereitelt, daß sich ein Berechtigter habe melden können.

Der Zahlungsanspruch ergebe sich auch nicht aus dem Gesichtspunkt der Geschäftsführung ohne Auftrag analog §§ 677 ff. BGB. Ein Einschreiten Privater anstelle der zuständigen Behörde gegen deren wirklichen oder mutmaßlichen Willen könne nach der Rechtsprechung des Bundesverwaltungsgerichts[1852] nur dann Rechte und Pflichten nach den Regeln einer Geschäftsführung ohne Auftrag auslösen, wenn ein öffentliches Interesse nicht allein an der Erfüllung der Aufgabe an sich, sondern darüber hinaus daran besteht, daß sie in der gegebenen Situation von dem privaten „Geschäftsführer" wahrgenommen wurde. Eine Privatperson, auch ein Tierschutzverein, könne nur dann ausnahmsweise berechtigt sein, anstelle und gegen den wirklichen oder mutmaßlichen Willen der jeweils zuständigen Behörde die dieser zugewiesenen Aufgaben zu erfüllen. Das gelte auch dann, wenn man sich in verdienstvoller Weise um den hohen Belang des Tierschutzes kümmert. Andernfalls würden die gesetzlich geregelten und der öffentlichen Verwaltung zugewiesenen Aufgaben und Kompetenzen von Dritten wahrgenommen, ohne daß der öffentlichen Verwaltung letztlich ein Handlungs- und Entscheidungsspielraum

---

[1852] BVerwGE 80,170, 173.

bleibt. Die Kommune hafte daher im Ergebnis für die Aufwendungen des Vereins nicht.

Diese Entscheidung des Verwaltungsgerichts Gießen datiert vom 05.09.2001. Am 17.05.2002 stimmte der Bundestag mit der erforderlichen qualifizierten Mehrheit der Aufnahme des Tierschutzes in das Grundgesetz zu. Der Bundesrat stimmte der Entscheidung am 21.06.2002 zu. Die Neufassung ist zum 01.08.2002 in Kraft getreten, nachdem sie am 26.07.2002 vom Bundespräsidenten ausgefertigt und am 31.07.2002 im Bundesgesetzblatt verkündet wurde. Seitdem genießt der Tierschutz als Staatsziel Verfassungsrang. Damit gehört der Tierschutz unter Einschluß der Versorgung und Unterbringung von Fundtieren zu den Aufgaben der Kommunen. Und man darf hoffen, daß die Kommunen sich dieser Verantwortung auch stellen und daß Gerichte sie nicht mehr mit Argumenten aus der Verantwortung entlassen, die sich normal Denkenden und verständlich Redenden schlechterdings nicht erschließen.

Bei dieser Gelegenheit sei auch auf folgendes hingewiesen: Katzenbabys sind Erzeugnisse, d. h. organische Produkte, ihrer Mutter. Sobald sie abgenabelt werden, erwirbt der Eigentümer der Mutterkatze automatisch Eigentum an den Jungtieren (§§ 953 ff. BGB). Der Besitz an der schwangeren Katze setzt sich nach der Geburt an den Kitten fort. Die Babys sind daher nicht herrenlos, wenn die Mutter es nicht war.

Das VG Göttingen hat erfreulicherweise inzwischen entschieden, daß Kommunen dazu verpflichtet sind, für die Versorgung und Unterbringung von Fundtieren aufzukommen. Diese öffentlich-rechtliche Pflicht gilt auch dann, wenn die Kommune diese Aufgabe an einen Tierschutzverein delegiert hat. [1853]. Behandelt ein Tierarzt im Rahmen des tierärztlichen Notdienstes eine ihm zugeführte, bei einem Unfall verletzte Katze, nachdem die Suche nach dem Halter der Katze erfolglos geblieben und beim Tierschutzverein wegen eines Feiertages niemand zu erreichen war, dann kann er von der Kommune Erstattung der Behandlungs- und Unterbringungskosten verlangen[1854]. Eine Tötung aus Kostengründen, wie sie in

---

[1853] VG Göttingen vom 19.05.2010 - Az. 1 A 288/08.
[1854] VG Göttingen vom 19.05.2010 - Az. 1 A 288/08.

dem zur Entscheidung liegenden Fall von der Gemeinde gefordert worden war, ist ein klarer Verstoß gegen das Tierschutzgesetz und unzulässig[1855].

Anders verhält es sich, wenn das gefundene Tier kein Fundtier i. S. d. § 965 BGB, sondern ein herrenloses **Wildtier** ist. Landläufig wird die Besitznahme von herrenlosen Tieren als „finden" bezeichnet und von „gefundenen" Tieren gesprochen. Fundsachen sind nur verlorene Sachen, und Finder ist, wer eine verlorene Sache in Besitz nimmt[1856]. Wildlebende Vögel, Kaninchen, Katzen etc., die nicht im rechtmäßigen Besitz anderer waren und deren Besitz nicht zufällig und vorübergehend abhanden gekommen sind, sind herrenlose Sachen[1857]. Herrenlose Sachen sind keine verlorenen Sachen[1858]. Ein Tierarzt hat daher nach der Rechtsprechung regelmäßig keinen Anspruch gegen die örtliche Ordnungsbehörde aus öffentlich-rechtlicher Geschäftsführung ohne Auftrag auf Erstattung seines Honorars, wenn er ihm zugeführte kranke Fundtiere ohne Rücksprache mit der örtlichen Ordnungsbehörde behandelt oder euthanasiert.

Das OVG Münster führt dazu aus: „Das unter Umständen mit Leiden verbundene Ableben eines Tieres ist ein natürlicher Vorgang und verlangt regelmäßig keinen „helfenden" Eingriff des Menschen. Der Eindruck der kranken oder moribunden Kreatur auf den Menschen und der daraus erwachsende verständliche Wunsch des Einzelnen, der leidenden Kreatur helfen zu wollen, ist keine Gefahrensituation. Daß ein verendetes Tier eine Gefahr z. B. infolge Verwesung bedeuten kann, nötigt evtl. zur Beseitigung des Kadavers, nicht aber zur Heilbehandlung oder Euthanasierung, um deren Kosten es hier erkennbar nur geht. Demgemäß begründet auch die veterinärmedizinisch-ethische Einschätzung, durch Heilbehandlung oder Euthanasierung Leiden erleichtern zu müssen, nicht ohne weiteres eine Gefahr in ordnungsrechtlichem Sinne, die das Einschreiten" der Ordnungsbehörde „erfordert hätte. […] Es ist nämlich grundsätzlich der Standpunkt vertretbar, im Falle kranker, altersschwacher oder verletzter herrenloser Tiere, wie der vom Kläger behandelten Vögel, Igel, Tauben, wilde Katzen, Hunde, die von ihnen

---

[1855] VG Göttingen vom 19.05.2010 - Az. 1 A 288/08.
[1856] OVG Münster NVwZ-RR 1996, 653.
[1857] OVG Münster NVwZ-RR 1996, 653; VG Gießen NVwZ-RR 2002, 95.
[1858] OVG Münster NVwZ-RR 1996, 653.

allenfalls ausgehende geringfügige Gefahr in Kauf zu nehmen und sie ihrem Lebensraum zu überlassen, wo sie natürlichen Abläufen entsprechend sterben, oder sie notfalls zu isolieren, um nach ihrer Verendung ihre Kadaver zu beseitigen. Ein solcher Standpunkt entspräche überdies dem Interesse der Allgemeinheit an einer überschaubaren und sinnvollen Verwendung öffentlicher Mittel." [1859]. Es ist – wenngleich im Zeitalter der Massentierhaltung nicht überraschend - noch ein erschreckend weiter Weg bis zu einem respektvollen Umgang mit der Kreatur Tier.

Will also ein Tierschutzverein für eine aufgenommene Katze von der Gemeindeverwaltung Kostenersatz geltend machen, dann muß der Tierschutzverein beweisen, daß es sich bei diesem Tier um ein Fundtier handelt. Nur für diesen Fall muß die Gemeinde Unterbringungskosten bezahlen. Die Grundsätze der Fundverwaltung gelten für herrenlose Tiere nicht und können auch nicht vergleichsweise herangezogen werden. Kann der Tierschutzverein nicht den Beweis führen, daß es sich um eine entlaufene, gefundene Katze handelt, dann braucht die Kommune auch nicht für die Verwaltungskosten aufzukommen.

Ein Verein, der Fund- und Pflegetiere durch Dritte in deren Wohnungen betreuen läßt, betreibt keine einem **Tierheim** ähnliche Einrichtung im Sinne des § 11 Abs. 1 S. 1 Ziff. 2 TierSchG[1860]. Das Gesetz definiert den Begriff „Tierheim" nicht. Deshalb ist vom allgemeinen Sprachgebrauch auszugehen. Danach liegt kein Tierheim vor, wenn die Tierhaltung Teil der Wohnnutzung ist[1861]. Ein Haus oder eine Wohnung werden nicht dadurch zu einem Tierheim, daß dessen Bewohner dort auch Tiere halten[1862]. Ohne Bedeutung ist auch, ob die Bewohner Eigentümer der Tiere sind oder diese für andere halten[1863]. Selbst eine übermäßige, störende Haltung von Haustieren in einer Wohnung macht aus dieser grundsätzlich kein Tierheim[1864]. Ein Tierheim setzt vielmehr Räumlichkeiten voraus, die in erster Linie der Unterbringung von Tieren dienen[1865]. Die einzelne Pflegestelle ist daher

---

[1859] OVG Münster NVwZ-RR 1996, 653.
[1860] BVerwG NVwZ-RR 2009, 102.
[1861] BVerwG NVwZ-RR 2009, 102.
[1862] BVerwG NVwZ-RR 2009, 102.
[1863] BVerwG NVwZ-RR 2009, 102.
[1864] BVerwG NVwZ-RR 2009, 102.
[1865] BVerwG NVwZ-RR 2009, 102.

nicht Teil eines Tierheims. Nur wenn die wesentlichen Merkmale eines Tierheims vorliegen, kann eine ähnliche Einrichtung angenommen werden[1866]. Und nur wer Tiere in einer einem Tierheim ähnlichen Einrichtung hält, benötigt hierfür eine ordnungsbehördliche Erlaubnis.

In einem allgemeinen Wohngebiet ist ein Tierasyl nicht zulässig. Ein unzulässiges Tierasyl liegt z. B. vor, wenn Tierschützer acht Hunde und fünf Katzen von privat in ihrem Haushalt zur Vermittlung unterbringen[1867].

[1866] BVerwG NVwZ-RR 2009, 102.
[1867] VGH Baden-Württemberg BauR 1995, 215 = VBlBW 1995, 208.

18. Die Katze im Versicherungsrecht

a) Versicherungsschutz für Tierhalterhaftpflicht

In den Katzenforen im Internet findet man immer wieder den Rat, für eine Katze brauche man keine Tierhaftpflichtversicherung abzuschließen, die Katze sei über die private Haftpflicht mitversichert. Das ist so nicht richtig. Anders als Hunde sind Katzen zwar in der Regel über die Privathaftpflichtversicherung mitversichert. Das gilt jedoch nur dann, wenn die Katzen nicht für gewerbliche oder landwirtschaftliche Zwecke gehalten werden. Eine gesonderte Tierhalterhaftpflichtversicherung muß in diesem Fall nicht abgeschlossen werden. Im Einzelfall muß jedoch geprüft werden, was in den Allgemeinen Versicherungsbedingungen steht und ob die Haftung für eine Katze etwa ausgeschlossen ist.

Eine Bestimmung in Allgemeinen Versicherungsbedingungen der Privathaftpflichtversicherung, wonach die "Haftpflicht als Tierhalter" nicht versichert ist, schließt die Einstandspflicht des Versicherers nicht nur für Ansprüche aus § 833 BGB, sondern auch aufgrund anderer Anspruchsgrundlagen aus, aufgrund derer sich der Versicherte gerade in seiner Eigenschaft als Tierhalter Haftpflichtansprüchen ausgesetzt sieht[1868]. Ein Versicherungsnehmer wird erkennen, daß die Begrenzung des durch das Halten von Tieren in tatsächlicher und rechtlicher Hinsicht erhöhten Risikos, Haftpflichtansprüchen ausgesetzt zu sein, nur gewährleistet ist, wenn die Tierhalterklausel sämtliche einschlägigen Haftungstatbestände erfaßt und sich nicht auf den Tatbestand des § 833 BGB beschränkt[1869]. Es wäre lebensfremd anzunehmen, daß der Versicherer mit der Tierhalterklausel nicht für einen verschuldensunabhängigen Tierschaden nach § 833 BGB haften, seine Einstandspflicht für einen verschuldeten Tierschaden (§ 823 BGB) aber nicht ausschließen will[1870].

[1868] BGH NJW 2007, 2544; OLG Düsseldorf VersR 1995, 1343; LG Hagen NJW-RR 2003, 92; a. A. OLG Hamm VersR 2005, 1678.
[1869] BGH NJW 2007, 2544.
[1870] BGH NJW 2007, 2544.

b) Verschulden des versicherten Katzenhalters

Von einem grob fahrlässigen Handeln des Versicherten kann nur dann ausgegangen werden, wenn die im Verkehr erforderliche Sorgfalt in besonders schwerem Maße verletzt worden ist, wenn also einfachste, ganz naheliegende Erwägungen nicht angestellt worden sind oder das nicht beachtet worden ist, was im gegebenen Fall jedem ohne weiteres einleuchten mußte, wobei auch subjektive Umstände in der Weise zu berücksichtigen sind, daß dem Handelnden nur ein besonders schweres Verschulden anzulasten ist[1871]. Der Tierhalter, der sein Tier vorübergehend im Badezimmer einsperrt, muß zwar damit rechnen, daß sein Tier die Rolle mit dem Toilettenpapier zerfetzt. Er muß jedoch nicht damit rechnen, daß das Tier mit dem Toilettenpapier das Abflußrohr des Waschbeckens verstopft und dann den Wasserhahn öffnet, wodurch es schließlich zu einem Überlaufen des Wassers und einem Wasserschaden in der Wohnung des Tierhalters und in den beiden unter ihm liegenden Wohnungen kommt[1872]. Für diese Schäden hat seine Versicherung aufzukommen.

Ein Autofahrer, der eine Katze im Fahrzeug mitnimmt, muß sicherstellen, daß ihn die Katze beim Fahren nicht behindert. Ein Autofahrer handelt grob fahrlässig, wenn er einfachste Vorsichtsmaßnahmen unterläßt. Das ist z. B. der Fall, wenn er eine Katze ungesichert (Kennel, Sicherheitsgurt) im Rückraum des Fahrzeugs transportiert[1873]. Das gleiche gilt, wenn ein Unfall dadurch entsteht, daß der Halter sein Tier im Fußraum vor dem Beifahrersitz ungesichert mitführt[1874]. In beiden Fällen bestehen keine Schadensersatzansprüche gegen die Kaskoversicherung.

Wer an seiner Wohnungseingangstür eine Katzenklappe anbringt, sollte darauf achten, daß die Klappe Einbrechern den Einstieg nicht erleichtert. Der Katzenhalter handelt groß fahrlässig, wenn er die Katzenklappe ca. 80 Zentimeter über dem Boden anbringt, so daß Einbrecher durch diese Klappe greifen und ein Fenster entriegeln können, durch das sie später in die Wohnung einsteigen. Die Hausrat-

---

[1871] BGHZ 10, 16; BGH NJW 1992, 3236; 2005, 981; 2007, 2988; Palandt-Grüneberg, BGB, § 277 Rn. 5.
[1872] LG Hannover vom 23.03.2000 – Az. 19 S 1968/99.
[1873] vgl. OLG Nürnberg NZV 1998, 286.
[1874] vgl. OLG Nürnberg VersR 1994, 1291.

versicherung muß in diesem Fall den Schaden nicht übernehmen. Unerheblich ist es, ob der Verriegelungsgriff des Fensters durch die Katzenklappe mit bloßen Armen oder nur unter Verwendung eines Gegenstandes zu erreichen ist. In beiden Fällen besteht für Täter eine leichte Möglichkeit, den Griff zu betätigen und das Fenster zu öffnen[1875].

Erleidet ein Versicherungsnehmer dadurch einen Verkehrsunfall, daß er einem von links kommenden, die Fahrbahn überquerenden Kleintier (Fuchs) ausweicht, kann er seinen Schaden weder unter dem Aspekt der Rettungskosten noch aus der Vollkaskoversicherung ersetzt verlangen[1876]. Das Ausweichmanöver ist angesichts der geringen Gefahren, die mit einer Kollision verbunden sind, nicht geboten und stellt sich als grob fahrlässiges Fehlverhalten dar[1877]. Daß der Versicherungsnehmer Ansprüche aus der Vollkaskoversicherung geltend macht, rechtfertigt dabei keine andere Beurteilung[1878].

c) Leistungspflicht der Versicherung

Wenn die Wohnung des Katzenhalters vollständig abbrennt, ist die Hausratversicherung, sofern eine solche abgeschlossen worden war, zur Schadensregulierung verpflichtet. Wird aber in einem solchen Fall die Katze des Versicherungsnehmers für die Zeit des Wiederaufbaus der Wohnung in einer Katzenpension untergebracht, dann muß die Hausratversicherung für diese Kosten nicht aufkommen[1879].

Der durch eine Katze Geschädigte besitzt gegenüber dem Haftpflichtversicherer des Tierhalters - anders als insbesondere im Bereich der Kraftfahrzeughaftpflichtversuchung nach § 3 Pflichtversicherungsgesetz - keinen Direktanspruch[1880]. Er muß den Katzenhalter unmittelbar in Anspruch nehmen.

Hat ein Haftpflichtversicherer im Fall einer klar erkennbaren Schadensersatzverpflichtung des Tierhalters für schwerwiegende Verletzungen des Geschädigten

---

[1875] AG Dortmund ZfS 2008, 634.
[1876] OLG Koblenz NJW-RR 2004, 118 = VersR 2004, 464.
[1877] OLG Koblenz NJW-RR 2004, 118 = VersR 2004, 464.
[1878] OLG Koblenz NJW-RR 2004, 118 = VersR 2004, 464.
[1879] OLG Hamm MDR 1998, 1412 = NJW-RR 1999, 535.
[1880] AG Aachen NJW-RR 2007, 907.

entsprechend dem Muster einer "Erlaßfalle" zweimal, davon einmal unter Umgehung des Prozeßbevollmächtigten während des Schadensersatzprozesses, versucht, durch die Übersendung von Schecks in unterschiedlicher Höhe den Geschädigten klaglos zu stellen, so ist ein solches Verhalten treuwidrig und führt zu einer angemessenen Erhöhung des Schmerzensgeldes[1881].

d) Kündigung des Versicherungsvertrages

In der Tierkrankenversicherung ist eine Kündigung von Seiten des Versicherers nach einem Versicherungsfall unwirksam, wenn eine Gesamtschau des Vertrags ergibt, daß sowohl eine Kündigung wie auch eine Prämienerhöhung möglich sind und der Versicherer auf diese Weise gegen eine zu starke Inanspruchnahme gesichert ist[1882].

e) Die „frisierte" Schadensmeldung

Es kommt vor, daß Anspruchsteller gegenüber Versicherungen den Sachverhalt "passend machen", um den eigenen Anspruch durchzusetzen, obwohl häufig auch der richtige Sachverhalt den geltend gemachten Anspruch begründen würde. In diesem Fall sollte der Anspruchsteller seine Sachverhaltsschilderung sofort korrigieren, bevor er sich weiter in Lügen und Widersprüche verstrickt. Hat der Versicherungsnehmer seine Aufklärungsobliegenheit durch vorsätzlich falsche Angaben verletzt, kann der Versicherer sich nämlich nach Treu und Glauben gleichwohl nicht auf Leistungsfreiheit berufen, sofern der Versicherungsnehmer den wahren Sachverhalt freiwillig vollständig und unmißverständlich offenbart und nichts verschleiert oder zurückhält und dem Versicherer durch die falschen Angaben noch kein Nachteil entstanden ist[1883].

[1881] LG Berlin NJW 2006, 702 = VersR 2006, 499.
[1882] AG Hannover NJW-RR 1999, 467.
[1883] BGH NJW 2002, 518 = VersR 2002, 173.

19. Tierschutz

Wer Tiere quält, ist unbeseelt,
und Gottes guter Geist ihm fehlt.
Mag noch so vornehm drein er schauen,
man sollte niemals ihm vertrauen.
Johann Wolfgang von Goethe

a) Geschichte des Tierschutzes

„Die Fortbildung des Rechts zu Gunsten der Tiere und ihrer Betreuer entspricht einem überall spürbaren Erfordernis unserer Zeit."[1884]

Tierschutz ist die gezielte Hilfe für das Tier, die Bewahrung des Tieres vor nachteiligen Einwirkungen mit dem Ziel, Tieren individuell ein artgerechtes Leben ohne Zufügung von unnötigen Leiden, Schmerzen und Schäden zu ermöglichen[1885]. Es geht also einerseits um das Wohl von Tieren und die Verantwortung, Tieren unnötiges Leid zu ersparen, andererseits aber auch um einen grundsätzlichen Schutz des Lebens und die Verantwortung, Tiere nicht ohne vernünftigen Grund zu töten.

Tiere haben seit jeher in den menschlichen Gesellschaften eine wesentliche Rolle gespielt. Von vielen frühen Kulturen, z. B. dem alten Ägypten, und sog. Naturvölkern weiß man, daß sie sich der gemeinsamen Herkunft von Tier und Mensch in der Schöpfung bewußt waren und keinen wesentlichen Unterschied zwischen Menschen und Tieren machten. Die meisten ägyptischen Götter wurden mit Menschenkörpern und Tierköpfen dargestellt. Die alten Ägypter hatten ein sehr partnerschaftliches Verhältnis zu den Tieren. Sie vertraten die Auffassung, daß Mensch und Tier gleich viel wert seien, hatten Respekt vor den Tieren und mumifizierten sie, weil sie für sie ein Leben nach dem Tod erwarteten.

Tierschutz war viele Jahrtausende lang anthropozentrisch, also menschenbezogen. Das Tier wurde nur im Interesse des Menschen, d. h. aus primär ökonomi-

---

[1884] s. Sojka WuM 1984, 259, 260.
[1885] Lorz/Metzger, Tierschutzgesetz, Einführung Rn. 12.

schen Gründen, geschützt, nicht um seiner selbst willen[1886]. Im **Codex Hammurabi**, der wohl ältesten vollständig erhaltenen Gesetzessammlung, finden sich bereits Regeln zum Umgang mit Tieren. Diese Gesetzessammlung geht auf König Hammurabi zurückgeht, der von 1793 bis 1750 v. Chr. über das Reich Babylonien regierte. Man nimmt an, daß Hammurabi den Codex zum Ende seiner Regierungszeit erlassen hat, also einige Jahre vor 1750 v. Chr.. Der Codex Hammurabi unterschied zwischen Tieren, Personen und Sachen; Tiere galten also nicht als Sachen[1887]. Der Codex Hammurabi enthielt bereits Haftungsregeln, ein Verbot für Tierhalter, ihre Tiere übermäßig arbeiten zu lassen[1888], und regelte, welchen Schadensersatz der Eigentümer zu beanspruchen hatte, wenn sein Tier beschädigt wurde. Allerdings stand nicht der Schutz des Tieres selbst, sondern der Schutz von Tieren aufgrund von Eigentümerinteressen im Vordergrund[1889].

"Gesetzt, ein Rind hat, als es auf der Straße ging, einen Mann gestoßen und getötet, so entstehen aus diesem Rechtsstreit keine Ansprüche. Gesetzt, das Rind eines Mannes ist stößig und hat demgemäß, daß es stößig ist, ihm seinen Fehler gezeigt, er aber hat seine Hörner nicht gestutzt, sein Rind nicht angebunden, selbiges Rind hat einen Freigeborenen gestoßen und getötet, so wird er eine halbe Mine Silber geben" (Nr. 250, 251).

"Gesetzt, ein Mann hat entweder ein Rind oder ein Schaf oder einen Esel oder ein Schiff gestohlen, gesetzt, es ist das Eigentum Gottes oder des Palastes, so wird er es dreißigfach geben. Gesetzt, es ist das Eigentum eines Muskenu (Abhängigen), so wird er es zehnfach ersetzen. Gesetzt, der Dieb hat nichts zu geben, so wird er getötet. Gesetzt, ein Mann hat geraubt und ist dabei gefaßt worden, so wird selbiger Mann getötet" (Nr. 8,22).

[1886] Hackbarth/Lückert, Tierschutzrecht, Einleitung S. 5.
[1887] Kluge/von Loeper, TierSchG, Einf. Rn. 21.
[1888] Kluge/von Loeper, TierSchG, Einf. Rn. 21.
[1889] Kluge/von Loeper, TierSchG, Einf. Rn. 21.

> *„Wenn ein Bürger ein Rind gemietet und dessen Horn zerbrochen hat, seinen Schwanz abschneidet oder das Fleisch an seinem Zaume abreißt, so gibt er an Geld 1/5 seines Kaufpreises." (Nr. 248).*

Auch im Alten Testament fand der Tierschutz Niederschlag, indem zum Beispiel als gottlos bezeichnet wurde, wer sich nicht des Viehes erbarmt (Salomo Sprüche 12,10)[1890]. Im **Buch Mose** finden sich tierschützende oder zumindest tierfreundliche Regelungen. So sollen nicht nur Menschen, sondern auch Tiere am siebenten Wochentag ruhen, und es ist untersagt, mit wesensfremden Tieren zu ackern. Auch hier ging es nicht in erster Linie um den Tierschutz, sondern darum, die Tiere zu schonen, um ihre Arbeitsfähigkeit zu erhalten. Die Erhaltung des Tierbestandes war eine existentielle Frage, um die Deckung des täglichen Nahrungsbedarfs und die Versorgung mit Kleidung zu gewährleisten.

Die Regelungen im Codex Hammurabi und im Buch Mose befassen sich häufig mit den gleichen Sachverhalten, weil die meisten Babylonier ebenso wie die Israeliten Bauern waren, die in kleinen Städten lebten.

> *"Wenn jemandes Rind eines anderen Rind stößt, daß es stirbt, so sollen sie das lebendige Rind verkaufen und das Geld teilen und das tote Tier auch teilen" (2. Mose 21,35).*

Manche Regelungen ähneln sich in so verblüffender Weise, daß eine gemeinsame orientalische Rechtskultur und eine in weiten Kreisen bekannte Tradition der Rechtsprechung erkennbar werden. Das gilt auch für den **Codex Eschunna**, einen der frühesten bekannten Gesetzestexte aus dem Stadtstaat Eschunna in Mesopotamien, entstanden unter der Regentschaft des König Bilalama (um 1920 v. Chr.). Der Codex Eschunna enthielt eine Sammlung von Preisbestimmungen und Rechtsverordnungen aus der altbabylonischen Zeit.

[1890] Hackbarth/Lückert, Tierschutzrecht, Einleitung S. 5.

"Wenn ein Ochse einen anderen Ochsen durchbohrt hat, so daß er stirbt, sollen die Besitzer der Ochsen den Wert des lebenden Ochsen und den Körper des toten Ochsen zwischen sich teilen" (Codex des Eschunna, Nr. 53).

„Wenn ein Ochse stößig ist und das „Tor" seinen Herrn es hat wissen lassen, dieser seinen Ochsen nicht mit gebeugtem Kopf gehen läßt und r einen auilum stößt und ihn dadurch sterben läßt: gibt der Herr des Ochsen 2/3 Minen Silber." (Codex des Eschunna, Nr. 54).

„Wenn ein Hund gefährlich ist und das „Tor" seinen Herrn es hat wissen lassen, dieser seinen Hund nicht bewacht und dieser einen auilum beißt und ihn dadurch sterben läOßt: gibt der Herr des Hundes 2/3 Minen Silber." (Codex des Eschunna, Nr. 56).

Aus dem antiken Griechenland sind drakonische Bestrafungen der Tierquälerei überliefert[1891]. Das Blutgericht von Athen, der Aeropag, ließ einem Knaben, der Wachteln die Augen ausgestochen hatte, zur Strafe gleichfalls die Augen ausstechen[1892]. Zur Begründung hieß es, aus dem Knaben könne ohnehin nie ein für die Gemeinschaft wertvoller Mensch werden[1893]. Auch die Tötung eines Ackergauls oder eines Delphins galten in Athen und auf dem Peleponnes als todeswürdiges Verbrechen[1894].

Im vorchristlichen römischen Recht war Tierquälerei nicht verboten[1895]. Das Tier war lediglich Funktionsträger, über den der Mensch jederzeit nach seinem Gutdünken verfügen konnte[1896]. Das **lex aquilia** (286 v. Chr.) regelte die Ersatzpflicht bei Tötung oder Verletzung fremder Sklaven und Tiere, bei finanzieller Schädigung eines Mitgläubigers und bei Beschädigung fremder Sachen. Anders als

---

[1891] Kluge/von Loeper, TierSchG, Einf. Rn. 22.
[1892] Kluge/von Loeper, TierSchG, Einf. Rn. 22.
[1893] Kluge/von Loeper, TierSchG, Einf. Rn. 22.
[1894] Kluge/von Loeper, TierSchG, Einf. Rn. 22.
[1895] Kluge/von Loeper, TierSchG, Einf. Rn. 23.
[1896] Wiegand, Tierquälerei, S. 76.

das Zwölftafelgesetz, das nur feste Bußsummen kannte, sah das neue Gesetz einen am verlorenen Vermögenswert orientierten Schadensersatz vor. Für einen Händler, Handwerker oder Kleinbauern hatte die Zerstörung oder Beschädigung von Fahrnis schwerer wiegende Folgen als für einen Großgrundbesitzer. Ihnen mußte es also besonders darauf ankommen, für das zerstörte oder beschädigte Objekt einen am Verkehrswert orientierten Ersatz zu erhalten. Damit diente das Gesetz wohl vorrangig der wirtschaftlichen Absicherung der landlosen Bevölkerung[1897]. Dieses ausschließlich materielle Verständnis vom Tier zeigt sich besonders deutlich bei Cicero. Für ihn war die Welt ein einziger Nutzungszusammenhang[1898]. Natur und Tiere waren nur zur Befriedigung menschlicher Bedürfnisse vorgesehen; sie wurden auch nur insoweit geschont[1899].

Eine Veränderung dieser Haltung bahnte sich an, als die römischen Juristen in den sog. **Ädilischen Edikten** Tiere als Gegenstände es Rechtsverkehrs den Sachen gleichstellten[1900]. Durch die „Person", in deren Eigentum sie standen, gewannen sie einen ersten bescheidenen reflexmäßigen Schutz vor unerlaubter Beeinträchtigung des Nicht-Eigentümers[1901]. Als „Person" galt jedoch nur der Familienvater; Frauen, Kinder, Fremde und Sklaven hingegen waren rechtlos[1902]. Tiere hatten den gleichen Status[1903]. Es gab auch keine Pflichten gegenüber Tieren[1904]. Mit dem römischrechtlichen Sachstatus der Tiere, als Relikt einer totalen Verfügungsgewalt des Mannes, war eine die mitfühlende Gerechtigkeit verneinende Geringschätzung der Tiere verbunden, deren Eigenwert nicht mehr wahrgenommen, sondern mißachtet wurde[1905].

[1897] Kunkel/Schermaier, Römische Rechtsgeschichte, S. 29.
[1898] Wiegand, Tierquälerei, S. 76.
[1899] Kluge/von Loeper, TierSchG, Einf. Rn. 23.
[1900] Kluge/von Loeper, TierSchG, Einf. Rn. 24.
[1901] Kluge/von Loeper, TierSchG, Einf. Rn. 24.
[1902] Kluge/von Loeper, TierSchG, Einf. Rn. 24.
[1903] Kluge/von Loeper, TierSchG, Einf. Rn. 24.
[1904] Kluge/von Loeper, TierSchG, Einf. Rn. 24.
[1905] Kluge/von Loeper, TierSchG, Einf. Rn. 24.

Im nachchristlichen römischen Reich machte sich eine tierfreundliche Tendenz bemerkbar[1906]. Ulpian vertrat die These vom Naturrecht, das die Natur alle Lebewesen (*omnia animalia*) lehre[1907]. Er bezeichnete in seinen **institutiones** Tiere als Subjekte des Naturrechts[1908]. Überstimmend damit regelte der **corpus juris civile** des oströmischen Kaisers Justinian: „Das Naturrecht ist jenes Recht, welches die Natur allen Lebewesen gegeben hat und welches nicht nur dem Menschen eigen ist."[1909]

Aus dem 6. Jahrhundert n. Chr. ist ein arabisches **Gesetzbuch der Hinjariten** bekannt, in dem der Schutz des Tieres um des Tieres willen im Mittelpunkt stand. Das Gesetz drohte jedem 30 Hiebe an, der Zug- und Lasttiere unbarmherzig schlägt[1910]. Damit sollte ausdrücklich erreicht werden, daß der Täter durch eigene Leiden erfährt, wie schmerzlich seine grausame Behandlung ist[1911].

Im Zuge der Völkerwanderung zogen germanische Volksstämme aus dem Osten Europas nach Westen. Das durch Zerrüttung im Inneren geschwächte römische Reich wurde nach und nach von den Germanen besiedelt. Auf römischem Territorium bildeten sich germanische Staaten. Um ihren Lebensunterhalt zu sichern, betrieben die Germanen neben dem verhältnismäßig gering ausgeprägten Ackerbau vor allem die Jagd und die Viehzucht. Jedem Grundeigentümer kam auf seinem Gut die Jagd als Teil seiner grundsätzlichen Rechte zu[1912]. Der Mensch war auf das Tier angewiesen. Folgerichtig wurde Wilddiebstahl schwer bestraft. Die Bestrafung dieses Delikts war jedoch keine Sanktion, die dem Tierschutz dienen sollte. Aufgabe der Strafandrohung bei Wilddiebstahl war es, das Privateigentum zu schützen.

Unter König Eurich schrieben die Westgoten als erste Völkerschaft Gewohnheitsrecht nieder. Nach dieser Kodifikation in Vulgärlatein wurde z. B. Pferdediebstahl mit dem Tode bestraft. Auch diese Sanktion hatte weniger tierschützenden

---

[1906] Wiegand, Tierquälerei, S. 76.
[1907] Mayer-Maly, Rechtsphilosophie, S. 37.
[1908] Kluge/von Loeper, TierSchG, Einf. Rn. 25.
[1909] Wiegand, Tierquälerei, S. 76.
[1910] Kluge/von Loeper, TierSchG, Einf. Rn. 26.
[1911] Kluge/von Loeper, TierSchG, Einf. Rn. 26.
[1912] Wiegand, Tierquälerei, S. 77.

Charakter. Sie diente lediglich der Aufrechterhaltung der Wehrfähigkeit, da Pferde für die damalige Kriegsführung unerläßlich waren. Die **lex salica** (507 – 511) ahndete das Töten fremder Tiere mit der sog. „Knechtsbuße"[1913].

Die im 13. Jahrhundert n. Chr. entstehenden Rechtsbücher und die Stadtrechte zeigen, daß sich das Strafrecht fortentwickelte und deutlich Rechtsetzungstendenzen erkennen ließ. Der **Schwabenspiegel** (1275) bedrohte die Entwendung eines Beizvogels mit der Strafe des Handabhauens[1914]. Auch der in den Gerichten der damaligen Zeit weit verbreitete **Sachsenspiegel** (1220 - 1235)schützte die Vermögensinteressen des Eigentümers. Er ordnete bei Rechtsverletzungen nicht nur wirtschaftlichen Ersatz, sondern auch Buße an[1915]. So wurde z. B. festgesetzt, daß ebenso wie für den erschlagenen Mann ein Wehrgeld für die getöteten Tiere an den Eigentümer zu entrichten war[1916]. Und:

> „Erschlägt jemand einen Hund oder einen Eber oder ein anderes Tier, während dieses ihn angreift, dann bleibt er ohne Strafe, wenn er mit Eid auf die Reliquien beschwört, daß er in Notwehr handelte."

> „Wer wilde Tiere außerhalb des Bannforstes halten will, der soll sie innerhalb seines eingezäunten Besitzes halten."

> „Wer einen tückischen Hund, einen zahmen Wolf, einen Hirsch, Bären oder Affen hält, muß den Schaden, den sie anrichten, ersetzen."

Echte Tierschutzvorschriften im heutigen Sinne gab es im Mittelalter nicht. Tiere wurden ausschließlich aus wirtschaftlichen Erwägungen heraus geschützt. Sie genossen daher nur dann einen gewissen Schutz, wenn zufällig das materielle Interesse des Menschen mit der Förderung und Sicherung des Tierlebens übereinstimmte.

[1913] Kluge/von Loeper, TierSchG, Einf. Rn. 27.
[1914] Kluge/von Loeper, TierSchG, Einf. Rn. 27.
[1915] Kluge/von Loeper, TierSchG, Einf. Rn. 27.
[1916] Wiegand, Tierquälerei, S. 77.

Im Zuge der sich weiter ausbreitenden Christianisierung Europas war sowohl der organisatorische Aufbau der Kirche als auch die philosophische Deutung und rechtliche Fundamentierung der Glaubenssätze fortgeschritten. Der planmäßige und erfolgreiche Kampf des Papsttums um die höchste geistliche und weltliche Gewalt brachte eine Entwicklung mit sich, die dazu führte, daß kirchliches und weltliches westliches Recht gleichberechtigt nebeneinander standen: Im **ius utrumque**[1917] gingen sowohl die damalige weltliche als auch die kirchliche Rechtsauffassung von der Strafmündigkeit der Tiere aus, so daß man sie wegen bestimmter Verbrechen, deren man sie beschuldigte, vor den Strafrichter brachte und eine ordentliche Gerichtsverhandlung durchführte[1918]. Dem Tier wurde, wie einem Menschen auch, ein Offizialvertreter beigeordnet[1919]. Selbst das Aktenmaterial unterschied sich dem Umfang nach nicht von einem Prozeß, der gegen einen Menschen geführt wurde. Nach rechtskräftiger Verurteilung wurde das Tier feierlich hingerichtet[1920]. Im Anschluß an die Exekution belehrte das Gericht die tierischen Artgenossen, deren Beisein man erzwungen hatte, über die strafrechtlichen Folgen solcher Missetaten[1921].

Die ebenfalls mit Tierprozessen befaßte Kirche erließ Maledictionen gegen das straffällig gewordene Tier. So wurde beispielsweise Ungeziefer exkommuniziert, das so von bewachsenen Grundstücken vertrieben werden sollte. Das **Mittelalter** hat, wie es aussieht, Tieren eine gewisse Rechtssubjektivität und Strafmündigkeit zuerkannt. Es ging allerdings nur darum, die bösen Geister und Dämonen zum Gegenstand des Strafverfahrens zu machen mit der Besonderheit, daß diese in den Tieren getötet werden sollten[1922]. Solche Tierprozesse waren - durch die mittelalterliche Mentalität bedingte - Verirrungen der Strafrechtspflege mit ungewollter Komik[1923]. Ein Lichtblick war das Kölner Stadtrecht von 1417; danach war das Fangen der Nachtigallen und Jagen der Kaninchen in Hag und Hecken bei Ge-

---

[1917] vgl. dazu Prodi, Eine Geschichte der Gerechtigkeit, S. 82 ff.
[1918] Kluge/von Loeper, TierSchG, Einf. Rn. 28.
[1919] Kluge/von Loeper, TierSchG, Einf. Rn. 28.
[1920] Wiegand, Tierquälerei, S. 77.
[1921] Kluge/von Loeper, TierSchG, Einf. Rn. 28.
[1922] Wiegand, Tierquälerei, S. 77.
[1923] Kluge/von Loeper, TierSchG, Einf. Rn. 28.

fängnis in einem der Stadttürme und Geldstrafe von 40 kölnischen Mark untersagt[1924].

Weder die Bambergische Halsgerichtsordnung von 1507, noch die *constitutio criminalis carolina* aus dem Jahr 1532 enthielten Bestimmungen, die dem Tierschutz dienten. Dieser Zustand dauerte weitere 150 Jahre fort, bis schließlich im 17. und 18. Jahrhundert mehr und mehr Fälle bekannt wurden, in denen Gesetzgebung und Rechtsprechung eindeutig zu Gunsten des Tieres eingriffen, auch gegen den jeweiligen Eigentümer. Hier ging es nun nicht mehr darum, menschliche Bedürfnisse zu befriedigen. Es handelte sich vielmehr um Eingriffe um der Tiere selbst willen. So ist ein Fall aus Sagan in Preußen aus dem Jahr 1684 überliefert, in dem ein Mann, der sein Pferd durch Schläge und Stiche roh mißhandelt hatte, mit zweitägiger Ausstellung am Schandpfahl und 25 Talern Geldbuße bestraft wurde. In einem anderen Beispiel bestrafte die juristische Fakultät der Universität Leipzig trotz fehlender spezialgesetzlicher Rechtsgrundlagen rechtsfortbildend Tierquälerei als ahndungswürdige Bosheit und als gesetzlich ungenanntes Verbrechen, als „crimen extraordinarium". 1765 verurteilte es einen Angeklagten, der einer Kuh die Zunge abgeschnitten hatte, zu sechs Wochen Gefängnis[1925] und einen Postillon, der seine Pferde zu Tode gehetzt hatte, zu 12 Tagen Gefängnis[1926].

Der Kirchenrechtler Hommel war der erste juristische Autor, der 1739 die Idee des Tierschutzes im Wege rechtlicher Grundsätze festschreiben wollte. Seiner Ansicht nach ergibt sich aus der Rechtlosigkeit des Tieres nicht, daß der Mensch gegenüber dem Tier keine Pflichten habe. Mit der These: "Wer an Pein und Marder des Viehs Vergnügen findet, von dem kannst du sicher glauben, daß er mit eben der Wollust auch Menschen zerfleischen würde, wenn ihn Gesetz, Gewohnheit und Strafe nicht hinderten", leitete Hommel eine Entwicklung ein, die den Tierschutzgedanken zum festen Bestandteil des abendländischen Kulturkreises machte. Im weiteren Verlauf dieser geschichtlichen Epoche fiel der Tierschutz in den Aufgabenbereich der Verwaltungsbehörden[1927].

[1924] Kluge/von Loeper, TierSchG, Einf. Rn. 29; Wiegand, Tierquälerei, S. 77.
[1925] Wiegand, Tierquälerei, S. 77; Kluge/von Loeper, TierSchG, Einf. Rn. 30.
[1926] Kluge/von Loeper, TierSchG, Einf. Rn. 30.
[1927] Wiegand, Tierquälerei, S. 78.

Die neuere Gesetzgebung zum Tierschutz hat ihre Wurzeln in der Leitidee des Rechts und des Rechtsstaatsgedankens[1928]. Schon die Vordenker der Menschenrechte, der französische Philosoph Jean-Jacques Rousseau (1712 – 1778) und der als Rechtspositivist geltende englische Utilitarist Jeremy Bentham (1747 – 1832) setzten sich für das Recht der Tiere ein, vor Schmerzen und Leiden bewahrt zu werden[1929]. Es mußten jedoch erst die Menschenrechte in Freiheitsbewegungen verschiedenster Art erkämpft werden, bevor der Mensch auch der Gerechtigkeit für nichtmenschliche Lebewesen Geltung verlieh[1930]. Die Strafgesetze gegen Tierquälerei sind verknüpft mit dem Beginn der Entwicklung der Menschenrechte und des Rechtsstaates in vielen Staaten Europas[1931].

Vorreiter für die Einführung des modernen Tierschutzrechts war England; bereits seit 1770 wurde dort öffentliche Tierquälerei strafrechtlich geahndet[1932]. 1822 begann in England die Entwicklung des neuzeitlichen Tierschutzrechts mit dem ersten Tierschutzgesetz. Am 22.07.1822 wurde das erste Gesetz zum Schutz der Tiere, der **„act to prevent the cruel and improper treatment of cattle"** verkündet[1933]. Es schützte Pferde, Schafe und Großvieh vor Mißhandlungen. Mit 10 Shilling bis zu 5 Pfund wurde derjenige bestraft, der „shall wantonly and cruelly beat, abuse, or ill treat any Horse, Mare, Gelding, Mule, Ass, Ox, Cow, Heifer, Steer, Sheep, or other Cattle."[1934] Unterstützt und vorangetrieben wurde das Gesetz von dem Parlamentarier Richard Martin. Dieser war auch ein Gründungsmitglied der 1824 weltweit ersten Tierschutzorganisation "society for the prevention of cruelty to animals". Einige Jahre nach der Gründung konnte man Königin Victoria als Schirmherrin gewinnen und durfte sich fortan "royal society for the prevention of cruelty to animals" (Königliche Gesellschaft zur Verhütung von Grausamkeiten an Tieren) nennen.

[1928] Kluge/von Loeper, TierSchG, Einf. Rn. 31.
[1929] Kluge/von Loeper, TierSchG, Einf. Rn. 31.
[1930] Kluge/von Loeper, TierSchG, Einf. Rn. 31.
[1931] Kluge/von Loeper, TierSchG, Einf. Rn. 31
[1932] Hackbarth/Lückert, Tierschutzrecht, Einleitung S. 5.
[1933] Lorz/Metzger, TierSchG, Einführung Rn. 47.
[1934] Caspar, Tierschutz, S. 259.

Der Gedanke, dafür zu sorgen, daß Tiere würdig behandelt werden, war zu dieser Zeit auch auf dem Kontinent angekommen. 1819 verfaßte der vom Pietismus geprägte Stuttgarter Stadtpfarrer Christian Adam Dann (1758-1837) eine Schrift mit dem Titel "Bitte der armen Thiere". Anlaß zu diesem Aufruf war ein Storch, der üblicherweise sein Nest auf dem Kirchturm hatte. Der Pfarrer entdeckte das zu Tode gequälte Tier auf einem seiner Spaziergänge. In seiner Bittschrift forderte er dann im Namen der Tiere: "Macht unser meist kurzes, mühevolles Leben erträglich und unseren Tod so leicht wie möglich." Christian Adam Dann begründete seinen Einsatz für die gequälten Tiere damit, daß sie die Mitgeschöpfe der Menschen seien und als solche ebenso von Gott geliebt würden. Ein Mensch, der Tiere quäle, könne Gott und seine Mitmenschen nicht lieben. Nach Danns Tod führte sein Freund, der junge Liederdichter, Stiftshelfer und spätere Stadtpfarrer Albert Knapp (1798-1864), die Arbeit seines Vorgängers fort und gründete 1837 den ersten deutschen Tierschutzverein in Stuttgart.

Bereits zwei Jahre nach Gründung des Stuttgarter Tierschutzvereins folgten andere diesem Beispiel. In Nürnberg gründete Graf Pückler-Limburg einen "Verein zur Verhütung des Tierquälerei". In Dresden tat es ihm Heinrich Ferdinand Wilhelm von Ehrenstein gleich. Die Idee breitete sich aus, und in vielen weiteren Städten und Gemeinden entstanden Vereine zum Schutz der Tiere. Arthur Schopenhauer, der dem Münchener Tierschutzbund beitrat, formulierte die Notwendigkeit solcher Einrichtungen wie folgt: "Die Welt ist kein Machwerk, und die Tiere sind kein Fabrikat zu unserem Gebrauch. Nicht Erbarmen, sondern Gerechtigkeit sind wir den Tieren schuldig." 1881 schlossen sich die verschiedenen Tierschutzorganisationen zum "Deutschen Tierschutzbund" zusammen. Noch heute ist dieser Europas größte Tier- und Naturschutzdachorganisation mit über 800.000 Mitgliedern.

Die aufkommende Idee vom Rechtsstaat beeinflußte die geistigen und politischen Kräfte mit der Folge, daß der Tierschutz in den einzelnen Staaten Deutschlands nahezu gleichzeitig kodifiziert wurde. Als erstes deutsches Land stellte das Königreich Sachsen im **Kriminalgesetzbuch** vom 30.03.1838 das „boshafte und mutwillige Quälen" von Tieren in Art. 310 unter Strafe[1935]. Obwohl die Vorschrift

---

[1935] Glock, Tierschutzrecht, S. 21.

zum Kapitel 16 mit dem Titel „Verletzungen der Sittlichkeit" gehörte, waren die öffentliche Begehung oder die Erregung von Ärgernis keine Tatbestandsvoraussetzung[1936]. Schutzobjekt war vielmehr die körperliche Unversehrtheit des Tiers[1937]. Später wurden in Art. 361 des sächsischen Strafgesetzbuches von **1855** die mutwillige Quälerei und die rohe Behandlung von Tieren unter Strafe gestellt, letztere jedoch nur dann, wenn sie öffentliches Ärgernis erregt hatte[1938]. Die Vorschrift blieb bis zur Einführung des Strafgesetzbuches 1871 in Kraft[1939].

Thüringen übernahm die Vorschrift in § 306 seines Strafgesetzbuches wortgleich[1940]. Andere Länder hingegen stellten Tierquälerei nur dann unter Strafe, wenn das Sittlichkeitsgefühl von Personen beeinträchtigt war[1941]. Auch im württembergischen Polizeistrafgesetzbuch von 1839 wurde die Tierquälerei strafrechtlich sanktioniert, sofern sie Ärgernis erregt hatte[1942]. Dafür genügte es, wenn jemandem die Tat vom Hörensagen bekannt geworden war und er hieran Anstoß nahm oder ein verderblicher Einfluß auf eine Person genommen wurde[1943]. Das Fürstentum Schwarzburg-Sondershausen erließ 1840 eine Verordnung, die das Quälen von Tieren ohne Rücksicht auf die Eigentumsverhältnisse oder die Erregung öffentlichen Ärgernisses mit einer Freiheitstrafe von bis zu sechs Wochen Gefängnis belegte. Mit geringer zeitlicher Verschiebung wurde auch in Hessen-Darmstadt, Bayern (1861), Waldeck, Braunschweig und den freien Städten Bremen, Lübeck und Hamburg die Tierquälerei unter Strafe gestellt[1944]. In Preußen trat 1851 mit § 340 Nr. 13 StGB eine Vorschrift in Kraft, die die öffentliche, also vor einer unbegrenzten Anzahl von Wahrnehmenden begangene Quälerei oder Mißhandlung unter Strafe stellte[1945].

[1936] Glock, Tierschutzrecht, S. 21.
[1937] Glock, Tierschutzrecht, S. 21.
[1938] Glock, Tierschutzrecht, S. 21.
[1939] Glock, Tierschutzrecht, S. 21.
[1940] Glock, Tierschutzrecht, S. 21.
[1941] Glock, Tierschutzrecht, S. 21.
[1942] Glock, Tierschutzrecht, S. 21.
[1943] Glock, Tierschutzrecht, S. 21.
[1944] Wiegand, Tierquälerei, S. 78.
[1945] Glock, Tierschutzrecht, S. 21.

Mit der Begründung des Norddeutschen Bundes war endlich die Zuständigkeit zur Schaffung eines einheitlichen Bundesstrafrechts gegeben. Aufgrund der Novemberverträge von Versailles mit den süddeutschen Staaten wurde am 01.01.1871 der Norddeutsche Bund zum Deutschen Reich erweitert[1946]. Am 15.05.1871 wurde das **Strafgesetzbuch für das Deutsche Reich** mit den erforderlichen redaktionellen Veränderungen verkündet. Im Rahmen dieses Gesetzes wurde die Tierquälerei noch als Übertretung behandelt[1947]. Der Übertretungstatbestand des § 316 Nr. 13 RStGB sah eine Geldstrafe bis höchstens 150,00 Mark oder Haft für die Fälle vor, in denen öffentlich oder in Ärgernis erregender Weise Tiere gequält wurden[1948]. Die Bestimmung diente dem Schutz des menschlichen Empfindens und gehörte zum anthropozentrischen, ästhetischen Tierschutz[1949]. Nicht das Leiden des Tieres war Strafgrund, sondern der Anstoß, den die Umwelt an der Handlung nahm oder nehmen konnte. Fehlte es, z. B. bei sadistischen Dressurmethoden intra muros, an diesen Merkmalen, so blieb die Tat strafrechtlich bedeutungslos[1950]. Das Gesetz wurde früh ernsthaft kritisiert[1951]. Landesrecht milderte seine Unzulänglichkeiten teilweise ab[1952].

1933 wurde mit der Vorschrift des § 145 b StGB der Übergang zum ethischen Tierschutz geschaffen[1953]. Danach beging kriminelles Unrecht, wer ein Tier roh mißhandelte oder absichtlich quälte[1954] oder einer zum Zwecke des Tierschutzes erlassenen Vorschrift zuwiderhandelte[1955]. Verboten waren u. a. das sog. Katzenwürgen, das Aussetzen von Haustieren, um sich ihrer zu entledigen, und Tierversuche, d. h. Eingriffe oder Behandlungen, die zu erheblichen Schmerzen oder Schädigungen führten[1956]. Tierquälerei wurde mit Gefängnis bis zu sechs Monaten

---

[1946] Wiegand, Tierquälerei, S. 78.
[1947] Wiegand, Tierquälerei, S. 78.
[1948] Lorz/Metzger, TierSchG, Einführung Rn. 47.
[1949] Lorz/Metzger, TierSchG, Einführung Rn. 47.
[1950] Maurach/Schroeder/Maiwald, Strafrecht BT, § 59 Rn. 7.
[1951] Lorz/Metzger, TierSchG, Einführung Rn. 47.
[1952] Lorz/Metzger, TierSchG, Einführung Rn. 47.
[1953] Lorz/Metzger, TierSchG, Einführung Rn. 48.
[1954] Wiegand, Tierquälerei, S. 78.
[1955] Lorz/Metzger, TierSchG, Einführung Rn. 48.
[1956] Straubinger, Die Geburt einer Landschaft, S. 151.

oder mit Geldstrafe geahndet[1957]. Das Tierschutzgesetz von 1933 richtete den Blick deutlich von dem auf den Menschen bezogenen Schutz der Gefühlswelt hin zum Schutz der Kreatur als solcher. Gleichwohl wurde weiterhin als Rechtsgut das Mitgefühl des Menschen mit der Kreatur angesehen[1958]. Man vertrat die Auffassung, daß die Tierquälerei gar kein Rechtsgut habe, sondern nur ein Gesinnungsunrecht enthalte, sich gegen die sittliche Haltung des Menschen gegenüber dem Tier oder einen anthropozentrisch bestimmten Umweltschutz richte und schließlich den öffentlichen Frieden störe.

Am 01.02.1934 wurde der § 145 b StGB durch das **Reichstierschutzgesetz** vom 24.11.1933 abgelöst. Das Reichstierschutzgesetz war ein vom Gedanken des ethischen Tierschutzes geprägtes Gesetzeswerk, das weltweite Anerkennung erfuhr[1959], ein für die damalige Zeit sehr ausgereiftes und ausgesprochen tierfreundliches Gesetz[1960]. Es enthielt einen Katalog von einzelnen Tatbeständen der Tierquälerei, die sehr weit verbreitet waren und daher drohten, nicht mehr als sittenwidrig angesehen zu werden. Der Gesetzgeber sah bei der Behandlung von Tieren das häufig im Vordergrund stehende, ausschließlich menschliche Nutzungsbedürfnis nicht mehr als gerechtfertigt an und verbot sämtliche Handlungen, die geeignet waren, Tiere zu quälen[1961].

Mitte der fünfziger Jahre kamen Bemühungen um eine Erneuerung des Tierschutzes in Gang[1962]. Am 01.10.1972 trat das **Tierschutzgesetz** in Kraft. Es steht heute im Mittelpunkt des Tierschutzes in der Bundesrepublik Deutschland. Inzwischen ist der Tierschutz als Staatsziel im Grundgesetz verankert und 2004 auch in den Entwurf der EU-Verfassung aufgenommen worden: "Bei der Festlegung und Durchführung der Politik der Union in den Bereichen Landwirtschaft, Fischerei, Verkehr, Binnenmarkt, Forschung, technologische Entwicklung und Raumfahrt tragen die Union und die Mitgliedstaaten den Erfordernissen des Wohlergehens

---

[1957] Lorz/Metzger, TierSchG, Einführung Rn. 48.
[1958] Maurach/Schroeder/Maiwald, Strafrecht BT, § 59 Rn. 9.
[1959] Lorz/Metzger, TierSchG, Einführung Rn. 49.
[1960] Wiegand, Tierquälerei, S. 78.
[1961] Wiegand, Tierquälerei, S. 78.
[1962] Lorz/Metzger, TierSchG, Einführung Rn. 50.

der Tiere als fühlende Wesen in vollem Umfang Rechnung; sie berücksichtigen hierbei die Rechts- und Verwaltungsvorschriften und die Gepflogenheiten der Mitgliedstaaten insbesondere in Bezug auf religiöse Riten, kulturelle Traditionen und das regionale Erbe."

1990 hat der Gesetzgeber einen neuen § 90 a „Tiere" in das BGB eingefügt. Danach sind Tiere ausdrücklich keine Sachen mehr. Seit 2002 ist der Tierschutz als **Staatsziel mit Verfassungsrang** im Grundgesetz verankert.

Das Tierschutzrecht ist immer noch eine „werdende Materie"[1963]. Es enthält zahlreiche Generalklauseln wie „vernünftiger Grund", „Schmerzen, Leiden und Schäden", „artentsprechende Ernährung", „bedürfnisentsprechende Ernährung" etc., die noch nicht befriedigend in klare Tatbestände oder zumindest gesetzliche Fallgruppen aufgefächert werden konnten[1964]. Das Tierschutzrecht kann den Tierschutz nicht erschöpfend regeln. Oft schreibt das Gesetz nur die Mindestanforderungen vor, insbesondere für die Verfolgung wirtschaftlicher Zwecke im Umgang mit dem Tier[1965].

Durch die Massentierhaltung ist inzwischen ein Zwei-Klassen-Tierschutz entstanden. Rund 98 Prozent aller in Deutschland verzehrten Tiere stammen aus Massentierhaltung[1966]. Jährlich werden (Stand 2009) 56.415.489 Schweine, 3.803.554 Rinder, Kälber und Jungrinder, 1.045.718 Schafe und Lämmer, 27.821 Ziegen, 9.413 Pferde (Stand Juni 2010), 584.952.800 geschlüpfte männliche und weibliche „Gebrauchsschlachtküken", 25.409.800 Entenküken, 1.028.200 Gänseküken sowie 44.755.700 Truthühner und Perlhühnerküken (Stand Juni 2010) geschlachtet[1967]. Für konventionelle Masthühner gilt in Deutschland in Stalleinrichtungen eine Besatzdichte von bis zu 13 Tieren pro Quadratmeter[1968]. In der konventionellen Bodenhaltung von Legehennen können bis zu 6.000 Tiere ohne räumliche Trennung zusammen gehalten werden[1969]. In der Kleingruppenhaltung wird

---

[1963] Lorz/Metzger, TierSchG, Einführung Rn. 57.
[1964] Lorz/Metzger, TierSchG, Einführung Rn. 57.
[1965] Lorz/Metzger, TierSchG, Einführung Rn. 58.
[1966] Foer, Tiere essen, S. 377.
[1967] Foer, Tiere essen, S. 377 f..
[1968] Foer, Tiere essen, S. 379.
[1969] Foer, Tiere essen, S. 380.

jedem Tier ein Lebensraum von 0,08 m² zugestanden (§ 13 b Abs. 2 TierSchNutzV).

Licht, Futter und Fütterzeit für Legehennen werden manipuliert. Der nur anscheinend natürliche Tages- und Nachtrhythmus, der keine Jahreszeiten kennt und der die ganze Lebenszeit von eineinhalb Jahren durchgehalten wird, sowie eine entsprechende Nahrung führen dazu, daß Legehennen ständig auf Höchstleistung getrimmt werden[1970]. Hühner, die nicht manipuliert werden, kommen im Winter normalerweise in die Mauser; in dieser Regenerationsphase legen sie kaum Eier[1971].

Masthähnchen werden nach fünf bis sechs Wochen getötet, Legehennen nach maximal eineinhalb Jahren[1972]. Die natürliche Lebenserwartung der Hennen lag in Deutschland früher bei 20 Jahren[1973]. Jährlich schlüpfen in Deutschland rund 40 Millionen sog. Gebrauchslegeküken, die für die Eierproduktion gezüchtet werden[1974]. Naturgemäß schlüpft für jedes weibliche Küken ein männliches, das für die Eierproduktion unbrauchbar ist und daher getötet wird. Jährlich werden daher ca. 40 Millionen Hahnenküken vergast oder bei lebendigem Leib geschreddert (Anlage 3 zu § 13 Abs. 6 TierSchlV)[1975].

2009 haben Tiertransporte in deutschen Lastkraftwagen eine europaweite Gesamtstrecke von 154.410.100 Kilometern zurückgelegt[1976]. Im Rahmen innerstaatlicher Transporte zum Schlachthof dürfen Nutztiere nicht länger als acht Stunden transportiert werden (§ 10 Abs. 1 TierSchTrV). Dem Transportbetreiber ist es jedoch möglich, Sondergenehmigungen für längere Transporte einzuholen. Rinder, Schafe und Ziegen können bis zu 14 Stunden am Stück transportiert werden, ohne sich hinlegen zu können, nach einer einstündigen Pause mit Tränkung und ggf. Fütterung weitere 14 Stunden. Geflügel, Hausvögel und Kaninchen dürfen 12 Stunden lang (Ladezeiten nicht mitgerechnet) ohne Wasser- und Futterversorgung

---

[1970] Foer, Tiere essen, S. 381.
[1971] Foer, Tiere essen, S. 381.
[1972] Foer, Tiere essen, S. 382.
[1973] Foer, Tiere essen, S. 382.
[1974] Foer, Tiere essen, S. 382.
[1975] Foer, Tiere essen, S. 382.
[1976] Foer, Tiere essen, S. 383.

transportiert werden, bis zu 72 Stunden alte Küken aller Art sogar 24 Stunden lang[1977].

Abferkelbuchten sind in der Regel so klein, daß sich die Sauen nicht drehen und kaum andere natürliche Bewegungen ausführen können[1978]. Zuchtläufern und Mastschweinen steht folgende räumliche Nutzfläche zur Verfügung: 0,5 m² bei einem Durchschnittsgewicht von 30 bis 50 Kilo und 0,75 m² bei einem Durchschnittsgewicht von 50 bis 110 Kilo (§ 29 Abs. 2 TierSchNutzV).

Das Kürzen des Schwanzes (Kupieren) von unter vier Tage alten Ferkeln ist in der konventionellen Schweinemast ohne Betäubung erlaubt (§ 5 Abs. 3 S. 3 TierSchG). Auch für das Abschleifen der Eckzähne von unter acht Tage alten Ferkeln ist keine Betäubung vorgeschrieben (§ 5 Abs. 3 S. 4 TierSchG). Darüber hinaus ist keine Betäubung für das Kastrieren von unter vier Wochen alten Rindern, Schafen und Ziegen (§ 5 Abs. 3 S. 1 TierSchG) sowie für das Enthornen von unter sechs Wochen alten Rindern (§ 5 Abs. 3 S. 2 TierSchG) erforderlich.

Würden wir mit unseren Hunden, Katzen, Meerschweinchen etc. so umgehen, wie wir es mit Nutztieren tun, hätten wir sehr schnell die Polizei auf dem Hals. Da, wo das geschriebene Recht seine Grenze findet und aus wirtschaftlichen Erwägungen ethisch nicht vertretbare Zustände erlaubt, ist jeder Einzelne als Tierhalter, Tierhüter oder Verbraucher gefragt. Jeder von uns kann durch seine Konsumgewohnheiten Einfluß auf den wirtschaftlich motivierten Umgang mit Tieren nehmen und dadurch aktiv zum Tierschutz beitragen.

b) Grundlagen des Tierschutzes

Ich habe Angst um die menschliche Rasse,
wenn ich daran denke, daß Gott gerecht ist.
Thomas Jefferson

Tiere erhalten ihren strafrechtlichen Schutz in erster Linie durch die Tatbestände zum Schutz des Eigentums und von Anrechnungsrechten[1979]. Darüber hinaus enthält das Gesetz drei unterschiedliche Ansätze für den Schutz von Tieren: den Ar-

---

[1977] Foer, Tiere essen, S. 383 f..
[1978] Foer, Tiere essen, S. 389.

tenschutz, den Seuchenschutz und den Schutz vor Quälerei. Der Schutz vor Tötung und Tierquälerei ist im Tierschutzgesetz geregelt.

aa) Verbot tierschädlichen Verhaltens

Zweck des Tierschutzgesetzes ist es, aus der Verantwortung des Menschen für das Tier als Mitgeschöpf dessen Leben und Wohlbefinden zu schützen (§ 1 TierSchG S. 1). Niemand darf einem Tier ohne vernünftigen Grund Schmerzen, Leiden oder Schäden zufügen (§ 1 S. 2 TierSchG). **Schutzgüter** sind das Leben, das Wohlbefinden, die Unversehrtheit, die Gesundheit, die Freiheit und die geschöpfliche Würde des Tieres.

Das **Leben** des Tieres beginnt mit der Geburt und endet mit dem Tod. Anders als beim Menschen ist die genaue Bestimmung dieser Zeitpunkte beim Tier nicht von Bedeutung[1980]. Schutz des Lebens meint Schutz vor dem Tod durch ein Tun oder Unterlasen des Menschen. Das Tierschutzgesetz will das Leben des einzelnen Tieres schlechthin schützen, nicht nur dann, wenn es um eine Mißhandlung durch den Menschen geht[1981].

Wohlbefinden ist der Zustand körperlicher und seelischer Harmonie des Tiers in sich und mit der Umwelt. Anzeichen des Wohlbefindens sind Gesundheit und ein in jeder Hinsicht normales Verhalten[1982].

Die „Leiden" bezeichnen einen eigenständigen Begriff des Tierschutzrechts[1983]. **Leiden** sind alle vom Begriff des Schmerzes nicht erfaßten Beeinträchtigungen im Wohlbefinden, die über ein schlichtes Unbehagen hinausgehen und nicht nur eine unwesentliche Zeitspanne andauern[1984]. Gemeint sind hier Einwirkungen, die der Wesensart des Tieres zuwiderlaufen, instinktwidrig sind und vom Tier gegenüber

---

[1979] Maurach/Schroeder/Maiwald, Strafrecht BT, § 59 Rn. 1.
[1980] Lorz/Metzger, TierSchG, § 1 Rn. 7.
[1981] Lorz/Metzger, TierSchG, § 1 Rn. 8.
[1982] Lorz/Metzger, TierSchG, § 1 Rn. 9.
[1983] OLG Zweibrücken OLGSt 8, 3.
[1984] VGH Baden-Württemberg NuR 1994, 487; Lorz/Metzger, TierSchG, § 1 Rn. 33.

seinem Selbst- oder Arterhaltungstrieb als lebensfeindlich empfunden werden[1985]. Leiden können sich durch Verhaltensstörungen und Verhaltensanomalien ausdrücken[1986]. Leiden können körperlich und seelisch empfunden werden. Sie müssen nachhaltig und dauernd und nicht nur eine Augenblicksempfindung sein[1987]. Nicht jede als belastend empfundene Lage oder Störung des Wohlbefindens ist als Leiden anzusehen. Bloßes Unbehagen stellt als Vorstufe von Angst und ähnlichen Empfindungen noch kein Leiden dar. Es kann sich aber zu Leiden entwickeln, so wenn man die Schnurrhaare einer Katze abschneidet[1988]. Aufregungen, Anstrengungen und ähnliche Belastungen können, wenn sie lang andauern und intensiv sind, in Leiden münden. Ausgefüllt wird der Begriff „Leiden" durch Empfindungen wie Angst, Verängstigung, negativer, lang andauernder Streß, Schreck- oder Furchtzustände, Panik, starke Aufregungen, Erschöpfung, Trauer, starke innere Unruhe, starkes Unwohlsein, quälenden Hunger oder Durst[1989].

Hervorgerufen werden die Leiden durch Einwirkungen, die der Wesensart, den Instinkten, dem Selbst- und Arterhaltungstrieb zuwiderlaufen wie das Fehlen artgemäßer Bewegung, ungenügender Raum, Überforderung, Zwangsfütterung, Isolierung, unsachgemäße Medikation, Herabsetzen der Fortbewegungsmöglichkeit durch Überfütterung, lang andauernder Lichtentzug, übermäßige Kälte oder Hitze (das Tier im geschlossenen Kraftfahrzeug), Überbelastung empfindlicher Organe, operative Eingriffe (Entfernen der Krallen), Fehlernährung, Vergesellschaftung unverträglicher Tiere und gemeinschaftliches Zuschaustellen von Tieren gegensätzlicher Wesensart oder Verwendung von Streusalz bei der Freihaltung der Straßen und Wegen von Schnee und Eis[1990].

[1985] OLG Düsseldorf NJW 1980, 411; VGH Baden-Württemberg NuR 1994, 487; Lorz/Metzger, TierSchG, § 1 Rn. 33; Dittrich, Zootierhaltung – Tiere in menschlicher Obhut, S. 411.
[1986] BGH NJW 1987, 1833; OLG Frankfurt/M. AgrarR 1985, 19; OLG Düsseldorf NJW 1980, 411; VGH Baden-Württemberg RdL 2005, 55; VGH Baden-Württemberg NuR 1994, 487.
[1987] VGH Baden-Württemberg NuR 1994, 487.
[1988] Lorz/Metzger, TierSchG, § 1 Rn. 35.
[1989] Lorz/Metzger, TierSchG, § 1 Rn. 36.
[1990] Lorz/Metzger, TierSchG, § 1 Rn. 43.

Verhaltensstörungen lassen auf das zugrunde liegende Leiden schließen[1991], z. B. Apathie, das Nachlassen des Komfortverhaltens wie Körperpflege, Exploration und Spielen. Daneben kann es zu physiologischen Erscheinungen kommen wie erhöhte Produktion von Streßhormonen, Glucose, Harnstoff, Creatinin und Leukozyten[1992]. Ob die Beeinträchtigung des Wohlbefindens als Schmerzen oder als Leiden anzusehen ist, macht rechtlich einen Unterschied für die Bedingungen, unter denen das Tier untergebracht ist. Schmerzen dürfen durch Bewegungseinschränkungen nicht zugefügt werden. Leiden müssen jedoch dann hingenommen werden, wenn sie unvermeidbar sind.

Die **Bewahrung vor Schäden** bedeutet auch einen Schutz der Unversehrtheit und damit des Lebens. Unter Schaden versteht man einen Zustand des Tiers, der von seinem gewöhnlichen körperlichen oder seelischen Zustand hin zum Schlechteren abweicht und nicht bald vorübergeht. Eine Dauerwirkung ist nicht erforderlich[1993], allerdings bleiben völlig geringfügige Beeinträchtigungen außer Betracht. Auf eine Brauchbarkeit zu einem menschlichen Zweck kommt es nicht an, auch nicht auf eine Beeinträchtigung der Substanz[1994]. Beispiele für Schäden sind Abmagerung, Abstumpfung der Sinne, herabgesetzte Bewegungsfähigkeit, Entstellung, Fehlen eines Körperteils, Gesundheitsschädigungen (funktionelle Störungen, Hysterien, Krankheiten, Krämpfe, Lähmungen, Mißgestaltung durch Züchtung, Nervenschädigungen, Neurosen, Psychopathien als Folge von Schreckerlebnissen und Konfliktsituationen oder Triebhemmungen, Psychosen, Wunden, Zystenbildung), Gewichtssteigerung, Gleichgewichtsstörung, verringerte Leistungsfähigkeit, Schur, Unbrauchbarkeit, Unfruchtbarkeit, Verhaltensschädigung, charakterliche Verschlechterung oder Verstümmelung[1995]. Unter den Begriff des Schadens fallen auch sittenwidrige Verhaltensweisen wie das Betäuben aus Spielerei, die Alkoholisierung

---

[1991] VGH Baden-Württemberg NuR 1994, 487.
[1992] dazu Baum./Homeier, Belastungen beim Transport von Kleinsäugern (Kaninchen und Meerschweinchen), Diss. Tierärztliche Hannover 2005.
[1993] Dittrich, Zootierhaltung – Tiere in menschlicher Obhut, S. 411.
[1994] Lorz/Metzger, TierSchG, § 1 Rn. 52.
[1995] Lorz/Metzger, TierSchG, § 1 Rn. 54.

von Tieren und das nicht veterinärmedizinisch indizierte Verabreichen von Medikamenten[1996].

Das Tierschutzgesetz will Tieren nicht jegliche Beeinträchtigung ihres Wohlbefindens ersparen, es steht vielmehr unter dem Leitgedanken, Tieren nicht **ohne vernünftigen Grund** vermeidbare, das unerläßliche Maß übersteigende Schmerzen, Leiden oder Schäden zuzufügen[1997]. Ohne vernünftigen Grund ist das Zufügen von Schmerzen, Leiden oder Schäden gesetzwidrig und ggf. strafbar oder ordnungswidrig. Wird das Handeln oder Unterlassen hingegen von einem vernünftigen Grund getragen, ist es rechtmäßig und straffrei[1998]. Vernünftig ist ein Grund, wenn er nachvollziehbar und billigenswert[1999], triftig, einsichtig oder von einem schutzwürdigen Interesse getragen[2000] ist und wenn er unter den konkreten Umständen schwerer wiegt als das Interesse des Tiers an seiner Unversehrtheit und an seinem Wohlbefinden[2001]. Ausgangspunkt ist der ganz persönliche Beweggrund des Handelnden. Es genügt aber nicht jeder von einem Menschen benannte Vorteil oder Gefühlsregung. So scheiden etwa als vernünftiger Grund aus die Abneigung gegen ein Tier, die Absicht der Schadenszufügung, das Abreagieren einer seelischen Spannung oder eines Affekts, Bequemlichkeit, Verfolgungstrieb, Langeweile, Laune, böse Lust, Mutwille, Rache, Schießübung, Sensationshascherei, Überdruß an einem Tier, Unmut, Übermut, Verärgerung, Widerwille gegen Tiere, Wut, Zerstörungswut[2002].

Vernünftig sind **Rechtfertigungsgründe**, die sonst verbotenes Verhalten zulässig machen. Sittenwidrige und rechtswidrige Motive wie Verlangen nach sexueller Befriedigung mit Tieren sowie Vorbereitung und Verdeckung einer Straftat scheiden damit aus[2003]. Zwingend braucht der Grund nicht zu sein[2004]. Allgemeine

---

[1996] Lorz/Metzger, TierSchG, § 1 Rn. 54.
[1997] BVerfGE 36, 47, 57; BVerfGE 48, 376, 389.
[1998] Lorz/Metzger, TierSchG, § 1 Rn. 60.
[1999] BayObLG NuR 1994, 512.
[2000] Lorz/Metzger, TierSchG, § 1 Rn. 60.
[2001] Lorz/Metzger, TierSchG, § 1 Rn. 62; Maisack, Zum Begriff des vernünftigen Grundes im Tierschutzrecht, S. 198.
[2002] Lorz/Metzger, TierSchG, § 1 Rn. 64.
[2003] Lorz/Metzger, TierSchG, § 1 Rn. 65.

Rechtfertigungsgründe können Notwehr (§ 32 StGB), rechtfertigender Notstand (§ 34 b StGB), Verteidigungsnotstand bei Angriff durch ein Tier (§ 228 BGB), Angriffsnotstand (§ 904 BGB), Amtsrechte und Dienstpflichten sein[2005]. Keine Rechtfertigung tierschutzwidrigen Verhaltens ist die Einwilligung des Eigentümers oder des Verfügungsberechtigten[2006]. Handeln im Interesse des Tieres kommt in Betracht bei der Heilbehandlung.

Kein vernünftiger Grund ist gegeben bei Belastungen von Tieren für Filmaufnahmen, Schaustellungen, Werbung und andere Veranstaltungen. Das gilt auch für künstlerische Darstellungen. Die Grenze der Kunstfreiheit ist erreicht, wo das Tier zum würdelosen Objekt abqualifiziert wird[2007]. Eine Ausnahme kann nur dann gelten, wenn die Beeinträchtigung des Wohlbefindens völlig unerheblich ist[2008]. Brauchtum ist kein Rechtfertigungsgrund[2009].

Verboten ist das Einfrieren lebender Küken als Tierfutter[2010].

Es ist zulässig, Wildkatzen zu töten, um Tierhäute für Bekleidung zu gewinnen (Naturleder, Naturpelze). Hauskatzen hingegen dürfen nicht zur Gewinnung von Leder oder Fell getötet werden, weil sie für uns – anders als in Asien - keine Pelztiere sind[2011]. Wer erwägt, eine modische Outdoorjacke mit Pelzbesatz an der Kapuze zu kaufen, wird sicher überlegen, welche asiatische Hauskatze dafür ihr Leben lassen mußte.

Ein Tierheim darf eine Katze töten, wenn das Tier nicht mehr länger verwahrt und auch nicht anderweitig untergebracht werden kann[2012]. Unzulässig ist die Tötung von Katzen aber zur Ersparung von Kosten, zur Beseitigung unerwünschten

---

[2004] Lorz/Metzger, TierSchG, § 1 Rn. 66.
[2005] Lorz/Metzger, TierSchG, § 1 Rn. 67.
[2006] Lorz/Metzger, TierSchG, § 1 Rn. 67.
[2007] Lorz/Metzger, TierSchG, § 1 Rn. 73.
[2008] vgl. OLG Frankfurt/M. NJW 1992, 1639.
[2009] Lorz/Metzger, TierSchG, § 1 Rn. 73.
[2010] Lorz/Metzger, TierSchG, § 1 Anh. Rn. 22.
[2011] Lorz/Metzger, TierSchG, § 1 Anh. Rn. 44
[2012] OLG Karlsruhe vom 13.01.1978 – Az. 10 U 52/77.

Nachwuchses oder wenn der Katzenhalter wünscht, daß ihm sein Tier in den Tod folgt[2013].

Getötet werden darf eine Katze, wenn sie schwer verletzt oder krank ist, wenn keine andere Abhilfe möglich ist. Wer ein Tier in Tötungsabsicht schwer verletzt und dann die Tötung aus Mitleid zu Ende führt, hat das Tier ohne vernünftigen Grund getötet[2014].

bb) tiergerechte Haltung und Betreuung

Wer ein Tier hält, betreut oder zu betreuen hat, muß das Tier der Art und seinen Bedürfnissen entsprechend angemessen ernähren, pflegen und verhaltensgerecht unterbringen. Er darf die Möglichkeit des Tieres zu artgerechter Bewegung nicht so einschränken, daß ihm Schmerzen oder vermeidbare Leiden oder Schäden zugefügt werden, und muß über die für eine angemessene Ernährung, Pflege und verhaltensgerechte Unterbringung des Tieres erforderlichen Kenntnisse und Fähigkeiten verfügen (§ 2 TierSchG).

Normadressat ist jeder, der ein Tier hält, betreut oder zu betreuen hat[2015], nicht nur der Halter im engeren Sinne, d. h. derjenige, der nicht nur ganz vorübergehend die tatsächliche Bestimmungsmacht über das Tier in eigenem Interesse ausübt, sondern auch der Betreuer oder der Betreuungspflichtige und somit jede Person, in deren Obhut sich das Tier befindet[2016]. Haltung von Tieren meint das umfassende Obhutsverhältnis tatsächlicher Art, das insbesondere durch weisungsunabhängiges und entscheidungsbefugtes Handeln des Pflichtigen sowie durch sein Eigeninteresse an Pflege und Sorge für die Tiere gekennzeichnet ist[2017].

Halter ist wer, nicht nur ganz vorübergehend die tatsächliche Bestimmungsmacht über das Tier hat, aus eigenem Interesse für die Kosten des Tieres aufkommt, den allgemeinen Wert und Nutzen des Tieres für sich in Anspruch nimmt

---

[2013] Lorz/Metzger, TierSchG, § 1 Anh. Rn. 73.
[2014] BayObLGSt 1973, 183.
[2015] Schiwy, Tierschutzgesetze, § 2 TierSchG S. 2.
[2016] Bayerischer VGH vom 21.06.2010 – Az. 9 ZB 10.95.
[2017] Schiwy, Tierschutzgesetze, § 2 TierSchG S. 2.

und das Risiko seines Verlustes trägt [2018]. Eigentum oder Eigenbesitz ist nicht erforderlich für die Tierhaltung[2019]. Der Tierhalter muß das Tier auch nicht unbedingt zu Gesicht bekommen[2020].

Tierbetreuung ist der Auffangtatbestand zur Tierhaltung[2021]. Sie beruht auf der *tatsächlichen* Beziehung eines Menschen zum Tier[2022]. Sie liegt vor, wenn jemand – auch für kurze Zeit[2023] – an die Stelle des Tierhalters oder des Betreuungspflichtigen tritt[2024]. Das kann der Finder sein[2025], jemand, der ein wild lebendes Tier zur Behandlung, Rettung oder Überwinterung aufnimmt[2026] oder ein Angestellter oder Familienangehöriger des Halters, der bei der Pflege behilflich ist[2027]. Es genügt die Übernahme einzelner Pflichten[2028]. Wer nicht in jeder Beziehung Tierhalter ist, kann Tierbetreuer sein, wenn er das Tier für einen anderen in Pflege hat oder in dessen Interesse nutzt[2029].

Eine **Betreuungspflicht** kann sich aus Gesetz, Verwaltungsanordnung oder Vertrag (Tierhüter nach § 834 BGB) ergeben. Betreuungspflichtiger ist, wer verpflichtet ist, generell oder nur in einer einzelnen Beziehung für das Tier zu sorgen oder die Aufsicht darüber zu führen[2030].

Das Tier muß nicht optimal, sondern nur angemessen ernährt werden[2031]. Angemessen ist die **Ernährung**, wenn der Nutzungszeck des Tieres und die Zumutbarkeit für den Halter oder Betreuer in einem ausgeglichenen Verhältnis stehen. Abweichungen von der optimalen Ernährung müssen geeignet sein, den Nut-

---

[2018] BGH NJW-RR 1988, 655, 656; OLG Schleswig NJW-RR 2006, 893; MünchKomm/Wagner, BGB, § 833 Rn. 23; Lorz/Metzger, TierSchG, § 2 Rn. 8.
[2019] MünchKomm/Wagner, BGB, § 833 Rn. 23; Hirt/Maisack/Moritz, TierSchG, § 2 Rn. 4.
[2020] Lorz/Metzger, TierSchG, § 2 Rn. 9.
[2021] Lorz/Metzger, TierSchG, § 2 Rn. 13.
[2022] Lorz/Metzger, TierSchG, § 2 Rn. 13; Hirt/Maisack/Moritz, TierSChG, § 2 Rn. 5.
[2023] Hirt/Maisack/Moritz, TierSchG, § 2 Rn. 5.
[2024] Lorz/Metzger, TierSchG, § 2 Rn. 13.
[2025] Hirt/Maisack/Moritz, TierSchG, § 2 Rn. 5.
[2026] Lorz/Metzger, TierSchG, § 2 Rn. 13.
[2027] Hirt/Maisack/Moritz, TierSchG, § 2 Rn. 5.
[2028] Lorz/Metzger, TierSchG, § 2 Rn. 13.
[2029] Lorz/Metzger, TierSchG, § 2 Rn. 13.
[2030] Hirt/Maisack/Moritz, TierSchG, § 2 Rn. 6.
[2031] Lorz/Metzger, TierSchG, § 2 Rn. 28.

zungszweck zu fördern, und es darf keine gleich geeignete, aber tierschutzgerechtere Handlungsalternative zur Verfügung stehen[2032]. Bei der Interessenabwägung ist zu prüfen, ob eine bessere Ernährung für den Halter zumutbar ist oder nicht[2033]. Der Halter muß sich über die artgerechte Menge und Zusammenstellung des Futters sowie über den gesamten Funktionskreis von Futter und Wasser informieren. Bedürfnisgemäß ist die Ernährung, wenn sie dem physiologischen Bedarf, einer artgerechten Darreichung und bei in einer Gruppe lebenden Tieren dem Bedürfnis nach gleichzeitiger Aufnahme entspricht[2034]. Die Nahrung darf nicht belastend sein. Eine für den Menschen oder in gleicher Weise wie für ihn zubereitete, insbesondere gewürzte Nahrung tut dem Heimtier nicht gut. Überfütterung und Unterfütterung sind verboten. Tierquälerei liegt vor, wenn der Mageninhalt eines Säugetieres mehr als 4 Prozent des Lebendgewichts beträgt[2035].

Zur **Pflege** gehören die Maßnahmen, die das Wohlbefinden des Tieres herbeiführen und erhalten, all das, was man landläufig als eine gute Behandlung bezeichnet[2036]. Dazu rechnen Fütterung, Tränkung, Reinhaltung, Reinigung, Gesundheitsvorsorge auch schon bei Krankheitsverdacht, Geburtshilfe, Heilbehandlung, Prophylaxe wie Impfungen und Entwurmungen, Schutz vor Witterungseinflüssen (Sonneneinstrahlung, Zugluft, Feuchtigkeit) und die Schaffung günstiger Luft- und Lichtverhältnisse sowie von Temperaturen, die Wohlbefinden in einem weit verstandenen Sinn gewährleisten[2037]. Die Tiere müssen die Möglichkeit zur eigenen Körperpflege und zur gegenseitigen „sozialen Körperpflege" haben[2038]. Der Halter muß die Tiere regelmäßig überwachen, sie beobachten, je nach Rasse, Alter und Befinden des einzelnen Tieres einmal, dreimal oder öfter am Tag[2039]. Er hat die Tiere vor Schmutz und Ungeziefer zu bewahren, für Wärme- und Kälteschutz zu sorgen und die Schmerzen eines erkrankten Tieres zu lindern, auch wenn es nicht

---

[2032] Lorz/Metzger, TierSchG, § 2 Rn. 28.
[2033] Lorz/Metzger, TierSchG, § 2 Rn. 28.
[2034] Lorz/Metzger, TierSchG, § 2 Rn. 29; Hirt/Maisack/Moritz, TierSchG, § 2 Rn. 16.
[2035] Lorz/Metzger, TierSchG, § 2 Rn. 29.
[2036] Hirt/Maisack/Moritz, TierSchG, § 2 Rn. 27.
[2037] Lorz/Metzger, TierSchG, § 2 Rn. 32; Hirt/Maisack/Moritz, TierSchG, § 2 Rn. 27.
[2038] BVerfGE 101, 1, 36 = NJW 1999, 3253, 3255; Hirt/Maisack/Moritz, TierSchG, § 2 Rn. 24.
[2039] Lorz/Metzger, TierSchG, § 2 Rn. 34.

zu retten ist[2040]. Dem Halter steht es nicht etwa frei, ob er ein krankes oder verletztes Tier behandeln oder töten läßt[2041]. Nach dem Pflegebot i. V. m. § 1 S. 2 TierSchG ist die Tötung eines Tieres nur als ultima ratio zulässig[2042]. Die Tötung ist nicht zulässig, solange nach tierärztlichem Urteil noch Heilungsaussichten bestehen[2043].

Das Gesetz will der Pflege des Wohlbefindens in einem weit verstandenen Sinn Vorrang einzuräumen[2044]. Deren Kosten dürfen dabei bis zu einer weiten Grenze keine Rolle spielen[2045]. Der Tierhalter/Tierhüter ist im Interesse des Tierschutzes gehalten, das Tier ggfs. in andere Obhut zu geben, wenn er die notwendige Pflege (finanziell) nicht leisten kann[2046].

Zur Pflege gehört daher auch eine angemessene Geburtshilfe unter Einschluß eines möglicherweise medizinisch notwendigen Kaiserschnitts. Wer eine veterinärmedizinisch notwenige Geburtshilfe unterläßt mit der Begründung, eine Katzengeburt sei ein natürlicher Vorgang mit einer natürlichen Auslese, der verstößt gegen § 2 Ziff. 1 TierSchG. Geschütztes Rechtsgut ist nicht nur das Muttertier, sondern auch der Katzenwelpe, der bei einer schwierigen Geburt zu Schaden kommt oder stirbt. Das Leben des Tieres beginnt mit der Geburt[2047]. Ähnlich wie beim Menschen kommt es auf den Beginn der Geburt an, nicht auf ihre Vollendung. Die Geburt beginnt erkennbar mit den Austreibungswegen, die der Öffnungsphase (Nesten) folgt. Vorher sind Wehen meist nicht zu erkennen.

Unterbringen bedeutet die Gewährung von Aufenthalt und Obdach einschließlich der Gewährung des Schlafbedürfnisses[2048]. Dazu gehören z. B. Teile von Wohngebäuden und Transportmittel. Die Einrichtungen müssen ausreichend groß, bedürfnisgerecht beschaffen und gesundheitlich einwandfrei sein und müs-

---

[2040] Lorz/Metzger, TierSchG, § 2 Rn. 34; a. A. OLG Hamm JMBlNRW 1965, 248.
[2041] Hirt/Maisack/Moritz, TierSchG, § 2 Rn. 27.
[2042] Hirt/Maisack/Moritz, TierSchG, § 2 Rn. 27.
[2043] Hirt/Maisack/Moritz, TierSchG, § 2 Rn. 27.
[2044] BVerfGE 101, 1, 32 = NJW 1999, 3253.
[2045] Lorz/Metzger, TierSchG, § 2 Rn. 32.
[2046] VG Gelsenkirchen vom 21.04.2010 – Az. 7 K 2091/09.
[2047] Lorz/Metzger, TierSchG, § 1 Rn. 7.
[2048] BVerfGE 101, 1.

sen das zu den einzelnen Funktionskreisen des Tieres gehörende Verhalten ermöglichen, z. B. Nahrungssuche, Fortpflanzung, Eltern-Kind-Beziehung, Gruppenbeziehung, Bewegung, Ruhe, Ausscheidung[2049]. Auch das Bedürfnis des Tieres nach artgerechter Bewegung wird durch § 2 TierSchG geschützt[2050]. Die Unterbringung ist nur dann angemessen, wenn sie das Risiko von Schmerzen, vermeidbaren Leiden und Schäden verhindert[2051]. Je kleiner die Wohnung ist, desto eher kommt es bei einer Katze zu Verhaltensstörungen. Soweit sie mit Leiden der Katze verbunden sind, sind sie regelmäßig vermeidbar[2052].

cc) Aussetzen von Katzen

Es ist verboten, eine Katze, die in der Obhut des Menschen gehalten wird, auszusetzen oder sie zurückzulassen, um sich ihrer zu entledigen oder sich der Halter- oder Betreuerpflicht zu entledigen (§ 3 Ziff. 3 TierSchG).

Aussetzen liegt vor, wenn ein Tier freigelassen wird, ohne daß an die Stelle der früheren Obhut eine neue menschliche Obhut tritt, und wenn das Tier als Bestandteil der Natur auf seine eigenen Kräfte und Fähigkeiten verwiesen wird[2053]. Das Leben, die Unversehrtheit oder das Wohlbefinden müssen nicht gefährdet sein[2054]. „Aussetzen" erfordert ein aktives Tun, sei es daß der Täter dem Tier bewußt die Gelegenheit zum Entlaufen verschafft, das Tier von Haus und Hof verjagt, aus dem Auto wirft, in einem öffentlichen Park anbindet oder in einem Schließfach einsperrt[2055] oder es auf seinem Anwesen aussetzt[2056].

[2049] Lorz/Metzger, TierSchG, § 2 Rn. 36.
[2050] Schiwy, Deutsche Tierschutzgesetze, § 2 TierSchG S. 1.
[2051] Lorz/Metzger, TierSchG, § 2 Rn. 37.
[2052] Lorz/Metzger, TierSchG, § 2 Rn. 47.
[2053] Lorz/Metzger, TierSchG, § 3 Rn. 29; Hirt/Maisack/Moritz, TierSchG, § 3 Rn. 22.
[2054] Lorz/Metzger, TierSchG, § 3 Rn. 29.
[2055] Lorz/Metzger, TierSchG, § 3 Rn. 31; Hirt/Maisack/Moritz, TierSchG, § 3 Rn. 22.
[2056] OLG Jena DRZ 35, 312 Nr. 311 = HRR 35 Nr. 1367.

Ein Aussetzen durch **Unterlassen** liegt vor, wenn der Halter, Betreuungspflichtige oder Betreuer erkennt, daß das Tier ohne sein Zutun entläuft, und er dies nicht verhindert, obwohl es ihm möglich wäre[2057].

Die Aussetzung i. S. d. § 3 Ziff. 3 1. Alt. TierSchG ist ein abstraktes Gefährdungsdelikt. Es ist daher nicht erforderlich, daß Leben, Unversehrtheit oder Wohlbefinden des Tieres konkret gefährdet werden[2058].

Täter der Alternative **Zurücklassen** (§ 3 Ziff. 3 2. Alt. TierSchG) kann im Gegensatz zum Aussetzen nur der Schutzpflichtige sein, also der Halter, der Betreuer oder der zur Betreuung Verpflichtete[2059]. Zurück läßt ein Tier, wer sich als Schutz- oder Obhutspflichtiger entfernt und das Tier längere Zeit unbeaufsichtigt sich selbst überläßt, z. B. im Urlaub[2060]. Das Tier muß in dieser Zeit ohne Betreuung sein; die Absicht, nicht mehr zurückzukehren, ist nicht erforderlich[2061]. Entfernt sich der Schutzpflichtige zunächst zu einem anderen Zweck, als das Tier zurückzulassen, kehrt dann aber mit diesem Ziel nicht mehr zurück, dann liegt Zurücklassen durch Unterlassen (der Rückkehr) vor. Auch das ist verboten[2062].

Anders als beim Aussetzen ist beim Zurücklassen eine konkrete Gefährdung des Tieres erforderlich[2063]. Unter Berücksichtigung der Zeitdauer, während der der Halter, der Betreuer oder der zur Betreuung Verpflichtete nicht zu dem Tier zurückkehren will, muß mit Wahrscheinlichkeit zu erwarten sein, daß das zurückgelassene Tier in seinem Wohlbefinden beeinträchtigt wird, Schmerzen erleidet oder geschädigt wird[2064]. Es genügt auch, wenn in dieser Zeit eine konkrete Betreuung notwendig wird, die der Halter, der Betreuer oder der zur Betreuung Verpflichtete auf einen Dritten hätte übertragen müssen[2065].

[2057] Hirt/Maisack/Moritz, TierSchG, § 3 Rn. 22.
[2058] Hirt/Maisack/Moritz, TierSchG, § 3 Rn. 22.
[2059] Hirt/Maisack/Moritz, TierSchG, § 3 Rn. 23.
[2060] BT-Drucks. 13/7015 S. 16.
[2061] Lorz/Metzger, TierSchG, § 3 Rn. 33.
[2062] Lorz/Metzger, TierSchG, § 3 Rn. 33; Hirt/Maisack/Moritz, TierSchG, § 3 Rn. 23.
[2063] Hirt/Maisack/Moritz, TierSchG, § 3 Rn. 23.
[2064] Hirt/Maisack/Moritz, TierSchG, § 3 Rn. 23.
[2065] Hirt/Maisack/Moritz, TierSchG, § 3 Rn. 23.

Strafbare Fahrlässigkeit liegt z. B. vor, wenn der Täter hätte erkennen können, daß während seiner Abwesenheit eine Gefahr für das Wohl des Tiers besteht bzw. Betreuungshandlungen notwendig werden[2066].

Wenn ein Tierschutzverein eine verwilderte Hauskatze einfängt, kastriert und bald wieder an ihre frühere Lebensstätte entläßt, verstößt er nicht gegen das Aussetzungsverbot; durch die Kastration entsteht noch kein Obhutsverhältnis[2067].

dd) Filmaufnahme, Schaustellung, Werbung o.ä.

Es ist verboten, ein Tier zu einer Filmaufnahme, Schaustellung, Werbung o.ä. heranzuziehen, sofern damit Schmerzen, Leiden oder Schäden für das Tier verbunden sind (§ 3 Ziff. 6 TierSchG). **Filmaufnahmen** sind auch Standfotographien. Unerheblich ist, ob und wievielen Menschen der Film später zugänglich gemacht werden soll. Maßnahmen bei Filmtieren, die zum „Lachen" eines Tieres oder zu Stürzen führen oder bei Jagdszenen gebraucht werden, sind daher sehr zweifelhaft[2068].

Schaustellung ist das Besichtigenlassen im Zoo, Freizeitzoo, in der Tierschau, auf der Bühne oder bei einem Umzug. Das Ausstellen des Tieres, um einen Kauf anzuregen oder ein Schaufenster auszuschmücken, gehört zur Werbung[2069]. Bei der **Werbung** wird das Tier eingesetzt, um den Absatz einer Ware oder Dienstleistung zu fördern. Soll durch das Ausstellen zum Kauf des Tiers angeregt werden, kommt es auf die Umstände des Einzelfalls an. Lange Ladenöffnungszeiten können den natürlichen Hell-Dunkel-Rhythmus verändern und dadurch Leiden herbeiführen[2070].

[2066] Hirt/Maisack/Moritz, TierSchG, § 3 Rn. 24.
[2067] Lorz/Metzger, TierSchG, § 3 Rn. 28.
[2068] Lorz/Metzger, TierSchG, § 3 Rn. 43.
[2069] Lorz/Metzger, TierSchG, § 3 Rn. 44.
[2070] Lorz/Metzger, TierSchG, § 3 Rn. 45.

ee) Töten von Tieren

Ein Wirbeltier darf nur unter Betäubung und sonst, soweit nach den gegebenen Umständen zumutbar, nur unter Vermeidung von Schmerzen getötet werden (§ 4 Abs. 1 S. 1 TierSchG). Ein Wirbeltier töten darf nur, wer die dazu notwendigen Kenntnisse und Fähigkeiten hat (§ 4 Abs. 1 S. 3 TierSchG). Das Töten von Heimtieren muß mit einem in Anbetracht der Umstände möglichst geringen Maß an physischen und psychischen Leiden erfolgen. Die gewählte Methode muß - außer in einem Notfall – entweder zu sofortiger Bewußtlosigkeit oder zum Tod führen oder mit einer tiefen allgemeinen Betäubung beginnen, gefolgt von einer Maßnahme, die sicher zum Tod führt (Art. 11 Europäisches Übereinkommen zum Schutz von Heimtieren).

ff) Züchten von Katzen

Wer gewerbsmäßig Katzen züchten oder halten will, bedarf der **Erlaubnis der zuständigen Behörde** (§ 11 Abs. 1 Ziff. 3 lit. a TierSchG). Gewerbsmäßig handelt, wer die Zucht selbständig, planmäßig, fortgesetzt und mit der Absicht der Gewinnerzielung ausübt (AVV Nr. 12.2.1.5). Für die Planmäßigkeit genügt die Beschränkung auf eine bestimmte Gelegenheit und auf befristete Zeiträume[2071]. Die Voraussetzungen für gewerbsmäßiges Züchten sind in der Regel erfüllt, wenn eine Haltungseinheit fünf oder mehr fortpflanzungsfähige Katzen oder fünf oder mehr Würfe pro Jahr erreicht (AVV Nr. 12.2.1.5.1). Als Haltungseinheit gelten alle Tiere eines Halters, auch wenn diese in unterschiedlichen Einrichtungen gehalten werden, aber auch die Haltung von Tieren mehrerer Halter, wenn Räumlichkeiten, Ausläufe und Ähnliches gemeinsam genutzt werden (AVV Nr. 12.2.1.5.1).

Aus dem Wortlaut der Verordnung ergibt sich nicht, ob mit „Katzen" die Gattung Katze oder nur weibliche Katzen gemeint sind. Die Lösung läßt sich aber aus dem Zweck der Regelung ableiten. Durch die Erlaubnispflicht soll sichergestellt werden, daß der Züchter über die erforderliche Sachkunde verfügt, wenn er über das in der Liebhaberei übliche Maß hinaus und nicht nur vereinzelt oder gelegent-

---

[2071] Lorz/Metzger, TierSchG, § 11 Rn. 15.

lich Kitten in die Welt setzt. Damit soll auch verhindert werden, daß jemand quasi fabrikmäßig Katzen produziert ohne Grundkenntnisse über Hygiene, Genetik, Tiermedizin etc.. Diese Verantwortung trifft den Halter eines Deckkaters aber in gleicher Weise wie den Kater einer Zuchtkatze. Dabei ist zu berücksichtigen, daß der Deckkaterhalter ggf. fremde, rollige Katzen in seinen Haushalt aufnimmt und mit ihnen auch fremde Charaktere und Keime. Hinzukommt, daß ein potenter Kater deutlich mehr Nachkommen zeugen als eine potente Katze werfen kann. Fehler, die z. B. durch mangelnde Kenntnisse der Genetik entstehen, haben daher möglicherweise weitreichende Folgen. Mit „Katzen" sind daher auch Kater gemeint. Bei Prüfung der Anzahl des Zuchttierbestandes sind nach Ziff. 12.2.1.5.1 AVV sowohl die weiblichen als auch die männlichen Tiere mit zu zählen[2072].

Tierzuchtschauen, die im Rahmen des Tierschutzgesetzes oder nach entsprechenden Kriterien von Zuchtverbänden als Leistungsprüfungen durchgeführt werden, sowie Tierbewertungsschauen werden aufgrund fehlender Gewerbsmäßigkeit von § 11 TierSchG nicht erfaßt (AVV Nr. 12.2.1.5.4).

Die Erlaubnis zur gewerbsmäßigen Zucht setzt einen Antrag und einen **Sachkundenachweis** voraus. Der Antragsteller muß über die erforderlichen fachlichen Kenntnisse und Fähigkeiten verfügen; eine bestimmte Berufsausbildung braucht jedoch nicht vorzuliegen. Er muß darüber hinaus zuverlässig sein. Die Erlaubnis kann daher versagt werden bei fehlender Geschäftsfähigkeit, Alkohol- und Drogenmißbrauch, psychischen Störungen mit Bezug zum Umgang mit Tieren, Straftaten wie Roheitsdelikten, Sachbeschädigung an Tieren, Umweltdelikten und früheren Verstößen gegen formelles Tierschutzrecht, Jagdrecht, Fischereirecht usw. mit materiellem Tierschutzcharakter[2073]. Räume und Einrichtungen müssen die tierschutzgerechte Haltung ermöglichen. Die Verwaltungsbehörde muß, wenn nicht ein Sonderfall vorliegt, demjenigen die Zucht untersagen, der die erforderliche Erlaubnis nicht hat (§ 11 Abs. 3 S. 2 TierSchG).

Nach § 11 b TierSchG sind sog. **Qual- oder Defektzuchten** verboten. Der Gesetzgeber hat damit dem menschlichen Interesse an einem bestimmten geneti-

---

[2072] VG Mainz NVwZ-RR 2010, 840.
[2073] Lorz/Metzger, TierSchG, § 11Rn. 31.

schen Design wirtschaftlich bedeutender Tierrassen sowie an extremer Zucht zur Erzeugung außergewöhnlicher Phänotypen (Fancy-Zucht) Grenzen gezogen. Eine solche Zucht beruht auf der menschlichen Eitelkeit und Profilierungssucht und liegt nicht im Interesse des Tieres[2074]. Das Verbot erfaßt die traditionellen Zuchtmethoden Auswahl und Kreuzung ebenso wie Veränderungen durch Mutationen, d. h. natürlich entstandene körperliche Anomalien[2075] und Merkmale, die früher als anerkannte Art oder Rassemerkmale angesehen und deshalb von den Züchtungen angestrebt worden sind[2076]. Insoweit ist zu berücksichtigen, daß die Verbotstatbestände Ausdruck eines gewandelten Verständnisses für die Bedeutung der Tierschutzes sind, wonach die den Tieren in Rassezuchten zugemuteten körperlichen Belastungen nicht mehr hingenommen werden sollen[2077]. Diese Sichtweise wird durch die verfassungsrechtliche Verankerung des Tierschutzes in Art. 20 a GG nachhaltig untermauert[2078]. Ein Vertrauenstatbestand, der es Züchtern ermöglichen könnte, jeweils seit langem unbeanstandet praktizierte Zuchtformen weiterzuführen, besteht unter diesen Umständen nicht[2079].

Die Inzucht mit der möglichen Folge, daß die Nachkommenschaft gesundheitlich anfälliger wird, fällt nicht unter § 11 b TierSchG. Anders verhält es sich aber dann, wenn sie z. B. als Verpaarung von Eltern mit Kindern oder von Geschwistern (Inzestzucht) zur Erzeugung genetisch möglichst ähnlicher Linien dient, was als Tierversuch genehmigt werden müßte[2080]. Zur Qualzucht bei Katzen gehören der dominant helle oder weiße Genotyp mit regelmäßigen Hörverlusten, Kurzschwänzigkeit, Kipp- und Faltohr mit Knorpel- und Knochenschäden, gestörtes Haarwachstum bis hin zur Haarlosigkeit mit Fehlen der Tasthaarte, Zwergenwuchs, Vielfingerigkeit mit überzähligen Zehen, Kurzköpfigkeit und Wachstumshemmungen an Ober- und Unterkiefer sowie Augenlidanomalien[2081]. Wer weiße

---

[2074] Wegner in Sambraus/Steiger, Das Buch vom Tierschutz, S. 566.
[2075] VGH Baden-Württemberg NuR 1994, 487; VGH Baden-Württemberg RdL 2005, 55.
[2076] Hess. VGH RdL 2009, 247 = AuR 2009, 411.
[2077] Hess. VGH RdL 2009, 247 = AuR 2009, 411.
[2078] Hess. VGH RdL 2009, 247 = AuR 2009, 411.
[2079] Hess. VGH RdL 2003, 277; Hess. VGH RdL 2009, 247 = AuR 2009, 411.
[2080] Lorz/Metzger, TierSchG, § 11 b Rn. 3.
[2081] Lorz/Metzger, TierSchG, § 11 b Rn. 18.

Perserkatzen verpaart, obwohl er weiß, daß der Nachwuchs taub sein kann, verstößt gegen das Verbot der Qualzüchtung. Das Gehör der Katze ist ein Organ für den artgerechten Gebrauch[2082].

c) Straftaten und Ordnungswidrigkeiten

> *Die Größe und den moralischen Fortschritt einer Nation kann man daran messen, wie sie die Tiere behandelt.*
>
> *Mahatma Ghandi*

Mit Freiheitsstrafe bis zu drei Jahren oder mit Geldstrafe wird bestraft, wer eine Katze ohne vernünftigen Grund tötet oder einer Katze aus Roheit erhebliche Schmerzen oder Leiden oder länger anhaltende oder sich wiederholende erhebliche Schmerzen oder Leiden zufügt (§ 17 TierSchG). Mit den Bestimmungen des Straf- und Ordnungswidrigkeitenrechts im Tierschutzrecht werden Leben und Wohlbefinden der Tiere als Schutzgüter des Rechts anerkannt. Tatbestände des allgemeinen Straf- und Ordnungswidrigkeitenrechts wie § 303 StGB schützen hingegen nur das Eigentum am Tier, die Aneignungsbefugnis durch den Menschen und das Tier als Teil der Umwelt.

aa) Tiertötung (§ 17 Ziff. 1 TierSchG)

> *Wehe den Menschen, wenn auch nur ein Tier im Strafgericht Gottes sitzt!*
>
> *Franziskus von Assisi*

Tiertötung ist jedes Verfahren, das zum Tod eines Tieres führt, auch die schmerzlose Tötung und die Tötung eines betäubten Tieres[2083]. Die Handlung braucht weder unmittelbar am Körper des Tieres vorgenommen zu werden, noch unmittelbare Folge der Tathandlung sein[2084]. Der Straftatbestand ist auch dann erfüllt,

---

[2082] Lorz/Metzger, TierSchG, § 11 b Rn. 18.
[2083] Lorz/Metzger, TierSchG, § 17 Rn. 5.
[2084] Lorz/Metzger, TierSchG, § 17 Rn. 5.

wenn der Täter ein Tier mit Tötungsvorsatz verletzt und es für tot hält, das Tier dann schwer verletzt gefunden und erst durch einen Tierarzt getötet wird[2085]. Das gleiche gilt, wenn jemand ein Tier ohne vernünftigen Grund mit Tötungsvorsatz (nur) verletzt und dann aus Mitleid die Tötung zu Ende führt[2086].

Die Tiertötung kann auch durch **Unterlassen** begangen werden, wenn der Täter rechtlich dafür einzustehen hat, daß der Tod nicht eintritt, und wenn das Unterlassen dem aktiven Tun entspricht[2087]. Tötung durch Unterlassen liegt z. B. vor, wenn der Tierhalter oder der Tierbetreuer entgegen § 2 Ziff. 1 TierSchG das Tier nicht angemessen ernährt, pflegt und verhaltensgerecht unterbringt, wenn ein gedankenloser Halter sein(e) Haustier(e) verdursten oder verhungern bzw. bei aufgetretenen Verletzungen oder Erkrankungen nicht tierärztlich versorgen läßt[2088].

Eine **Garantenpflicht** als rechtliche Pflicht zum Handeln ergibt sich für den Tierhalter und den Tierbetreuer aus dem Gesetz (§ 2 TierSchG, § 9 TierSchG)[2089]. Die Garantenstellung kann aber auch aus einem Vertrag mit dem Halter oder Eigentümer folgen, z. B. wenn der Halter das Tier vorübergehend einem Tierheim zur Unterbringung und Pflege überläßt[2090], aus einem Gefälligkeitsverhältnis (einer Person, die die Urlaubsbetreuung übernimmt), einer tatsächlichen Herrschaft über das Tier (Familienangehörige, Verlobte, Lebenspartner des Halters)[2091], aus besonderem Vertrauensverhältnis[2092] oder aus der Herbeiführung einer Gefahrenlage (Ingerenz)[2093]. Sie verpflichtet dazu, das Erforderliche zur Beseitigung der Gefahr zu tun, auch wenn die Gefahrenlage schuldlos geschaffen worden ist (z. B. Reißen der Leine zum Führen des Tieres, Verkehrsunfall)[2094]. Strafbar ist das Unterlassen, wenn der Unterlassende die Möglichkeit hatte, den Tod des Tieres zu verhindern

---

[2085] Lorz/Metzger, TierSchG, § 17 Rn. 5.
[2086] BayObLGSt 1973, 183.
[2087] Lorz/Metzger, TierSchG, § 17 Rn. 6; MünchKomm/Pfohl, StGB, § 17 TierSchG Rn. 45.
[2088] MünchKomm/Pfohl, StGB, § 17 TierSchG Rn. 45.
[2089] OLG Celle NJW 2008, 1012.
[2090] MünchKomm/Pfohl, StGB, § 17 TierSchG Rn. 46.
[2091] Lorz/Metzger, TierSchG, § 17 Rn. 6; Kluge/Ort/Reckewell, TierSchG, § 17 Rn. 102.
[2092] Kluge/Ort/Reckewell, TierSchG, § 17 Rn. 102.
[2093] MünchKomm/Pfohl, StGB, § 17 TierSchG Rn. 46; Lackner, StGB, § 13 Rn. 11.
[2094] Lorz/Metzger, TierSchG, § 17 Rn. 6.

und ihm diese Handlung auch zumutbar war, z. B. Benachrichtigung eines Tierarztes[2095].

Einen strafbaren Verstoß gegen das TierSchG begeht auch derjenige, der als Betreuer nicht verhindert, daß die von ihm betreute Person ihre Tiere vernachlässigt oder quält und damit gegen Bestimmungen des TierSchG verstößt. Auch der **Betreuer** eines Katzenhalters hat eine Garantenpflicht zur Verhinderung von Verstößen gegen das TierSchG[2096]. Im Strafrecht gilt zwar das Prinzip der Eigenverantwortlichkeit, wonach es grundsätzlich ausgeschlossen ist, für das rechtswidrige Verhalten eines Menschen einen Anderen zur Verantwortung zu ziehen[2097]. Grundsätzlich besteht daher keine Überwachungspflicht hinsichtlich des Verhaltens anderer erwachsener Personen[2098]. Eine Ausnahme von diesem Grundsatz wird jedoch dort gemacht, wo die Rechtsordnung die Verantwortung für das rechtswidrige Verhalten eines Menschen gerade einem Dritten auferlegt, z. B. durch eine Aufsichts- und Befehlsgewalt in bestimmten Autoritätsverhältnissen[2099] sowie die Überwachungspflicht der Eltern, die tätig werden müssen, um gefährliche Verhaltensweisen ihrer Kinder zu unterbinden, die aber gerade wesentlich von Alter und Reifegrad der Kinder abhängig ist und daher nicht gegenüber volljährigen erwachsenen Kindern gilt[2100]. Ausgehend von diesen Grundsätzen besteht auch eine Garantenstellung des Betreuers zur Verhinderung von Straftaten des Betreuten, wenn der Betreute selbst für sein Verhalten nicht verantwortlich ist und gerade deshalb dem Betreuer die Aufsicht über ihn von der Rechtsordnung auferlegt worden ist[2101]. Dagegen läßt sich auch nicht einwenden, daß sich die Betreuung allein am Wohl des Betreuten auszurichten hat und der Betreuer den Wün-

---

[2095] Lorz/Metzger, TierSchG, § 17 Rn. 6.
[2096] OLG Celle FamRZ 2008, 1026.
[2097] OLG Celle FamRZ 2008, 1026.
[2098] Leipziger Kommentar/Weigand, StGB, § 13 Rn. 55; OLG Celle FamRZ 2008, 1026.
[2099] SK-StGB/Rudolphi, § 13 Rn. 32; Stree/Bosch in: Schönke/Schröder, StGB, § 13 Rn.51; OLG Celle FamRZ 2008, 1026.
[2100] BGH FamRZ 1958, 211; Leipziger Kommentar/Weigand, StGB, § 13 Rn. 27; SK-StGB/Rudolphi, § 13 Rn. 34; OLG Düsseldorf NJW 1987, 201; OLG Celle, FamRZ 2008, 1026.
[2101] SK-StGB/Rudolphi, § 13 Rn. 33; OLG Celle FamRZ 2008, 1026.

schen des Betreuten zu entsprechen hat[2102]. Zum Einen ist nämlich im Betreuungsrecht anerkannt, daß solche Wünsche des Betreuten unerfüllbar, unzumutbar und damit irrelevant sind, die an Grenzen rechtlicher Zulässigkeit stoßen, beispielsweise rechtswidrige oder strafbare Handlungen beinhalten[2103]. Zum Anderen entspricht es der weit überwiegenden Auffassung im Betreuungsrecht, daß für den Betreuer auch gewisse Fürsorgepflichten bestehen, die letztlich auch eine Pflicht zur Aufsicht beinhalten können[2104]. Dabei wird eine solche Aufsichtspflicht mit der Folge einer deliktischen Haftung gemäß § 832 BGB dann angenommen, wenn einem Betreuer entweder die gesamte Personensorge oder speziell die Beaufsichtigung des Betreuten durch Gerichtsbeschluß übertragen worden ist[2105].

Strafbar ist nur vorsätzliches Verhalten. Der **Vorsatz** muß die Tathandlung bzw. im Fall des Unterlassens die Garantenpflicht, den Taterfolg (Tod des Tieres) und die Ursächlichkeit des Handelns bzw. Unterlassens für den Tod des Tiers umfassen[2106]. Bedingter Vorsatz genügt. Er liegt vor, wenn der Täter den Tod des Tieres nicht nur bewußt in Kaufgenommen, sondern auch gebilligt hat („und wenn schon"). Mit bedingtem Vorsatz handelt z. B. derjenige, der eine beutelustige Katze in einem vogelreichen Park streunen und auf Vögel Jagd machen läßt[2107]. Nimmt der Täter irrtümlich an, das Tier, an dem sich seine Katze zu schaffen macht, sei tot, oder die Voraussetzungen eines anerkannten Erlaubnistatbestandes lägen vor, dann entfällt der Vorsatz[2108]. Vorsatz liegt jedoch vor, wenn der Täter von einem Erlaubnistatbestand ausgeht, den es gar nicht gibt, z. B. ein Recht des Eigentümers, mit seiner Katze beliebig zu verfahren, es etwa zur politischen Demonstration oder im Rahmen eines Kunstwerks zu töten[2109].

Die **versuchte Tötung** einer Katze ist als versuchte Sachbeschädigung strafbar nach § 303 Abs. 2 StGB, weil der Tötungsvorsatz den Vorsatz zur Schädigung des

---

[2102] OLG Celle FamRZ 2008, 1026.
[2103] OLG Celle FamRZ 2008, 1026.
[2104] OLG Celle FamRZ 2008, 1026.
[2105] OLG Celle FamRZ 2008, 1026.
[2106] Lorz/Metzger, TierSchG, § 17 Rn. 8.
[2107] Lorz/Metzger, TierSchG, § 17 Rn. 8.
[2108] Lorz/Metzger, TierSchG, § 17 Rn. 8.
[2109] Lorz/Metzger, TierSchG, 6. Aufl., § 17 Rn. 8.

Körpers und der Gesundheit als Minus einschließt. Außerdem liegt eine Ordnungswidrigkeit nach § 18 Abs. 2 TierSchG vor.

Die Tiertötung ist rechtmäßig, wenn einer der allgemeinen **Rechtfertigungsgründe** vorliegt oder sich aus dem Gesamtbestand der gesetzlichen oder gesellschaftlich anerkannten Normen ein vernünftiger Grund ergibt[2110]. Als vernünftig wird ein Grund angesehen, wenn er als triftig, einsichtig und von einem schutzwürdigen Interesse getragen anzuerkennen ist und wenn er unter den konkreten Umständen schwerer wiegt als das Interesse des Tieres an seiner Unversehrtheit und an seinem Wohlbefinden[2111]. Die Rechtsprechung verwendet auch die Synonyme „nachvollziehbar" und „billigenswert"[2112]. Der vernünftige Grund braucht nicht zwingend im Sinne einer ultima ratio zu sein[2113], allerdings muß der Täter einen objektiv gegebenen vernünftigen Grund verwirklichen wollen[2114]. Liegen mehrere Gründe vor, reicht es, wenn einer von ihnen als vernünftiger Grund anerkannt ist.

Allgemeine Rechtfertigungsgründe sind Notwehr (§§ 32 StGB, 10 OWiG), wenn das Tier von einem Menschen als Angriffsmittel mißbraucht wird, rechtfertigender Notstand (§ 34 StGB, § 16 OWiG), Verteidigungsnotstand bei einem Angriff durch das Tier (§ 228 BGB) sowie Amtsrechte und Dienstpflichten, z. B. der Waffengebrauch der Polizei zur Abwehr einer Gefahr, die von dem Tier ausgeht[2115]. Häufigster Anwendungsfall des rechtfertigenden Notstandes im Tierschutzrecht ist der tierärztliche Heileingriff[2116]. Bei herrenlosen Tieren ist § 34 StGB analog anzuwenden[2117]. Nicht gerechtfertigt ist hingegen die tiermedizinische Behandlung aus kosmetischen oder modischen Gründen[2118].

[2110] Lorz/Metzger, TierSchG, § 17 Rn. 10.
[2111] MünchKomm/Pfohl, StGB, § 17 TierSchG Rn. 34.
[2112] BayObLG NJW 1993, 2760.
[2113] OLG Celle NuR 1994, 513; MünchKomm/Pfohl, StGB, § 17 TierSchG Rn. 35.
[2114] BayObLG NJW 1993, 2760; MünchKomm/Pfohl, StGB, § 17 TierSchG Rn. 34.
[2115] Lorz/Metzger, TierSchG, § 17 Rn. 11 ff..
[2116] MünchKomm/Pfohl, StGB, § 17 TierSchG Rn. 92.
[2117] MünchKomm/Pfohl, StGB, § 17 TierSchG Rn. 92.
[2118] MünchKomm/Pfohl, StGB, § 17 TierSchG Rn. 92.

Die Einwilligung des Eigentümers oder des Verfügungsberechtigten, auch die mutmaßliche Einwilligung, oder behördliche Duldung rechtfertigen tierschutzwidriges Verhalten nicht[2119].

Im Interesse der Katze ist eine Tötung aus dem Gesichtspunkt der Fürsorge denkbar, vor allem zur Verhinderung weiterer Leiden des Tieres[2120].

Tiertötung im Vollrausch kann nicht nach § 17 TierSchG bestraft werden (§ 20 StGB), wohl aber als Vergehen des vorsätzlichen oder fahrlässigen Vollrausches nach § 323 a StGB.

Das **Strafmaß** beträgt Freiheitsstrafe von einem Monat bis zu drei Jahren oder Geldstrafe von fünf bis 360 Tagessätzen. Ein Tagessatz entspricht dem Einkommen, das ein Angeklagter durchschnittlich an einem Tag hat oder haben könnte (§ 40 StGB). Die Tötung eines Tieres wird also härter bestraft als die Zerstörung oder Beschädigung einer Sache (Höchstmaß zwei Jahre Freiheitsstrafe). Eine Geldstrafe kann zusätzlich zur Freiheitsstrafe verhängt werden, wenn der Täter sich durch die Tat bereichert oder das zumindest versucht hat (§ 41 StGB). Die Verfolgungsverjährung tritt fünf Jahre nach Beendigung der Tat ein (§§ 78, 78 a StGB).

bb) Rohe Tiermißhandlung (§ 17 Ziff. 2 lit. a TierSchG)

Der Straftatbestand der rohen Tiermißhandlung ist erfüllt, wenn jemand einer Katze erhebliche Schmerzen oder Leiden zufügt. **Schmerz** ist eine unangenehme sensorische und gefühlsmäßige Erfahrung, die mit akuter oder potentieller Gewebeschädigung einhergeht oder in Form solcher Schädigungen beschrieben wird[2121]. Nicht erforderlich ist, daß tatsächlich eine Schädigung auftritt oder das Tier Abwehrreaktionen zeigt[2122]. Schäden, die ohne Schmerzen oder Leiden entstehen, z. B. bei verbotenen Eingriffen unter Betäubung, werden von § 17 Ziff. 2 lit. a

---

[2119] OLG Celle NuR 1994, 513, 514; OLG Hamm NStZ 1985, 275; Lorz/Metzger, TierSchG, § 17 Rn. 15; MünchKomm/Pfohl, StGB, § 17 TierSchG Rn. 95.
[2120] Lorz/Metzger, TierSchG, § 17 Rn. 18.
[2121] MünchKomm/Pfohl, StGB, § 17 TierSchG Rn. 50.
[2122] MünchKomm/Pfohl, StGB, § 17 TierSchG Rn. 50.

TierSchG nicht erfaßt, fallen aber als Ordnungswidrigkeit unter § 18 Abs. 1 Ziff. 7, 8, 11, 12, 19 TierSchG[2123].

Während "Schmerzen" durch körperliche Beeinträchtigungen hervorgerufen werden, sind "Leiden" alle vom Begriff des Schmerzes nicht erfaßte Beeinträchtigungen im Wohlbefinden, die über ein schlichtes Unbehagen hinausgehen und eine nicht ganz unwesentliche Zeitspanne fortdauern[2124]. **Leiden** können sowohl körperlich als auch seelisch empfunden werden[2125]. Ausgefüllt wird der Begriff durch Empfindungen wie Angst, Panik, starke Aufregung, Erschöpfung, Trauer, innere Unruhe, starkes Unwohlsein, Hunger- oder Durstqualen[2126]. Da Leiden anders als Wunden nicht körperlich sichtbar sind, können sie nur durch Verhaltensbeobachtung festgestellt werden[2127]. Indizien sind Verhaltensstörungen oder Anomalien[2128]. Erheblich ist eine nach Art und Dauer gewichtige, beträchtliche Beeinträchtigung des tierischen Wohlbefindens[2129]. Geringfügige Belastungen reichen nicht.

In jedem einzelnen Fall müssen die Gesamtumstände bewertet werden, ausgehend von der Entwicklungshöhe des Tieres und Besonderheiten der Tiergattung[2130]. Schmerzen können deshalb erheblich sein, weil sie einem besonders empfindlichen Sinnesorgan des Tieres wie den Ohren einer Katze[2131] oder einem alten, entkräfteten, kranken oder trächtigen Tier[2132] zugefügt werden. Schmerzen oder Leiden sind nicht erheblich, wenn sie keine oder nur unwesentliche Folgen im Verhalten des Tiers nach sich ziehen. Sie sind erheblich, wenn das tierische Verhal-

---

[2123] Lorz/Metzger, TierSchG, § 17 Rn. 29.
[2124] BGH NJW 1987, 1833; BVerwG NuR 2001, 454; OLG Celle NuR 1994, 515, 516; OLG Düsseldorf NJW 1980, 411; OLG Frankfurt/M. NStZ 1985, 130; LG Düsseldorf AgrarR 1980, 169f.; AG Düsseldorf AgrarR 1979, 228; VGH Baden-Württemberg NJW 1986, 396 f.; MünchKomm/Pfohl, StGB, § 17 TierSchG Rn. 53.
[2125] MünchKomm/Pfohl, StGB, § 17 TierSchG Rn. 53.
[2126] MünchKomm/Pfohl, StGB, § 17 TierSchG Rn. 53.
[2127] MünchKomm/Pfohl, StGB, § 17 TierSchG Rn. 56.
[2128] OVG Schleswig NuR 1995, 480; MünchKomm/Pfohl, StGB, § 17 TierSchG Rn. 56.
[2129] OLG Düsseldorf NuR 1994, 517; Lorz/Metzger, TierSchG, § 17 Rn. 30; MünchKomm/Pfohl, StGB, § 17 TierSchG Rn. 57.
[2130] Lorz/Metzger, TierSchG, § 17 Rn. 30.
[2131] BayObLG NJW 1993, 2760: Hundeohren.
[2132] Lorz/Metzger, TierSchG, § 17 Rn. 30.

ten tief und über längere Zeit von Schmerz- und Leidensäußerungen geprägt wird[2133].

Roh handelt, wer aus einer gefühllosen, fremde Leiden mißachtenden Gesinnung handelt[2134]. Eine gefühllose Gesinnung liegt vor, wenn der Täter bei der Mißhandlung das notwendig als Hemmung wirkende Gefühl für das Leiden des mißhandelten Tieres verloren hat, das sich bei jedem menschlich und verständlich Denkendem eingestellt haben würde[2135]. **Roheit** setzt nicht Absichtlichkeit, Grausamkeit, Boshaftigkeit oder Gemeinheit voraus, wird in diesen Fällen aber regelmäßig vorliegen[2136]. Sie muß auch keine Charaktereigenschaft von Dauer sein[2137]. Es genügt eine vorübergehend vorhandene und zum Ausdruck gekommene Gesinnung, die erkennbar wird, wenn der Täter z. B. stark alkoholisiert ist[2138]. Eine rohe Gesinnung liegt jedoch nicht vor, wenn das Verhalten des Täters anders zu erklären ist, z. B. die falsch verstandene oder nicht artgerechte Züchtigung, Wut, Verbitterung, augenblickliche Erregung, Leichtfertigkeit oder Gedankenlosigkeit[2139]. Roheit ist aber möglich, wenn der Täter weit über das Ziel hinausschießt[2140] oder wenn das Handeln aus großer Erregung eine grundsätzlich gefühllose Gesinnung offenbart[2141]. In allen Fällen ist entscheidend, ob der Täter das Leiden des Tiers erkennt, aber seine Mißhandlung gleichwohl nicht einstellt. Nimmt er das Leiden gar nicht wahr, liegt eine Mißachtung nicht vor[2142].

Die Tat kann durch **Unterlassen** begangen werden, wenn dem Täter seine Handlungspflicht und die Zumutbarkeit normgemäßen Verhaltens bewußt waren[2143].

[2133] Lorz/Metzger, TierSchG, § 17 Rn. 30.
[2134] BayObLG RdL 1981, 249; Fischer, StGB, § 225 Rn. 9; Lorz/Metzger, TierSchG, § 17 Rn. 32; MünchKomm/Pfohl, StGB, § 17 TierSchG Rn. 60.
[2135] BGH NStZ 2007, 405 zu § 225 StGB; Lorz/Metzger, TierSchG, § 17 Rn. 32.
[2136] MünchKomm/Pfohl, StGB, § 17 TierSchG Rn. 61.
[2137] MünchKomm/Pfohl, StGB, § 17 TierSchG Rn. 61.
[2138] MünchKomm/Pfohl, StGB, § 17 TierSchG Rn. 61.
[2139] Lorz/Metzger, TierSchG, § 17 Rn. 32.
[2140] BayObLG NJW 1974, 1340; MünchKomm/Pfohl, StGB, § 17 TierSchG Rn. 62.
[2141] MünchKomm/Pfohl, StGB, § 17 TierSchG Rn. 61.
[2142] Lorz/Metzger, TierSchG, § 17 Rn. 32.
[2143] Fischer, StGB, § 225 Rn. 8.

Wer aus Roheit handelt, macht von keinem wie auch immer gearteten **Rechtfertigungsgrund** Gebrauch[2144].

Die rohe Mißhandlung kann zugleich den Tatbestand der **Sachbeschädigung** (§ 303 StGB) erfüllen. § 303 StGB schützt auch wertlose Sachen, z. B. das an Tollwut erkrankte Tier[2145]. § 303 StGB erfaßt jedoch nur die Beschädigung oder Zerstörung *fremder* Sachen. Die Tötung oder Mißhandlung *eigener* Tiere erfüllt den Tatbestand daher nicht[2146]. Beschädigen ist eine nicht ganz unerhebliche Verletzung der Substanz, der äußeren Erscheinung oder der Form einer Sache, durch die Brauchbarkeit der Sache zu ihrem bestimmungsgemäßen Zweck beeinträchtigt wird[2147]. Anders als bei § 17 Ziff. 2 TierSchG wird aber nicht vorausgesetzt, daß dem Tier Schmerzen oder Leiden zugefügt werden[2148]. Anders als bei § 17 TierSchG ist auch der Versuch strafbar. Für die Strafverfolgung ist nach § 303 c StGB ein **Strafantrag** erforderlich, wenn nicht die Strafverfolgungsbehörde wegen des besonderen öffentlichen Interesses an der Strafverfolgung ein Einschreiten von Amts wegen für geboten hält.

cc) Quälerische Tiermißhandlung (§ 17 Ziff. 2 lit. b TierSchG)

Eine quälerische Tiermißhandlung begeht, wer einem Tier länger anhaltende oder sich wiederholende erhebliche Schmerzen oder Leiden zufügt (§ 17 Ziff. 2 lit. b TierSchG). Während bei der rohen Mißhandlung die Gesinnung des Täters zur Strafbarkeit seines Tuns oder Unterlassens führt, ist es hier der qualifizierte Tatererfolg[2149]. Das **Zeitelement** muß in der Empfindung des Tieres erfüllt sein, nicht in der Handlung des Täters[2150]. Daher genügt ein einmaliges, selbst kurzzeitiges Tun[2151]. Dabei ist nicht auf das Zeitempfinden des Menschen abzustellen, sondern

---

[2144] Lorz/Metzger, TierSchG, § 17 Rn. 36.
[2145] MünchKomm/Pfohl, StGB, § 17 TierSchG Rn. 138.
[2146] MünchKomm/Pfohl, StGB, § 17 TierSchG Rn. 138.
[2147] MünchKomm/Pfohl, StGB, § 17 TierSchG Rn. 138.
[2148] MünchKomm/Pfohl, StGB, § 17 TierSchG Rn. 138.
[2149] Lorz/Metzger, TierSchG, 17 Rn. 39.
[2150] MünchKomm/Pfohl, StGB, § 17 TierSchG Rn. 66.
[2151] OLG Celle NStZ 1997, 381: Forellen; MünchKomm/Pfohl, StGB, § 17 TierSchG Rn. 66.

auf das meist deutlich geringere Vermögen des Tieres, physischem oder psychischem Druck standzuhalten[2152]. Wie lange die Schmerzen und Leiden andauern müssen, um die Strafbarkeit auszulösen, läßt sich nicht allgemein feststellen und ist in Rechtsprechung und Schrifttum durchaus umstritten. Einig ist man sich darüber, daß, je schlimmer die Schmerzen oder Leiden sind, desto kürzer die Zeitspanne sein kann[2153]. Nach einer Meinung soll eine Zeitspanne von Minuten, bei mäßigem Schmerz auch Stunden, nicht länger anhaltend sein[2154]. Andere[2155] lassen weinige Minuten oder Sekunden[2156] genügen. Ob Streßreaktionen, die über mehrere Stunden zu beobachten sind, auch nach ihrer Intensität als lang anhaltende erhebliche Leiden zu qualifizieren sind, wird letztlich nur ein Sachverständiger für die einzelnen Tierarten feststellen können[2157].

Wiederholter Schmerz liegt vor, wenn er nach dem völligen Abklingen mindestens einmal erneut auftritt[2158].

Die quälerische Tiermißhandlung kann auch durch **Unterlassen** begangen werden, wenn der Täter für das Wohlergehen des Tiers rechtlich einzustehen hat. Die Garantenstellung kann sich ergeben aus Gesetz (z. B. § 2 Ziff. 1 TierSchG, § 22 a BJagdG), Gewährübernahme z. B. durch die Zusage an den Halter, Betreuungspflichtigen oder Betreuer, für das Tier zu sorgen, aus vorangegangenem gefahrschaffenden Tun (Ingerenz), aus Sachherrschaft, aus einer beruflichen oder amtlichen Stellung oder als Verantwortlicher für fremdes Tun[2159]. Täter des Unterlassungsdelikts ist, wer durch das Unterlassen einer ihm möglichen Handlung eine nicht hinweg denkbare Bedingung dafür setzt, daß die Schmerzen und Leiden ent-

---

[2152] OLG Hamm NStZ 1985, 275; OLG Celle NStZ-RR 1997, 381; OLG Düsseldorf NStZ 1994, 43; MünchKomm/Pfohl, StGB, § 17 TierSchG Rn. 67; Kluge/Ort/Reckewell, TierSchG, § 17 Rn. 91.
[2153] MünchKomm/Pfohl, StGB, § 17 TierSchG Rn. 66; Hirt/Maisack/Moritz, TierSchG, Rn. 65.
[2154] Lorz/Metzger, TierSchG, § 17 Rn. 40.
[2155] OLG Celle NStZ 1993, 291; OLG Celle NStZ-RR 1997, 381; Hirt/Maisack/Moritz, TierSchG, Rn. 65; Hackbarth/Lückert, B XIV 2.4; MünchKomm/Pfohl,StGB, § 17 TierSchG Rn. 66.
[2156] Kluge/Ort/Reckewell, TierSchG, § 17 Rn. 151.
[2157] Lorz/Metzger, TierSchG, § 17 Rn. 40.
[2158] OLG Hamm NStZ 1985, 275; Lorz/Metzger, TierSchG, § 17 Rn. 41; MünchKomm/Pfohl, StGB, § 17 TierSchG Rn. 72.
[2159] Hirt/Maisack/Moritz, TierSChG, § 17 Rn. 66.

stehen oder fortdauern oder gesteigert werden[2160]. Quälerische Tiermißhandlung durch Unterlassen liegt z. B. vor bei Verwahrlosung der Tierunterkünfte[2161], nicht ausreichender Wasserversorgung[2162], nicht ausreichender Futterversorgung, Unterlassung gebotener Pflegemaßnahmen, Unterlassen der objektiv notwendigen veterinärmedizinischen Versorgung, Nichteinschreiten gegen tierquälerische Handlungen eines anderen[2163].

Unterläßt es der zuständige Amtsträger, eine von Anfang an rechtswidrige oder später rechtswidrig gewordene Genehmigung, die einen tierschutzwidrigen Zustand erlaubt, zurückzunehmen oder zu widerrufen, obwohl die rechtlichen Voraussetzungen hierfür vorliegen und ihm auch bekannt sind, dann kann das Untätigbleiben eine strafbare Beihilfe darstellen[2164]. Ein Untätigbleiben ist insbesondere dann strafrechtlich relevant, wenn das Ermessen auf ein Einschreiten reduziert ist[2165]. Eine Ermessensreduzierung auf Null, d. h. eine Pflicht zum Handeln, besteht dann, wenn ein Vorgang tatbestandsmäßig und rechtswidrig gegen § 17 Ziff. 2 b TierSchG verstößt[2166].

Ein Kraftfahrer, der ein Tier anfährt und verletzt und es anschließend unversorgt liegen läßt, kann sich nach § 17 Ziff. 2 b TierSchG strafbar machen[2167]. Seine Garantenstellung ergibt sich aus dem vorangegangenen Tun, auch wenn er den Unfall nicht verschuldet hat[2168]. Trotz Zeitverlust, Verschmutzung etc. ist es ihm zuzumuten, das verletzte Tier zu einem Tierarzt zu bringen[2169]. Eine Strafbarkeit wegen Unfallflucht (§ 142 StGB) und Sachbeschädigung (§ 303 StGB) kommt in

---

[2160] Hirt/Maisack/Moritz, TierSChG, § 17 Rn. 66.
[2161] AG Essen Az. Ds 28 Js 814/95: Hundewelpen, Katze und zwei Wellensittiche ohne Nahrung in verwahrloster Wohnung; Tod der Katze und der Vögel.
[2162] AG Braunschweig Az. 4 Cs 108 Js 11212/96: zwei Katzen ohne ausreichend Wasser und Nahrung.; AG Rendsburg Az. 590 Js 28298/96 Cs: zwei Katzen fünf Tage ohne Futter und Wasser.
[2163] Hirt/Maisack/Moritz, TierSchG, § 17 Rn. 66; Kluge/Ort/Reckewell, TierSchG, § 17 Rn. 104 ff..
[2164] Hirt/Maisack/Moritz, TierSchG, § 17 Rn. 67.
[2165] Hirt/Maisack/Moritz, TierSchG, § 17 Rn. 67.
[2166] Hirt/Maisack/Moritz, TierSchG, § 17 Rn. 67.
[2167] Kluge/Ort/Reckewell, TierSchG, § 17 Rn. 102, 113.
[2168] Hirt/Maisack/Moritz, TierSchG, § 17 Rn. 68; Kluge/Ort/Reckewell, TierSchG, § 17 Rn. 113.
[2169] Hirt/Maisack/Moritz, TierSchG, § 17 Rn. 68; Kluge/Ort/Reckewell, TierSchG, § 17 Rn. 113.

Betracht, wenn das verletzte oder getötete Tier in fremdem Eigentum steht[2170]. Wenn andere Hilfe nicht möglich ist, ist der Kraftfahrer im Zweifel berechtigt, das schwer leidende, angefahrene Tier zu töten[2171].

Gesetzlich zugelassen wird der Taterfolg der quälerischen Tiermißhandlung z. B. dann, wenn eine Katze zur Verhinderung unkontrollierter Fortpflanzung kastriert wird (§ 6 Abs. 1 S. 2 Nr. 5 TierSchG), bei der Transplantation für wissenschaftliche Zwecke (§ 6 Abs. 1 S. 2 Ziff. 4 TierSchG) und Tierversuche (§§ 7 ff. TierSchG) sowie nach dem Infektionsschutzgesetz und dem Tierseuchengesetz. Verneint hat die Rechtsprechung das Vorliegen länger anhaltender Schmerzen oder Leiden bei Gestank nach Kot in einer gewerblichen Zucht[2172] oder bei der nur kurzfristigen Gefangenschaft einer Katze in einer Drahtfalle[2173].

Wenn das Tier unrettbar krank ist und es nur noch darum geht, dem Tier weitere Qualen zu ersparen, kann der Halter oder Betreuer verpflichtet sein, das Tier töten zu lassen[2174]. Dabei handelt es sich jedoch nur um ein „sittliches Gebot richtig verstandenen Tierschutzes" [2175], nicht aber um eine strafrechtlich sanktionierte Pflicht zur Tötung[2176].

dd) Ordnungswidrigkeiten (§ 18 TierSchG)

§ 18 TierSchG deckt das Vorfeld der tierschutzwidrigen Straftaten ab. Es handelt sich um **abstrakte Gefährdungstatbestände**, die Gefahren für Tiere entgegenwirken sollen, bevor eine Belastung eintritt[2177].

Die **Geldbuße** beträgt 5,00 EUR bis 25.000,00 EUR bei vorsätzlichen Ordnungswidrigkeiten, die überwiegend unmittelbaren Bezug zum Wohlergehen des Tiers haben, und 5,00 EUR bis 12.500,00 EUR bei fahrlässigen Verstößen. Die

---

[2170] Hirt/Maisack/Moritz, TierSchG, § 17 Rn. 68; Kluge/Ort/Reckewell, TierSchG, § 17 Rn. 113; a. A. ohne Begründung Fischer, StGB, § 142 Rn. 11.
[2171] Kluge/Ort/Reckewell, TierSchG, § 17 Rn. 113.
[2172] VG Stuttgart NuR 1999, 232: Hundezucht.
[2173] OLG Düsseldorf NJW 1993, 275.
[2174] BGH NJW 1982, 1327, 1328; a. A. OLG Hamm JMBl NRW 1995, 248.
[2175] s. BGH NJW 1982, 1327, 1328.
[2176] Kluge/Ort/Reckewell, TierSchG, § 17 Rn. 109.
[2177] Lorz/Metzger, TierSchG, § 18 Rn. 1.

Bemessung der Geldbuße richtet sich in erster Linie nach dem Gewicht des tierschutzwidrigen Verhaltens. Von besonderer Bedeutung sind die Schmerzen, Leiden und Schäden, die das Tier erlitten hat. Die Geldbuße soll den wirtschaftlichen Vorteil übersteigen, den der Täter aus dem tierschutzwidrigen Verhalten gezogen hat[2178].

Die **Verfolgungsverjährung** tritt bei den Vorsatztaten mit einer Geldbuße bis zu 25.000,00 EUR drei Jahre nach Beendigung der Tat ein (§ 31 Abs. 2 Ziff. 1, Abs. 3 OWiG), bei den anderen Ordnungswidrigkeiten nach zwei Jahren.

d) Einzelfälle

Wer ein Tier hält, muß es artgerecht unterbringen. Dazu ist ein Kraftfahrzeug generell ungeeignet. Wer sein Tier mehrere Stunden im Auto läßt, verstößt daher gegen das Tierschutzgesetz[2179].

Tierhalter, die aus finanziellen Gründen ihr krankes oder verletztes Tier nicht oder nicht rechtzeitig in tierärztliche Behandlung geben, machen sich der Tierquälerei schuldig, wenn hierdurch das Tier über einen längeren Zeitraum erhebliche Schmerzen erdulden muß. Der Einwand, daß nur seine finanzielle Situation die notwendige tierärztliche Behandlung nicht zugelassen habe, entlastet den Angeklagten nicht[2180].

[2178] Lorz/Metzger, TierSchG, § 18 Rn. 7.
[2179] VG Stuttgart - Az. 4 Kl 532/96: Hund.
[2180] AG Bensheim - Az. 4 Js 1958/00 5 Ds VIII.

20. Die Katze im Ordnungsrecht

Für eine Katze gibt es keinen triftigen Grund, einem anderen Tier zu gehorchen, auch nicht wenn es auf zwei Beinen steht.

Sarah Thompson

a) Fütterungsverbot

Die Ordnungsbehörde ist berechtigt, zur Gefahrenabwehr das Füttern von Katzen auch im unbebauten Außenbereich eines Wohngrundstücks zu untersagen, wenn auf dem Grundstück vermehrt Ratten auftreten. Für eine wirksame Verhütung übertragbarer Krankheiten reicht schon die begründete Annahme von Tatsachen aus, die zum Auftreten einer übertragbaren Krankheit führen können[2181]. Das Füttern von Katzen im unbebauten Außenbereich eines Wohngrundstückes einzustellen, ist eine notwendige und verhältnismäßige Maßnahme, um dem Einzelnen oder der Allgemeinheit drohende Gefahren durch das Auftreten von Ratten auf ihrem und dem Grundstück des Nachbarn abzuwenden[2182]. Das gilt auch dann, wenn das vermehrte Auftreten von Ratten nicht nur durch das Füttern von Katzen, sondern auch durch das Füttern des Hundes des Nachbarn sowie durch den unaufgeräumten Zustand beider Grundstücke verursacht wird[2183].

§ 10 Abs. 1 BSeuchG/§ 16 Abs. 1 IfSG bewirkt lediglich den Schutz des Adressaten einer hierauf gestützten Verfügung vor einem unverhältnismäßigen Eingriff, gewährt ihm aber kein Recht auf die Beachtung des Gleichbehandlungsgrundsatzes[2184]. Deshalb wird eine auf § 10 Abs. 1 BSeuchG/§ 16 Abs. 1 IfSG gestützte Maßnahme nicht deshalb rechtswidrig, weil ein gegenüber einem Dritten ebenfalls von § 10 Abs. 1 BSeuchG/§ 16 Abs. 1 IfSG gebotenes Einschreiten unterlassen wird[2185].

[2181] OVG Rheinland-Pfalz NVwZ 2002, 351.
[2182] OVG Rheinland-Pfalz NVwZ 2002, 351.
[2183] OVG Rheinland-Pfalz NVwZ 2002, 351.
[2184] OVG Rheinland-Pfalz NVwZ 2002, 351.
[2185] OVG Rheinland-Pfalz NVwZ 2002, 351.

b) Einschreiten der Polizei zur Gefahrenabwehr

Wer sein Tier bei starker Hitze in einem Fahrzeug eingeschlossenen hat, muß die Personal- und Sachkosten der Polizei für die Befreiung des Tieres tragen, wenn der Halter nicht erreichbar gewesen war[2186].

c) Wegnahme der Katze

Nach § 16 a S. 2 Ziff. 2 TierSchG ist ein Tier, das mangels der Erfüllung der Anforderungen des § 2 TierSchG erheblich vernachlässigt ist oder eine schwerwiegende Verhaltensstörung aufzeigt, dem Halter fortzunehmen und solange auf dessen Kosten pfleglich unterzubringen, bis eine den Anforderungen des § 2 TierSchG entsprechende Haltung des Tieres durch den Halter sichergestellt ist.

Die Vorschrift verlangt nach ihrem eindeutigen Wortlaut die *vorherige* **Einschaltung des beamteten Tierarztes** ohne jede Ausnahme[2187]. Wie sich auch aus § 15 Abs. 2 TierSchG ergibt, hat dieses Gesetz dem beamteten Tierarzt eine vorrangige Beurteilungskompetenz eingeräumt[2188]. Da die Wegnahme eines Tieres einen besonders starken Eingriff in die Rechte des Tierhalters darstellt und regelmäßig kurzfristig erfolgen muß, ist seine Mitwirkung nicht nur wie bei anderen tierschutzrechtlichen Maßnahmen in § 15 Abs. 2 TierSchG als Regelfall ("soll"), sondern ausnahmslos vorgesehen[2189]. Dabei ist unerheblich, ob dieser lediglich dieselbe Entscheidung wie die Mitarbeiter des Ordnungsamtes hätte treffen können[2190]. Nicht zu beanstanden ist es jedoch, wenn das in § 16 a S. 2 Ziff. 2 TierSchG vorausgesetzte Gutachten des beamteten Tierarztes erst nach der Wegnahme der Tiere aktenkundig gemacht wird, sofern der beamtete Tierarzt bei der Wegnahme der Katzen anwesend war und somit die Wegnahme der Katzen auf Grundlage der fachlichen Einschätzung des Amtsveterinärs erfolgte[2191].

[2186] OVG Rheinland-Pfalz vom 25.08.2005 – Az. 12 A 10619/05.
[2187] VG Oldenburg vom 21.06.2010 – Az. 11 A 1875/09.
[2188] VG Oldenburg vom 21.06.2010 – Az. 11 A 1875/09.
[2189] VG Oldenburg vom 21.06.2010 – Az. 11 A 1875/09.
[2190] VG Oldenburg vom 21.06.2010 – Az. 11 A 1875/09.
[2191] VG Ansbach vom 01.02.2010 – Az. AN 16 S 08.02261.

Der zuständige Amtstierarzt kann zur Beseitigung festgestellter Verstöße gegen das Tierschutzgesetz und zur Verhinderung künftiger Verstöße die notwendigen **Anordnungen** treffen. Insbesondere ist der Amtstierarzt berechtigt, dem Halter der Tiere diese fortzunehmen und solange auf dessen Kosten anderweitig unterzubringen, bis eine tierschutzgerechte Haltung durch den Eigentümer sichergestellt ist.

Die anfallenden **Unterbringungskosten** hat gemäß § 16 a S. 2 Ziff. 2 TierSchG der Tierhalter zu tragen[2192]. Sie bestimmen sich allein danach, welche Kosten durch die Unterbringung der Tiere tatsächlich entstanden sind[2193]. Der erzielte Veräußerungserlös stellt dem gegenüber nur einen Abrechnungsfaktor dar, der die Unterbringungskosten mindert[2194]. Für die Überprüfung der Höhe der Veräußerungserlöse durch das Verwaltungsgericht ist deshalb im Rahmen des § 16 a Satz 2 Ziff. 2 TierSchG kein Raum[2195]. Wenn der Katzenhalter einwendet, das Tierheim, in dem die Katzen untergebracht waren, habe bei der Veräußerung der Tiere deren Wert zu niedrig angesetzt und seine Interessen nicht ausreichend berücksichtigt, muß über die Höhe eines angemessenen Veräußerungserlöses im Rahmen eines zivilrechtlichen Schadensersatzprozeß entschieden werden[2196].

Es spielt keine Rolle, daß der Halter die Tiere bereits in geschädigtem oder mehr oder weniger pflegebedürftigem Zustand von anderen übernommen hat. In jedem Fall muß der Tierhalter alles tun, um zu verhindern, daß dem Tier wiederholende Schmerzen und Leiden zugefügt werden[2197].

Der Amtstierarzt kann eine **Sofortmaßnahme** anordnen, wenn eine Gefahrensituation für die Tiere besteht[2198]. Die Behörde ist nicht verpflichtet, zunächst den Halter zu ermitteln, um ihn zur Beseitigung der Mißstände aufzufordern[2199].

[2192] VGH Baden-Württemberg vom 17.03.2005 – Az. 1 S 381/05; Bayerischer VGH - Az. 25 CS 05.295 - (107/05).
[2193] VG Ansbach vom 07.12.2006 – Az. AN 16 K 05.01664.
[2194] VG Ansbach vom 07.12.2006 – Az. AN 16 K 05.01664.
[2195] VG Ansbach vom 07.12.2006 – Az. AN 16 K 05.01664.
[2196] VG Ansbach vom 07.12.2006 – Az. AN 16 K 05.01664.
[2197] VG Würzburg - Az. W 5 K 96.524.
[2198] VGH Baden-Württemberg NuR 2006, 441.
[2199] OVG Frankfurt/Oder NuR 1999, 231.

Tiere, die einem Tierhalter weggenommen, d. h. von der Behörde eingezogen werden sollen, weil der Tierhalter gegen das Tierschutzgesetz oder Artenschutzgesetz verstoßen hat, müssen nicht in jedem Fall dem Tierhalter *endgültig* entzogen werden. Die Wegnahme der Tiere muß **verhältnismäßig** sein[2200]. Das Verwaltungsgericht muß sorgfältig prüfen, ob nicht statt der Wegnahme der Tiere weniger einschneidende Maßnahmen in Betracht kommen[2201]. Setzt sich das Gericht mit den Folgen der ausgesprochenen Einziehung nicht inhaltlich auseinander, kann das Urteil keinen Bestand haben und ist aufzuheben[2202].

Da die Wegnahme und die anderweitige Unterbringung einer Katze eine besondere tierschutzrechtliche Maßnahme der Verwaltungsvollstreckung in der Form der Anwendung unmittelbaren Zwangs darstellen, muß die Zwangsmaßnahme nicht vorher angeordnet werden, sondern kann nach ihrer tatsächlichen Ausführung nachträglich durch Anordnung bestätigt werden[2203].

Nach § 16 a Abs. 1 S. 2 Ziff. 2 2. Halbs. TierSchG kann die Behörde eine dem Halter fortgenommene Katze veräußern, wenn nach Fristsetzung durch die zuständige Behörde eine den Anforderungen des § 2 TierSchG entsprechende Haltung nicht sicherzustellen ist[2204]. Bei einem sofort vollziehbaren Haltungsverbot bedarf es der Fristsetzung nicht[2205].

Tierhalter, die nicht in der Lage sind, ihre Tiere (hier: dreizehn Hunde, achtzehn Hühner, acht Hängebauchschweine, fünf Katzen, drei Ziegen, zwei Finken, zwei Wellensittiche, eine Ratte, eine Schildkröte, ein Zwerghamster, ein Esel und ein Pony) tierschutz- und verhaltensgerecht zu pflegen, genießen keinen Schutz, wenn der Amtsveterinär die Haltungsbedingungen als katastrophal und desolat einstuft[2206]. Hier muß die Behörde sofort handeln und kann dem Tierhalter die Tiere wegnehmen. Die Eigentumsverhältnisse bei den Tieren spielen dabei nur

---

[2200] BayObLG - Az. 3ObOW 53/98.
[2201] BayObLG - Az. 3ObOW 53/98.
[2202] BayObLG - Az. 3ObOW 53/98.
[2203] BVerwG NVwZ 2009, 120; VG Oldenburg vom 21.06.2010 – Az. 11 A 1875/09; VG Ansbach vom 01.02.2010 – Az. AN 16 S 08.02261.
[2204] VG Oldenburg vom 21.06.2010 – Az. 11 A 1875/09.
[2205] VG Ansbach vom 30.07.2004 – Az. AN 16 S 04.01124.
[2206] VG Aachen vom 27.07.2007 - Az. 6 L 183/07; VG Aachen vom 27.07.2007 – Az. 6 L 184/07.

eine untergeordnete Rolle²²⁰⁷. Denn als Halter der Tiere ist derjenige anzusehen, der die Tiere in eigenem Interesse und auf eigene Kosten hält²²⁰⁸.

Nimmt die Verwaltungsbehörde einem Tierhalter seine Tiere weg, weil die Tierhaltung als nicht artgerecht eingestuft wird und stellt sich später dann heraus, daß andere Personen Eigentümer der Tiere sind, so ist die Behörde im Rahmen einer einstweiligen Anordnung verpflichtet, diesen Haltern die Tiere zu übergeben, wenn jetzt sichergestellt ist, daß dort die Tiere weder vernachlässigt noch gequält werden²²⁰⁹. Dabei darf die Behörde die Herausgabe der Tiere nicht von der Bezahlung der Unterbringungskosten abhängig machen²²¹⁰.

Werden einem Tierhalter die Tiere (hier: 48 Katzen) weggenommen und gleichzeitig eingezogen, so verliert dieser Tierhalter als bisheriger Eigentümer sein Eigentum an diesen Tieren²²¹¹. Dem Tierhalter wird dadurch jegliche Rechtsschutzmöglichkeit genommen, weil in dieser Verfügung ihm gleichzeitig die Tiere weggenommen, eingezogen und sodann noch veräußert werden. Dies ist aber gerechtfertigt, wenn im Sinne der Tiere höchste Eile geboten ist²²¹².

d) Tierhaltungsverbot

Nach § 16 a Satz 2 Ziff. 3 TierSchG kann die Behörde demjenigen, der den Vorschriften des § 2 TierSchG oder einer Rechtsverordnung nach § 2 a TierSchG wiederholt oder grob zuwiderhandelt und dadurch den von ihm gehaltenen oder betreuten Tieren erhebliche oder länger anhaltende Schmerzen oder Leiden oder erhebliche Schäden zugefügt hat, das Halten oder Betreuen von Tieren einer bestimmten oder jeder Art untersagen oder es von der Erlangung eines entsprechenden Sachkundenachweises abhängig machen, wenn Tatsachen die Annahme rechtfertigen, daß er weiterhin derartige Zuwiderhandlungen begehen wird. Die Behörde kann ein sofortiges Tierhaltungsverbot selbst dann aussprechen, wenn einzelne,

---

[2207] VG Aachen vom 27.07.2007 - Az. 6 L 183/07; VG Aachen vom 27.07.2007 – Az. 6 L 184/07.
[2208] VG Aachen vom 27.07.2007 - Az. 6 L 183/07; vom 27.07.2007 VG Aachen – Az. 6 L 184/07.
[2209] VG Ansbach vom 22.09.2006 - Az. AN 16 E 06.02766.
[2210] VG Ansbach vom 22.09.2006 - Az. AN 16 E 06.02766.
[2211] VG Stuttgart NuR 2005, 205 = NVwZ-RR 2005, 408.
[2212] VG Stuttgart NuR 2005, 205 = NVwZ-RR 2005, 408.

kurzfristige Verbesserungen in Bezug auf die Haltung der Tiere vorgenommen worden sind, diese aber nicht ausreichen. Die dauerhafte Untersagung der Tierhaltung ist dann die geeignete und erforderliche Maßnahme, um dem Tierschutzgesetz Rechnung zu tragen[2213].

Das uneingeschränkte Tierbetreuungsverbot trifft den Tierhalter zunächst einmal hart. Er hat es jedoch selbst in der Hand, wie lange und in welchem Umfang das Verbot Bestand hat. Gemäß § 16 a S. 2 Ziff. 3 letzter Halbs. TierSchG ist demjenigen, dem ein Tierhaltungsverbot auferlegt worden ist, auf Antrag das Halten oder Betreuen von Tieren wieder zu gestatten, wenn der Grund für die Annahme weiterer Zuwiderhandlungen entfallen ist. Der Grund für die Annahme weiterer Zuwiderhandlungen ist entfallen, wenn sich die Basis für die frühere Prognose, die zur Untersagung der Tierhaltung geführt hat, zwischenzeitlich verändert hat. Die hierfür erforderliche Betrachtung muß den Grund berücksichtigen, der Anlaß für die bei der Verhängung des Haltungsverbots getroffene Prognose war[2214].

Die Haltung von 35 Katzen sowie weiterer Tiere in einer 85 m² großen Wohnung ist weder art- noch verhaltensgerecht[2215]. Der Amtstierarzt ist in diesem Fall berechtigt, eine dauerhafte Reduzierung des Bestandes auf sechs gesunde und kastrierte Katzen anzuordnen[2216].

e) Kleintierkrematorium

Ein für sich genommen unauffälliger Geruch, der durch die Verbrennung von Tierkörpern in einem Kleintierkrematorium hervorgerufen wird, ist nicht bereits deshalb unzumutbar, weil er von Anwohnern mit dem Krematorium in Verbindung gebracht und allein wegen der Kenntnis seiner möglichen Herkunft als ekelerregend empfunden wird[2217]. Damit wurde die Klage eines Nachbarn, der sich gegen die Baugenehmigung für ein Kleintierkrematorium gewandt hatte, abgewie-

---

[2213] VG Stuttgart NuR 1999, 236 = RdL 1999, 193.
[2214] VG Aachen vom 29.12.2009 – Az. 6 K 2135/08.
[2215] OVG Lüneburg NdsVBl 2009, 349.
[2216] OVG Lüneburg NdsVBl 2009, 349.
[2217] OVG Münster RdL 2006, 158 = NuR 2006, 466.

sen. Das Gericht[2218] betonte, daß geringfügige Belästigungen, die unterhalb der Erheblichkeitsschwelle liegen, in einer modernen Industriegesellschaft üblich sind und deshalb auch der Nachbarschaft zugemutet werden können.

f) Die Katze auf dem Regenbogen – Wohin mit der toten Mietze?

Es ist üblich geworden und ein weitverbreitetes Ritual, gestorbene Haustiere im Garten zu beerdigen. Dagegen können Vermieter oder eine Eigentümergemeinschaft grundsätzlich auch nichts einwenden, sofern sich die Bestattungen in einem vernünftigen Rahmen halten und der Tierhalter die ordnungsrechtlichen Bestimmungen (Lage und Tiefe des Grabes) einhält. In einem Fall, in dem eine Hauseigentümerin einen privaten Gnadenhof für erkrankte Hunde unterhielt und die Tiere nach dem Ableben im Garten vergrub, legte das OVG Sachsen-Anhalt[2219] jedoch ein Veto ein. Es untersagte der Hauseigentümerin weitere Bestattungen dieser Art, weil diese den Anwohnern nicht mehr zuzumuten seien.

Die Bestattung von Hauskatzen war früher in § 5 Abs. 2 TierKBG geregelt. Danach durften einzelne Körper von Katzen auf geeigneten und von der zuständigen Behörde hierfür besonders zugelassenen Plätzen oder auf eigenem Gelände, jedoch nicht in Wasserschutzgebieten und nicht in unmittelbarer Nähe öffentlicher Wege und Plätze, vergraben oder in dafür zugelassenen Kleintierkrematorien verbrannt werden. Die Tierkörper mußten so begraben werden, daß sie mit einer ausreichenden, mindestens 50 Zentimeter starken Erdschicht, gemessen vom Rande der Grube an, bedeckt sind.

Vor dem Hintergrund der BSE-Krise ist das TierKBG durch Gesetz vom 25.01.2004 aufgehoben worden. Am 29.01.2004 trat das Tierische Nebenprodukte-Beseitigungsgesetz (TierNebG) in Kraft. Es dient der Durchführung der Verordnung (EG) Nr. 1774/2002 des Europäischen Parlamentes und des Rates vom 03.10.2002 mit Hygienevorschriften für nicht für den menschlichen Verzehr bestimmte tierische Nebenprodukte. Danach ist eine gesetzlich geregelte, generelle Erlaubnis zum Vergraben einzelner toter Heimtiere nicht mehr möglich. Gemäß

[2218] OVG Münster RdL 2006, 158 = NuR 2006, 466.
[2219] OVG Sachsen-Anhalt NVwZ-RR 2005, 812.

Art. 2 Abs.1 lit. h der Verordnung (EG) Nr. 1774/2002 sind Heimtiere Tiere, die normalerweise von Menschen zu anderen Zwecken als zu landwirtschaftlichen Nutzzwecken gefüttert und gehalten, jedoch nicht verzehrt werden. Die Körper dieser Tiere sind nach Art. 4 Abs. 1 lit. a iii der Verordnung (EG) Nr. 1774/2002 grundsätzlich als Material der Kategorie 1 zu entsorgen, d. h. entsprechend den Art. 12 ff der Verordnung zu verbrennen bzw. in einem zugelassenen Verarbeitungsbetrieb (Tierkörperbeseitigungsanstalt) nach dem vorgeschriebenen Verfahren zu behandeln. Für den Katzenliebhaber, der seinen guten Freund oder seine langjährige treue Gefährtin verliert und sich Gedanken über eine würdige Ruhestätte macht, wird der Jargon des Gesetzgebers eher befremdlich sein. „Der Besitzer hat der Beseitigungspflichtigen, in deren Einzugsbereich das in § 3 Abs. 1 Satz 1 bezeichnete Material anfällt, unverzüglich zu melden, wenn das Material angefallen ist." (§ 7 Abs. 1 TierNebG). Mit „Material" ist das Mitgeschöpf Tier gemeint, das bekanntlich keine Sache mehr ist und dessen Schutz Verfassungsrang hat.

Nach Art. 24 Abs. 1 lit. a der Verordnung (EG) Nr. 1774/2002 kann die nach dem Landesrecht zuständige Behörde eine Ausnahme machen. Von dieser Möglichkeit haben viele Behörden (Landeshauptstädte, Landkreise, Landratsämter) Gebrauch gemacht. Die Regelungen entsprechen im Wesentlichen den Bestimmungen des § 5 Abs. 2 TierKBG.

Die Landeshauptstadt München hat die Beseitigung toter Heimtiere z. B. in einer Allgemeinverfügung vom 20.03.2008[2220] wie folgt geregelt:

(1) Die Körper einzelner toter Heimtiere dürfen durch Vergraben beseitigt werden, sofern diese Tiere nicht an einer übertragbaren Tierseuche erkrankt waren.

(2) Heimtiere i.S. der Ziffer 1 sind Tiere von Arten, die normalerweise von Menschen zu anderen Zwecken als zu landwirtschaftlichen Nutzzwecken gefüttert und gehalten, jedoch nicht verzehrt werden (vgl. Art. 2 Abs.1 litt. h der Verordnung [EG] Nr. 1774/2002). Darunter fallen insbesondere kleine Hunde, Katzen, Kaninchen, Zwerghasen, Meerschweinchen, Hamster und Vögel.

(3) Die Beseitigung der genannten Heimtiere durch Vergraben hat unmittelbar nach deren Tod zu erfolgen. Das Lagern bzw. Zwischenlagern der Tierkörper ist nicht erlaubt.

[2220] Amtsblatt der Landeshauptstadt München Nr. 11/2008.

(4) Der Tierkörper darf nur auf dem eigenen Grund des Tierbesitzers oder auf speziell ausgewiesenen Kleintierfriedhöfen vergraben werden. Heimtiere dürfen nicht in Wasserschutzgebieten und nicht in unmittelbarer Nähe öffentlicher Plätze und Wege vergraben werden.

(5) Der Tierkörper muß mit einer ausreichenden Erdschicht (mindestens 50 cm, gemessen vom Rand der Grube an) bedeckt sein. Er ist entweder ohne Umhüllung oder nur mit einer Umhüllung, die den Verwesungsprozeß nicht beeinträchtigt, zu vergraben. Die Bestimmungen des Wasserhaushaltsgesetzes bleiben unberührt.

Keine Einschränkungen gibt es, wenn die Katze im Kleintierkrematorium eingeäschert wird. Der Tierhalter darf die Asche in einer Urne oder Schmuckschachtel mit nach Hause nehmen und die Urne oder Schachtel dort aufstellen oder im Garten vergraben.

Wer fremde oder herrenlose Katzen tot auf seinem Grundstück vorfindet, hat dies unverzüglich der zuständigen Ordnungsbehörde zu melden (§ 7 Abs. 3 TierNebG). Die Ordnungsbehörde hat die Tierkörper abzuholen und zu beseitigen (§ 3 Abs. 1 TierNebG).

Wer vorsätzlich oder fahrlässig, den Tod seiner Katze oder einer auf seinem Grundstück gefundenen, fremden Katze nicht, nicht richtig oder nicht rechtzeitig meldet oder eine tote Katze nicht, nicht richtig oder nicht rechtzeitig an eine Tierkörperbeseitigungsanstalt herausgibt, begeht, wenn es keine Ausnahmegenehmigung zur Bestattung der Katze im eigenen Garten gibt, eine Ordnungswidrigkeit, die mit einer Geldbuße bis zu 20.000,00 EUR bzw. bis zu 50.000,00 EUR geahndet werden kann (§ 14 TierNebG).

g) Nachbars Geparden

Ein Gepardengehege gehört nicht zu den gem. § 5 Abs. 2, Abs. 3 BauNVO in einem Dorfgebiet zulässigen baulichen Anlagen[2221]. Nach der ganz einhelligen Rechtsprechung ist die Einrichtung von Raubtiergehegen in (auch) dem Wohnen dienenden Baugebieten unzulässig. Sie ist weder in einem allgemeinen Wohngebiet noch in einem Mischgebiet nach § 4 Abs. 3 Nr. 6, § 6 Abs. 3 und 14 Abs. 1 BauNVO genehmigungsfähig[2222], weil ein Raubtiergehege nicht zu den in einem Dorfgebiet zulässigen baulichen Anlagen zählt[2223]. Das Gehege ist weder in Dorfgebieten nach § 5 Abs. 2 BauNVO allgemein zulässig, noch kann es nach § 5 Abs. 3 BauNVO ausnahmsweise zugelassen werden[2224]. Es liegt auf der Hand und bedarf daher keiner näheren Begründung, daß das Interesse der Anlieger daran, daß eine Raubtierhaltung auf dem Nachbargrundstück unterbleibt, schon wegen der gravierenden psychischen Beeinträchtigungen durch die Raubtierhaltung und auch im Hinblick auf mögliche Gefahren ungleich gewichtiger, verständlicher und schutzwürdiger ist als Interesse des Großkatzenfreundes an der Gepardenhaltung, die - bei realistischer Betrachtung - in erster Linie aus Gründen der Liebhaberei erfolgen und daher keinem gewichtigen oder gar unabweisbaren Interesse dienen würde[2225]. Daher ist offensichtlich, daß das Vorhaben, im Außenbereich ein Tiergehege für Geparden zu errichten und Geparden nicht gewerbsmäßig zu züchten und zu halten, gegen das Gebot der Rücksichtnahme verstoßen würde[2226].

[2221] OVG Lüneburg NuR 2010, 296; VG Hannover vom 06.11.2008 – Az. 4 A 2483/08.
[2222] VG Schleswig NuR 1984, 208 (Gehege für Pumas und Leoparden); BVerwG NVwZ 1984, 647 (Pumazwinger in Wohnbebauung); VG Berlin NJW 1984, 140 (Tigerzwinger im Wohngebiet). BVerwG DVBl. 1994, 292 (Ozelotgehege in einem Dorfgebiet).
[2223] VG Hannover vom 06.11.2008 – Az. 4 A 2483/08.
[2224] VG Hannover vom 06.11.2008 – Az. 4 A 2483/08.
[2225] OVG Lüneburg NuR 2010, 296.
[2226] OVG Lüneburg NuR 2010, 296.

21. Die Katze und der Jäger

Ohne Emotionen gäbe es keine engagierten Tierschützer und mithin auch keinen wirksamen Tierschutz

Sojka[2227]

Jagd ist nur eine feige Umschreibung für besonders feigen Mord am chancenlosen Mitgeschöpf. Die Jagd ist eine Nebenform menschlicher Geisteskrankheit.

Theodor Heuss

Grausamkeit gegen Tiere kann weder bei wahrer Bildung noch wahrer Gelehrsamkeit bestehen. Sie ist eines der kennzeichnendsten Laster eines niederen und unedlen Volkes.

Alexander von Humboldt

§ 23 BJagdG regelt nach näherer Bestimmung durch die Bundesländer den Schutz des Wildes vor wildernden Hunden und Katzen. Mit „Schutz" sind nur solche Maßnahmen gegen Hunde und Katzen gemeint, die zur Wahrung von Leben und Unversehrtheit des Wildes geeignet, erforderlich und verhältnismäßig sind[2228]. Damit soll das Wild geschützt werden, nicht aber die abstrakte Jagd und das Jagdrecht[2229].

Ca. 60.000 Hunde und 400.000 Katzen werden jährlich von Jägern erschossen oder in Fallen gefangen[2230]. Allein in Nordrheinwestfalen wurden im Jagdjahr 2007/08 laut Streckenliste über 17.000 Katzen und 176 Hunde getötet[2231]. Rechnet man die offiziell angegebene Zahl auf alle Bundesländer hoch und bezieht die Dunkelziffer mit ein, wird die Zahl von mindestens jährlich 350.000 bis 400.000 Haustieren erreicht[2232].

[2227] s. Sojka WuM 1984, 259, 260.
[2228] Maisack, Vernünftiger Grund, S. 114.
[2229] Kluge/Ort/Reckewell, TierSchG, § 17 Rn. 151; a. A. Lorz/Metzger/Stöckel, Jagdrecht; § 23 BJagdG Rn. 1
[2230] www.ijh.de.
[2231] Heidrum Heidtke, Hauskatzenabschuß, www.witas.eu
[2232] Heidrum Heidtke, Hauskatzenabschuß, www.witas.eu

Die Katzenjagd mit scharfen Jagdhunden wird „Katzenwürgen" genannt. Weil der Jagdhund maulorientiert ist und demnach keinen Tötungsbiß hat, muß er die Katze tot würgen. Der Hund packt die Katze an der Gurgel, preßt die Atemwege zusammen, das Opfer erstickt qualvoll. Ist die Katze kräftig, dauert der Kampf länger. Das grausame Spiel dauert oft eine Viertelstunde, manchmal eine halbe Stunde und länger, wenn der Hund noch unerfahren ist. Erfahrene Jagdhunde schütteln die Katze kräftig, das beschleunigt das Totwürgen, und der Hund kann von der sich heftig wehrenden Katze nicht so leicht verletzt werden[2233].

Nur Wildkatzen unterliegen dem Jagdrecht nach dem Bundesjagdgesetz, nicht aber Hauskatzen. Hauskatzen dürfen daher nicht gejagt werden. § 23 BJagdG setzt voraus, daß die Katze wildert, d. h. erkennbar solchen Tierarten nachstellt, die Wild i. S. d. § 2 BJagdG sind, was bei Mäusen und den meisten Vogelarten nicht der Fall ist[2234]. Außerdem dürfen mildere Mittel wie Einfangen oder Verscheuchen nicht in Betracht kommen[2235]. Der Jagdausübungsberechtigte mißbraucht daher seine Befugnis zur Tötung, wenn er eine Katze tötet, die offensichtlich keine gegenwärtige Gefahr für das Wild bedeutet[2236]. Landesgesetze, die das Töten von Katzen unter erleichterten Voraussetzungen (z. B. bei geringer Entfernung zum nächsten bewohnten Gebäude oder ohne die besondere Voraussetzung des Streunens) erlauben, sind unverhältnismäßig[2237] und verstoßen gegen Art. 20 a GG, § 17 Ziff. 1 TierSchG[2238] sowie das Eigentumsrecht des Katzenhalters und sind nach Art. 31 GG ungültig[2239]. In Fallen gefangene Katzen dürfen nicht getötet werden, sondern sind als Fundsachen zu behandeln[2240].

An Orten, an denen die Jagd nach den Umständen des einzelnen Falles die öffentliche Ruhe, Ordnung oder Sicherheit stören oder das Leben von Menschen gefährden würde, darf außerdem gar nicht gejagt werden (§ 20 BJagdG). Grund-

---

[2233] s. Kurz, Schwarzbuch der Jagd: Der Grünrock - Herr in Wald und Flur ? S. 59
[2234] Maisack, Vernünftiger Grund, S. 120.
[2235] Hirt/Maisack/Moritz, TierSchG, § 17 Rn. 26; Maisack, Vernünftiger Grund, S. 120.
[2236] Hirt/Maisack/Moritz, TierSchG, § 17 Rn. 26; Kluge/Ort/Reckewell, TierSchG, § 17 Rn. 151.
[2237] Maisack, Vernünftiger Grund, S. 120.
[2238] Hirt/Maisack/Moritz, TierSchG, § 17 Rn. 26.
[2239] Hirt/Maisack/Moritz, TierSchG, § 17 Rn. 26.
[2240] Hirt/Maisack/Moritz, TierSchG, § 17 Rn. 26.

sätzlich ist die Jagd daher in der Nähe von Wohngebieten, Pferdeställen, Pferdeweiden, Sportanlagen etc. verboten. Es ist unzulässig, wenn ein Jäger eine zum Pferdestall gehörende Katze tötet, die auf der Pferdeweide auf Mäusejagd geht. Nicht akzeptabel ist es darüber hinaus, wenn der Jäger das Tier schwer verletzt liegen läßt, so daß es qualvoll an seinen Schußverletzungen eingeht.

Jäger rechtfertigen den Abschuß freilaufender Katzen mit der angeblichen Gefährdung des Wildes. Es ist die Aufgabe des Jagdschutzes, das Wild nach Möglichkeit vor Gefahren zu schützen (§ 23 BJagdG). Dieser Jagdschutz umfaßt auch den Schutz vor Raubzeug. Die Jagdgesetze der Länder ermöglichen den Abschuß von Hauskatzen in der Regel, wenn die Katze sich - je nach Bundesland - 200 m bis 500 m von der nächsten Wohnsiedlung bzw. den nächsten bewohnten Haus entfernt befindet[2241]. Die meisten Bundesländer lassen es genügen, daß die Katze außerhalb des Toleranzradius „streunt"[2242]. Sie darf daher auch dann getötet werden, wenn sie sich außerhalb des Toleranzradius aufhält, ohne zu jagen, wenn sie also einfach nur spazierengeht, in der Sonne liegt oder Mäuse beobachtet und **nicht wildert**.

Von „Streunen" kann jedoch erst dann gesprochen werden, wenn sich die Katze nach ihrem äußeren Pflegezustand keinem bestimmten Tierhalter mehr zuordnen läßt[2243]. Nur Katzen, die erkennbar verwildert sind, sind streunende Katzen, nicht etwa frei laufende Hauskatzen[2244].

Zum Teil wird die Auffassung vertreten, für Katzen gelte der Grundsatz, daß sie wildern, wenn sie sich frei im Revier bewegen, egal wie weit sie von der nächs-

---

[2241] Nach § 29 Abs. 1 Ziff.3 NJagdG darf der Jagdberechtigte in seinem Jagdbezirk wildernde Hauskatzen töten, die sich mehr als 300 Meter vom nächsten Wohnhaus entfernt haben.
[2242] streunend mehr als 200 Meter vom nächsten Haus (Brandenburg, Bremen, Hamburg, Mecklenburg-Vorpommern, Nordrhein-Westfalen, Schleswig-Holstein, Thüringen); streunend mehr als 300 Meter vom nächsten bewohnten Gebäude (Bayern, Saarland, Sachsen-Anhalt)im Jagdbezirk wildernde Katzen (Berlin); streunend mehr als 500 m zum nächsten bewohnten Gebäude (Baden-Württemberg); mehr als 300 Meter von der nächsten Ansiedlung jagend/wildernd angetroffen (Hessen: vom 01.03. - bis 31.08., Niedersachsen).
[2243] vgl. LG Itzehoe NJW 1987, 2019; Maisack/Hirt/Moritz, TierSchG, § 17 Rn. 26; Maisack, Vernünftiger Grund, S. 114..
[2244] Maisack/Hirt/Moritz, TierSchG, § 17 Rn. 26.

ten Behausung entfernt sind[2245]. Die reine Bewegung der Katze ohne Berücksichtigung des der Bewegung zugrundeliegenden, erkennbaren Zwecks dürfte jedoch nicht ausreichen, um Wildern anzunehmen. **Wildern** bedeutet nach dem allgemeinen Sprachgebrauch unberechtigtes Erlegen von Wild. Eine Katze wildert jedoch nicht schon dann, wenn sie die typische geduckte und schleichende Haltung eines wildernden Tieres einnimmt, denn die Katze stellt in dieser Weise auch dem Jagdrecht nicht unterliegenden Tieren wie Vögeln und Mäusen nach, die den weitaus größten Fall ihrer Beute ausmachen[2246]. Ein Wildern liegt erst recht nicht vor, wenn die Katze nur umherstreift und Vögel oder Insekten beobachtet, mit einem welken Blatt oder einer Daunenfeder spielt oder einfach nur in der Sonne sitzt oder liegt. Ein derartiges Komfortverhalten ist nicht geeignet, den Bestand des Wildes zu gefährden. Es erfüllt nicht den Tatbestand des Wilderns.

Katzen jagen Beutetiere, die kleiner sind als sie selbst[2247], z. B. Mäuse, andere kleine Nagetiere, Vögel, Insekten und Fische[2248], wildlebende Hauskatzen zuweilen auch junge Hasen oder Kaninchen[2249]. Katzen gelten als effiziente Jäger, obwohl sie keineswegs immer Erfolg haben[2250]. Weltweite Feldstudien belegen, daß Katzen auf den Kontinenten heimische Vogelarten nicht gefährden[2251]. Gewiß erbeuten einzelne Katzen Vögel, dies allerdings ohne die Art ernsthaft zu gefährden[2252]. Die Katze ist ein natürlicher Bewohner unserer Breitengrade; die Population wird so natürlich bejagt[2253]. Einige durch Fangerfolge auf Vögel spezialisierte Katzen erwischen meist nur kranke oder verwurmte Tiere[2254]. Drei Viertel der Jungvögel überleben das erste Jahr von vornherein nicht, weil die Population eines Bezirkes im Jahresdurchschnitt eine feste Größe ist[2255]. Es stellt sich dann auch die Frage, ob es

---

[2245] Schuck, BJagdG, § 23 Rn. 28.
[2246] Lorz/Metzger/Stöckel, Jagdrecht, § 23 BJagdG Rn. 17.
[2247] Schroll/Dehasse, Verhaltensmedizin bei der Katze, 3.5 (S. 29).
[2248] Reinerth, Natural Cat Food, S. 13.
[2249] Hand/Thatcher/Remillard/Roudebush Klinische Diätetik für Kleintiere, S. 379.
[2250] Horzinek/Schmidt/Turner/Mertens, Krankheiten der Katze, S. 2.
[2251] Horzinek/Schmidt/Turner/Mertens, Krankheiten der Katze, S. 2.
[2252] Horzinek/Schmidt/Turner/Mertens, Krankheiten der Katze, S. 2.
[2253] Horzinek/Schmidt/Turner/Mertens, Krankheiten der Katze, S. 2.
[2254] Schmidt, Verhaltenstherapie der Katze, S. 37.
[2255] Schmidt, Verhaltenstherapie der Katze, S. 37.

eher artgerecht ist, wenn alte oder kranke oder verwurmte Vögel qualvoll durch Hunger, Nässe oder Kälte sterben müssen, anstatt schnell durch eine Katze[2256].

Mageninhaltsanalysen haben ergeben, daß Katzen selten jagdbares Wild erlegen und daher keine **Jagd- oder Beutekonkurrenten** für Jäger darstellen[2257]. Jäger glauben oft, daß eine flüchtende Katze immer auch eine wildernde Katze ist. Diese Annahme ist falsch, weil in der Natur grundsätzlich jede Katze vor dem Menschen flüchtet[2258]. Je weiter sie von ihrem Primärheim entfernt ist, desto größer ist auch ihre Fluchtbereitschaft[2259].

Wissenschaftliche Untersuchungen haben auch gezeigt, daß Katzen nicht bestandsgefährdend in Singvogel- oder Wildtierpopulationen eingreifen[2260]. Es mag sein, daß eine Freigängerin schon einmal einen Junghasen erbeutet. Bei schätzungsweise 800.000 Hasen, die jedes Jahr durch Jagd, Jagdhundeausbildung und Straßenverkehr getötet werden, fällt diese Beute jedoch nicht ins Gewicht[2261]. Ähnlich verhält es sich mit Jungfasan oder Rebhuhn. Bemerkenswert ist, daß Rebhühner, die seit Jahren auf der Roten Liste der gefährdeten Arten stehen, überhaupt noch gejagt werden, und zwar von Menschen, nicht von Katzen.

Die Neufassung des Landesjagdgesetzes in Rheinland-Pfalz stellt seit Juli 2010 klar: Hauskatzen gelten (nur dann) als wildernd, soweit und solange sie erkennbar dem Wild nachstellen und dieses gefährden. Eine Hauskatze, die nur herumstreunt oder Singvögeln auflauert, darf nicht mehr durch den Jäger getötet werden. Der Jäger darf nur eingreifen, solange die Katze Wild jagt (z. B. Kaninchen oder Federwild). Aber selbst bei der Katze, die erkennbar Wild nachstellt, besteht ein Recht zur Tötung nur dann, wenn sich die wildernde Katze nicht durch andere Maßnahmen davon abhalten läßt. Der Jäger könnte die Katze verscheuchen oder das Wildern durch einen Warnschuß beenden. Der bloße Verdacht, die Katze könnte wildern, berechtigt den Jäger nicht, die Katze zu töten.

[2256] Schmidt, Verhaltenstherapie der Katze, S. 37.
[2257] Schmidt, Verhaltenstherapie der Katze, S. 37.
[2258] Schmidt, Verhaltenstherapie der Katze, S. 37.
[2259] Schmidt, Verhaltenstherapie der Katze, S. 37.
[2260] www.jagdaberfair.blogspot.com; Heidrum Heidtke, Hauskatzenabschuß, www.witas.eu.
[2261] www.jagdaberfair.blogspot.com.

Im Schadensersatzprozeß mit dem Eigentümer der Katze trägt der Jäger, der das Tier getötet hat, die Beweislast dafür, daß die Katze konkret dem Wild nachgestellt hat[2262]. Bedenklich wäre es, wenn Fachzeitschriften für die Jagd im Hinblick auf diese Beweislast ihren Lesern raten würden, den toten Katzenbalg an Ort und Stelle zu vergraben, um einer Auseinandersetzung mit dem Eigentümer/Halter der Katze oder Tierschützern von vornherein aus dem Weg zu gehen.

Die Jagd und der Abschuß von streunenden Hauskatzen stehen inzwischen mehr und mehr in der **öffentlichen Kritik**. In der Praxis erweist sich die Ausübung des Rechts als reine Rechthaberei[2263]. Katzenhalter und Tierschutzverbände fordern daher seit langem eine Änderung des Jagdrechts und ein Verbot der Katzentötung durch Jäger[2264]. „Es stellt sich die Frage, wie lange sich die Besitzer von über sieben Millionen Katzen und fünf Millionen Hunde noch von einer waffentragenden Minderheit, die willkürlich über Leben und Tod ihrer Haustiere entscheiden darf, terrorisieren läßt. Eine Jagdrechtsreform, die das Abschießen von Haustieren verbietet, ist seit langem überfällig! [...] Aus der Sicht des ethisch begründeten Tierschutzes, sind Tiere als Mitgeschöpfe und empfindsame Lebewesen zu respektieren und vor vermeidbaren Schmerzen, Leiden und Schäden zu schützen. Die Aneignung und Tötung eines Tieres bedarf nach dem Tierschutzgesetz einen vernünftigen, aus der Sicht des ethisch begründeten Tierschutzes einen rechtfertigenden Grund"[2265].

Es bleibt zu hoffen, daß der Gesetzgeber endlich seinem verfassungsrechtlichen Auftrag nachkommt und das Staatsziel Tierschutz auch in der Jagd gesetzlich festschreibt, und zwar auf Bundesebene und in den Landesgesetzen. Aus dem Staatsziel „Tierschutz" ergibt sich ein eindeutiger staatlicher Handlungsauftrag[2266] sowie eine „staatliche Nachbesserungspflicht", den gesetzlichen Tierschutz dem

---

[2262] Vgl. AG Gelnhausen vom 09.01.2002 – Az. 51 C 160/01; Maisack/Hirt/Moritz, TierSchG, § 17 Rn. 26; Kluge/Ort/Reckewell, TierSchG, § 17 Rn. 151.
[2263] MünchKomm/Pfohl, StGB, § 17 TierSchG Rn. 99.
[2264] Dazu ausführlich www.albert-schweitzer-stiftung.de „Grundthesen zur Jagd, Artikel vom 04.03.2010.
[2265] www.bmt-tierschutz.de „Tierschutzthemen – Jagd".
[2266] Obergfell NJW 2002, 2296, 2297.

neuesten Stand der wissenschaftlichen Erkenntnisse anzupassen[2267]. Es ist nicht akzeptabel, daß die Landesjagdgesetze entgegen § 17 Ziff. 1 TierSchG die Tötung von Haustieren zulassen.

Ein Jäger, der eine Katze tötet, die erkennbar nicht verwildert ist und sich innerhalb des im Landesjagdgesetz geregelten Toleranzradius aufhält, macht sich strafbar nach § 303 StGB wegen Sachbeschädigung sowie nach § 17 Ziff. 1 TierSchG, weil er ein Tier ohne vernünftigen Grund tötet. Soweit er das angeschossene, aber nicht tote Tier liegen und qualvoll sterben läßt, ergibt sich die Strafbarkeit auch aus § 17 Ziff. 2 TierSchG.

Die Initiative Jagdgefährdeter Haustiere e. V. [2268] rät daher:

- Markieren Sie die Stelle, an der die Katze angeschossen oder erschossen wurde. Ziehen Sie Zeugen hinzu. Machen Sie Fotos.
- Fordern Sie den Jäger auf, Ihnen das verletzte oder getötete Tier auszuhändigen.
- Bringen Sie das Tier sofort zum Tierarzt und verlangen Sie ein Gutachten.
- Erstatten Sie schriftliche Anzeige an die Polizei oder Staatsanwaltschaft.
- Melden Sie den Tathergang der unteren Jagdbehörde. Schicken Sie eine Kopie an den Landesjagdverband, den örtlichen Tierschutzverein und an die Presse.
- Geben Sie keine Beweismittel aus der Hand.

[2267] Caspar/Geissen NVwZ 2002, 913, 914.
[2268] www.ijh.de.

22. Und wie immer die Frage am Schluß: Was kostet der Spaß?

Kommt es bei der Frage der Katzenhaltung zum Streit zwischen Mieter und Vermieter, dann ist die Frage des Streitwertes von besonderer Bedeutung. Nach dem Streitwert richten sich nicht nur die Gerichts- und Rechtsanwaltsgebühren, sondern auch die Frage, ob gegen das Urteil erster Instanz Berufung eingelegt werden kann.

Erhebt der Vermieter **Klage auf Unterlassung der Tierhaltung** oder Entfernung des Tieres, dann richtet sich der Streitwert nach seinem Interesse an der Abschaffung des Tieres[2269]. Dabei ist eine Gesamtbetrachtung seiner wirtschaftlichen und persönlichen Interessen vorzunehmen, die Mietsache ungestört durch ein Tier zu vermieten und sein Eigentum zu nutzen[2270]. Das Interesse des Vermieters orientiert sich an der Vermeidung der vom Tier ausgehenden Störungen[2271], möglicher mit der Tierhaltung verbundener Beschädigungen der Mietsache oder Belästigungen anderer Mieter[2272]. Der Wert des Interesses ist nach § 12 Abs. 1 S. 1 GKG, § 3 ZPO zu schätzen[2273]. Das Affektionsinteresse des Mieters bleibt außer Betracht[2274]. Das gleiche gilt für den verkehrsmäßigen Wert des Tieres[2275] Es handelt sich um einen vermögensrechtlichen Rechtsstreit, bei dem dieser nichtvermögensrechtliche Aspekt nicht berücksichtigt werden kann[2276]. Das gilt auch für die Berufung, unabhängig davon, ob der Vermieter oder der Mieter die Berufung einlegt[2277]. Nach

---

[2269] Blank NZM 1998, 5, 10; Hülsmann NZM 2004, 841, 845.
[2270] LG München I NZM 2002, 734.
[2271] LG Hannover NdsRpfl 1989, 8; LG Hamburg WuM 1989, 10.
[2272] LG Berlin NZM 2001, 41; GE 1996, 470; LG München I NZM 2002, 820.
[2273] LG München I NZM 2002, 820.
[2274] LG Berlin GE 1996, 470; 1993, 421; LG Berlin NZM 2001, 41; LG Hamburg WuM 1993, 477; LG Darmstadt WuM 1992, 117; AG Rüsselsheim WuM 1992, 117; LG München I NZM 2002, 820; LG Kiel WuM 1999, 586; Blank NZM 1998, 5, 10; Hülsmann NZM 2004, 841, 845; a. A. LG Wiesbaden WuM 1994, 486; LG Hannover WuM 1985, 127; LG Hamburg WuM 1996, 532; LG Braunschweig WuM 1996, 291.
[2275] LG Kiel WuM 1998, 574; LG München I WuM 1992, 495; LG Hannover (3. Kammer) WuM 1998, 567; a. A. LG Hannover (11. Kammer) WuM 1985, 127.
[2276] LG Kiel WuM 1999, 586.
[2277] LG Berlin NZM 2001, 41; LG Kiel WuM 1999, 586; LG Köln WuM 2000, 94; Hülsmann NZM 2004, 841, 845; a. A. LG Hamburg WuM 1996, 532; LG Braunschweig WuM 1996, 291; LG Wiesbaden WuM 1994, 486.

Ansicht des LG München ist der Berufungsstreitwert jedoch unterschiedlich festzusetzen, je nachdem, ob Vermieter oder Mieter Berufung eingelegt hat[2278]. Der generalpräventive Aspekt eines Tierhalteverbotes ist für die Wertfestsetzung nicht maßgebend[2279]. Derartige strafrechtliche Gesichtspunkte bleiben bei der Wertfestsetzung unberücksichtigt[2280].

Teilweise wird bei der Wertermittlung darauf abgestellt, daß eine Wohnung mit Erlaubnis zur Tierhaltung (angeblich) zu einer höheren Miete angeboten wird[2281]. Der Wert der vertraglich geregelten **Tierhaltungserlaubnis** (Mietmehrkosten) soll sich danach in einer Größenordnung von 10,23 EUR (20,00 DM)[2282] bzw. 12,78 EUR bis 17,90 EUR (25,00 DM bis 35,00 DM) monatlich[2283] bewegen. Grundlage der Wertberechnung können aber auch die fiktiven Kosten der Abnutzung sein, die das LG Kiel mit monatlich 5,11 EUR (10,00 DM) geschätzt hat[2284]. Diese Werte sind jeweils auf den 3,5-fachen Jahresbetrag hochzurechnen[2285].

Haben die übrigen Hausbewohner den Mietzins wegen der von dem Tier ausgehenden Belästigungen gemindert oder wäre eine **Mietminderung** möglich, kann der Wert analog § 9 ZPO auf den 3,5-fachen Jahresbetrag des Mietausfalls festgesetzt werden[2286].

Hat das Tier **Sachschäden** verursacht oder drohen solche Schäden, so kann hierauf abgestellt werden[2287]. Der Gegenstandswert entspricht dann den Kosten, die zur Beseitigung des Schadens aufgewandt werden müssen.

Bei Klagen des Vermieters auf Abschaffung eines in der Mietwohnung gehaltenen Haustieres haben die Gerichte den Streitwert auf 409,03 EUR (800,00 DM)[2288], 410,00 EUR[2289], 429,49 EUR (840,00 DM)[2290], 511,29 EUR (1.000,00

[2278] LG München I NZM 2002, 820.
[2279] LG München I NZM 2002, 820; a. A. LG Hamburg WuM 1996, 532.
[2280] Hülsmann NZM 2004, 841, 845.
[2281] AG Rüsselsheim WuM 1987, 144.
[2282] LG Berlin GE 1996, 470; LG Köln WuM 2000, 94.
[2283] AG Rüsselsheim WuM 1992, 117.
[2284] LG Kiel WuM 1999, 586.
[2285] Hülsmann NZM 2004, 2841, 845.
[2286] Blank NZM 1998, 5, 10; Hülsmann NZM 2004, 841, 845.
[2287] AG Kenzingen WuM 1986, 248; Blank NZM 1998, 5, 10.
[2288] LG Berlin NZM 2001, 41.

DM)[2291], 613,55 EUR (1.200,00 DM)[2292], 766,94 EUR (1.500,00 DM)[2293], 767,00 EUR[2294], 1.022,58 EUR (2.000,00 DM)[2295], 1.53,88 EUR (3.000,00 DM)[2296] oder 1.500,00 EUR[2297] festgesetzt. Ob der Vermieter das Verfahren als Musterprozeß betrachtet, ist unerheblich[2298].

Beim Streit über die Zulässigkeit der Hunde- oder Katzenhaltung ist zwischen Hund und Katze kein Unterschied zu machen[2299]. Dadurch, daß die Tierhaltung für den Mieter auch therapeutische Zwecke erfüllt, erhöht sich der Streitwert nicht[2300]. Allerdings sind auch hier die Besonderheiten im Zusammenhang mit der emotionalen Verbundenheit zwischen Mensch und Tier zu berücksichtigen, so daß im Einzelfall auch eine Streitwertfestsetzung von 1.022,58 EUR (2.000,00 DM) zulässig ist[2301]. Dieser Streitwert berechtigt die im Rechtsstreit unterlegene Partei, das erstinstanzliche Urteil durch eine Berufung überprüfen zu lassen.

Klagt der Mieter auf **Erteilung der Erlaubnis** zur Tierhaltung, ist sein Interesse an der Tierhaltung bei der Bemessung des Gegenstandswertes zugrunde zu legen[2302]. Dabei ist zu berücksichtigen, welche Beziehung der Mieter zu dem oft schon in der Wohnung befindlichen Tier aufgebaut hat[2303], welche Bedeutung die Tierhaltung für die Lebensführung des Mieters hat[2304] und ob der Mieter aus ge-

---

[2289] LG München NZM 2002, 820.
[2290] LG Köln WuM 2000, 94.
[2291] LG Hamburg WuM 1989, 10; 1993, 469; LG Wiesbaden WuM 1994, 486; LG Münster – Az. 20 S 10394/91; LG Würzburg WuM 1988, 157; LG München WuM 1992, 495.
[2292] LG Köln WuM 1998, 606.
[2293] LG Hamburg ZMR 1992, 506.
[2294] LG Berlin NZM 2001, 41: zwei Katzen.
[2295] LG Braunschweig WuM 1996, 291.
[2296] LG München NZM 2002, 734; LG Hamburg WuM 1996, 532.
[2297] LG München I vom 25.03.2004 – Az. 34 S 16167/03.
[2298] LG München WuM 1992, 495.
[2299] LG Münster - Az. 20 S 10394/91.
[2300] LG Berlin NZM 2001, 41.
[2301] LG Braunschweig WuM 1996, 291; LG Wiesbaden WuM 1994, 486.
[2302] Schmidt-Futterer/Eisenschmid, Mietrecht, § 535 BGB Rn. 519; Hülsmann NZM 2004, 841, 845; Blank NZM 1998, 5, 10.
[2303] LG Kassel WuM 1998, 296, 297: 2.000,00 DM; LG Kassel NZM 1998, 154: 2.000,00 DM.
[2304] LG Hamburg WuM 1986, 248; Schmidt-Futterer/Eisenschmid, Mietrecht, § 535 BGB Rn. 519

sundheitlichen Gründen auf das Tier angewiesen ist[2305]. Das kann von Fall zu Fall unterschiedlich bewertet werden[2306]. Macht der Mieter geltend, er benötige das Tier aus gesundheitlichen Gründen, dann ist der Wert hoch anzusetzen, in jedem Fall über der Berufungsgrenze[2307]. Fehlen konkrete Anhaltspunkte, dann rechtfertigen es die in der Regel bestehenden affektiven Beziehungen des Mieters zum Tier, einen höheren Streitwert festzusetzen als für die Unterlassungsklage des Vermieters[2308]. Sachwidrig ist es, den Streitwert nach dem Verkehrswert des Tieres zu bemessen[2309] oder die Interessen beider Parteien gleich zu bewerten[2310]. Zum Teil wird auch auf die fiktive Abnutzung der Wohnung abgestellt[2311].

Die gleichen Grundsätze gelten für die Beschwer im **Berufungsverfahren**. Ist der Mieter in erster Instanz verurteilt worden, die Tierhaltung zu unterlassen, dann richtet sich die Beschwer des Mieters nach dessen Interesse am Wegfall der erstinstanzlichen Entscheidung[2312]. Auch dabei sind die affektiven Beziehungen des Mieters zum Tier zu berücksichtigen[2313].

Der Gegenstandswert für die anwaltliche **Abmahnung** nach dem Gesetz gegen den **unlauteren Wettbewerb** (UWG) liegt im gewerblichen Bereich regelmäßig zwischen 10.000,00 EUR und 50.000,00 EUR.

[2305] Blank NZM 1998, 5, 10.
[2306] LG Mannheim ZMR 1992, 545; Schmidt-Futterer/Eisenschmid, Mietrecht, § 535 BGB Rn. 519.
[2307] LG Mannheim ZMR 1992, 545; Blank NZM 1998, 5, 10.
[2308] LG Hamburg WuM 1986, 248; Blank NZM 1998, 5, 10.
[2309] Blank NZM 1998, 5, 10; a. A. LG Hannover WuM 1985, 127.
[2310] Blank NZM 1998, 5, 10; a. A. LG Hamburg WuM 1996, 532.
[2311] LG Hamburg WuM 1987, 232.
[2312] LG Mannheim ZMR 1992, 545.
[2313] LG Braunschweig WuM 1996, 291; LG Krefeld NJW-RR 1997, 332 = WuM 1996, 533; Blank NZM 1998, 5, 10; a. A. LG Berlin GE 1996, 470.

II. Ein Kessel Buntes - Fälle aus der Praxis

1. Der Welpe und der Notfall

Mit schriftlichem Kaufvertrag vom 07.09.2002 erwarb der Kläger von dem inzwischen verstorbenen Ehemann der Beklagten einen Terrier-Welpen zum Preis von 390,00 EUR. Kurze Zeit nach der Übergabe erkrankte das Tier an blutigem Durchfall, der durch verschiedene Bakterien verursacht worden war. Der Käufer brachte den Welpen am 11.09.2002 zu einer Tierarztpraxis an seinem Wohnort. Für diesen Arztbesuch und für die weiteren tierärztlichen Behandlungen, die sich bis zum 07.10.2002 hinzogen, entstanden dem Käufer Kosten von insgesamt 379,39 EUR.

Der Käufer hat von der Ehefrau/Erbin des Verkäufers Erstattung dieser Kosten verlangt. Zur Begründung hat er vorgetragen, die festgestellte Erkrankung sei ausschließlich auf unzulängliche und unhygienische Haltung und Behandlung des Welpen vor der Übergabe an ihn zurückzuführen. Er habe mit der etwa 30 km entfernt wohnenden Ehefrau des Verkäufers telefonisch Verbindung aufnehmen wollen. Er habe sie über die Erkrankung des Welpen informiert. Sie habe ihm zum Abwarten geraten. Eine Fristsetzung zur "Nachbesserung" sei entbehrlich gewesen, weil Gefahr im Verzug bestanden habe.

Der Bundesgerichtshof[2314] hat die Ehefrau des verstorbenen Verkäufers zur Zahlung verurteilt. Der Käufer kann von der Beklagten unter dem Gesichtspunkt des Schadensersatzes statt der Leistung Ersatz seiner Aufwendungen für die tierärztliche Behandlung des Welpen verlangen. Eine vorherige (erfolglose) Nachfristsetzung war unter den besonderen Umständen des Falles ausnahmsweise entbehrlich. Die unverzügliche Inanspruchnahme tierärztlicher Hilfe war schon aus Gründen des Tierschutzes geboten. Bei der ersten tierärztlichen Behandlung am 11.09.2002 handelte es sich um eine Notfallmaßnahme, die aus damaliger Sicht keinen Aufschub duldete und auch einen Transport des erkrankten Hundes zum Wohnort des Verkäufers nicht zuließ. Die sofortige tierärztliche Behandlung des

---

[2314] BGH NJW 2005, 3211.

Welpen war geboten und erforderlich, auch wenn sich bei der Erstuntersuchung herausstellte, daß eine lebensbedrohliche Erkrankung nicht vorlag. Unter diesen Umständen war der Käufer nicht gehalten, und es war ihm auch nicht zumutbar, mit dem kleinen Tier im Auto eine Strecke von 30 km zurückzulegen, um den Welpen zum Verkäufer zurückzubringen, damit dieser die nötigen tierärztlichen Untersuchungen selbst einleiten konnte. Die Interessenabwägung ist dann zugunsten des Käufers vorzunehmen, wenn bei einem mit der Nachfristsetzung notwendigerweise verbundenen Zeitverlust ein wesentlich größerer Schaden droht als bei einer vom Käufer sofort vorgenommenen tierärztlichen Behandlung. Im vorliegenden Fall drohte durch Zeitverlust ein größerer Schaden. Außerdem erforderten Gesichtspunkte des Tierschutzes ein sofortiges Handeln.

Der Käufer durfte also die tierärztliche Behandlung des erkrankten Welpen am 11.09.2002 veranlassen, ohne vorher den Verkäufer zur Durchführung einer solchen Behandlung innerhalb einer bestimmten Frist aufgefordert zu haben. Das gleiche gilt für die weiteren notwendigen tierärztlichen Behandlungstermine. Der Käufer mußte nicht den Verkäufer auffordern, die weitere Behandlung mit der Möglichkeit, den behandelnden Tierarzt zu wechseln, zu übernehmen. Bei der medizinischen Behandlung eines akut erkrankten Tieres, insbesondere eines Hundewelpen, die sich über einen Zeitraum von vier Wochen hinzieht, erscheint bei der gebotenen Interessenabwägung ein derartiger Wechsel für den Käufer unzumutbar und unzweckmäßig. Das gilt um so mehr, als sich die Kosten der Behandlung absehbar in Grenzen hielten und in gleicher Höhe auch dann angefallen wären, wenn der Verkäufer nach entsprechender Aufforderung des Käufers die medizinisch gebotene weitere Behandlung des Welpen veranlaßt hätte. Bei einem Wechsel des Tierarztes wären möglicherweise sogar Mehrkosten entstanden, weil dieser nicht an eine eigene Erstuntersuchung hätte anknüpfen können.

2. Die zerkaute Banknote

Der Kläger beantragte über eine Filiale der Deutschen Bundesbank am 19.06.2008 Ersatz für eine beschädigte Banknote im Wert von 500,00 EUR. In dem Erstattungsantrag gab der Kläger an, daß die Katze sich das Geld vom Tisch genommen und aufgegessen habe. Mit Bescheid vom 11.09.2008 lehnte die Beklagte den Antrag des Klägers auf Ersatzleistung für eine beschädigte Banknote zu 500,00 EUR ab. Zur Begründung führte sie aus, bei Prüfung der eingereichten Materialien habe sie drei Teile von 500,00-Euro-Banknoten vorgefunden. Eine Zusammengehörigkeit der Teile sei nicht feststellbar. Die Banknotenteile seien alle nicht größer als die Hälfte einer vollständigen Banknote. In solchen Fällen könne die Beklagte nach Art. 3 des Beschlusses des EZB-Rates vom 20.03.2003 über die Stückelung, Merkmale und Reproduktion sowie den Umtausch und Einzug von Euro-Banknoten nur Ersatz leisten, wenn die Vernichtung der restlichen Notenteile nachgewiesen sei. Dieser Nachweis sei im vorliegenden Fall nicht erbracht.

Der Kläger erhob mit Schreiben vom 13.09.2008 Klage, mit der er sein Erstattungsbegehren weiter verfolgte. Er trug vor, seine Katze habe die 500,00-Euro-Banknote zerfetzt und den fehlenden Rest verschluckt. Die Experten der Beklagten seien wohl nicht in der Lage gewesen, die Banknote richtig zusammenzusetzen. Er sei nach wie vor fest davon überzeugt, daß die Reste der Banknote mehr als 50 Prozent darstellten.

Das Verwaltungsgericht[2315] wies die Klage ab. Der Kläger habe keinen Anspruch darauf, daß die Beklagte ihm Ersatz für die von ihm vorgelegten drei Banknotenteile von 500,00-Euro-Banknoten leistet. Nach Art. 3 Abs. 1 des Beschlusses der Europäischen Zentralbank (EZB) 2003/04 vom 20.03.2003 über die Stückelung, Merkmale und Reproduktion sowie den Umtausch und Einzug von Eurobanknoten (ABlEuNr. L 7816 v. 25.03.2003) tauschen die nationalen Zentralbanken - in Deutschland also die Deutsche Bundesbank (§ 3 Bundesbankgesetz) - schadhafte oder beschädigte echte Eurobanknoten auf Antrag um, wenn entweder mehr als 50 Prozent einer Banknote vorgelegt werden, oder, wenn 50 Prozent oder weniger als 50 Prozent einer Banknote vorgelegt werden, der Antragsteller den Nachweis erbringt, daß die fehlenden Teile vernichtet wurden. Die rechtliche Befugnis zum Erlaß dieses Beschlusses folgt aus dem Recht der Europäischen Zentralbank zur Ausgabe von Banknoten (Art. 106 Abs. 1 EGV) und der daraus fol-

---

[2315] VG Frankfurt vom 28.05.2009 – Az. 1 K 2838/08.F.

genden Annexkompetenz, alle notwendigen rechtlichen Maßnahmen zum Schutze der Integrität der Euro-Banknoten als Zahlungsmittel zu ergreifen.

Der Kläger hatte der Beklagten insgesamt drei Banknotenteile vorgelegt. Diese drei Banknotenteile für sich betrachtet ergaben jeweils weniger als 50 Prozent einer 500,00-Euro-Banknote. Soweit der Kläger geltend machen wollte, daß die drei von ihm eingereichten Banknotenteile zusammen mehr als 50 Prozent einer 500,00-Euro-Banknote ergeben, habe der Sachverständige festgestellt, daß das Teilstück 2 nicht von der gleichen Banknote stammen könne wie die Teilstücke 1 und 3, sondern daß es sich mindestens um zwei, evtl. sogar um drei Ausgangsbanknoten handeln müsse, von denen die fraglichen Teilstücke stammen. Aber auch die Teilstücke 1 und 3, die von derselben Originalnote stammen, ergäben - wie sich aus dem Sachverständigengutachten ergebe - keinen Flächenanteil von mindestens 50 Prozent einer Banknote.

Da somit weniger als 50 Prozent einer Banknote vorgelegt wurden, sei eine Erstattung nur dann möglich, wenn der Kläger nachweist, daß die fehlenden Teile vernichtet wurden. Diesen Nachweis habe der Kläger jedoch nicht zu erbracht. Der Kläger hatte vorgetragen, seine Katze habe die 500,00-Euro-Banknote zerfetzt und den fehlenden Rest verschluckt. Dieser Vortrag begegnete nach Ansicht des Gerichts Bedenken im Hinblick auf seine Glaubhaftigkeit, als die vorliegenden Banknotenteile zumindest von zwei verschiedenen Originalbanknoten herrührten, so daß der Sachverhalt so wie ihn der Kläger geschildert hatte, nicht zutreffen konnte. Zumindest hätte die Katze zwei Banknoten zerfetzen müssen.

Ungeachtet dessen, sei mit diesem Vortrag aber auch eine Vernichtung der restlichen Banknotenteile nicht nachgewiesen. Wie die Beklagte zu Recht ausgeführt hatte, sei es durchaus denkbar, daß die Katze - nachdem sie die Banknote zerfetzt hatte - Teile der Banknote unbemerkt verschleppt hat und die Banknotenteile später aufgefunden wurden oder aber - wenn sie die Banknote tatsächlich gefressen hat - die Banknotenteile ausgeschieden hat und die Banknotenteile in den Exkrementen der Katze noch vorhanden waren und je nach Verbleib der Exkremente in diesen noch vorgefunden werden konnten bzw. können. Insoweit sei es dem Kläger zuzumuten gewesen, die übrigen Banknotenteile in den Exkrementen der Katze sicherzustellen. Das hatte der Kläger nicht getan.

Die Kosten des Verfahrens hatte der Kläger zu tragen, da er unterlegen war (§ 154 Abs. 1 VwGO).

3. Das nächtliche Werbefax

Mitten in der Nacht ging ein Werbefax ein. Als das Telefon klingelte, schreckte der Katzenhalter aus dem Schlaf und eilte zum Apparat. Dadurch wiederum erschreckte er seine Katze, die schlafend auf ihrem Kratzbaum lag. Die Katze fiel vom Kratzbaum und verletzte sich. Der erboste Katzenbesitzer verklagte den Absender der Faxwerbung auf Schadenersatz für die Kosten der tiermedizinischen Behandlung.

Das AG Regensburg[2316] wies die Klage ab mit der Begründung, es könne keinen ursächlichen Zusammenhang zwischen dem nächtlichen Eingang einer Faxnachricht und der Verletzung der Katze erkennen. Darüber hinaus fehle es an der schuldhaften Verursachung der Verletzung durch den Absender des Faxes. Erforderlich wäre zumindest fahrlässiges Handeln. Dies bedeute, daß der Beklagte bei der Versendung des Faxschreibens die mögliche Verletzung der Katze hätte erkennen können. Das sei nicht der Fall. Bei dem vom Kläger geschilderten Geschehensablauf handele es sich um eine derart unglückliche Verknüpfung von mehreren Umständen, daß der Beklagte hiermit keinesfalls habe rechnen müssen. In solch einem Fall sei dem Beklagten selbst die leichteste Fahrlässigkeit nicht mehr anzulasten. Für den Umstand, daß bei jedem eingehenden Fax sein Telefon klingele, sei der Katzenhalter selbst verantwortlich[2317]. Das könne man auch anders einrichten. Daß die unerwünschte Zusendung von Faxwerbung unzulässig sei, ändere an der Entscheidung nichts.

4. Der zerfledderte Papagei

Die Halterin eines Papageis hatte Probleme mit ihrem Tier. Das Tier rupfte sich die Federn aus. Auf Rat der Tierärztin gab sie den Papagei in die Obhut eines klei-

---

[2316] AG Regensburg NJW 2000, 1047.
[2317] AG Regensburg NJW 2000, 1047.

nen Tierparks. Dort blieb der Papagei. Nach gut zwei Jahren, in denen sich die Halterin nicht um ihr Tier gekümmert hatte, verlangte die Frau ihren zwischenzeitlich wieder gesunden Papagei zurück und behauptete, sie habe den Vogel dem Tierpark nur zur vorübergehenden Pflege übergeben. Demgegenüber war der Tierpark der Auffassung, daß ihm der Vogel geschenkt worden sei, und verweigerte die Herausgabe. Das Amtsgericht entschied, daß der Tierpark jetzt Eigentümer des Vogels sei. Hierfür spreche bereits die gesetzliche Vermutung (§ 1006 Abs. 2 BGB), zumal dieser Tierpark, wie Zeugen bestätigten, grundsätzlich keine Tiere in Pflege nimmt[2318].

5. Dackelterror- Urteil des AG Offenbach vom 22.05.2002

Der Kläger verlangte von der Beklagten Schadensersatz und Schmerzensgeld. Zur Begründung führte er aus, er sei von den drei Rauhhaardackeln der Beklagten gebissen worden. Die Beklagte wandte ein, eine Tierhalterhaftung scheide aus, weil der Kläger einen der drei Dackel zuvor getreten habe, so daß die anderen Tiere, nämlich die Tochter und die Enkelin, sich veranlaßt sahen, der Oma im Wege der „Nothilfe" beizustehen.

Die Klage hatte zum Teil Erfolg. Bei der Tierhalterhaftung gem. § 833 BGB kann nach Ansicht des AG Offenbach[2319] offenbleiben, ob drei Dackel (Mutter, Tochter und Enkelin) möglicherweise als Mittäter entsprechend § 830 BGB, § 25 Abs. 2 StGB gemäß vorgefaßtem Beißentschluß gemeinschaftlich gehandelt haben. Dies sei jedenfalls nicht streitentscheidend. So scheide jedenfalls eine terroristische „Dackel"-Vereinigung gem. § 129 a StGB aus, weil keine der genannten Katalogstraftaten verwirklicht sei. Andererseits sei nicht zu verkennen, daß die Dackel insgesamt eine Großfamilie bildeten. Es bestehe also durchaus eine enge verwandtschaftliche Beziehung. Der Solidarisierungseffekt sei groß. Das Gericht könne aber nicht mit hinreichender Sicherheit festzustellen, daß Dackeltochter und Dackelenkelin im Wege der Dackel-„Nothilfe" ihrer angeblich angegriffenen Dackelmutter bzw. Dackeloma zu Hilfe kommen wollten, um diese vor den von der Beklagten

---

[2318] AG Wiesloch - Az. 1 C 113/04.
[2319] AG Offenbach/Main NJOZ 2005, 185.

behaupteten Tritten des Klägers mit beschuhtem Fuß zu schützen. Insoweit könne auch kein - zwingend erforderlicher - Verteidigungswille bei den beiden jüngeren Dackeln festgestellt werden.

Auch für Sippenhaftgedanken bzw. Blutrache hätten sich keine genügenden Anhaltspunkte ergeben. Insgesamt habe die Beweisaufnahme nicht zur Überzeugung des Gerichts ergeben, daß hier eine Provokation seitens des Klägers vorlag. Die vernommenen Zeugen hätten teilweise den eigenen Vortrag der Beklagten so nicht bestätigt. Teilweise hätten sie auch nur auf Grund von Bellauten das Geschehen mitbekommen, seien also als sog. „Knallzeugen" zu qualifizieren.

Durch die Dackelbisse habe sich die typische Tiergefahr realisiert. In Fällen dieser Art greife immer die Tierhalterhaftung ein. Bei der Bemessung der Höhe des Schmerzensgeldes sei zu berücksichtigen, daß die attestierten Verletzungen nur als äußerst geringfügig anzusehen seien. Sie bewegten sich im Bereich von Bagatellen, so wie dieser gesamte Prozeß ja auch. Die oberflächlichen drei Schürfbißwunden rechtfertigten auch unter Einbeziehung der einschlägigen Schmerzensgeldtabelle von Hacks/Ring/Böhm jedenfalls kein höheres Schmerzensgeld als 255,65 EUR. Ergänzend werde wegen dieses spektakulären, für die deutsche Rechtsentwicklung bedeutenden Rechtsstreits, auf die Darstellung in der Offenbach-Post vom 13.02.1997 Bezug genommen.

6. Die schreckhafte Brieftaube

Am 20.03.2004 um 7:45 Uhr beobachtete ein Brieftaubenzüchter, wie eine Katze auf das Dach eines Freifluggeheges sprang. Seine vielfach prämierte Taube mit der Nummer 0710-94-851, die 2003 sogar einen Olympiasieg errungen hatte, flatterte in Panik herum und stieß gegen den Volierendraht. Die Brieftaube verstarb an den Folgen eines Genickbruchs. Nach dem Vorfall legte der Brieftaubenzüchter das tote Tier in seine Tiefkühltruhe, um es später obduzieren zu lassen.

Der Brieftaubenzüchter erhob gegen eine Katzenhalterin aus der Nachbarschaft Klage auf Zahlung von 34.000,00 EUR Schadensersatz. Er behauptete, der von der Beklagten gehaltene Kater sei auf das Dach der auf seinem Grundstück befindlichen Voliere gesprungen. Mit diesem Sprung habe der Kater die Tauben angreifen wollen. Das habe bei den Tauben einen psychologischen Zwang zur Flucht ausgelöst und die Tauben zu panischem Herumflattern veranlaßt. Durch den Zwischenfall seien zwei Eier dieser wertvollen Taube zerstört worden. Der Wert der Eier betrage jeweils 200,00 EUR. Die übrigen Tiere im Taubenschlag seien durch den Zwischenfall derart verstört gewesen, daß im Folgenden zwei Jungtiere im Wert von jeweils 500,00 EUR verendet seien. Es sei ausgeschlossen, daß diese Folgen durch ein normales Umherfliegen der Tauben verursacht worden sei. Den Kater der Beklagten habe er zweifelsfrei erkannt. Der Kater sei wegen seiner Zeichnung unverwechselbar. Außerdem habe er, der Brieftaubenzüchter, einen besonderen Blick für Tiere.

Das LG Siegen[2320] wies die Klage ab. Zur Begründung führte es aus, es sei nicht erwiesen, daß tatsächlich der Kater der Beklagten in den vom Kläger behaupteten Zwischenfall verwickelt war und für den Tod der Taube verantwortlich sei. Es habe sich herausgestellt, daß es in der Nachbarschaft des Brieftaubenzüchters mehrere Katzen gibt, die dem Kater ähnlich sehen. Es sei auch zweifelhaft, ob der Kläger in seiner Streßsituation den nach seiner Darstellung schnell davon flitzenden Kater tatsächlich zweifelsfrei identifizieren konnte.

7. Das verschwundene Gebiß

Wenn der Hund eines Hausbesitzers das Gebiß eines Gastes aus dem Badezimmer entwendet und es im Garten vergräbt, ist die Tierhalterhaftpflichtversicherung des Hundehalters in der Leistungspflicht und muß die Prothese ersetzen. Das ist auch dann der Fall, wenn das Gebiß nach einer intensiven Suche nicht wiedergefunden werden kann[2321]. Läßt eine Katze widerrechtlich das Gebiß verschwinden, dann fällt die Sache in die Zuständigkeit der privaten Haftpflichtversicherung.

[2320] LG Siegen NJW-RR 2005, 1340.
[2321] LG Hannover NJW-RR 2005, 1391.

III. Häufig gestellte Fragen

1. Darf der Verein des Verkäufers den Stammbaum ohne die Zustimmung des Verkäufers an den Käufer herausgeben?

Der Verein ist verpflichtet, dem Verkäufer einen Stammbaum auszustellen, wenn der Verkäufer sich an die Haltungs- und Zuchtrichtlinien der Vereinssatzung gehalten und das Tier nur innerhalb der eigenen Rasse verpaart hat. Der Stammbaum hat praktisch die Funktion eines Personalausweises und steht dem Verkäufer als Züchter zu. Der Verkäufer ist zwar verpflichtet, den Stammbaum an den Käufer herauszugeben. Der Verein darf diese Verpflichtung aber nicht eigenmächtig anstelle des Verkäufers erfüllen. Dem Verkäufer könnte nämlich ein Zurückbehaltungsrecht an dem Stammbaum zustehen. Das ist z. B. der Fall, wenn der Käufer seine Pflichten aus dem Kaufvertrag noch nicht erfüllt hat. Möglicherweise beabsichtigt der Verkäufer auch, den Zwingernamen zu ändern oder den Verein zu wechseln. Dann wäre der Stammbaum unrichtig. Händigt der Verein den Stammbaum ohne Wissen und/oder ohne Zustimmung des Katzenhalters an den Käufer der Katze aus, verletzt er seine vereinsrechtliche Treuepflicht. Der Verkäufer kann vom Käufer Herausgabe des Stammbaums verlangen. Das gilt vor allem dann, wenn der Stammbaum unrichtig ist, weil der Verkäufer in zulässiger Weise den Zwingernamen geändert oder den Verein gewechselt hat.

2. Hat der Verkäufer das Recht, den Käufer regelmäßig und jederzeit zu besuchen, um die art- und verhaltensgerechte Haltung der verkauften Katze zu überprüfen?

Ob dem Verkäufer ein Besuchs- und Kontrollrecht zusteht hängt davon ab, was im Kaufvertrag geregelt ist. Ohne entsprechende Vereinbarung besteht ein Besuchsrecht nicht. Selbstverständlich steht es dem Käufer frei, dem Verkäufer freiwillig Zutritt zu seinen Räumen zu gewähren und ihm einen Besuch der Katze zu ermöglichen. Vereinbaren die Vertragsparteien im Kaufvertrag ein Besuchsrecht, dann besteht dieses Besuchsrecht allerdings nicht uneingeschränkt. Der Verkäufer muß seinen Besuch rechtzeitig vorher ankündigen, mit dem Käufer einen Termin vereinbaren und bei der Terminierung Rücksicht auf die persönlichen und beruflichen Belange des Käufers nehmen, z. B. Arbeitszeiten, Ruhezeiten, Urlaub. Unangekündigte, unverhältnismäßig häufige oder schikanöse Kontrollbesuche benachteiligen den Käufer unangemessen und sind unzulässig.

3. *Darf der Käufer die Katze verkaufen oder verschenken, wenn er den Kaufpreis noch nicht vollständig bezahlt hat?*

Das hängt davon ab, ob im Kaufvertrag ein sog. Eigentumsvorbehalt geregelt ist. Wenn das der Fall ist, wird der Käufer erst dann Eigentümer, wenn er vollständig gezahlt hat. Nur als Eigentümer kann der Käufer die Katze weiter übereignen. Einen Kaufvertrag oder einen Schenkungsvertrag darf er schon vorher schließen. Solange er jedoch selbst nicht Eigentümer ist, kann er den Kauf- oder Schenkungsvertrag nicht erfüllen und macht sich ggf. dem neuen Erwerber gegenüber schadensersatzpflichtig.

4. *Darf der Käufer eine Katze auf seiner Website abbilden und beschreiben, die er zwar gekauft, aber noch nicht vollständig bezahlt oder abgeholt hat?*

Es ist unschön, wenn ein Katzenhalter voreilig so tut, als sei die neue Katze schon bei ihm eingezogen. Wenn er einen wirksamen Kaufvertrag geschlossen und seine Pflichten aus dem Vertrag erfüllt hat, verletzt er damit jedoch nicht die Rechte des Verkäufers. Der Verkäufer ist verpflichtet, dem Käufer die Katze zu dem vereinbarten Termin auszuhändigen. Er ist nicht berechtigt, die Katze anderweitig zu verkaufen oder als Zuchtkatze einzusetzen. Rechtswidrig handelt der Käufer erst dann, wenn der Kaufvertrag durch Rücktritt oder Aufhebungsvereinbarung aufgelöst worden ist und feststeht, daß er die Katze nicht in seinen Haushalt/Bestand aufnehmen wird. In diesem Fall verletzt der Käufer das Urheberrecht des Verkäufers, wenn er dessen Katzenfotos weiter auf seiner Website veröffentlich. Hat der Käufer die Fotos selbst angefertigt, liegt möglicherweise ein Verstoß gegen das UWG vor, das Gesetz gegen den unlauteren Wettbewerb.

5. *Darf ein Käufer auf seiner Website auf Mißstände im Zwinger eines Verkäufers/Züchters (z. B. Käfighaltung, mangelnde Hygiene, Gesundheit der Tiere etc.) oder auf falsche Angaben des Verkäufers bei Abschluß eines Kaufvertrages hinweisen? Darf umgekehrt ein Verkäufer auf seiner Website vertragswidriges Verhalten eines Käufers (z. B. Zahlungsverzug, Annahmeverzug, vertragswidrige Verwendung eines Liebhabertieres als Zuchttier etc.) veröffentlichen?*

Derartige Angaben gehören nicht auf eine öffentlich zugängliche Website. Sie erfüllen den Straftatbestand der üblen Nachrede. Niemand muß es sich bieten lassen, daß er in der Öffentlichkeit angeprangert wird. Das gilt vor allem dann, wenn Streit darüber besteht, ob die jeweiligen Vorwürfe berechtigt sind. Sofern beide Seiten gewerbliche Züchter sind, könnte auch ein Verstoß gegen das UWG vorliegen, das Gesetz gegen den unlauteren Wettbewerb.

6. *Was passiert, wenn eine Katze ohne Verschulden des Verkäufers stirbt, nachdem der Käufer den Kaufpreis bezahlt oder eine Anzahlung geleistet, die Katze aber noch nicht erhalten hat?*

In diesem Fall wird die Leistung, nämlich die Übergabe der Katze an den Käufer, objektiv unmöglich. Der Käufer braucht den Kaufpreis nicht zu zahlen. Er kann eine geleistete Anzahlung zurückverlangen. Schadensersatzansprüche gegen den Verkäufer stehen ihm nicht zu.

7. *Was ist, wenn der Verkäufer nach Abschluß des Kaufvertrages stirbt, bevor er dem Käufer die Katze übergeben hat?*

Die Erben des Verkäufers sind verpflichtet, an seiner Stelle den Kaufvertrag zu erfüllen. Sie müssen die Katze und die Papiere (Stammbaum, Impfpaß) an den Käufer herausgeben. Das gleiche gilt im umgekehrten Fall, wenn der

Käufer nach Abschluß des Kaufvertrages stirbt. Die Erben des Käufers müssen den restlichen Kaufpreis zahlen und die Katze abnehmen.

8. *Muß der Katzenhalter die Decktaxe ganz oder zum Teil auch dann bezahlen, wenn die Verpaarung seiner Katze mit dem Deckkater nicht erfolgreich war?*

Ob der Katzenhalter auch bei erfolgloser Deckung zahlen muß, hängt davon ab, was im Deckvertrag geregelt ist. Haben die Vertragsparteien diese Frage nicht geregelt oder gibt es nur eine mündliche Absprache, die der Katzenhalter aber nicht nachweisen kann, dann wird er die volle vereinbarte Decktaxe zahlen müssen. Der Deckvertrag ist ein Dienstvertrag und kein Werkvertrag. Anders als beim Werkvertrag wird beim Dienstvertrag kein *Erfolg*, sondern eine *Leistung* geschuldet. Kein Deckkaterhalter kann garantieren, daß die ihm anvertraute Katze durch die Verpaarung aufnimmt. Er kann nicht einmal garantieren, daß sich sein Kater überhaupt für die Katze interessiert und sich mit der Katze vereinigt. Es soll schon Kater gegeben haben, die sich mehr für eine Hand voll Käserollis als für die grölende Katze begeistert haben. Es kann natürlich auch an der Katze liegen, wenn die Verpaarung erfolglos bleibt (Wer ist der kleine blaue Kater mit dem Straßhalsband, der dauernd die große schwarze Katze verprügelt?). Der Deckkaterhalter schuldet nach dem Deckvertrag in der Regel nicht den *Erfolg* der Deckung. Er kann daher nur die *Möglichkeit* bieten, daß der Deckkater die Katze deckt und die Katze nach der Verpaarung trächtig ist. Hinzukommen die Serviceleistungen Unterkunft, Verpflegung, Pflege, Beaufsichtigung und soziale Kontakte. Der Katzenhalter trägt das Risiko, daß der Deckkater zwar die Katze deckt, die Katze aber keine Jungen bekommt. Er ist daher verpflichtet, die Decktaxe auch dann in voller Höhe zu zahlen, wenn sich das Risiko realisiert und die Katze leer bleibt.

Das gleiche gilt, wenn die Katze aufnimmt, aber der Embryo noch vor der Geburt stirbt, wenn das Kitten während oder nach der Geburt stirbt oder wenn die Katze weniger Kitten als erwartet wirft. Der Deckkaterhalter ist nicht dafür verantwortlich, daß die von seinem Kater gedeckte Katze ggf. nur ein Junges bekommt. Insbesondere ist er nicht dafür verantwortlich, daß dieses eine Kitten noch per Kaiserschnitt geholt werden muß, so daß die Kosten der Zucht höher sind als der Verkaufserlös, der Katzenhalter also ein Verlustgeschäft macht.

Jeder Züchter kennt dieses Risiko. Jeder Züchter weiß, daß die Verpaarung ohne Erfolg bleiben kann. Jeder Züchter weiß aber auch, daß er mit einem großen Wurf aus züchterischer Sicht einen „Sechser im Lotto" zieht. Niemand käme ernsthaft auf die Idee, der Katzenhalter müsse - ohne gesonderte Vereinbarung - einen Zuschlag zur Decktaxe zahlen, wenn seine Katze mehr Junge bekommt als erwartet. Ähnlich verhält es sich übrigens beim Menschen. Die Invitrofertilisation ist eine Dienstleistung. Sie muß auch dann bezahlt werden, wenn die künstliche Befruchtung erfolglos bleibt und die Frau nicht schwanger wird.

Wer das Risiko verringern will, daß er die vollen Kosten der Deckung zu tragen hat, obwohl die Katze nach der Verpaarung nicht trächtig ist, sollte mit dem Züchter das Recht auf eine Nachdeckung vereinbaren. Das Recht auf Nachdeckung ergibt sich weder aus dem Gesetz noch aus dem Gesichtspunkt des Gewohnheitsrechts. Darauf, ob Nachdeckungen in Züchterkreisen üblich sind, kommt es daher nicht an. Die Zuchtrichtlinien von Katzenzuchtvereinen sehen zwar in der Regel vor, daß der Deckkaterhalter dem Katzenhalter die Möglichkeit zur Nachdeckung einräumen soll (Obliegenheit) oder einräumen muß (Pflicht). Insoweit regelt die Zuchtrichtlinie aber nur die Rechte und Pflichten der Vereinsmitglieder gegenüber dem Katzenzuchtverein, nicht aber die gegenseitigen Rechte und Pflichten von Deckkaterhalter und Katzenhalter. Der Katzenhalter erwirbt durch die Zuchtrichtlinie gegen den Deckkaterhalter kein Recht auf Nachdeckung. Das Recht auf Nachdeckung steht dem Katzenhalter nur dann zu, wenn er dies ausdrücklich und nachweislich (Schriftform) mit dem Deckkaterhalter vereinbart.

9. *Kann man auch einen Kaufvertrag über eine Rassekatze innerhalb von 14 Tagen widerrufen?*

Der Widerruf ist möglich, wenn er im Kaufvertrag ausdrücklich vereinbart worden ist. Das gesetzliche Widerrufsrecht besteht nur dann, wenn es sich um ein sog. Haustürgeschäft oder einen Verkauf über das Internet handelt. Das ist bei Verträgen über Katzen in der Regel nicht der Fall.

10. *Was ist, wenn sich herausstellt, daß die Katze bei der Übergabe trächtig ist und der Käufer das vorher nicht wußte?*

Es kommt darauf an, was die Verkäufer und Käufer bei Abschluß des Kaufvertrages vereinbart haben. Hat der Verkäufer zugesichert, daß die Katze kastriert oder jedenfalls nicht trächtig ist und kann der Käufer diese Zusage beweisen (Zeugen, schriftliche Vereinbarung im Kaufvertrag), dann kann der Käufer den Kaufvertrag (bzw. seine Erklärung bei Abschluß des Vertrages) innerhalb eines Jahres wegen arglistiger Täuschung anfechten (§§ 123, 124 BGB). Er muß die Anfechtung innerhalb eines Jahres erklären, nachdem er die Trächtigkeit der Katze entdeckt hat (§124 Abs. 21 BGB). Die Anfechtung hat zur Folge, daß der Kaufvertrag als von Anfang an nichtig angesehen wird (§ 142 Abs. 1 BGB). Man tut so, als habe es den Vertrag nie gegeben. Dem Käufer stehen daher weder ein Anspruch auf vertragsgemäße Erfüllung noch ein Schadensersatzanspruch zu[2322]. Der Käufer ist verpflichtet, die Katze an den Verkäufer zurückzugeben. Der Verkäufer hat ihm den Kaufpreis zu erstatten.

Möglich ist auch eine Anfechtung wegen Eigenschaftsirrtums nach § 119 Abs. 2 BGB. Danach kann der Käufer seine Erklärung, die er bei Abschluß des Kaufvertrages abgegeben hat (*Ich will diese Katze.*) anfechten, wenn er sich über eine wesentliche Eigenschaft der Katze geirrt hat. Im Fall des Eigenschaftsirrtums muß die Anfechtung „unverzüglich", also ohne schuldhaftes

---

[2322] Palandt/Ellenberger, BGB, § 142 Rn. 1.

Zögern erfolgen (§ 121 BGB). Auch diese Anfechtung hat zur Folge, daß der Kaufvertrag als von Anfang an nichtig betrachtet und rückabgewickelt wird.

Anstelle der Anfechtung kann der Käufer auch Gewährleistungsansprüche nach Kaufrecht geltend machen, weil die unerkannt trächtige Katze mangelhaft ist. Er kann vom Vertrag zurücktreten oder, wenn er das Tier inzwischen liebgewonnen hat und der Katze keinen weiteren Wohnungswechsel zumuten möchte, den Kaufpreis mindern und Schadensersatzansprüche (Tierarzt- und zusätzliche Futterkosten) geltend machen.

11. Drei Wochen nach dem Einzug meiner Katze hat sich herausgestellt, daß die Katze an FIP leidet. Welche Rechte habe ich gegen den Verkäufer?

FIP (Feline Infektiöse Peridonitis) ist eine ansteckende Bauchfellentzündung. Betroffen sind in erster Linie Katzen im Alter zwischen sechs Monaten und vier Jahren. Die Ansteckung erfolgt durch direkten Kontakt. Wie die Infektion genau erfolgt, ist noch nicht völlig geklärt. Viele Tiere tragen das FIP-Virus in sich, sind aber symptomfrei. Streß begünstigt den Ausbruch der Erkrankung[2323]. Die Inkubationszeit beträgt bis zu vier Monate[2324].

Die Erkrankung ist ein Mangel, der den Käufer berechtigt, Gewährleistungsansprüche geltend zu machen. Handelt es sich um einen Verbrauchsgüterkauf i. S. d. § 474 BGB, dann wird vermutet, da die Erkrankung bereits bei Übergabe der Katze vorhanden war (§ 476 BGB). Der Käufer kann vom Vertrag zurücktreten oder die Katze behalten und den Kaufpreis mindern. Ein Anspruch auf Schadensersatz besteht nicht. Hat der Verkäufer im Kaufvertrag zugesichert, die Katze sei bei Übergabe gesund, kann er statt dessen den Vertrag wegen arglistiger Täuschung oder Eigenschaftsirrtums anfechten. In diesem Fall wird der Kaufvertrag rückabgewickelt. Der Käufer gibt die Katze zurück. Der Verkäufer erstattet den Kaufpreis.

[2323] Ludwig, Praxishandbuch Katzen, S. 212.
[2324] Ludwig, 300 Fragen zur Katze, S. 137.

12. Darf die Katze im Garten beerdigt werden, wenn sie einmal stirbt?

Die Bestattung von Katzen im Garten war nach dem Tierkörperbeseitigungsgesetz unter bestimmten Voraussetzungen erlaubt. Das TierKBG ist 2004 aufgehoben worden. Die Bestattung von Katzen im Garten ist jetzt nicht mehr gesetzlich geregelt. Statt dessen regeln die zustanden Behörden (Landkreise, kreisfreie Städte, Landratsämter) die Bestattung in sog. Allgemeinverfügungen, die sich zwar im Detail unterscheiden, sich im Wesentlichen allerdings an der alten gesetzlichen Regelung orientieren. Tote Kleintiere wie Katzen dürfen danach in der Regel auf dem eigenen Grundstück in einer Tiefe von mindestens 50 cm begraben werden, sofern das Grundstück nicht in einem Wasserschutzgebiet liegt. Nicht im Garten beerdigt werden dürfen jedoch Tiere, die an einer meldepflichtigen Krankheit gestorben sind. Meldepflichtig sind Tollwut, Salmonellose und von Parasiten verursachte Infektionskrankheiten wie Giardiose, Echinokokkose, und ggf. Toxoplasmose. Die gemeldeten Fälle werden zentral vom Robert-Koch-Institut in Berlin erfaßt. Auf öffentlichem Grund, in einem Stadtwald oder Wald ist die Beerdigung eines Haustiers grundsätzlich verboten. Eine Alternative stellen der Tierfriedhof oder das Tierkrematorium dar.

13. Benötigt die Katze einen Heimtierpaß?

Bei Reisen innerhalb der Europäischen Union muß ein Heimtierpaß mitgeführt werden. Die Katze muß zur Identifizierung einen Mikrochip oder (bis 2012) eine Tätowierung tragen. Die Identifikationsnummer wird im Heimtierpaß eingetragen. Voraussetzung für die Einreise in EU-Staaten ist eine gültige Tollwutimpfung. Zusätzliche Anforderungen gelten für das Vereinigte Königreich, Irland und Schweden. Den Heimtierpaß stellt der Tierarzt aus. In den Heimtierpaß können auch weitere Impfungen und Untersuchungen eingetragen werden.

14. Muß für die Katze eine gesonderte Haftpflichtversicherung abgeschlossen werden?

Der Halter einer Katze haftet wie jeder andere Tierhalter auch nach § 833 BGB für alle Sach- und Personenschäden, die sein Tier verursacht, und zwar auch dann, wenn der Halter den Schaden nicht verschuldet hat. Anders als Hunde sind Katzen jedoch in der Regel über die Privathaftpflichtversicherung mitversichert, sofern sie nicht zu gewerblichen oder landwirtschaftlichen Zwecken gehalten werden. Eine gesonderte Tierhalterhaftpflichtversicherung muß in diesem Fall nicht abgeschlossen werden. Im Einzelfall muß daher geprüft werden, was in den Allgemeinen Versicherungsbedingungen steht.

15. Was tun, wenn der Katzenkäufer nicht zahlt?

Wenn keine Ratenzahlung vereinbart worden ist und der Käufer den Kaufpreis bzw. im Fall einer Anzahlung den Restkaufpreis nicht bei Abholung der Katze zahlt, kann der Verkäufer von seinem gesetzlichen Zurückbehaltungsrecht Gebrauch machen. Er darf die Übergabe der Katze solange verweigern, bis der Käufer den vereinbarten Kaufpreis vollständig gezahlt hat. Hat er hingegen die Katze (voreilig) vor Zahlung des Kaufpreises herausgegeben oder haben die Parteien Ratenzahlung vereinbart, dann hat der Verkäufer nur die Möglichkeit, den säumigen Käufer durch eine Mahnung in Verzug zu setzen und dann wegen der ausstehenden Zahlung das gerichtliche Mahnverfahren einzuleiten oder Klage einzureichen. Haben die Parteien im Kaufvertrag vereinbart, daß der Verkäufer bis zur vollständigen Zahlung des Kaufpreises Eigentümer der Katze bleibt, dann kann der Verkäufer verlangen, daß der Käufer ihm die Katze zurückgibt. Notfalls muß er auch den Herausgabeanspruch einklagen. Wenn im Kaufvertrag nichts anders vereinbart ist, darf der Verkäufer im Fall des Zahlungsverzuges die Katze nicht anderweitig verkaufen. Es ist daher ratsam, für diesen Fall im Kaufvertrag ein Rücktrittsrecht zu vereinbaren.

16. *Die Katze hat einen genetischen Defekt, zeigt aber keine Krankheitssymptome.*

Nach der Rechtsprechung des BGH liegt dann, wenn sich der Defekt (noch) nicht auswirkt, kein Mangel im Sinne des Gesetzes vor. Der Käufer ist nicht berechtigt, Lieferung einer gesunden Katze zu verlangen, den Kaufpreis zu mindern oder vom Vertrag zurückzutreten.

17. *Muß der Käufer sich auf einen Umtausch einlassen, wenn sich herausstellt, daß die Katze bei der Übergabe bereits erkrankt war, ohne daß Verkäufer und Käufer das bekannt war?*

Grundsätzlich hat die Nacherfüllung, also der Umtausch der Katze, Vorrang vor der Herabsetzung des Kaufpreises oder der Geltendmachung von Schadensersatzansprüchen. Wenn der Käufer jedoch eine ganz konkrete Katze gekauft hat, z. B. die Katze mit dem Namen *Blaubär* oder die Katze mit einer konkret im Vertrag genannten Tätowierungsnummer oder die einzige Harlekin eines Wurfes oder die einzige Katze eines Wurfes in blue-tortie-tabby-mackerel-white, dann muß er nicht anstelle dieser Katze eine andere Katze annehmen, die der Käufer ihm ersatzweise anbietet. Wenn sich der Kaufvertrag auf eine konkrete Katze bezieht, dann ist die Nacherfüllung, also die Ersatzlieferung nicht möglich, weil es diese Katze nur einmal gibt. Hat der Käufer sich hingegen nur für eine beliebige blaue Katze aus dem blauen Wurf oder einem der Würfe entschieden und ist es ihm nicht so wichtig, welche der drei blauen Katzen es denn nun ist, dann kann der Verkäufer von ihm verlangen, anstelle der kranken Katze eine der anderen gesunden Katzen zu nehmen. Die Pflicht zur Nacherfüllung entfällt aber dann, wenn die Katze als Liebhabertier und Spielkamerad für die Kinder des Käufers angeschafft wurde und der Käufer und seine Familie das Tier inzwischen ins Herz geschlossen haben. In diesem Fall wäre es treuwidrig, vom Käufer einen Umtausch der Katze zu verlangen.

18. Wann ist ein Ausschluß der Mängelhaftung zulässig?

Ein vollständiger Ausschluß der Mängelhaftung durch Individualvertrag ist zulässig wenn Verkäufer und Käufer Privatpersonen und keine Unternehmer im Sinne des § 14 BGB sind oder Verkäufer und Käufer beide Unternehmer im Sinne des § 14 BGB sind oder der Verkäufer Privatperson und der Käufer Unternehmer im Sinne des § 14 BGB ist. Wird ein Formularvertrag verwendet, ist zumindest beim Verkauf "neuer" Katzen ein völliger Ausschluß der Mängelansprüche des Käufers grundsätzlich unzulässig. Liegt ein Verbrauchsgüterkauf vor, kann die gesetzliche Mängelhaftung grundsätzlich nicht vertraglich ausgeschlossen werden. Eine Ausnahme gilt nur für den Anspruch des Käufers auf Schadensersatz; der kann beschränkt oder ausgeschlossen werden.

19. Darf ein Tierarzt sich weigern, die Katze an den Tierhalter zurückzugeben, wenn der Tierhalter die Rechnung für eine Behandlung oder Operation nicht bezahlt hat?

Der Tierarzt darf wie der Verkäufer oder Catsitter die Katze zurückbehalten, wenn der Katzenhalter eine Rechnung oder mehrere Rechnungen nicht bezahlt hat. Eine Ausnahme wird nur dann gemacht, wenn eine besonders enge Bindung zwischen der Katze und dem Halter besteht. Die enge Bindung muß aber über die übliche Bindung zwischen Tier und Tierfreund hinausgehen. Die Trennung müßte zu einer psychosomatischen Erkrankung des Tieres oder des Halters führen oder zumindest zu einem Gefühl großer Einsamkeit.

20. Darf der Züchter verlangen, daß der Käufer die Katze nach einer gewissen Zeit kastrieren läßt?

Ohne vernünftigen Grund darf keine Katze kastriert werden. Ein vernünftiger Grund liegt vor, wenn das Tier nicht als Zuchtkatze oder Deckkater verwendet werden soll, weil eine nicht ausgelebte Geschlechtsreife für Katze und Kater auf Dauer sehr belastend sein kann. In diesem Fall können Verkäufer und

Käufer vereinbaren, daß das Tier, wenn es vor der Kastrationsreife abgegeben wird, später kastriert wird. Gegen eine derartige Vertragsklausel bestehen keine Bedenken, wenn erkennbar Gesichtspunkte des Tierschutzes im Vordergrund stehen und es dem Züchter nicht nur darum geht, sich vor möglicher Konkurrenz zu schützen.

21. *Darf der Züchter dem Käufer verbieten, mit der Katze zu züchten?*

Wenn die Vertragsparteien zur Zucht nichts vereinbaren, darf der Käufer mit der Katze züchten. Will der Verkäufer verhindern, daß der Käufer mit der Katze züchtet, muß er das vertraglich vereinbaren. Ein vertragliches Zuchtverbot ist unbedenklich, wenn es dem Züchter nicht nur darum geht, sich vor lästiger Konkurrenz zu schützen, und wenn er den Kaufpreis wegen des Zuchtverbotes deutlich reduziert hat. Auf der sicheren Seite ist der Verkäufer aber nur dann, wenn er seine nicht für die Zucht bestimmten Katzen ausschließlich kastriert abgibt. Allerdings hätte er dann höhere Futterkosten, weil die Tiere länger bei ihm bleiben. Er müßte die Kosten der Kastration selbst tragen. Möglicherweise lassen sich auch die Preise, die beim Verkauf von Kitten üblicherweise gezahlt werden, nicht durchsetzen, wenn das Jungtier bei der Abgabe alt genug für eine frühe Kastration ist.

22. *Unser Garten und der unserer Nachbarin sind nur durch einen Zaun getrennt. Wir und andere Nachbarn haben freilaufende Katzen, die sich unwillkürlich auch mal in Nachbars Garten aufhalten. Heute Morgen habe ich gesehen, daß der komplette Zaun bis oben hin mit Stacheldraht umwickelt ist, wo sich die Tiere erheblich verletzen können. Kann ich verlangen daß der Stacheldraht wieder entfernt wird?*

Im Vorort oder im ländlichen Bereich ist der Nachbar verpflichtet, den Besuch von ein bis zwei Katzen auf seinem Grundstück zu dulden. Der Nachbar ist nicht berechtigt, auf dem gewohnten Pfad der Katzen einen Stacheldrahtverhau anzubringen, in dem die Katzen hängenbleiben und sich verletzten können. Wenn er sich gegen die Katzen abschotten will, muß er das in einer tierschutzgerechten Weise tun, indem er z. B. Maschendraht verwendet.

23. *Ich wohne seit Februar in einem Appartement. Eine Katze ist mir ausdrücklich von den Vermietern erlaubt worden. Jetzt im Sommer haben sie mir gedroht, sie kündigen mir die Wohnung fristlos, weil meine Katze immer ihre Katze schlägt. Im Mietvertrag ist nicht festgelegt, ob Katzenhaltung erlaubt ist oder nicht. Jetzt habe ich aus lauter Angst, meine Wohnung zu verlieren, meine achtjährige Katze weggegeben, aber ich vermisse sie sehr. Hätte ich die Katze behalten dürfen?*

Der Vermieter darf das Mietverhältnis nicht kündigen, wenn er der Katzenhaltung ausdrücklich zugestimmt hat. Es kommt vor, daß Katzen sich nicht vertragen und sich zanken. Das Problem müßte sich regeln lassen, indem die Katzen zu unterschiedlichen Zeiten Freigang erhalten, damit sie sich nicht mehr begegnen.

24. *Ein Freund hat bei einer Züchterin ein BKH-Kätzchen (mit Papieren) gekauft. Bei den ersten beiden "Besichtigungen" des Wurfes war alles in Ordnung, und er hat sich ein Kätzchen ausgesucht. Als es dann abholen wollte, bekam er ein ganz anderes Tier, das er dann auch mitgenommen hat. Jetzt stellte sich heraus, daß das Kleine krank ist und außerdem ein "Kümmerling", wie er es bezeichnet, also ein ganz schmächtiges, kleines Etwas, das aussieht, als wäre es gerade ein paar Wochen alt. Die Tierarztkosten sind bereits jetzt schon recht hoch durch die ganzen Behandlungen und Untersuchungen.*

Wenn der Käufer bei Abholung der Katze erkennt, daß man ihm nicht die Katze aushändigt, die er gekauft hat, und er die Katze trotzdem mitnimmt, kann er sich später, wenn ihn die Reue überkommt, nicht darauf berufen, daß der Verkäufer ihm die falsche Katze übergeben hat. Für die Erkrankung des Tieres haftet der Verkäufer auch nur dann, wenn der Käufer nachweisen kann, daß das Tier bereits bei der Übergabe krank war. Das kann nur ein Tierarzt feststellen.

25. *Wie verhält es sich eigentlich im Allgemeinen mit der Haftung bei Hauskatzen, wenn diese Autos verkratzen? Nehmen wir mal an, es gibt ein Drei-Familienhaus draußen auf dem Lande. Eine Familie davon hält sich sieben Katzen, die sowohl im Haus, in der Wohnung und auch draußen herumlaufen. Desweiteren nehmen wir mal an, daß die zweite Familie im Haus keine Katzen aber zwei Autos und ein Motorrad hat, welche von den Katzen als eine Art Spielplatz betrachtet und dadurch verkratzt werden. Wen könnte man denn in so einem Fall haftbar machen, wenn man definitiv wüßte, daß die Schäden durch die besagten Katzen entstehen?*

Wenn wirklich feststeht, daß die zwei Autos und das Motorrad zerkratzt worden sind und daß die Kratzer von den Katzen stammen, dann haften die Katzenbesitzer. Sie müßten an die Eigentümer der Autos und des Motorrades Schadensersatz leisten. Sachverständige haben jedoch festgestellt, daß Katzen Auto- oder Motorradlack gar nicht zerkratzen können. Die Familie mit den Lackkratzern wird daher gegen die Katzenhalter voraussichtlich kleine Schadensersatzansprüche durchsetzen können.

26. *Nehmen wir an, ein Kater leidet unter Epilepsie. Bei dieser Krankheit ist es ja so, daß die Katzen nach dem Anfall die nächsten paar Minuten nicht sehen oder hören können und manchmal hysterisch reagieren und gegen einen Gegenstand laufen. Wenn der Kater ein "Freigänger" ist, einen Anfall hat, auf einmal auf die Straße rennt und dadurch ein Autofahrer ausweichen muß und einen Unfall baut, kann der Besitzer dafür haftbar gemacht werden?*

Ob und in welchem Umfang der Tierhalter haftet, hängt davon ab, wie sich der Autofahrer vor dem Unfall verhalten hat. Ist er mit angepaßter Geschwindigkeit gefahren? Hätte er den Unfall vermeiden können oder beruht er auf einem Fahrfehler. Wenn den Autofahrer kein Mitverschulden trifft, könnte der Tierhalter in der Haftung sein. Nach der Rechtsprechung haftet der Tierhalter auf Schadensersatz wenn sein Tier „ausbricht" oder die Fahrbahn ohne Rücksicht auf den Verkehr benutzt, insbesondere wenn es ein

Verkehrshindernis bildet. Allerdings müßte der Autofahrer beweisen, daß gerade dieser Kater der Übeltäter war. Das ist meistens schwierig.

27. *Meine Freundin hat vor einigen Jahren eine Katze gefunden, hat sie aufgenommen, umsorgt und ihr ein Zuhause gegeben. Nun hat sie durch Zufall herausgefunden, daß die damals gefundene Katze als vermißt gemeldet ist. Muß sie die Katze zurückgeben?*

Die Finderin war verpflichtet, die Ordnungsbehörde über den Fund zu informieren (§ 965 BGB). Wenn sie das getan und sich der Eigentümer der Katze nicht gemeldet hat, ist sie nach sechs Monaten Eigentümerin der Katze geworden (§ 973 Abs. 1 BGB) und braucht das Tier nicht herauszugeben. Hat sie den Fund nicht angezeigt, muß sie das Tier zurückgeben, kann aber vom Eigentümer verlangen, daß er ihr die Kosten für Futter und medizinische Versorgung erstattet (§ 970 BGB). Anspruch auf Finderlohn hat sie aber nicht (§ 971 Abs. 2 BGB).

28. *Uns ist vor ca. sechs Wochen eine Katze zugelaufen. Wir haben in der ganzen Nachbarschaft rumgefragt, ob sie jemandem gehört. Niemand stellt Ansprüche. Wir und unsere direkten Nachbarn füttern sie regelmäßig und lassen sie tagsüber in der Wohnung schlafen, wenn sie mag. Nachts ist sie draußen. Sie kommt immer wieder. Wir fragen uns nun, ob wir mit ihr zum Tierarzt gehen sollen, da wir nicht wissen ob sie geimpft ist. Die Frage ist nur, was würde dies kosten und wer übernimmt diese Kosten? Uns gehört diese Katze ja nicht.*

Wer eine zugelaufene Katze füttert, versorgt und ihr ein warmes Schlafplätzchen bietet, wird zwar nicht gleich Eigentümer, aber Halter. Damit ist er verpflichtet, das Tier auf seine Kosten angemessen zu ernähren, zu pflegen und verhaltensgerecht zu versorgen (§ 2 Ziff. 1 TierSchG). Dazu gehören auch die medizinische Versorgung und das Impfen. Über die damit verbundenen Kosten gibt der Tierarzt Auskunft.

29. Ich habe an meiner Terrasse ein Katzennetz montiert. Wir haben Holzbalken außen herum gelegt und das ganze wie eine Art Balkongeländer aufgebaut mit Balken nach oben, das Ganze schaut jetzt aus wie ein Käfig. Ein Nachbar möchte daß ich das Netz wieder abbaue, da es angeblich das Hausbild verschandelt. Jetzt wurde eine außerordentliche Eigentümerversammlung einberufen, bei der abgestimmt werden soll. Welche Mehrheit brauche ich? Die Verwalterin sagte mir, sobald einer nur was dagegen hat, müsse es weichen. Das kann doch nicht sein oder?

An der Terrasse besteht ein Sondernutzungsrecht nach § 13 WEG. Bauliche Veränderungen bedürfen einer Zustimmung nach § 22 Abs. 1 WEG. Die Errichtung eines ortsüblichen Rankgerüstes ist auch ohne Zustimmung zulässig, nicht aber die eines Katzenkäfigs. Zustimmen muß jeder Wohnungseigentümer, dessen Rechte durch die Baumaßnahme beeinträchtigt werden. Eine nicht hinnehmbare Beeinträchtigung liegt vor, bei nicht ganz unerheblicher Änderung des optischen Eindrucks. Das setzt aber voraus, daß der Katzenkäfig für andere Wohnungseigentümer oder Dritte überhaupt sichtbar ist.

30. Darf ein Jäger einfach meine Katze erschießen?

Die Jagdgesetze der Bundesländer ermöglichen den Abschuß von Hauskatzen in der Regel, wenn die Katze sich - je nach Bundesland - 200 m bis 500 m von der nächsten Wohnsiedlung bzw. den nächsten bewohnten Haus entfernt befindet. Die meisten Bundesländer lassen es genügen, daß die Katze „streunt". Sie darf daher auch dann getötet werden, wenn sie sich außerhalb des Toleranzradius aufhält, ohne zu jagen, wenn sie also einfach nur spazierengeht, in der Sonne liegt oder Mäuse beobachtet und *nicht* wildert. Der Jäger darf aber nicht schießen, wenn sich die Katze auf einem befriedeten Grundstück befindet oder wenn er das Leben von Menschen gefährden würde. Grundsätzlich ist die Jagd in der Nähe von Wohngebieten, Pferdeställen, Pferdeweiden, Sportanlagen etc. verboten.

31. *Soll man eine verletzte wilde Katze oder eine Freigängerkatze gleich zum Tierarzt oder ins Tierheim bringen? Wer bezahlt das Tierarzthonorar?*

Wer eine Katze zum Tierarzt bringt, muß das Honorar für die tierärztliche Behandlung zahlen, hat aber eventuell einen Erstattungsanspruch gegen den Eigentümer. Ob die verletzte Katze ins Tierheim oder zum Tierarzt gebracht werden sollte, hängt davon ab, wie schwer die Verletzung ist, wer schneller zu erreichen ist (Entfernung, Öffnungszeit, Notdienst) und wer effektiver helfen kann. Ob das Tierheim gegen die Stadt- oder Gemeineverwaltung einen Anspruch auf Erstattung der Behandlungskosten hat, ist umstritten.

32. *Wer ist für eine gesunde Fundkatze zuständig, wenn das Tierheim keine Tiere mehr aufnimmt?*

Zuständig ist je nach Bundesland das Ordnungsamt oder die Polizei. Die Ordnungsbehörde müßte für die Unterbringung der Katze sorgen, bis der Eigentümer gefunden ist.

33. *Wie groß darf ein Freigehege auf dem eigenen Grundstück sein? Wie nahe darf man an die Grundstücksgrenze bauen? Braucht man ab einer gewissen Größe eine Baugenehmigung?*

Wie groß ein Freigehege auf dem eigenen Grundstück sein darf, wieviel Abstand zur Grundstücksgrenze eingehalten werden muß und ob eine Baugenehmigung erforderlich ist, richtet sich nach dem Baurecht des betreffenden Bundeslandes und dem städtebaulichen Planungsrecht. Es wird u. a. darauf ankommen, ob es sich nur um eine nach oben offene Einfriedung handelt oder um einen Zwinger mit Dach. Nach § 14 Abs. 1 BauNVO sind untergeordnete Nebenanlagen und Einrichtungen - auch solche für die Kleintierhaltung - zulässig, die dem Nutzungszweck der in dem Baugebiet gelegenen Grundstücke dienen. Der Begriff des Kleintiers ist so auszulegen, daß er dem städtebaulichen Zweck der Vorschrift gerecht wird. Gemeint sind solche Kleintiere, deren Haltung in den Baugebieten der BauNVO üblich und ungefährlich ist und, soweit es um ein Gebiet geht, das auch durch das Element des Wohnens gekennzeichnet ist, den Rahmen der für eine Wohnnutzung typischen Freizeitbetätigung nicht sprengt. § 12 NBauO (Niedersächsische Bauordnung) regelt z. B., daß auf einem Baugrundstück ein sonstiges Gebäude ohne Feuerstätten und Aufenthaltsräume ohne Grenzabstand oder mit einem bis auf 1 m verringerten Grenzabstand zulässig ist, soweit seine Grundfläche höchstens 15 qm beträgt, seine Gesamtlänge an keiner Grenze größer als 9 m ist und seine Höhe 3 m nicht übersteigt. Nähere Auskünfte erteilt das zuständige Bauordnungsamt. Wichtig ist es, das Bauordnungsamt vor der Errichtung des Freigeheges zu befragen, damit nicht eines Tages eine Abrißverfügung ergeht, weil das Gehege bauordnungswidrig ist.

34. *Ist der Tierarzt zum Schadensersatz verpflichtet, wenn eine gesunde Katze bei einer Operation (z. B. Kastration) stirbt?*

Jede Narkose ist mit Risiken verbunden. Der Tierarzt haftet daher nur dann, wenn er bei dem Eingriff einen Fehler gemacht hat, die Katze infolge dieses Fehlers, also nicht aufgrund des allgemeinen Narkoserisikos, gestorben ist und der Eigentümer der Katze das auch nachweisen kann.

35. *Darf man als Nachbar eine Katze, die ständig Ärger macht, mit einem Luftgewehr erschießen oder braucht man dafür eine Genehmigung?*

Man darf die Katze nicht erschießen (§ 17 Ziff. 1 TierSchG). Wer ohne vernünftigen Grund ein Wirbeltier tötet oder verletzt wird mit Freiheitsstrafe bis zu drei Jahren oder mit Geldstrafe bestraft.

36. *Darf der Nachbar in seinem Garten eine Katzenfalle aufstellen?*

Es ist unzulässig, auch nach vorheriger Rücksprache mit dem Tierschutzverein, eine *Lebendfalle* aufzustellen, Katzen einzufangen, im Tierheim zum Zwecke der Kastration abzugeben oder zu töten. Das gilt auch dann, wenn die

Tiere nicht gechippt sind und es in der entsprechenden Stadt/Gemeinde eine Verordnung gibt, die die Kastration von Freigängern vorschreibt. Das Verhalten des Nachbarn wäre als Sachbeschädigung strafbar. Es wäre ein Diebstahl, wenn der Nachbar die Katze(n) „verschenken" würde. Die Verwendung einer *Tötungsfalle* im Nachbargarten ist nach § 17 Ziff. 1 TierSchG und den Landesjagdgesetzen verboten.

37. Darf ein Tierarzt Daten über Behandlungen herausgeben, ohne daß der Tierhalter zustimmt?

Der Tierarzt hat zwar eine gesetzliche Schweigepflicht. Nach der Rechtsprechung fallen darunter aber nicht die Erkrankung, die Behandlung und die Krankengeschichte des Tieres, sondern nur die persönlichen Geheimnisse des Tierhalters. Nur nach den Berufsordnungen der Tierärztekammern in Bayern und Niedersachen hat der Tierarzt über das zu schweigen, was ihm in seiner Eigenschaft als Tierarzt anvertraut oder bekannt geworden ist. Dazu gehören auch schriftliche Mitteilungen des Patientenbesitzers, Aufzeichnungen über Tiere, Röntgenaufnahmen und sonstige Untersuchungsbefunde. In diesen Bundesländern darf der Tierarzt keine Behandlungsdaten herausgeben.

IV. Musterverträge

> Wichtiger Hinweis: Dieses Kapitel dient nur der ersten Information und stellt keine Rechtsberatung dar, da diese nur unter Berücksichtigung aller Umstände des konkreten Einzelfalls möglich ist. Für Aktualität und Richtigkeit übernimmt die Autorin keine Gewähr.

Der Verkauf eines possierlichen Kätzchens, die Unterbringung einer Katze in einer Katzenpension, die Vereinbarung eines Dates mit einem Deckkater etc. sind Rechtsgeschäfte, die bestimmten juristischen Regeln unterliegen. Der Katzenhalter und der Katzenverkäufer, der Inhaber einer Katzenpension, der Deckkaterhalter genießen Vertragsfreiheit. Sie haben also die Möglichkeit, innerhalb der vom Gesetzgeber und den Gerichten gesteckten Grenzen Vertragsbedingungen frei auszuhandeln.

Manche Regelungen wollen gut überlegt sein, weil sie weitreichende Konsequenzen haben. Andere Regelungen sind möglicherweise ungewöhnlich. In jedem Fall sollten die Vereinbarungen schriftlich niedergelegt werden, damit auch nach ein paar Monaten noch jede Vertragspartei nachvollziehen kann, was man vereinbart hat.

Zuweilen bestehen Vorbehalte gegenüber dem „Kleingedruckten". Immer wieder hört man die Frage „Darf der Züchter das?" oder „Sind die Knebelungsverträge der Züchter überhaupt wirksam?" Was geht es den Züchter an, wie der Käufer später mit der verkauften Katze umgeht? Gehört die Katze dann nicht dem Käufer? Muß der Käufer es sich gefallen lassen, daß der Verkäufer ihm Vorschriften macht, wann er das Tier ausstellen oder kastrieren läßt und ob er damit züchtet oder nicht?

Es gibt in den bislang verwendeten Verträgen sicher Regelungen, die zu weit gehen und den Katzenhalter unangemessen benachteiligen. Auch die nachfolgenden Verträge sind überwiegend sehr ausführlich abgefaßt. Bei der Überprüfung des „Kleingedruckten" muß jedoch berücksichtigt werden, daß Tiere seit der Gesetzesänderung 1990 keine Sachen mehr sind, auch wenn für Tiere die gesetzlichen

Regelungen über Sachen entsprechend anzuwenden sind. Anders als für Sachen hat der Gesetzgeber Regelungen zum Schutz der Tiere geschaffen, die jeden verpflichten, der Umgang mit Tieren hat. Der Tierhalter darf daher gerade nicht nach seinem Belieben mit seinem Tier umgehen. Er darf seine Katze z. B. nicht in einem kleinen Raum ohne sozialen Kontakt zu den anderen im Haushalt lebenden Menschen oder Mitmenschen halten. Ein Tierhalter muß das Tier seiner Art und seinen Bedürfnissen entsprechend angemessen ernähren, pflegen und verhaltensgerecht unterbringen (§ 1 TierSchG). Er darf die Möglichkeit des Tieres zu artgemäßer Bewegung nicht so einschränken, daß ihm Schmerzen oder vermeidbare Leiden oder Schäden zugefügt werden (§ 1 TierSchG). Und er muß über die für eine angemessene Ernährung, Pflege und verhaltensgerechte Unterbringung des Tieres erforderlichen Kenntnisse und Fähigkeiten verfügen (§ 1 TierSchG).

Es ist sinnvoll, diese nach dem Gesetz ohnehin bestehenden Pflichten des Tierhalters, in einem Tierkaufvertrag oder Deckkatervertrag zu konkretisieren. Es ist zulässig, aus dem Gesichtspunkt des Tierschutzes die Pflichten des Tierhalters gegenüber der gesetzlichen Regelung einvernehmlich zu erweitern. Da zwischen dem Verkäufer und dem Mitlebewesen Tier oft eine besonders enge emotionale Bindung besteht, ist es auch nachvollziehbar und nicht zu beanstanden, wenn der Verkäufer sein Tier vor unseriösen Käufern schützen und auch nach Erfüllung des Kaufvertrages noch im Blick behalten will. Wenn der Käufer nach dem Gesetz und nach dem Kaufvertrag bestimmten Regeln zum Schutz des Tieres unterliegt, dann wird er durch ein oder zwei Kontrollbesuche des Verkäufers nach der Übergabe des Tieres nicht unangemessen benachteiligt.

Eine unangemessene Benachteiligung des Käufers liegt auch nicht vor, wenn er ein Liebhabertier erworben und sich im Kaufvertrag verpflichtet hat, das Tier kastrieren zu lassen, sobald es eine bestimmte Altersgrenze erreicht hat. Es steht dem Züchter frei, ob er ein Tier als Liebhabertier oder als Zuchttier verkauft. Verkauft er ein Jungtier in eine Zucht, dann wird er sich Gedanken darüber machen, ob der Käufer über die für eine Zucht erforderliche Sachkunde verfügt, ob er einem Katzenzuchtverein angehört, ob er sich an die Zuchtregeln des Vereins hält, ob er gewerbsmäßig züchtet und aus Kostengründen viele Tiere auf engem Raum hält, ob der Käufer eine Sozialisierung des Tiers durch den Kontakt zu Mitkatzen oder zu den im Haushalt lebenden, ihm zugewandten Menschen gewährleisten kann oder ob er es in einen Zwinger auslagert. Der Verkäufer wird sich Gedanken darüber machen, ob der Käufer die Katze in seiner eigenen Zucht verantwortungsvoll verpaart, die Katze also z. B. nur dann decken läßt, wenn sie nicht an HKM (HCM), Herpes, Allergien, Anomalien, Wesensmängeln etc. leidet. Über den Stammbaum läßt sich immer nachvollziehen, aus welchem Zwinger die Katze stammt. Wenn es durch unverantwortlichen Umgang mit dem Tier, durch fehlende Sachkunde oder Unerfahrenheit zu „Zuchtunfällen" kommt, dann kann das nicht nur zu Qualen für die Jungtiere führen, sondern auch dem Ansehen des Züchters schaden, der ein Tier an eine Zucht verkauft hat.

Es gibt viele gute Gründe, eine Katze ausschließlich als Liebhabertier zu verkaufen und auf einer Kastration des Tieres zu bestehen. Beim Freigänger soll die unkontrollierte Vermehrung verhindert werden. Bei der reinen Wohnungskatze besteht die Gefahr, daß es keine Abnehmer für die süßen Babys gibt, der Vermieter nicht mehr als die bereits vorhanden(n) Katze(n) duldet und die Kitten schließlich im Tierheim landen oder ausgesetzt werden.

Ein Tierhalter muß daher das Recht haben, zu entscheiden, ob er ein Tier als Liebhabertier oder als Zuchttier verkauft. Verkauft er sein Tier als Liebhabertier, dann müßte er es, um eine spätere vertragswidrige Verwendung als Zuchttier zu vermeiden, vor der Übergabe kastrieren lassen. Das ist aus tiermedizinischer Sicht aber dann nicht möglich, wenn das Jungtier bei der Übergabe noch nicht das für eine Kastration erforderliche Mindestalter erreicht hat. Wenn die Katze also bereits als Kitten in den neuen Haushalt wechseln soll, dann muß der Käufer anstelle des Verkäufers das Tier kastrieren lassen, sobald es alt genug ist. Die Pflicht, die Katze kastrieren zu lassen, ist dann gewissermaßen die Gegenleistung des Käufers dafür, daß er die Katze schon im Kindesalter in seinen Haushalt übernimmt und sich an den possierlichen Kapriolen des Kittens erfreuen kann. Will der Käufer sich nicht zur Durchführung einer Kastration verpflichten, dann mag er mit der Übernahme der Katze ein paar Monate warten und das Tier erst nach der vom Verkäufer durchgeführten Kastration übernehmen.

Es spricht viel dafür, die gegenseitigen Rechte und Pflichten in Verträgen über Tiere im Interesse des Tiers sehr ausführlich zu regeln. Jeder Käufer hat vor Unterzeichnung des Vertrages Gelegenheit, noch einmal in Ruhe darüber nachzudenken, ob er diese weitreichende Verantwortung übernehmen möchte. Für den Verkäufer ist es sicher interessant zu sehen, ob der Käufer bereit ist, sich schriftlich zu seinen Pflichten gegenüber dem Tier zu bekennen. Und letztlich sind ausführliche Verträge anders als Verträge per Handschlag oder „Zweizeiler" eher dazu geeignet, zu dokumentieren, was die Parteien bei Abschluß des Vertrages gewollt haben. Das gilt für alle Verträge, die Katzen betreffen, den Kaufvertrag, den Deckkatervertrag, den Pensionsvertrag und den Vertrag über Catsitting.

Die nachfolgenden Verträge sehen im Interesse des Tierschutzes sehr umfangreiche tiermedizinische Vorsorgemaßnahmen vor. Wer meint, z. B. auf einen Chlamydientest, einen FIP-Test oder einen Scheidenabstrich verzichten zu können, mag diese Punkte bei der Verwendung des Vertrages weglassen. Jeder Katzenhalter muß selbst entscheiden, was ihm bei der Gesundheitsvorsorge wichtig ist. Der HKM (HCM)-Ultraschall ist immer eine Momentaufnahme, die nichts über die künftige gesundheitliche Entwicklung des Tieres aussagt. Dabei ist zu berücksichtigen, daß HKM (HCM) in der Regel erst im Alter von sechs Monaten bis fünf Jahren auftritt. Bei Tieren aus Linien, in denen HKM (HCM) aufgetreten ist, sollte immer eine aktuelle Ultraschalluntersuchung verlangt werden, wenn man nicht ohnehin davon absieht, ein Tier aus einer HKM (HCM)-belasteten Linie in die eigene Zucht aufzunehmen. Hilfreich ist es sicher, die Stammbäume zu prüfen, nach Erkrankungen der Vorfahren zu recherchieren und sich den Züchter, die Zuchtkatzen und die Räume anzusehen. Entscheidend ist letztlich das Vertrauen zwischen Verkäufer und Käufer bzw. Deckkaterhalter und Katzenhalter.

Wichtig ist es, den schriftlichen Vertrag zeitnah nach der Entscheidung zu unterzeichnen und nicht erst *nach* Übergabe der verkauften Katze an den Käufer, *nach* dem Decken oder *nach* der Urlaubsvertretung. Wer sich die Mühe macht, alle wesentlichen Punkte vor Abschluß eines (grundsätzlich auch mündlich möglichen) Vertrages gedanklich durchzuspielen, zu prüfen, zu formulieren, niederzuschreiben und mit dem Vertragspartner auszuhandeln, übernimmt damit zugleich aktiv Verantwortung für sich und für sein Tier, anstatt es anderen zu überlassen, das dann später irgendwie in Ordnung zu bringen, oder zu hoffen, das werde auch ohne Kleingedrucktes schon irgendwie gutgehen.

Es lohnt sich, Vertragsfreiheit, wo sie besteht, auch zu nutzen und zu genießen.

(1) Kaufvertrag Liebhabertier ohne Stammbaum

➡ einfacher Vertrag
➡ Kastrat

Kaufvertrag

Zwischen

………………………...……………………………………………………………..

Verkäufer

und

……………………………………………………………………………………….

Käufer

wird folgende Vereinbarung getroffen:

§ 1 Kaufgegenstand
Der Käufer erwirbt von der Verkäuferin folgende Katze:
Name: …………...……………………………………………….
Rasse:………………………………………………………………..………………
Geburtsdatum……………… Geschlecht: männlich ☐ weiblich ☐
Farbe:………………………………………………….……………………………….
Die Katze ist kastriert ☐ und nicht trächtig ☐
Besonderheiten: …………………………………………………..………
……………………………………………………………………………….

§ 2 Kaufpreis
(1) Der Kaufpreis beträgt …………….. EUR (in Worten: …………………………………..Euro).

(2) Der Kaufpreises ist bei Übergabe des Tieres in bar zu zahlen.

(3) Zahlt der Käufer trotz Mahnung den vereinbarten Kaufpreis nicht, ist der Verkäufer berechtigt, vom Vertrag zurückzutreten und das Tier anderweitig zu verkaufen.

§ 3 Gewährleistung
(1) Der Käufer übernimmt das Tier wie besichtigt. Der Verkäufer hat das Tier zuletzt am .... tierärztlich untersuchen lassen. Bei dieser Untersuchung wurden keine negativen Befunde bzw. Beeinträchtigungen festgestellt. Das tierärztliche Zeugnis vom .... wird Bestandteil dieses Vertrages.

(2) Der Verkäufer versichert, daß ihm offensichtliche oder verborgene Mängel und Krankheiten des Tieres nicht bekannt sind. Das Tier ist bei der Übergabe entwurmt, frei von ansteckenden Krankheiten und gegen Katzenseuche, Katzenschnupfen, Chlamydien und Tollwut geimpft. Das Tier ist, stubenrein, entwöhnt und frei von Ungeziefer. Eine Garantie für spezifische Charaktereigenschaften des Tieres oder die weitere Entwicklung des Tieres kann der Verkäufer nicht übernehmen.

(3) Mängel oder Krankheiten des Tieres, die zum Zeitpunkt des Verkaufs bestehen sollten und bekannt sind, werden von beiden Parteien in diesem Vertrag schriftlich niedergelegt und können zu einem späteren Zeitpunkt nicht beanstandet werden.

(4) Die Gefahr der Verschlechterung, später auftretender Krankheiten, der Wesensentwicklung oder des Verlusts geht mit der Übergabe der Katze auf den Käufer über.

§ 4 Pflichten des Käufers
(1) Der Käufer versichert, daß er das Tier in seiner Wohnung/seinem Haus halten darf. Er verpflichtet sich, das Tier art- und verhaltensgerecht zu halten, zu versorgen, es regelmäßig zu entwurmen, die notwendigen Impfungen, Untersuchungen und tierärztlichen Behandlungen durchführen zu lassen sowie das Tierschutzgesetz und dessen Nebenbestimmungen zu beachten. Das Tier darf nicht von Menschen ferngehalten oder in einem Käfig oder ausschließlich in einem Raum mit einer Grundfläche von weniger als 12 qm gehalten werden.

(2) Das Tier darf nicht für Tierversuche verwendet werden.

(3) Der Käufer versichert, daß er das Tier für sich selbst erwirbt. Erwirbt der Käufer das Tier, ohne den Verkäufer vorher darüber zu informieren, im Auftrag eines Dritten, insbesondere für eine zoologischen Handlung, eine Tierversuchsanstalt,

einen Tierkaufsvermittler oder sog. Massen- bzw. Schwarzzüchter, dann ist der Verkäufer berechtigt, den Vertrag wegen arglistiger Täuschung nach § 142 BGB anzufechten. Der Verkäufer hat nach Anfechtung des Vertrages das Recht, die kostenfreie Rückgabe des Tiers zu fordern.

§ 5 Rückgabe des Tieres
(1) Der Käufer hat das Recht, innerhalb von vier Wochen seit Übergabe des Tieres durch schriftliche Anzeige an den Verkäufer vom Kaufvertrag zurück zu treten, wenn sich das Tier innerhalb dieser Zeit nicht in sein neues Zuhause eingewöhnt hat. In diesem Fall wird der Vertrag rückabgewickelt. Der Käufer gibt das Tier auf seine Kosten an den Verkäufer zurück. Der Verkäufer zahlt den Kaufpreis an den Käufer zurück.

(2) Soll das Tier in den Bestand des Verkäufers zurückkehren, hat der Käufer vor der Rückgabe auf seine Kosten ein aktuelles tierärztliches Gesundheitsattest auf Parasiten- und Hautpilzfreiheit und einen aktuellen Leukose-, Giardien-, Herpes- und FIV-Test beizubringen, die nicht älter als eine Woche sein dürfen. Stellt sich heraus, daß das Tier an Leukose, Giardien, Herpes oder FIV erkrankt ist, scheidet eine Rückabwicklung des Kaufvertrages aus.

§ 6 Schlußbestimmungen
(1) Änderungen und Ergänzungen dieses Vertrages bedürfen zu ihrer Wirksamkeit der Schriftform. Das Schriftformerfordernis besteht auch für die Aufhebung des Schriftformerfordernisses. Mündliche Nebenabreden bestehen nicht.

(2) Sollte eine Bestimmung dieses Vertrages unwirksam sein, so wird die Wirksamkeit der übrigen Vertragsbestandteile davon nicht berührt. Sofern sich eine ungültige Bestimmung in anderer Weise ausführen läßt, sind die Vertragsparteien verpflichtet, die getroffene Vereinbarung entsprechend zu ändern oder zu ergänzen.

(3) Verkäufer und Käufer erhalten je eine Ausfertigung dieses Vertrages. Mit seiner Unterschrift bestätigt der Käufer, den Vertrag in Ruhe gelesen, jeden Punkt verstanden und sämtliche Vertragspunkte anerkannt zu haben.

§ 10 Zusatzvereinbarung
....
....

Ort:............................ Datum:................ ....
                                                    Verkäufer

Ort:............................ Datum:................ ....
                                                    Käufer

(2) Kaufvertrag Liebhabertier nicht kastriert

➡ einfacher Vertrag
➡ Katze ohne Stammbaum

Kaufvertrag

Zwischen

....
Verkäufer

und

....
Käufer

wird folgende Vereinbarung getroffen:

§ 1 Kaufgegenstand
Der Käufer erwirbt von der Verkäuferin folgende Katze:
Name: ....
Rasse:...
Geburtsdatum:..................... Geschlecht: männlich ☐ weiblich ☐
Farbe:...
Die Katze ist kastriert ☐ und nicht trächtig ☐
Besonderheiten: ....
....

§ 2 Kaufpreis
(1) Der Kaufpreis beträgt ………….. EUR (in Worten: …………………………………..Euro).

(2) Der Kaufpreises ist bei Übergabe des Tieres in bar zu zahlen.

(3) Zahlt der Käufer trotz Mahnung den vereinbarten Kaufpreis nicht, ist der Verkäufer berechtigt, vom Vertrag zurückzutreten und das Tier anderweitig zu verkaufen.

§ 3 Gewährleistung
(1) Der Käufer übernimmt das Tier wie besichtigt. Der Verkäufer hat das Tier zuletzt am ……. tierärztlich untersuchen lassen. Bei dieser Untersuchung wurden keine negativen Befunde bzw. Beeinträchtigungen festgestellt. Das tierärztliche Zeugnis vom …………. wird Bestandteil dieses Vertrages.

(2) Der Verkäufer versichert, daß ihm offensichtliche oder verborgene Mängel und Krankheiten des Tieres nicht bekannt sind. Das Tier ist bei der Übergabe entwurmt, frei von ansteckenden Krankheiten und gegen Katzenseuche, Katzenschnupfen, Chlamydien und Tollwut geimpft. Das Tier ist, stubenrein, entwöhnt und frei von Ungeziefer. Eine Garantie für spezifische Charaktereigenschaften des Tieres oder die weitere Entwicklung des Tieres kann der Verkäufer nicht übernehmen.

(3) Mängel oder Krankheiten des Tieres, die zum Zeitpunkt des Verkaufs bestehen sollten und bekannt sind, werden von beiden Parteien in diesem Vertrag schriftlich niedergelegt und können zu einem späteren Zeitpunkt nicht beanstandet werden.

(4) Die Gefahr der Verschlechterung, später auftretender Krankheiten, der Wesensentwicklung, wachstumsbedingter Veränderungen der Rasse- und Farbmerkmale oder des Verlusts geht mit der Übergabe der Katze auf den Käufer über.

§ 4 Pflichten des Käufers
(1) Der Käufer versichert, daß er das Tier in seiner Wohnung/seinem Haus halten darf. Er verpflichtet sich, das Tier art- und verhaltensgerecht zu halten, zu versorgen, es regelmäßig zu entwurmen, die notwendigen Impfungen, Untersuchungen und tierärztlichen Behandlungen durchführen zu lassen sowie das Tierschutzgesetz und dessen Nebenbestimmungen zu beachten. Das Tier darf nicht von Menschen ferngehalten oder in einem Käfig oder ausschließlich in einem Raum mit einer Grundfläche von weniger als 12 qm gehalten werden.

(2) Das Tier darf nicht für Tierversuche verwendet werden.

(3) Der Käufer versichert, daß er das Tier für sich selbst erwirbt. Erwirbt der Käufer das Tier, ohne den Verkäufer vorher darüber zu informieren, im Auftrag eines Dritten, insbesondere für eine zoologischen Handlung, eine Tierversuchsanstalt,

einen Tierkaufsvermittler oder sog. Massen- bzw. Schwarzzüchter, dann ist der Verkäufer berechtigt, den Vertrag wegen arglistiger Täuschung nach § 142 BGB anzufechten. Der Verkäufer hat nach Anfechtung des Vertrages das Recht, die kostenfreie Rückgabe des Tiers zu fordern.

(4) Der Käufer ist verpflichtet, die als Liebhabertier verkaufte Katze bis spätestens zur Vollendung des 9. Lebensmonats auf seine Kosten kastrieren zu lassen und dem Verkäufer die Durchführung der Kastration binnen zwei Wochen nach der Kastration durch Vorlage einer tierärztlichen Original-Bescheinigung nachzuweisen.

(5) Sollte die Katze an Infektions- oder Erbkrankheiten, namentlich FIP (Feline Infektiöse Peritonitis), FeLV (Feline Leukämievirus; auch Leukose genannt), HCM/HKM (Hypertrophe Kardiomyopathie) oder PKD (Polyzystische Nierenerkrankung), erkranken, ist der Verkäufer sofort zu benachrichtigen.

§ 5 Rückgabe des Tieres
(1) Der Käufer hat das Recht, innerhalb von vier Wochen seit Übergabe des Tieres durch schriftliche Anzeige an den Verkäufer vom Kaufvertrag zurück zu treten, wenn sich das Tier innerhalb dieser Zeit nicht in sein neues Zuhause eingewöhnt hat. In diesem Fall wird der Vertrag rückabgewickelt. Der Käufer gibt das Tier auf seine Kosten an den Verkäufer zurück. Der Verkäufer zahlt den Kaufpreis an den Käufer zurück.

(2) Soll das Tier in den Bestand des Verkäufers zurückkehren, hat der Käufer vor der Rückgabe auf seine Kosten ein aktuelles tierärztliches Gesundheitsattest auf Parasiten- und Hautpilzfreiheit und einen aktuellen Leukose-, Giardien-, Herpes- und FIV-Test beizubringen, die nicht älter als eine Woche sein dürfen. Stellt sich heraus, daß das Tier an Leukose, Giardien, Herpes oder FIV erkrankt ist, scheidet eine Rückabwicklung des Kaufvertrages aus.

§ 6 Schlußbestimmungen
(1) Änderungen und Ergänzungen dieses Vertrages bedürfen zu ihrer Wirksamkeit der Schriftform. Das Schriftformerfordernis besteht auch für die Aufhebung des Schriftformerfordernisses. Mündliche Nebenabreden bestehen nicht.

(2) Sollte eine Bestimmung dieses Vertrages unwirksam sein, so wird die Wirksamkeit der übrigen Vertragsbestandteile davon nicht berührt. Sofern sich eine ungültige Bestimmung in anderer Weise ausführen läßt, sind die Vertragsparteien verpflichtet, die getroffene Vereinbarung entsprechend zu ändern oder zu ergänzen.

(3) Verkäufer und Käufer erhalten je eine Ausfertigung dieses Vertrages. Mit seiner Unterschrift bestätigt der Käufer, den Vertrag in Ruhe gelesen, jeden Punkt verstanden und sämtliche Vertragspunkte anerkannt zu haben.

§ 10 Zusatzvereinbarung
....
....

Ort:............................. Datum:...................... ....
　　　　　　　　　　　　　　　　　　　　　　Verkäufer

Ort:............................. Datum:...................... ....
　　　　　　　　　　　　　　　　　　　　　　Käufer

(3) Kaufvertrag Liebhabertier mit Stammbaum

➡ ausführlicher Vertrag
➡ Katze ist nicht kastriert
➡ Verkäufer bringt das Tier ins neue Zuhause

Dieser Kaufvertrag betrifft den Verkauf eines nicht für die Zucht bestimmten Tieres. Die Katze ist nicht kastriert. Der Käufer verpflichtet sich aber, das Tier kastrieren zu lassen, wenn es ein bestimmtes Alter erreicht hat. Der Verkäufer bringt das Tier in sein neues Zuhause, um sich davon überzeugen zu können, daß das Tier auch wirklich artgerecht untergebracht sein wird.

Kaufvertrag

Zwischen

....
Verkäufer

und

....
Käufer

wird folgende Vereinbarung getroffen:

§ 1 Kaufgegenstand
(1) Der Käufer erwirbt von der Verkäuferin folgende Katze:
Name: ....
Rasse:...
Geburtsdatum:...................... Geschlecht: männlich ☐ weiblich ☐
Farbe: ....
gechipt ☐   nicht gechipt ☐   Zuchtbuch-Nummer: ....
Stammbaum ausstellender Verein: ....
Vater: ....
Mutter:...
Die Katze ist kastriert ☐   und nicht trächtig ☐
Besonderheiten: ....

(2) Der Käufer erwirbt das Tier als Liebhabertier.

§ 2 Kaufpreis
(1) Der Kaufpreis beträgt …………….. EUR (in Worten: …………………………………..Euro).

(2) Bei Abschluß des Kaufvertrages ist eine Anzahlung in Höhe von …………….. EUR fällig. Die Anzahlung ist in bar zu zahlen.

(3) Der Rest des Kaufpreises in Höhe von ………………. EUR ist bei Übergabe des Tieres in bar zu zahlen.

(4) Das Tier bleibt bis zur vollständigen Bezahlung des Kaufpreises im Eigentum des Verkäufers. Solange der Eigentumsvorbehalt besteht, darf der Käufer das Tier weder verkaufen, verschenken noch verpfänden.

(5) Zahlt der Käufer trotz Mahnung den vereinbarten Kaufpreis nicht, ist der Verkäufer berechtigt, vom Vertrag zurückzutreten und das Tier anderweitig zu verkaufen.

§ 3 Übergabe
(1) Der Verkäufer bringt die Katze auf seine Kosten in ihr neues Zuhause. Der Übergabetermin wird schriftlich vereinbart (z. B. per E-Mail).

(2) Der Impfausweis, ein aktuelles tierärztliches Gesundheitszeugnis, das nicht älter als drei Tage sein darf, und der Stammbaum werden dem Käufer zusammen mit dem Tier übergeben. Der Stammbaum wird unverzüglich nachgereicht, soweit das Tier noch nicht im Zuchtbuch eingetragen sein sollte.

(3) Kann der Käufer den vereinbarten Übergabetermin nicht einhalten, ist der Verkäufer berechtigt, für die Zeit bis zur Übergabe des Tiers pro Tag der Verzögerung eine Pauschale für Lebensunterhaltungskosten, Pflege und ggf. tiermedizinische Versorgung in Höhe von 5,00 EUR zu berechnen.

(4) Der Verkäufer ist berechtigt, vom Vertrag zurückzutreten, wenn der Käufer das Tier trotz schriftlicher Aufforderung nicht innerhalb von drei Monaten nach Ab-

schluß des Kaufvertrages abnimmt. In diesem Fall verbleibt die Anzahlung als Vertragsstrafe beim Verkäufer.

(5) Der Verkäufer ist berechtigt, bis zur Übergabe des Tiers vom Vertrag zurückzutreten, wenn er den Eindruck hat, der Käufer werde seine Pflichten aus § 5 dieses Vertrages nicht erfüllen. In diesem Fall hat der Verkäufer dem Käufer geleistete Zahlungen binnen einer Woche ab Zugang der Rücktrittserklärung zu erstatten.

§ 4 Gewährleistung
(1) Der Käufer übernimmt das Tier wie besichtigt. Der Verkäufer hat das Tier zuletzt am ……. tierärztlich untersuchen lassen. Bei dieser Untersuchung wurden keine negativen Befunde bzw. Beeinträchtigungen festgestellt. Das tierärztliche Zeugnis vom ………….. wird Bestandteil dieses Vertrages.

(2) Der Verkäufer versichert, daß ihm offensichtliche oder verborgene Mängel und Krankheiten des Tieres nicht bekannt sind. Das Tier ist bei der Übergabe entwurmt, frei von ansteckenden Krankheiten und gegen Katzenseuche, Katzenschnupfen, Chlamydien und Tollwut geimpft. Das Tier ist, stubenrein, entwöhnt und frei von Ungeziefer. Eine Garantie für spezifische Charaktereigenschaften des Tieres, zukünftige Zuchttauglichkeit, Ausstellungserfolge oder die weitere Entwicklung des Tieres kann der Verkäufer nicht übernehmen.

(3) Mängel oder Krankheiten des Tieres, die zum Zeitpunkt des Verkaufs bestehen sollten und bekannt sind, werden von beiden Parteien in diesem Vertrag schriftlich niedergelegt und können zu einem späteren Zeitpunkt nicht beanstandet werden.

(4) Die Gefahr der Verschlechterung, später auftretender Krankheiten, der Wesensentwicklung, wachstumsbedingter Veränderungen der Rasse- und Farbmerkmale oder des Verlusts geht mit der Übergabe der Katze auf den Käufer über.

(5) Der Verkäufer versichert, daß das Tier entsprechend der aktuellen Zuchtordnung des den Stammbaum ausstellenden Vereins gezüchtet wurde.

(6) Der Verkäufer gewährleistet die Richtigkeit der das Tier betreffenden Angaben im Stammbaum bzw., wenn das Tier noch nicht im Zuchtbuch eingetragen ist, die Richtigkeit der das Tier betreffenden Angaben in der Meldung zum Zuchtbuch.

§ 5 Pflichten des Käufers
(1) Der Käufer versichert, daß er das Tier in seiner Wohnung/seinem Haus halten darf. Er verpflichtet sich, das Tier art- und verhaltensgerecht zu halten, zu versorgen, es regelmäßig zu entwurmen, die notwendigen Impfungen, Untersuchungen und tierärztlichen Behandlungen durchführen zu lassen sowie das Tierschutzgesetz und dessen Nebenbestimmungen zu beachten. Das Tier darf nicht von Menschen ferngehalten oder in einem Käfig oder ausschließlich in einem Raum mit einer Grundfläche von weniger als 12 qm gehalten werden.

(2) Bei schwerer Krankheit oder plötzlichem Tod des Tieres ist der Verkäufer unverzüglich zu verständigen. Der Verkäufer hat das Recht, zur Klärung der Situation auf Kosten des Käufers einen pathologischen Befund zu verlangen.

(3) Das Tier darf nicht für Tierversuche verwendet werden.

(4) Der Käufer ist verpflichtet, die als Liebhabertier verkaufte Katze bis spätestens zur Vollendung des 9. Lebensmonats auf seine Kosten kastrieren zu lassen und dem Verkäufer die Durchführung der Kastration binnen zwei Wochen nach der Kastration durch Vorlage einer tierärztlichen Original-Bescheinigung nachzuweisen. Als Sicherheitsleistung hinterlegt der Käufer beim Verkäufer 300,00 EUR. Die Sicherheitsleistung ist bei Übergabe des Tieres fällig. Sie wird an den Käufer zurück gezahlt, sobald der Käufer die Durchführung der vereinbarten Kastration durch Vorlage einer tierärztlichen Original-Bescheinigung nachgewiesen hat. Läßt der Käufer die Kastration (verschuldet oder unverschuldet) nicht fristgerecht durchführen (Stichtag ist der Termin der tatsächlichen Operation) oder weist er die Durchführung der Kastration nicht fristgerecht durch Vorlage einer tierärztlichen Original-Bescheinigung nach, dann verfällt sein Anspruch auf Rückzahlung der Sicherheitsleistung. Die Sicherheitsleistung verbleibt beim Verkäufer.

(5) Sollte die Katze erkranken, ist der Käufer verpflichtet, das Tier unverzüglich in die Behandlung eines Tierarztes zu geben.

(6) Der Käufer versichert, daß er das Tier für sich selbst erwirbt. Erwirbt der Käufer das Tier, ohne den Verkäufer vorher darüber zu informieren, im Auftrag eines Dritten, insbesondere für eine zoologischen Handlung, eine Tierversuchsanstalt, einen Tierkaufsvermittler oder sog. Massen- bzw. Schwarzzüchter, dann ist der

Verkäufer berechtigt, den Vertrag wegen arglistiger Täuschung nach § 142 BGB anzufechten. Der Verkäufer hat nach Anfechtung des Vertrages das Recht, die kostenfreie Rückgabe des Tiers zu fordern.

(7) Mit einer ausdrücklich als Liebhabertier verkauften Katze darf in keinem Fall gezüchtet werden.

(8) Der Käufer darf das Tier erst nach einer Eingewöhnungszeit von acht Wochen ab Übergabe zu einer Ausstellung mitnehmen.

(9) Sollte die Katze an Infektions- oder Erbkrankheiten, namentlich FIP (Feline Infektiöse Peritonitis), FeLV (Feline Leukämievirus; auch Leukose genannt), HCM/HKM (Hypertrophe Kardiomyopathie) oder PKD (Polyzystische Nierenerkrankung), erkranken, ist der Verkäufer sofort zu benachrichtigen.

§ 6 Vorkaufsrecht
(1) Der Käufer räumt dem Verkäufer für jeden Fall der entgeltlichen Veräußerung des Tieres ein Vorkaufsrecht ein.

(2) Der Käufer ist verpflichtet, dem Verkäufer binnen 14 Tagen nach Abschluß des Kaufvertrages Mitteilung über diese Veräußerung zu machen und dem Verkäufer eine Kopie des Kaufvertrages mit Namen und Adressen des neuen Käufers auszuhändigen.

(3) Will der Verkäufer von seinem Vorkaufsrecht Gebrauch machen, muß er dieses Recht innerhalb von 14 Tagen nach Eingang der Käufermitteilung ausüben.

(4) Bei jeder sonstigen (unentgeltlichen) Abgabe des Tieres räumt der Käufer dem Verkäufer ein Rückerwerbsrecht zu dem ursprünglich vereinbarten Kaufpreis ein. Der Kaufpreis verringert sich für jedes vollendete Lebensjahr des Tieres um fünf Prozent. Der Käufer ist verpflichtet, dem Verkäufer binnen 14 Tagen nach Abgabe des Tieres Mitteilung über diese Abgabe zu machen. Auch dieses Rückerwerbsrecht muß innerhalb von 14 Tagen nach Eingang der Mitteilung des Käufers ausgeübt werden.

(5) Das Tier darf nur kastriert an Dritte weitergegeben werden.

(6) Eine Abgabe des Tieres an Tierheime, Zoohandlungen, Versuchsanstalten, Pelztierfarmen oder Ähnliches ist dem Käufer untersagt.

(7) Macht der Verkäufer von seinem Vorkaufsrecht nicht Gebrauch, dann ist der Käufer verpflichtet, mit dem neuen Erwerber einen Schutzvertrag zu schließen, der die Rechte und Pflichten gegenüber dem Tier in gleicher Weise regelt wie dieser Kaufvertrag.

§ 7 Rückgabe des Tieres
(1) Der Käufer hat das Recht, innerhalb von vier Wochen seit Übergabe des Tieres durch schriftliche Anzeige an den Verkäufer vom Kaufvertrag zurück zu treten, wenn sich das Tier innerhalb dieser Zeit nicht in sein neues Zuhause eingewöhnt hat. In diesem Fall wird der Vertrag rückabgewickelt. Der Käufer gibt das Tier auf seine Kosten an den Verkäufer zurück. Der Verkäufer zahlt den Kaufpreis an den Käufer zurück.

(2) Soll das Tier in den Bestand des Verkäufers zurückkehren, hat der Käufer vor der Rückgabe auf seine Kosten ein aktuelles tierärztliches Gesundheitsattest auf Parasiten- und Hautpilzfreiheit und einen aktuellen Leukose-, Giardien-, Herpes- und FIV-Test beizubringen, die nicht älter als eine Woche sein dürfen. Stellt sich heraus, daß das Tier an Leukose, Giardien, Herpes oder FIV erkrankt ist, scheidet eine Rückabwicklung des Kaufvertrages aus.

§ 8 Vertragsstrafe
(1) Der Käufer ist verpflichtet, für jeden Verstoß gegen die Bestimmungen dieses Vertrages eine Vertragsstrafe in Höhe von 1.000,00 EUR an den Verkäufer zu zahlen.

(2) Auf ein Verschulden des Käufers kommt es nicht an.

(3) Der Käufer verzichtet ausdrücklich darauf, eine verwirkte Vertragsstrafe durch richterliche Entscheidung ändern zu lassen.

§ 9 Schlußbestimmungen

(1) Änderungen und Ergänzungen dieses Vertrages bedürfen zu ihrer Wirksamkeit der Schriftform. Das Schriftformerfordernis besteht auch für die Aufhebung des Schriftformerfordernisses. Mündliche Nebenabreden bestehen nicht.

(2) Sollte eine Bestimmung dieses Vertrages unwirksam sein, so wird die Wirksamkeit der übrigen Vertragsbestandteile davon nicht berührt. Sofern sich eine ungültige Bestimmung in anderer Weise ausführen läßt, sind die Vertragsparteien verpflichtet, die getroffene Vereinbarung entsprechend zu ändern oder zu ergänzen.

(3) Verkäufer und Käufer erhalten je eine Ausfertigung dieses Vertrages. Mit seiner Unterschrift bestätigt der Käufer, den Vertrag in Ruhe gelesen, jeden Punkt verstanden und sämtliche Vertragspunkte anerkannt zu haben.

§ 10 Zusatzvereinbarung

....
....

Ort:......................... Datum:................ ....
                    Verkäufer

Ort:......................... Datum:................ ....
                    Käufer

(4) Kaufvertrag Liebhabertier mit Stammbaum

- ausführlicher Vertrag
- Katze ist nicht kastriert
- Anzahlung bei Vertragsschluß
- Eigentumsvorbehalt
- Käufer holt das Tier ab
- Besuchsrecht des Verkäufers

Auch in diesem Vertrag geht es um ein nicht kastriertes Liebhabertier, das nicht für die Zucht bestimmt ist. Bei Abschluß des Kaufvertrages wird eine Anzahlung fällig. Der Vertrag enthält einen Eigentumsvorbehalt des Verkäufers. Der Käufer holt das Tier beim Verkäufer ab. Er verpflichtet sich, das Tier kastrieren zu lassen, wenn es ein bestimmtes Alter erreicht hat. Der Verkäufer hat das Recht, die Katze nach dem Umzug in ihr neues Zuhause zu besuchen.

Kaufvertrag

Zwischen

....

Verkäufer

und

....

Käufer

wird folgende Vereinbarung getroffen:

§ 1 Kaufgegenstand
(1) Der Käufer erwirbt von der Verkäuferin folgende Katze:
Name: ....
Rasse:..
Geburtsdatum:...................... Geschlecht: männlich ☐ weiblich ☐
Farbe:..
gechipt ☐ nicht gechipt ☐
Zuchtbuch-Nummer: ….....................................

Stammbaum ausstellender Verein: ………………....………………….
Vater: ……………………………………………………………………….
Mutter:………………………………………………..……………………..
Die Katze ist kastriert ☐   und nicht trächtig ☐
Besonderheiten: ……………………………………………………………
………………………………………………………………………………..

(2) Der Käufer erwirbt das Tier als Liebhabertier.

§ 2 Kaufpreis
(1) Der Kaufpreis beträgt …………….. EUR (in Worten: ……………………………………..Euro).

(2) Bei Abschluß des Kaufvertrages ist eine Anzahlung in Höhe von …………….. EUR fällig. Die Anzahlung ist in bar zu zahlen.

(3) Der Rest des Kaufpreises in Höhe von ………………. EUR ist bei Übergabe des Tieres in bar zu zahlen.

(4) Das Tier bleibt bis zur vollständigen Bezahlung des Kaufpreises im Eigentum des Verkäufers. Solange der Eigentumsvorbehalt besteht, darf der Käufer das Tier weder verkaufen, verschenken noch verpfänden.

(5) Zahlt der Käufer trotz Mahnung den vereinbarten Kaufpreis nicht, ist der Verkäufer berechtigt, vom Vertrag zurückzutreten und das Tier anderweitig zu verkaufen.

§ 3 Übergabe
(1) Der Übergabetermin wird schriftlich vereinbart (z. B. per E-Mail). Der Käufer holt das Tier auf seine Kosten beim Verkäufer ab.

(2) Der Impfausweis, ein aktuelles tierärztliches Gesundheitszeugnis, das nicht älter als drei Tage sein darf, und der Stammbaum werden dem Käufer zusammen mit dem Tier übergeben. Der Stammbaum wird unverzüglich nachgereicht, soweit das Tier noch nicht im Zuchtbuch eingetragen sein sollte.

(3) Kann der Käufer den vereinbarten Übergabetermin nicht einhalten, ist der Verkäufer berechtigt, für die Zeit bis zur Übergabe des Tiers pro Tag der Verzögerung eine Pauschale für Lebensunterhaltungskosten, Pflege und ggf. tiermedizinische Versorgung in Höhe von 5,00 EUR zu berechnen.

(4) Der Verkäufer ist berechtigt, vom Vertrag zurückzutreten, wenn der Käufer das Tier trotz schriftlicher Aufforderung nicht innerhalb von drei Monaten nach Abschluß des Kaufvertrages abnimmt. In diesem Fall verbleibt die Anzahlung als Vertragsstrafe beim Verkäufer.

(5) Der Verkäufer ist berechtigt, bis zur Übergabe des Tiers vom Vertrag zurückzutreten, wenn er den Eindruck hat, der Käufer werde seine Pflichten aus § 5 dieses Vertrages nicht erfüllen. In diesem Fall hat der Verkäufer dem Käufer geleistete Zahlungen binnen einer Woche ab Zugang der Rücktrittserklärung zu erstatten.

(6) Der Verkäufer hat das Recht, sich bis zum Ablauf von drei Monaten nach Übergabe des Tieres zweimal zu angemessenen Tageszeiten nach vorheriger Terminvereinbarung mit dem Käufer von der artgerechten Haltung und dem Gesundheitszustand der Katze zu überzeugen. Er hat dabei die Privatsphäre des Käufers in angemessener Weise zu berücksichtigen. Der Verkäufer ist berechtigt bei Zweifeln die Katze mitzunehmen und tierärztlich untersuchen zu lassen. Der Käufer ist verpflichtet, die Kosten der tierärztlichen Untersuchung und einer notwendigen Behandlung zu tragen. Sollte der untersuchende Tierarzt feststellen, daß die Katze durch nicht artgerechte Haltung und/oder Pflege erkrankt ist, hat der Käufer das Recht, binnen vier Wochen vom Kaufvertrag zurückzutreten. Die Frist beginnt zu laufen, sobald der Untersuchungsbefund des Tierarztes beim Verkäufer eingegangen ist. Der Käufer ist verpflichtet, die Katze, den Stammbaum und den Impfausweis an den Käufer zurückzugeben. Der Verkäufer ist berechtigt, den erhaltenen Kaufpreis zu als Vertragsstrafe zu behalten. Der Betrag wird auf die nach § 8 dieser Vereinbarung verwirkte Vertragsstrafe angerechnet.

§ 4 Gewährleistung
(1) Der Käufer übernimmt das Tier wie besichtigt. Der Verkäufer hat das Tier zuletzt am ……. tierärztlich untersuchen lassen. Bei dieser Untersuchung wurden

keine negativen Befunde bzw. Beeinträchtigungen festgestellt. Das tierärztliche Zeugnis vom .... wird Bestandteil dieses Vertrages.

(2) Der Verkäufer versichert, daß ihm offensichtliche oder verborgene Mängel und Krankheiten des Tieres nicht bekannt sind. Das Tier ist bei der Übergabe entwurmt, frei von ansteckenden Krankheiten und gegen Katzenseuche, Katzenschnupfen, Chlamydien und Tollwut geimpft. Das Tier ist, stubenrein, entwöhnt und frei von Ungeziefer. Eine Garantie für spezifische Charaktereigenschaften des Tieres, zukünftige Zuchttauglichkeit, Ausstellungserfolge oder die weitere Entwicklung des Tieres kann der Verkäufer nicht übernehmen.

(3) Mängel oder Krankheiten des Tieres, die zum Zeitpunkt des Verkaufs bestehen sollten und bekannt sind, werden von beiden Parteien in diesem Vertrag schriftlich niedergelegt und können zu einem späteren Zeitpunkt nicht beanstandet werden.

(4) Die Gefahr der Verschlechterung, später auftretender Krankheiten, der Wesensentwicklung, wachstumsbedingter Veränderungen der Rasse- und Farbmerkmale oder des Verlusts geht mit der Übergabe der Katze auf den Käufer über.

(5) Der Verkäufer versichert, daß das Tier entsprechend der aktuellen Zuchtordnung des den Stammbaum ausstellenden Vereins gezüchtet wurde.

(6) Der Verkäufer gewährleistet die Richtigkeit der das Tier betreffenden Angaben im Stammbaum bzw., wenn das Tier noch nicht im Zuchtbuch eingetragen ist, die Richtigkeit der das Tier betreffenden Angaben in der Meldung zum Zuchtbuch.

§ 5 Pflichten des Käufers

(1) Der Käufer versichert, daß er das Tier in seiner Wohnung/seinem Haus halten darf. Er verpflichtet sich, das Tier art- und verhaltensgerecht zu halten, zu versorgen, es regelmäßig zu entwurmen, die notwendigen Impfungen, Untersuchungen und tierärztlichen Behandlungen durchführen zu lassen sowie das Tierschutzgesetz und dessen Nebenbestimmungen zu beachten. Das Tier darf nicht von Menschen ferngehalten oder in einem Käfig oder ausschließlich in einem Raum mit einer Grundfläche von weniger als 12 qm gehalten werden.

(2) Bei schwerer Krankheit oder plötzlichem Tod des Tieres ist der Verkäufer unverzüglich zu verständigen. Der Verkäufer hat das Recht, zur Klärung der Situation auf Kosten des Käufers einen pathologischen Befund zu verlangen.

(3) Das Tier darf nicht für Tierversuche verwendet werden.

(4) Der Käufer ist verpflichtet, die als Liebhabertier verkaufte Katze bis spätestens zur Vollendung des 9. Lebensmonats auf seine Kosten kastrieren zu lassen und dem Verkäufer die Durchführung der Kastration binnen zwei Wochen nach der Kastration durch Vorlage einer tierärztlichen Original-Bescheinigung nachzuweisen. Als Sicherheitsleistung hinterlegt der Käufer beim Verkäufer 300,00 EUR. Die Sicherheitsleistung ist bei Übergabe des Tieres fällig. Sie wird an den Käufer zurück gezahlt, sobald der Käufer die Durchführung der vereinbarten Kastration durch Vorlage einer tierärztlichen Original-Bescheinigung nachgewiesen hat. Läßt der Käufer die Kastration (verschuldet oder unverschuldet) nicht fristgerecht durchführen (Stichtag ist der Termin der tatsächlichen Operation) oder weist er die Durchführung der Kastration nicht fristgerecht durch Vorlage einer tierärztlichen Original-Bescheinigung nach, dann verfällt sein Anspruch auf Rückzahlung der Sicherheitsleistung. Die Sicherheitsleistung verbleibt beim Verkäufer.

(5) Sollte die Katze erkranken, ist der Käufer verpflichtet, das Tier unverzüglich in die Behandlung eines Tierarztes zu geben.

(6) Der Käufer versichert, daß er das Tier für sich selbst erwirbt. Erwirbt der Käufer das Tier, ohne den Verkäufer vorher darüber zu informieren, im Auftrag eines Dritten, insbesondere für eine zoologischen Handlung, eine Tierversuchsanstalt, einen Tierkaufsvermittler oder sog. Massen- bzw. Schwarzzüchter, dann ist der Verkäufer berechtigt, den Vertrag wegen arglistiger Täuschung nach § 142 BGB anzufechten. Der Verkäufer hat nach Anfechtung des Vertrages das Recht, die kostenfreie Rückgabe des Tiers zu fordern.

(7) Mit einer ausdrücklich als Liebhabertier verkauften Katze darf in keinem Fall gezüchtet werden.

(8) Der Käufer darf das Tier erst nach einer Eingewöhnungszeit von acht Wochen ab Übergabe zu einer Ausstellung mitnehmen.

(9) Sollte die Katze an Infektions- oder Erbkrankheiten, namentlich FIP (Feline Infektiöse Peritonitis), FeLV (Feline Leukämievirus; auch Leukose genannt), HCM/HKM (Hypertrophe Kardiomyopathie) oder PKD (Polyzystische Nierenerkrankung), erkranken, ist der Verkäufer sofort zu benachrichtigen.

§ 6 Vorkaufsrecht
(1) Der Käufer räumt dem Verkäufer für jeden Fall der entgeltlichen Veräußerung des Tieres ein Vorkaufsrecht ein.

(2) Der Käufer ist verpflichtet, dem Verkäufer binnen 14 Tagen nach Abschluß des Kaufvertrages Mitteilung über diese Veräußerung zu machen und dem Verkäufer eine Kopie des Kaufvertrages mit Namen und Adressen des neuen Käufers auszuhändigen.

(3) Will der Verkäufer von seinem Vorkaufsrecht Gebrauch machen, muß er dieses Recht innerhalb von 14 Tagen nach Eingang der Käufermitteilung ausüben.

(4) Bei jeder sonstigen (unentgeltlichen) Abgabe des Tieres räumt der Käufer dem Verkäufer ein Rückerwerbsrecht zu dem ursprünglich vereinbarten Kaufpreis ein. Der Kaufpreis verringert sich für jedes vollendete Lebensjahr des Tieres um fünf Prozent. Der Käufer ist verpflichtet, dem Verkäufer binnen 14 Tagen nach Abgabe des Tieres Mitteilung über diese Abgabe zu machen. Auch dieses Rückerwerbsrecht muß innerhalb von 14 Tagen nach Eingang der Mitteilung des Käufers ausgeübt werden.

(5) Das Tier darf nur kastriert an Dritte weitergegeben werden.

(6) Eine Abgabe des Tieres an Tierheime, Zoohandlungen, Versuchsanstalten, Pelztierfarmen oder Ähnliches ist dem Käufer untersagt.

(7) Macht der Verkäufer von seinem Vorkaufsrecht nicht Gebrauch, dann ist der Käufer verpflichtet, mit dem neuen Erwerber einen Schutzvertrag zu schließen, der die Rechte und Pflichten gegenüber dem Tier in gleicher Weise regelt wie dieser Kaufvertrag.

§ 7 Rückgabe des Tieres
(1) Der Käufer hat das Recht, innerhalb von vier Wochen seit Übergabe des Tieres durch schriftliche Anzeige an den Verkäufer vom Kaufvertrag zurück zu treten, wenn sich das Tier innerhalb dieser Zeit nicht in sein neues Zuhause eingewöhnt hat. In diesem Fall wird der Vertrag rückabgewickelt. Der Käufer gibt das Tier auf seine Kosten an den Verkäufer zurück. Der Verkäufer zahlt den Kaufpreis an den Käufer zurück.

(2) Soll das Tier in den Bestand des Verkäufers zurückkehren, hat der Käufer vor der Rückgabe auf seine Kosten ein aktuelles tierärztliches Gesundheitsattest auf Parasiten- und Hautpilzfreiheit und einen aktuellen Leukose-, Giardien-, Herpes- und FIV-Test beizubringen, die nicht älter als eine Woche sein dürfen. Stellt sich heraus, daß das Tier an Leukose, Giardien, Herpes oder FIV erkrankt ist, scheidet eine Rückabwicklung des Kaufvertrages aus.

§ 8 Vertragsstrafe
(1) Der Käufer ist verpflichtet, für jeden Verstoß gegen die Bestimmungen dieses Vertrages eine Vertragsstrafe in Höhe von 1.000,00 EUR an den Verkäufer zu zahlen.

(2) Auf ein Verschulden des Käufers kommt es nicht an.

(3) Der Käufer verzichtet ausdrücklich darauf, eine verwirkte Vertragsstrafe durch richterliche Entscheidung ändern zu lassen.

§ 9 Schlußbestimmungen
(1) Änderungen und Ergänzungen dieses Vertrages bedürfen zu ihrer Wirksamkeit der Schriftform. Das Schriftformerfordernis besteht auch für die Aufhebung des Schriftformerfordernisses. Mündliche Nebenabreden bestehen nicht.

(2) Sollte eine Bestimmung dieses Vertrages unwirksam sein, so wird die Wirksamkeit der übrigen Vertragsbestandteile davon nicht berührt. Sofern sich eine ungültige Bestimmung in anderer Weise ausführen läßt, sind die Vertragsparteien verpflichtet, die getroffene Vereinbarung entsprechend zu ändern oder zu ergänzen.

(3) Verkäufer und Käufer erhalten je eine Ausfertigung dieses Vertrages. Mit seiner Unterschrift bestätigt der Käufer, den Vertrag in Ruhe gelesen, jeden Punkt verstanden und sämtliche Vertragspunkte anerkannt zu haben.

§ 10 Zusatzvereinbarung
....
....

Ort:......................... Datum:................. ....
                                                                              Verkäufer

Ort:............................ Datum:................. ....
                                                                               Käufer

(5) Kaufvertrag Liebhabertier mit Stammbaum

➡ ausführlicher Vertrag
➡ Katze ist nicht kastriert
➡ Anzahlung bei Vertragsschluß
➡ Eigentumsvorbehalt
➡ nachträgliche Zuchterlaubnis durch Verkäufer

In diesem Vertrag geht es wieder um ein nicht kastriertes Liebhabertier, das nicht für die Zucht vorgesehen ist. Bei Vertragsschluß wird eine Anzahlung fällig. Der Verkäufer behält sich bis zur vollständigen Zahlung das Eigentum an der Katze vor. Anders als in den anderen Liebhabertieren besteht hier die Möglichkeit, daß der Verkäufer nachträglich eine Zuchterlaubnis erteilt.

Kaufvertrag

Zwischen

……………………………………………………………………………………..

Verkäufer

und

……………………………………………………………………………….

Käufer

wird folgende Vereinbarung getroffen:

§ 1 Kaufgegenstand
(1) Der Käufer erwirbt von der Verkäuferin folgende Katze:
Name: ………………………………………….……………………………………..
Rasse:………………..………………………………...……………………………….
Geburtsdatum:………………… Geschlecht: männlich ☐ weiblich ☐
Farbe:…………………………………………………………………………………..
gechipt ☐ nicht gechipt ☐
Zuchtbuch-Nummer: ………..……………………….
Stammbaum ausstellender Verein: ………………………………...……………………..

Vater: ....

Mutter: ....
Die Katze ist nicht kastriert ☐ und nicht trächtig ☐
Besonderheiten: ....
....

(2) Der Käufer erwirbt das Tier als Liebhabertier.

§ 2 Kaufpreis
(1) Der Kaufpreis beträgt .... EUR (in Worten: ....Euro).

(2) Bei Abschluß des Kaufvertrages ist eine Anzahlung in Höhe von .... EUR fällig. Die Anzahlung ist in bar zu zahlen.

(3) Der Rest des Kaufpreises in Höhe von .... EUR ist bei Übergabe des Tieres in bar zu zahlen.

(4) Das Tier bleibt bis zur vollständigen Bezahlung des Kaufpreises im Eigentum des Verkäufers. Solange der Eigentumsvorbehalt besteht, darf der Käufer das Tier weder verkaufen, verschenken noch verpfänden.

(5) Zahlt der Käufer trotz Mahnung den vereinbarten Kaufpreis nicht, ist der Verkäufer berechtigt, vom Vertrag zurückzutreten und das Tier anderweitig zu verkaufen.

§ 3 Übergabe
(1) Der Übergabetermin wird schriftlich vereinbart (z. B. per E-Mail). Der Käufer holt das Tier auf seine Kosten beim Verkäufer ab.

(2) Der Impfausweis, ein aktuelles tierärztliches Gesundheitszeugnis, das nicht älter als drei Tage sein darf, und der Stammbaum werden dem Käufer zusammen mit dem Tier übergeben. Der Stammbaum wird unverzüglich nachgereicht, soweit das Tier noch nicht im Zuchtbuch eingetragen sein sollte.

(3) Kann der Käufer den vereinbarten Übergabetermin nicht einhalten, ist der Verkäufer berechtigt, für die Zeit bis zur Übergabe des Tiers pro Tag der Verzögerung eine Pauschale für Lebensunterhaltungskosten, Pflege und ggf. tiermedizinische Versorgung in Höhe von 5,00 EUR zu berechnen.

(4) Der Verkäufer ist berechtigt, vom Vertrag zurückzutreten, wenn der Käufer das Tier trotz schriftlicher Aufforderung nicht innerhalb von drei Monaten nach Abschluß des Kaufvertrages abnimmt. In diesem Fall verbleibt die Anzahlung als Vertragsstrafe beim Verkäufer.

(5) Der Verkäufer ist berechtigt, bis zur Übergabe des Tiers vom Vertrag zurückzutreten, wenn er den Eindruck hat, der Käufer werde seine Pflichten aus § 5 dieses Vertrages nicht erfüllen. In diesem Fall hat der Verkäufer dem Käufer geleistete Zahlungen binnen einer Woche ab Zugang der Rücktrittserklärung zu erstatten.

(6) Der Verkäufer hat das Recht, sich bis zum Ablauf von drei Monaten nach Übergabe des Tieres zweimal zu angemessenen Tageszeiten nach vorheriger Terminvereinbarung mit dem Käufer von der artgerechten Haltung und dem Gesundheitszustand der Katze zu überzeugen. Der Verkäufer ist berechtigt bei Zweifeln die Katze mitzunehmen und tierärztlich untersuchen zu lassen. Der Käufer ist verpflichtet, die Kosten der tierärztlichen Untersuchung und einer notwendigen Behandlung zu tragen. Sollte der untersuchende Tierarzt feststellen, daß die Katze durch nicht artgerechte Haltung und/oder Pflege erkrankt ist, hat der Käufer das Recht, binnen vier Wochen vom Kaufvertrag zurückzutreten. Die Frist beginnt zu laufen, sobald der Untersuchungsbefund des Tierarztes beim Verkäufer eingegangen ist. Der Käufer ist verpflichtet, die Katze, den Stammbaum und den Impfausweis an den Käufer zurückzugeben. Der Verkäufer ist berechtigt, den erhaltenen Kaufpreis zu als Vertragsstrafe zu behalten. Der Betrag wird auf die nach § 8 dieser Vereinbarung verwirkte Vertragsstrafe angerechnet.

§ 4 Gewährleistung
(1) Der Käufer übernimmt das Tier wie besichtigt. Der Verkäufer hat das Tier zuletzt am ……. tierärztlich untersuchen lassen. Bei dieser Untersuchung wurden keine negativen Befunde bzw. Beeinträchtigungen festgestellt. Das tierärztliche Zeugnis vom …………. wird Bestandteil dieses Vertrages.

(2) Der Verkäufer versichert, daß ihm offensichtliche oder verborgene Mängel und Krankheiten des Tieres nicht bekannt sind. Das Tier ist bei der Übergabe entwurmt, frei von ansteckenden Krankheiten und gegen Katzenseuche, Katzenschnupfen, Chlamydien und Tollwut geimpft. Das Tier ist, stubenrein, entwöhnt und frei von Ungeziefer. Eine Garantie für spezifische Charaktereigenschaften des Tieres, zukünftige Zuchttauglichkeit, Ausstellungserfolge oder die weitere Entwicklung des Tieres kann der Verkäufer nicht übernehmen.

(3) Mängel oder Krankheiten des Tieres, die zum Zeitpunkt des Verkaufs bestehen sollten und bekannt sind, werden von beiden Parteien in diesem Vertrag schriftlich niedergelegt und können zu einem späteren Zeitpunkt nicht beanstandet werden.

(4) Die Gefahr der Verschlechterung, später auftretender Krankheiten, der Wesensentwicklung, wachstumsbedingter Veränderungen der Rasse- und Farbmerkmale oder des Verlusts geht mit der Übergabe der Katze auf den Käufer über.

(5) Der Verkäufer versichert, daß das Tier entsprechend der aktuellen Zuchtordnung des den Stammbaum ausstellenden Vereins gezüchtet wurde.

(6) Der Verkäufer gewährleistet die Richtigkeit der das Tier betreffenden Angaben im Stammbaum bzw., wenn das Tier noch nicht im Zuchtbuch eingetragen ist, die Richtigkeit der das Tier betreffenden Angaben in der Meldung zum Zuchtbuch.

§ 5 Pflichten des Käufers

(1) Der Käufer versichert, daß er das Tier in seiner Wohnung/seinem Haus halten darf. Er verpflichtet sich, das Tier art- und verhaltensgerecht zu halten, zu versorgen, es regelmäßig zu entwurmen, die notwendigen Impfungen, Untersuchungen und tierärztlichen Behandlungen durchführen zu lassen sowie das Tierschutzgesetz und dessen Nebenbestimmungen zu beachten. Das Tier darf nicht von Menschen ferngehalten oder in einem Käfig oder ausschließlich in einem Raum mit einer Grundfläche von weniger als 12 qm gehalten werden.

(2) Bei schwerer Krankheit oder plötzlichem Tod des Tieres ist der Verkäufer unverzüglich zu verständigen. Der Verkäufer hat das Recht, zur Klärung der Situation auf Kosten des Käufers einen pathologischen Befund zu verlangen.

(3) Das Tier darf nicht für Tierversuche verwendet werden.

(4) Der Käufer ist verpflichtet, die als Liebhabertier verkaufte Katze bis spätestens zur Vollendung des 9. Lebensmonats auf seine Kosten kastrieren zu lassen und dem Verkäufer die Durchführung der Kastration binnen zwei Wochen nach der Kastration durch Vorlage einer tierärztlichen Original-Bescheinigung nachzuweisen. Als Sicherheitsleistung hinterlegt der Käufer beim Verkäufer 300,00 EUR. Die Sicherheitsleistung ist bei Übergabe des Tieres fällig. Sie wird an den Käufer zurück gezahlt, sobald der Käufer die Durchführung der vereinbarten Kastration durch Vorlage einer tierärztlichen Original-Bescheinigung nachgewiesen hat. Läßt der Käufer die Kastration (verschuldet oder unverschuldet) nicht fristgerecht durchführen (Stichtag ist der Termin der tatsächlichen Operation) oder weist er die Durchführung der Kastration nicht fristgerecht durch Vorlage einer tierärztlichen Original-Bescheinigung nach, dann verfällt sein Anspruch auf Rückzahlung der Sicherheitsleistung. Die Sicherheitsleistung verbleibt beim Verkäufer.

(5) Sollte die Katze erkranken, ist der Käufer verpflichtet, das Tier unverzüglich in die Behandlung eines Tierarztes zu geben.

(6) Der Käufer versichert, daß er das Tier für sich selbst erwirbt. Erwirbt der Käufer das Tier, ohne den Verkäufer vorher darüber zu informieren, im Auftrag eines Dritten, insbesondere für eine zoologischen Handlung, eine Tierversuchsanstalt, einen Tierkaufsvermittler oder sog. Massen- bzw. Schwarzzüchter, dann ist der Verkäufer berechtigt, den Vertrag wegen arglistiger Täuschung nach § 142 BGB anzufechten. Der Verkäufer hat nach Anfechtung des Vertrages das Recht, die kostenfreie Rückgabe des Tiers zu fordern.

(7) Mit einer ausdrücklich als Liebhabertier verkauften Katze darf in keinem Fall gezüchtet werden.

(8) Sollte der Käufer mit der als Liebhabertier erworbenen Katze nachträglich züchten wollen, verpflichtet er sich, vorher die schriftliche Zustimmung des Verkäufers einzuholen, einem eingetragenen Katzenzuchtverein beizutreten, sich dort an die Haltungs- und Zuchtrichtlinien der Vereinssatzung zu halten und das Tier nur innerhalb der eigenen Rasse zu verpaaren. Als „Zucht" gilt auch die einmalige Verpaarung dieses Tiers mit einer Katze oder einem Kater derselben Rasse mit

dem Ziel der Welpenaufzucht. Stimmt der Verkäufer der Zucht zu, dann darf er die Sicherheitsleistung nach § 5 Abs. 4 dieser Vereinbarung als Zucht- und Austellungszuschlag behalten.

(9) Der Käufer darf das Tier erst nach einer Eingewöhnungszeit von acht Wochen ab Übergabe zu einer Ausstellung mitnehmen.

(10) Sollte die Katze an Infektions- oder Erbkrankheiten, namentlich FIP (Feline Infektiöse Peritonitis), FeLV (Feline Leukämievirus; auch Leukose genannt), HCM/HKM (Hypertrophe Kardiomyopathie) oder PKD (Polyzystische Nierenerkrankung), erkranken, ist der Verkäufer sofort zu benachrichtigen.

§ 6 Vorkaufsrecht
(1) Der Käufer räumt dem Verkäufer für jeden Fall der entgeltlichen Veräußerung des Tieres ein Vorkaufsrecht ein.

(2) Der Käufer ist verpflichtet, dem Verkäufer binnen 14 Tagen nach Abschluß des Kaufvertrages Mitteilung über diese Veräußerung zu machen und dem Verkäufer eine Kopie des Kaufvertrages mit Namen und Adressen des neuen Käufers auszuhändigen.

(3) Will der Verkäufer von seinem Vorkaufsrecht Gebrauch machen, muß er dieses Recht innerhalb von 14 Tagen nach Eingang der Käufermitteilung ausüben.

(4) Bei jeder sonstigen (unentgeltlichen) Abgabe des Tieres räumt der Käufer dem Verkäufer ein Rückerwerbsrecht zu dem ursprünglich vereinbarten Kaufpreis ein. Der Kaufpreis verringert sich für jedes vollendete Lebensjahr des Tieres um fünf Prozent. Der Käufer ist verpflichtet, dem Verkäufer binnen 14 Tagen nach Abgabe des Tieres Mitteilung über diese Abgabe zu machen. Auch dieses Rückerwerbsrecht muß innerhalb von 14 Tagen nach Eingang der Mitteilung des Käufers ausgeübt werden.

(5) Das Tier darf nur kastriert an Dritte weitergegeben werden.

(6) Eine Abgabe des Tieres an Tierheime, Zoohandlungen, Versuchsanstalten, Pelztierfarmen oder Ähnliches ist dem Käufer untersagt.

(7) Macht der Verkäufer von seinem Vorkaufsrecht nicht Gebrauch, dann ist der Käufer verpflichtet, mit dem neuen Erwerber einen Schutzvertrag zu schließen, der die Rechte und Pflichten gegenüber dem Tier in gleicher Weise regelt wie dieser Kaufvertrag.

§ 7 Rückgabe des Tieres
(1) Der Käufer hat das Recht, innerhalb von vier Wochen seit Übergabe des Tieres durch schriftliche Anzeige an den Verkäufer vom Kaufvertrag zurück zu treten, wenn sich das Tier innerhalb dieser Zeit nicht in sein neues Zuhause eingewöhnt hat. In diesem Fall wird der Vertrag rückabgewickelt. Der Käufer gibt das Tier auf seine Kosten an den Verkäufer zurück. Der Verkäufer zahlt den Kaufpreis an den Käufer zurück.

(2) Soll das Tier in den Bestand des Verkäufers zurückkehren, hat der Käufer vor der Rückgabe auf seine Kosten ein aktuelles tierärztliches Gesundheitsattest auf Parasiten- und Hautpilzfreiheit und einen aktuellen Leukose-, Giardien-, Herpes- und FIV-Test beizubringen, die nicht älter als eine Woche sein dürfen. Stellt sich heraus, daß das Tier an Leukose, Giardien, Herpes oder FIV erkrankt ist, scheidet eine Rückabwicklung des Kaufvertrages aus.

§ 8 Vertragsstrafe
(1) Der Käufer ist verpflichtet, für jeden Verstoß gegen die Bestimmungen dieses Vertrages eine Vertragsstrafe in Höhe von 1.000,00 EUR an den Verkäufer zu zahlen.

(2) Auf ein Verschulden des Käufers kommt es nicht an.

(3) Der Käufer verzichtet ausdrücklich darauf, eine verwirkte Vertragsstrafe durch richterliche Entscheidung ändern zu lassen.

§ 9 Schlußbestimmungen
(1) Änderungen und Ergänzungen dieses Vertrages bedürfen zu ihrer Wirksamkeit der Schriftform. Das Schriftformerfordernis besteht auch für die Aufhebung des Schriftformerfordernisses. Mündliche Nebenabreden bestehen nicht.

(2) Sollte eine Bestimmung dieses Vertrages unwirksam sein, so wird die Wirksamkeit der übrigen Vertragsbestandteile davon nicht berührt. Sofern sich eine ungültige Bestimmung in anderer Weise ausführen läßt, sind die Vertragsparteien verpflichtet, die getroffene Vereinbarung entsprechend zu ändern oder zu ergänzen.

(3) Verkäufer und Käufer erhalten je eine Ausfertigung dieses Vertrages. Mit seiner Unterschrift bestätigt der Käufer, den Vertrag in Ruhe gelesen, jeden Punkt verstanden und sämtliche Vertragspunkte anerkannt zu haben.

§ 10 Zusatzvereinbarung
....
....

Ort:......................... Datum:................ ....
                                                                                        Verkäufer

Ort:......................... Datum:................ ....
                                                                                        Käufer

(6) Kaufvertrag Liebhabertier mit Stammbaum

➡ ausführlicher Vertrag
➡ Katze ist nicht kastriert
➡ Käufer holt das Tier ab
➡ Besuchsrecht des Verkäufers
➡ Ratenzahlung

Der Vertrag betrifft ein nicht kastriertes Liebhabertier, mit dem nicht gezüchtet werden darf. Der Käufer ist verpflichtet, das Tier kastrieren zu lassen, sobald es ein bestimmtes Alter erreicht hat. Der Käufer holt das Tier am Übergabetag beim Verkäufer ab. Er zahlt den Kaufpreis in Raten. Der Verkäufer hat das Recht, die Katze nach der Übergabe zu besuchen.

Kaufvertrag

Zwischen

……………………………………………………………………………………..

Verkäufer

und

……………………………………………………………………………………

Käufer

wird folgende Vereinbarung getroffen:

§ 1 Kaufgegenstand
(1) Der Käufer erwirbt von der Verkäuferin folgende Katze:
Name: …………………………………………………..…………………………..
Rasse:………………….. ……………………………...……………………………
Geburtsdatum:………………… Geschlecht: männlich ☐ weiblich ☐
Farbe:………………………………………………………………………………..
gechipt ☐   nicht gechipt ☐
Zuchtbuch-Nummer: ……...…………………………
Stammbaum ausstellender Verein: ………………………...…………………….
Vater: ………………………………………………………………………………

Mutter:……………………………..…………………………….
Die Katze ist nicht kastriert ☐ und nicht trächtig ☐
Besonderheiten: ………………………………………………………
……………………..………………………………………………………

(2) Der Käufer erwirbt das Tier als Liebhabertier.

§ 2 Kaufpreis
(1) Der Kaufpreis beträgt …………….. EUR (in Worten: …………………………………..Euro).

(2) Bei Abschluß des Kaufvertrages ist eine Anzahlung in Höhe von …………….. EUR fällig. Die Anzahlung ist in bar zu zahlen.

(3) Der Käufer ist berechtigt, den Kaufpreis in Raten zu zahlen. Die monatliche Rate beträgt ………… EUR. Die Ratenzahlung beginnt am Tag der Übergabe. Die Raten sind am Ersten des Monats im Voraus fällig. Sie sind auf das Konto des Verkäufers Nr. ……………………. bei der …………………………………….. (BLZ …………….) zu überweisen. Für die Rechtzeitigkeit der Zahlung kommt es auf den Zeitpunkt der Gutschrift auf dem Konto des Verkäufers an.

(4) Gerät der Käufer mit einer Monatsrate mehr als 10 Tage in Rückstand, wird der gesamte Restbetrag sofort zur Zahlung fällig.

(5) Der Kaufpreis ist bei Ratenzahlung vom Tag des Vertragsschlusses an mit 10 Prozentpunkten über dem Basiszins zu verzinsen.

(6) Das Tier bleibt bis zur vollständigen Bezahlung des Kaufpreises im Eigentum des Verkäufers. Solange der Eigentumsvorbehalt besteht, darf der Käufer das Tier weder verkaufen, verschenken noch verpfänden.

(7) Zahlt der Käufer trotz Mahnung den vereinbarten Kaufpreis nicht, ist der Verkäufer berechtigt, vom Vertrag zurückzutreten und das Tier anderweitig zu verkaufen.

§ 3 Übergabe
(1) Der Übergabetermin wird schriftlich vereinbart (z. B. per E-Mail). Der Käufer holt das Tier auf seine Kosten beim Verkäufer ab.

(2) Der Impfausweis, ein aktuelles tierärztliches Gesundheitszeugnis, das nicht älter als drei Tage sein darf, und der Stammbaum werden dem Käufer zusammen mit dem Tier übergeben. Der Stammbaum wird unverzüglich nachgereicht, soweit das Tier noch nicht im Zuchtbuch eingetragen sein sollte.

(3) Kann der Käufer den vereinbarten Übergabetermin nicht einhalten, ist der Verkäufer berechtigt, für die Zeit bis zur Übergabe des Tiers pro Tag der Verzögerung eine Pauschale für Lebensunterhaltungskosten, Pflege und ggf. tiermedizinische Versorgung in Höhe von 5,00 EUR zu berechnen.

(4) Der Verkäufer ist berechtigt, vom Vertrag zurückzutreten, wenn der Käufer das Tier trotz schriftlicher Aufforderung nicht innerhalb von drei Monaten nach Abschluß des Kaufvertrages abnimmt. In diesem Fall verbleibt die Anzahlung als Vertragsstrafe beim Verkäufer.

(5) Der Verkäufer ist berechtigt, bis zur Übergabe des Tiers vom Vertrag zurückzutreten, wenn er den Eindruck hat, der Käufer werde seine Pflichten aus § 5 dieses Vertrages nicht erfüllen. In diesem Fall hat der Verkäufer dem Käufer geleistete Zahlungen binnen einer Woche ab Zugang der Rücktrittserklärung zu erstatten.

(6) Der Verkäufer hat das Recht, sich bis zum Ablauf von drei Monaten nach Übergabe des Tieres zweimal zu angemessenen Tageszeiten nach vorheriger Terminvereinbarung mit dem Käufer von der artgerechten Haltung und dem Gesundheitszustand der Katze zu überzeugen. Er hat dabei die Privatsphäre des Käufers in angemessener Weise zu berücksichtigen. Der Verkäufer ist berechtigt bei Zweifeln die Katze mitzunehmen und tierärztlich untersuchen zu lassen. Der Käufer ist verpflichtet, die Kosten der tierärztlichen Untersuchung und einer notwendigen Behandlung zu tragen. Sollte der untersuchende Tierarzt feststellen, daß die Katze durch nicht artgerechte Haltung und/oder Pflege erkrankt ist, hat der Käufer das Recht, binnen vier Wochen vom Kaufvertrag zurückzutreten. Die Frist beginnt zu laufen, sobald der Untersuchungsbefund des Tierarztes beim Verkäufer eingegan-

gen ist. Der Käufer ist verpflichtet, die Katze, den Stammbaum und den Impfausweis an den Käufer zurückzugeben. Der Verkäufer ist berechtigt, den erhaltenen Kaufpreis zu als Vertragsstrafe zu behalten. Der Betrag wird auf die nach § 8 dieser Vereinbarung verwirkte Vertragsstrafe angerechnet.

§ 4 Gewährleistung
(1) Der Käufer übernimmt das Tier wie besichtigt. Der Verkäufer hat das Tier zuletzt am ……. tierärztlich untersuchen lassen. Bei dieser Untersuchung wurden keine negativen Befunde bzw. Beeinträchtigungen festgestellt. Das tierärztliche Zeugnis vom …………. wird Bestandteil dieses Vertrages.

(2) Der Verkäufer versichert, daß ihm offensichtliche oder verborgene Mängel und Krankheiten des Tieres nicht bekannt sind. Das Tier ist bei der Übergabe entwurmt, frei von ansteckenden Krankheiten und gegen Katzenseuche, Katzenschnupfen, Chlamydien und Tollwut geimpft. Das Tier ist, stubenrein, entwöhnt und frei von Ungeziefer. Eine Garantie für spezifische Charaktereigenschaften des Tieres, zukünftige Zuchttauglichkeit, Ausstellungserfolge oder die weitere Entwicklung des Tieres kann der Verkäufer nicht übernehmen.

(3) Mängel oder Krankheiten des Tieres, die zum Zeitpunkt des Verkaufs bestehen sollten und bekannt sind, werden von beiden Parteien in diesem Vertrag schriftlich niedergelegt und können zu einem späteren Zeitpunkt nicht beanstandet werden.

(4) Die Gefahr der Verschlechterung, später auftretender Krankheiten, der Wesensentwicklung, wachstumsbedingter Veränderungen der Rasse- und Farbmerkmale oder des Verlusts geht mit der Übergabe der Katze auf den Käufer über.

(5) Der Verkäufer versichert, daß das Tier entsprechend der aktuellen Zuchtordnung des den Stammbaum ausstellenden Vereins gezüchtet wurde.

(6) Der Verkäufer gewährleistet die Richtigkeit der das Tier betreffenden Angaben im Stammbaum bzw., wenn das Tier noch nicht im Zuchtbuch eingetragen ist, die Richtigkeit der das Tier betreffenden Angaben in der Meldung zum Zuchtbuch.

§ 5 Pflichten des Käufers
(1) Der Käufer versichert, daß er das Tier in seiner Wohnung/seinem Haus halten darf. Er verpflichtet sich, das Tier art- und verhaltensgerecht zu halten, zu versorgen, es regelmäßig zu entwurmen, die notwendigen Impfungen, Untersuchungen und tierärztlichen Behandlungen durchführen zu lassen sowie das Tierschutzgesetz und dessen Nebenbestimmungen zu beachten. Das Tier darf nicht von Menschen ferngehalten oder in einem Käfig oder ausschließlich in einem Raum mit einer Grundfläche von weniger als 12 qm gehalten werden.

(2) Bei schwerer Krankheit oder plötzlichem Tod des Tieres ist der Verkäufer unverzüglich zu verständigen. Der Verkäufer hat das Recht, zur Klärung der Situation auf Kosten des Käufers einen pathologischen Befund zu verlangen.

(3) Das Tier darf nicht für Tierversuche verwendet werden.

(4) Der Käufer ist verpflichtet, die als Liebhabertier verkaufte Katze bis spätestens zur Vollendung des 9. Lebensmonats auf seine Kosten kastrieren zu lassen und dem Verkäufer die Durchführung der Kastration binnen zwei Wochen nach der Kastration durch Vorlage einer tierärztlichen Original-Bescheinigung nachzuweisen. Als Sicherheitsleistung hinterlegt der Käufer beim Verkäufer 300,00 EUR. Die Sicherheitsleistung ist bei Übergabe des Tieres fällig. Sie wird an den Käufer zurück gezahlt, sobald der Käufer die Durchführung der vereinbarten Kastration durch Vorlage einer tierärztlichen Original-Bescheinigung nachgewiesen hat. Läßt der Käufer die Kastration (verschuldet oder unverschuldet) nicht fristgerecht durchführen (Stichtag ist der Termin der tatsächlichen Operation) oder weist er die Durchführung der Kastration nicht fristgerecht durch Vorlage einer tierärztlichen Original-Bescheinigung nach, dann verfällt sein Anspruch auf Rückzahlung der Sicherheitsleistung. Die Sicherheitsleistung verbleibt beim Verkäufer.

(5) Sollte die Katze erkranken, ist der Käufer verpflichtet, das Tier unverzüglich in die Behandlung eines Tierarztes zu geben.

(6) Der Käufer versichert, daß er das Tier für sich selbst erwirbt. Erwirbt der Käufer das Tier, ohne den Verkäufer vorher darüber zu informieren, im Auftrag eines Dritten, insbesondere für eine zoologischen Handlung, eine Tierversuchsanstalt, einen Tierkaufsvermittler oder sog. Massen- bzw. Schwarzzüchter, dann ist der

Verkäufer berechtigt, den Vertrag wegen arglistiger Täuschung nach § 142 BGB anzufechten. Der Verkäufer hat nach Anfechtung des Vertrages das Recht, die kostenfreie Rückgabe des Tiers zu fordern.

(7) Mit einer ausdrücklich als Liebhabertier verkauften Katze darf in keinem Fall gezüchtet werden.

(8) Der Käufer darf das Tier erst nach einer Eingewöhnungszeit von acht Wochen ab Übergabe zu einer Ausstellung mitnehmen.

(9) Sollte die Katze an Infektions- oder Erbkrankheiten, namentlich FIP (Feline Infektiöse Peritonitis), FeLV (Feline Leukämievirus; auch Leukose genannt), HCM/HKM (Hypertrophe Kardiomyopathie) oder PKD (Polyzystische Nierenerkrankung), erkranken, ist der Verkäufer sofort zu benachrichtigen.

§ 6 Vorkaufsrecht
(1) Der Käufer räumt dem Verkäufer für jeden Fall der entgeltlichen Veräußerung des Tieres ein Vorkaufsrecht ein.

(2) Der Käufer ist verpflichtet, dem Verkäufer binnen 14 Tagen nach Abschluß des Kaufvertrages Mitteilung über diese Veräußerung zu machen und dem Verkäufer eine Kopie des Kaufvertrages mit Namen und Adressen des neuen Käufers auszuhändigen.

(3) Will der Verkäufer von seinem Vorkaufsrecht Gebrauch machen, muß er dieses Recht innerhalb von 14 Tagen nach Eingang der Käufermitteilung ausüben.

(4) Bei jeder sonstigen (unentgeltlichen) Abgabe des Tieres räumt der Käufer dem Verkäufer ein Rückerwerbsrecht zu dem ursprünglich vereinbarten Kaufpreis ein. Der Kaufpreis verringert sich für jedes vollendete Lebensjahr des Tieres um fünf Prozent. Der Käufer ist verpflichtet, dem Verkäufer binnen 14 Tagen nach Abgabe des Tieres Mitteilung über diese Abgabe zu machen. Auch dieses Rückerwerbsrecht muß innerhalb von 14 Tagen nach Eingang der Mitteilung des Käufers ausgeübt werden.

(5) Das Tier darf nur kastriert an Dritte weitergegeben werden.

(6) Eine Abgabe des Tieres an Tierheime, Zoohandlungen, Versuchsanstalten, Pelztierfarmen oder Ähnliches ist dem Käufer untersagt.

(7) Macht der Verkäufer von seinem Vorkaufsrecht nicht Gebrauch, dann ist der Käufer verpflichtet, mit dem neuen Erwerber einen Schutzvertrag zu schließen, der die Rechte und Pflichten gegenüber dem Tier in gleicher Weise regelt wie dieser Kaufvertrag.

§ 7 Rückgabe des Tieres
(1) Der Käufer hat das Recht, innerhalb von vier Wochen seit Übergabe des Tieres durch schriftliche Anzeige an den Verkäufer vom Kaufvertrag zurück zu treten, wenn sich das Tier innerhalb dieser Zeit nicht in sein neues Zuhause eingewöhnt hat. In diesem Fall wird der Vertrag rückabgewickelt. Der Käufer gibt das Tier auf seine Kosten an den Verkäufer zurück. Der Verkäufer zahlt den Kaufpreis an den Käufer zurück.

(2) Soll das Tier in den Bestand des Verkäufers zurückkehren, hat der Käufer vor der Rückgabe auf seine Kosten ein aktuelles tierärztliches Gesundheitsattest auf Parasiten- und Hautpilzfreiheit und einen aktuellen Leukose-, Giardien-, Herpes- und FIV-Test beizubringen, die nicht älter als eine Woche sein dürfen. Stellt sich heraus, daß das Tier an Leukose, Giardien, Herpes oder FIV erkrankt ist, scheidet eine Rückabwicklung des Kaufvertrages aus.

§ 8 Vertragsstrafe
(1) Der Käufer ist verpflichtet, für jeden Verstoß gegen die Bestimmungen dieses Vertrages eine Vertragsstrafe in Höhe von 1.000,00 EUR an den Verkäufer zu zahlen.

(2) Auf ein Verschulden des Käufers kommt es nicht an.

(3) Der Käufer verzichtet ausdrücklich darauf, eine verwirkte Vertragsstrafe durch richterliche Entscheidung ändern zu lassen.

§ 9 Schlußbestimmungen
(1) Änderungen und Ergänzungen dieses Vertrages bedürfen zu ihrer Wirksamkeit der Schriftform. Das Schriftformerfordernis besteht auch für die Aufhebung des Schriftformerfordernisses. Mündliche Nebenabreden bestehen nicht.

(2) Sollte eine Bestimmung dieses Vertrages unwirksam sein, so wird die Wirksamkeit der übrigen Vertragsbestandteile davon nicht berührt. Sofern sich eine ungültige Bestimmung in anderer Weise ausführen läßt, sind die Vertragsparteien verpflichtet, die getroffene Vereinbarung entsprechend zu ändern oder zu ergänzen.

(3) Verkäufer und Käufer erhalten je eine Ausfertigung dieses Vertrages. Mit seiner Unterschrift bestätigt der Käufer, den Vertrag in Ruhe gelesen, jeden Punkt verstanden und sämtliche Vertragspunkte anerkannt zu haben.

§ 10 Zusatzvereinbarung
....
....

Ort:......................... Datum:................. ....
                                                                                                    Verkäufer
Ort:......................... Datum:................. ....
                                                                                                    Käufer

(7) Kaufvertrag Liebhabertier mit Stammbaum

➡ ausführlicher Vertrag
➡ Kastrat
➡ Käufer holt das Tier ab
➡ Besuchsrecht des Verkäufers

Dies ist ein Kaufvertrag über ein kastriertes Liebhabertier. Der Kaufpreis ist bei Abholung fällig. Der Käufer holt das Tier am Übergabetag beim Verkäufer ab. Der Verkäufer darf die Katze nach der Übergabe besuchen.

Kaufvertrag

Zwischen

....

Verkäufer

und

....

Käufer

wird folgende Vereinbarung getroffen:

§ 1 Kaufgegenstand
(1) Der Käufer erwirbt von der Verkäuferin folgende Katze:
Name: ....
Rasse:..
Geburtsdatum:................. Geschlecht: männlich ☐ weiblich ☐
Farbe:..
gechipt ☐ nicht gechipt ☐ Zuchtbuch-Nr.: ....
Stammbaum ausstellender Verein: ....
Vater: ....
Mutter:..
Die Katze ist kastriert ☐ und nicht trächtig ☐
Besonderheiten: ....
....

(2) Der Käufer erwirbt das Tier als **Liebhabertier**.

§ 2 Kaufpreis
(1) Der Kaufpreis beträgt …………….. EUR (in Worten: …………………………………..Euro).

(2) Bei AbSchluß des Kaufvertrages ist eine Anzahlung in Höhe von …………….. EUR fällig. Die Anzahlung ist in bar zu zahlen.

(3) Der Rest des Kaufpreises in Höhe von ………………. EUR ist bei Übergabe des Tieres in bar zu zahlen.

(4) Das Tier bleibt bis zur vollständigen Bezahlung des Kaufpreises im Eigentum des Verkäufers. Solange der Eigentumsvorbehalt besteht, darf der Käufer das Tier weder verkaufen, verschenken noch verpfänden.

(5) Zahlt der Käufer trotz Mahnung den vereinbarten Kaufpreis nicht, ist der Verkäufer berechtigt, vom Vertrag zurückzutreten und das Tier anderweitig zu verkaufen.

§ 3 Übergabe
(1) Der Übergabetermin wird schriftlich vereinbart (z. B. per E-Mail). Der Käufer holt das Tier auf seine Kosten beim Verkäufer ab.

(2) Der Impfausweis, ein aktuelles tierärztliches Gesundheitszeugnis, das nicht älter als drei Tage sein darf, und der Stammbaum werden dem Käufer zusammen mit dem Tier übergeben. Der Stammbaum wird unverzüglich nachgereicht, soweit das Tier noch nicht im Zuchtbuch eingetragen sein sollte.

(3) Kann der Käufer den vereinbarten Übergabetermin nicht einhalten, ist der Verkäufer berechtigt, für die Zeit bis zur Übergabe des Tiers pro Tag der Verzögerung eine Pauschale für Lebensunterhaltungskosten, Pflege und ggf. tiermedizinische Versorgung in Höhe von 5,00 EUR zu berechnen.

(4) Der Verkäufer ist berechtigt, vom Vertrag zurückzutreten, wenn der Käufer das Tier trotz schriftlicher Aufforderung nicht innerhalb von drei Monaten nach Abschluß des Kaufvertrages abnimmt. In diesem Fall verbleibt die Anzahlung als Vertragsstrafe beim Verkäufer.

(5) Der Verkäufer ist berechtigt, bis zur Übergabe des Tiers vom Vertrag zurückzutreten, wenn er den Eindruck hat, der Käufer werde seine Pflichten aus § 5 dieses Vertrages nicht erfüllen. In diesem Fall hat der Verkäufer dem Käufer geleistete Zahlungen binnen einer Woche ab Zugang der Rücktrittserklärung zu erstatten.

(6) Der Verkäufer hat das Recht, sich bis zum Ablauf von drei Monaten nach Übergabe des Tieres zweimal zu angemessenen Tageszeiten nach vorheriger Terminvereinbarung mit dem Käufer von der artgerechten Haltung und dem Gesundheitszustand der Katze zu überzeugen. Er hat dabei die Privatsphäre des Käufers in angemessener Weise zu berücksichtigen. Der Verkäufer ist berechtigt bei Zweifeln die Katze mitzunehmen und tierärztlich untersuchen zu lassen. Der Käufer ist verpflichtet, die Kosten der tierärztlichen Untersuchung und einer notwendigen Behandlung zu tragen. Sollte der untersuchende Tierarzt feststellen, daß die Katze durch nicht artgerechte Haltung und/oder Pflege erkrankt ist, hat der Käufer das Recht, binnen vier Wochen vom Kaufvertrag zurückzutreten. Die Frist beginnt zu laufen, sobald der Untersuchungsbefund des Tierarztes beim Verkäufer eingegangen ist. Der Käufer ist verpflichtet, die Katze, den Stammbaum und den Impfausweis an den Käufer zurückzugeben. Der Verkäufer ist berechtigt, den erhaltenen Kaufpreis zu als Vertragsstrafe zu behalten. Der Betrag wird auf die nach § 8 dieser Vereinbarung verwirkte Vertragsstrafe angerechnet.

§ 4 Gewährleistung

(1) Der Käufer übernimmt das Tier wie besichtigt. Der Verkäufer hat das Tier zuletzt am ……. tierärztlich untersuchen lassen. Bei dieser Untersuchung wurden keine negativen Befunde bzw. Beeinträchtigungen festgestellt. Das tierärztliche Zeugnis vom ………… wird Bestandteil dieses Vertrages.

(2) Der Verkäufer versichert, daß ihm offensichtliche oder verborgene Mängel und Krankheiten des Tieres nicht bekannt sind. Das Tier ist bei der Übergabe entwurmt, frei von ansteckenden Krankheiten und gegen Katzenseuche, Katzenschnupfen, Chlamydien und Tollwut geimpft. Das Tier ist, stubenrein, entwöhnt

und frei von Ungeziefer. Eine Garantie für spezifische Charaktereigenschaften des Tieres, Ausstellungserfolge oder die weitere Entwicklung des Tieres kann der Verkäufer nicht übernehmen.

(3) Mängel oder Krankheiten des Tieres, die zum Zeitpunkt des Verkaufs bestehen sollten und bekannt sind, werden von beiden Parteien in diesem Vertrag schriftlich niedergelegt und können zu einem späteren Zeitpunkt nicht beanstandet werden.

(4) Die Gefahr der Verschlechterung, später auftretender Krankheiten, der Wesensentwicklung, wachstumsbedingter Veränderungen der Rasse- und Farbmerkmale oder des Verlusts geht mit der Übergabe der Katze auf den Käufer über.

(5) Der Verkäufer versichert, daß das Tier entsprechend der aktuellen Zuchtordnung des den Stammbaum ausstellenden Vereins gezüchtet wurde.

(6) Der Verkäufer gewährleistet die Richtigkeit der das Tier betreffenden Angaben im Stammbaum bzw., wenn das Tier noch nicht im Zuchtbuch eingetragen ist, die Richtigkeit der das Tier betreffenden Angaben in der Meldung zum Zuchtbuch.

§ 5 Pflichten des Käufers

(1) Der Käufer versichert, daß er das Tier in seiner Wohnung/seinem Haus halten darf. Er verpflichtet sich, das Tier art- und verhaltensgerecht zu halten, zu versorgen, es regelmäßig zu entwurmen, die notwendigen Impfungen, Untersuchungen und tierärztlichen Behandlungen durchführen zu lassen sowie das Tierschutzgesetz und dessen Nebenbestimmungen zu beachten. Das Tier darf nicht von Menschen ferngehalten oder in einem Käfig oder ausschließlich in einem Raum mit einer Grundfläche von weniger als 12 qm gehalten werden.

(2) Bei schwerer Krankheit oder plötzlichem Tod des Tieres ist der Verkäufer unverzüglich zu verständigen. Der Verkäufer hat das Recht, zur Klärung der Situation auf Kosten des Käufers einen pathologischen Befund zu verlangen.

(3) Das Tier darf nicht für Tierversuche verwendet werden.

(4) Sollte die Katze erkranken, ist der Käufer verpflichtet, das Tier unverzüglich in die Behandlung eines Tierarztes zu geben.

(5) Der Käufer versichert, daß er das Tier für sich selbst erwirbt. Erwirbt der Käufer das Tier, ohne den Verkäufer vorher darüber zu informieren, im Auftrag eines Dritten, insbesondere für eine zoologischen Handlung, eine Tierversuchsanstalt, einen Tierkaufsvermittler oder sog. Massen- bzw. Schwarzzüchter, dann ist der Verkäufer berechtigt, den Vertrag wegen arglistiger Täuschung nach § 142 BGB anzufechten. Der Verkäufer hat nach Anfechtung des Vertrages das Recht, die kostenfreie Rückgabe des Tiers zu fordern.

(6) Der Käufer darf das Tier erst nach einer Eingewöhnungszeit von acht Wochen ab Übergabe zu einer Ausstellung mitnehmen.

(7) Sollte die Katze an Infektions- oder Erbkrankheiten, namentlich FIP (Feline Infektiöse Peritonitis), FeLV (Feline Leukämievirus; auch Leukose genannt), HCM/HKM (Hypertrophe Kardiomyopathie) oder PKD (Polyzystische Nierenerkrankung), erkranken, ist der Verkäufer sofort zu benachrichtigen.

§ 6 Vorkaufsrecht
(1) Der Käufer räumt dem Verkäufer für jeden Fall der entgeltlichen Veräußerung des Tieres ein Vorkaufsrecht ein.

(2) Der Käufer ist verpflichtet, dem Verkäufer binnen 14 Tagen nach Abschluß des Kaufvertrages Mitteilung über diese Veräußerung zu machen und dem Verkäufer eine Kopie des Kaufvertrages mit Namen und Adressen des neuen Käufers auszuhändigen.

(3) Will der Verkäufer von seinem Vorkaufsrecht Gebrauch machen, muß er dieses Recht innerhalb von 14 Tagen nach Eingang der Käufermitteilung ausüben.

(4) Bei jeder sonstigen (unentgeltlichen) Abgabe des Tieres räumt der Käufer dem Verkäufer ein Rückerwerbsrecht zu dem ursprünglich vereinbarten Kaufpreis ein. Der Kaufpreis verringert sich für jedes vollendete Lebensjahr des Tieres um fünf Prozent. Der Käufer ist verpflichtet, dem Verkäufer binnen 14 Tagen nach Abgabe des Tieres Mitteilung über diese Abgabe zu machen. Auch dieses Rückerwerbsrecht muß innerhalb von 14 Tagen nach Eingang der Mitteilung des Käufers ausgeübt werden.

(5) Eine Abgabe des Tieres an Tierheime, Zoohandlungen, Versuchsanstalten, Pelztierfarmen oder Ähnliches ist dem Käufer untersagt.

(6) Macht der Verkäufer von seinem Vorkaufsrecht nicht Gebrauch, dann ist der Käufer verpflichtet, mit dem neuen Erwerber einen Schutzvertrag zu schließen, der die Rechte und Pflichten gegenüber dem Tier in gleicher Weise regelt wie dieser Kaufvertrag.

§ 7 Rückgabe des Tieres
(1) Der Käufer hat das Recht, innerhalb von vier Wochen seit Übergabe des Tieres durch schriftliche Anzeige an den Verkäufer vom Kaufvertrag zurück zu treten, wenn sich das Tier innerhalb dieser Zeit nicht in sein neues Zuhause eingewöhnt hat. In diesem Fall wird der Vertrag rückabgewickelt. Der Käufer gibt das Tier auf seine Kosten an den Verkäufer zurück. Der Verkäufer zahlt den Kaufpreis an den Käufer zurück.

(2) Soll das Tier in den Bestand des Verkäufers zurückkehren, hat der Käufer vor der Rückgabe auf seine Kosten ein aktuelles tierärztliches Gesundheitsattest auf Parasiten- und Hautpilzfreiheit und einen aktuellen Leukose-, Giardien-, Herpes- und FIV-Test beizubringen, die nicht älter als eine Woche sein dürfen. Stellt sich heraus, daß das Tier an Leukose, Giardien, Herpes oder FIV erkrankt ist, scheidet eine Rückabwicklung des Kaufvertrages aus.

§ 8 Vertragsstrafe
(1) Der Käufer ist verpflichtet, für jeden Verstoß gegen die Bestimmungen dieses Vertrages eine Vertragsstrafe in Höhe von 1.000,00 EUR an den Verkäufer zu zahlen.

(2) Auf ein Verschulden des Käufers kommt es nicht an.

(3) Der Käufer verzichtet ausdrücklich darauf, eine verwirkte Vertragsstrafe durch richterliche Entscheidung ändern zu lassen.

§ 9 Schlußbestimmungen

(1) Änderungen und Ergänzungen dieses Vertrages bedürfen zu ihrer Wirksamkeit der Schriftform. Das Schriftformerfordernis besteht auch für die Aufhebung des Schriftformerfordernisses. Mündliche Nebenabreden bestehen nicht.

(2) Sollte eine Bestimmung dieses Vertrages unwirksam sein, so wird die Wirksamkeit der übrigen Vertragsbestandteile davon nicht berührt. Sofern sich eine ungültige Bestimmung in anderer Weise ausführen läßt, sind die Vertragsparteien verpflichtet, die getroffene Vereinbarung entsprechend zu ändern oder zu ergänzen.

(3) Verkäufer und Käufer erhalten je eine Ausfertigung dieses Vertrages. Mit seiner Unterschrift bestätigt der Käufer, den Vertrag in Ruhe gelesen, jeden Punkt verstanden und sämtliche Vertragspunkte anerkannt zu haben.

§ 10 Zusatzvereinbarung
....
....

Ort:......................... Datum:.................. ....
                                                                                             Verkäufer

Ort:......................... Datum:.................. ....
                                                                                              Käufer

(8) Kaufvertrag älteres Liebhabertier

➡ ausführlicher Vertrag
➡ das Tier ist älter als neun Monate
➡ mit Stammbaum
➡ die Katze ist nicht kastriert
➡ Verkäufer bringt das Tier ins neue Zuhause
➡ Verkürzung der Gewährleistungsfrist
➡ Kastrationspflicht

In diesem Kaufvertrag geht es um ein „gebrauchtes" Tier, also ein Tier, das kein Kitten mehr ist. In diesem Fall darf auch beim Verbrauchsgüterkauf die Gewährleistungsfrist verkürzt werden. Die Katze ist nicht kastriert. Der Verkäufer bringt sie am Übergabetag in ihr neues Zuhause, hat aber kein Besuchsrecht. Der Käufer ist verpflichtet, die Katze kastrieren zu lassen, sobald sie ein bestimmtes Alter erreicht hat.

Kaufvertrag

Zwischen

………………………………………………………………………………………..

Verkäufer

und

………………………………………………………………………………………

Käufer

wird folgende Vereinbarung getroffen:

§ 1 Kaufgegenstand
(1) Der Käufer erwirbt von der Verkäuferin folgende Katze:
Name: …………………………………………………..………………………….
Rasse:………………………………………...…………………………………….
Geburtsdatum:………………… Geschlecht: männlich ☐ weiblich ☐
Farbe:………………………………...……………………………………………
gechipt ☐ nicht gechipt ☐ Zuchtbuch-Nr.: ……..………………………

Stammbaum ausstellender Verein: ....
Vater: ....
Mutter: ....
Die Katze ist kastriert ☐ und nicht trächtig ☐
Vorläufiges Abgabedatum: ....
Besonderheiten: ....
....

(2) Der Käufer erwirbt das Tier als Liebhabertier.

§ 2 Kaufpreis
(1) Der Kaufpreis beträgt .... EUR (in Worten: ....Euro).

(2) Bei Abschluß des Kaufvertrages ist eine Anzahlung in Höhe von .... EUR fällig. Die Anzahlung ist in bar zu zahlen.

(3) Der Rest des Kaufpreises in Höhe von .... EUR ist bei Übergabe des Tieres in bar zu zahlen.

(4) Das Tier bleibt bis zur vollständigen Bezahlung des Kaufpreises im Eigentum des Verkäufers. Solange der Eigentumsvorbehalt besteht, darf der Käufer das Tier weder verkaufen, verschenken noch verpfänden.

(5) Zahlt der Käufer trotz Mahnung den vereinbarten Kaufpreis nicht, ist der Verkäufer berechtigt, vom Vertrag zurückzutreten und das Tier anderweitig zu verkaufen.

§ 3 Übergabe
(1) Die Katze wird erst nach Vollendung des neunten Lebensmonats an den Käufer übergeben. Der Verkäufer bringt die Katze auf seine Kosten in ihr neues Zuhause. Der Übergabetermin wird schriftlich vereinbart (z. B. per E-Mail).

(2) Der Impfausweis, ein aktuelles tierärztliches Gesundheitszeugnis, das nicht älter als drei Tage sein darf, und der Stammbaum werden dem Käufer zusammen mit

dem Tier übergeben. Der Stammbaum wird unverzüglich nachgereicht, soweit das Tier noch nicht im Zuchtbuch eingetragen sein sollte.

(3) Kann der Käufer den vereinbarten Übergabetermin nicht einhalten, ist der Verkäufer berechtigt, für die Zeit bis zur Übergabe des Tiers pro Tag der Verzögerung eine Pauschale für Lebensunterhaltungskosten, Pflege und ggf. tiermedizinische Versorgung in Höhe von 5,00 EUR zu berechnen.

(4) Der Verkäufer ist berechtigt, vom Vertrag zurückzutreten, wenn der Käufer das Tier trotz schriftlicher Aufforderung nicht innerhalb von drei Monaten nach Abschluß des Kaufvertrages abnimmt. In diesem Fall verbleibt die Anzahlung als Vertragsstrafe beim Verkäufer.

(5) Der Verkäufer ist berechtigt, bis zur Übergabe des Tiers vom Vertrag zurückzutreten, wenn er den Eindruck hat, der Käufer werde seine Pflichten aus § 5 dieses Vertrages nicht erfüllen. In diesem Fall hat der Verkäufer dem Käufer geleistete Zahlungen binnen einer Woche ab Zugang der Rücktrittserklärung zu erstatten.

§ 4 Gewährleistung

(1) Der Käufer übernimmt das Tier wie besichtigt. Der Verkäufer hat das Tier zuletzt am .... tierärztlich untersuchen lassen. Bei dieser Untersuchung wurden keine negativen Befunde bzw. Beeinträchtigungen festgestellt. Das tierärztliche Zeugnis vom .... wird Bestandteil dieses Vertrages.

(2) Der Verkäufer versichert, daß ihm offensichtliche oder verborgene Mängel und Krankheiten des Tieres nicht bekannt sind. Das Tier stammt von gesunden, leukosefreien Eltern. Es ist bei der Übergabe entwurmt, frei von ansteckenden Krankheiten und gegen Katzenseuche, Katzenschnupfen, Chlamydien und Tollwut geimpft. Auf Wunsch des Käufers kann das Tier auf Kosten des Käufers zusätzlich gegen Leukose geimpft werden. Eine Impfung gegen FIP erfolgt nicht. Das Tier ist, stubenrein, entwöhnt und frei von Ungeziefer. Eine Garantie für spezifische Wesens- und Charaktereigenschaften des Tieres, den Körperbau, zukünftige Zuchttauglichkeit, Ausstellungserfolge oder die weitere Entwicklung des Tieres kann der Verkäufer nicht übernehmen.

(3) Mängel oder Krankheiten des Tieres, die zum Zeitpunkt des Verkaufs bestehen sollten und bekannt sind, werden von beiden Parteien in diesem Vertrag schriftlich niedergelegt und können zu einem späteren Zeitpunkt nicht beanstandet werden.

(4) Die Gefahr der Verschlechterung, später auftretender Krankheiten, der Wesensentwicklung, wachstumsbedingter Veränderungen der Rasse- und Farbmerkmale oder des Verlusts geht mit der Übergabe der Katze auf den Käufer über.

(5) Der Verkäufer versichert, daß das Tier entsprechend der aktuellen Zuchtordnung des den Stammbaum ausstellenden Vereins gezüchtet wurde.

(7) Der Verkäufer gewährleistet die Richtigkeit der das Tier betreffenden Angaben im Stammbaum bzw., wenn das Tier noch nicht im Zuchtbuch eingetragen ist, die Richtigkeit der das Tier betreffenden Angaben in der Meldung zum Zuchtbuch.

(8) Die Gewährleistungsfrist beträt ein Jahr. Sie beginnt mit der Übergabe der Katze an den Käufer zu laufen.

§ 5 Pflichten des Käufers

(1) Der Käufer versichert, daß er das Tier in seiner Wohnung/seinem Haus halten darf. Er verpflichtet sich, das Tier art- und verhaltensgerecht zu halten, zu versorgen, zu beaufsichtigen, es nicht unkontrolliert herumstreunen zu lassen, es regelmäßig zu entwurmen, die notwendigen Impfungen, Untersuchungen und tierärztlichen Behandlungen durchführen zu lassen sowie das Tierschutzgesetz und dessen Nebenbestimmungen zu beachten. Das Tier darf nicht gequält oder mißhandelt, von Menschen ferngehalten oder in einem Käfig oder ausschließlich in einem Raum mit einer Grundfläche von weniger als 12 qm gehalten werden.

(2) Bei schwerer Krankheit oder plötzlichem Tod des Tieres ist der Verkäufer unverzüglich zu verständigen. Der Verkäufer hat das Recht, zur Klärung der Situation auf Kosten des Käufers einen pathologischen Befund zu verlangen.

(3) Das Tier darf nicht für Tierversuche verwendet werden.

(4) Der Käufer ist verpflichtet, die als Liebhabertier verkaufte Katze bis spätestens zur Vollendung des 18. Lebensmonats auf seine Kosten kastrieren zu lassen und

dem Verkäufer die Durchführung der Kastration binnen zwei Wochen nach der Kastration durch Vorlage einer tierärztlichen Original-Bescheinigung nachzuweisen. Als Sicherheitsleistung hinterlegt der Käufer beim Verkäufer 300,00 EUR. Die Sicherheitsleistung ist bei Übergabe des Tieres fällig. Sie wird an den Käufer zurück gezahlt, sobald der Käufer die Durchführung der vereinbarten Kastration durch Vorlage einer tierärztlichen Original-Bescheinigung nachgewiesen hat. Läßt der Käufer die Kastration (verschuldet oder unverschuldet) nicht fristgerecht durchführen (Stichtag ist der Termin der tatsächlichen Operation) oder weist er die Durchführung der Kastration nicht fristgerecht durch Vorlage einer tierärztlichen Original-Bescheinigung nach, dann verfällt sein Anspruch auf Rückzahlung der Sicherheitsleistung. Die Sicherheitsleistung verbleibt beim Verkäufer.

(5) Sollte die Katze erkranken, ist der Käufer verpflichtet, das Tier unverzüglich in die Behandlung eines Tierarztes zu geben.

(6) Der Käufer versichert, daß er das Tier für sich selbst erwirbt. Erwirbt der Käufer das Tier, ohne den Verkäufer vorher darüber zu informieren, im Auftrag eines Dritten, insbesondere für eine zoologischen Handlung, eine Tierversuchsanstalt, einen Tierkaufsvermittler oder sog. Massen- bzw. Schwarzzüchter, dann ist der Verkäufer berechtigt, den Vertrag wegen arglistiger Täuschung nach § 142 BGB anzufechten. Der Verkäufer hat nach Anfechtung des Vertrages das Recht, die kostenfreie Rückgabe des Tiers zu fordern.

(7) Mit einer ausdrücklich als Liebhabertier verkauften Katze darf in keinem Fall gezüchtet werden.

(8) Der Käufer darf das Tier erst nach einer Eingewöhnungszeit von acht Wochen ab Übergabe zu einer Ausstellung mitnehmen.

(9) Sollte die Katze an Infektions- oder Erbkrankheiten, namentlich FIP (Feline Infektiöse Peritonitis), FeLV (Feline Leukämievirus; auch Leukose genannt), HCM/HKM (Hypertrophe Kardiomyopathie) oder PKD (Polyzystische Nierenerkrankung), erkranken, ist der Verkäufer sofort zu benachrichtigen.

§ 6 Vorkaufsrecht

(1) Der Käufer räumt dem Verkäufer für jeden Fall der entgeltlichen Veräußerung des Tieres ein Vorkaufsrecht ein.

(2) Der Käufer ist verpflichtet, dem Verkäufer binnen 14 Tagen nach AbSchluß des Kaufvertrages Mitteilung über diese Veräußerung zu machen und dem Verkäufer eine Kopie des Kaufvertrages mit Namen und Adressen des neuen Käufers auszuhändigen.

(3) Will der Verkäufer von seinem Vorkaufsrecht Gebrauch machen, muß er dieses Recht innerhalb von 14 Tagen nach Eingang der Käufermittelung ausüben.

(4) Bei jeder sonstigen (unentgeltlichen) Abgabe des Tieres räumt der Käufer dem Verkäufer ein Rückerwerbsrecht zu dem ursprünglich vereinbarten Kaufpreis ein. Der Kaufpreis verringert sich für jedes vollendete Lebensjahr des Tieres um fünf Prozent. Der Käufer ist verpflichtet, dem Verkäufer binnen 14 Tagen nach Abgabe des Tieres Mitteilung über diese Abgabe zu machen. Auch dieses Rückerwerbsrecht muß innerhalb von 14 Tagen nach Eingang der Mitteilung des Käufers ausgeübt werden.

(5) Das Tier darf nur kastriert an Dritte weitergegeben werden.

(6) Eine Abgabe des Tieres an Tierheime, Zoohandlungen, Versuchsanstalten, Pelztierfarmen oder Ähnliches ist dem Käufer untersagt.

(7) Macht der Verkäufer von seinem Vorkaufsrecht nicht Gebrauch, dann ist der Käufer verpflichtet, mit dem neuen Erwerber einen Schutzvertrag zu schließen, der die Rechte und Pflichten gegenüber dem Tier in gleicher Weise regelt wie dieser Kaufvertrag.

§ 7 Rückgabe des Tieres

(1) Der Käufer hat das Recht, innerhalb von vier Wochen seit Übergabe des Tieres durch schriftliche Anzeige an den Verkäufer vom Kaufvertrag zurück zu treten, wenn sich das Tier innerhalb dieser Zeit nicht in sein neues Zuhause eingewöhnt hat. In diesem Fall wird der Vertrag rückabgewickelt. Der Käufer gibt das Tier auf

seine Kosten an den Verkäufer zurück. Der Verkäufer zahlt den Kaufpreis an den Käufer zurück.

(2) Soll das Tier in den Bestand des Verkäufers zurückkehren, hat der Käufer vor der Rückgabe auf seine Kosten ein aktuelles tierärztliches Gesundheitsattest auf Parasiten- und Hautpilzfreiheit und einen aktuellen Leukose-, Giardien-, Herpes- und FIV-Test beizubringen, die nicht älter als eine Woche sein dürfen. Stellt sich heraus, daß das Tier an Leukose, Giardien, Herpes oder FIV erkrankt ist, scheidet eine Rückabwicklung des Kaufvertrages aus.

§ 8 Vertragsstrafe
(1) Der Käufer ist verpflichtet, für jeden Verstoß gegen die Bestimmungen dieses Vertrages eine Vertragsstrafe in Höhe von 1.000,00 EUR an den Verkäufer zu zahlen.

(2) Auf ein Verschulden des Käufers kommt es nicht an.

(3) Der Käufer verzichtet ausdrücklich darauf, eine verwirkte Vertragsstrafe durch richterliche Entscheidung ändern zu lassen.

§ 9 Schlußbestimmungen
(1) Änderungen und Ergänzungen dieses Vertrages bedürfen zu ihrer Wirksamkeit der Schriftform. Das Schriftformerfordernis besteht auch für die Aufhebung des Schriftformerfordernisses. Mündliche Nebenabreden bestehen nicht.

(2) Sollte eine Bestimmung dieses Vertrages unwirksam sein, so wird die Wirksamkeit der übrigen Vertragsbestandteile davon nicht berührt. Sofern sich eine ungültige Bestimmung in anderer Weise ausführen läßt, sind die Vertragsparteien verpflichtet, die getroffene Vereinbarung entsprechend zu ändern oder zu ergänzen.

(3) Verkäufer und Käufer erhalten je eine Ausfertigung dieses Vertrages. Mit seiner Unterschrift bestätigt der Käufer, den Vertrag in Ruhe gelesen, jeden Punkt verstanden und sämtliche Vertragspunkte anerkannt zu haben.

§ 10 Zusatzvereinbarung
....
....

Ort:............................ Datum:................   ....
                                                        Verkäufer

Ort:............................ Datum:................   ....
                                                        Käufer

(9) Kaufvertrag mit einem Hobbyzüchter

➡ Käufer ist Verbraucher
➡ ausführlicher Vertrag
➡ Zuchttier
➡ Käufer holt das Tier ab
➡ Besuchsrecht des Verkäufers

In diesem Vertrag geht es um eine Zuchtkatze, die an einen Verbraucher verkauft wird, also einen Hobbyzüchter, der noch nicht als Unternehmer/Gewerbetreibender gilt. Der Käufer genießt hier den vollen Verbraucherschutz nach den Bestimmungen über den Verbrauchsgüterkauf. Dieses Vertragsmuster sollte immer dann gewählt werden, wenn die Vertragsparteien sich nicht sicher sind, ob sie Unternehmer oder Verbraucher im Sinne des Gesetzes sind. Der Käufer holt hier die Katze am Übergabetag beim Verkäufer ab. Der Verkäufer darf die Katze in ihrem neuen Zuhause besuchen.

Kaufvertrag

Zwischen

....

Verkäufer

und

....

Käufer

wird folgende Vereinbarung getroffen:

§ 1 Kaufgegenstand
(1) Der Käufer erwirbt von der Verkäuferin folgende Katze:
Name: ....
Rasse:...
Geburtsdatum:..................... Geschlecht: männlich ☐ weiblich ☐
Farbe:..........................Zuchtbuch-Nr: ….............................
Stammbaum ausstellender Verein: ….....................................

Vater: ………………………………………………………………………
Mutter:………………………………………………..………………………
Die Katze ist nicht kastriert ☐   und nicht trächtig ☐
Besonderheiten: ………………………………………………………………
………………………………………………………………………………..

(2) Der Käufer erwirbt das Tier als **Zuchttier**.

§ 2 Kaufpreis
(1) Der Kaufpreis beträgt …………….. EUR (in Worten: …………………………………..Euro).

(2) Bei Abschluß des Kaufvertrages ist eine Anzahlung in Höhe von …………….. EUR fällig. Die Anzahlung ist in bar zu zahlen.

(3) Der Rest des Kaufpreises in Höhe von ………………. EUR ist bei Übergabe des Tieres in bar zu zahlen.

(4) Das Tier bleibt bis zur vollständigen Bezahlung des Kaufpreises im Eigentum des Verkäufers. Solange der Eigentumsvorbehalt besteht, darf der Käufer das Tier weder verkaufen, verschenken noch verpfänden.

(5) Zahlt der Käufer trotz Mahnung den vereinbarten Kaufpreis nicht, ist der Verkäufer berechtigt, vom Vertrag zurückzutreten und das Tier anderweitig zu verkaufen.

§ 3 Übergabe
(1) Der Übergabetermin wird schriftlich vereinbart (z. B. per E-Mail). Der Käufer holt das Tier auf seine Kosten beim Verkäufer ab.

(2) Der Impfausweis, ein aktuelles tierärztliches Gesundheitszeugnis, das nicht älter als drei Tage sein darf, und der Stammbaum werden dem Käufer zusammen mit dem Tier übergeben. Der Stammbaum wird unverzüglich nachgereicht, soweit das Tier noch nicht im Zuchtbuch eingetragen sein sollte.

(3) Kann der Käufer den vereinbarten Übergabetermin nicht einhalten, ist der Verkäufer berechtigt, für die Zeit bis zur Übergabe des Tiers pro Tag der Verzögerung eine Pauschale für Lebensunterhaltungskosten, Pflege und ggf. tiermedizinische Versorgung in Höhe von 5,00 EUR zu berechnen.

(4) Der Verkäufer ist berechtigt, vom Vertrag zurückzutreten, wenn der Käufer das Tier trotz schriftlicher Aufforderung nicht innerhalb von drei Monaten nach Abschluß des Kaufvertrages abnimmt. In diesem Fall verbleibt die Anzahlung als Vertragsstrafe beim Verkäufer.

(5) Der Verkäufer ist berechtigt, bis zur Übergabe des Tiers vom Vertrag zurückzutreten, wenn er den Eindruck hat, der Käufer werde seine Pflichten aus § 5 dieses Vertrages nicht erfüllen. In diesem Fall hat der Verkäufer dem Käufer geleistete Zahlungen binnen einer Woche ab Zugang der Rücktrittserklärung zu erstatten.

(6) Der Verkäufer hat das Recht, sich bis zum Ablauf von drei Monaten nach Übergabe des Tieres zweimal zu angemessenen Tageszeiten nach vorheriger Terminvereinbarung mit dem Käufer von der artgerechten Haltung und dem Gesundheitszustand der Katze zu überzeugen. Er hat dabei die Privatsphäre des Käufers in angemessener Weise zu berücksichtigen. Der Verkäufer ist berechtigt bei Zweifeln die Katze mitzunehmen und tierärztlich untersuchen zu lassen. Der Käufer ist verpflichtet, die Kosten der tierärztlichen Untersuchung und einer notwendigen Behandlung zu tragen. Sollte der untersuchende Tierarzt feststellen, daß die Katze durch nicht artgerechte Haltung und/oder Pflege erkrankt ist, hat der Käufer das Recht, binnen vier Wochen vom Kaufvertrag zurückzutreten. Die Frist beginnt zu laufen, sobald der Untersuchungsbefund des Tierarztes beim Verkäufer eingegangen ist. Der Käufer ist verpflichtet, die Katze, den Stammbaum und den Impfausweis an den Käufer zurückzugeben. Der Verkäufer ist berechtigt, den erhaltenen Kaufpreis zu als Vertragsstrafe zu behalten. Der Betrag wird auf die nach § 8 dieser Vereinbarung verwirkte Vertragsstrafe angerechnet.

§ 4 Gewährleistung
(1) Der Käufer übernimmt das Tier wie besichtigt. Der Verkäufer hat das Tier zuletzt am ……. tierärztlich untersuchen lassen. Bei dieser Untersuchung wurden keine negativen Befunde bzw. Beeinträchtigungen festgestellt. Das tierärztliche Zeugnis vom …………. wird Bestandteil dieses Vertrages.

(2) Der Verkäufer versichert, daß ihm offensichtliche oder verborgene Mängel und Krankheiten des Tieres nicht bekannt sind. Das Tier ist bei der Übergabe entwurmt, frei von ansteckenden Krankheiten und gegen Katzenseuche, Katzenschnupfen, Chlamydien und Tollwut geimpft. Das Tier ist, stubenrein, entwöhnt und frei von Ungeziefer. Eine Garantie für spezifische Charaktereigenschaften des Tieres, zukünftige Zuchttauglichkeit, Ausstellungserfolge oder die weitere Entwicklung des Tieres kann der Verkäufer nicht übernehmen.

(3) Mängel oder Krankheiten des Tieres, die zum Zeitpunkt des Verkaufs bestehen sollten und bekannt sind, werden von beiden Parteien in diesem Vertrag schriftlich niedergelegt und können zu einem späteren Zeitpunkt nicht beanstandet werden.

(4) Die Gefahr der Verschlechterung, später auftretender Krankheiten, der Wesensentwicklung, wachstumsbedingter Veränderungen der Rasse- und Farbmerkmale oder des Verlusts geht mit der Übergabe der Katze auf den Käufer über.

(5) Der Verkäufer versichert, daß das Tier entsprechend der aktuellen Zuchtordnung des den Stammbaum ausstellenden Vereins gezüchtet wurde.

(6) Der Verkäufer gewährleistet die Richtigkeit der das Tier betreffenden Angaben im Stammbaum bzw., wenn das Tier noch nicht im Zuchtbuch eingetragen ist, die Richtigkeit der das Tier betreffenden Angaben in der Meldung zum Zuchtbuch.

§ 5 Pflichten des Käufers

(1) Der Käufer versichert, daß er das Tier in seiner Wohnung/seinem Haus halten darf. Er verpflichtet sich, das Tier art- und verhaltensgerecht zu halten, zu versorgen, es regelmäßig zu entwurmen, die notwendigen Impfungen, Untersuchungen und tierärztlichen Behandlungen durchführen zu lassen sowie das Tierschutzgesetz und dessen Nebenbestimmungen zu beachten. Das Tier darf nicht von Menschen ferngehalten oder in einem Käfig oder ausschließlich in einem Raum mit einer Grundfläche von weniger als 12 qm gehalten werden.

(2) Bei schwerer Krankheit oder plötzlichem Tod des Tieres ist der Verkäufer unverzüglich zu verständigen. Der Verkäufer hat das Recht, zur Klärung der Situation auf Kosten des Käufers einen pathologischen Befund zu verlangen.

(3) Das Tier darf nicht für Tierversuche verwendet werden.

(4) Sollte die Katze erkranken, ist der Käufer verpflichtet, das Tier unverzüglich in die Behandlung eines Tierarztes zu geben.

(5) Der Käufer versichert, daß er das Tier für sich selbst erwirbt. Erwirbt der Käufer das Tier, ohne den Verkäufer vorher darüber zu informieren, im Auftrag eines Dritten, insbesondere für eine zoologischen Handlung, eine Tierversuchsanstalt, einen Tierkaufsvermittler oder sog. Massen- bzw. Schwarzzüchter, dann ist der Verkäufer berechtigt, den Vertrag wegen arglistiger Täuschung nach § 142 BGB anzufechten. Der Verkäufer hat nach Anfechtung des Vertrages das Recht, die kostenfreie Rückgabe des Tiers zu fordern.

(6) Der Käufer verpflichtet er sich, soweit noch nicht geschehen, einem eingetragenen Katzenzuchtverein beizutreten, sich dort an die Haltungs- und Zuchtrichtlinien der Vereinssatzung zu halten und das Tier nur innerhalb der eigenen Rasse zu verpaaren. Als „Zucht" gilt auch die einmalige Verpaarung dieses Tiers mit einer Katze oder einem Kater derselben Rasse mit dem Ziel der Welpenaufzucht.

(7) Der Käufer darf das Tier erst nach einer Eingewöhnungszeit von acht Wochen ab Übergabe zu einer Ausstellung mitnehmen.

(8) Sollte die Katze an Infektions- oder Erbkrankheiten, namentlich FIP (Feline Infektiöse Peritonitis), FeLV (Feline Leukämievirus; auch Leukose genannt), HCM/HKM (Hypertrophe Kardiomyopathie) oder PKD (Polyzystische Nierenerkrankung), erkranken, ist der Verkäufer sofort zu benachrichtigen.

§ 6 Vorkaufsrecht

(1) Der Käufer räumt dem Verkäufer für jeden Fall der entgeltlichen Veräußerung des Tieres ein Vorkaufsrecht ein.

(2) Der Käufer ist verpflichtet, dem Verkäufer binnen 14 Tagen nach Abschluß des Kaufvertrages Mitteilung über diese Veräußerung zu machen und dem Verkäufer eine Kopie des Kaufvertrages mit Namen und Adressen des neuen Käufers auszuhändigen.

(3) Will der Verkäufer von seinem Vorkaufsrecht Gebrauch machen, muß er dieses Recht innerhalb von 14 Tagen nach Eingang der Käufermittelung ausüben.

(4) Bei jeder sonstigen (unentgeltlichen) Abgabe des Tieres räumt der Käufer dem Verkäufer ein Rückerwerbsrecht zu dem ursprünglich vereinbarten Kaufpreis ein. Der Kaufpreis verringert sich für jedes vollendete Lebensjahr des Tieres um fünf Prozent. Der Käufer ist verpflichtet, dem Verkäufer binnen 14 Tagen nach Abgabe des Tieres Mitteilung über diese Abgabe zu machen. Auch dieses Rückerwerbsrecht muß innerhalb von 14 Tagen nach Eingang der Mitteilung des Käufers ausgeübt werden.

(5) Das Tier darf nur kastriert an Dritte weitergegeben werden.

(6) Eine Abgabe des Tieres an Tierheime, Zoohandlungen, Versuchsanstalten, Pelztierfarmen oder Ähnliches ist dem Käufer untersagt.

(7) Macht der Verkäufer von seinem Vorkaufsrecht nicht Gebrauch, dann ist der Käufer verpflichtet, mit dem neuen Erwerber einen Schutzvertrag zu schließen, der die Rechte und Pflichten gegenüber dem Tier in gleicher Weise regelt wie dieser Kaufvertrag.

§ 7 Rückgabe des Tieres
(1) Der Käufer hat das Recht, innerhalb von vier Wochen seit Übergabe des Tieres durch schriftliche Anzeige an den Verkäufer vom Kaufvertrag zurück zu treten, wenn sich das Tier innerhalb dieser Zeit nicht in sein neues Zuhause eingewöhnt hat. In diesem Fall wird der Vertrag rückabgewickelt. Der Käufer gibt das Tier auf seine Kosten an den Verkäufer zurück. Der Verkäufer zahlt den Kaufpreis an den Käufer zurück.

(2) Soll das Tier in den Bestand des Verkäufers zurückkehren, hat der Käufer vor der Rückgabe auf seine Kosten ein aktuelles tierärztliches Gesundheitsattest auf Parasiten- und Hautpilzfreiheit und einen aktuellen Leukose-, Giardien-, Herpes- und FIV-Test beizubringen, die nicht älter als eine Woche sein dürfen. Stellt sich heraus, daß das Tier an Leukose, Giardien, Herpes oder FIV erkrankt ist, scheidet eine Rückabwicklung des Kaufvertrages aus.

§ 8 Vertragsstrafe

(1) Der Käufer ist verpflichtet, für jeden Verstoß gegen die Bestimmungen dieses Vertrages eine Vertragsstrafe in Höhe von 1.000,00 EUR an den Verkäufer zu zahlen.

(2) Auf ein Verschulden des Käufers kommt es nicht an.

(3) Der Käufer verzichtet ausdrücklich darauf, eine verwirkte Vertragsstrafe durch richterliche Entscheidung ändern zu lassen.

§ 9 Schlußbestimmungen

(1) Änderungen und Ergänzungen dieses Vertrages bedürfen zu ihrer Wirksamkeit der Schriftform. Das Schriftformerfordernis besteht auch für die Aufhebung des Schriftformerfordernisses. Mündliche Nebenabreden bestehen nicht.

(2) Sollte eine Bestimmung dieses Vertrages unwirksam sein, so wird die Wirksamkeit der übrigen Vertragsbestandteile davon nicht berührt. Sofern sich eine ungültige Bestimmung in anderer Weise ausführen läßt, sind die Vertragsparteien verpflichtet, die getroffene Vereinbarung entsprechend zu ändern oder zu ergänzen.

(3) Verkäufer und Käufer erhalten je eine Ausfertigung dieses Vertrages. Mit seiner Unterschrift bestätigt der Käufer, den Vertrag in Ruhe gelesen, jeden Punkt verstanden und sämtliche Vertragspunkte anerkannt zu haben.

§ 10 Zusatzvereinbarung

....
....

Ort:......................... Datum:................ ....
　　　　　　　　　　　　　　　　　　　　　　　Verkäufer

Ort:......................... Datum:................ ....
　　　　　　　　　　　　　　　　　　　　　　　Käufer

(10) Kaufvertrag mit einem Hobbyzüchter

➡ ausführlicher Vertrag
➡ Käufer ist Verbraucher
➡ Zuchttier
➡ Käufer holt das Tier ab
➡ Besuchsrecht des Verkäufers
➡ Ankaufsuntersuchung

In diesem Vertrag geht es um eine Zuchtkatze, die an einen Hobbyzüchter verkauft wird, der noch nicht als Unternehmer/Gewerbetreibender gilt. Der Käufer genießt hier den vollen Verbraucherschutz nach den Bestimmungen über den Verbrauchsgüterkauf. Die Parteien vereinbaren eine tierärztliche Ankaufsuntersuchung mit Rücktrittsrecht des Käufers für den Fall, daß der Tierarzt bestimmte Erkrankungen feststellen sollte. Der Käufer holt hier die Katze am Übergabetag beim Verkäufer ab. Der Verkäufer darf die Katze in ihrem neuen Zuhause besuchen.

Der Vertrag enthält in § 4 (Gewährleistung) Listen für die gewünschten Untersuchungen und Impfungen. Hier müssen die Vertragsparteien vor der Unterzeichnung des Vertrages ankreuzen, welche Untersuchungen und welche Impfungen vor der Übergabe der Katze noch durchgeführt werden sollen. Vergessen sie das bei den Vertragsverhandlungen, dann ist der Verkäufer weder zur Durchführung der Ankaufsuntersuchung noch zur Impfung verpflichtet.

Kaufvertrag

Zwischen

....

Verkäufer

und

....

Käufer

wird folgende Vereinbarung getroffen:

§ 1 Kaufgegenstand

(1) Der Käufer erwirbt von der Verkäuferin folgende Katze:

Name: ……………………………………………………………………

Rasse:………………………………………………..……………………….

Geburtsdatum:………………… Geschlecht: männlich ☐ weiblich ☐

Farbe:………………………………………………………………………

gechipt ☐ nicht gechipt ☐ Zuchtbuch-Nr: ……..…………………………

Stammbaum ausstellender Verein: …………………………………………

Vater: ………………………………………………………………………

Mutter:………………………………………………..………………………

Die Katze ist nicht kastriert ☐ und nicht trächtig ☐

Besonderheiten: ……………………………………..………………………

…………………………………………………………………………..

(2) Der Käufer erwirbt das Tier als **Zuchttier**.

§ 2 Kaufpreis

(1) Der Kaufpreis beträgt …………….. EUR (in Worten: ……………………………………..Euro).

(2) Bei Abschluß des Kaufvertrages ist eine Anzahlung in Höhe von …………….. EUR fällig. Die Anzahlung ist in bar zu zahlen.

(3) Der Rest des Kaufpreises in Höhe von ……………… EUR ist bei Übergabe des Tieres in bar zu zahlen.

(4) Das Tier bleibt bis zur vollständigen Bezahlung des Kaufpreises im Eigentum des Verkäufers. Solange der Eigentumsvorbehalt besteht, darf der Käufer das Tier weder verkaufen, verschenken noch verpfänden.

(5) Zahlt der Käufer trotz Mahnung den vereinbarten Kaufpreis nicht, ist der Verkäufer berechtigt, vom Vertrag zurückzutreten und das Tier anderweitig zu verkaufen.

§ 3 Übergabe
(1) Der Übergabetermin wird schriftlich vereinbart (z. B. per E-Mail). Der Käufer holt das Tier auf seine Kosten beim Verkäufer ab.

(2) Der Impfausweis, ein aktuelles tierärztliches Gesundheitszeugnis, das nicht älter als drei Tage sein darf, und der Stammbaum werden dem Käufer zusammen mit dem Tier übergeben. Der Stammbaum wird unverzüglich nachgereicht, soweit das Tier noch nicht im Zuchtbuch eingetragen sein sollte.

(3) Kann der Käufer den vereinbarten Übergabetermin nicht einhalten, ist der Verkäufer berechtigt, für die Zeit bis zur Übergabe des Tiers pro Tag der Verzögerung eine Pauschale für Lebensunterhaltungskosten, Pflege und ggf. tiermedizinische Versorgung in Höhe von 5,00 EUR zu berechnen.

(4) Der Verkäufer ist berechtigt, vom Vertrag zurückzutreten, wenn der Käufer das Tier trotz schriftlicher Aufforderung nicht innerhalb von drei Monaten nach Abschluß des Kaufvertrages abnimmt. In diesem Fall verbleibt die Anzahlung als Vertragsstrafe beim Verkäufer.

(5) Der Verkäufer ist berechtigt, bis zur Übergabe des Tiers vom Vertrag zurückzutreten, wenn er den Eindruck hat, der Käufer werde seine Pflichten aus § 5 dieses Vertrages nicht erfüllen. In diesem Fall hat der Verkäufer dem Käufer geleistete Zahlungen binnen einer Woche ab Zugang der Rücktrittserklärung zu erstatten.

(6) Der Verkäufer hat das Recht, sich bis zum Ablauf von drei Monaten nach Übergabe des Tieres zweimal zu angemessenen Tageszeiten nach vorheriger Terminvereinbarung mit dem Käufer von der artgerechten Haltung und dem Gesundheitszustand der Katze zu überzeugen. Er hat dabei die Privatsphäre des Käufers in angemessener Weise zu berücksichtigen. Der Verkäufer ist berechtigt bei Zweifeln die Katze mitzunehmen und tierärztlich untersuchen zu lassen. Der Käufer ist verpflichtet, die Kosten der tierärztlichen Untersuchung und einer notwendigen Behandlung zu tragen. Sollte der untersuchende Tierarzt feststellen, daß die Katze durch nicht artgerechte Haltung und/oder Pflege erkrankt ist, hat der Käufer das Recht, binnen vier Wochen vom Kaufvertrag zurückzutreten. Die Frist beginnt zu laufen, sobald der Untersuchungsbefund des Tierarztes beim Verkäufer eingegangen ist. Der Käufer ist verpflichtet, die Katze, den Stammbaum und den Impfaus-

weis an den Käufer zurückzugeben. Der Verkäufer ist berechtigt, den erhaltenen Kaufpreis zu als Vertragsstrafe zu behalten. Der Betrag wird auf die nach § 8 dieser Vereinbarung verwirkte Vertragsstrafe angerechnet.

§ 4 Ankaufsuntersuchung und Gewährleistung
(1) Der Verkäufer ist verpflichtet, auf seine Kosten in der Woche vor Übergabe des Tieres an den Käufer die Katze durch einen Tierarzt seiner Wahl auf folgende Befunde hin untersuchen zu lassen (Ankaufsuntersuchung):

Gesamteindruck	☐	Ohren/Gehör	☐
Ernährungszustand	☐	Zähne	☐
Haarkleid/Haut	☐	Herz	☐
Skelettsystem	☐	Lunge	☐
Schleimhäute	☐	Abdomen	☐
Augen	☐	Geschlechtsorgane	☐

und folgende Tests durchführen zu lassen:

Feline Infektiöse Peritonitis (FIP)	☐	Giardien	☐
Feline infektiöse Enteritis (FIE)	☐	Felines Herpesvirus	☐
Felines Immunschwäche-Virus (FIV)	☐	Chlamydien	☐
Feline infektiöse Anämie (FIA)	☐	HKM (HCM)	☐
Leukose (FeLV)	☐	PKD-Bluttest	☐

(2) Der Verkäufer hat dem Käufer das tierärztliche Zeugnis über die Ankaufsuntersuchung spätestens am Tag der Übergabe auszuhändigen. Sollte der Tierarzt feststellen, daß bei der Katze eine der oben genannten Mängel/Erkrankungen vorliegt, ist der Käufer berechtigt, innerhalb von einem Monat nach Erhalt des tierärztlichen Zeugnisses vom Kaufvertrag zurückzutreten.

(3) Der Verkäufer versichert, daß ihm offensichtliche oder verborgene Mängel und Krankheiten des Tieres nicht bekannt sind. Das Tier ist bei der Übergabe entwurmt, frei von ansteckenden Krankheiten und gegen

Katzenseuche (Panleukopenie)	☐	Katzenschnupfen (Rhonotracheitis)	☐
Chlamydien (FeLV)	☐	Felines Leukämie-Virus	☐

Tollwut ☐ Feline Infektiöse Peritonitis
(FIP) ☐

geimpft. Das tierärztliche Zeugnis vom ……….. ist Bestandteil dieses Vertrages. Das Tier ist, stubenrein, entwöhnt und frei von Ungeziefer. Eine Garantie für spezifische Charaktereigenschaften des Tieres, zukünftige Zuchttauglichkeit, Ausstellungserfolge oder die weitere Entwicklung des Tieres kann der Verkäufer nicht übernehmen.

(4) Mängel oder Krankheiten des Tieres, die zum Zeitpunkt des Verkaufs bestehen sollten und bekannt sind, werden von beiden Parteien in diesem Vertrag schriftlich niedergelegt und können zu einem späteren Zeitpunkt nicht beanstandet werden.

(5) Die Gefahr der Verschlechterung, später auftretender Krankheiten, der Wesensentwicklung, wachstumsbedingter Veränderungen der Rasse- und Farbmerkmale oder des Verlusts geht mit der Übergabe der Katze auf den Käufer über.

(6) Der Verkäufer versichert, daß das Tier entsprechend der aktuellen Zuchtordnung des den Stammbaum ausstellenden Vereins gezüchtet wurde.

(7) Der Verkäufer gewährleistet die Richtigkeit der das Tier betreffenden Angaben im Stammbaum bzw., wenn das Tier noch nicht im Zuchtbuch eingetragen ist, die Richtigkeit der das Tier betreffenden Angaben in der Meldung zum Zuchtbuch.

§ 5 Pflichten des Käufers

(1) Der Käufer versichert, daß er das Tier in seiner Wohnung/seinem Haus halten darf. Er verpflichtet sich, das Tier art- und verhaltensgerecht zu halten, zu versorgen, es regelmäßig zu entwurmen, die notwendigen Impfungen, Untersuchungen und tierärztlichen Behandlungen durchführen zu lassen sowie das Tierschutzgesetz und dessen Nebenbestimmungen zu beachten. Das Tier darf nicht von Menschen ferngehalten oder in einem Käfig oder ausschließlich in einem Raum mit einer Grundfläche von weniger als 12 qm gehalten werden.

(2) Bei schwerer Krankheit oder plötzlichem Tod des Tieres ist der Verkäufer unverzüglich zu verständigen. Der Verkäufer hat das Recht, zur Klärung der Situation auf Kosten des Käufers einen pathologischen Befund zu verlangen.

(3) Das Tier darf nicht für Tierversuche verwendet werden.

(4) Sollte die Katze erkranken, ist der Käufer verpflichtet, das Tier unverzüglich in die Behandlung eines Tierarztes zu geben.

(5) Der Käufer versichert, daß er das Tier für sich selbst erwirbt. Erwirbt der Käufer das Tier, ohne den Verkäufer vorher darüber zu informieren, im Auftrag eines Dritten, insbesondere für eine zoologischen Handlung, eine Tierversuchsanstalt, einen Tierkaufsvermittler oder sog. Massen- bzw. Schwarzzüchter, dann ist der Verkäufer berechtigt, den Vertrag wegen arglistiger Täuschung nach § 142 BGB anzufechten. Der Verkäufer hat nach Anfechtung des Vertrages das Recht, die kostenfreie Rückgabe des Tiers zu fordern.

(6) Der Käufer verpflichtet er sich, soweit noch nicht geschehen, einem eingetragenen Katzenzuchtverein beizutreten, sich dort an die Haltungs- und Zuchtrichtlinien der Vereinssatzung zu halten und das Tier nur innerhalb der eigenen Rasse zu verpaaren. Als „Zucht" gilt auch die einmalige Verpaarung dieses Tiers mit einer Katze oder einem Kater derselben Rasse mit dem Ziel der Welpenaufzucht.

(7) Der Käufer darf das Tier erst nach einer Eingewöhnungszeit von acht Wochen ab Übergabe zu einer Ausstellung mitnehmen.

(8) Sollte die Katze an Infektions- oder Erbkrankheiten, namentlich FIP (Feline Infektiöse Peritonitis), FeLV (Feline Leukämievirus; auch Leukose genannt), HCM/HKM (Hypertrophe Kardiomyopathie) oder PKD (Polyzystische Nierenerkrankung), erkranken, ist der Verkäufer sofort zu benachrichtigen.

§ 6 Vorkaufsrecht

(1) Der Käufer räumt dem Verkäufer für jeden Fall der entgeltlichen Veräußerung des Tieres ein Vorkaufsrecht ein.

(2) Der Käufer ist verpflichtet, dem Verkäufer binnen 14 Tagen nach Abschluß des Kaufvertrages Mitteilung über diese Veräußerung zu machen und dem Verkäufer eine Kopie des Kaufvertrages mit Namen und Adressen des neuen Käufers auszuhändigen.

(3) Will der Verkäufer von seinem Vorkaufsrecht Gebrauch machen, muß er dieses Recht innerhalb von 14 Tagen nach Eingang der Käufermittelung ausüben.

(4) Bei jeder sonstigen (unentgeltlichen) Abgabe des Tieres räumt der Käufer dem Verkäufer ein Rückerwerbsrecht zu dem ursprünglich vereinbarten Kaufpreis ein. Der Kaufpreis verringert sich für jedes vollendete Lebensjahr des Tieres um fünf Prozent. Der Käufer ist verpflichtet, dem Verkäufer binnen 14 Tagen nach Abgabe des Tieres Mitteilung über diese Abgabe zu machen. Auch dieses Rückerwerbsrecht muß innerhalb von 14 Tagen nach Eingang der Mitteilung des Käufers ausgeübt werden.

(5) Das Tier darf nur kastriert an Dritte weitergegeben werden.

(6) Eine Abgabe des Tieres an Tierheime, Zoohandlungen, Versuchsanstalten, Pelztierfarmen oder Ähnliches ist dem Käufer untersagt.

(7) Macht der Verkäufer von seinem Vorkaufsrecht nicht Gebrauch, dann ist der Käufer verpflichtet, mit dem neuen Erwerber einen Schutzvertrag zu schließen, der die Rechte und Pflichten gegenüber dem Tier in gleicher Weise regelt wie dieser Kaufvertrag.

§ 7 Rückgabe des Tieres
(1) Der Käufer hat das Recht, innerhalb von vier Wochen seit Übergabe des Tieres durch schriftliche Anzeige an den Verkäufer vom Kaufvertrag zurück zu treten, wenn sich das Tier innerhalb dieser Zeit nicht in sein neues Zuhause eingewöhnt hat. In diesem Fall wird der Vertrag rückabgewickelt. Der Käufer gibt das Tier auf seine Kosten an den Verkäufer zurück. Der Verkäufer zahlt den Kaufpreis an den Käufer zurück.

(2) Soll das Tier in den Bestand des Verkäufers zurückkehren, hat der Käufer vor der Rückgabe auf seine Kosten ein aktuelles tierärztliches Gesundheitsattest auf Parasiten- und Hautpilzfreiheit und einen aktuellen Leukose-, Giardien-, Herpes- und FIV-Test beizubringen, die nicht älter als eine Woche sein dürfen. Stellt sich heraus, daß das Tier an Leukose, Giardien, Herpes oder FIV erkrankt ist, scheidet eine Rückabwicklung des Kaufvertrages aus.

§ 8 Vertragsstrafe

(1) Der Käufer ist verpflichtet, für jeden Verstoß gegen die Bestimmungen dieses Vertrages eine Vertragsstrafe in Höhe von 1.000,00 EUR an den Verkäufer zu zahlen.

(2) Auf ein Verschulden des Käufers kommt es nicht an.

(3) Der Käufer verzichtet ausdrücklich darauf, eine verwirkte Vertragsstrafe durch richterliche Entscheidung ändern zu lassen.

§ 9 Schlußbestimmungen

(1) Änderungen und Ergänzungen dieses Vertrages bedürfen zu ihrer Wirksamkeit der Schriftform. Das Schriftformerfordernis besteht auch für die Aufhebung des Schriftformerfordernisses. Mündliche Nebenabreden bestehen nicht.

(2) Sollte eine Bestimmung dieses Vertrages unwirksam sein, so wird die Wirksamkeit der übrigen Vertragsbestandteile davon nicht berührt. Sofern sich eine ungültige Bestimmung in anderer Weise ausführen läßt, sind die Vertragsparteien verpflichtet, die getroffene Vereinbarung entsprechend zu ändern oder zu ergänzen.

(3) Verkäufer und Käufer erhalten je eine Ausfertigung dieses Vertrages. Mit seiner Unterschrift bestätigt der Käufer, den Vertrag in Ruhe gelesen, jeden Punkt verstanden und sämtliche Vertragspunkte anerkannt zu haben.

§ 10 Zusatzvereinbarung

....
....

Ort:............................ Datum:.................. ....
                    Verkäufer

Ort:............................ Datum:.................. ....
                    Käufer

(11) Kaufvertrag mit einem Verbraucher über einen Zuchtkater

➡ ausführlicher Vertrag
➡ Hobbyzüchter
➡ Zuchtkater
➡ Käufer holt das Tier ab
➡ Besuchsrecht des Verkäufers
➡ Deckrecht des Verkäufers

Dies ist ein Kaufvertrag über einen Zuchtkater, den ein gewerblicher Züchter mit einem Hobbyzüchter schließt. Der Käufer hat den vollen Verbraucherschutz. Er holt das Tier am Übergabetag beim Verkäufer ab. Der Verkäufer darf den Kater in seinem neuen Zuhause besuchen. Der Verkäufer hat das Recht, später, wenn der Kater geschlechtsreif und zuchttauglich ist, eine seine Katzen von ihm decken zu lassen.

Kaufvertrag

Zwischen

....
Verkäufer

und

....
Käufer

wird folgende Vereinbarung getroffen:

§ 1 Kaufgegenstand
(1) Der Käufer erwirbt von der Verkäuferin folgenden Kater:
Name: ....
Rasse:...
Geburtsdatum:........................ Geschlecht: männlich
Farbe:..
gechipt ☐ nicht gechipt ☐ Zuchtbuch-Nr: ....

Stammbaum ausstellender Verein: ……………………....……………..
Vater: …………………….………………..……………………….
Mutter:……………………………………..……………………….
Der Kater ist nicht kastriert.
Besonderheiten:
……………………….…………………………………………………
………………………………………………………………………..

(2) Der Käufer erwirbt das Tier als **Zuchttier**.

§ 2 Kaufpreis
(1) Der Kaufpreis beträgt …………….. EUR (in Worten: ………………………………….…..Euro).

(2) Bei Abschluß des Kaufvertrages ist eine Anzahlung in Höhe von …………….. EUR fällig. Die Anzahlung ist in bar zu zahlen.

(3) Der Rest des Kaufpreises in Höhe von ……………….. EUR ist bei Übergabe des Tieres in bar zu zahlen.

(4) Das Tier bleibt bis zur vollständigen Bezahlung des Kaufpreises im Eigentum des Verkäufers. Solange der Eigentumsvorbehalt besteht, darf der Käufer das Tier weder verkaufen, verschenken noch verpfänden.

(5) Zahlt der Käufer trotz Mahnung den vereinbarten Kaufpreis nicht, ist der Verkäufer berechtigt, vom Vertrag zurückzutreten und das Tier anderweitig zu verkaufen.

§ 3 Übergabe
(1) Der Übergabetermin wird schriftlich vereinbart (z. B. per E-Mail). Der Käufer holt das Tier auf seine Kosten beim Verkäufer ab.

(2) Der Impfausweis, ein aktuelles tierärztliches Gesundheitszeugnis, das nicht älter als drei Tage sein darf, und der Stammbaum werden dem Käufer zusammen mit dem Tier übergeben. Der Stammbaum wird unverzüglich nachgereicht, soweit das Tier noch nicht im Zuchtbuch eingetragen sein sollte.

(3) Kann der Käufer den vereinbarten Übergabetermin nicht einhalten, ist der Verkäufer berechtigt, für die Zeit bis zur Übergabe des Tiers pro Tag der Verzögerung eine Pauschale für Lebensunterhaltungskosten, Pflege und ggf. tiermedizinische Versorgung in Höhe von 5,00 EUR zu berechnen.

(4) Der Verkäufer ist berechtigt, vom Vertrag zurückzutreten, wenn der Käufer das Tier trotz schriftlicher Aufforderung nicht innerhalb von drei Monaten nach Abschluß des Kaufvertrages abnimmt. In diesem Fall verbleibt die Anzahlung als Vertragsstrafe beim Verkäufer.

(5) Der Verkäufer ist berechtigt, bis zur Übergabe des Tiers vom Vertrag zurückzutreten, wenn er den Eindruck hat, der Käufer werde seine Pflichten aus § 5 dieses Vertrages nicht erfüllen. In diesem Fall hat der Verkäufer dem Käufer geleistete Zahlungen binnen einer Woche ab Zugang der Rücktrittserklärung zu erstatten.

(6) Der Verkäufer hat das Recht, sich bis zum Ablauf von drei Monaten nach Übergabe des Tieres zweimal zu angemessenen Tageszeiten nach vorheriger Terminvereinbarung mit dem Käufer von der artgerechten Haltung und dem Gesundheitszustand des Katers zu überzeugen. Er hat dabei die Privatsphäre des Käufers in angemessener Weise zu berücksichtigen. Der Verkäufer ist berechtigt bei Zweifeln den Kater mitzunehmen und tierärztlich untersuchen zu lassen. Der Käufer ist verpflichtet, die Kosten der tierärztlichen Untersuchung und einer notwendigen Behandlung zu tragen. Sollte der untersuchende Tierarzt feststellen, daß der Kater durch nicht artgerechte Haltung und/oder Pflege erkrankt ist, hat der Käufer das Recht, binnen vier Wochen vom Kaufvertrag zurückzutreten. Die Frist beginnt zu laufen, sobald der Untersuchungsbefund des Tierarztes beim Verkäufer eingegangen ist. Der Käufer ist verpflichtet, den Kater, den Stammbaum und den Impfausweis an den Käufer zurückzugeben. Der Verkäufer ist berechtigt, den erhaltenen Kaufpreis zu als Vertragsstrafe zu behalten. Der Betrag wird auf die nach § 8 dieser Vereinbarung verwirkte Vertragsstrafe angerechnet.

§ 4 Gewährleistung
(1) Der Käufer übernimmt das Tier wie besichtigt. Der Verkäufer hat das Tier zuletzt am ……. tierärztlich untersuchen lassen. Bei dieser Untersuchung wurden

keine negativen Befunde bzw. Beeinträchtigungen festgestellt. Das tierärztliche Zeugnis vom .... wird Bestandteil dieses Vertrages.

(2) Der Verkäufer versichert, daß ihm offensichtliche oder verborgene Mängel und Krankheiten des Tieres nicht bekannt sind. Das Tier ist bei der Übergabe entwurmt, frei von ansteckenden Krankheiten und gegen Katzenseuche, Katzenschnupfen, Chlamydien und Tollwut geimpft. Das Tier ist, stubenrein, entwöhnt und frei von Ungeziefer. Eine Garantie für spezifische Charaktereigenschaften des Tieres, zukünftige Zuchttauglichkeit, Ausstellungserfolge oder die weitere Entwicklung des Tieres kann der Verkäufer nicht übernehmen.

(3) Mängel oder Krankheiten des Tieres, die zum Zeitpunkt des Verkaufs bestehen sollten und bekannt sind, werden von beiden Parteien in diesem Vertrag schriftlich niedergelegt und können zu einem späteren Zeitpunkt nicht beanstandet werden.

(4) Die Gefahr der Verschlechterung, später auftretender Krankheiten, der Wesensentwicklung, wachstumsbedingter Veränderungen der Rasse- und Farbmerkmale oder des Verlusts geht mit der Übergabe des Katers auf den Käufer über.

(5) Der Verkäufer versichert, daß das Tier entsprechend der aktuellen Zuchtordnung des den Stammbaum ausstellenden Vereins gezüchtet wurde.

(6) Der Verkäufer gewährleistet die Richtigkeit der das Tier betreffenden Angaben im Stammbaum bzw., wenn das Tier noch nicht im Zuchtbuch eingetragen ist, die Richtigkeit der das Tier betreffenden Angaben in der Meldung zum Zuchtbuch.

§ 5 Pflichten des Käufers

(1) Der Käufer versichert, daß er das Tier in seiner Wohnung/seinem Haus halten darf. Er verpflichtet sich, das Tier art- und verhaltensgerecht zu halten, zu versorgen, es regelmäßig zu entwurmen, die notwendigen Impfungen, Untersuchungen und tierärztlichen Behandlungen durchführen zu lassen sowie das Tierschutzgesetz und dessen Nebenbestimmungen zu beachten. Das Tier darf nicht von Menschen ferngehalten oder in einem Käfig oder ausschließlich in einem Raum mit einer Grundfläche von weniger als 12 qm gehalten werden.

(2) Bei schwerer Krankheit oder plötzlichem Tod des Tieres ist der Verkäufer unverzüglich zu verständigen. Der Verkäufer hat das Recht, zur Klärung der Situation auf Kosten des Käufers einen pathologischen Befund zu verlangen.

(3) Das Tier darf nicht für Tierversuche verwendet werden.

(4) Sollte der Kater erkranken, ist der Käufer verpflichtet, das Tier unverzüglich in die Behandlung eines Tierarztes zu geben.

(5) Der Käufer versichert, daß er das Tier für sich selbst erwirbt. Erwirbt der Käufer das Tier, ohne den Verkäufer vorher darüber zu informieren, im Auftrag eines Dritten, insbesondere für eine zoologischen Handlung, eine Tierversuchsanstalt, einen Tierkaufsvermittler oder sog. Massen- bzw. Schwarzzüchter, dann ist der Verkäufer berechtigt, den Vertrag wegen arglistiger Täuschung nach § 142 BGB anzufechten. Der Verkäufer hat nach Anfechtung des Vertrages das Recht, die kostenfreie Rückgabe des Tiers zu fordern.

(6) Der Käufer verpflichtet er sich, soweit noch nicht geschehen, einem eingetragenen Katzenzuchtverein beizutreten, sich dort an die Haltungs- und Zuchtrichtlinien der Vereinssatzung zu halten und das Tier nur innerhalb der eigenen Rasse zu verpaaren. Als „Zucht" gilt auch die einmalige Verpaarung dieses Tiers mit einer Katze derselben Rasse mit dem Ziel der Welpenaufzucht.

(7) Der Käufer darf das Tier erst nach einer Eingewöhnungszeit von acht Wochen ab Übergabe zu einer Ausstellung mitnehmen.

(8) Sollte der Kater an Infektions- oder Erbkrankheiten, namentlich FIP (Feline Infektiöse Peritonitis), FeLV (Feline Leukämievirus; auch Leukose genannt), HCM/HKM (Hypertrophe Kardiomyopathie) oder PKD (Polyzystische Nierenerkrankung), erkranken, ist der Verkäufer sofort zu benachrichtigen.

§ 6 Vorkaufsrecht
(1) Der Käufer räumt dem Verkäufer für jeden Fall der entgeltlichen Veräußerung des Tieres ein Vorkaufsrecht ein.

(2) Der Käufer ist verpflichtet, dem Verkäufer binnen 14 Tagen nach Abschluß des Kaufvertrages Mitteilung über diese Veräußerung zu machen und dem Verkäufer eine Kopie des Kaufvertrages mit Namen und Adressen des neuen Käufers auszuhändigen.

(3) Will der Verkäufer von seinem Vorkaufsrecht Gebrauch machen, muß er dieses Recht innerhalb von 14 Tagen nach Eingang der Käufermitteilung ausüben.

(4) Bei jeder sonstigen (unentgeltlichen) Abgabe des Tieres räumt der Käufer dem Verkäufer ein Rückerwerbsrecht zu dem ursprünglich vereinbarten Kaufpreis ein. Der Kaufpreis verringert sich für jedes vollendete Lebensjahr des Tieres um fünf Prozent. Der Käufer ist verpflichtet, dem Verkäufer binnen 14 Tagen nach Abgabe des Tieres Mitteilung über diese Abgabe zu machen. Auch dieses Rückerwerbsrecht muß innerhalb von 14 Tagen nach Eingang der Mitteilung des Käufers ausgeübt werden.

(5) Das Tier darf nur kastriert an Dritte weitergegeben werden.

(6) Eine Abgabe des Tieres an Tierheime, Zoohandlungen, Versuchsanstalten, Pelztierfarmen oder Ähnliches ist dem Käufer untersagt.

(7) Macht der Verkäufer von seinem Vorkaufsrecht nicht Gebrauch, dann ist der Käufer verpflichtet, mit dem neuen Erwerber einen Schutzvertrag zu schließen, der die Rechte und Pflichten gegenüber dem Tier in gleicher Weise regelt wie dieser Kaufvertrag.

§ 7 Rückgabe des Tieres
(1) Der Käufer hat das Recht, innerhalb von vier Wochen seit Übergabe des Tieres durch schriftliche Anzeige an den Verkäufer vom Kaufvertrag zurück zu treten, wenn sich das Tier innerhalb dieser Zeit nicht in sein neues Zuhause eingewöhnt hat. In diesem Fall wird der Vertrag rückabgewickelt. Der Käufer gibt das Tier auf seine Kosten an den Verkäufer zurück. Der Verkäufer zahlt den Kaufpreis an den Käufer zurück.

(2) Soll das Tier in den Bestand des Verkäufers zurückkehren, hat der Käufer vor der Rückgabe auf seine Kosten ein aktuelles tierärztliches Gesundheitsattest auf

Parasiten- und Hautpilzfreiheit und einen aktuellen Leukose-, Giardien-, Herpes- und FIV-Test beizubringen, die nicht älter als eine Woche sein dürfen. Stellt sich heraus, daß das Tier an Leukose, Giardien, Herpes oder FIV erkrankt ist, scheidet eine Rückabwicklung des Kaufvertrages aus.

§ 8 Deckrecht des Verkäufers
(1) Dem Verkäufer steht ein einmaliges unentgeltliches Deckrecht für den Eigenbedarf zu, wenn der in § 1 Abs. 1 genannte Kater den 18. Lebensmonat vollendet hat und zuchttauglich ist. Das Deckrecht ist innerhalb von vier Jahren nach Übergabe des oben genannten Katers an den Käufer in Anspruch zu nehmen und durch schriftliche Anzeige an den Käufer auszuüben.

(2) Erfüllungsort für das Deckrecht ist der jeweilige Wohnsitz des Käufers. Der Hin- und Rücktransport der Katze erfolgt auf Kosten und Gefahr des Verkäufers. Das gilt auch dann, wenn die Parteien für die Verpaarung einen anderen Ort als den Wohnsitz des Käufers vereinbaren.

(3) Bestehen Zweifel an der Zeugungsfähigkeit des Katers, hat der Verkäufer das Recht, vor Ausübung des Deckrechts den Kater auf seine Kosten tierärztlich untersuchen zu lassen.

(4) Das Deckrecht erlischt, wenn
a) eine Katze des Verkäufers von dem Kater gedeckt und trächtig wird,
b) durch tierärztliches Attest nachgewiesen wurde, daß der Kater nicht zeugungsfähig ist,
c) der Kater an einer Infektions- oder Erbkrankheit, namentlich FIP (Feline Infektiöse Peritonitis), FeLV (Feline Leukämievirus; auch Leukose genannt), HCM/HKM (Hypertrophe Kardiomyopathie) oder PKD (Polyzystische Nierenerkrankung), erkrankt ist,
d) der Kater kastriert wurde oder
d) der Kater gestorben ist.

(5) Der Verkäufer ist verpflichtet, dem Käufer die Trächtigkeit unverzüglich schriftlich mitzuteilen.

(6) Der Käufer ist verpflichtet, den Verkäufer unverzüglich zu informieren, wenn ein Fall des Abs. 4 lit. b) bis d) eingetreten ist. Eine geplante Kastration hat der Käufer dem Verkäufer spätestens vier Wochen vor dem Eingriff mitzuteilen.

(7) Verletzt der Käufer vorsätzlich seine Informationspflicht nach Abs. 6 S. 2 (geplante Kastration), steht dem Verkäufer gegen den Käufer ein Schadensersatzanspruch in Höhe von pauschal 500,00 EUR zu. Der Verkäufer ist berechtigt nachzuweisen, daß ihm ein höherer Schaden entstanden ist. Der Anspruch auf Schadensersatz ist ausgeschlossen, wenn die Erfüllung des Deckanspruchs die Gesundheit des Katers beeinträchtigt hätte.

§ 9 Erfüllung des Deckrechts
(1) Der Käufer (Deckkaterhalter) ist verpflichtet, vor der Übernahme der Katze auf seine Kosten ein aktuelles tierärztliches Gesundheitsattest auf Parasiten- und Hautpilzfreiheit des Katers und einen aktuellen Leukose-, Giardien-, Herpes-, FIP- und FIV-Test beizubringen, das nicht älter als eine Woche sein darf. Stellt sich heraus, daß der Kater an Leukose, Giardien, Herpes oder FIV erkrankt ist, scheidet eine Verpaarung der Tiere aus. Der Käufer (Deckkatehalter) ist verpflichtet, dem Verkäufer (Katzenhalter) vor der Zusammenführung der beiden Tiere die tierärztlichen Untersuchungsergebnisse eines HKM (HCM)-Gentests, einer HKM (HCM)-Ultraschalluntersuchung, die länger als 12 Monate zurückliegen darf, sowie die Resultate von PKD- und HD-Untersuchung vorzulegen.

(2) Der Käufer (Deckkaterhalter) ist verpflichtet, die Katze während des Aufenthalts in seiner Wohnung in einem separaten möblierten Zimmer zusammen mit dem Kater unterzubringen, sie ordnungsgemäß zu versorgen und zu betreuen, sie zu beaufsichtigen, sie ausgewogen im mittleren Preisbereich zu verpflegen sowie freien Kontakt mit Menschen und anderen Katzen der Hausgemeinschaft und hygienische Unterbringung und Versorgung sicherzustellen. Er verpflichtet sich, die Katze art- und verhaltensgerecht zu halten und das Tierschutzgesetz und dessen Nebenbestimmungen zu beachten. Die Katze darf nicht von Menschen ferngehalten oder in einem Käfig oder ausschließlich in einem Raum mit einer Grundfläche von weniger als 12 qm gehalten werden. Der Käufer (Deckkaterhalter) hat dafür zu sorgen, daß die Katze nicht aus seiner Wohnung bzw. seinem Haus oder aus einem mit Netzen oder Gittern rundherum abgesicherten Gartenbereich oder Balkon entweichen kann. Es ist ihm untersagt, der Katze Freigang zu gewähren.

(3) Sollte die Katze während ihres Aufenthaltes im Haushalt des Deckkaterhalters (Käufers) erkranken, ist der Käufer (Deckkaterhalter) verpflichtet, den Katzenhalter unverzüglich zu benachrichtigen. Bei Gefahr im Verzug hat er das Tier so bald wie möglich in die Behandlung eines Tierarztes zu geben. Die Kosten einer notwendigen tierärztlichen Behandlung trägt der Verkäufer (Katzenhalter). Bei schwerer Krankheit oder plötzlichem Tod der Katze ist der Verkäufer (Katzenhalter) unverzüglich zu verständigen. Der Katzenhalter hat das Recht, zur Klärung der Situation auf seine Kosten einen pathologischen Befund zu verlangen.

(4) Die Katze darf nur mit dem oben genannten Kater zusammengebracht werden, um eine Doppelbelegung zu vermeiden. Der Käufer (Deckkaterhalter) ist berechtigt, die Tiere zu trennen, wenn die Verpaarung nicht stattgefunden hat oder voraussichtlich nicht erfolgreich war. In diesem Fall hat der Katzenhalter Anspruch auf Nachdeckung, sobald eine neue Rolligkeit den Mißerfolg anzeigt.

(5) Der Verkäufer (Katzenhalter) hat vor der Übergabe der Katze auf seine Kosten ein aktuelles tierärztliches Gesundheitsattest über einen Scheidenabstrich (Streptokokken), eine Bescheinigung über Parasiten-und Hautpilzfreiheit der Katze sowie einen aktuellen Leukose-, Giardien-, Herpes-, FIP- und FIV-Test beizubringen, die nicht älter als eine Woche sein dürfen. Stellt sich heraus, daß das Tier an Leukose, Giardien, Herpes, FIP, FIV oder Streptokokken erkrankt ist, scheidet eine Verpaarung der Tiere aus.

(6) Für Verletzungen, Erkrankungen, Abhandenkommen, Diebstahl oder Tod der Katze haftet der Käufer (Deckkaterhalter) nur bei Vorsatz oder grober Fahrlässigkeit. Die Ersatzpflicht beschränkt sich im Fall von Abhandenkommen, Diebstahl oder Tod auf den Wiederbeschaffungswert. Im Fall von Verletzung oder Erkrankung sind die Kosten der notwendigen tierärztlichen Behandlung zu erstatten.

(7) Der Käufer (Katzenhalter) haftet nicht für
   a) Kampf- und Deckverletzungen des Katers
   b) Unfälle und Infektionen des Katers oder anderer im Haushalt des Deckkaterbesitzers lebender Katzen/Kater,
   c) Verletzungen, die die Katze dem Käufer (Deckkaterhalter), seinen Angehörigen, Mitbewohnern oder Besuchern zufügt oder

d) Sachschäden, die die Katze am Eigentum des Käufers (Deckkaterhalters), seiner Angehörigen, Mitbewohner oder Besucher verursacht.

(8) Sollte die Katze durch einen anderen als den oben genannten Kater gedeckt werden, zahlt der Käufer (Deckkaterhalter) an den Verkäufer (Katzenhalter) einen pauschalen Schadensersatz in Höhe von 3.000,00 EUR. Auf ein Verschulden des Käufers (Deckkaterhalters) kommt es nicht an. Der Katzenhalter hat das Recht, nachzuweisen, daß ihm ein höherer Schaden entstanden ist.

§ 10 Vertragsstrafe
(1) Der Käufer ist verpflichtet, für jeden Verstoß gegen die Bestimmungen dieses Vertrages eine Vertragsstrafe in Höhe von 1.000,00 EUR an den Verkäufer zu zahlen.

(2) Auf ein Verschulden des Käufers kommt es nicht an.

(3) Der Käufer verzichtet ausdrücklich darauf, eine verwirkte Vertragsstrafe durch richterliche Entscheidung ändern zu lassen.

§ 11 Schlußbestimmungen
(1) Änderungen und Ergänzungen dieses Vertrages bedürfen zu ihrer Wirksamkeit der Schriftform. Das Schriftformerfordernis besteht auch für die Aufhebung des Schriftformerfordernisses. Mündliche Nebenabreden bestehen nicht.

(2) Sollte eine Bestimmung dieses Vertrages unwirksam sein, so wird die Wirksamkeit der übrigen Vertragsbestandteile davon nicht berührt. Sofern sich eine ungültige Bestimmung in anderer Weise ausführen läßt, sind die Vertragsparteien verpflichtet, die getroffene Vereinbarung entsprechend zu ändern oder zu ergänzen.

(3) Verkäufer und Käufer erhalten je eine Ausfertigung dieses Vertrages. Mit seiner Unterschrift bestätigt der Käufer, den Vertrag in Ruhe gelesen, jeden Punkt verstanden und sämtliche Vertragspunkte anerkannt zu haben.

§ 10 Zusatzvereinbarung
....
....

Ort:......................... Datum:…….......... ………..................................
                                                           Verkäufer

Ort:......................... Datum:…….......... ………..................................
                                                           Käufer

(12) Katzenkauf, Einschränkung der Gewährleistung

➡ zwei gewerbliche Züchter oder
➡ zwei Hobbyzüchter
➡ Zuchttier
➡ Einschränkung der Gewährleistung
➡ Käufer holt das Tier ab
➡ Besuchsrecht des Verkäufers

Für diesen Kaufvertrag gelten die Bestimmungen über den Verbrauchsgüterkauf nicht, weil an ihm entweder zwei gewerbliche Züchter oder zwei Hobbyzüchter beteiligt sind. Die Gewährleistung ist eingeschränkt. Der Käufer holt das Tier am Übergabetag beim Verkäufer ab. Der Verkäufer darf die Katze in ihrem neuen Zuhause besuchen.

Kaufvertrag

Zwischen

....
Verkäufer

und

....
Käufer

wird folgende Vereinbarung getroffen:

§ 1 Kaufgegenstand
(1) Der Käufer erwirbt vom Verkäufer folgende Katze:
Name: ....
Rasse:..
Geburtsdatum:.................... Geschlecht: männlich ☐ weiblich ☐
Farbe:..
gechipt ☐ nicht gechipt ☐ Zuchtbuch-Nr: ….....................................
Stammbaum ausstellender Verein: …...
Vater: ....

Mutter:……………………………………………..……………………….
Die Katze ist nicht kastriert   ☐   und nicht trächtig ☐
Besonderheiten: ……………………………………………………………
………………………………………………………………………………..

(2) Der Käufer erwirbt das Tier als **Zuchttier**.

§ 2 Kaufpreis
(1) Der Kaufpreis beträgt …………….. EUR (in Worten: ……………………………………..Euro).

(2) Bei Abschluß des Kaufvertrages ist eine Anzahlung in Höhe von …………….. EUR fällig. Die Anzahlung ist in bar zu zahlen.

(3) Der Rest des Kaufpreises in Höhe von ………………. EUR ist bei Übergabe des Tieres in bar zu zahlen.

(4) Das Tier bleibt bis zur vollständigen Bezahlung des Kaufpreises im Eigentum des Verkäufers. Solange der Eigentumsvorbehalt besteht, darf der Käufer das Tier weder verkaufen, verschenken noch verpfänden.

(5) Zahlt der Käufer trotz Mahnung den vereinbarten Kaufpreis nicht, ist der Verkäufer berechtigt, vom Vertrag zurückzutreten und das Tier anderweitig zu verkaufen.

§ 3 Übergabe
(1) Der Übergabetermin wird schriftlich vereinbart (z. B. per E-Mail). Der Käufer holt das Tier auf seine Kosten beim Verkäufer ab.

(2) Der Impfausweis, ein aktuelles tierärztliches Gesundheitszeugnis, das nicht älter als drei Tage sein darf, und der Stammbaum werden dem Käufer zusammen mit dem Tier übergeben. Der Stammbaum wird unverzüglich nachgereicht, soweit das Tier noch nicht im Zuchtbuch eingetragen sein sollte.

(3) Kann der Käufer den vereinbarten Übergabetermin nicht einhalten, ist der Verkäufer berechtigt, für die Zeit bis zur Übergabe des Tiers pro Tag der Verzögerung eine Pauschale für Lebensunterhaltungskosten, Pflege und ggf. tiermedizinische Versorgung in Höhe von 5,00 EUR zu berechnen.

(4) Der Verkäufer ist berechtigt, vom Vertrag zurückzutreten, wenn der Käufer das Tier trotz schriftlicher Aufforderung nicht innerhalb von drei Monaten nach Abschluß des Kaufvertrages abnimmt. In diesem Fall verbleibt die Anzahlung als Vertragsstrafe beim Verkäufer.

(5) Der Verkäufer ist berechtigt, bis zur Übergabe des Tiers vom Vertrag zurückzutreten, wenn er den Eindruck hat, der Käufer werde seine Pflichten aus § 5 dieses Vertrages nicht erfüllen. In diesem Fall hat der Verkäufer dem Käufer geleistete Zahlungen binnen einer Woche ab Zugang der Rücktrittserklärung zu erstatten.

(6) Der Verkäufer hat das Recht, sich bis zum Ablauf von drei Monaten nach Übergabe des Tieres zweimal zu angemessenen Tageszeiten nach vorheriger Terminvereinbarung mit dem Käufer von der artgerechten Haltung und dem Gesundheitszustand der Katze zu überzeugen. Er hat dabei die Privatsphäre des Käufers in angemessener Weise zu berücksichtigen. Der Verkäufer ist berechtigt bei Zweifeln die Katze mitzunehmen und tierärztlich untersuchen zu lassen. Der Käufer ist verpflichtet, die Kosten der tierärztlichen Untersuchung und einer notwendigen Behandlung zu tragen. Sollte der untersuchende Tierarzt feststellen, daß die Katze durch nicht artgerechte Haltung und/oder Pflege erkrankt ist, hat der Käufer das Recht, binnen vier Wochen vom Kaufvertrag zurückzutreten. Die Frist beginnt zu laufen, sobald der Untersuchungsbefund des Tierarztes beim Verkäufer eingegangen ist. Der Käufer ist verpflichtet, die Katze, den Stammbaum und den Impfausweis an den Käufer zurückzugeben. Der Verkäufer ist berechtigt, den erhaltenen Kaufpreis zu als Vertragsstrafe zu behalten. Der Betrag wird auf die nach § 8 dieser Vereinbarung verwirkte Vertragsstrafe angerechnet.

§ 4 Gewährleistung
(1) Der Käufer übernimmt das Tier wie besichtigt. Der Verkäufer hat das Tier zuletzt am ……. tierärztlich untersuchen lassen. Bei dieser Untersuchung wurden keine negativen Befunde bzw. Beeinträchtigungen festgestellt. Das tierärztliche Zeugnis vom …………. wird Bestandteil dieses Vertrages.

(2) Der Verkäufer versichert, daß ihm offensichtliche oder verborgene Mängel und Krankheiten des Tieres nicht bekannt sind. Das Tier ist bei der Übergabe entwurmt, frei von ansteckenden Krankheiten und gegen Katzenseuche, Katzenschnupfen, Chlamydien und Tollwut geimpft. Das Tier ist, stubenrein, entwöhnt und frei von Ungeziefer. Eine Garantie für spezifische Charaktereigenschaften des Tieres, zukünftige Zuchttauglichkeit, Ausstellungserfolge oder die weitere Entwicklung des Tieres kann der Verkäufer nicht übernehmen.

(3) Mängel oder Krankheiten des Tieres, die zum Zeitpunkt des Verkaufs bestehen sollten und bekannt sind, werden von beiden Parteien in diesem Vertrag schriftlich niedergelegt und können zu einem späteren Zeitpunkt nicht beanstandet werden.

(4) Die Gefahr der Verschlechterung, später auftretender Krankheiten, der Wesensentwicklung, wachstumsbedingter Veränderungen der Rasse- und Farbmerkmale oder des Verlusts geht mit der Übergabe der Katze auf den Käufer über.

(5) Der Verkäufer versichert, daß das Tier entsprechend der aktuellen Zuchtordnung des den Stammbaum ausstellenden Vereins gezüchtet wurde.

(6) Der Verkäufer gewährleistet die Richtigkeit der das Tier betreffenden Angaben im Stammbaum bzw., wenn das Tier noch nicht im Zuchtbuch eingetragen ist, die Richtigkeit der das Tier betreffenden Angaben in der Meldung zum Zuchtbuch.

(7) Ist das Tier zum Zeitpunkt der Übergabe mangelhaft, kann der Käufer nach seiner Wahl Nachbesserung oder Ersatzlieferung verlangen. Schlägt die Nacherfüllung fehl, steht dem Käufer ein Anspruch auf Minderung zu. In Übrigen sind Ansprüche auf Schadensersatz, Wandlung oder Minderung ausgeschlossen.

§ 5 Pflichten des Käufers

(1) Der Käufer versichert, daß er das Tier in seiner Wohnung/seinem Haus halten darf. Er verpflichtet sich, das Tier art- und verhaltensgerecht zu halten, zu versorgen, es regelmäßig zu entwurmen, die notwendigen Impfungen, Untersuchungen und tierärztlichen Behandlungen durchführen zu lassen sowie das Tierschutzgesetz und dessen Nebenbestimmungen zu beachten. Das Tier darf nicht von Menschen

ferngehalten oder in einem Käfig oder ausschließlich in einem Raum mit einer Grundfläche von weniger als 12 qm gehalten werden.

(2) Bei schwerer Krankheit oder plötzlichem Tod des Tieres ist der Verkäufer unverzüglich zu verständigen. Der Verkäufer hat das Recht, zur Klärung der Situation auf Kosten des Käufers einen pathologischen Befund zu verlangen.

(3) Das Tier darf nicht für Tierversuche verwendet werden.

(4) Sollte die Katze erkranken, ist der Käufer verpflichtet, das Tier unverzüglich in die Behandlung eines Tierarztes zu geben.

(5) Der Käufer versichert, daß er das Tier für sich selbst erwirbt. Erwirbt der Käufer das Tier, ohne den Verkäufer vorher darüber zu informieren, im Auftrag eines Dritten, insbesondere für eine zoologischen Handlung, eine Tierversuchsanstalt, einen Tierkaufsvermittler oder sog. Massen- bzw. Schwarzzüchter, dann ist der Verkäufer berechtigt, den Vertrag wegen arglistiger Täuschung nach § 142 BGB anzufechten. Der Verkäufer hat nach Anfechtung des Vertrages das Recht, die kostenfreie Rückgabe des Tiers zu fordern.

(6) Der Käufer verpflichtet er sich, soweit noch nicht geschehen, einem eingetragenen Katzenzuchtverein beizutreten, sich dort an die Haltungs- und Zuchtrichtlinien der Vereinssatzung zu halten und das Tier nur innerhalb der eigenen Rasse zu verpaaren. Als „Zucht" gilt auch die einmalige Verpaarung dieses Tiers mit einer Katze oder einem Kater derselben Rasse mit dem Ziel der Welpenaufzucht.

(7) Der Käufer darf das Tier erst nach einer Eingewöhnungszeit von acht Wochen ab Übergabe zu einer Ausstellung mitnehmen.

(8) Sollte die Katze an Infektions- oder Erbkrankheiten, namentlich FIP (Feline Infektiöse Peritonitis), FeLV (Feline Leukämievirus; auch Leukose genannt), HCM/HKM (Hypertrophe Kardiomyopathie) oder PKD (Polyzystische Nierenerkrankung), erkranken, ist der Verkäufer sofort zu benachrichtigen.

§ 6 Vorkaufsrecht

(1) Der Käufer räumt dem Verkäufer für jeden Fall der entgeltlichen Veräußerung des Tieres ein Vorkaufsrecht ein.

(2) Der Käufer ist verpflichtet, dem Verkäufer binnen 14 Tagen nach AbSchluß des Kaufvertrages Mitteilung über diese Veräußerung zu machen und dem Verkäufer eine Kopie des Kaufvertrages mit Namen und Adressen des neuen Käufers auszuhändigen.

(3) Will der Verkäufer von seinem Vorkaufsrecht Gebrauch machen, muß er dieses Recht innerhalb von 14 Tagen nach Eingang der Käufermittelung ausüben.

(4) Bei jeder sonstigen (unentgeltlichen) Abgabe des Tieres räumt der Käufer dem Verkäufer ein Rückerwerbsrecht zu dem ursprünglich vereinbarten Kaufpreis ein. Der Kaufpreis verringert sich für jedes vollendete Lebensjahr des Tieres um fünf Prozent. Der Käufer ist verpflichtet, dem Verkäufer binnen 14 Tagen nach Abgabe des Tieres Mitteilung über diese Abgabe zu machen. Auch dieses Rückerwerbsrecht muß innerhalb von 14 Tagen nach Eingang der Mitteilung des Käufers ausgeübt werden.

(5) Das Tier darf nur kastriert an Dritte weitergegeben werden.

(6) Eine Abgabe des Tieres an Tierheime, Zoohandlungen, Versuchsanstalten, Pelztierfarmen oder Ähnliches ist dem Käufer untersagt.

(7) Macht der Verkäufer von seinem Vorkaufsrecht nicht Gebrauch, dann ist der Käufer verpflichtet, mit dem neuen Erwerber einen Schutzvertrag zu schließen, der die Rechte und Pflichten gegenüber dem Tier in gleicher Weise regelt wie dieser Kaufvertrag.

§ 7 Rückgabe des Tieres

(1) Der Käufer hat das Recht, innerhalb von vier Wochen seit Übergabe des Tieres durch schriftliche Anzeige an den Verkäufer vom Kaufvertrag zurück zu treten, wenn sich das Tier innerhalb dieser Zeit nicht in sein neues Zuhause eingewöhnt hat. In diesem Fall wird der Vertrag rückabgewickelt. Der Käufer gibt das Tier auf

seine Kosten an den Verkäufer zurück. Der Verkäufer zahlt den Kaufpreis an den Käufer zurück.

(2) Soll das Tier in den Bestand des Verkäufers zurückkehren, hat der Käufer vor der Rückgabe auf seine Kosten ein aktuelles tierärztliches Gesundheitsattest auf Parasiten- und Hautpilzfreiheit und einen aktuellen Leukose-, Giardien-, Herpes- und FIV-Test beizubringen, die nicht älter als eine Woche sein dürfen. Stellt sich heraus, daß das Tier an Leukose, Giardien, Herpes oder FIV erkrankt ist, scheidet eine Rückabwicklung des Kaufvertrages aus.

§ 8 Vertragsstrafe
(1) Der Käufer ist verpflichtet, für jeden Verstoß gegen die Bestimmungen dieses Vertrages eine Vertragsstrafe in Höhe von 1.000,00 EUR an den Verkäufer zu zahlen.

(2) Auf ein Verschulden des Käufers kommt es nicht an.

(3) Der Käufer verzichtet ausdrücklich darauf, eine verwirkte Vertragsstrafe durch richterliche Entscheidung ändern zu lassen.

§ 9 Schlußbestimmungen
(1) Änderungen und Ergänzungen dieses Vertrages bedürfen zu ihrer Wirksamkeit der Schriftform. Das Schriftformerfordernis besteht auch für die Aufhebung des Schriftformerfordernisses. Mündliche Nebenabreden bestehen nicht.

(2) Sollte eine Bestimmung dieses Vertrages unwirksam sein, so wird die Wirksamkeit der übrigen Vertragsbestandteile davon nicht berührt. Sofern sich eine ungültige Bestimmung in anderer Weise ausführen läßt, sind die Vertragsparteien verpflichtet, die getroffene Vereinbarung entsprechend zu ändern oder zu ergänzen.

(3) Verkäufer und Käufer erhalten je eine Ausfertigung dieses Vertrages. Mit seiner Unterschrift bestätigt der Käufer, den Vertrag in Ruhe gelesen, jeden Punkt verstanden und sämtliche Vertragspunkte anerkannt zu haben.

§ 10 Zusatzvereinbarung
....
....

Ort:........................... Datum:................   ....
                                                                          Verkäufer

Ort:........................... Datum:................   ....
                                                                          Käufer

(13) Kaufvertrag zwischen zwei gewerblichen Züchtern

➡ Unternehmer
➡ Zuchttier
➡ Einschränkung der Gewährleistung
➡ Käufer holt das Tier ab
➡ Besuchsrecht des Verkäufers
➡ Deckrecht des Verkäufers

Dies ist ein Kaufvertrag über ein Zuchttier. Beide Vertragsparteien sind gewerbliche Züchter/Unternehmer. Das Recht des Verbrauchsgüterkaufs gilt nicht. Die Gewährleistung wird eingeschränkt. Der Käufer holt das Tier am Übergabetag beim Verkäufer ab. Der Verkäufer darf die Katze in ihrem neuen Zuhause besuchen. Der Verkäufer hat das Recht, später, wenn der Kater geschlechtsreif und zuchttauglich ist, eine seine Katzen von ihm decken zu lassen.

Kaufvertrag

Zwischen

....
Verkäufer

und

....
Käufer

wird folgende Vereinbarung getroffen:

§ 1 Kaufgegenstand
(1) Der Käufer erwirbt vom Verkäufer folgenden Kater:
Name: ....
Rasse:...
Geburtsdatum:................................   Geschlecht männlich
Farbe:..
gechipt ☐   nicht gechipt ☐   Zuchtbuch-Nr: ....

Stammbaum ausstellender Verein: …………..………………………..
Vater: …………………………..…………………………………….
Mutter:……………………………………..……………………….
Der Kater ist nicht kastriert.
Besonderheiten: ………………………………………………………….
……………………………………………………………………………..

(2) Der Käufer erwirbt das Tier als **Zuchttier**.

§ 2 Kaufpreis
(1) Der Kaufpreis beträgt …………….. EUR (in Worten: ………………………………..Euro).

(2) Bei Abschluß des Kaufvertrages ist eine Anzahlung in Höhe von …………….. EUR fällig. Die Anzahlung ist in bar zu zahlen.

(3) Der Rest des Kaufpreises in Höhe von ……………… EUR ist bei Übergabe des Tieres in bar zu zahlen.

(4) Das Tier bleibt bis zur vollständigen Bezahlung des Kaufpreises im Eigentum des Verkäufers. Solange der Eigentumsvorbehalt besteht, darf der Käufer das Tier weder verkaufen, verschenken noch verpfänden.

(5) Zahlt der Käufer trotz Mahnung den vereinbarten Kaufpreis nicht, ist der Verkäufer berechtigt, vom Vertrag zurückzutreten und das Tier anderweitig zu verkaufen.

§ 3 Übergabe
(1) Der Übergabetermin wird schriftlich vereinbart (z. B. per E-Mail). Der Käufer holt das Tier auf seine Kosten beim Verkäufer ab.

(2) Der Impfausweis, ein aktuelles tierärztliches Gesundheitszeugnis, das nicht älter als drei Tage sein darf, und der Stammbaum werden dem Käufer zusammen mit dem Tier übergeben. Der Stammbaum wird unverzüglich nachgereicht, soweit das Tier noch nicht im Zuchtbuch eingetragen sein sollte.

(3) Kann der Käufer den vereinbarten Übergabetermin nicht einhalten, ist der Verkäufer berechtigt, für die Zeit bis zur Übergabe des Tiers pro Tag der Verzögerung eine Pauschale für Lebensunterhaltungskosten, Pflege und ggf. tiermedizinische Versorgung in Höhe von 5,00 EUR zu berechnen.

(4) Der Verkäufer ist berechtigt, vom Vertrag zurückzutreten, wenn der Käufer das Tier trotz schriftlicher Aufforderung nicht innerhalb von drei Monaten nach Abschluß des Kaufvertrages abnimmt. In diesem Fall verbleibt die Anzahlung als Vertragsstrafe beim Verkäufer.

(5) Der Verkäufer ist berechtigt, bis zur Übergabe des Tiers vom Vertrag zurückzutreten, wenn er den Eindruck hat, der Käufer werde seine Pflichten aus § 5 dieses Vertrages nicht erfüllen. In diesem Fall hat der Verkäufer dem Käufer geleistete Zahlungen binnen einer Woche ab Zugang der Rücktrittserklärung zu erstatten.

(6) Der Verkäufer hat das Recht, sich bis zum Ablauf von drei Monaten nach Übergabe des Tieres zweimal zu angemessenen Tageszeiten nach vorheriger Terminvereinbarung mit dem Käufer von der artgerechten Haltung und dem Gesundheitszustand des Katers zu überzeugen. Er hat dabei die Privatsphäre des Käufers in angemessener Weise zu berücksichtigen. Der Verkäufer ist berechtigt bei Zweifeln den Kater mitzunehmen und tierärztlich untersuchen zu lassen. Der Käufer ist verpflichtet, die Kosten der tierärztlichen Untersuchung und einer notwendigen Behandlung zu tragen. Sollte der untersuchende Tierarzt feststellen, daß der Kater durch nicht artgerechte Haltung und/oder Pflege erkrankt ist, hat der Käufer das Recht, binnen vier Wochen vom Kaufvertrag zurückzutreten. Die Frist beginnt zu laufen, sobald der Untersuchungsbefund des Tierarztes beim Verkäufer eingegangen ist. Der Käufer ist verpflichtet, den Kater, den Stammbaum und den Impfausweis an den Käufer zurückzugeben. Der Verkäufer ist berechtigt, den erhaltenen Kaufpreis zu als Vertragsstrafe zu behalten. Der Betrag wird auf die nach § 8 dieser Vereinbarung verwirkte Vertragsstrafe angerechnet.

§ 4 Gewährleistung
(1) Der Käufer übernimmt das Tier wie besichtigt. Der Verkäufer hat das Tier zuletzt am ……. tierärztlich untersuchen lassen. Bei dieser Untersuchung wurden keine negativen Befunde bzw. Beeinträchtigungen festgestellt. Das tierärztliche Zeugnis vom …………. wird Bestandteil dieses Vertrages.

(2) Der Verkäufer versichert, daß ihm offensichtliche oder verborgene Mängel und Krankheiten des Tieres nicht bekannt sind. Das Tier ist bei der Übergabe entwurmt, frei von ansteckenden Krankheiten und gegen Katzenseuche, Katzenschnupfen, Chlamydien und Tollwut geimpft. Das Tier ist, stubenrein, entwöhnt und frei von Ungeziefer. Eine Garantie für spezifische Charaktereigenschaften des Tieres, zukünftige Zuchttauglichkeit, Ausstellungserfolge oder die weitere Entwicklung des Tieres kann der Verkäufer nicht übernehmen.

(3) Mängel oder Krankheiten des Tieres, die zum Zeitpunkt des Verkaufs bestehen sollten und bekannt sind, werden von beiden Parteien in diesem Vertrag schriftlich niedergelegt und können zu einem späteren Zeitpunkt nicht beanstandet werden.

(4) Die Gefahr der Verschlechterung, später auftretender Krankheiten, der Wesensentwicklung, wachstumsbedingter Veränderungen der Rasse- und Farbmerkmale oder des Verlusts geht mit der Übergabe des Katers auf den Käufer über.

(5) Der Verkäufer versichert, daß das Tier entsprechend der aktuellen Zuchtordnung des den Stammbaum ausstellenden Vereins gezüchtet wurde.

(6) Der Verkäufer gewährleistet die Richtigkeit der das Tier betreffenden Angaben im Stammbaum bzw., wenn das Tier noch nicht im Zuchtbuch eingetragen ist, die Richtigkeit der das Tier betreffenden Angaben in der Meldung zum Zuchtbuch.

(7) Ist das Tier zum Zeitpunkt der Übergabe mangelhaft, kann der Käufer nach seiner Wahl Nachbesserung oder Ersatzlieferung verlangen. Schlägt die Nacherfüllung fehl, steht dem Käufer ein Anspruch auf Minderung zu. In Übrigen sind Ansprüche auf Schadensersatz, Wandlung oder Minderung ausgeschlossen.

§ 5 Pflichten des Käufers
(1) Der Käufer versichert, daß er das Tier in seiner Wohnung/seinem Haus halten darf. Er verpflichtet sich, das Tier art- und verhaltensgerecht zu halten, zu versorgen, es regelmäßig zu entwurmen, die notwendigen Impfungen, Untersuchungen und tierärztlichen Behandlungen durchführen zu lassen sowie das Tierschutzgesetz und dessen Nebenbestimmungen zu beachten. Das Tier darf nicht von Menschen

ferngehalten oder in einem Käfig oder ausschließlich in einem Raum mit einer Grundfläche von weniger als 12 qm gehalten werden.

(2) Bei schwerer Krankheit oder plötzlichem Tod des Tieres ist der Verkäufer unverzüglich zu verständigen. Der Verkäufer hat das Recht, zur Klärung der Situation auf Kosten des Käufers einen pathologischen Befund zu verlangen.

(3) Das Tier darf nicht für Tierversuche verwendet werden.

(4) Sollte der Kater erkranken, ist der Käufer verpflichtet, das Tier unverzüglich in die Behandlung eines Tierarztes zu geben.

(5) Der Käufer versichert, daß er das Tier für sich selbst erwirbt. Erwirbt der Käufer das Tier, ohne den Verkäufer vorher darüber zu informieren, im Auftrag eines Dritten, insbesondere für eine zoologischen Handlung, eine Tierversuchsanstalt, einen Tierkaufsvermittler oder sog. Massen- bzw. Schwarzzüchter, dann ist der Verkäufer berechtigt, den Vertrag wegen arglistiger Täuschung nach § 142 BGB anzufechten. Der Verkäufer hat nach Anfechtung des Vertrages das Recht, die kostenfreie Rückgabe des Tiers zu fordern.

(6) Der Käufer verpflichtet er sich, soweit noch nicht geschehen, einem eingetragenen Katzenzuchtverein beizutreten, sich dort an die Haltungs- und Zuchtrichtlinien der Vereinssatzung zu halten und das Tier nur innerhalb der eigenen Rasse zu verpaaren. Als „Zucht" gilt auch die einmalige Verpaarung dieses Tiers mit einer Katze derselben Rasse mit dem Ziel der Welpenaufzucht.

(7) Der Käufer darf das Tier erst nach einer Eingewöhnungszeit von acht Wochen ab Übergabe zu einer Ausstellung mitnehmen.

(8) Sollte der Kater an Infektions- oder Erbkrankheiten, namentlich FIP (Feline Infektiöse Peritonitis), FeLV (Feline Leukämievirus; auch Leukose genannt), HCM/HKM (Hypertrophe Kardiomyopathie) oder PKD (Polyzystische Nierenerkrankung), erkranken, ist der Verkäufer sofort zu benachrichtigen.

§ 6 Vorkaufsrecht
(1) Der Käufer räumt dem Verkäufer für jeden Fall der entgeltlichen Veräußerung des Tieres ein Vorkaufsrecht ein.

(2) Der Käufer ist verpflichtet, dem Verkäufer binnen 14 Tagen nach Abschluß des Kaufvertrages Mitteilung über diese Veräußerung zu machen und dem Verkäufer eine Kopie des Kaufvertrages mit Namen und Adressen des neuen Käufers auszuhändigen.

(3) Will der Verkäufer von seinem Vorkaufsrecht Gebrauch machen, muß er dieses Recht innerhalb von 14 Tagen nach Eingang der Käufermittelung ausüben.

(4) Bei jeder sonstigen (unentgeltlichen) Abgabe des Tieres räumt der Käufer dem Verkäufer ein Rückerwerbsrecht zu dem ursprünglich vereinbarten Kaufpreis ein. Der Kaufpreis verringert sich für jedes vollendete Lebensjahr des Tieres um fünf Prozent. Der Käufer ist verpflichtet, dem Verkäufer binnen 14 Tagen nach Abgabe des Tieres Mitteilung über diese Abgabe zu machen. Auch dieses Rückerwerbsrecht muß innerhalb von 14 Tagen nach Eingang der Mitteilung des Käufers ausgeübt werden.

(5) Das Tier darf nur kastriert an Dritte weitergegeben werden.

(6) Eine Abgabe des Tieres an Tierheime, Zoohandlungen, Versuchsanstalten, Pelztierfarmen oder Ähnliches ist dem Käufer untersagt.

(7) Macht der Verkäufer von seinem Vorkaufsrecht nicht Gebrauch, dann ist der Käufer verpflichtet, mit dem neuen Erwerber einen Schutzvertrag zu schließen, der die Rechte und Pflichten gegenüber dem Tier in gleicher Weise regelt wie dieser Kaufvertrag.

§ 7 Rückgabe des Tieres
(1) Der Käufer hat das Recht, innerhalb von vier Wochen seit Übergabe des Tieres durch schriftliche Anzeige an den Verkäufer vom Kaufvertrag zurück zu treten, wenn sich das Tier innerhalb dieser Zeit nicht in sein neues Zuhause eingewöhnt hat. In diesem Fall wird der Vertrag rückabgewickelt. Der Käufer gibt das Tier auf

seine Kosten an den Verkäufer zurück. Der Verkäufer zahlt den Kaufpreis an den Käufer zurück.

(2) Soll das Tier in den Bestand des Verkäufers zurückkehren, hat der Käufer vor der Rückgabe auf seine Kosten ein aktuelles tierärztliches Gesundheitsattest auf Parasiten- und Hautpilzfreiheit und einen aktuellen Leukose-, Giardien-, Herpes- und FIV-Test beizubringen, die nicht älter als eine Woche sein dürfen. Stellt sich heraus, daß das Tier an Leukose, Giardien, Herpes oder FIV erkrankt ist, scheidet eine Rückabwicklung des Kaufvertrages aus.

§ 8 Deckrecht des Verkäufers
(1) Dem Verkäufer steht ein einmaliges unentgeltliches Deckrecht für den Eigenbedarf zu, wenn der in § 1 Abs 1 genannte Kater zuchttauglich ist. Das Deckrecht ist innerhalb von drei Jahren nach Übergabe des oben genannten Katers an den Käufer in Anspruch zu nehmen und durch schriftliche Anzeige an den Käufer auszuüben.

(2) Erfüllungsort für das Deckrecht ist der jeweilige Wohnsitz des Käufers. Der Hin- und Rücktransport der Katze erfolgt auf Kosten und Gefahr des Verkäufers. Das gilt auch dann, wenn die Parteien für die Verpaarung einen anderen Ort als den Wohnsitz des Käufers vereinbaren.

(3) Bestehen Zweifel an der Zeugungsfähigkeit des Katers, hat der Verkäufer das Recht, vor Ausübung des Deckrechts den Kater auf seine Kosten tierärztlich untersuchen zu lassen.

(4) Das Deckrecht erlischt, wenn
a) eine Katze des Verkäufers von dem Kater gedeckt und trächtig wird,
b) durch tierärztliches Attest nachgewiesen wurde, daß der Kater nicht zeugungsfähig ist,
c) der Kater an einer Infektions- oder Erbkrankheit, namentlich FIP (Feline Infektiöse Peritonitis), FeLV (Feline Leukämievirus; auch Leukose genannt), HCM/HKM (Hypertrophe Kardiomyopathie) oder PKD (Polyzystische Nierenerkrankung), erkrankt ist,
d) der Kater kastriert wurde oder
d) der Kater gestorben ist.

(5) Der Verkäufer ist verpflichtet, dem Käufer die Trächtigkeit unverzüglich schriftlich mitzuteilen.

(6) Der Käufer ist verpflichtet, den Verkäufer unverzüglich zu informieren, wenn ein Fall des Abs. 4 lit. b) bis d) eingetreten ist. Eine geplante Kastration hat der Käufer dem Verkäufer spätestens vier Wochen vor dem Eingriff mitzuteilen.

(7) Verletzt der Käufer vorsätzlich seine Informationspflicht nach Abs. 6 S. 2 (geplante Kastration), steht dem Verkäufer gegen den Käufer ein Schadensersatzanspruch in Höhe von pauschal 500,00 EUR zu. Der Verkäufer ist berechtigt nachzuweisen, daß ihm ein höherer Schaden entstanden ist. Der Anspruch auf Schadensersatz ist ausgeschlossen, wenn die Erfüllung des Deckanspruchs die Gesundheit des Katers beeinträchtigt hätte.

§ 9 Erfüllung des Deckrechts

(1) Der Käufer (Deckkaterhalter) ist verpflichtet, vor der Übernahme der Katze auf seine Kosten ein aktuelles tierärztliches Gesundheitsattest auf Parasiten- und Hautpilzfreiheit des Katers und einen aktuellen Leukose-, Giardien-, Herpes-, FIP- und FIV-Test beizubringen, das nicht älter als eine Woche sein darf. Stellt sich heraus, daß der Kater an Leukose, Giardien, Herpes oder FIV erkrankt ist, scheidet eine Verpaarung der Tiere aus. Der Käufer (Deckkaterhalter) ist verpflichtet, dem Verkäufer (Katzenhalter) vor der Zusammenführung der beiden Tiere die tierärztlichen Untersuchungsergebnisse eines HKM (HCM)-Gentests, einer HKM (HCM)-Ultraschalluntersuchung, die länger als 12 Monate zurückliegen darf, sowie die Resultate von PKD- und HD-Untersuchung vorzulegen.

(2) Der Käufer (Deckkaterhalter) ist verpflichtet, die Katze während des Aufenthalts in seiner Wohnung in einem separaten möblierten Zimmer zusammen mit dem Kater unterzubringen, sie ordnungsgemäß zu versorgen und zu betreuen, sie zu beaufsichtigen, sie ausgewogen im mittleren Preisbereich zu verpflegen sowie freien Kontakt mit Menschen und anderen Katzen der Hausgemeinschaft und hygienische Unterbringung und Versorgung sicherzustellen. Er verpflichtet sich, die Katze art- und verhaltensgerecht zu halten und das Tierschutzgesetz und dessen Nebenbestimmungen zu beachten. Die Katze darf nicht von Menschen ferngehalten oder in einem Käfig oder ausschließlich in einem Raum mit einer Grund-

fläche von weniger als 12 qm gehalten werden. Der Käufer (Deckkaterhalter) hat dafür zu sorgen, daß die Katze nicht aus seiner Wohnung bzw. seinem Haus oder aus einem mit Netzen oder Gittern rundherum abgesicherten Gartenbereich oder Balkon entweichen kann. Es ist ihm untersagt, der Katze Freigang zu gewähren.

(3) Sollte die Katze während ihres Aufenthaltes im Haushalt des Deckkaterhalters (Käufers) erkranken, ist der Käufer (Deckkaterhalter) verpflichtet, den Katzenhalter unverzüglich zu benachrichtigen. Bei Gefahr im Verzug hat er das Tier so bald wie möglich in die Behandlung eines Tierarztes zu geben. Die Kosten einer notwendigen tierärztlichen Behandlung trägt der Verkäufer (Katzenhalter). Bei schwerer Krankheit oder plötzlichem Tod der Katze ist der Verkäufer (Katzenhalter) unverzüglich zu verständigen. Der Katzenhalter hat das Recht, zur Klärung der Situation auf seine Kosten einen pathologischen Befund zu verlangen.

(4) Die Katze darf nur mit dem oben genannten Kater zusammengebracht werden, um eine Doppelbelegung zu vermeiden. Der Käufer (Deckkaterhalter) ist berechtigt, die Tiere zu trennen, wenn die Verpaarung nicht stattgefunden hat oder voraussichtlich nicht erfolgreich war. In diesem Fall hat der Katzenhalter Anspruch auf Nachdeckung, sobald eine neue Rolligkeit den Mißerfolg anzeigt.

(5) Der Verkäufer (Katzenhalter) hat vor der Übergabe der Katze auf seine Kosten ein aktuelles tierärztliches Gesundheitsattest über einen Scheidenabstrich (Streptokokken), eine Bescheinigung über Parasiten-und Hautpilzfreiheit der Katze sowie einen aktuellen Leukose-, Giardien-, Herpes-, FIP- und FIV-Test beizubringen, die nicht älter als eine Woche sein dürfen. Stellt sich heraus, daß das Tier an Leukose, Giardien, Herpes, FIP, FIV oder Streptokokken erkrankt ist, scheidet eine Verpaarung der Tiere aus.

(6) Für Verletzungen, Erkrankungen, Abhandenkommen, Diebstahl oder Tod der Katze haftet der Käufer (Deckkaterhalter) nur bei Vorsatz oder grober Fahrlässigkeit. Die Ersatzpflicht beschränkt sich im Fall von Abhandenkommen, Diebstahl oder Tod auf den Wiederbeschaffungswert. Im Fall von Verletzung oder Erkrankung sind die Kosten der notwendigen tierärztlichen Behandlung zu erstatten.

(7) Der Käufer (Katzenhalter) haftet nicht für
   a) Kampf- und Deckverletzungen des Katers

b) Unfälle und Infektionen des Katers oder anderer im Haushalt des Deckkaterbesitzers lebender Katzen/Kater,
c) Verletzungen, die die Katze dem Käufer (Deckkaterhalter), seinen Angehörigen, Mitbewohnern oder Besuchern zufügt oder
d) Sachschäden, die die Katze am Eigentum des Käufers (Deckkaterhalters), seiner Angehörigen, Mitbewohner oder Besucher verursacht.

(8) Sollte die Katze durch einen anderen als den oben genannten Kater gedeckt werden, zahlt der Käufer (Deckkaterhalter) an den Verkäufer (Katzenhalter) einen pauschalen Schadensersatz in Höhe von 3.000,00 EUR. Auf ein Verschulden des Käufers (Deckkaterhalters) kommt es nicht an. Der Katzenhalter hat das Recht, nachzuweisen, daß ihm ein höherer Schaden entstanden ist.

§ 10 Vertragsstrafe

(1) Der Käufer ist verpflichtet, für jeden Verstoß gegen die Bestimmungen dieses Vertrages eine Vertragsstrafe in Höhe von 1.000,00 EUR an den Verkäufer zu zahlen.

(2) Auf ein Verschulden des Käufers kommt es nicht an.

(3) Der Käufer verzichtet ausdrücklich darauf, eine verwirkte Vertragsstrafe durch richterliche Entscheidung ändern zu lassen.

§ 11 Schlußbestimmungen

(1) Änderungen und Ergänzungen dieses Vertrages bedürfen zu ihrer Wirksamkeit der Schriftform. Das Schriftformerfordernis besteht auch für die Aufhebung des Schriftformerfordernisses. Mündliche Nebenabreden bestehen nicht.

(2) Sollte eine Bestimmung dieses Vertrages unwirksam sein, so wird die Wirksamkeit der übrigen Vertragsbestandteile davon nicht berührt. Sofern sich eine ungültige Bestimmung in anderer Weise ausführen läßt, sind die Vertragsparteien verpflichtet, die getroffene Vereinbarung entsprechend zu ändern oder zu ergänzen.

(3) Verkäufer und Käufer erhalten je eine Ausfertigung dieses Vertrages. Mit seiner Unterschrift bestätigt der Käufer, den Vertrag in Ruhe gelesen, jeden Punkt verstanden und sämtliche Vertragspunkte anerkannt zu haben.

§ 10 Zusatzvereinbarung
....……...…………
……………………………………………………..………..………………………………….

Ort:………………………… Datum:……..………   ………...…………………………………
                                                            Verkäufer

Ort:………………………… Datum:……..………   ………...…………………………………
                                                            Käufer

(14) Kaufvertrag zwischen gewerblichem Züchter und Hobbyzüchter

➡ Zuchttier
➡ Käufer ist Verbraucher
➡ Verkäufer bringt das Tier zum Käufer
➡ Besuchsrecht des Verkäufers

Das ist ein Kaufvertrag über ein Zuchttier. Der Verkäufer ist gewerblicher Züchter, der Käufer ist Hobbyzüchter. Der Käufer genießt vollen Verbraucherschutz. Der Verkäufer bringt das Tier am Übergabetag in das neue Zuhause. Er darf zusätzlich das Tier nach der Übergabe in ihrem neuen Zuhause besuchen.

Kaufvertrag

Zwischen

……………………………………………………………………………..

Verkäufer

und

………………………………………………………………………………

Käufer

wird folgende Vereinbarung getroffen:

§ 1 Kaufgegenstand

(1) Der Käufer erwirbt von der Verkäuferin folgende Katze:
Name: ………………………………………….……………………………
Rasse:……………………………………………...…………………………
Geburtsdatum:……………… Geschlecht: männlich ☐ weiblich ☐
Farbe:………………………………………………………………………..
gechipt ☐ nicht gechipt ☐ Zuchtbuch-Nr: ……..………………………
Stammbaum ausstellender Verein: ……………………....………………
Vater: ………………………………………………………………………..
Mutter:………………………………………………………………………
Die Katze ist nicht kastriert ☐ und nicht trächtig ☐
Besonderheiten: …………………………………………………………….
………………………………………………………………………………..

(2) Der Käufer erwirbt das Tier als **Zuchttier**.

§ 2 Kaufpreis
(1) Der Kaufpreis beträgt …………….. EUR (in Worten: ………………………………………..Euro).

(2) Bei Abschluß des Kaufvertrages ist eine Anzahlung in Höhe von …………….. EUR fällig. Die Anzahlung ist in bar zu zahlen.

(3) Der Rest des Kaufpreises in Höhe von ………………. EUR ist bei Übergabe des Tieres in bar zu zahlen.

(4) Das Tier bleibt bis zur vollständigen Bezahlung des Kaufpreises im Eigentum des Verkäufers. Solange der Eigentumsvorbehalt besteht, darf der Käufer das Tier weder verkaufen, verschenken noch verpfänden.

(5) Zahlt der Käufer trotz Mahnung den vereinbarten Kaufpreis nicht, ist der Verkäufer berechtigt, vom Vertrag zurückzutreten und das Tier anderweitig zu verkaufen.

§ 3 Übergabe
(1) Der Verkäufer bringt die Katze auf seine Kosten in ihr neues Zuhause. Der Übergabetermin wird schriftlich vereinbart (z. B. per E-Mail).

(2) Der Impfausweis, ein aktuelles tierärztliches Gesundheitszeugnis, das nicht älter als drei Tage sein darf, und der Stammbaum werden dem Käufer zusammen mit dem Tier übergeben. Der Stammbaum wird unverzüglich nachgereicht, soweit das Tier noch nicht im Zuchtbuch eingetragen sein sollte.

(3) Kann der Käufer den vereinbarten Übergabetermin nicht einhalten, ist der Verkäufer berechtigt, für die Zeit bis zur Übergabe des Tiers pro Tag der Verzögerung eine Pauschale für Lebensunterhaltungskosten, Pflege und ggf. tiermedizinische Versorgung in Höhe von 5,00 EUR zu berechnen.

(4) Der Verkäufer ist berechtigt, vom Vertrag zurückzutreten, wenn der Käufer das Tier trotz schriftlicher Aufforderung nicht innerhalb von drei Monaten nach Abschluß des Kaufvertrages abnimmt. In diesem Fall verbleibt die Anzahlung als Vertragsstrafe beim Verkäufer.

(5) Der Verkäufer ist berechtigt, bis zur Übergabe des Tiers vom Vertrag zurückzutreten, wenn er den Eindruck hat, der Käufer werde seine Pflichten aus § 5 dieses Vertrages nicht erfüllen. In diesem Fall hat der Verkäufer dem Käufer geleistete Zahlungen binnen einer Woche ab Zugang der Rücktrittserklärung zu erstatten.

(6) Der Verkäufer hat das Recht, sich bis zum Ablauf von drei Monaten nach Übergabe des Tieres zweimal zu angemessenen Tageszeiten nach vorheriger Terminvereinbarung mit dem Käufer von der artgerechten Haltung und dem Gesundheitszustand der Katze zu überzeugen. Er hat dabei die Privatsphäre des Käufers in angemessener Weise zu berücksichtigen. Der Verkäufer ist berechtigt bei Zweifeln die Katze mitzunehmen und tierärztlich untersuchen zu lassen. Der Käufer ist verpflichtet, die Kosten der tierärztlichen Untersuchung und einer notwendigen Behandlung zu tragen. Sollte der untersuchende Tierarzt feststellen, daß die Katze durch nicht artgerechte Haltung und/oder Pflege erkrankt ist, hat der Käufer das Recht, binnen vier Wochen vom Kaufvertrag zurückzutreten. Die Frist beginnt zu laufen, sobald der Untersuchungsbefund des Tierarztes beim Verkäufer eingegangen ist. Der Käufer ist verpflichtet, die Katze, den Stammbaum und den Impfausweis an den Käufer zurückzugeben. Der Verkäufer ist berechtigt, den erhaltenen Kaufpreis zu als Vertragsstrafe zu behalten. Der Betrag wird auf die nach § 8 dieser Vereinbarung verwirkte Vertragsstrafe angerechnet.

§ 4 Gewährleistung
(1) Der Käufer übernimmt das Tier wie besichtigt. Der Verkäufer hat das Tier zuletzt am ……. tierärztlich untersuchen lassen. Bei dieser Untersuchung wurden keine negativen Befunde bzw. Beeinträchtigungen festgestellt. Das tierärztliche Zeugnis vom …………. wird Bestandteil dieses Vertrages.

(2) Der Verkäufer versichert, daß ihm offensichtliche oder verborgene Mängel und Krankheiten des Tieres nicht bekannt sind. Das Tier ist bei der Übergabe entwurmt, frei von ansteckenden Krankheiten und gegen Katzenseuche, Katzenschnupfen, Chlamydien und Tollwut geimpft. Das Tier ist, stubenrein, entwöhnt

und frei von Ungeziefer. Eine Garantie für spezifische Charaktereigenschaften des Tieres, zukünftige Zuchttauglichkeit, Ausstellungserfolge oder die weitere Entwicklung des Tieres kann der Verkäufer nicht übernehmen.

(3) Mängel oder Krankheiten des Tieres, die zum Zeitpunkt des Verkaufs bestehen sollten und bekannt sind, werden von beiden Parteien in diesem Vertrag schriftlich niedergelegt und können zu einem späteren Zeitpunkt nicht beanstandet werden.

(4) Die Gefahr der Verschlechterung, später auftretender Krankheiten, der Wesensentwicklung, wachstumsbedingter Veränderungen der Rasse- und Farbmerkmale oder des Verlusts geht mit der Übergabe der Katze auf den Käufer über.

(5) Der Verkäufer versichert, daß das Tier entsprechend der aktuellen Zuchtordnung des den Stammbaum ausstellenden Vereins gezüchtet wurde.

(7) Der Verkäufer gewährleistet die Richtigkeit der das Tier betreffenden Angaben im Stammbaum bzw., wenn das Tier noch nicht im Zuchtbuch eingetragen ist, die Richtigkeit der das Tier betreffenden Angaben in der Meldung zum Zuchtbuch.

§ 5 Pflichten des Käufers
(1) Der Käufer versichert, daß er das Tier in seiner Wohnung/seinem Haus halten darf. Er verpflichtet sich, das Tier art- und verhaltensgerecht zu halten, zu versorgen, es regelmäßig zu entwurmen, die notwendigen Impfungen, Untersuchungen und tierärztlichen Behandlungen durchführen zu lassen sowie das Tierschutzgesetz und dessen Nebenbestimmungen zu beachten. Das Tier darf nicht von Menschen ferngehalten oder in einem Käfig oder ausschließlich in einem Raum mit einer Grundfläche von weniger als 12 qm gehalten werden.

(2) Bei schwerer Krankheit oder plötzlichem Tod des Tieres ist der Verkäufer unverzüglich zu verständigen. Der Verkäufer hat das Recht, zur Klärung der Situation auf Kosten des Käufers einen pathologischen Befund zu verlangen.

(3) Das Tier darf nicht für Tierversuche verwendet werden.

(4) Sollte die Katze erkranken, ist der Käufer verpflichtet, das Tier unverzüglich in die Behandlung eines Tierarztes zu geben.

(5) Der Käufer versichert, daß er das Tier für sich selbst erwirbt. Erwirbt der Käufer das Tier, ohne den Verkäufer vorher darüber zu informieren, im Auftrag eines Dritten, insbesondere für eine zoologischen Handlung, eine Tierversuchsanstalt, einen Tierkaufsvermittler oder sog. Massen- bzw. Schwarzzüchter, dann ist der Verkäufer berechtigt, den Vertrag wegen arglistiger Täuschung nach § 142 BGB anzufechten. Der Verkäufer hat nach Anfechtung des Vertrages das Recht, die kostenfreie Rückgabe des Tiers zu fordern.

(6) Der Käufer verpflichtet er sich, soweit noch nicht geschehen, einem eingetragenen Katzenzuchtverein beizutreten, sich dort an die Haltungs- und Zuchtrichtlinien der Vereinssatzung zu halten und das Tier nur innerhalb der eigenen Rasse zu verpaaren. Als „Zucht" gilt auch die einmalige Verpaarung dieses Tiers mit einer Katze oder einem Kater derselben Rasse mit dem Ziel der Welpenaufzucht.

(7) Der Käufer darf das Tier erst nach einer Eingewöhnungszeit von acht Wochen ab Übergabe zu einer Ausstellung mitnehmen.

(8) Sollte die Katze an Infektions- oder Erbkrankheiten, namentlich FIP (Feline Infektiöse Peritonitis), FeLV (Feline Leukämievirus; auch Leukose genannt), HCM/HKM (Hypertrophe Kardiomyopathie) oder PKD (Polyzystische Nierenerkrankung), erkranken, ist der Verkäufer sofort zu benachrichtigen.

§ 6 Vorkaufsrecht
(1) Der Käufer räumt dem Verkäufer für jeden Fall der entgeltlichen Veräußerung des Tieres ein Vorkaufsrecht ein.

(2) Der Käufer ist verpflichtet, dem Verkäufer binnen 14 Tagen nach Abschluß des Kaufvertrages Mitteilung über diese Veräußerung zu machen und dem Verkäufer eine Kopie des Kaufvertrages mit Namen und Adressen des neuen Käufers auszuhändigen.

(3) Will der Verkäufer von seinem Vorkaufsrecht Gebrauch machen, muß er dieses Recht innerhalb von 14 Tagen nach Eingang der Käufermitteilung ausüben.

(4) Bei jeder sonstigen (unentgeltlichen) Abgabe des Tieres räumt der Käufer dem Verkäufer ein Rückerwerbsrecht zu dem ursprünglich vereinbarten Kaufpreis ein. Der Kaufpreis verringert sich für jedes vollendete Lebensjahr des Tieres um fünf Prozent. Der Käufer ist verpflichtet, dem Verkäufer binnen 14 Tagen nach Abgabe des Tieres Mitteilung über diese Abgabe zu machen. Auch dieses Rückerwerbsrecht muß innerhalb von 14 Tagen nach Eingang der Mitteilung des Käufers ausgeübt werden.

(5) Das Tier darf nur kastriert an Dritte weitergegeben werden.

(6) Eine Abgabe des Tieres an Tierheime, Zoohandlungen, Versuchsanstalten, Pelztierfarmen oder Ähnliches ist dem Käufer untersagt.

(7) Macht der Verkäufer von seinem Vorkaufsrecht nicht Gebrauch, dann ist der Käufer verpflichtet, mit dem neuen Erwerber einen Schutzvertrag zu schließen, der die Rechte und Pflichten gegenüber dem Tier in gleicher Weise regelt wie dieser Kaufvertrag.

§ 7 Rückgabe des Tieres
(1) Der Käufer hat das Recht, innerhalb von vier Wochen seit Übergabe des Tieres durch schriftliche Anzeige an den Verkäufer vom Kaufvertrag zurück zu treten, wenn sich das Tier innerhalb dieser Zeit nicht in sein neues Zuhause eingewöhnt hat. In diesem Fall wird der Vertrag rückabgewickelt. Der Käufer gibt das Tier auf seine Kosten an den Verkäufer zurück. Der Verkäufer zahlt den Kaufpreis an den Käufer zurück.

(2) Soll das Tier in den Bestand des Verkäufers zurückkehren, hat der Käufer vor der Rückgabe auf seine Kosten ein aktuelles tierärztliches Gesundheitsattest auf Parasiten- und Hautpilzfreiheit und einen aktuellen Leukose-, Giardien-, Herpes- und FIV-Test beizubringen, die nicht älter als eine Woche sein dürfen. Stellt sich heraus, daß das Tier an Leukose, Giardien, Herpes oder FIV erkrankt ist, scheidet eine Rückabwicklung des Kaufvertrages aus.

§ 8 Vertragsstrafe
(1) Der Käufer ist verpflichtet, für jeden Verstoß gegen die Bestimmungen dieses Vertrages eine Vertragsstrafe in Höhe von 1.000,00 EUR an den Verkäufer zu zahlen.

(2) Auf ein Verschulden des Käufers kommt es nicht an.

(3) Der Käufer verzichtet ausdrücklich darauf, eine verwirkte Vertragsstrafe durch richterliche Entscheidung ändern zu lassen.

§ 9 Schlußbestimmungen
(1) Änderungen und Ergänzungen dieses Vertrages bedürfen zu ihrer Wirksamkeit der Schriftform. Das Schriftformerfordernis besteht auch für die Aufhebung des Schriftformerfordernisses. Mündliche Nebenabreden bestehen nicht.

(2) Sollte eine Bestimmung dieses Vertrages unwirksam sein, so wird die Wirksamkeit der übrigen Vertragsbestandteile davon nicht berührt. Sofern sich eine ungültige Bestimmung in anderer Weise ausführen läßt, sind die Vertragsparteien verpflichtet, die getroffene Vereinbarung entsprechend zu ändern oder zu ergänzen.

(3) Verkäufer und Käufer erhalten je eine Ausfertigung dieses Vertrages. Mit seiner Unterschrift bestätigt der Käufer, den Vertrag in Ruhe gelesen, jeden Punkt verstanden und sämtliche Vertragspunkte anerkannt zu haben.

§ 10 Zusatzvereinbarung
....
....

Ort:........................ Datum:................ ....
                                                                Verkäufer

Ort:........................ Datum:................ ....
                                                                Käufer

(15) Übergabequittung

Die Übergabequittung sollte *immer* ausgestellt werden, unabhängig davon, für welchen Kaufvertrag die Parteien sich entschieden haben. Mit der Übergabequittung wird festgestellt, wann z. B. die Gewährleistungsfrist zu laufen beginnt oder die Verjährungsfrist für den vereinbarten Kaufpreis. Sie ist zugleich Beleg für erfolgte Barzahlungen und die Übergabe der Papiere.

Übergabequittung

Der Käufer ………………………………………………………………………..
bestätigt, heute um …………. Uhr von dem
Verkäufer………………………………………………………………………
folgende Katze nebst Impfpaß, aktuellem tierärztlichem Gesundheitszeugnis und Stammbaum übernommen zu haben:
Name: …………………………………………………………………..
Rasse:……………………………………………………...…………………
Geburtsdatum:………………… Geschlecht: männlich ☐ weiblich ☐
Farbe:……………………………………………...……………………
gechipt ☐ nicht gechipt ☐ Zuchtbuch-Nr: ……...………………
Stammbaum ausstellender Verein: …………………………………….
Vater: ……………………………………………………………………..
Mutter:………………………………………………...………………………
Die Katze ist kastriert ..☐ nicht kastriert nicht trächtig ☐
Die Katze befindet sich in gepflegtem und gesundem Zustand. Der Käufer bestätigt nach persönlicher Inaugenscheinnahme, daß die Katze klare Augen, einen sauberen After und ein sauberes Fell hat, keinen Nasenfluß aufweist und äußerlich einen gesunden Eindruck macht.
Der Käufer wurde über die Pflege und Futtergewohnheiten der Katze unterrichtet.
Der Verkäufer bestätigt,
 den restlichen Kaufpreis in Höhe von ……. EUR in bar erhalten zu haben ☐
 …………….eine Rate in Höhe von …………. EUR in bar erhalten zu haben ☐.

Ort:………………………..……………………………
Datum:……………………………………..…………………..
Verkäufer:………………………………………………………
Käufer:………………………………………………………...

(16) Tierärztliches Gesundheitszeugnis über Ankaufuntersuchung

Tierärztliches Gesundheitszeugnis

Ich habe heute die Katze
Name: ……………………………………………………………..
Rasse:………………………………………………………
Farbe:……………………………………….
Geburtsdatum:……………….
Geschlecht: männlich ☐   weiblich ☐
Chip Nr………………………….   nicht gechipt   ☐
Blutgruppe: …………………..
Züchter:………………………………………………………………………….
………………………………………………………………………………………..

auf folgende Gesichtspunkte hin:
Gesamteindruck   ☐
Ohren/Gehör   ☐
Ernährungszustand   ☐
Zähne   ☐
Haarkleid/Haut   ☐
Herz   ☐
Skelettsystem   ☐
Lunge   ☐
Schleimhäute   ☐
Abdomen   ☐
Augen   ☐
Geschlechtsorgane   ☐

tierärztlich untersucht und folgende Tests durchgeführt:
Feline Infektiöse Peritonitis (FIP)   ☐
Giardien   ☐
Feline infektiöse Enteritis (FIE)   ☐
Felines Herpesvirus   ☐
Felines Immunschwäche-Virus (FIV)   ☐

Chlamydien ☐
Feline infektiöse Anämie (FIA) ☐
HKM (HCM) ☐
PKD ☐
Leukose (FeLV) ☐

Die Katze zeigt keine Anzeichen einer auf den Menschen oder andere Tiere übertragbaren Krankheiten. Auch der Verdacht einer übertragbaren Krankheit besteht nicht. Das Tier ist gegen
Katzenseuche (Panleukopenie) ☐
Katzenschnupfen (Rhonotracheitis) ☐
Chlamydien ☐
Felines Leukämie-Virus (FeLV) ☐
Tollwut ☐
Feline Infektiöse Peritonitis (FIP) ☐
geimpft.

Zum allgemeinen Gesundheitszustand des Tieres mache ich folgende Angaben:
Sind Hautkrankheiten sind zu erkennen?	ja ☐	nein ☐
Liegt Parasitenbefall vor?	ja ☐	nein ☐
Zeigen sich in der Mundhöhle Erkrankungen?	ja ☐	nein ☐
Zeigen die Augen Anzeichen einer Erkrankung?	ja ☐	nein ☐
Liegt eine Erkrankung der Ohren vor?	ja ☐	nein ☐
Ist ein Nabelbruch erkennbar?	ja ☐	nein ☐
Gibt es Unregelmäßigkeiten am Schwanzende?	ja ☐	nein ☐
Zeigt das Gebiß Auffälligkeiten?	ja ☐	nein ☐
Sind Auffälligkeiten beim Abhören der Lunge vorhanden?	ja ☐	nein ☐
Sind Auffälligkeiten beim Abhören des Herzens vorhanden?	ja ☐	nein ☐
Beim Kater: Sind beide Hoden vorhanden?	ja ☐	nein ☐
Liegen Infektionskrankheiten vor?	ja ☐	nein ☐
Befindet sich das Tier in gutem Ernährungszustand?	ja ☐	nein ☐
Ist der After sauber?	ja ☐	nein ☐
Sind die Füße soweit ersichtlich in Ordnung?	ja ☐	nein ☐
Ist die normale Zehenanzahl vorhanden?	ja ☐	nein ☐
Ist der Brustkorb in Ordnung?	ja ☐	nein ☐
Sind die Gelenke soweit ersichtlich in Ordnung?	ja ☐	nein ☐

Bei hohem Weißanteil des Fells:
Ist das Tier allem Anschein nach hörfähig?   ja ☐   nein ☐
Sind Anomalien vorhanden?   ja ☐   nein ☐
Wenn ja, welche?..

Das Tier befindet sich in folgendem Allgemeinzustand: ....
....
....
Sonstige Bemerkungen: ....
....

_____   _____

Ort/Datum   Unterschrift des Tierarztes

(17) Reservierung

Bereits vor der Reservierung sollten die Parteien sich über alle Bedingungen des geplanten Kaufvertrages einigen (Preis, Zahlungsmodalitäten, Gewährleistung, Kastrationspflicht etc.). Einigen sich die Parteien nicht bereits vor der Reservierung über den Inhalt des Kaufvertrages, dann kann es sein, daß nach Ablauf der Reservierung langwierige Vertragsverhandlungen nachgeholt werden müssen, die möglicherweise dann doch scheitern. In diesem Fall haben beide Parteien dann viel Zeit und Nerven investiert und doch nicht bekommen, was sie sich gewünscht hatten. Das ist für beide Seiten unbefriedigend und für das Tier, für das ein neues Zuhause gesucht wird, nicht erfreulich.

Damit es später nicht zum Streit darüber kommt, welche Regelungen der Kaufvertrag enthalten soll, empfiehlt es sich, den Kaufvertrag, auf den Verkäufer und Interessent sich vor der Reservierung verständigt haben, als Anlage der Reservierungsvereinbarung beizufügen. Um das Fälschungsrisiko zu verringern, sollten Verkäufer und Interessent jeweils die für den anderen Vertragspartner bestimmte Anlage am Ende jeder Seite mit einem Handzeichen (Paraphe) versehen.

Im Interesse des Verkäufers sollte der Vertrag eine kurze Befristung von maximal vier Wochen vorsehen, weil Jungtiere mit zunehmendem Alter schwerer zu vermitteln sind und ihr Marktwert mit jedem vollendeten Lebensmonat sinkt. Kommt es dann zum Abschluß eines Kaufvertrages, ist die Anzahlung auf den Kaufpreis anzurechnen. Kommt ein Kaufvertrag innerhalb der Reservierungsfrist ohne Verschulden des Verkäufers nicht zustande, ist der Verkäufer berechtigt, das Tier anderweitig zu verkaufen. Die Hälfte der Anzahlung ist an den Interessenten zurückzuzahlen. Den Rest behält nach dem folgenden Mustervertrag der Verkäufer zum Ausgleich dafür, daß er über das Tier während der Reservierung nicht verfügen durfte und ggf. andere Interessenten fortschicken mußte.

Reservierung

Zwischen

....

Verkäufer

und

....

Interessent

wird folgende Vereinbarung getroffen:

(1) Der Verkäufer ist Eigentümer folgender Katze:
Name: ………………………………………..……………………………………..
Rasse:………………………………………...……………………………………..
Geburtsdatum:…………………… Geschlecht: männlich ☐ weiblich ☐
Farbe:………………………………………………………………………………..
gechipt ☐ nicht gechipt ☐ Zuchtbuch-Nr: ………..……………………………
Stammbaum ausstellender Verein: ………………………………………………
Vater: ………………………………………………………………………………..
Mutter:……………………………………..………………………………………..
Die Katze ist kastriert ☐…. nicht kastriert ☐ und nicht trächtig ☐
Besonderheiten: ……………………………………………………………………
…………………………………………………………………………………….…..

(2) Der Verkäufer beabsichtigt, diese Katze zu den Bedingungen des als Anlage zu dieser Vereinbarung beigefügten Vertragsentwurfs zum Preis von …………. EUR zu verkaufen.

(3) Der Interessent erwägt, diese Katze zu diesen Bedingungen zu kaufen.

(4) Der Verkäufer reserviert die Katze für den Interessenten bis zum ………………. Während dieser Zeit wird der Verkäufer die Katze nicht anderweitig verkaufen, verschenken oder sonstwie über sie verfügen.

(5) Entscheidet der Interessent sich für den Kauf der Katze, wird er dies dem Verkäufer rechtzeitig vor Ablauf der Reservierungsfrist schriftlich mitteilen und dem Verkäufer auf seine Kosten den vom Interessenten unterzeichneten Kaufvertrag in zweifacher Ausfertigung im Original zusenden. Für die Rechtzeitigkeit kommt es darauf an, wann Mitteilung und unterzeichneter Kaufvertrag beim Verkäufer eingehen.

(6) Der Verkäufer verpflichtet sich, das ihm fristgerecht zugegangene Vertragsangebot des Interessenten unverzüglich gegenzuzeichnen und dem Interessenten eines der von beiden Parteien unterschriebenen Exemplare auf seine Kosten zurückzusenden. Ein verfristetes Vertragsangebot kann der Verkäufer annehmen, eine Verpflichtung hierzu besteht jedoch nicht.

(7) Der Interessent zahlt an den Verkäufer ein Reservierungsentgelt in Höhe von ………….. EUR. Das Reservierungsentgelt ist mit Unterzeichnung dieser Vereinbarung sofort in bar zur Zahlung fällig.

(8) Kommt es zwischen den Parteien zu einem Kaufvertrag über die oben genannte Katze oder eine andere Katze des Verkäufers, wird das Reservierungsentgelt auf den Kaufpreis angerechnet. Der Kaufpreis ist, soweit im Kaufvertrag nichts anderes geregelt ist, bei Übergabe der Katze in bar zu zahlen.

(9) Kommt ein Kaufvertrag aus einem Grund nicht zustande, den der Verkäufer nicht zu vertreten hat, behält der Verkäufer 10 % des Reservierungsentgelts zum Ausgleich dafür, daß er die Katze bis zum Ablauf der Reservierungsfrist nicht anderweitig verkaufen oder verschenken durfte. Den Restbetrag zahlt er nach Ablauf der Reservierungsfrist an den Interessenten zurück. Der Betrag wird auf das Konto des Interessenten Nr. ……………………… Bei der ……………………………….. BLZ ……………………………….. überwiesen.

(10) Kommt ein Kaufvertrag zwischen den Parteien nicht zustande, ist der Verkäufer berechtigt, über die Katze frei zu verfügen, insbesondere sie zu verkaufen oder zu verschenken.

Ort:…………………………..……………………….

Datum:………………………………...………………..

Verkäufer:……………………………………………….

Käufer:……………………………………………………...

(18) Deckkatervertrag Basisvertrag

➡ sehr einfacher Vertrag

Dies ist ein Basisdeckkatervertrag für Klauselallergiker, wie er in der züchterischen Praxis häufig zu finden ist. Vor solch minimalistischen Verträgen, die die wichtigsten Punkte *nicht* regeln, sei ausdrücklich gewarnt. Wer sich nicht die Mühe macht, zu klären, was passiert, wenn die Katze verwirft oder versehentlich fremd gedeckt wird, braucht sich nicht zu wundern, wenn es später zwischen den Parteien Streit gibt.

Deckvertrag

Zwischen

………………………...……………………….……………………………………

Deckkaterhalter

und

………………………………………….…………………………………………

Katzenhalter

Wird folgende Vereinbarung getroffen:

§ 1 Vertragsgegenstand
(1) Der Deckkaterhalter ist Eigentümer des Zuchtkaters ………………………
Der Katzenhalter ist Eigentümer der Katze:………………….………....………..
(2) Der Katzenhalter bringt diese Katze am ……………… in die Wohnung des Deckkaterhalters. Der Deckkaterhalter ermöglicht der Katze in der Zeit vom ………… bis zum ………… eine Verpaarung mit dem oben genannten Kater.

§ 2 Decktaxe
(Die Decktaxe beträgt ……. EUR. Sie schließt Unterkunft und Versorgung der Katze ein und ist bei Übergabe der Katze im Voraus in bar zu zahlen.

§ 3 Pflichten des Deckkaterhalters
Der Deckkaterhalter ist verpflichtet, die Katze während des Aufenthalts in seiner Wohnung mit dem Kater unterzubringen, sie ordnungsgemäß zu versorgen und zu betreuen.

§ 4 Ausbleiben des Erfolgs
(1) Bleibt die Verpaarung ohne Erfolg, so hat der Katzenhalter dies dem Deckkaterhalter innerhalb einer Frist von 10 Wochen schriftlich mitzuteilen.

(2) Der Katzenhalter hat das Recht, dieselbe Katze kostenfrei zweimal für die Dauer von einer Woche zur Nachdeckung durch den oben genannten Kater in die Wohnung des Deckkaterbesitzers zu bringen.

Ort:..

Datum:...

Deckkaterhalter:..

Katzenhalter:...

(19) Deckkatervertrag einfach

➡ einfacher Vertrag

Hier kommt ein einfacher Deckkatervertrag, der deutlich umfangreicher ist als der minimalistische Basisvertrag für Klauselallergiker. Er enthält ein Mindestmaß an Regelungen, ist aber nicht so umfangreich wie der nachfolgende ausführliche Deckkatervertrag. Dieser einfache Vertrag eignet sich für Züchter, die sich gut kennen und sich vertrauen, trotzdem aber nichts dem Zufall überlassen wollen.

Deckvertrag

Zwischen

………………………...……………………………..……………………………

Deckkaterhalter

und

………………………………………………………..……………………………

Katzenhalter

Wird folgende Vereinbarung getroffen:

§ 1 Vertragsgegenstand
(1) Der Deckkaterhalter ist Eigentümer des Zuchtkaters:
Name: ………………………………………………………...……………………..
Rasse:……………….. Geburtsdatum:…………….Farbe:………………………
gechipt ☐ nicht gechipt ☐   Zuchtbuch-Nr.:……...……………..……………
Stammbaum ausstellender Verein: ……………………………...……………….
Vater: ………………………………………………………………….……………
Mutter:………………………………………………..……………………………
Der Kater ist nicht kastriert.

(2) Der Katzenhalter ist Eigentümer der Katze:
Name: ……………………………………………...…………………..…………..
Rasse:……………….. Geburtsdatum:…………….Farbe:………………………

gechipt ☐ nicht gechipt ☐ Zuchtbuch-Nr.: ……..…………..…………….
Stammbaum ausstellender Verein: ………………………..…………………..
Vater:………………………………………………………………………………
Mutter:……………………………………………..……………………………
Die Katze ist nicht kastriert und nicht trächtig.

(3) Der Katzenhalter bringt diese Katze am ………………… in die Wohnung des Deckkaterhalters. Der Deckkaterhalter ermöglicht der Katze in der Zeit vom …………. bis zum …………. eine Verpaarung mit dem oben genannten Kater.

§ 2 Decktaxe
(1) Die Decktaxe beträgt ……. EUR. Sie schließt Unterkunft und Versorgung der Katze ein und ist bei Abholung der Katze in bar zu zahlen.

(2) Der Deckkaterhalter ist berechtigt, die Herausgabe der Katze bis zur vollständigen Zahlung der Decktaxe zu verweigern.

§ 3 Pflichten des Deckkaterhalters
(1) Der Deckkaterhalter ist verpflichtet, vor der Übernahme der Katze auf seine Kosten ein aktuelles tierärztliches Gesundheitsattest auf Parasiten- und Hautpilzfreiheit des Kater und einen aktuellen Leukose-, Giardien-, Herpes- und FIV-Test beizubringen, das nicht älter als eine Woche sein darf. Stellt sich heraus, daß der Kater an Leukose, Giardien, Herpes oder FIV erkrankt ist, scheidet eine Verpaarung der Tiere aus.

(2) Der Deckkaterhalter ist verpflichtet, die Katze während des Aufenthalts in seiner Wohnung mit dem Kater unterzubringen, sie ordnungsgemäß zu versorgen und zu betreuen, sie zu beaufsichtigen, sie ausgewogen im mittleren Preisbereich zu verpflegen sowie freien Kontakt mit Menschen und anderen Katzen der Hausgemeinschaft sicherzustellen.

§ 4 Pflichten des Katzenhalters
(1) Der Katzenhalter hat vor der Übergabe der Katze auf seine Kosten eine Bescheinigung über Parasiten-und Hautpilzfreiheit der Katze sowie einen aktuellen Leukose-, Giardien-, Herpes- und FIV-Test beizubringen, die nicht älter als eine

Woche sein dürfen. Stellt sich heraus, daß das Tier an Leukose, Giardien, Herpes, FIV oder Streptokokken erkrankt ist, scheidet eine Verpaarung der Tiere aus.

(2) Die Katze darf nur mit dem oben genannten Kater zusammengebracht werden, um eine Doppelbelegung zu vermeiden. Nach der Trennung von diesem Kater darf sie frühestens nach drei Wochen mit einem anderen Kater zusammenkommen. Dies gilt auch dann, wenn die Katze vorübergehend entlaufen war.

(3) Sollte der Katzenhalter erfahren, daß die Jungtiere an Infektions- oder Erbkrankheiten, namentlich FIP (Feline Infektiöse Peritonitis), FeLV (Feline Leukämievirus; auch Leukose genannt), HCM/HKM (Hypertrophe Kardiomyopathie) oder PKD (Polyzystische Nierenerkrankung), erkrankt sind, ist der Deckkaterhalter sofort zu benachrichtigen.

§ 5 Gewährleistung
(1) Der Deckkaterhalter versichert, daß ihm offensichtliche oder verborgene körperliche Mißbildungen, Wesensmängel, Krankheiten oder Anomalien des Katers nicht bekannt sind. Der Kater ist bei der Übernahme der Katze entwurmt, frei von ansteckenden Krankheiten und gegen Katzenseuche, Katzenschnupfen, Chlamydien und Tollwut geimpft. Der Kater ist frei von Ungeziefer. Eine Garantie für spezifische Charaktereigenschaften des Katers, zukünftige Ausstellungserfolge oder die weitere Entwicklung des Katers oder seines Nachwuchses kann der Deckkaterhalter nicht übernehmen.

(2) Der Katzenhalter versichert, daß ihm offensichtliche oder verborgene Krankheiten der Katze nicht bekannt sind. Das Tier ist bei der Übergabe entwurmt, frei von ansteckenden Krankheiten und gegen Katzenseuche, Katzenschnupfen, Chlamydien und Tollwut geimpft. Das Tier ist stubenrein und frei von Ungeziefer.

§ 6 Haftung
Für Verletzungen, Erkrankungen, Abhandenkommen, Diebstahl oder Tod der Katze haftet der Deckkaterhalter nur bei Vorsatz oder grober Fahrlässigkeit.

§ 7 Ausbleiben des Erfolgs

(1) Bleibt die Verpaarung ohne Erfolg, so hat der Katzenhalter dies dem Deckkaterhalter innerhalb einer Frist von 10 Wochen nach Rücknahme der Katze schriftlich mitzuteilen.

(2) Der Katzenhalter hat das Recht, dieselbe Katze oder eine andere Katze aus seiner Zucht kostenfrei zweimal für die Dauer von einer Woche zur Nachdeckung durch den oben genannten Kater in die Wohnung des Deckkaterbesitzers zu bringen. Das Recht auf Nachdeckung erlischt, wenn der Katzenbesitzer es nicht innerhalb von drei Monaten nach dem Beginn der ersten Verpaarung (Tag der ersten Übergabe) schriftlich geltend macht. Die erste Wiederholungspaarung soll der ersten Paarung innerhalb von vier Monaten folgen. Bleiben auch diese Nachdeckungen ohne Erfolg, besteht kein Anspruch auf eine weitere unentgeltliche Paarung oder auf sonstige Ersatzleistungen. Der Deckkaterhalter ist nicht zur Rückzahlung der Decktaxe verpflichtet.

§ 8 Schlußbestimmungen

(1) Änderungen und Ergänzungen dieses Vertrages bedürfen zu ihrer Wirksamkeit der Schriftform. Das Schriftformerfordernis besteht auch für die Aufhebung des Schriftformerfordernisses. Mündliche Nebenabreden bestehen nicht.

(2) Sollte eine Bestimmung dieses Vertrages unwirksam sein, so wird die Wirksamkeit der übrigen Vertragsbestandteile davon nicht berührt. Sofern sich eine ungültige Bestimmung in anderer Weise ausführen läßt, sind die Vertragsparteien verpflichtet, die getroffene Vereinbarung entsprechend zu ändern oder zu ergänzen.

(3) Deckkaterhalter und Katzenhalter erhalten je eine Ausfertigung dieses Vertrages. Mit ihrer Unterschrift bestätigen beide, den Vertrag in Ruhe gelesen, jeden Punkt verstanden und sämtliche Vertragspunkte anerkannt zu haben.

Ort:.................... Datum:................ ....

Ort:.................... Datum:................ ....

(20) Deckkatervertrag ausführlich

➡ ausführlicher Vertrag

Die Verpaarung eines Deckkaters und einer Zuchtkatze ist eine sehr brisante Angelegenheit, die mit hohen Kosten, hohen Erwartungen und großen Risiken verbunden ist. Die Katze wird vorübergehend in einen fremden Haushalt eingegliedert. Für die Dauer ihres Aufenthalts dort unterliegt sie nicht mehr der Aufsicht und Kontrolle ihres Halters. Beide Tiere sind an ihre „Hauskeime" gewöhnt. Für beide Tiere besteht die Gefahr, an für sie ungewohnten Keimen zu erkranken oder sich beim Deckakt zu verletzen. Außerdem kann es passieren, daß die Verpaarung gar nicht stattfindet, weil die Tiere mißgestimmt sind, oder daß die Verpaarung erfolglos bleibt. Deckkaterhalter und Katzenhalter sollten vorher regeln, wie dann zu verfahren ist und für welchen Zeitraum „Plan B" gelten soll.

Deckvertrag

Zwischen

....

Deckkaterhalter

und

....

Katzenhalter

Wird folgende Vereinbarung getroffen:

§ 1 Vertragsgegenstand
(1) Der Deckkaterhalter ist Eigentümer des Zuchtkaters:
Name: ……………………………………………………...……………………..
Rasse:……………….. Geburtsdatum:……………Farbe:………………………
gechipt ☐ nicht gechipt ☐ Zuchtbuch-Nr.: ……...………………..…………
Stammbaum ausstellender Verein: ………………………...……………………
Vater:……………………………………………………………………………...
Mutter:………………………………………………..…………………………...

Der Kater ist nicht kastriert.

(2) Der Katzenhalter ist Eigentümer der Katze:
Name: …………………………………………………...……………………..
Rasse:……………….. Geburtsdatum:……………Farbe:………………………
gechipt ☐   nicht gechipt ☐   Zuchtbuch-Nr.: ………..………..…………………
Stammbaum ausstellender Verein: ……………………………...…………………..
Vater:………………………………………………………………………………
Mutter:……………………………………………..………………………………
Die Katze ist nicht kastriert und nicht trächtig.

(3) Der Katzenhalter bringt diese Katze am ………………… in die Wohnung des Deckkaterhalters. Der Deckkaterhalter ermöglicht der Katze in der Zeit vom ………… bis zum ………… eine Verpaarung mit dem oben genannten Kater.

§ 2 Decktaxe
(1) Die Decktaxe beträgt ……. EUR. Sie schließt Unterkunft und Versorgung der Katze ein und ist bei Abholung der Katze in bar zu zahlen.

(2) Der Deckkaterhalter ist berechtigt, die Herausgabe der Katze bis zur vollständigen Zahlung der Decktaxe zu verweigern.

§ 3 Pflichten des Deckkaterhalters
(1) Der Deckkaterhalter ist verpflichtet, vor der Übernahme der Katze auf seine Kosten ein aktuelles tierärztliches Gesundheitsattest auf Parasiten- und Hautpilzfreiheit des Kater und einen aktuellen Leukose-, Giardien-, Herpes-, FIP- und FIV-Test beizubringen, das nicht älter als eine Woche sein darf. Stellt sich heraus, daß der Kater an Leukose, Giardien, Herpes oder FIV erkrankt ist, scheidet eine Verpaarung der Tiere aus.

(2) Der Deckkaterbesitzer ist verpflichtet, dem Katzenhalter vor der Zusammenführung der beiden Tiere die tierärztlichen Untersuchungsergebnisse eines HKM (HCM)-Gentests, einer HKM (HCM)-Ultraschalluntersuchung, die länger als 12 Monate zurückliegen darf, sowie die Resultate von PKD- und HD-Untersuchung vorzulegen.

(3) Der Deckkaterhalter ist verpflichtet, die Katze während des Aufenthalts in seiner Wohnung in einem separaten möblierten Zimmer zusammen mit dem Kater unterzubringen, sie ordnungsgemäß zu versorgen und zu betreuen, sie zu beaufsichtigen, sie ausgewogen im mittleren Preisbereich zu verpflegen sowie freien Kontakt mit Menschen und anderen Katzen der Hausgemeinschaft und hygienische Unterbringung und Versorgung sicherzustellen.

(4) Er verpflichtet sich, die Katze art- und verhaltensgerecht zu halten und das Tierschutzgesetz und dessen Nebenbestimmungen zu beachten. Die Katze darf nicht von Menschen ferngehalten oder in einem Käfig oder ausschließlich in einem Raum mit einer Grundfläche von weniger als 12 qm gehalten werden.

(5) Der Deckkaterhalter hat dafür zu sorgen, daß die Katze nicht aus seiner Wohnung bzw. seinem Haus oder aus einem mit Netzen oder Gittern rundherum abgesicherten Gartenbereich oder Balkon entweichen kann. Es ist ihm untersagt, der Katze Freigang zu gewähren.

(6) Sollte die Katze während ihres Aufenthaltes im Haushalt des Deckkaterhalters erkranken, ist der Deckkaterhalter verpflichtet, den Katzenhalter unverzüglich zu benachrichtigen. Bei Gefahr im Verzug hat er das Tier so bald wie möglich in die Behandlung eines Tierarztes zu geben. Die Kosten einer notwendigen tierärztlichen Behandlung trägt der Katzenhalter.

(7) Bei schwerer Krankheit oder plötzlichem Tod der Katze ist der Katzenhalter unverzüglich zu verständigen. Der Katzenhalter hat das Recht, zur Klärung der Situation auf seine Kosten einen pathologischen Befund zu verlangen.

(8) Die Katze darf nur mit dem oben genannten Kater zusammengebracht werden, um eine Doppelbelegung zu vermeiden.

(9) Der Deckkaterhalter ist verpflichtet, dem Kater zwischen dem Weggang einer anderen Zuchtkatze und der Zuführung der oben genannten Katze eine Pause von mindestens zehn Tagen einzuräumen.

(10) Der Deckkaterhalter ist berechtigt, die Tiere zu trennen, wenn die Verpaarung nicht stattgefunden hat oder voraussichtlich nicht erfolgreich war. In diesem Fall

hat der Katzenhalter Anspruch auf Nachdeckung nach § 7 dieser Vereinbarung, sobald eine neue Rolligkeit den Mißerfolg anzeigt.

§ 4 Pflichten des Katzenhalters
(1) Der Katzenhalter hat vor der Übergabe der Katze auf seine Kosten ein aktuelles tierärztliches Gesundheitsattest über einen Scheidenabstrich (Streptokokken), eine Bescheinigung über Parasiten-und Hautpilzfreiheit der Katze sowie einen aktuellen Leukose-, Giardien-, Herpes-, FIP- und FIV-Test beizubringen, die nicht älter als eine Woche sein dürfen. Stellt sich heraus, daß das Tier an Leukose, Giardien, Herpes, FIP, FIV oder Streptokokken erkrankt ist, scheidet eine Verpaarung der Tiere aus.

(2) Die Katze darf nur mit dem oben genannten Kater zusammengebracht werden, um eine Doppelbelegung zu vermeiden. Nach der Trennung von diesem Kater darf sie frühestens nach drei Wochen mit einem anderen Kater zusammenkommen. Dies gilt auch dann, wenn die Katze vorübergehend entlaufen war.

(3) Der Katzenhalter verpflichtet sich, die Katze nach Abholung beim Kater bis zum Ausschluß einer Trächtigkeit bzw. bis zur Geburt der Kitten nicht auszustellen.

(4) Der Katzenhalter verpflichtet sich, dem Deckkaterhalter unverzüglich eine Kopie der Wurfmeldung mit dem Vermerk zu übersenden, bei welchem Katzenzuchtverband und unter welchem Zwingernamen die Kitten gemeldet sind.

(5) Der Katzenbesitzer wird den Deckkaterhalter mindestens in den ersten drei Lebensmonaten über die Entwicklung des Wurfes unterrichten.

(6) Sollte der Katzenhalter erfahren, daß die Jungtiere an Infektions- oder Erbkrankheiten, namentlich FIP (Feline Infektiöse Peritonitis), FeLV (Feline Leukämievirus; auch Leukose genannt), HCM/HKM (Hypertrophe Kardiomyopathie) oder PKD (Polyzystische Nierenerkrankung), erkrankt sind, ist der Deckkaterhalter sofort zu benachrichtigen.

§ 5 Gewährleistung

(1) Der Deckkaterhalter versichert, daß ihm offensichtliche oder verborgene körperliche Mißbildungen, Wesensmängel, Krankheiten oder Anomalien des Katers nicht bekannt sind. Der Kater ist bei der Übernahme der Katze entwurmt, frei von ansteckenden Krankheiten und gegen Katzenseuche, Katzenschnupfen, Chlamydien und Tollwut geimpft. Der Kater ist frei von Ungeziefer. Eine Garantie für spezifische Charaktereigenschaften des Katers, zukünftige Ausstellungserfolge oder die weitere Entwicklung des Katers oder seines Nachwuchses kann der Deckkaterhalter nicht übernehmen.

(2) Aus später festgestellten bzw. in Erscheinung getretenen, erworbenen oder vererbten, Mängeln oder Krankheiten des Katers können keine Ansprüche geltend gemacht werden.

(3) Der Deckkaterhalter haftet nicht für versteckte Mängel.

(4) Der Deckkaterhalter versichert, daß der Kater entsprechend der aktuellen Zuchtordnung des den Stammbaum ausstellenden Vereins gezüchtet wurde.

(5) Der Deckkaterhalter gewährleistet die Richtigkeit der den Kater betreffenden Angaben im Stammbaum.

(6) Der Deckkaterhalter übernimmt keine Garantie für den Erfolg der Verpaarung.

(7) Der Katzenhalter versichert, daß ihm offensichtliche oder verborgene Krankheiten der Katze nicht bekannt sind. Das Tier ist bei der Übergabe entwurmt, frei von ansteckenden Krankheiten und gegen Katzenseuche, Katzenschnupfen, Chlamydien und Tollwut geimpft. Das Tier ist stubenrein und frei von Ungeziefer.

(8) Der Katzenbesitzer versichert, daß die Katze bei Überbringung zur Deckung rollig ist.

(9) Beide Parteien versichern, daß, sie die Tiere frühestens zwei Wochen nach dem Besuch einer Ausstellung zur Verpaarung zusammenbringen werden, um eine mögliche Ausbreitung latent vorhandener, übertragbarer Krankheiten auf ein Mindestmaß zu beschränken.

§ 6 Haftung
(1) Für Verletzungen, Erkrankungen, Abhandenkommen, Diebstahl oder Tod der Katze haftet der Deckkaterhalter nur bei Vorsatz oder grober Fahrlässigkeit. Die Ersatzpflicht beschränkt sich im Fall von Abhandenkommen, Diebstahl oder Tod auf den Wiederbeschaffungswert. Im Fall von Verletzung oder Erkrankung sind die Kosten der notwendigen tierärztlichen Behandlung zu erstatten.

(2) Der Katzenhalter haftet nicht für
a) Kampf- und Deckverletzungen des Katers,
b) für Unfälle und Infektionen des Katers oder anderer im Haushalt des Deckkaterbesitzers lebender Katzen/Kater,
c) für Verletzungen, die die Katze dem Deckkaterhalter, seinen Angehörigen, Mitbewohnern oder Besuchern zufügt, oder
d) Sachschäden, die die Katze am Eigentum des Deckkaterhalters, seiner Angehörigen, Mitbewohner oder Besucher verursacht.

(3) Sollte die Katze durch einen anderen als den oben genannten Kater gedeckt werden, zahlt der Deckkaterhalter an den Katzenhalter einen pauschalen Schadensersatz in Höhe von 3.000,00 EUR. Auf ein Verschulden des Deckkaterhalters kommt es nicht an. Der Katzenhalter hat das Recht, nachzuweisen, daß ihm ein höherer Schaden entstanden ist.

§ 7 Übergabe und Rücknahme
(1) Der Katzenhalter bringt die Katze auf seine Kosten in die Wohnung des Deckkaterhalters und holt sie auf seine Kosten nach Ablauf der vereinbarten Zeit wieder ab. Bei der Übergabe händigt der Deckkaterhalter dem Katzenhalter eine beglaubigte Kopie des Stammbaums sowie eine Deckbescheinigung aus.

(2) Kann der Katzenhalter den unter § 1 Abs. 3 dieser Vereinbarung vereinbaren Rücknahmetermin nicht einhalten, ist der Deckkaterbesitzer berechtigt, für die Zeit bis zur Rückgabe der Katze pro Tag der Verzögerung eine Pauschale für Lebensunterhaltungskosten und Pflege in Höhe von 5,00 EUR zu berechnen.

(3) Der Deckkaterhalter ist berechtigt, vom Vertrag zurückzutreten, wenn der Katzenhalter ihm die Katze nicht innerhalb der in § 1 Abs. 3 dieser Vereinbarung ge-

regelten Zeit zum Decken bringt. In diesem Fall behält er den Anspruch auf die vereinbarte Decktaxe. Der Anspruch mindert sich pauschal um 25,00 EUR für ersparte Aufwendungen. Auf ein Verschulden des Katzenhalters kommt es nicht an.

(4). Holt der Katzenhalter die Katze trotz schriftlicher Mahnung durch den Deckkaterhalter nicht innerhalb eines Monats nach Ablauf der oben unter § 1 Abs. 3 vereinbarten Zeit beim Deckkaterhalter wieder ab, ist der Deckkaterhalter berechtigt, die Katze an ein Tierheim seiner Wahl abzugeben. Auf ein Verschulden des Katzenhalters an der Verzögerung kommt es nicht an. Der Deckkaterhalter ist verpflichtet, den Katzenhalter über die Abgabe der Katze an das Tierheim unverzüglich schriftlich zu benachrichtigen und ihm den Namen und die Anschrift des Tierheims mitzuteilen.

§ 8 Ausbleiben des Erfolgs
(1) Der Katzenhalter hat einen Anspruch auf Nachdeckung, wenn
a) die Rolligkeit der Katze durch den Aufenthalt zur Deckung unterbrochen wird,
b) die Katze während ihres Aufenthalts beim Deckkaterhalter von einem anderen als dem oben genannten Kater geckt wird,
c) die Katze zwar gedeckt wird, aber verwirft (Fehlgeburt) oder
d) die Verpaarung ohne Erfolg geblieben ist.

(2) Die vereinbarte Decktaxe wird dann erst nach der Nachdeckung fällig. Für die Dauer des ersten Aufenthalts wird pro Tag eine Unterkunfts- und Versorgungspauschale von 5,00 EUR vereinbart. Die Pauschale ist bei Abholung der Katze in bar zu zahlen.

(3) Bleibt die Verpaarung ohne Erfolg, so hat der Katzenhalter dies dem Deckkaterhalter innerhalb einer Frist von 10 Wochen nach Rücknahme der Katze schriftlich mitzuteilen.

(4) Der Katzenhalter hat das Recht, dieselbe Katze oder eine andere Katze aus seiner Zucht kostenfrei zweimal für die Dauer von einer Woche zur Nachdeckung durch den oben genannten Kater in die Wohnung des Deckkaterbesitzers zu bringen, wenn die Voraussetzungen von § 8 Abs. 1 erfüllt sind. Das Recht auf Nachdeckung erlischt, wenn der Katzenbesitzer es nicht innerhalb von drei Monaten

nach dem Beginn der ersten Verpaarung (Tag der ersten Übergabe) schriftlich geltend macht. Die erste Wiederholungspaarung soll der ersten Paarung innerhalb von vier Monaten folgen. Bleiben auch diese Nachdeckungen ohne Erfolg, besteht kein Anspruch auf eine weitere unentgeltliche Paarung oder auf sonstige Ersatzleistungen. Der Deckkaterhalter ist nicht zur Rückzahlung der Decktaxe verpflichtet.

(5) Ist es dem Deckkaterbesitzer nicht möglich, die Katze während ihrer Empfängnisbereitschaft (Rolligkeit) erneut aufzunehmen, weil er dem Kater zu dieser Zeit bereits eine andere Zuchtkatze zugeführt hat oder eine Zuführung fest vereinbart ist, hat er dem Katzenhalter 50 Prozent der Decktaxe zu erstatten.

(6) Nimmt der Katzenhalter das Recht auf die kostenlosen Nachdeckungen für seine Katze nicht in Anspruch, so kann er keine Rückzahlung der Decktaxe verlangen

(7) Wird der Kater vor Ablauf eines Jahres nach Beginn der ersten Verpaarung (Tag der Übergabe der Katze) kastriert oder stirbt er, so daß die vertraglich geschuldeten Nachdeckungen nicht mehr möglich sind, ist der Deckkaterhalter verpflichtet, dem Katzenbesitzer 75% der Decktaxe zu erstatten.

(8) Geht aus der ersten Verpaarung nur ein lebendes Jungtier hervor, hat der Katzenhalter das Recht auf eine Nachdeckung, wenn er dem Deckkaterhalter sein Interesse an einer Nachdeckung innerhalb einer Frist von drei Monaten nach der ersten Belegung der Katze mitteilt.

(9) Das Recht zur Nachdeckung erlischt nach Ablauf eines Jahres nach der ersten Belegung der Katze (Datum der Übergabe).

§ 9 Vertragsstrafe
(1) Beide Parteien sind verpflichtet, für jeden eigenen Verstoß gegen die Bestimmungen dieses Vertrages eine Vertragsstrafe in Höhe von jeweils 1.000,00 EUR an den Vertragspartner zu zahlen.

(2) Auf ein Verschulden desjenigen, der gegen die Bestimmungen dieses Vertrages verstößt, kommt es nicht an.

(3) Beide Parteien verzichten ausdrücklich darauf, eine verwirkte Vertragsstrafe durch richterliche Entscheidung ändern zu lassen.

§ 10 Schlußbestimmungen

(1) Änderungen und Ergänzungen dieses Vertrages bedürfen zu ihrer Wirksamkeit der Schriftform. Das Schriftformerfordernis besteht auch für die Aufhebung des Schriftformerfordernisses. Mündliche Nebenabreden bestehen nicht.

(2) Sollte eine Bestimmung dieses Vertrages unwirksam sein, so wird die Wirksamkeit der übrigen Vertragsbestandteile davon nicht berührt. Sofern sich eine ungültige Bestimmung in anderer Weise ausführen läßt, sind die Vertragsparteien verpflichtet, die getroffene Vereinbarung entsprechend zu ändern oder zu ergänzen.

(3) Deckkaterhalter und Katzenhalter erhalten je eine Ausfertigung dieses Vertrages. Mit ihrer Unterschrift bestätigen beide, den Vertrag in Ruhe gelesen, jeden Punkt verstanden und sämtliche Vertragspunkte anerkannt zu haben.

Ort:..

Datum:..

Deckkaterhalter:..

Katzenhalter:..

(21) Deckkatervertrag sehr ausführlich

➡ sehr ausführlicher Vertrag
➡ am Erfolg ausgerichtete, gestaffelte Decktaxe

In diesem ausführlichen Deckkatervertrag orientiert sich die Höhe der Decktaxe am Erfolg der Verpaarung. Der Katzenhalter zahlt für die Gelegenheit zur Deckung sowie für Unterbringung, Verpflegung und Beaufsichtigung einen Grundbetrag. Für jedes Jungtier, das lebend geboren und beim Verein angemeldet wird, erhöht sich der Grundbetrag um eine Zulage. Durch diese Berechnung der Decktaxe werden beide Vertragspartner angemessen am Erfolg oder Mißerfolg der Verpaarung oder des Verpaarungsversuchs beteiligt. Im Übrigen enthält dieser Vertrag die gleichen Regelungen wie der vorstehende ausführliche Deckkatervertrag.

Deckvertrag

Zwischen

………………………………...……………………………………………………
Deckkaterhalter

und

………………………………………………………………………………………
Katzenhalter

Wird folgende Vereinbarung getroffen:

§ 1 Vertragsgegenstand
(1) Der Deckkaterhalter ist Eigentümer des Zuchtkaters:
Name: …………………………………………………...……………………..
Rasse:……………….. Geburtsdatum:……………Farbe:………………………
gechipt ☐   nicht gechipt ☐   Zuchtbuch-Nr.: ……..………....……………….
Stammbaum ausstellender Verein: …………………………...…………………
Vater:……………………………………………………………………………
Mutter:……………………………………………..……………………………
Der Kater ist nicht kastriert.

(2) Der Katzenhalter ist Eigentümer der Katze:
Name: ……………………………………………...……………………..
Rasse:……………….. Geburtsdatum:……………Farbe:………………………
gechipt ☐   nicht gechipt ☐   Zuchtbuch-Nr.: ……..…………..………………
Stammbaum ausstellender Verein: ……………………...…………………..
Vater:……………………………………………………………………
Mutter:……………………………………...…………………………
Die Katze ist nicht kastriert und nicht trächtig.

(3) Der Katzenhalter bringt diese Katze am ………………… in die Wohnung des Deckkaterhalters. Der Deckkaterhalter ermöglicht der Katze in der Zeit vom ………… bis zum ………….. eine Verpaarung mit dem oben genannten Kater.

§ 2 Decktaxe
(1) Die Decktaxe setzt sich zusammen aus einem Grundbetrag sowie einer Zulage pro lebendem Jungtier, das aus der Verpaarung hervorgeht.

(2) Der Grundbetrag beträgt ……. EUR. Er schließt Unterkunft und Versorgung der Katze ein und ist bei Übergabe der Katze in bar zu zahlen.

(3) Zusätzlich zum Grundbetrag ist für jedes lebende Jungtier, das aus der Verpaarung hervorgeht, eine Zulage in Höhe von …. EUR zu zahlen. Bei Übergabe der Katze an den Deckkaterhalter ist ein Vorschuß auf die voraussichtlich anfallende Zulage für drei Jungtiere in Höhe von …… EUR sofort zur Zahlung fällig. Gehen aus der Verpaarung mehr als drei lebende Jungtiere hervor, dann ist der Katzenhalter verpflichtet, ab dem vierten Jungtier für jedes Tier die vorstehend vereinbarte Zulage an den Deckkaterhalter zu zahlen. Gehen aus der Verpaarung weniger als drei lebende Jungtiere hervor, hat der Deckkaterhalter den Vorschuß ganz oder anteilig an den Katzenhalter zurückzuzahlen.

(4) Der Katzenhalter ist verpflichtet, den Deckkaterhalter unverzüglich nach der Geburt schriftlich über den Umfang des Wurfs und die Anzahl der lebend geborenen Jungtiere zu informieren und binnen eines Monats eine Bescheinigung des den Stammbaum ausstellenden Vereins über die Anzahl der angemeldeten Jungtiere vorzulegen.

(5) Die restliche Decktaxe (Zulage für Jungtiere) bzw. die Erstattung des Vorschusses sind spätestens einen Monat nach der Geburt zur Zahlung fällig.

(6) Der Deckkaterhalter ist berechtigt, die Herausgabe der Katze bis zur vollständigen Zahlung des Grundbetrages und des Vorschusses auf die Zulage nach Ziff. 1 bis 3 zu verweigern.

§ 3 Pflichten des Deckkaterhalters
(1) Der Deckkaterhalter ist verpflichtet, vor der Übernahme der Katze auf seine Kosten ein aktuelles tierärztliches Gesundheitsattest auf Parasiten- und Hautpilzfreiheit des Kater und einen aktuellen Leukose-, Giardien-, Herpes-, FIP- und FIV-Test beizubringen, das nicht älter als eine Woche sein darf. Stellt sich heraus, daß der Kater an Leukose, Giardien, Herpes oder FIV erkrankt ist, scheidet eine Verpaarung der Tiere aus.

(2) Der Deckkaterbesitzer ist verpflichtet, dem Katzenhalter vor der Zusammenführung der beiden Tiere die tierärztlichen Untersuchungsergebnisse eines HKM (HCM)-Gentests, einer HKM (HCM)-Ultraschalluntersuchung, die länger als 12 Monate zurückliegen darf, sowie die Resultate von PKD- und HD-Untersuchung vorzulegen.

(3) Der Deckkaterhalter ist verpflichtet, die Katze während des Aufenthalts in seiner Wohnung in einem separaten möblierten Zimmer zusammen mit dem Kater unterzubringen, sie ordnungsgemäß zu versorgen und zu betreuen, sie zu beaufsichtigen, sie ausgewogen im mittleren Preisbereich zu verpflegen sowie freien Kontakt mit Menschen und anderen Katzen der Hausgemeinschaft und hygienische Unterbringung und Versorgung sicherzustellen.

(4) Er verpflichtet sich, die Katze art- und verhaltensgerecht zu halten und das Tierschutzgesetz und dessen Nebenbestimmungen zu beachten. Die Katze darf nicht von Menschen ferngehalten oder in einem Käfig oder ausschließlich in einem Raum mit einer Grundfläche von weniger als 12 qm gehalten werden.

(5) Der Deckkaterhalter hat dafür zu sorgen, daß die Katze nicht aus seiner Wohnung bzw. seinem Haus oder aus einem mit Netzen oder Gittern rundherum abge-

sicherten Gartenbereich oder Balkon entweichen kann. Es ist ihm untersagt, der Katze Freigang zu gewähren.

(6) Sollte die Katze während ihres Aufenthaltes im Haushalt des Deckkaterhalters erkranken, ist der Deckkaterhalter verpflichtet, den Katzenhalter unverzüglich zu benachrichtigen. Bei Gefahr im Verzug hat er das Tier so bald wie möglich in die Behandlung eines Tierarztes zu geben. Die Kosten einer notwendigen tierärztlichen Behandlung trägt der Katzenhalter.

(7) Bei schwerer Krankheit oder plötzlichem Tod der Katze ist der Katzenhalter unverzüglich zu verständigen. Der Katzenhalter hat das Recht, zur Klärung der Situation auf seine Kosten einen pathologischen Befund zu verlangen.

(8) Die Katze darf nur mit dem oben genannten Kater zusammengebracht werden, um eine Doppelbelegung zu vermeiden.

(9) Der Deckkaterhalter ist verpflichtet, dem Kater zwischen dem Weggang einer anderen Zuchtkatze und der Zuführung der oben genannten Katze eine Pause von mindestens zehn Tagen einzuräumen.

(10) Der Deckkaterhalter ist berechtigt, die Tiere zu trennen, wenn die Verpaarung nicht stattgefunden hat oder voraussichtlich nicht erfolgreich war. In diesem Fall hat der Katzenhalter Anspruch auf Nachdeckung nach § 7 dieser Vereinbarung, sobald eine neue Rolligkeit den Mißerfolg anzeigt.

§ 4 Pflichten des Katzenhalters
(1) Der Katzenhalter hat vor der Übergabe der Katze auf seine Kosten ein aktuelles tierärztliches Gesundheitsattest über einen Scheidenabstrich (Streptokokken), eine Bescheinigung über Parasiten-und Hautpilzfreiheit der Katze sowie einen aktuellen Leukose-, Giardien-, Herpes-, FIP- und FIV-Test beizubringen, die nicht älter als eine Woche sein dürfen. Stellt sich heraus, daß das Tier an Leukose, Giardien, Herpes, FIP, FIV oder Streptokokken erkrankt ist, scheidet eine Verpaarung der Tiere aus.

(2) Die Katze darf nur mit dem oben genannten Kater zusammengebracht werden, um eine Doppelbelegung zu vermeiden. Nach der Trennung von diesem Kater

darf sie frühestens nach drei Wochen mit einem anderen Kater zusammenkommen. Dies gilt auch dann, wenn die Katze vorübergehend entlaufen war.

(3) Der Katzenhalter verpflichtet sich, die Katze nach Abholung beim Kater bis zum Ausschluß einer Trächtigkeit bzw. bis zur Geburt der Kitten nicht auszustellen.

(4) Der Katzenhalter verpflichtet sich, dem Deckkaterhalter unverzüglich eine Kopie der Wurfmeldung mit dem Vermerk zu übersenden, bei welchem Katzenzuchtverband und unter welchem Zwingernamen die Kitten gemeldet sind.

(5) Der Katzenbesitzer wird den Deckkaterhalter mindestens in den ersten drei Lebensmonaten über die Entwicklung des Wurfes unterrichten.

(6) Sollte der Katzenhalter erfahren, daß die Jungtiere an Infektions- oder Erbkrankheiten, namentlich FIP (Feline Infektiöse Peritonitis), FeLV (Feline Leukämievirus; auch Leukose genannt), HCM/HKM (Hypertrophe Kardiomyopathie) oder PKD (Polyzystische Nierenerkrankung), erkrankt sind, ist der Deckkaterhalter sofort zu benachrichtigen.

§ 5 Gewährleistung

(1) Der Deckkaterhalter versichert, daß ihm offensichtliche oder verborgene körperliche Mißbildungen, Wesensmängel, Krankheiten oder Anomalien des Katers nicht bekannt sind. Der Kater ist bei der Übernahme der Katze entwurmt, frei von ansteckenden Krankheiten und gegen Katzenseuche, Katzenschnupfen, Chlamydien und Tollwut geimpft. Der Kater ist frei von Ungeziefer. Eine Garantie für spezifische Charaktereigenschaften des Katers, zukünftige Ausstellungserfolge oder die weitere Entwicklung des Katers oder seines Nachwuchses kann der Deckkaterhalter nicht übernehmen.

(2) Aus später festgestellten bzw. in Erscheinung getretenen, erworbenen oder vererbten, Mängeln oder Krankheiten des Katers können keine Ansprüche geltend gemacht werden.

(3) Der Deckkaterhalter haftet nicht für versteckte Mängel.

(4) Der Deckkaterhalter versichert, daß der Kater entsprechend der aktuellen Zuchtordnung des den Stammbaum ausstellenden Vereins gezüchtet wurde.

(5) Der Deckkaterhalter gewährleistet die Richtigkeit der den Kater betreffenden Angaben im Stammbaum.

(6) Der Deckkaterhalter übernimmt keine Garantie für den Erfolg der Verpaarung.

(7) Der Katzenhalter versichert, daß ihm offensichtliche oder verborgene Krankheiten der Katze nicht bekannt sind. Das Tier ist bei der Übergabe entwurmt, frei von ansteckenden Krankheiten und gegen Katzenseuche, Katzenschnupfen, Chlamydien und Tollwut geimpft. Das Tier ist stubenrein und frei von Ungeziefer.

(8) Der Katzenbesitzer versichert, daß die Katze bei Überbringung zur Deckung rollig ist.

(9) Beide Parteien versichern, daß, sie die Tiere frühestens zwei Wochen nach dem Besuch einer Ausstellung zur Verpaarung zusammengebringen werden, um eine mögliche Ausbreitung latent vorhandener, übertragbarer Krankheiten auf ein Mindestmaß zu beschränken.

§ 6 Haftung
(1) Für Verletzungen, Erkrankungen, Abhandenkommen, Diebstahl oder Tod der Katze haftet der Deckkaterhalter nur bei Vorsatz oder grober Fahrlässigkeit. Die Ersatzpflicht beschränkt sich im Fall von Abhandenkommen, Diebstahl oder Tod auf den Wiederbeschaffungswert. Im Fall von Verletzung oder Erkrankung sind die Kosten der notwendigen tierärztlichen Behandlung zu erstatten.

(2) Der Katzenhalter haftet nicht für
a) Kampf- und Deckverletzungen des Katers,
b) für Unfälle und Infektionen des Katers oder anderer im Haushalt des Deckkaterbesitzers lebender Katzen/Kater,
c) für Verletzungen, die die Katze dem Deckkaterhalter, seinen Angehörigen, Mitbewohnern oder Besuchern zufügt, oder
d) Sachschäden, die die Katze am Eigentum des Deckkaterhalters, seiner Angehörigen, Mitbewohner oder Besucher verursacht.

(3) Sollte die Katze durch einen anderen als den oben genannten Kater gedeckt werden, zahlt der Deckkaterhalter an den Katzenhalter einen pauschalen Schadensersatz in Höhe von 3.000,00 EUR. Auf ein Verschulden des Deckkaterhalters kommt es nicht an. Der Katzenhalter hat das Recht, nachzuweisen, daß ihm ein höherer Schaden entstanden ist.

§ 7 Übergabe und Rücknahme

(1) Der Katzenhalter bringt die Katze auf seine Kosten in die Wohnung des Deckkaterhalters und holt sie auf seine Kosten nach Ablauf der vereinbarten Zeit wieder ab. Bei der Übergabe händigt der Deckkaterhalter dem Katzenhalter eine beglaubigte Kopie des Stammbaums sowie eine Deckbescheinigung aus.

(2) Kann der Katzenhalter den unter § 1 Abs. 3 dieser Vereinbarung vereinbarten Rücknahmetermin nicht einhalten, ist der Deckkaterbesitzer berechtigt, für die Zeit bis zur Rückgabe der Katze pro Tag der Verzögerung eine Pauschale für Lebensunterhaltungskosten und Pflege in Höhe von 5,00 EUR zu berechnen.

(3) Der Deckkaterhalter ist berechtigt, vom Vertrag zurückzutreten, wenn der Katzenhalter ihm die Katze nicht innerhalb der in § 1 Abs. 3 dieser Vereinbarung geregelten Zeit zum Decken bringt. In diesem Fall behält er den Anspruch auf die vereinbarte Decktaxe. Der Anspruch mindert sich pauschal um 25,00 EUR für ersparte Aufwendungen. Auf ein Verschulden des Katzenhalters kommt es nicht an.

(4). Holt der Katzenhalter die Katze trotz schriftlicher Mahnung durch den Deckkaterhalter nicht innerhalb eines Monats nach Ablauf der oben unter § 1 Abs. 3 vereinbarten Zeit beim Deckkaterhalter wieder ab, ist der Deckkaterhalter berechtigt, die Katze an ein Tierheim seiner Wahl abzugeben. Auf ein Verschulden des Katzenhalters an der Verzögerung kommt es nicht an. Der Deckkaterhalter ist verpflichtet, den Katzenhalter über die Abgabe der Katze an das Tierheim unverzüglich schriftlich zu benachrichtigen und ihm den Namen und die Anschrift des Tierheims mitzuteilen.

§ 8 Ausbleiben des Erfolgs

(1) Der Katzenhalter hat einen Anspruch auf Nachdeckung, wenn
a) die Rolligkeit der Katze durch den Aufenthalt zur Deckung unterbrochen wird,
b) die Katze während ihres Aufenthalts beim Deckkaterhalter von einem anderen als dem oben genannten Kater geckt wird,
c) die Katze zwar gedeckt wird, aber verwirft (Fehlgeburt) oder
d) die Verpaarung ohne Erfolg geblieben ist.

(2) Die vereinbarte Decktaxe wird dann erst nach der Nachdeckung fällig. Für die Dauer des ersten Aufenthalts wird pro Tag eine Unterkunfts- und Versorgungspauschale von 5,00 EUR vereinbart. Die Pauschale ist bei Abholung der Katze in bar zu zahlen.

(3) Bleibt die Verpaarung ohne Erfolg, so hat der Katzenhalter dies dem Deckkaterhalter innerhalb einer Frist von 10 Wochen nach Rücknahme der Katze schriftlich mitzuteilen.

(4) Der Katzenhalter hat das Recht, dieselbe Katze oder eine andere Katze aus seiner Zucht kostenfrei zweimal für die Dauer von einer Woche zur Nachdeckung durch den oben genannten Kater in die Wohnung des Deckkaterbesitzers zu bringen, wenn die Voraussetzungen von § 8 Abs. 1 erfüllt sind. Das Recht auf Nachdeckung erlischt, wenn der Katzenbesitzer es nicht innerhalb von drei Monaten nach dem Beginn der ersten Verpaarung (Tag der ersten Übergabe) schriftlich geltend macht. Die erste Wiederholungspaarung soll der ersten Paarung innerhalb von vier Monaten folgen. Bleiben auch diese Nachdeckungen ohne Erfolg, besteht kein Anspruch auf eine weitere unentgeltliche Paarung oder auf sonstige Ersatzleistungen. Der Deckkaterhalter ist nicht zur Rückzahlung der Decktaxe verpflichtet.

(5) Ist es dem Deckkaterbesitzer nicht möglich, die Katze während ihrer Empfängnisbereitschaft (Rolligkeit) erneut aufzunehmen, weil er dem Kater zu dieser Zeit bereits eine andere Zuchtkatze zugeführt hat oder eine Zuführung fest vereinbart ist, hat er dem Katzenhalter 50 Prozent der Decktaxe zu erstatten.

(6) Nimmt der Katzenhalter das Recht auf die kostenlosen Nachdeckungen für seine Katze nicht in Anspruch, so kann er keine Rückzahlung der Decktaxe verlangen

(7) Wird der Kater vor Ablauf eines Jahres nach Beginn der ersten Verpaarung (Tag der Übergabe der Katze) kastriert oder stirbt er, so daß die vertraglich geschuldeten Nachdeckungen nicht mehr möglich sind, ist der Deckkaterhalter verpflichtet, dem Katzenbesitzer 75% der Decktaxe zu erstatten.

(8) Geht aus der ersten Verpaarung nur ein lebendes Jungtier hervor, hat der Katzenhalter das Recht auf eine Nachdeckung, wenn er dem Deckkaterhalter sein Interesse an einer Nachdeckung innerhalb einer Frist von drei Monaten nach der ersten Belegung der Katze mitteilt.

(9) Das Recht zur Nachdeckung erlischt nach Ablauf eines Jahres nach der ersten Belegung der Katze (Datum der Übergabe).

§ 9 Vertragsstrafe
(1) Beide Parteien sind verpflichtet, für jeden eigenen Verstoß gegen die Bestimmungen dieses Vertrages eine Vertragsstrafe in Höhe von jeweils 1.000,00 EUR an den Vertragspartner zu zahlen.

(2) Auf ein Verschulden desjenigen, der gegen die Bestimmungen dieses Vertrages verstößt, kommt es nicht an.

(3) Beide Parteien verzichten ausdrücklich darauf, eine verwirkte Vertragsstrafe durch richterliche Entscheidung ändern zu lassen.

§ 10 Schlußbestimmungen
(1) Änderungen und Ergänzungen dieses Vertrages bedürfen zu ihrer Wirksamkeit der Schriftform. Das Schriftformerfordernis besteht auch für die Aufhebung des Schriftformerfordernisses. Mündliche Nebenabreden bestehen nicht.

(2) Sollte eine Bestimmung dieses Vertrages unwirksam sein, so wird die Wirksamkeit der übrigen Vertragsbestandteile davon nicht berührt. Sofern sich eine ungültige Bestimmung in anderer Weise ausführen läßt, sind die Vertragsparteien verpflichtet, die getroffene Vereinbarung entsprechend zu ändern oder zu ergänzen.

(3) Deckkaterhalter und Katzenhalter erhalten je eine Ausfertigung dieses Vertrages. Mit ihrer Unterschrift bestätigen beide, den Vertrag in Ruhe gelesen, jeden Punkt verstanden und sämtliche Vertragspunkte anerkannt zu haben.

Ort:..
Datum:...

Deckkaterhalter:..

Katzenhalter:...

(22) Deckbescheinigung

Deckbescheinigung

Hiermit bescheinige ich

_____

daß mein Kater
Name: _____
Rasse: _____Blutgruppe: _____
Geburtsdatum: _____ Farbe: _____
Chip-Nummer: _____   nicht gechipt ☐
Zuchtbuch-Nummer: _____
Stammbaum ausstellender Verein: _____
Vater: _____
Mutter: _____
in der Zeit von _____ bis _____
die Katze von: _____
Name: _____
Rasse: _____Blutgruppe: _____
Geburtsdatum: _____ Farbe: _____
Chip Nr. _____   nicht gechipt ☐
Zuchtbuch-Nummer: _____
Stammbaum ausstellender Verein: _____
Vater: _____
Mutter: _____
gedeckt hat.

_____   _____
Ort, Datum   Stempel/Unterschrift des
                              Deckkaterhalters

(23) Pensionsvertrag ausführlich, Unterbringung in der Gruppe
Pensionsvertrag

Zwischen

....

Pension

und

....

Katzenhalter

wird folgende Vereinbarung getroffen:

§ 1 Vertragsgegenstand
(1) Der Katzenhalter ist Eigentümer folgender Katze:
Name: ....
Rasse:..
Geburtsdatum:................. Geschlecht: männlich ☐ weiblich ☐
Farbe:..
Die Katze ist kastriert ☐ nicht kastriert ☐ nicht trächtig ☐.
Die Katze ist Freigänger ☐ Wohnungskatze mit Freigang ☐ reine Wohnungskatze ☐
Krankheiten/Behinderunge...
....
Die Katze leidet an keinen Allergien ☐
Die Katze leidet an einer Futtermittelallergie gegen: ....
....
Die Katze benötigt folgendes Spezialfutter: ....
....
Die Katze ist gewöhnt an Naßfuter ☐ Trockenfutter ☐
Besonderheiten bei der Fütterung:..
....
Die Katze benötigt regelmäßig folgende Medikamente:...................
....
Dosierung:...
Tierarzt:...
Die Katze ist verträglich mit Artgenossen ☐

aggressiv gegenüber anderen Katzen ☐

ängstlich gegenüber Fremden ☐

aggressiv gegenüber fremden Menschen …☐

eher verschmust ☐

hält eher Distanz zu anderen Personen ☐

Sonstige Hinweise:………………...………………………………………….

(2) Die Pension verpflichtet sich, die Katze in der Zeit vom ……………. bis zum …………….. art- und verhaltensgerecht in einer Katzengruppe unterzubringen, zu beaufsichtigen, zu beschäftigen, zu verpflegen und zu versorgen. Der Katzenhalter ist über die Vor- und Nachteile der Unterbringung seiner Katze in einer Katzengruppe aufgeklärt worden. Dem Katzenhalter ist bekannt, daß das Aggressionspotential aller Tiere zwar im Voraus abgeklärt wird, sich jedoch Kratzen, Beißen und Verletzungen nie ganz ausschließen lassen.

(3) Die Uhrzeit für den Bringtermin sowie die Uhrzeit für den Abholtermin werden dem Katzenhalter spätestens sieben Tage vor der Anreise schriftlich mitgeteilt.

§ 2 Entgelt
(1) Das Entgelt für Unterbringung, Beaufsichtigung, Verpflegung und Versorgung beträgt pro Tag ……. EUR. Bring- und Abholtag gelten als volle Pensionstage.

(2) Für die Fellpflege bei Langhaarkatzen werden pro Tag ….. EUR berechnet.

(3) Das Entgelt ist bei Übergabe der Katze zu Beginn der Unterbringung in bar zu zahlen.

(4) Bei Abschluß des Pensionsvertrages ist eine Anzahlung in Höhe von 3,00 EUR je Tag der Unterbringung zu leisten. Nur bei vollständiger Leistung der Anzahlung wird der Pensionsplatz für den vereinbarten Zeitraum reserviert.

(5) Sollten während des Aufenthalts der Katze in der Pension weitere Kosten anfallen, insbesondere für notwendige tierärztliche Behandlung oder Medikamente, sind diese vom Katzenhalter bei Abholung des Tieres in bar zu erstatten.

(6) Die Pension ist berechtigt, die Herausgabe der Katze bis zur vollständigen Zahlung des Entgelts zu verweigern.

§ 3 Pflichten der Pension
(1) Die Pension ist verpflichtet, die Katze während des Aufenthalts in ihren Räumen unterzubringen, sie ordnungsgemäß zu versorgen und zu betreuen, sie zu beaufsichtigen, zu beschäftigen, sie ausgewogen im mittleren Preisbereich zu verpflegen sowie freien Kontakt mit Menschen und anderen Katzen der Hausgemeinschaft und hygienische Unterbringung und Versorgung sicherzustellen.

(2) Das Tierfutter wird von der Pension gestellt. Der Katzenhalter hat das Futter zur Verfügung zu stellen, wenn die Katze ein besonderes Futter (z.B. Diät, spezielle Marke) benötigt. In diesem Fall verringert sich das vereinbarte Pensionsentgelt jedoch nicht.

(3) Die Pension verpflichtet sich, Freigängern und Wohnungskatzen mit Freigang Auslauf im Freien zu ermöglichen.

(4) Die Pension hat dafür zu sorgen, daß eine reine Wohnungskatze nicht aus den Pensionsräumen bzw. ihrem Haus oder aus einem mit Netzen oder Gittern rundherum abgesicherten Gartenbereich oder Balkon entweichen kann. Es ist ihr untersagt, der Katze Freigang zu gewähren.

(5) Die Pension verpflichtet sich, die Katze art- und verhaltensgerecht zu halten und das Tierschutzgesetz und dessen Nebenbestimmungen zu beachten. Die Katze darf nicht von Menschen ferngehalten oder in einem Käfig oder ausschließlich in einem Raum mit einer Grundfläche von weniger als 12 qm gehalten werden.

(6) Sollte die Katze während ihres Aufenthaltes im Haus der Pension erkranken, ist die Pension verpflichtet, den Katzenhalter unverzüglich zu benachrichtigen. Bei Gefahr im Verzug hat sie das Tier so bald wie möglich in die Behandlung eines

Tierarztes zu geben. Die Kosten einer notwendigen tierärztlichen Behandlung trägt der Katzenhalter.

(7) Bei schwerer Krankheit oder plötzlichem Tod der Katze ist der Katzenhalter unverzüglich zu verständigen. Der Katzenhalter hat das Recht, zur Klärung der Situation auf seine Kosten einen pathologischen Befund zu verlangen.

(8) Sollte sich die Katze während ihres Aufenthalts in einer Weise verletzten, verletzt werden oder erkranken, daß der hinzugezogene Tierarzt zur Einschläferung rät, wird der Katzenhalter unverzüglich benachrichtigt. Ist der Katzenhalter nicht innerhalb von 12 Stunden nach der Eutanasieempfehlung des Tierarztes zu erreichen, entscheidet die Pension über die Einschläferung der Katze. Die Kosten der notwendigen Einschläferung trägt der Katzenhalter. Der Katzenhalter hat das Recht, zur Klärung der Situation auf seine Kosten einen pathologischen Befund zu verlangen.

§ 4 Pflichten des Katzenhalters
(1) Der Katzenhalter hat vor der Übergabe der Katze auf seine Kosten eine aktuelle tierärztliche Bescheinigung über Parasiten-und Hautpilzfreiheit der Katze sowie einen aktuellen Leukose-, Giardien- und FIV-Test beizubringen, die nicht älter als eine Woche sein dürfen. Stellt sich heraus, daß das Tier an Leukose, Giardien, oder FIV erkrankt oder von Parasiten befallen ist, scheidet eine Aufnahme in die Pension aus.

(2) Der Katzenhalter ist verpflichtet, die Katze vor Übergabe an die Pension innerhalb der tierärztlich empfohlenen Intervalle gegen Tollwut, Katzenseuche (Panleukopenie) und Katzenschnupfen (Rhinotracheitis) impfen zu lassen und der Pension den bestehenden Impfschutz durch Vorlage des Impfausweises nachzuweisen. Der Impfschutz muß noch für den Zeitraum bestehen, für den die Katze in der Pension untergebracht ist. Wenn die Katze nicht regelmäßig alle 12 Monate geimpft wird, muß die letzte Impfung spätestens vier Wochen vor Pensionsantritt erfolgt sein. Die Impfung gegen Katzenleukose und Feline infektiöse Peritonitis (FIP) wird dringend empfohlen.

(3) Der Katzenhalter ist verpflichtet, die Katze vor der Abgabe an die Pension mit geeigneten Mitteln gegen Zecken und Flöhe zu behandeln und zu entwurmen.

(4) Sollte sich nach der Aufnahme der Katze in die Pension herausstellen, daß das Tier von Parasiten befallen ist, wird die Katze von der Pension mit einem Parasitenmittel behandelt. Die dadurch entstehenden Kosten trägt der Katzenhalter.

(5) Während des Aufenthalts in der Pension darf die Katze kein Parasitenhalsband tragen.

§ 5 Haftung
(1) Für Verletzungen, Erkrankungen, Abhandenkommen, Diebstahl oder Tod der Katze haftet die Pension nur bei Vorsatz oder grober Fahrlässigkeit. Die Ersatzpflicht beschränkt sich im Fall von Abhandenkommen, Diebstahl oder Tod auf den Wiederbeschaffungswert. Im Fall von Verletzung oder Erkrankung sind die Kosten der notwendigen tierärztlichen Behandlung zu erstatten.

(2) Für Freigänger wird jegliche Haftung ausgeschlossen.

(3) Der Katzenhalter haftet nicht für
a) katzentypische Kampfverletzungen,
b) Unfälle und Infektionen anderer in der Pension untergebrachter Katzen/Kater,
c) für Verletzungen, die die Katze dem Inhaber der Pension, ihren Mitarbeitern oder Besuchern zufügt oder
d) Sachschäden, die die Katze am Eigentum der Pension, deren Mitarbeitern oder Besuchern verursacht.

(4) Die Pension haftet nicht für Verlust oder Beschädigung von Körbchen, Decken, Spielzeug oder andere mitgebrachte Gegenstände des Katzenhalters.

(5) Der Katzenhalter versichert, daß das Tier innerhalb der letzten 30 Tage nicht an einer ansteckenden Krankheit gelitten hat und bestätigt, daß sich die Katze in einem guten gesundheitlichen Zustand befindet. Leidet die Katze bei Abgabe in der Pension an einer ansteckenden Krankheit, hat der Katzenhalter die Kosten zu tragen, die durch Desinfektion und Mitbehandlung angesteckter Menschen und Tiere entstehen.

§ 6 Übergabe und Rücknahme
(1) Der Katzenhalter bringt die Katze auf seine Kosten in die Pension und holt sie auf seine Kosten nach Ablauf der vereinbarten Zeit wieder ab.

(2) Wenn der Katzenhalter die Katze nicht zu dem in § 1 Abs. 2 dieser Vereinbarung vereinbarten Termin in die Pension bringt, ohne wirksam vom Vertrag zurückgetreten zu sein, behält die Pension den Anspruch auf das in § 2 vereinbarte Entgelt. Der Anspruch mindert sich pauschal um …. EUR pro Tag für ersparte Aufwendungen. Auf ein Verschulden des Katzenhalters kommt es nicht an.

(3) Hält der Katzenhalter den unter § 1 Abs. 2 dieser Vereinbarung vereinbarten Rücknahmetermin nicht ein, ist die Pension berechtigt, für die ersten 7 Tage bis zur Rückgabe der Katze pro Tag der Verzögerung 150 Prozent des in § 2 vereinbarten Tagesentgelts zu berechnen. Das Entgelt erhöht sich bei einer Verzögerung der Rücknahme auf bis zu 14 Tagen auf 175 Prozent des vereinbarten Tagessatzes und ab dem 15. Tag der Verzögerung auf 200 Prozent des Tagessatzes.

(4) Sollte der Katzenhalter nach Ablauf der vereinbarten Aufenthaltsdauer ohne sein Verschulden daran gehindert sein, die Katze zu dem vereinbarten Termin wieder abzuholen, hat er dies der Pension unverzüglich mitzuteilen. Für jeden angefangenen Tagt, um den sich der Aufenthalt der Katze mit Zustimmung der Pension verlängert, hat der Katzenhalter den nach § 2 vereinbarten Tagessatz an die Pension zu zahlen. Das Entgelt für die Aufenthaltsverlängerung ist bei Abholung der Katze in bar zu entrichten. Die Pension ist berechtigt, eine Verlängerung der Pensionszeit ohne Angabe von Gründen abzulehnen. Sie ist jedoch verpflichtet, auf schutzwürdige Interessen des Katzenhalters (z. B. unverschuldete Notlage durch Unfall, Krankheit, Fluglotsenstreik etc.) Rücksicht zu nehmen. Aufenthaltsverlängerungen, die sieben Tage überschreiten, müssen schriftlich vereinbart werden.

(5) Holt der Katzenhalter die Katze trotz schriftlicher Mahnung nicht innerhalb von zwei Wochen nach Ablauf der oben unter § 1 Abs. 2 vereinbarten Zeit in der Pension wieder ab, ist die Pension berechtigt, die Katze an ein Tierheim ihrer Wahl abzugeben. Auf ein Verschulden des Katzenhalters an der Verzögerung kommt es nicht an. Die Pension ist verpflichtet, den Katzenhalter über die Abgabe der Katze

an das Tierheim unverzüglich schriftlich zu benachrichtigen und ihm den Namen und die Anschrift des Tierheims mitzuteilen.

§ 7 Rücktritt vom Vertrag
(1) Der Katzenhalter ist jederzeit berechtigt, ohne Angabe von Gründen vor Aufnahme der Katze in die Pension vom Vertrag zurückzutreten. Der Rücktritt ist schriftlich zu erklären. Maßgebend ist der Eingang der Rücktrittserklärung in der Pension.

(2) Bis vier Wochen vor der geplanten Unterbringung der Katze ist ein Rücktritt ohne Berechnung des vereinbarten Entgelts möglich. Bei einem Rücktritt bis drei Wochen vor dem vereinbarten Termin wird ein Betrag in Höhe von 25 Prozent, bis zwei Wochen von 50 Prozent, bis eine Woche von 75 Prozent und danach von 100 Prozent des Pensionsentgelts fällig. Für ersparte Aufwendungen werden bei Rücktritt innerhalb von weniger als 7 Tagen vor Pensionsbeginn pauschal .... EUR abgezogen.

(3) Der Katzenhalter hat das Recht, einen Ersatzkunden für die vereinbarte Unterbringungszeit zu benennen. Die Pension ist nicht verpflichtet, den Ersatzkunden zu akzeptieren. Sie ist berechtigt, den Ersatzkunden abzulehnen, wenn der Kunde nicht die Voraussetzungen des § 4 dieser Vereinbarung erfüllt.

(4) Die Pension ist berechtigt, vom Vertrag zurückzutreten, falls
    a) das Tier nicht die Aufnahmebedingungen nach § 4 erfüllt oder
    b) sich in hohem Maße aggressiv gegenüber dem Inhaber und den Mitarbeitern der Pension oder den anderen in der Pension untergebrachten Katzen verhält oder
    c) der Katzenhalter bei Abschluß des Vertrages falsche Angaben zum Gesundheitszustand der Katze gemacht hat oder
    d) die Katze bei der Übergabe an die Pension von Parasiten befallen ist.

§ 8 Schlußbestimmungen
(1) Änderungen und Ergänzungen dieses Vertrages bedürfen zu ihrer Wirksamkeit der Schriftform. Das Schriftformerfordernis besteht auch für die Aufhebung des Schriftformerfordernisses. Mündliche Nebenabreden bestehen nicht.

(2) Sollte eine Bestimmung dieses Vertrages unwirksam sein, so wird die Wirksamkeit der übrigen Vertragsbestandteile davon nicht berührt. Sofern sich eine ungültige Bestimmung in anderer Weise ausführen läßt, sind die Vertragsparteien verpflichtet, die getroffene Vereinbarung entsprechend zu ändern oder zu ergänzen.

(3) Pension und Katzenhalter erhalten je eine Ausfertigung dieses Vertrages. Mit ihrer Unterschrift bestätigen beide, den Vertrag in Ruhe gelesen, jeden Punkt verstanden und sämtliche Vertragspunkte anerkannt zu haben.

Ort:..

Datum:...

Pension:..

Katzenhalter:...

(24) Pensionsvertrag ausführlich, Unterbringung im Einzelabteil

Pensionsvertrag

Zwischen

………………………………………………………………………………..

Pension

und

…………………………………………………………………………………

Katzenhalter

wird folgende Vereinbarung getroffen:

§ 1 Vertragsgegenstand
(1) Der Katzenhalter ist Eigentümer folgender Katze:

Name: ………………………………………………………………….

Rasse:……………………………………...……………………………

Geburtsdatum:………………… Geschlecht: männlich ☐ weiblich ☐

Farbe:………………………………..…………………………………

Die Katze ist kastriert ☐ nicht kastriert ☐ nicht trächtig ….☐

Die Katze ist Freigänger ☐ Wohnungskatze mit Freigang ☐ reine Wohnungskatze ☐

Krankheiten/Behinderungen:……………………………………………..

………………………………………………………………………………..

Die Katze leidet an keinen Allergien ☐

Die Katze leidet an einer Futtermittelallergie gegen……………………………..

…………………………………………………………………………...……

Die Katze benötigt folgendes Spezialfutter: …………………………………

………………………………………………………………………………….

Die Katze ist gewöhnt an Naßfutter ☐ Trockenfutter ☐

Besonderheiten bei der Fütterung: …………………………………………

……………………………………………………………………………….

Die Katze benötigt regelmäßig folgende Medikamente: ……………………..

………………………………………………………………………………..

Dosierung:……………………………………………………………………..

Tierarzt:………………………………………………………………………..

Die Katze ist ängstlich gegenüber Fremden ☐

aggressiv gegenüber fremden Menschen ☐

eher verschmust ☐

hält eher Distanz zu anderen Personen ☐

Sonstige Hinweise:………………………………………………………………..

(2) Die Pension verpflichtet sich, die Katze in der Zeit vom ……………… bis zum …………….. art- und verhaltensgerecht in einem Einzelabteil unterzubringen, zu beaufsichtigen, zu beschäftigen, zu verpflegen und zu versorgen.

(3) Die Uhrzeit für den Bringtermin sowie die Uhrzeit für den Abholtermin werden dem Katzenhalter spätestens sieben Tage vor der Anreise schriftlich mitgeteilt.

§ 2 Entgelt
(1) Das Entgelt für Unterbringung, Beaufsichtigung, Verpflegung und Versorgung beträgt pro Tag ……. EUR. Bring- und Abholtag gelten als volle Pensionstage.

(2) Für die Fellpflege bei Langhaarkatzen werden pro Tag ….. EUR berechnet.

(3) Das Entgelt ist bei Übergabe der Katze zu Beginn der Unterbringung in bar zu zahlen.

(4) Bei Abschluß des Pensionsvertrages ist eine Anzahlung in Höhe von 3,00 EUR je Tag der Unterbringung zu leisten. Nur bei vollständiger Leistung der Anzahlung wird der Pensionsplatz für den vereinbarten Zeitraum reserviert.

(5) Sollten während des Aufenthalts der Katze in der Pension weitere Kosten anfallen, insbesondere für notwendige tierärztliche Behandlung oder Medikamente, sind diese vom Katzenhalter bei Abholung des Tieres in bar zu erstatten.

(6) Die Pension ist berechtigt, die Herausgabe der Katze bis zur vollständigen Zahlung des Entgelts zu verweigern.

§ 3 Pflichten der Pension
(1) Die Pension ist verpflichtet, die Katze während des Aufenthalts in ihren Räumen unterzubringen, sie ordnungsgemäß zu versorgen und zu betreuen, sie zu beaufsichtigen, zu beschäftigen, sie ausgewogen im mittleren Preisbereich zu verpflegen sowie freien Kontakt mit zugewandten Menschen und hygienische Unterbringung und Versorgung sicherzustellen.

(2) Das Tierfutter wird von der Pension gestellt. Der Katzenhalter hat das Futter zur Verfügung zu stellen, wenn die Katze ein besonderes Futter (z.B. Diät, spezielle Marke) benötigt. In diesem Fall verringert sich das vereinbarte Pensionsentgelt jedoch nicht.

(3) Die Pension verpflichtet sich, Freigängern und Wohnungskatzen mit Freigang Auslauf im Freien zu ermöglichen.

(4) Die Pension hat dafür zu sorgen, daß eine reine Wohnungskatze nicht aus den Pensionsräumen bzw. ihrem Haus oder aus einem mit Netzen oder Gittern rundherum abgesicherten Gartenbereich oder Balkon entweichen kann. Es ist ihr untersagt, der Katze Freigang zu gewähren.

(5) Die Pension verpflichtet sich, die Katze art- und verhaltensgerecht zu halten und das Tierschutzgesetz und dessen Nebenbestimmungen zu beachten. Die Katze darf nicht von Menschen ferngehalten oder in einem Käfig oder ausschließlich in einem Raum mit einer Grundfläche von weniger als 12 qm gehalten werden.

(6) Sollte die Katze während ihres Aufenthaltes im Haus der Pension erkranken, ist die Pension verpflichtet, den Katzenhalter unverzüglich zu benachrichtigen. Bei Gefahr im Verzug hat sie das Tier so bald wie möglich in die Behandlung eines Tierarztes zu geben. Die Kosten einer notwendigen tierärztlichen Behandlung trägt der Katzenhalter.

(7) Bei schwerer Krankheit oder plötzlichem Tod der Katze ist der Katzenhalter unverzüglich zu verständigen. Der Katzenhalter hat das Recht, zur Klärung der Situation auf seine Kosten einen pathologischen Befund zu verlangen.

(8) Sollte sich die Katze während ihres Aufenthalts in einer Weise verletzten, verletzt werden oder erkranken, daß der hinzugezogene Tierarzt zur Einschläferung rät, wird der Katzenhalter unverzüglich benachrichtigt. Ist der Katzenhalter nicht innerhalb von 12 Stunden nach der Eutanasieempfehlung des Tierarztes zu erreichen, entscheidet die Pension über die Einschläferung der Katze. Die Kosten der notwendigen Einschläferung trägt der Katzenhalter. Der Katzenhalter hat das Recht, zur Klärung der Situation auf seine Kosten einen pathologischen Befund zu verlangen.

§ 4 Pflichten des Katzenhalters
(1) Der Katzenhalter hat vor der Übergabe der Katze auf seine Kosten eine aktuelle tierärztliche Bescheinigung über Parasiten-und Hautpilzfreiheit der Katze sowie einen aktuellen Leukose-, Giardien- und FIV-Test beizubringen, die nicht älter als eine Woche sein dürfen. Stellt sich heraus, daß das Tier an Leukose, Giardien, oder FIV erkrankt oder von Parasiten befallen ist, scheidet eine Aufnahme in die Pension aus.

(2) Der Katzenhalter ist verpflichtet, die Katze vor Übergabe an die Pension innerhalb der tierärztlich empfohlenen Intervalle gegen Tollwut, Katzenseuche (Panleukopenie) und Katzenschnupfen (Rhinotracheitis) impfen zu lassen und der Pension den bestehenden Impfschutz durch Vorlage des Impfausweises nachzuweisen. Der Impfschutz muß noch für den Zeitraum bestehen, für den die Katze in der Pension untergebracht ist. Wenn die Katze nicht regelmäßig alle 12 Monate geimpft wird, muß die letzte Impfung spätestens vier Wochen vor Pensionsantritt erfolgt sein. Die Impfung gegen Katzenleukose und Feline infektiöse Peritonitis (FIP) wird dringend empfohlen.

(3) Der Katzenhalter ist verpflichtet, die Katze vor der Abgabe an die Pension mit geeigneten Mitteln gegen Zecken und Flöhe zu behandeln und zu entwurmen.

(4) Sollte sich nach der Aufnahme der Katze in die Pension herausstellen, daß das Tier von Parasiten befallen ist, wird die Katze von der Pension mit einem Parasitenmittel behandelt. Die dadurch entstehenden Kosten trägt der Katzenhalter.

(5) Während des Aufenthalts in der Pension darf die Katze kein Parasitenhalsband tragen.

§ 5 Haftung
(1) Für Verletzungen, Erkrankungen, Abhandenkommen, Diebstahl oder Tod der Katze haftet die Pension nur bei Vorsatz oder grober Fahrlässigkeit. Die Ersatzpflicht beschränkt sich im Fall von Abhandenkommen, Diebstahl oder Tod auf den Wiederbeschaffungswert. Im Fall von Verletzung oder Erkrankung sind die Kosten der notwendigen tierärztlichen Behandlung zu erstatten.

(2) Für Freigänger wird jegliche Haftung ausgeschlossen.

(3) Der Katzenhalter haftet nicht für Kampfverletzungen, für Unfälle und Infektionen anderer in der Pension untergebrachter Katzen/Kater.

(4) Der Katzenhalter haftet nicht für Verletzungen, die die Katze dem Inhaber der Pension, ihren Mitarbeitern oder Besuchern zufügt.

(5) Der Katzenhalter haftet nicht für Sachschäden, die die Katze am Eigentum der Pension, deren Mitarbeitern oder Besuchern verursacht.

(6) Die Pension haftet nicht für Verlust oder Beschädigung von Körbchen, Decken, Spielzeug oder andere mitgebrachte Gegenstände des Katzenhalters.

(7) Der Katzenhalter versichert, daß das Tier innerhalb der letzten 30 Tage nicht an einer ansteckenden Krankheit gelitten hat und bestätigt, daß sich die Katze in einem guten gesundheitlichen Zustand befindet. Leidet die Katze bei Abgabe in der Pension an einer ansteckenden Krankheit, hat der Katzenhalter die Kosten zu tragen, die durch Desinfektion und Mitbehandlung angesteckter Menschen und Tiere entstehen.

§ 6 Übergabe und Rücknahme
(1) Der Katzenhalter bringt die Katze auf seine Kosten in die Pension und holt sie auf seine Kosten nach Ablauf der vereinbarten Zeit wieder ab.

(2) Wenn der Katzenhalter die Katze nicht zu dem in § 1 Abs. 2 dieser Vereinbarung vereinbarten Termin in die Pension bringt, ohne wirksam vom Vertrag zurückgetreten zu sein, behält die Pension den Anspruch auf das in § 2 vereinbarte Entgelt. Der Anspruch mindert sich pauschal um .... EUR pro Tag für ersparte Aufwendungen. Auf ein Verschulden des Katzenhalters kommt es nicht an.

(3) Hält der Katzenhalter den unter § 1 Abs. 2 dieser Vereinbarung vereinbarten Rücknahmetermin nicht ein, ist die Pension berechtigt, für die ersten 7 Tage bis zur Rückgabe der Katze pro Tag der Verzögerung 150 Prozent des in § 2 vereinbarten Tagesentgelts zu berechnen. Das Entgelt erhöht sich bei einer Verzögerung der Rücknahme auf bis zu 14 Tagen auf 175 Prozent des vereinbarten Tagessatzes und ab dem 15. Tag der Verzögerung auf 200 Prozent des Tagessatzes.

(4) Sollte der Katzenhalter nach Ablauf der vereinbarten Aufenthaltsdauer ohne sein Verschulden daran gehindert sein, die Katze zu dem vereinbarten Termin wieder abzuholen, hat er dies der Pension unverzüglich mitzuteilen. Für jeden angefangenen Tagt, um den sich der Aufenthalt der Katze mit Zustimmung der Pension verlängert, hat der Katzenhalter den nach § 2 vereinbarten Tagessatz an die Pension zu zahlen. Das Entgelt für die Aufenthaltsverlängerung ist bei Abholung der Katze in bar zu entrichten. Die Pension ist berechtigt, eine Verlängerung der Pensionszeit ohne Angabe von Gründen abzulehnen. Sie ist jedoch verpflichtet, auf schutzwürdige Interessen des Katzenhalters (z. B. unverschuldete Notlage durch Unfall, Krankheit, Fluglotsenstreik etc.) Rücksicht zu nehmen. Aufenthaltsverlängerungen, die sieben Tage überschreiten, müssen schriftlich vereinbart werden.

(5) Holt der Katzenhalter die Katze trotz schriftlicher Mahnung nicht innerhalb von zwei Wochen nach Ablauf der oben unter § 1 Abs. 2 vereinbarten Zeit in der Pension wieder ab, ist die Pension berechtigt, die Katze an ein Tierheim ihrer Wahl abzugeben. Auf ein Verschulden des Katzenhalters an der Verzögerung kommt es nicht an. Die Pension ist verpflichtet, den Katzenhalter über die Abgabe der Katze an das Tierheim unverzüglich schriftlich zu benachrichtigen und ihm den Namen und die Anschrift des Tierheims mitzuteilen.

§ 7 Rücktritt vom Vertrag
(1) Der Katzenhalter ist jederzeit berechtigt, ohne Angabe von Gründen vor Aufnahme der Katze in die Pension vom Vertrag zurückzutreten. Der Rücktritt ist schriftlich zu erklären. Maßgebend ist der Eingang der Rücktrittserklärung in der Pension.

(2) Bis vier Wochen vor der geplanten Unterbringung der Katze ist ein Rücktritt ohne Berechnung des vereinbarten Entgelts möglich. Bei einem Rücktritt bis drei Wochen vor dem vereinbarten Termin wird ein Betrag in Höhe von 25 Prozent, bis zwei Wochen von 50 Prozent, bis eine Woche von 75 Prozent und danach von 100 Prozent des Pensionsentgelts fällig. Für ersparte Aufwendungen werden bei Rücktritt innerhalb von weniger als 7 Tagen vor Pensionsbeginn pauschal .... EUR abgezogen.

(3) Der Katzenhalter hat das Recht, einen Ersatzkunden für die vereinbarte Unterbringungszeit zu benennen. Die Pension ist nicht verpflichtet, den Ersatzkunden zu akzeptieren. Sie ist berechtigt, den Ersatzkunden abzulehnen, wenn der Kunde nicht die Voraussetzungen des § 4 dieser Vereinbarung erfüllt.

(4) Die Pension ist berechtigt, vom Vertrag zurückzutreten, falls
    a) das Tier nicht die Aufnahmebedingungen nach § 4 erfüllt oder
    b) sich in hohem Maße aggressiv gegenüber dem Inhaber und den Mitarbeitern der Pension oder den anderen in der Pension untergebrachten Katzen verhält oder
    c) der Katzenhalter bei Abschluß des Vertrages falsche Angaben zum Gesundheitszustand der Katze gemacht hat oder
    d) die Katze bei der Übergabe an die Pension von Parasiten befallen ist.

§ 8 Schlußbestimmungen
(1) Änderungen und Ergänzungen dieses Vertrages bedürfen zu ihrer Wirksamkeit der Schriftform. Das Schriftformerfordernis besteht auch für die Aufhebung des Schriftformerfordernisses. Mündliche Nebenabreden bestehen nicht.

(2) Sollte eine Bestimmung dieses Vertrages unwirksam sein, so wird die Wirksamkeit der übrigen Vertragsbestandteile davon nicht berührt. Sofern sich eine ungülti-

ge Bestimmung in anderer Weise ausführen läßt, sind die Vertragsparteien verpflichtet, die getroffene Vereinbarung entsprechend zu ändern oder zu ergänzen.

(3) Pension und Katzenhalter erhalten je eine Ausfertigung dieses Vertrages. Mit ihrer Unterschrift bestätigen beide, den Vertrag in Ruhe gelesen, jeden Punkt verstanden und sämtliche Vertragspunkte anerkannt zu haben.

Ort:..

Datum:..

Pension:..

Katzenhalter:..

(25) Cattsittingvertrag

➡ Einzelservice

Der Cattsittingvertrag ist für den Fall gedacht, daß der Katzenhalter sich vorübergehend wegen einer Urlaubsreise, einer Dienstreise, eines Krankenhausaufenthaltes, einer Rehamaßnahme oder eines Notfalls nicht selbst um seine Katze kümmern kann. Es ist selbstverständlich, daß der Katzenhalter dem Catsitter vor seiner Abwesenheit Gelegenheit gibt, die Katze kennenzulernen und sich mit ihren Gewohnheiten, Vorlieben und Marotten vertraut zu machen. Selbstverständlich stellt der Katzenhalter ausreichend Futter und Katzenstreu zur Verfügung. Die Reservetüten und –dosen sowie der Dosenöffner stehen gut sichtbar bereit, so daß der Catsitter nicht alle Schübe und Türen öffnen muß, um zu finden, was er benötigt. Der Catsitter trägt die Verantwortung für die ihm anvertrauten Katze und die Wohnung (Sorgfaltspflicht). Er wird aber nicht für die Dauer der Betreuung Tierhalter und haftet nicht für Schäden, die die Katze verursacht. Die Halterhaftung bleibt beim Katzenhalter.

Selbstverständlich wird auch der Katzenhalter den Catsitter unverzüglich anrufen, wenn er in seine Räume zurückgekehrt ist, um zu vermeiden, daß der Catsitter noch einmal zum Füttern und Spielen kommt, während der Katzenhalter unter der Dusche steht oder seinen Jetlag ausschläft.

Catsittingvertrag
Zwischen
…………………………………………………………………………..
Telefon:……………….. Handy:…………………………..
E-Mai:……………………………………………………………….
Catsitter

und

…………………………………………………………………………..
Telefon:……………….. Handy:…………………………..
E-Mai:…………………………………………………………...…..
Katzenhalter

während der Abwesenheit zu erreichen unter:

Telefon:.......................... Handy:...........................
E-Mai:...
wird folgende Vereinbarung getroffen:

§ 1 Vertragsgegenstand
(1) Der Katzenhalter ist Eigentümer folgender Katze:
Name: ....
Rasse:..
Geburtsdatum:...................... Geschlecht: männlich ☐ weiblich ☐
Farbe:...
Die Katze ist kastriert ☐ nicht kastriert ☐ nicht trächtig ....☐
Die Katze ist Freigänger ☐ Wohnungskatze mit Freigang ☐
reine Wohnungskatze ☐
Krankheiten/Behinderungen:...
....
Die Katze leidet an keinen Allergien ☐
Die Katze leidet an einer Futtermittelallergie gegen ....
....
Die Katze benötigt folgendes Spezialfutter....................................
....
Die Katze ist gewöhnt an Naßfuter ☐ Trockenfutter ☐
Besonderheiten bei der Fütterung: ....
....
Die Katze benötigt regelmäßig folgende Medikamente:..................
....
Dosierung:...
Tierarzt..
Die Katze ist ängstlich gegenüber Fremden ☐

aggressiv gegenüber fremden Menschen ☐

her verschmust ☐

hält eher Distanz zu anderen Personen ☐

Sonstige Hinweise:..

(2) Der Catsitter verpflichtet sich, die Katze während der Abwesenheit des Katzenhalters in der Zeit vom .... bis zum .... zweimal täglich in den Räumen des Katzenhalters zu versorgen, den Briefkasten zu leeren und die Pflanzen in den Räumen des Katzenhalters sowie die Kübel- und Balkonpflanzen an den Fenstern, auf dem Balkon und auf der Terrasse zu gießen.

(3) Die Betreuung der Katze sollte nach Möglichkeit morgens zwischen .... Uhr und .... Uhr sowie abends zwischen .... Uhr und .... Uhr stattfinden.

§ 2 Entgelt
(1) Das Entgelt für die Betreuung der Katze, die Briefkastenleerung und das Blumengießen während der Abwesenheit des Halters beträgt .... EUR pro Tag.

(2) Für die Fellpflege bei Langhaarkatzen werden pro Tag ...... EUR vereinbart.

(3) Das Entgelt am Ende der Betreuungszeit in bar zu zahlen.

(4) Sollten während der Abwesenheit des Katzenhalters Kosten anfallen, insbesondere für notwendige tierärztliche Behandlung oder Medikamente, sind diese vom Katzenhalter am Ende der Betreuungszeit in bar zu erstatten.

§ 3 Pflichten des Catsitters
(1) Der Catsitter ist verpflichtet, die Katze zu füttern, das Trinkwasser täglich zu erneuern, das Fell der Katze zu pflegen, die Katzentoilette zu reinigen und mit frischer Katzenstreu aufzufüllen, Verunreinigungen wie Katzenstreu, Erbrochenes, Kot oder Urin zu entfernen, Medikamente nach Anweisung zu verabreichen und die Katze zu beschäftigen. Tierfutter, Katzenstreu, Trinkwasser, Pflegemittel und benötigte Medikamente werden vom Tierhalter vor der Betreuungszeit in ausreichender Menge zur Verfügung gestellt.

(2) Der Catsitter ist verpflichtet, ungesicherte Kippfenster verschlossen zu halten, Außentüren verschlossen zu halten und bei Verlassen der Räume sorgfältig abzuschließen sowie Toilettendeckel und die Türen von Spülmaschine und Waschmaschine geschlossen zu halten. Er hat darauf zu achten, daß beim Verlassen der

Räume keine scharfen Gegenstände wie Messer oder Scheren, keine Blumenkanne und keine Plastiktüten, Bindfäden, Geschenkbänder oder Ähnliches für die Katze erreichbar sind und alle Schubläden geschlossen sind.

(3) Der Catsitter achtet darauf, daß die Katze sich nicht unbeaufsichtigt in folgenden Räumen aufhält:
Schlafzimmer ☐   Arbeitszimmer ☐   Abstellkamer ☐
Badezimmer ☐   Wohnzimmer ☐   Keller ☐   Balkon ☐
Sonstiges:..

(4) Der Catsitter verpflichtet sich, einem Freigänger bzw. einer Wohnungskatze mit Freigang Auslauf im Freien zu ermöglichen.

(5) Der Catsitter hat dafür zu sorgen, daß eine reine Wohnungskatze nicht aus den Räumen des Katzenhalters oder aus einem mit Netzen oder Gittern rundherum abgesicherten Gartenbereich oder Balkon entweichen kann. Es ist ihm untersagt, der Katze Freigang zu gewähren.

(6) Der Catsitter verpflichtet sich, die Katze art- und verhaltensgerecht zu behandeln und das Tierschutzgesetz und dessen Nebenbestimmungen zu beachten. Die Katze darf nicht in einem Raum mit einer Grundfläche von weniger als 12 qm gehalten werden.

(7) Sollte die Katze während der Abwesenheit des Katzenhalters erkranken, ist der Catsitter verpflichtet, den Katzenhalter unverzüglich zu benachrichtigen. Bei Gefahr im Verzug hat der Catsitter das Tier so bald wie möglich in die Behandlung eines Tierarztes zu geben. Die Kosten einer notwendigen tierärztlichen Behandlung trägt der Katzenhalter.

(8) Bei schwerer Krankheit oder plötzlichem Tod der Katze ist der Katzenhalter unverzüglich zu verständigen. Der Katzenhalter hat das Recht, zur Klärung der Situation auf seine Kosten einen pathologischen Befund zu verlangen.

(9) Sollte sich die Katze während ihres Aufenthalts in einer Weise verletzten, verletzt werden oder erkranken, daß der hinzugezogene Tierarzt zur Einschläferung rät, wird der Katzenhalter unverzüglich benachrichtigt. Ist der Katzenhalter nicht

innerhalb von 12 Stunden nach der Eutanasieempfehlung des Tierarztes zu erreichen, entscheidet der Catsitter über die Einschläferung der Katze. Die Kosten der notwendigen Einschläferung trägt der Katzenhalter. Der Katzenhalter hat das Recht, zur Klärung der Situation auf seine Kosten einen pathologischen Befund zu verlangen.

(10) Sollte es dem Catsitter während der Betreuungszeit wegen eigener Erkrankung oder wegen eines unvorhersehbaren Notfalls unmöglich werden, die Katze weiter zu versorgen, ist er verpflichtet, unverzüglich den Katzenhalter und Herrn/Frau……………………………….. Tel. ……………………… zu informieren und Herrn/Frau die Schlüssel zu den Räumen des Katzenhalters auszuhändigen.

(11) Am Ende der Betreuungszeit hat der Catsitter sämtliche ihm überlassenen Schlüssel an den Katzenhalter zurückzugeben.

§ 4 Pflichten des Katzenhalters

(1) Der Katzenhalter ist verpflichtet, den Catsitter vor Beginn der Betreuung über Besonderheiten betreffend Charakter, Verhalten, Wesen, Gesundheit, Futtergewohnheiten und Vorlieben der Katze zu informieren.

(2) Der Katzenhalter informiert den Catsitter vor Beginn der Betreuungszeit, unter welcher Anschrift, E-Mailadresse oder Telefonnummer er während seiner Abwesenheit zu erreichen ist. Das gilt insbesondere dann, wenn sich Anschrift, E-Mailadresse oder Telefonnummer während seiner Abwesenheit ändern.

(3) Der Katzenhalter verpflichtet sich, den Catsitter unverzüglich zu unterrichten, wenn sich seine Rückkehr – aus welchen Gründen auch immer – verzögert.

(4) Der Katzenhalter überläßt dem Catsitter für die Dauer der Betreuung folgende Schlüssel:
    Haustürschlüssel   ☐   Wohnungsschlüssel   ☐
    Briefkastenschlüssel   ☐   Kellerschlüssel   ☐

(5) Der Katzenhalter informiert den Nachbarn (Name, Adresse) ……………. ………………………………………………………………………………..

darüber, daß sich der Catsitter während der Betreuungszeit zeitweise im Haushalt des Katzenhalters aufhalten wird.

(6) Der Katzenhalter gibt dem Catsitter vor Beginn der Betreuungszeit Gelegenheit, die Katze in den gewohnten Räumen kennenzulernen.

§ 5 Haftung
(1) Für Verletzungen, Erkrankungen, Abhandenkommen, Diebstahl oder Tod der Katze haftet der Catsitter nur bei Vorsatz oder grober Fahrlässigkeit. Die Ersatzpflicht beschränkt sich im Fall von Abhandenkommen, Diebstahl oder Tod auf den Wiederbeschaffungswert. Im Fall von Verletzung oder Erkrankung sind die Kosten der notwendigen tierärztlichen Behandlung zu erstatten.

(2) Für Freigänger wird jegliche Haftung ausgeschlossen.

(3) Der Katzenhalter versichert, daß das Tier innerhalb der letzten 30 Tage nicht an einer ansteckenden Krankheit gelitten hat und bestätigt, daß sich die Katze in einem guten gesundheitlichen Zustand befindet.

§ 6 Schlußbestimmungen
(1) Änderungen und Ergänzungen dieses Vertrages bedürfen zu ihrer Wirksamkeit der Schriftform. Das Schriftformerfordernis besteht auch für die Aufhebung des Schriftformerfordernisses. Mündliche Nebenabreden bestehen nicht.

(2) Sollte eine Bestimmung dieses Vertrages unwirksam sein, so wird die Wirksamkeit der übrigen Vertragsbestandteile davon nicht berührt. Sofern sich eine ungültige Bestimmung in anderer Weise ausführen läßt, sind die Vertragsparteien verpflichtet, die getroffene Vereinbarung entsprechend zu ändern oder zu ergänzen.

(3) Catsitter und Katzenhalter erhalten je eine Ausfertigung dieses Vertrages. Mit ihrer Unterschrift bestätigen beide, den Vertrag in Ruhe gelesen, jeden Punkt verstanden und sämtliche Vertragspunkte anerkannt zu haben.

Ort:............................... Datum:..................
Pension:..
Katzenhalter:...

(26) Betreuungsvertrag Tierheim

Bei diesem Vertrag handelt es sich um einen Vertrag über die (nach Möglichkeit katzenlebenslange) Betreuung einer Katze. Die Besonderheit des Vertrages besteht darin, daß das Tierheim bzw. der Tierschutzverein als Träger des Tierheims dem Katzenhalter nicht das Eigentum an der Katze überträgt. Aus diesem Grund ist der Katzenhalter nur berechtigt, sich an dem Zusammenleben mit der Katze zu erfreuen, nicht aber sie zu verkaufen oder zu verschenken. Im Gegenzug behält das Tierheim zum Schutz des Tieres weitreichende Kontrollrechte, die bei einer Übertragung des Eigentums nicht möglich wären.

Betreuungsvertrag

Zwischen

……………………………………………………………………………………..

Tierheim

und

………………………..………………………………………………………….

Katzenhalter

wird folgende Vereinbarung getroffen:

§ 1 Vertragsgegenstand

(1) Die im Tierheim untergebrachten und verwahrten Tiere werden artgerecht betreut und versorgt. Das Tierheim kann jedoch die wünschenswerte individuelle Beschäftigung und Förderung der Tiere nicht garantieren und das soziale Zusammenleben von Mensch und Tier nicht ersetzen. Das Tierheim übergibt daher dem Tierhalter folgende Katze zur weiteren Betreuung:
Name: ……………………………………..……………………………………….
Rasse:……………………………………………...……………………………….
Geburtsdatum:………………….. Geschlecht: männlich ☐ weiblich ☐
Farbe:………………………………………...……………………………………
Die Katze ist kastriert ☐ nicht kastriert ☐ nicht trächtig ….☐
Die Katze ist Freigänger ☐ Wohnungskatze mit Freigang ☐
reine Wohnungskatze ☐..

Krankheiten/Behinderungen:…………………………………………………..
………………………………………………………………………………………..
Die Katze leidet an keinen Allergien   ☐
Die Katze leidet an einer Futtermittelallergie gegen: ………………………
……………………………………………………………………..……………….
Die Katze benötigt folgendes Spezialfutter: ……………………………….
………………………………………………………………………………………
Die Katze ist gewöhnt an   Naßfuter ☐   Trockenfutter ☐
Besonderheiten bei der Fütterung: ………………………………………….
……………………………………………………………………………..………
Die Katze benötigt regelmäßig folgende Medikamente: …………………….
………………………………………………………………………………………
Dosierung:……………………………………………………………….………

(2) Der Katzenhalter zahlt an das Tierheim eine Schutzgebühr in Höhe von …. EUR. Die Schutzgebühr ist bei Übernahme der Katze in bar zu zahlen. Bis zur vollständigen Zahlung der Schutzgebühr ist das Tierheim berechtigt, ein Zurückbehaltungsrecht geltend zu machen.

§ 2 Pflichten des Katzenhalters
(1) Der Katzenhalter versichert, daß er das Tier in seiner Wohnung/seinem Haus halten darf. Er verpflichtet sich, das Tier art- und verhaltensgerecht zu halten, auf seine Kosten zu versorgen, es regelmäßig zu entwurmen, die notwendigen Impfungen, Untersuchungen und tierärztlichen Behandlungen durchführen zu lassen sowie das Tierschutzgesetz und dessen Nebenbestimmungen zu beachten. Er hat dafür zu sorgen, daß jede Mißhandlung oder Quälerei ausgeschlossen ist. Das Tier darf nicht von Menschen ferngehalten oder in einem Käfig oder ausschließlich in einem Raum mit einer Grundfläche von weniger als 12 qm gehalten werden.

(2) Der Katzenhalter hat dem Tierheim vor der Übernahme der Katze eine Selbstauskunft über seine persönlichen und wirtschaftlichen Verhältnisse zu erteilen. Ist diese Selbstauskunft ganz oder zum Teil unrichtig, ist das Tierheim berechtigt, die sofortige Herausgabe der Katze zu verlangen.

(3) Der Katzenhalter ist verpflichtet, dem Tierheim unaufgefordert jede Änderung seines Namens oder seiner Anschrift mitzuteilen. Das gleiche gilt, wenn sich gegenüber der erteilten Selbstauskunft Änderungen ergeben, die für die Betreuung der Katze von Bedeutung sein können.

(4) Das Tier darf nicht für Tierversuche verwendet werden.

(5) Sollte die Katze erkranken, ist der Tierhalter verpflichtet, das Tier unverzüglich in die Behandlung eines Tierarztes zu geben.

(6) Sollte eine Tötung des Tieres aus medizinischen Gründen oder aus Gründen des Tierschutzes unbedingt erforderlich sein, dann darf die Tötung nur durch einen Tierarzt erfolgen. Der Katzenhalter ist verpflichtet, dem Tierheim die Tötung innerhalb von einer Woche unter Vorlage einer tierärztlichen Bescheinigung schriftlich anzuzeigen.

(7) Der Katzenhalter versichert, daß er das Tier selbst zur weiteren Betreuung übernimmt. Übernimmt der Katzenhalter das Tier, ohne das Tierheim vorher darüber zu informieren, im Auftrag eines Dritten, insbesondere für eine zoologischen Handlung, eine Tierversuchsanstalt, einen Tierkaufsvermittler oder sog. Massen- bzw. Schwarzzüchter, dann ist das Tierheim berechtigt, den Vertrag wegen arglistiger Täuschung nach § 142 BGB anzufechten. Das Tierheim hat nach Anfechtung des Vertrages das Recht, die kostenfreie Rückgabe des Tiers zu fordern.

(8) Der Katzenhalter ist nicht berechtigt, das ihm zur Betreuung überlassene Tier unentgeltlich oder entgeltlich an Dritte weiterzugeben. Ist er zur Haltung und Betreuung der Katze nicht mehr in der Lage, hat er das Tier an das Tierheim zurückzugeben.

§ 3 Besuchs- und Kontrollrecht des Tierheims
(1) Das Tierheim ist berechtigt, die art- und verhaltensgerechte Pflege, Haltung und Versorgung der Katze beim Katzenhalter durch ehrenamtliche oder hauptamtliche Mitarbeiter überwachen zu lassen. Der Katzenhalter erklärt sich ausdrücklich damit einverstanden und verpflichtet sich, an dieser Überwachung mitzuwirken. Er wird den Mitarbeitern zu angemessenen Zeiten und in angemessenen zeitlichen Abständen Zutritt zu seinen Wohnräumen gewähren, auch unangemeldet, und

ihnen die Möglichkeit geben, sich vom Pflege- und Gesundheitszustand der Katze zu überzeugen.

(2) Sollte sich herausstellen, daß der Katzenhalter das Tier nicht entsprechend dieser Vereinbarung hält, ist er verpflichtet, die Katze auf Verlangen unverzüglich an das Tierheim herauszugeben. Ein Zurückbehaltungsrecht oder Kostenerstattungsansprüche stehen dem Halter nicht zu.

§ 4 Vertragsstrafe

(1) Der Katzenhalter ist verpflichtet, für jeden Verstoß gegen die Bestimmungen dieses Vertrages eine Vertragsstrafe in Höhe von 1.000,00 EUR an das Tierheim zu zahlen. Er verzichtet auf die Geltendmachung eines Fortsetzungszusammenhangs.

(2) Auf ein Verschulden des Katzenhalters kommt es nicht an.

(3) Der Katzenhalter verzichtet ausdrücklich darauf, eine verwirkte Vertragsstrafe durch richterliche Entscheidung ändern zu lassen.

§ 5 Haftung

(1) Dem Katzenhalter ist bekannt, daß er mit der Übernahme der Katze Tierhalter i. S. d. § 833 BGB wird.

(2) Das Tierheim hat die Katze ordnungsgemäß betreut und versorgt. Das Tierheim übernimmt keine Haftung für bestehende Erkrankungen und Eigenschaften des übernommenen Tieres. Gewährleistungsansprüche des Katzenhalters sind ausgeschlossen.

(3) Das Tierheim haftet nicht für katzentypische Kampfverletzungen, für Unfälle und Infektionen anderer im Haushalt des Katzenhalters untergebrachter Katzen/Kater.

(4) Das Tierheim haftet auch nicht für Verletzungen, die die Katze dem Katzenhalter, seinen Angehörigen, Mitarbeitern oder Besuchern zufügt.

(5) Das Tierheim haftet nicht für Sachschäden, die die Katze am Eigentum des Katzenhalters, seinen Angehörigen, Mitarbeitern oder Besuchern verursacht.

(6) Sollte sich herausstellen, daß das Tierheim nicht berechtigt war, über die Katze zu verfügen, und ein Dritter berechtigte Ansprüche an dem Tier geltend macht, ist der Katzenhalter verpflichtet, die Katze an den Berechtigten oder das Tierheim herauszugeben. Schadensersatz- oder Kostenerstattungsansprüche stehen dem Katzenhalter in diesem Fall nicht zu.

§ 8 Gewährleistung
(1) Der Katzenhalter übernimmt das Tier wie besichtigt.

(2) Das Tier ist bei der Übergabe entwurmt, frei von ansteckenden Krankheiten und gegen Katzenseuche, Katzenschnupfen und Tollwut geimpft. Das Tier ist, stubenrein, entwöhnt und frei von Ungeziefer. Eine Garantie für spezifische Charaktereigenschaften des Tieres oder die weitere Entwicklung des Tieres kann das Tierheim nicht übernehmen.

(3) Mängel oder Krankheiten des Tieres, die zum Zeitpunkt der Übernahme bestehen sollten und bekannt sind, werden von beiden Parteien in diesem Vertrag schriftlich niedergelegt und können zu einem späteren Zeitpunkt nicht beanstandet werden.

§ 9 Schlußbestimmungen
(1) Änderungen und Ergänzungen dieses Vertrages bedürfen zu ihrer Wirksamkeit der Schriftform. Das Schriftformerfordernis besteht auch für die Aufhebung des Schriftformerfordernisses. Mündliche Nebenabreden bestehen nicht.

(2) Sollte eine Bestimmung dieses Vertrages unwirksam sein, so wird die Wirksamkeit der übrigen Vertragsbestandteile davon nicht berührt. Sofern sich eine ungültige Bestimmung in anderer Weise ausführen läßt, sind die Vertragsparteien verpflichtet, die getroffene Vereinbarung entsprechend zu ändern oder zu ergänzen.

(3) Tierheim und Katzenhalter erhalten je eine Ausfertigung dieses Vertrages. Mit ihrer Unterschrift bestätigen beide, den Vertrag in Ruhe gelesen, jeden Punkt verstanden und sämtliche Vertragspunkte anerkannt zu haben.

Ort:………………………………………………………

Datum:……………………………………..………………..

Tierheim...………………………………………………….

Katzenhalter:………………………………………………..

(27) Übertragungsvertrag Tierheim mit Probezeit

Anders als beim Betreuungsvertrag wird bei diesem Übergabevertrag der Katzenhalter nach einer Probezeit Eigentümer der Katze. Während der Probezeit steht dem Tierheim ein Kontrollrecht zu. Kommt das Tierheim zu dem Schluß, der Katzenhalter halte das Tier nicht art- und verhaltensgerecht, kann das Tierheim den Vertrag kündigen und die Katze zurückfordern. Selbstverständlich hat auch der Katzenhalter das Recht, den Vertrag zu kündigen, wenn er mit der Versorgung und Pflege des Tieres überfordert ist oder sich z. B. eine Katzenallergie bemerkbar macht. Die umfassenden Kontrollrechte des Tierheims enden mit Ablauf der Probezeit. Selbstverständlich bleibt es den Parteien unbenommen, eine längere oder kürzere Probezeit zu vereinbaren.

Der Übergabevertrag ist eine Kombination von Dienstvertrag (Betreuung) und Kaufvertrag (Eigentumsübertragung gegen Schutzgebühr). Die Bestimmungen über den Verbrauchsgüterkauf sind auf den Vertrag nicht anzuwenden. Das Tierheim ist kein Unternehmer i. S. d. § 474 BGB. Die Gewährleistung ist im Hinblick auf die gemeinnützigen Aufgaben und die i. d. R. knappen finanziellen Mittel des Tierheims weitgehend eingeschränkt.

Übertragungsvertrag

Zwischen

....
Tierheim

und

....
Katzenhalter

wird folgende Vereinbarung getroffen:

§ 1 Vertragsgegenstand

(1) Die Tierheim hat folgende Katze in seiner Obhut:
Name: ……………………………………….……………………………
Rasse:…………………………………………………..……………………………
Geburtsdatum::………………… Geschlecht: männlich ☐ weiblich ☐
Farbe:……………………………………………..……………………………………
Die Katze ist kastriert ☐ nicht kastriert ☐ nicht trächtig ….☐
Die Katze ist Freigänger ☐ Wohnungskatze mit Freigang ☐
reine Wohnungskatze ☐
Krankheiten/Behinderungen:……………………………………………………
……………………………………………………………………………………………..
Die Katze leidet an keinen Allergien ☐
Die Katze leidet an einer Futtermittelallergie gegen: ………………………
………………………………………………………………………………………………
Die Katze benötigt folgendes Spezialfutter: ……………………………………..
………………………………………………………………………………………………
Die Katze ist gewöhnt an Naßfuter ☐ Trockenfutter ☐
Besonderheiten bei der Fütterung: ……………………………………………….
………………………………………………………………………………………………
Die Katze benötigt regelmäßig folgende Medikamente: ……………………..
………………………………………………………………………………..………………
Dosierung:………………………………………………………………………………..

(2) Das Tierheim übergibt dem Katzenhalter für eine Probezeit von sechs Monaten die Katze zur Betreuung. Die Betreuungszeit beginnt am …………. und endet am ………..

(3) Der Katzenhalter zahlt an das Tierheim eine Schutzgebühr in Höhe von …. EUR. Die Schutzgebühr ist bei Übernahme der Katze in bar zu zahlen. Bis zur vollständigen Zahlung der Schutzgebühr ist das Tierheim berechtigt, ein Zurückbehaltungsrecht geltend zu machen.

(4) Der Katzenhalter versichert, daß er das Tier in seiner Wohnung/seinem Haus halten darf. Er verpflichtet sich, das Tier art- und verhaltensgerecht zu halten, auf seine Kosten zu versorgen, es regelmäßig zu entwurmen, die notwendigen Imp-

fungen, Untersuchungen und tierärztlichen Behandlungen durchführen zu lassen sowie das Tierschutzgesetz und dessen Nebenbestimmungen zu beachten. Er hat dafür zu sorgen, daß jede Mißhandlung oder Quälerei ausgeschlossen ist. Das Tier darf nicht von Menschen ferngehalten oder in einem Käfig oder ausschließlich in einem Raum mit einer Grundfläche von weniger als 12 qm gehalten werden.

(5) Der Katzenhalter hat dem Tierheim vor der Übernahme der Katze eine Selbstauskunft über seine persönlichen und wirtschaftlichen Verhältnisse zu erteilen. Ist diese Selbstauskunft ganz oder zum Teil unrichtig, ist das Tierheim berechtigt, die sofortige Herausgabe der Katze zu verlangen.

(6) Der Katzenhalter ist verpflichtet, dem Tierheim unaufgefordert jede Änderung seines Namens oder seiner Anschrift mitzuteilen. Das gleiche gilt, wenn sich gegenüber der erteilten Selbstauskunft Änderungen ergeben, die für die Betreuung der Katze von Bedeutung sein können.

(7) Das Tier darf nicht für Tierversuche verwendet werden.

(8) Sollte die Katze erkranken, ist der Tierhalter verpflichtet, das Tier unverzüglich in die Behandlung eines Tierarztes zu geben.

(9) Sollte eine Tötung des Tieres aus medizinischen Gründen oder aus Gründen des Tierschutzes unbedingt erforderlich sein, dann darf die Tötung nur durch einen Tierarzt erfolgen. Der Katzenhalter ist verpflichtet, dem Tierheim die Tötung innerhalb von einer Woche unter Vorlage einer tierärztlichen Bescheinigung schriftlich anzuzeigen.

(10) Der Katzenhalter versichert, daß er das Tier selbst zur weiteren Betreuung übernimmt. Übernimmt der Katzenhalter das Tier, ohne das Tierheim vorher darüber zu informieren, im Auftrag eines Dritten, insbesondere für eine zoologischen Handlung, eine Tierversuchsanstalt, einen Tierkaufsvermittler oder sog. Massen- bzw. Schwarzzüchter, dann ist das Tierheim berechtigt, den Vertrag wegen arglistiger Täuschung nach § 142 BGB anzufechten. Das Tierheim hat nach Anfechtung des Vertrages das Recht, die kostenfreie Rückgabe des Tiers zu fordern.

(11) Der Katzenhalter ist nicht berechtigt, das ihm zur Betreuung überlassene Tier unentgeltlich oder entgeltlich an Dritte weiterzugeben. Ist er zur Haltung und Betreuung der Katze nicht mehr in der Lage, hat er das Tier an das Tierheim zurückzugeben.

§ 2 Besuchs- und Kontrollrecht des Tierheims
(1) Das Tierheim ist berechtigt, während der Probezeit die art- und verhaltensgerechte Pflege, Haltung und Versorgung der Katze beim Katzenhalter durch ehrenamtliche oder hauptamtliche Mitarbeiter überwachen zu lassen. Der Katzenhalter erklärt sich ausdrücklich damit einverstanden und verpflichtet sich, an dieser Überwachung mitzuwirken. Er wird den Mitarbeitern zu angemessenen Zeiten und in angemessenen zeitlichen Abständen Zutritt zu seinen Wohnräumen gewähren, auch unangemeldet, und ihnen die Möglichkeit geben, sich vom Pflege- und Gesundheitszustand der Katze zu überzeugen.

(2) Sollte sich herausstellen, daß der Katzenhalter das Tier nicht entsprechend dieser Vereinbarung hält, ist er verpflichtet, die Katze auf Verlangen unverzüglich an das Tierheim herauszugeben. Ein Zurückbehaltungsrecht oder Kostenerstattungsansprüche stehen dem Katzenhalter nicht zu.

§ 3 Haftung
(1) Dem Katzenhalter ist bekannt, daß er mit der Übernahme der Katze Tierhalter i. S. d. § 833 BGB wird.

(2) Das Tierheim hat die Katze ordnungsgemäß betreut und versorgt. Das Tierheim übernimmt keine Haftung für bestehende Erkrankungen und Eigenschaften des übernommenen Tieres. Gewährleistungsansprüche des Katzenhalters sind ausgeschlossen.

(3) Das Tierheim haftet nicht für
a) katzentypische Kampfverletzungen
b) Unfälle und Infektionen anderer im Haushalt des Katzenhalters untergebrachter Katzen
c) Verletzungen, die die Katze dem Katzenhalter, seinen Angehörigen, Mitarbeitern oder Besuchern zufügt

d) Sachschäden, die die Katze am Eigentum des Katzenhalters, seinen Angehörigen, Mitarbeitern oder Besuchern verursacht.

(4) Sollte sich herausstellen, daß das Tierheim nicht berechtigt war, über die Katze zu verfügen, und ein Dritter berechtigte Ansprüche an dem Tier geltend macht, ist der Katzenhalter verpflichtet, die Katze an den Berechtigten oder das Tierheim herauszugeben. Schadensersatz- oder Kostenerstattungsansprüche stehen dem Katzenhalter in diesem Fall nicht zu.

§ 4 Gewährleistung
(1) Das Tier ist bei der Übergabe entwurmt, frei von ansteckenden Krankheiten und gegen Katzenseuche, Katzenschnupfen und Tollwut geimpft. Das Tierheim übergibt dem Tierhalter mit der Katze auch den Impfpaß.

(2) Das Tier ist, stubenrein, entwöhnt und frei von Ungeziefer. Eine Garantie für spezifische Charaktereigenschaften des Tieres oder die weitere Entwicklung des Tieres kann das Tierheim nicht übernehmen.

(3) Mängel oder Krankheiten des Tieres, die zum Zeitpunkt der Übernahme bestehen sollten und bekannt sind, werden von beiden Parteien in diesem Vertrag schriftlich niedergelegt und können zu einem späteren Zeitpunkt nicht beanstandet werden. Ein Anspruch auf Schadensersatz besteht nur bei Vorsatz oder grober Fahrlässigkeit. Ein Anspruch auf Minderung oder Nachbesserung besteht im Hinblick auf das Kündigungsrecht nach § 5 dieser Vereinbarung nicht.

§ 5 Kündigung des Vertrages
(1) Beide Parteien haben das Recht, bis zum Ablauf der Probezeit ohne Angabe von Gründen den Vertrag zu kündigen. Die Kündigung muß schriftlich erfolgen. Für die Rechtzeitigkeit kommt es auf den Zugang beim Empfänger an.

(2) Nach einer Kündigung des Vertrages ist der Katzenhalter verpflichtet, die Katze und den Impfpaß unverzüglich an das Tierheim herauszugeben. Ein Anspruch auf Erstattung der Schutzgebühr oder von Kosten (Unterbringung, Verpflegung, Ausstattung, Kosten tiermedizinischer Behandlung etc.) steht ihm nicht zu.

(3) Macht keine der Vertragsparteien von ihrem Kündigungsrecht nach Abs. 1 Gebrauch, geht mit Ablauf der Probezeit die Katze in das Eigentum des Katzenhalters über.

§ 6 Vertragsstrafe
(1) Der Katzenhalter ist verpflichtet, für jeden Verstoß gegen die Bestimmungen dieses Vertrages eine Vertragsstrafe in Höhe von 1.000,00 EUR an das Tierheim zu zahlen. Er verzichtet auf die Geltendmachung eines Fortsetzungszusammenhangs.

(2) Auf ein Verschulden des Katzenhalters kommt es nicht an.

(3) Der Katzenhalter verzichtet ausdrücklich darauf, eine verwirkte Vertragsstrafe durch richterliche Entscheidung ändern zu lassen.

§7 Schlußbestimmungen
(1) Änderungen und Ergänzungen dieses Vertrages bedürfen zu ihrer Wirksamkeit der Schriftform. Das Schriftformerfordernis besteht auch für die Aufhebung des Schriftformerfordernisses. Mündliche Nebenabreden bestehen nicht.

(2) Sollte eine Bestimmung dieses Vertrages unwirksam sein, so wird die Wirksamkeit der übrigen Vertragsbestandteile davon nicht berührt. Sofern sich eine ungültige Bestimmung in anderer Weise ausführen läßt, sind die Vertragsparteien verpflichtet, die getroffene Vereinbarung entsprechend zu ändern oder zu ergänzen.

(3) Tierheim und Katzenhalter erhalten je eine Ausfertigung dieses Vertrages. Mit ihrer Unterschrift bestätigen beide, den Vertrag in Ruhe gelesen, jeden Punkt verstanden und sämtliche Vertragspunkte anerkannt zu haben.

Ort:......................... Datum: ……..……… ………..…............................

Ort:......................... Datum: ……..……… ………..…............................

(28) Versorgung der Katze durch letztwillige Verfügung

Eine Katze kann nicht Erbe sein. Der Tierhalter kann ihr also nicht sein Vermögen ganz oder zum Teil vermachen. Wenn der Tierhalter über seinen Tod hinaus für seine Katze sorgen möchte, hat er z. B. die Möglichkeit, durch Testament (letztwillige Verfügung) seinem Erben die Pflege der Katze zur Auflage zu machen, die Katze einem Vermächtnisnehmer anzuvertrauen oder eine Stiftung zu errichten.

Ein privates Testament muß eigenhändig und handschriftlich erstellt und unterschrieben werden. Mit dem Computer oder der Schreibmaschine geschriebene (gedruckte) Testamente sind unwirksam. Es gilt dann die gesetzliche Erbfolge oder, wenn der Erblasser früher ein formgültiges und Testament errichtet hatte, das er weder vernichtet noch widerrufen hat, dieses frühere Testament.

Um Verwechslungen auszuschließen, sollte das Testament mit Vor- und Zunamen unterschrieben werden. Angaben zu Ort und Datum sind zwar nicht zwingend erforderlich, erleichtern aber später die Feststellung, welches von mehreren Testamenten das letzte und damit das maßgebende Testament ist. Ein jüngeres Testament hebt ein älteres auf. Kann nicht bewiesen werden, welches von mehreren, einander widersprechenden Testamenten das jüngere ist, so gilt keines der Testamente. Es bleibt dann bei der gesetzlichen Erbfolge.

Die folgenden Texte sind Vorschläge für letztwillige Verfügungen von Katzenhaltern, die ihre Schützlinge über den eigenen Tod hinaus versorgt wissen möchten.

> Dieses Kapitel dient nur der ersten Information und stellt keine Rechtsberatung dar, da diese nur unter Berücksichtigung aller Umstände des konkreten Einzelfalls möglich ist. Für Aktualität und Richtigkeit übernimmt die Autorin keine Gewähr.

a) Erbeinsetzung und Vermächtnis zur Versorgung der Katze

Mein letzter Wille

1. Für den Fall meines Ablebens sollen (Name Ehemann/Ehefrau, Geburtsdatum) und meine Kinder (Namen) zu gleichen Anteilen meine Erben sein. Hierfür übernehmen sie die Pflege meiner Grabstätte.

2. Der Nachlaß soll wie folgt geteilt werden:
(Name, Geburtsdatum) bekommt …………..
(Name, Geburtsdatum) bekommt …………..
(Name, Geburtsdatum) bekommt …………..

3. (Name, Geburtsdatum) soll als Vermächtnis … EUR und meine Katze (Name) erhalten. Hierfür übernimmt sie katzenlebenslang die Pflege meiner Katze (Name), die sie bereits heute bei Bedarf versorgt.

Ort, Datum, Unterschrift des Erblassers

b) Erbeinsetzung, Versorgungsvermächtnis

Mein letzter Wille

1. Ich setze (Name, Geburtsdatum) zu meinem Alleinerben ein.

2. (Name, Geburtsdatum) soll als Vermächtnis meine Katze (Name) erhalten, die sie bereits heute bei Bedarf versorgt, sowie monatlich einen Betrag von … EUR, solange die Katze (Name) lebt. Der Anspruch auf die monatliche Zuwendung entfällt, wenn ein Amtstierarzt als Gutachter feststellt, daß die Katze (Name) nicht artgerecht gehalten und versorgt wird.

3. Alle früher von mir verfaßten Testamente widerrufe ich ausdrücklich.

Ort, Datum, Unterschrift des Erblassers

c) Gegenseitiges Testament mit Versorgungsvermächtnis

Letzter Wille

Hiermit erklären wir, die Eheleute (Name, Geburtsdatum) und (Name, Geburtsdatum), beide wohnhaft (Anschrift) unseren letzten Willen wie folgt:

1. Wir setzen uns gegenseitig als Alleinerben ein.

2. Nach dem Tode des Zuletztversterbenden soll unser beiderseitiger Nachlaß an unsere gemeinschaftlichen Kinder, nämlich (Name, Geburtsdatum), (Name, Geburtsdatum) und (Name, Geburtsdatum), sowie diejenigen Kinder, die uns ggf. noch geboren werden sollten, zu gleichen Teilen fallen.

3. Der überlebende Ehegatte kann die in Ziff. 2 getroffene Erbeinsetzung frei ändern.

4. (Name, Geburtsdatum) erhält nach dem Tode des Zuletztversterbenden als Vermächtnis … EUR und die beiden Katzen (Name) und (Name), die sie bereits heute bei Bedarf versorgt.

5. Den Wert unseres gemeinschaftlichen Reinvermögens geben wir mit ca.… EUR an.

Ort, Datum, Unterschrift
Dies ist auch mein Wille: Unterschrift

d) Vermächtnis für Tierschutzverein, Testamentsvollstreckung

Mein letzter Wille

1. Ich setze (Name, Geburtsdatum) zu meinem Alleinerben ein.

2. Ich vermache (Name, Geburtsdatum) einen Geldbetrag in Höhe von … EUR. Sollte sich der Wert meines Nachlasses bis zum Eintritt des Erbfalls um mehr als 10 % nach oben oder unten verändern, so verändert sich der Geldbetrag entspre-

chend der gleichen prozentualen Veränderung. Der Nachlaß hat derzeit einen Wert von … EUR. Die Festlegung des endgültigen Betrages erfolgt durch den Testamentsvollstrecker.

3. Dem Tierschutzverein (Name, Anschrift) vermache ich meine Katze (Name) und einen monatlichen Betrag von … EUR für die Pflege und Versorgung der Katze (Name) bis zu ihrem Lebensende.

4. (Name, Geburtsdatum) ernenne ich zwecks Erfüllung dieser Vermächtnisse zum Testamentsvollstrecker. Falls (Name) nicht Testamentsvollstrecker wird, soll das Nachlaßgericht einen Testamentsvollstrecker bestellen und einsetzen.

5. Alle früher von mir verfaßten Testamente widerrufe ich ausdrücklich.

Ort, Datum, Unterschrift des Erblassers

e) Tierschutzverein als Alleinerbe, Testamentsvollstreckung

Mein letzter Wille

1. Ich setze den Tierschutzverein (Name, Anschrift) zu meinem Alleinerben ein. Er erhält auch meine Katze (Name) mit der Auflage, für sie ein neues Zuhause zu suchen, in dem sie artgerecht gehalten und versorgt wird, oder, wenn sich kein neuer Halter findet, (Name) bis zu ihrem Lebensende zu versorgen. Es ist dem Tierschutzverein nicht gestattet, die Katze aus wirtschaftlichen Gründen einzuschläfern, wenn sich kein neuer Halter findet.

2. (Name, Geburtsdatum) erhält als Vermächtnis… (genaue Beschreibung) und Bargeld in Höhe von …… EUR.

3. Fällt (Name) vor oder nach dem Erbfall weg, so bestimme ich entgegen jeder anderslautenden gesetzlichen oder richterlichen Auslegungs- und Vermutungsregel keinen Ersatzvermächtnisnehmer.

4. Ich ordne Testamentsvollstreckung an. Zu meinem Testamentsvollstrecker ernenne ich (Name, Geburtsdatum). Wird (Name) nicht Testamentsvollstrecker oder

entfällt das Amt später, soll (Name, Geburtsdatum) Testamentsvollstrecker sein. Der Testamentsvollstrecker hat die Aufgabe, die letztwilligen Verfügungen auszuführen, den Nachlaß auseinander zu setzen und die artgerechte Haltung, Unterbringung Versorgung meiner Katze überwachen. Der Testamentsvollstrecker erhält für diese Testamentsvollstreckung einen Betrag von ... EUR. Falls (Name) und (Name) nicht Testamentsvollstrecker werden, soll das Nachlaßgericht einen professionellen Testamentsvollstrecker bestellen und einsetzen.

5. Alle früher von mir verfaßten Testamente widerrufe ich ausdrücklich.

Ort, Datum, Unterschrift des Erblassers

V. Gesetze

1. Bürgerliches Gesetzbuch (BGB)

§ 13 BGB Verbraucher
Verbraucher ist jede natürliche Person, die ein Rechtsgeschäft zu einem Zwecke abschließt, der weder ihrer gewerblichen noch ihrer selbständigen beruflichen Tätigkeit zugerechnet werden kann.

§ 14 BGB Unternehmer
(1) Unternehmer ist eine natürliche oder juristische Person oder eine rechtsfähige Personengesellschaft, die bei Abschluß eines Rechtsgeschäfts in Ausübung ihrer gewerblichen oder selbständigen beruflichen Tätigkeit handelt.

(2) Eine rechtsfähige Personengesellschaft ist eine Personengesellschaft, die mit der Fähigkeit ausgestattet ist, Rechte zu erwerben und Verbindlichkeiten einzugehen.

§ 90 a BGB Tiere
Tiere sind keine Sachen. Sie werden durch besondere Gesetze geschützt. Auf sie sind die für Sachen geltenden Vorschriften entsprechend anzuwenden, soweit nicht etwas anderes bestimmt ist.

§ 119 BGB Anfechtbarkeit wegen Irrtums
(1) Wer bei der Abgabe einer Willenserklärung über deren Inhalt im Irrtum war oder eine Erklärung dieses Inhalts überhaupt nicht abgeben wollte, kann die Erklärung anfechten, wenn anzunehmen ist, daß er sie bei Kenntnis der Sachlage und bei verständiger Würdigung des Falles nicht abgegeben haben würde.

(2) Als Irrtum über den Inhalt der Erklärung gilt auch der Irrtum über solche Eigenschaften der Person oder der Sache, die im Verkehr als wesentlich angesehen werden.

§ 123 BGB Anfechtbarkeit wegen Täuschung oder Drohung
(1) Wer zur Abgabe einer Willenserklärung durch arglistige Täuschung oder widerrechtlich durch Drohung bestimmt worden ist, kann die Erklärung anfechten.

(2) Hat ein Dritter die Täuschung verübt, so ist eine Erklärung, die einem anderen gegenüber abzugeben war, nur dann anfechtbar, wenn dieser die Täuschung kannte oder kennen mußte. Soweit ein anderer als derjenige, welchem gegenüber die Erklärung abzugeben war, aus der Erklärung unmittelbar ein Recht erworben hat, ist die Erklärung ihm gegenüber anfechtbar, wenn er die Täuschung kannte oder kennen mußte.

§ 138 Sittenwidriges Rechtsgeschäft; Wucher
(1) Ein Rechtsgeschäft, das gegen die guten Sitten verstößt, ist nichtig.

(2) Nichtig ist insbesondere ein Rechtsgeschäft, durch das jemand unter Ausbeutung der Zwangslage, der Unerfahrenheit, des Mangels an Urteilsvermögen oder der erheblichen Willensschwäche eines anderen sich oder einem Dritten für eine Leistung Vermögensvorteile versprechen oder gewähren läßt, die in einem auffälligen Mißverhältnis zu der Leistung stehen.

§ 251 BGB Schadensersatz in Geld ohne Fristsetzung
(1) Soweit die Herstellung nicht möglich oder zur Entschädigung des Gläubigers nicht genügend ist, hat der Ersatzpflichtige den Gläubiger in Geld zu entschädigen.

(2) Der Ersatzpflichtige kann den Gläubiger in Geld entschädigen, wenn die Herstellung nur mit unverhältnismäßigen Aufwendungen möglich ist. Die aus der Heilbehandlung eines verletzten Tieres entstandenen Aufwendungen sind nicht bereits dann unverhältnismäßig, wenn sie dessen Wert erheblich übersteigen.

§ 280 BGB Schadensersatz wegen Pflichtverletzung
(1) Verletzt der Schuldner eine Pflicht aus dem Schuldverhältnis, so kann der Gläubiger Ersatz des hierdurch entstehenden Schadens verlangen. Dies gilt nicht, wenn der Schuldner die Pflichtverletzung nicht zu vertreten hat.

(2) Schadensersatz wegen Verzögerung der Leistung kann der Gläubiger nur unter der zusätzlichen Voraussetzung des § 286 verlangen.

(3) Schadensersatz statt der Leistung kann der Gläubiger nur unter den zusätzlichen Voraussetzungen des § 281, des § 282 oder des § 283 verlangen.

§ 281 BGB Schadensersatz statt der Leistung wegen nicht oder nicht wie geschuldet erbrachter Leistung
(1) Soweit der Schuldner die fällige Leistung nicht oder nicht wie geschuldet erbringt, kann der Gläubiger unter den Voraussetzungen des § 280 Abs. 1 Schadensersatz statt der Leistung verlangen, wenn er dem Schuldner erfolglos eine angemessene Frist zur Leistung oder Nacherfüllung bestimmt hat. Hat der Schuldner eine Teilleistung bewirkt, so kann der Gläubiger Schadensersatz statt der ganzen Leistung nur verlangen, wenn er an der Teilleistung kein Interesse hat. Hat der Schuldner die Leistung nicht wie geschuldet bewirkt, so kann der Gläubiger Schadensersatz statt der ganzen Leistung nicht verlangen, wenn die Pflichtverletzung unerheblich ist.

(2) Die Fristsetzung ist entbehrlich, wenn der Schuldner die Leistung ernsthaft und endgültig verweigert oder wenn besondere Umstände vorliegen, die unter Abwägung der beiderseitigen Interessen die sofortige Geltendmachung des Schadensersatzanspruchs rechtfertigen.

(3) Kommt nach der Art der Pflichtverletzung eine Fristsetzung nicht in Betracht, so tritt an deren Stelle eine Abmahnung.

(4) Der Anspruch auf die Leistung ist ausgeschlossen, sobald der Gläubiger statt der Leistung Schadensersatz verlangt hat.

(5) Verlangt der Gläubiger Schadensersatz statt der ganzen Leistung, so ist der Schuldner zur Rückforderung des Geleisteten nach den §§ 346 bis 348 berechtigt.

§ 307 BGB Inhaltskontrolle
(1) Bestimmungen in Allgemeinen Geschäftsbedingungen sind unwirksam, wenn sie den Vertragspartner des Verwenders entgegen den Geboten von Treu und Glauben unangemessen benachteiligen. Eine unangemessene Benachteiligung kann sich auch daraus ergeben, daß die Bestimmung nicht klar und verständlich ist.

(2) Eine unangemessene Benachteiligung ist im Zweifel anzunehmen, wenn eine Bestimmung
    1. mit wesentlichen Grundgedanken der gesetzlichen Regelung, von der abgewichen wird, nicht zu vereinbaren ist oder
    2. wesentliche Rechte oder Pflichten, die sich aus der Natur des Vertrags ergeben, so einschränkt, daß die Erreichung des Vertragszwecks gefährdet ist.

(3) Die Absätze 1 und 2 sowie die §§ 308 und 309 gelten nur für Bestimmungen in Allgemeinen Geschäftsbedingungen, durch die von Rechtsvorschriften abweichende oder diese ergänzende Regelungen vereinbart werden. Andere Bestimmungen können nach Absatz 1 Satz 2 in Verbindung mit Absatz 1 Satz 1 unwirksam sein.

§ 312 BGB Widerrufsrecht bei Haustürgeschäften
(1) Bei einem Vertrag zwischen einem Unternehmer und einem Verbraucher, der eine entgeltliche Leistung zum Gegenstand hat und zu dessen Abschluß der Verbraucher
    1. durch mündliche Verhandlungen an seinem Arbeitsplatz oder im Bereich einer Privatwohnung,
    2. anläßlich einer vom Unternehmer oder von einem Dritten zumindest auch im Interesse des Unternehmers durchgeführten Freizeitveranstaltung oder
    3. im Anschluß an ein überraschendes Ansprechen in Verkehrsmitteln oder im Bereich öffentlich zugänglicher Verkehrsflächen
bestimmt worden ist (Haustürgeschäft), steht dem Verbraucher ein Widerrufsrecht gemäß § 355 zu. Dem Verbraucher kann anstelle des Widerrufsrechts ein Rückgaberecht nach § 356 eingeräumt werden, wenn zwischen dem Verbraucher und dem Unternehmer im Zusammenhang mit diesem oder einem späteren Geschäft auch eine ständige Verbindung aufrechterhalten werden soll.

(2) Der Unternehmer ist verpflichtet, den Verbraucher gemäß § 360 über sein Widerrufs- oder Rückgaberecht zu belehren. Die Belehrung muß auf die Rechtsfolgen des § 357 Abs. 1 und 3 hinweisen. Der Hinweis ist nicht erforderlich, soweit diese Rechtsfolgen tatsächlich nicht eintreten können.

(3) Das Widerrufs- oder Rückgaberecht besteht unbeschadet anderer Vorschriften nicht bei Versicherungsverträgen oder wenn
    1. im Falle von Absatz 1 Nr. 1 die mündlichen Verhandlungen, auf denen der Abschluß des Vertrags beruht, auf vorhergehende Bestellung des Verbrauchers geführt worden sind oder
    2. die Leistung bei Abschluß der Verhandlungen sofort erbracht und bezahlt wird und das Entgelt 40 Euro nicht übersteigt oder

3. die Willenserklärung des Verbrauchers von einem Notar beurkundet worden ist.

§ 312b BGB Fernabsatzverträge
(1) Fernabsatzverträge sind Verträge über die Lieferung von Waren oder über die Erbringung von Dienstleistungen, einschließlich Finanzdienstleistungen, die zwischen einem Unternehmer und einem Verbraucher unter ausschließlicher Verwendung von Fernkommunikationsmitteln abgeschlossen werden, es sei denn, daß der Vertragsschluß nicht im Rahmen eines für den Fernabsatz organisierten Vertriebs- oder Dienstleistungssystems erfolgt. Finanzdienstleistungen im Sinne des Satzes 1 sind Bankdienstleistungen sowie Dienstleistungen im Zusammenhang mit einer Kreditgewährung, Versicherung, Altersversorgung von Einzelpersonen, Geldanlage oder Zahlung.

(2) Fernkommunikationsmittel sind Kommunikationsmittel, die zur Anbahnung oder zum Abschluß eines Vertrags zwischen einem Verbraucher und einem Unternehmer ohne gleichzeitige körperliche Anwesenheit der Vertragsparteien eingesetzt werden können, insbesondere Briefe, Kataloge, Telefonanrufe, Telekopien, E-Mails sowie Rundfunk, Tele- und Mediendienste.
(3) Die Vorschriften über Fernabsatzverträge finden keine Anwendung auf Verträge
    1. über Fernunterricht (§ 1 des Fernunterrichtsschutzgesetzes),
    2. über die Teilzeitnutzung von Wohngebäuden (§ 481),
    3. über Versicherungen sowie deren Vermittlung,
    4. über die Veräußerung von Grundstücken und grundstücksgleichen Rechten, die Begründung, Veräußerung und Aufhebung von dinglichen Rechten an Grundstücken und grundstücksgleichen Rechten sowie über die Errichtung von Bauwerken,
    5. über die Lieferung von Lebensmitteln, Getränken oder sonstigen Haushaltsgegenständen des täglichen Bedarfs, die am Wohnsitz, am Aufenthaltsort oder am Arbeitsplatz eines Verbrauchers von Unternehmern im Rahmen häufiger und regelmäßiger Fahrten geliefert werden,
    6. über die Erbringung von Dienstleistungen in den Bereichen Unterbringung, Beförderung, Lieferung von Speisen und Getränken sowie Freizeitgestaltung, wenn sich der Unternehmer bei Vertragsschluß verpflichtet, die Dienstleistungen zu einem bestimmten Zeitpunkt oder innerhalb eines genau angegebenen Zeitraums zu erbringen,
    7. die geschlossen werden
        a) unter Verwendung von Warenautomaten oder automatisierten Geschäftsräumen oder
        b) mit Betreibern von Telekommunikationsmitteln auf Grund der Benutzung von öffentlichen Fernsprechern, soweit sie deren Benutzung zum Gegenstand haben.

(4) Bei Vertragsverhältnissen, die eine erstmalige Vereinbarung mit daran anschließenden aufeinander folgenden Vorgängen oder eine daran anschließende Reihe getrennter, in einem zeitlichen Zusammenhang stehender Vorgänge der gleichen Art umfassen, finden die Vorschriften über Fernabsatzverträge nur Anwendung auf die erste Vereinbarung. Wenn derartige Vorgänge ohne eine solche Vereinbarung aufeinander folgen, gelten die Vorschriften über Informationspflichten des Unternehmers nur für den ersten Vorgang. Findet jedoch länger als ein Jahr kein Vorgang der gleichen Art mehr statt, so gilt der nächste Vorgang als der erste Vorgang einer neuen Reihe im Sinne von Satz 2.

(5) Weitergehende Vorschriften zum Schutz des Verbrauchers bleiben unberührt.

§ 355 BGB Widerrufsrecht bei Verbraucherverträgen
(1) Wird einem Verbraucher durch Gesetz ein Widerrufsrecht nach dieser Vorschrift eingeräumt, so ist er an seine auf den Abschluß des Vertrags gerichtete Willenserklärung nicht mehr gebunden, wenn er sie fristgerecht widerrufen hat. Der Widerruf muß keine Begründung enthalten und ist in Textform oder durch Rücksendung der Sache innerhalb der Widerrufsfrist gegenüber dem Unternehmer zu erklären; zur Fristwahrung genügt die rechtzeitige Absendung.

(2) Die Widerrufsfrist beträgt 14 Tage, wenn dem Verbraucher spätestens bei Vertragsschluß eine den Anforderungen des § 360 Abs. 1 entsprechende Widerrufsbelehrung in Textform mitgeteilt wird. Bei Fernabsatzverträgen steht eine unverzüglich nach Vertragsschluß in Textform mitgeteilte Widerrufsbelehrung einer solchen bei Vertragsschluß gleich, wenn der Unternehmer den Verbraucher gemäß Artikel 246 § 1 Abs. 1 Nr. 10 des Einführungsgesetzes zum Bürgerlichen Gesetzbuche unterrichtet hat. Wird die Widerrufsbelehrung dem Verbraucher nach dem gemäß Satz 1 oder Satz 2 maßgeblichen Zeitpunkt mitgeteilt, beträgt die Widerrufsfrist einen Monat. Dies gilt auch dann, wenn der Unternehmer den Verbraucher über das Widerrufsrecht gemäß Artikel 246 § 2 Abs. 1 Satz 1 Nr. 2 des Einführungsgesetzes zum Bürgerlichen Gesetzbuche zu einem späteren als dem in Satz 1 oder Satz 2 genannten Zeitpunkt unterrichten darf.

(3) Die Widerrufsfrist beginnt, wenn dem Verbraucher eine den Anforderungen des § 360 Abs. 1 entsprechende Belehrung über sein Widerrufsrecht in Textform mitgeteilt worden ist. Ist der Vertrag schriftlich abzuschließen, so beginnt die Frist nicht, bevor dem Verbraucher auch eine Vertragsurkunde, der schriftliche Antrag des Verbrauchers oder eine Abschrift der Vertragsurkunde oder des Antrags zur Verfügung gestellt wird. Ist der Fristbeginn streitig, so trifft die Beweislast den Unternehmer.

(4) Das Widerrufsrecht erlischt spätestens sechs Monate nach Vertragsschluß. Diese Frist beginnt bei der Lieferung von Waren nicht vor deren Eingang beim Empfänger. Abweichend von Satz 1 erlischt das Widerrufsrecht nicht, wenn der Verbraucher nicht entsprechend den Anforderungen des § 360 Abs. 1 über sein Widerrufsrecht in Textform belehrt worden ist, bei Fernabsatzverträgen über Finanzdienstleistungen ferner nicht, wenn der Unternehmer seine Mitteilungspflichten gemäß Artikel 246 § 2 Abs. 1 Satz 1 Nr. 1 und Satz 2 Nr. 1 bis 3 des Einführungsgesetzes zum Bürgerlichen Gesetzbuche nicht ordnungsgemäß erfüllt hat.

§ 433 BGB Vertragstypische Pflichten beim Kaufvertrag
(1) Durch den Kaufvertrag wird der Verkäufer einer Sache verpflichtet, dem Käufer die Sache zu übergeben und das Eigentum an der Sache zu verschaffen. Der Verkäufer hat dem Käufer die Sache frei von Sach- und Rechtsmängeln zu verschaffen.

(2) Der Käufer ist verpflichtet, dem Verkäufer den vereinbarten Kaufpreis zu zahlen und die gekaufte Sache abzunehmen.

§ 437 BGB Rechte des Käufers bei Mängeln
Ist die Sache mangelhaft, kann der Käufer, wenn die Voraussetzungen der folgenden Vorschriften vorliegen und soweit nicht ein anderes bestimmt ist,

1. nach § 439 Nacherfüllung verlangen,
2. nach den §§ 440, 323 und 326 Abs. 5 von dem Vertrag zurücktreten oder nach § 441 den Kaufpreis mindern und
3. nach den §§ 440, 280, 281, 283 und 311a Schadensersatz oder nach § 284 Ersatz vergeblicher Aufwendungen verlangen.

§ 439 BGB Nacherfüllung

(1) Der Käufer kann als Nacherfüllung nach seiner Wahl die Beseitigung des Mangels oder die Lieferung einer mangelfreien Sache verlangen.

(2) Der Verkäufer hat die zum Zwecke der Nacherfüllung erforderlichen Aufwendungen, insbesondere Transport-, Wege-, Arbeits- und Materialkosten zu tragen.

(3) Der Verkäufer kann die vom Käufer gewählte Art der Nacherfüllung unbeschadet des § 275 Abs. 2 und 3 verweigern, wenn sie nur mit unverhältnismäßigen Kosten möglich ist. Dabei sind insbesondere der Wert der Sache in mangelfreiem Zustand, die Bedeutung des Mangels und die Frage zu berücksichtigen, ob auf die andere Art der Nacherfüllung ohne erhebliche Nachteile für den Käufer zurückgegriffen werden könnte. Der Anspruch des Käufers beschränkt sich in diesem Fall auf die andere Art der Nacherfüllung; das Recht des Verkäufers, auch diese unter den Voraussetzungen des Satzes 1 zu verweigern, bleibt unberührt.

(4) Liefert der Verkäufer zum Zwecke der Nacherfüllung eine mangelfreie Sache, so kann er vom Käufer Rückgewähr der mangelhaften Sache nach Maßgabe der §§ 346 bis 348 verlangen.

§ 474 BGB Begriff des Verbrauchsgüterkaufs

(1) Kauft ein Verbraucher von einem Unternehmer eine bewegliche Sache (Verbrauchsgüterkauf), gelten ergänzend die folgenden Vorschriften. Dies gilt nicht für gebrauchte Sachen, die in einer öffentlichen Versteigerung verkauft werden, an der der Verbraucher persönlich teilnehmen kann.

(2) Auf die in diesem Untertitel geregelten Kaufverträge ist § 439 Abs. 4 mit der Maßgabe anzuwenden, daß Nutzungen nicht herauszugeben oder durch ihren Wert zu ersetzen sind. Die §§ 445 und 447 sind nicht anzuwenden.

§ 476 BGB Beweislastumkehr

Zeigt sich innerhalb von sechs Monaten seit Gefahrübergang ein Sachmangel, so wird vermutet, daß die Sache bereits bei Gefahrübergang mangelhaft war, es sei denn, diese Vermutung ist mit der Art der Sache oder des Mangels unvereinbar.

§ 535 BGB Inhalt und Hauptpflichten des Mietvertrags

(1) Durch den Mietvertrag wird der Vermieter verpflichtet, dem Mieter den Gebrauch der Mietsache während der Mietzeit zu gewähren. Der Vermieter hat die Mietsache dem Mieter in einem zum vertragsgemäßen Gebrauch geeigneten Zustand zu überlassen und sie während der Mietzeit in diesem Zustand zu erhalten. Er hat die auf der Mietsache ruhenden Lasten zu tragen.

(2) Der Mieter ist verpflichtet, dem Vermieter die vereinbarte Miete zu entrichten.

§ 823 Schadensersatzpflicht
(1) Wer vorsätzlich oder fahrlässig das Leben, den Körper, die Gesundheit, die Freiheit, das Eigentum oder ein sonstiges Recht eines anderen widerrechtlich verletzt, ist dem anderen zum Ersatz des daraus entstehenden Schadens verpflichtet.

(2) Die gleiche Verpflichtung trifft denjenigen, welcher gegen ein den Schutz eines anderen bezweckendes Gesetz verstößt. Ist nach dem Inhalt des Gesetzes ein Verstoß gegen dieses auch ohne Verschulden möglich, so tritt die Ersatzpflicht nur im Falle des Verschuldens ein.

§ 833 Haftung des Tierhalters
Wird durch ein Tier ein Mensch getötet oder der Körper oder die Gesundheit eines Menschen verletzt oder eine Sache beschädigt, so ist derjenige, welcher das Tier hält, verpflichtet, dem Verletzten den daraus entstehenden Schaden zu ersetzen. Die Ersatzpflicht tritt nicht ein, wenn der Schaden durch ein Haustier verursacht wird, das dem Beruf, der Erwerbstätigkeit oder dem Unterhalt des Tierhalters zu dienen bestimmt ist, und entweder der Tierhalter bei der Beaufsichtigung des Tieres die im Verkehr erforderliche Sorgfalt beobachtet oder der Schaden auch bei Anwendung dieser Sorgfalt entstanden sein würde.

§ 834 Haftung des Tieraufsehers
Wer für denjenigen, welcher ein Tier hält, die Führung der Aufsicht über das Tier durch Vertrag übernimmt, ist für den Schaden verantwortlich, den das Tier einem Dritten in der im § 833 bezeichneten Weise zufügt. Die Verantwortlichkeit tritt nicht ein, wenn er bei der Führung der Aufsicht die im Verkehr erforderliche Sorgfalt beobachtet oder wenn der Schaden auch bei Anwendung dieser Sorgfalt entstanden sein würde.

§ 840 Haftung mehrerer
(1) Sind für den aus einer unerlaubten Handlung entstehenden Schaden mehrere nebeneinander verantwortlich, so haften sie als Gesamtschuldner.

(2) Ist neben demjenigen, welcher nach den §§ 831, 832 zum Ersatz des von einem anderen verursachten Schadens verpflichtet ist, auch der andere für den Schaden verantwortlich, so ist in ihrem Verhältnis zueinander der andere allein, im Falle des § 829 der Aufsichtspflichtige allein verpflichtet.

(3) Ist neben demjenigen, welcher nach den §§ 833 bis 838 zum Ersatz des Schadens verpflichtet ist, ein Dritter für den Schaden verantwortlich, so ist in ihrem Verhältnis zueinander der Dritte allein verpflichtet.

§ 903 BGB Befugnisse des Eigentümers
Der Eigentümer einer Sache kann, soweit nicht das Gesetz oder Rechte Dritter entgegenstehen, mit der Sache nach Belieben verfahren und andere von jeder Einwirkung ausschließen. Der Eigentümer eines Tieres hat bei der Ausübung seiner Befugnisse die besonderen Vorschriften zum Schutz der Tiere zu beachten.

§ 958 BGB Eigentumserwerb an beweglichen herrenlosen Sachen
(1) Wer eine herrenlose bewegliche Sache in Eigenbesitz nimmt, erwirbt das Eigentum an der Sache.

(2) Das Eigentum wird nicht erworben, wenn die Aneignung gesetzlich verboten ist oder wenn durch die Besitzergreifung das Aneignungsrecht eines anderen verletzt wird.

2. Einkommenssteuergesetz (EStG)

§ 15 EStG Einkünfte aus Gewerbebetrieb
(1) ¹Einkünfte aus Gewerbebetrieb sind
  1. Einkünfte aus gewerblichen Unternehmen. ²Dazu gehören auch Einkünfte aus gewerblicher Bodenbewirtschaftung, z. B. aus Bergbauunternehmen und aus Betrieben zur Gewinnung von Torf, Steinen und Erden, soweit sie nicht land- oder forstwirtschaftliche Nebenbetriebe sind;
  2. die Gewinnanteile der Gesellschafter einer Offenen Handelsgesellschaft, einer Kommanditgesellschaft und einer anderen Gesellschaft, bei der der Gesellschafter als Unternehmer (Mitunternehmer) des Betriebs anzusehen ist, und die Vergütungen, die der Gesellschafter von der Gesellschaft für seine Tätigkeit im Dienst der Gesellschaft oder für die Hingabe von Darlehen oder für die Überlassung von Wirtschaftsgütern bezogen hat. ²Der mittelbar über eine oder mehrere Personengesellschaften beteiligte Gesellschafter steht dem unmittelbar beteiligten Gesellschafter gleich; er ist als Mitunternehmer des Betriebs der Gesellschaft anzusehen, an der er mittelbar beteiligt ist, wenn er und die Personengesellschaften, die seine Beteiligung vermitteln, jeweils als Mitunternehmer der Betriebe der Personengesellschaften anzusehen sind, an denen sie unmittelbar beteiligt sind;
  3. die Gewinnanteile der persönlich haftenden Gesellschafter einer Kommanditgesellschaft auf Aktien, soweit sie nicht auf Anteile am Grundkapital entfallen, und die Vergütungen, die der persönlich haftende Gesellschafter von der Gesellschaft für seine Tätigkeit im Dienst der Gesellschaft oder für die Hingabe von Darlehen oder für die Überlassung von Wirtschaftsgütern bezogen hat. ²Satz 1 Nummer 2 und 3 gilt auch für Vergütungen, die als nachträgliche Einkünfte (§ 24 Nummer 2) bezogen werden. ³§ 13 Absatz 5 gilt entsprechend, sofern das Grundstück im Veranlagungszeitraum 1986 zu einem gewerblichen Betriebsvermögen gehört hat.

(1a) ¹In den Fällen des § 4 Absatz 1 Satz 4 ist der Gewinn aus einer späteren Veräußerung der Anteile ungeachtet der Bestimmungen eines Abkommens zur Vermeidung der Doppelbesteuerung in der gleichen Art und Weise zu besteuern, wie die Veräußerung dieser Anteile an der Europäischen Gesellschaft oder Europäischen Genossenschaft zu besteuern gewesen wäre, wenn keine Sitzverlegung stattgefunden hätte. ²Dies gilt auch, wenn später die Anteile verdeckt in eine Kapitalgesellschaft eingelegt werden, die Europäische Gesellschaft oder Europäische Genossenschaft aufgelöst wird oder wenn ihr Kapital herabgesetzt und zurückgezahlt wird oder wenn Beträge aus dem steuerlichen Einlagenkonto im Sinne des § 27 des Körperschaftsteuergesetzes ausgeschüttet oder zurückgezahlt werden.

(2) ¹Eine selbständige nachhaltige Betätigung, die mit der Absicht, Gewinn zu erzielen, unternommen wird und sich als Beteiligung am allgemeinen wirtschaftlichen Verkehr darstellt, ist Gewerbebetrieb,

wenn die Betätigung weder als Ausübung von Land- und Forstwirtschaft noch als Ausübung eines freien Berufs noch als eine andere selbständige Arbeit anzusehen ist. ²Eine durch die Betätigung verursachte Minderung der Steuern vom Einkommen ist kein Gewinn im Sinne des Satzes 1. ³Ein Gewerbebetrieb liegt, wenn seine Voraussetzungen im Übrigen gegeben sind, auch dann vor, wenn die Gewinnerzielungsabsicht nur ein Nebenzweck ist.

(3) Als Gewerbebetrieb gilt in vollem Umfang die mit Einkünfteerzielungsabsicht unternommene Tätigkeit
    1. einer offenen Handelsgesellschaft, einer Kommanditgesellschaft oder einer anderen Personengesellschaft, wenn die Gesellschaft auch eine Tätigkeit im Sinne des Absatzes 1 Nummer 1 ausübt oder gewerbliche Einkünfte im Sinne des Absatzes 1 Satz 1 Nummer 2 bezieht,
    2. einer Personengesellschaft, die keine Tätigkeit im Sinne des Absatzes 1 Satz 1 Nummer 1 ausübt und bei der ausschließlich eine oder mehrere Kapitalgesellschaften persönlich haftende Gesellschafter sind und nur diese oder Personen, die nicht Gesellschafter sind, zur Geschäftsführung befugt sind (gewerblich geprägte Personengesellschaft). ²Ist eine gewerblich geprägte Personengesellschaft als persönlich haftender Gesellschafter an einer anderen Personengesellschaft beteiligt, so steht für die Beurteilung, ob die Tätigkeit dieser Personengesellschaft als Gewerbebetrieb gilt, die gewerblich geprägte Personengesellschaft einer Kapitalgesellschaft gleich.

(4) ¹Verluste aus gewerblicher Tierzucht oder gewerblicher Tierhaltung dürfen weder mit anderen Einkünften aus Gewerbebetrieb noch mit Einkünften aus anderen Einkunftsarten ausgeglichen werden; sie dürfen auch nicht nach § 10d abgezogen werden. ²Die Verluste mindern jedoch nach Maßgabe des § 10d die Gewinne, die der Steuerpflichtige in dem unmittelbar vorangegangenen und in den folgenden Wirtschaftsjahren aus gewerblicher Tierzucht oder gewerblicher Tierhaltung erzielt hat oder erzielt. ³Die Sätze 1 und 2 gelten entsprechend für Verluste aus Termingeschäften, durch die der Steuerpflichtige einen Differenzausgleich oder einen durch den Wert einer veränderlichen Bezugsgröße bestimmten Geldbetrag oder Vorteil erlangt. ⁴Satz 3 gilt nicht für die Geschäfte, die zum gewöhnlichen Geschäftsbetrieb bei Kreditinstituten, Finanzdienstleistungsinstituten und Finanzunternehmen im Sinne des Gesetzes über das Kreditwesen gehören oder die der Absicherung von Geschäften des gewöhnlichen Geschäftsbetriebs dienen. ⁵Satz 4 gilt nicht, wenn es sich um Geschäfte handelt, die der Absicherung von Aktiengeschäften dienen, bei denen der Veräußerungsgewinn nach § 3 Nummer 40 Satz 1 Buchstabe a und b in Verbindung mit § 3c Absatz 2 teilweise steuerfrei ist, oder die nach § 8b Absatz 2 des Körperschaftsteuergesetzes bei der Ermittlung des Einkommens außer Ansatz bleiben. ⁶Verluste aus stillen Gesellschaften, Unterbeteiligungen oder sonstigen Innengesellschaften an Kapitalgesellschaften, bei denen der Gesellschafter oder Beteiligte als Mitunternehmer anzusehen ist, dürfen weder mit Einkünften aus Gewerbebetrieb noch aus anderen Einkunftsarten ausgeglichen werden; sie dürfen auch nicht nach § 10d abgezogen werden. ⁷Die Verluste mindern jedoch nach Maßgabe des § 10d die Gewinne, die der Gesellschafter oder Beteiligte in dem unmittelbar vorangegangenen Wirtschaftsjahr oder in den folgenden Wirtschaftsjahren aus derselben stillen Gesellschaft, Unterbeteiligung oder sonstigen Innengesellschaft bezieht. ⁸Die Sätze 6 und 7 gelten nicht, soweit der Verlust auf eine natürliche Person als unmittelbar oder mittelbar beteiligter Mitunternehmer entfällt.

3. Grundgesetz (GG)

Art 20 a
Der Staat schützt auch in Verantwortung für die künftigen Generationen die natürlichen Lebensgrundlagen und die Tiere im Rahmen der verfassungsmäßigen Ordnung durch die Gesetzgebung und nach Maßgabe von Gesetz und Recht durch die vollziehende Gewalt und die Rechtsprechung.

4. Strafgesetzbuch (StGB)

§ 203 Verletzung von Privatgeheimnissen
(1) Wer unbefugt ein fremdes Geheimnis, namentlich ein zum persönlichen Lebensbereich gehörendes Geheimnis oder ein Betriebs- oder Geschäftsgeheimnis, offenbart, das ihm als

1. Arzt, Zahnarzt, Tierarzt, Apotheker oder Angehörigen eines anderen Heilberufs, der für die Berufsausübung oder die Führung der Berufsbezeichnung eine staatlich geregelte Ausbildung erfordert,
2. Berufspsychologen mit staatlich anerkannter wissenschaftlicher Abschlußprüfung,
3. Rechtsanwalt, Patentanwalt, Notar, Verteidiger in einem gesetzlich geordneten Verfahren, Wirtschaftsprüfer, vereidigtem Buchprüfer, Steuerberater, Steuerbevollmächtigten oder Organ oder Mitglied eines Organs einer Rechtsanwalts-, Patentanwalts-, Wirtschaftsprüfungs-, Buchprüfungs- oder Steuerberatungsgesellschaft,
4. Ehe-, Familien-, Erziehungs- oder Jugendberater sowie Berater für Suchtfragen in einer Beratungsstelle, die von einer Behörde oder Körperschaft, Anstalt oder Stiftung des öffentlichen Rechts anerkannt ist,
4a. Mitglied oder Beauftragten einer anerkannten Beratungsstelle nach den §§ 3 und 8 des Schwangerschaftskonfliktgesetzes,
5. staatlich anerkanntem Sozialarbeiter oder staatlich anerkanntem Sozialpädagogen oder
6. Angehörigen eines Unternehmens der privaten Kranken-, Unfall- oder Lebensversicherung oder einer privatärztlichen, steuerberaterlichen oder anwaltlichen Verrechnungsstelle

anvertraut worden oder sonst bekanntgeworden ist, wird mit Freiheitsstrafe bis zu einem Jahr oder mit Geldstrafe bestraft.

(2) Ebenso wird bestraft, wer unbefugt ein fremdes Geheimnis, namentlich ein zum persönlichen Lebensbereich gehörendes Geheimnis oder ein Betriebs- oder Geschäftsgeheimnis, offenbart, das ihm als

1. Amtsträger,
2. für den öffentlichen Dienst besonders Verpflichteten,
3. Person, die Aufgaben oder Befugnisse nach dem Personalvertretungsrecht wahrnimmt,
4. Mitglied eines für ein Gesetzgebungsorgan des Bundes oder eines Landes tätigen Untersuchungsausschusses, sonstigen Ausschusses oder Rates, das nicht selbst Mitglied des Gesetzgebungsorgans ist, oder als Hilfskraft eines solchen Ausschusses oder Rates,
5. öffentlich bestelltem Sachverständigen, der auf die gewissenhafte Erfüllung seiner Obliegenheiten auf Grund eines Gesetzes förmlich verpflichtet worden ist, oder

6. Person, die auf die gewissenhafte Erfüllung ihrer Geheimhaltungspflicht bei der Durchführung wissenschaftlicher Forschungsvorhaben auf Grund eines Gesetzes förmlich verpflichtet worden ist,

anvertraut worden oder sonst bekanntgeworden ist. Einem Geheimnis im Sinne des Satzes 1 stehen Einzelangaben über persönliche oder sachliche Verhältnisse eines anderen gleich, die für Aufgaben der öffentlichen Verwaltung erfaßt worden sind; Satz 1 ist jedoch nicht anzuwenden, soweit solche Einzelangaben anderen Behörden oder sonstigen Stellen für Aufgaben der öffentlichen Verwaltung bekanntgegeben werden und das Gesetz dies nicht untersagt.

(2a) Die Absätze 1 und 2 gelten entsprechend, wenn ein Beauftragter für den Datenschutz unbefugt ein fremdes Geheimnis im Sinne dieser Vorschriften offenbart, das einem in den Absätzen 1 und 2 Genannten in dessen beruflicher Eigenschaft anvertraut worden oder sonst bekannt geworden ist und von dem er bei der Erfüllung seiner Aufgaben als Beauftragter für den Datenschutz Kenntnis erlangt hat.

(3) Einem in Absatz 1 Nr. 3 genannten Rechtsanwalt stehen andere Mitglieder einer Rechtsanwaltskammer gleich. Den in Absatz 1 und Satz 1 Genannten stehen ihre berufsmäßig tätigen Gehilfen und die Personen gleich, die bei ihnen zur Vorbereitung auf den Beruf tätig sind. Den in Absatz 1 und den in Satz 1 und 2 Genannten steht nach dem Tod des zur Wahrung des Geheimnisses Verpflichteten ferner gleich, wer das Geheimnis von dem Verstorbenen oder aus dessen Nachlaß erlangt hat.

(4) Die Absätze 1 bis 3 sind auch anzuwenden, wenn der Täter das fremde Geheimnis nach dem Tod des Betroffenen unbefugt offenbart.

(5) Handelt der Täter gegen Entgelt oder in der Absicht, sich oder einen anderen zu bereichern oder einen anderen zu schädigen, so ist die Strafe Freiheitsstrafe bis zu zwei Jahren oder Geldstrafe. Strafgesetzbuch

§ 242 StGB Diebstahl
(1) Wer eine fremde bewegliche Sache einem anderen in der Absicht wegnimmt, die Sache sich oder einem Dritten rechtswidrig zuzueignen, wird mit Freiheitsstrafe bis zu fünf Jahren oder mit Geldstrafe bestraft.

(2) Der Versuch ist strafbar.

§ 246 StGB Unterschlagung
(1) Wer eine fremde bewegliche Sache sich oder einem Dritten rechtswidrig zueignet, wird mit Freiheitsstrafe bis zu drei Jahren oder mit Geldstrafe bestraft, wenn die Tat nicht in anderen Vorschriften mit schwererer Strafe bedroht ist.

(2) Ist in den Fällen des Absatzes 1 die Sache dem Täter anvertraut, so ist die Strafe Freiheitsstrafe bis zu fünf Jahren oder Geldstrafe.

(3) Der Versuch ist strafbar.

§ 249 StGB Raub
(1) Wer mit Gewalt gegen eine Person oder unter Anwendung von Drohungen mit gegenwärtiger Gefahr für Leib oder Leben eine fremde bewegliche Sache einem anderen in der Absicht wegnimmt, die Sache sich oder einem Dritten rechtswidrig zuzueignen, wird mit Freiheitsstrafe nicht unter einem Jahr bestraft.

(2) In minder schweren Fällen ist die Strafe Freiheitsstrafe von sechs Monaten bis zu fünf Jahren.

§ 303 StGB Sachbeschädigung
(1) Wer rechtswidrig eine fremde Sache beschädigt oder zerstört, wird mit Freiheitsstrafe bis zu zwei Jahren oder mit Geldstrafe bestraft.

(2) Ebenso wird bestraft, wer unbefugt das Erscheinungsbild einer fremden Sache nicht nur unerheblich und nicht nur vorübergehend verändert.

(3) Der Versuch ist strafbar.

5. Zivilprozeßordnung (ZPO)

§ 811c ZPO Unpfändbarkeit von Haustieren
(1) Tiere, die im häuslichen Bereich und nicht zu Erwerbszwecken gehalten werden, sind der Pfändung nicht unterworfen.

(2) Auf Antrag des Gläubigers läßt das Vollstreckungsgericht eine Pfändung wegen des hohen Wertes des Tieres zu, wenn die Unpfändbarkeit für den Gläubiger eine Härte bedeuten würde, die auch unter Würdigung der Belange des Tierschutzes und der berechtigten Interessen des Schuldners nicht zu rechtfertigen ist.

6. Empfehlungen zur Haltung von Hauskatzen der TVT

I Anwendungsbereich

Diese Empfehlungen gelten für jegliches Halten von Hauskatzen (Felis silvestris catus), ausgenommen
1. während des Transportes für eine Dauer von maximal 8 Stunden,
2. während einer tierärztlichen Behandlung, soweit nach dem Urteil des Tierarztes im Einzelfall andere Haltungsanforderungen notwendig sind,
3. während eines Tierversuches, soweit für den verfolgten Zweck andere Haltungsanforderungen unerläßlich sind. In diesem Fall verweisen wir auf das Merkblatt des Arbeitskreises 4 über die tierschutzgerechte Haltung von Versuchstieren (Hund und Katze),
4. für die Dauer einer Ausstellung.

II Allgemeine Anforderungen

(1) Wer eine Katze hält, betreut oder zu betreuen hat (Bezugsperson), soll dieser mehrmals täglich die Möglichkeit zu Sozialkontakten mit ihm oder anderen Bezugspersonen geben.

(2) Der Halter oder Betreuer hat bei männlichen und weiblichen Katzen Vorsorge zu treffen,
1. daß eine unkontrollierte Fortpflanzung der Katze verhindert wird,
2. daß eine ordnungsgemäße Unterbringung und Versorgung der Katzenwelpen gewährleistet ist.

(3) Welpen dürfen erst im Alter von über acht Wochen abgesetzt werden, es sei denn, das Absetzen ist zum Schutz des Muttertieres oder des Welpen vor Schmerzen, Leiden oder Schäden erforderlich. Wenn eine mutterlose Aufzucht erforderlich ist, sind die Welpen bis zu einem Alter von acht Wochen nicht ohne zwingenden Grund von den Wurfgeschwistern zu trennen. Jungtiere sollten nicht einzeln gehalten werden.

(4) Wer eine Katze hält, betreut oder zu betreuen hat, muß für eine regelmäßige, ausreichende und artgerechte Fütterung und Tränkung, sowie für einen einwandfreien gesundheitlichen Zustand sorgen. Die Futter-, Tränkgefäße und Toiletten müssen aus gesundheitsunschädlichem und leicht zu reinigendem Material bestehen und täglich gereinigt werden. Die Schlafplätze und der Aufenthaltsbereich sind sauber und trocken zu halten; sie dürfen aufgrund ihrer Art und Beschaffenheit keine Gesundheitsschäden verursachen. Darüber hinaus gilt für Tierheime, Tierkliniken, Pensionen u.ä. Einrichtungen, daß diese Räumlichkeiten leicht zu reinigen und zu desinfizieren sein müssen.

(5) Die Haltung von Katzen in Käfigen ist verboten. Vorübergehende Ausnahmen sind möglich:
1. Bei medizinischer Indikation, z.B. in Quarantäne- und Krankenstationen von Tierheimen, Tierkliniken, Pensionen u.ä. Einrichtungen,

2. Bei Versuchskatzen, wenn diese Haltung für den Versuch zwingend erforderlich ist für die Zeitdauer des Versuchs. In diesen Fällen muß die Käfiggrundfläche mindestens 1 m², bei Katzen mit Welpen mindestens 2 m², bei einer Höhe von 1 m betragen. Der Käfig muß in verschiedene Ebenen (z.B. Laufbretter) unterteilt sein und Kratz- und Beschäftigungsmöglichkeiten enthalten. An drei Seiten muß ein Sichtschutz angebracht werden. Pro Käfig darf nur ein adultes Tier gehalten werden. Einzeln gehaltene Katzen bedürfen besonderer Zuwendung des Tierpflegers.

(6) In einer Gruppe dürfen nur solche Katzen gehalten werden, die gesund sind und friedlich und angstfrei zusammenleben können. Sobald Anzeichen von Verhaltensstörungen bei einem oder mehreren Tieren auftreten, sind diese aus der Gruppe zu entfernen.

(7) In Tierheimen, Tierkliniken, Pensionen u.ä. Einrichtungen muß die Möglichkeit der Einzelhaltung gegeben sein.

(8) Bei der Übergabe an Tierheime, Tierkliniken, Pensionen u.ä. Einrichtungen muß der Besitzer, soweit möglich, über Krankheiten, deren Verdacht, Untugenden und Besonderheiten seiner Katze befragt werden.

(9) Katzen mit Freilauf sowie Katzen in Tierheimen, Tierkliniken, Pensionen u.ä. Einrichtungen sollten gegen die häufigsten Infektionskrankheiten wie Katzenseuche, Katzenschnupfen und Tollwut geimpft und einmal jährlich entwurmt werden. Nach Maßgabe des Tierarztes können zusätzliche Impfungen erforderlich sein.

(10) Vorübergehend im Sinne dieser Empfehlungen bedeutet, wenn nichts anderes angegeben ist, maximal 3 Monate.

III Haltung in geschlossenen Räumen ohne oder mit zeitweiligem Auslauf
(1) Die Raumgröße muß für 1-2 Katzen mindestens 15 m² betragen, in Tierheimen, Tierkliniken, Pensionen u.ä. Einrichtungen sind vorübergehend auch 4 m² ausreichend. Für jede weitere Katze sind 2 m² zusätzlich erforderlich. Die Raumhöhe muß mindestens 2 m betragen.

(2) Säugende Mutterkatzen mit ihrem Wurf dürfen nur mit erwiesenermaßen befreundeten Tieren im selben Raum gehalten werden.

(3) Raumklima und Lichtverhältnisse müssen den Anforderungen für Wohnräume entsprechen und einen Tag-Nacht-Rhythmus aufweisen. (Temperatur: 16-24°C, Lichtintensität: 350-450 Lux, rel. Luftfeuchte: 55+-10 %, zugfrei).

(4) Der Raum muß strukturiert (möbliert), in verschiedene Ebenen (z.B. Wandbretter in unterschiedlicher Höhe) unterteilt sein, sowie Rückzugs- und Versteckmöglichkeiten in ausreichender Anzahl aufweisen (mindestens ein bis zwei mehr als Tiere im Raum). Artgerechtes Spielzeug und die Möglichkeit zum Krallenwetzen müssen ebenfalls in ausreichender Anzahl vorhanden sein. Schlafplätze (mindestens ein bis zwei mehr als Tiere im Raum), die es den Tieren ermöglichen, bequem zu liegen und sich von den anderen zurückzuziehen, und Katzentoiletten (mind. 1 pro Tier) müssen vorhanden sein. Schlafplatz, Freßplatz und Katzentoilette dürfen nicht unmittelbar nebeneinander aufgestellt werden.

(5) Die Tiere müssen die Möglichkeit haben, ihre Umwelt durch das Fenster beobachten zu können. Die Fenster müssen zu öffnen und ab der ersten Etage gegen ein Herausfallen der Katze gesichert sein. Das gleiche gilt für Balkone. Bei Kippfenstern sind katzensichere Schutzvorrichtungen anzubringen.

(6) Die Katze muß mindestens 6 Stunden am Tag die Möglichkeit haben, mit dem Menschen Kontakt aufzunehmen. Das heißt, der Mensch sollte in dieser Zeit anwesend sein. Ausnahme: in Tierheimen, Tierkliniken, Pensionen u.ä. Einrichtungen vorübergehend mindestens 2 Stunden pro Tag.

(7) Diese Haltungsform ist für verwilderte Hauskatzen, die nicht auf den Menschen geprägt sind, ungeeignet.

IV Haltung im Zwinger/Gehege

(1) Unter einem Zwinger oder Gehege im Sinne dieses Paragraphen ist ein eingezäuntes Areal zu verstehen, das die Tiere nicht verlassen können und in dem sich Einzel- oder Sammelunterkünfte (s. unten Absatz (3)) befinden. Die Sammelunterkunft kann auch an das Gehege angebaut sein. Ist die Unterkunft jedoch in Gebäude integriert, die auch von Menschen bewohnt werden, so handelt es sich nicht um Zwingerhaltung im Sinne dieser Empfehlung.

2) Für jede Katze muß eine vor Witterung schützende, wärmegedämmte, leicht zu reinigende Unterkunft vorhanden sein. Dabei kann es sich um Einzel- oder Sammelunterkünfte handeln.

(3) Unter einer Einzelunterkunft versteht man eine Art "Hundehütte", in der nur eine Katze Platz findet. Die Einzelunterkunft muß bei Temperaturen unter 10°C beheizt werden. Unter einer Sammelunterkunft versteht man ein für den Menschen begehbares Katzenhaus mit einer Einrichtung, Temperatur- und Lichtverhältnissen wie in III (3) und III (4) beschrieben. In einer Sammelunterkunft muß für jede Katze eine Grundfläche von mindestens 1 m² vorhanden sein.

(4) Die Zwingergröße inklusive Unterkunft muß für 1-2 Katzen mindestens 15 m² betragen, in Tierheimen u.ä. Einrichtungen sind vorübergehend 8 m² ausreichend. Die Höhe muß mindestens 2 m betragen. Für jede weitere Katze sind 3 m² zusätzlich erforderlich.

(5) Die Einfriedung des Zwingers/Geheges muß so beschaffen sein, daß gesundheitliche Schäden ausgeschlossen sind. Die Zwinger/Gehege mit Einzelunterkünften sollen mindestens zur Hälfte überdacht und in diesem Bereich an zwei Seiten geschlossen sein. Die Zwinger/Gehege mit Sammelunterkunft sollen für die Hälfte der vorhandenen Tiere regengeschützte Sitzplätze im Freien aufweisen.

(6) Wenn nur Einzelunterkünfte vorhanden sind, gilt für die Einrichtung des Zwingers bzw. Geheges III Abs. (4).

(7) Der Fußboden des Zwingers/Geheges soll mindestens teilweise befestigt, abwaschbar und mit leichtem Gefälle in Richtung Abfluß gestaltet sein. Unbefestigter Boden ist zu bepflanzen (Rasen). Der Boden muß so beschaffen sein, daß Gesundheitsschäden ausgeschlossen sind.

(8) III Absätze (2), (6) und (7) gelten entsprechend.

V Haltung im Freien
(1) Unter Haltung im Freien ist zu verstehen, daß die Katze ständig unbegrenzt freien Auslauf hat und keine Wohnräume aufsuchen kann oder will.

(2) Der Katze ist Zugang zu einer Unterkunft zu ermöglichen, die Schutz vor Witterungseinflüssen bietet, insbesondere trocken und zugfrei ist und wärmegedämmte Schlupfwinkel aufweist (z.B. Scheune, Schuppen, Stall).

(3) Katzen beiderlei Geschlechts sind zu kastrieren.

(4) Für verwilderte Hauskatzen geeignet. Siehe dazu auch unsere Resolution über frei lebende (verwilderte) Hauskatzen.

VI Haltung im Zoofachhandel
Zoogeschäfte sind wie Tierheime, Tierkliniken, Pensionen und ähnliche Einrichtungen zu behandeln. Die Haltung im Schaufenster wird abgelehnt.

VI. Glossar

actio de pauperie	Haftung für Tierschäden
actio in personam	Leistungsklage gegen den Verpflichteten
anthropozentrisch	menschenbezogen
Catsitter	Katzenhüter
Codex Hammurabi	Gesetzessammlung von König Hammurabi (um 1750 v. Chr.)
contra naturam sui generis	wider seine Natur
dolo agit, qui petit, quod statim redditurus est	Arglistig handelt, wer etwas verlangt, was er sofort wieder zurückgeben muß
FeLV	Felines Leukämie-Virus (Katzenleukose)
FHV	Felines Herpes-Virus (Rhinotracheitis)
FIP	Feline Infektiöse Peritonitis (ansteckende Bauchfellentzündung)
FIV	Felines Imundefizienz-Virus (Katzenaids)
FPV	Panleukopenie oder Feline Parvovirose (Katzenseuche) hochansteckende, gefährliche, bei Jungtieren meistens tödlich verlaufende Infektionskrankheit
HCM	HKM = Hypertrophe Kardiomyopathie
HKM	auch HCM, Hypertrophe Kardiomyopathie
Ingerenz	vorangegangenes gefahrschaffendes Tun
intra muros	innerhalb der Mauern, hinter verschlossenen Türen
Invitatio ad offerendum	Einladung zur Abgabe eines Angebots
Invitrofertilisation	künstliche Befruchtung
ipso jure	kraft Gesetzes, von Rechts wegen
Katzenseuche	siehe FPV
lege artis	nach den Regeln der Kunst

leges duodecim tabularum	Zwölftafelgesetze, römische Gesetzessammlung um 450 v. Chr.
lex aquilia	Gesetz des Aquilius, römisches Schadensersatzrecht, 286 v. Chr. eingeführt
lex salica	germanisches Gesetzbuch, 507 – 511 verfaßt
mancipatio	Übereignung nach römischem Recht
noxa caput sequitur	Die Haftung folgt dem Täter
noxae deditio	Auslieferung des Gewaltunterworfenen durch den Gewalthaber
Pacta sunt servanda	Verträge sind einzuhalten
PKD	Polyzystische Nierenerkrankung
Sachsenspiegel	das älteste Rechtsbuch des deutschen Mittelalters, in deutscher Fassung entstanden 1220 - 1235
ultima ratio	das äußerste Mittel, die letztmögliche Lösung, die letzte Möglichkeit
venire contra factum proprium	widersprüchliches Verhalten
Zoonose	Infektionskrankheit, die von Tier zu Mensch oder von Mensch zu Tier übertragen werden kann

VII. Abkürzungsverzeichnis

a. A.	anderer Ansicht
a.a.O.	am angegeben (angeführten) Ort
Abs.	Absatz
AcP	Archiv für die civilistische Praxis
a. F.	alter Fassung
AG	Amtsgericht
AgrarR	Zeitschrift für das Recht der Landwirtschaft, der Agrarmärkte und des ländlichen Raumes
AP	Arbeitsrechtliche Praxis
Art.	Artikel
AUB	Allgemeine Unfallversicherungsbedingungen
Aufl.	Auflage
AVV	Allgemeine Verwaltungsvorschrift zur Durchführung des Tierschutzgesetzes
Az.	Aktenzeichen
BauNVO	Verordnung über die bauliche Nutzung der Grundstücke
BayObLG	Bayerisches Oberstes Landesgericht
BayObLGSt	Entscheidungen des Bayerischen Obersten Landesgericht in Strafsachen
BB	Betriebsberater
bestr.	bestritten
BFH	Bundesfinanzhof
BGB	Bürgerliches Gesetzbuch
BGH	Bundesgerichtshof
BGHZ	Entscheidungen des Bundesgerichtshofs in Zivilsachen
BlGBW	Blätter für Grundstücks-, Bau- und Wohnungsrecht
BO	Berufsordnung der Tierärzte
BSeuchG	Bundesseuchengesetz
BT	Besonderer Teil
BT-Drucks.	Drucksachen des Bundestages
BVerfG	Bundesverfassungsgericht
BVerfGE	Entscheidungen des Bundesverfassungsgerichts
BVG	Gesetz über die Versorgung der Opfer des Krieges

bzw.	beziehungsweise
c.i.c.	culpa in contrahendo
DB	Der Betrieb
Diss.	Dissertation
DNotZ	Deutsche Notarzeitschrift
EStG	Einkommenssteuergesetz
DAR	Deutsches Autorecht
DGVZ	Deutsche Gerichtsvollzieherzeitung
d. h.	das heißt
Diss.	Dissertation
DNotZ	Deutsche Notar-Zeitschrift
DRiZ	Deutsche Richterzeitung
DWW	Deutsche Wohnungswirtschaft
Einf.	Einführung
etc.	et cetera
e.V.	eingetragener Verein
evtl.	eventuell
f.	folgender
FamRZ	Zeitschrift für das gesamte Familienrecht
ff.	folgende
FeLV	Felines Leukämie-Virus (Katzenleukose)
FG	Finanzgericht
FHV	Felines Herpes-Virus (Rhinotracheitis)
FIP	Feline Infektiöse Peritonitis (ansteckende Bauchfellentzündung)
FIV	Felines Immundefizienz-Virus (Katzenaids)
FS	Festschrift
GE	Das Grundeigentum
gem.	gemäß
GG	Grundgesetz
ggf.	gegebenenfalls
GOT	Gebührenordnung für Tierärzte
GrS	großer Senat
HCM	HKM = Hypertrophe Kardiomyopathie
HKM	auch HCM, Hypertrophe Kardiomyopathie
Hk-ZPO	Saeger, ZPO, Handkommentar

h.L.	herrschende Lehre
h. M.	herrschende Meinung
HRR	Höchstrichterliche Rechtsprechung
i. d. R.	in der Regel
i.E.e.	im Ergebnis ebenso
i. e. S.	im engeren Sinne
IfSG	Infektionsschutzgesetz
i. S. d.	im Sinne des/der
i. V. m.	in Verbindung mit
JMBlNRW	Justizministerialblatt Nordrhein-Westfalen
JR	Juristische Rundschau
JurBüro	Das Juristische Büro
JuS	Juristische Schulung
JW	Juristische Wochenschrift
JZ	Juristenzeitung
Kh-ZPO	Saenger, Zivilprozeßordnung?
KG	Kammergericht
LAG	Landesarbeitsgericht
LG	Landgericht
LImschG	Landes Immissionsschutzgesetz
lit.	litera = Buchstabe
LJG	Landesjagdgesetz
LM	Nachschlagewerk des Bundesgerichtshofs, herausgegeben von Lindenmaier, Möhring u. a.
MDR	Monatsschrift für Deutsches Recht
m. E.	meines Erachtens
MM	Mietrechtliche Mitteilungen
MM	Mieter Magazin
m.w.N	mit weiteren Nachweisen
NJW	Neue Juristische Wochenschrift
NJWE-MietR	NJW-Entscheidungsdienst Miet- und Wohnungsrecht
Nr.	Nummer
NStZ	Neue Zeitschrift für Strafrecht
NuR	Natur und Recht
NZM	Neue Zeitschrift für Miet- und Wohnungsrecht

o.ä.	oder ähnliches
OEG	Gesetz über die Entschädigung für Opfer von Gewalttaten
o.g.	oben genannte(r)
OLG	Oberlandesgericht
OLGR	OLG-Report
OVG	Oberverwaltungsgericht
PKD	Polyzystische Nierenerkrankung
ProdHaftG	Produkthaftungsgesetz
PuR	Praxis und REcht
PWW	Prüttig/Wegen/Weinreich, BGB
RdL	Recht der Landwirtschaft
RG	Reichsgericht
RGZ	Entscheidungen des Reichsgerichts in Zivilsachen
Rn.	Randnote
S.	Satz
s.	siehe
SchlHA	Schleswig-Holsteinische Anzeigen
SeuffA	Seufferts Archiv für Entscheidungen der obersten Gerichte in den deutschen Staaten
SGB	Sozialgesetzbuch
SK	Systematischer Kommentar zur Strafgesetzbuch
sog.	so genannte(r)
StGB	Strafgesetzbuch
str.	streitig
TierKBG	Gesetz über die Beseitigung von Tierkörpern, Tierkörperteilen und tierischen Erzeugnissen (Tierkörperbeseitigungsgesetz)
TierSchG	Tierschutzgesetz
TierSchlV	Verordnung zum Schutz von Tieren im Zusammenhang mit der Schlachtung oder Tötung
TierSchNutzV	Verordnung zum Schutz landwirtschaftlicher Nutztiere und anderer zur Erzeugung tierischer Produkte gehaltener Tiere bei ihrer Haltung
TierSchTrV	Verordnung zum Schutz von Tieren beim Transport

	und zur Durchführung der Verordnung (EG) Nr. 1/2005 des Rates
u. a.	unter anderem
usw.	und so weiter
u. U.	unter Umständen
UWG	Gesetz gegen den unlauteren Wettbewerb
v.	vor
v. Chr.	vor Christus
VersR	Versicherungsrecht
VG	Verwaltungsgericht
VGH	Verwaltungsgerichtshof
vgl.	vergleiche
WE	Wohnungseigentum
WEG	Wohnungseigentumsgesetz
WM	Zeitschrift für Wirtschafts- und Bankenrecht, Wertpapiermitteilungen
WuM	Wohnungswirtschaft und Mietrecht
ZAP	Zeitschrift für die Anwaltspraxis
z. B.	zum Beispiel
ZfS	Zeitschrift für Schadensrecht
ZGS	Zeitschrift für das gesamte Schuldrecht
Ziff.	Ziffer
ZIP	Zeitschrift für Wirtschaftsrecht
ZMR	Zeitschrift für Miet- und Raumrecht
ZRP	Zeitschrift für Rechtspolitik
ZPO	Zivilprozeßordnung
z. T.	zum Teil

IIX. Schrifttum

Abt/Bosch/MacKrell, Traum und Schwangerschaft, Einsiedeln, 1996

Ackermann, Die Nacherfüllungspflicht des Stückverkäufers, JZ 2002, 378

Ackermann, Erwiderung auf Canaris JZ 2003, 831, JZ 2003, 1154

Althaus/Ries/Schnieder/Großbölting, Praxishandbuch Tierarztrecht, Hannover 2006

Anwaltskommentar (AnwK), BGB, Band 2, Baden-Baden 2005

Balsam/Dallemand, Rechtsfragen der Haustierhaltung, Düsseldorf 1997

Bärmann, WEG, 11. Auflage, München 2010

Baum/Homeier, Belastungen beim Transport von Kleinsäugern (Kaninchen und Meerschweinchen), Diss. Tierärztliche Hannover 2005

Baumbach/Lauterbach/Albers/Hartmann, ZPO, 69. Auflage, München 2011

Bitter/Meidt, Nacherfüllungsrecht und Nacherfüllungspflicht des Verkäufers im neuen Schuldrecht, ZIP 2001, 2114

Blank, Die Zustimmung des Vermieters zur Tierhaltung WuM 1981, 121

Blank, Die Tierhaltung in der Mietwohnung, NZM 1998, 5

Blank, Tierhaltung in Eigentums- und Mietwohnungen, NJW 2007, 729

Blank/Börstinghaus, Miete, 3. Auflage, München 2008

Boiadjiev/Müller, Die Nacht im Mittelalter, Würzburg 2003

Bornhövd, Zur Tierhalterhaftung, VersR 1979, 398

Bornhövd, Die Grenzen der Tierhalterhaftung, JR 1978, 50

Borrmann/Greck, Typik des „Katzenstreits" im Nachbarrecht, ZMR 1993, 51

Braun, Anmerkung, JZ 1997, 574

Brückner/Böhme, Neues Kaufrecht – Wann ist ein Tier „gebraucht"?, MDR 2002, 1406

Brunner, Die unverstandene Katze, Augsburg 1991

Bub/Treier, Handbuch der Geschäfts- und Wohnraummiete, 3. Auflage, München 1999

v. Caemmerer, Objektive Haftung, Zurechnungsfähigkeit und „Organhaftung", FS Flume I, 1978, S 359

Canaris, Geschäfts- und Verschuldensfähigkeit bei der Haftung aus „culpa in contrahendo", Gefährdung und Aufopferung, NJW 1964, 1987

Canaris, Die Nacherfüllung durch Lieferung einer mangelfreien Sache beim Stückkauf, JZ 2003, 831

Canaris, Schlußwort, JZ 2003, 1156

Caspar, Tierschutz im Recht der modernen Industriegesellschaft, Baden-Baden 1999

Caspar/Geissen, Das neue Staatsziel „Tierschutz" in Art. 20 a GG, NVwZ 2002, 913

Dallemand/Balsam, Tierhaltung und Mietrecht im Licht der neuen BVerfG-Rechtsprechung zur Rechtsstellung des Mieters, ZMR 1997, 621

Deutsch, Der Reiter auf dem Pferd und der Fußgänger unter dem Pferd – Irrwege der Rechtsprechung zur Haftung für die Tiergefahr, NJW 1978, 1998

Deutsch, Die Haftung des Tierhalters, JuS 1987, 673

Deutsch/Spickhoff, Medizinrecht: Arztrecht, Arzneimittelrecht, Medizinprodukterecht und Transfusionsrecht, 6. Auflage, Berlin 2008

Dillenburger/Pauly, Die Berechtigung des Mieters zur Tierhaltung

Dittrich, Zootierhaltung – Tiere in menschlicher Obhut, Frankfurt 2007

Eberl-Borges, Die Tierhalterhaftung des Diebes, des Erben und des Minderjährigen, VersR 1996, 1070

Ebert, Das Recht des Verkäufers zur zweiten Andienung und seine Risiken für den Käufer, NJW 204, 1761

Eichelberger, Anmerkung zu BGH vom 17.03.2009 – Az. VI ZR 16/08, ZfS 2009, 567

Emmerich/Lützenkirchen/Gath, Mietrecht im Umbruch: 21. Berchtesgadener Gespräche vom 24.4.- 26.4.2002, Köln 2002

Emmerich/Sonnenschein, Miete Handkommentar, 9. Auflage, Berlin 2007

Erman, BGB, Band 1, 12. Auflage, Köln 2008

Erman, BGB, Band 2, 12. Auflage, Köln 2008

Erman, Die Religion der Ägypter, 2. Auflage, Berlin 2001

Faust, Anmerkung zu BGH JZ 2007, 98, JZ 2007 101

Ferst, Unterbringung von Tieren bei einer Zwangsräumung, DGVZ 1997, 177

Fezer, Lauterkeitsrecht, Kommentar zum Gesetz gegen den unlauteren Wettbewerb, Band 1, München 2005,
Fikentscher/Heinemann, Schuldrecht, Berlin 2006
Fischer, StGB, 58. Auflage, München 2011
Foer, Tiere essen, 5. Auflage, Köln 2010
Fogle, Meine Katze, Starnberg 2003
Fuchs, Deliktsrecht, 7. Auflage, Berlin 2009
Gather, Die Nutzungsrechte des Wohnraummieters, DWW 2003, 174
Geißler, Die Unterbringung unversorgter Haustiere in der Räumungsvollstreckung, DGVZ 1995, 145
Glock, Das deutsche Tierschutzrecht und das Statsziel „Tierschutz" im Lichte des Völkerrechts und des Europarechts, Baden-Baden 2004
Greger, Haftungsrecht des Straßenverkehrs, 4. Auflage, Berlin 2007
Grömig, Schweigepflicht der Ärzte untereinander, NJW 1970, 1209
Gsell, Beschaffungsnotwendigkeit und Ersatzlieferung beim Stück- und beim Vorratskauf, JuS 2007, 97
Graf, Die Haftung des Human- und Veterinärmediziners und des Zahnarztes, Norderstedt 2003
Graul, Zum Tier als Sache i. S. d. StGB, JuS 2000, 215
Grimm, Jacob/Grimm, Wilhelm, Deutsches Wörterbuch, http://germazope.uni-trier.de
Gropp, Der Diebstahlstatbestand unter besonderer Berücksichtigung der Regelbeispiele, JuS 1999, 1041
Grützner/Schmidl, Verjährungsbeginn bei Garantieansprüchen, NJW 2007, 3610
Haas, Entwurf eines Schuldrechtsmodernisierungsgesetzes: Kauf- und Werkvertragsrecht, BB 2001, 1313
Haase, Zur Schadenszufügung „durch ein Tier" (§ 833 BGB), JR 1973, 10
Hackbarth/Lückert, Tierschutzrecht, 2. Auflage, München 2002
Hand/Thatcher/Remillard/Roudebush, Klinische Diätetik für Kleintiere, Topeka 2002
Harte-Bavendamm/Henning-Bodewig, Gesetz gegen den unlauteren Wettbewerb, 2. Auflage, München 2009

Hausmaninger/Selb, Römisches Privatrecht, Wien 2001
Heidtke, Hauskatzenabschuß, www.witas.eu
Henssler, Das anwaltliche Berufsgeheimnis, NJW 1994, 1817
Herfs, Im häuslichen Bereich und nicht zu Erwerbszwecken gehaltene Tiere in der Zwangsvollstreckung, Diss., Köln 1998
Herrmann, Ägyptische Amulette aus Palästina/Israel, Freiburg (Schweiz) 1993
Hirt/Maisack/Moritz, Tierschutzgesetz, 2. Auflage, München 2007
Hofmann, Minderjährigkeit und Halterhaftung, NJW 1964, 228
Hoffmann, Tierhalter- und Tierhüterhaftung – Ein Überblick, ZfS 2000, 181
Honsell, Beweislastprobleme der Tierhalterhaftung – Bemerkung zu OLG Düsseldorf VersR 1981, 82, MDR 1982, 798
Horst, Grenzen des zulässigen Wohngebrauchs, NZM 1998, 647
Horzinek/Schmidt, Krankheiten der Katze, 4. Auflage, Stuttgart 2005
Huber, Der Nacherfüllungsanspruch im neuen Kaufrecht, NJW 2002, 1004
Hülsmann, Tierhaltung im Mietrecht, NZM 2004, 841
Jelinek, Streunende Tiere gefährden besonders Kleinkinder, Ärztezeitung vom 30.03.2010
John, Tierrecht, Dresden 2007
jurisPK, Bürgerliches Gesetzbuch, 5. Auflage 2010
Kaiser, Pflichtwidriges Mangelbeseitigungsverlangen, NJW 2008, 1709
Kaser/Knütel, Römisches Privatrecht, 17. Aufl., München 2003
Kinne, Miet- und Mietprozeßrecht, 4. Auflage, Berlin 2005
Kinne, Formularklauseln in Mietverträgen – Grenzen und Konsequenzen, ZMR 2000, 725
Kluge, Tierschutzgesetz, Stuttgart 2002
Koch, Kölner Rechtsprechung zur Hundehaltung in Mietwohnungen WuM 1997, 148
Koch/Stürzer, Mietrecht für Vermieter von a - Z, 2. Auflage, Freiburg 2010
Kossmann, Handbuch der Wohnraummiete, 5. Auflage, München 2000
Köthe/Zieger, Katzen, Was ist was, Band. 59, Nürnberg 2008
Kunkel/Schermaier, Römische Rechtsgeschichte, 14. Auflage, Köln 2005

Küper, Die „Sache mit den Tieren" oder: Sind Tiere strafrechtlich doch „Sachen"?, JZ 1993, 435

Kurz, Schwarzbuch der Jagd: Der Grünrock - Herr in Wald und Flur ?

Lackner, Strafgesetzbuch, 28. Auflage, München 2007

Lammel, Wohnraummietrecht, 3. Auflage, Bonn 2007

Larenz, Allgemeiner Teil des Deutschen bürgerlichen Rechts, 14. Auflage, München 1987

Larenz, Lehrbuch des Schuldrechts, Band II/1, Besonderer Teil/1. Halbband, 13. Auflage, München 1986

Larenz, Lehrbuch des Schuldrechts, Band II/2, Besonderer Teil/2. Halbband, 13. Auflage, München 1986

Lauer, Meine Katze, Stuttgart 2004

Lauer, Populäre Irrtümer über Katzen, Stuttgart 2007

Leipziger Kommentar, Strafgesetzbuch, Bd. 1, 12. Auflage, Berlin 2007

Lettl, Die Falschlieferung durch den Verkäufer nach der Schuldrechtsreform, JuS 2002, 866

Lorenz, Die Gefährdungshaftung des Tierhalters nach § 833 S. 1 BGB, 1992

Lorenz, Aliud, peius und indebitum im Kaufrecht, JuS 2003, 36

Lorenz, Schadensersatz wegen Pflichtverletzung – ein Beispiel für die Überhastung der Kritik an der Schuldrechtsreform, JZ 2001, 742

Loritz, Unterbringung von Tieren bei der Zwangsräumung – Ein Problem des Drittschutzes öffentlich-rechtlicher Normen, DGVZ 1997, 150

Lorz, Das Gesetz zur Verbesserung der Rechtsstellung des Tiers im bürgerlichen Recht, MDR 1990, 1057

Lorz, Tier = Sache ?, MDR 1989, 201

Lorz/Metzger, Tierschutzgesetz, 6. Auflage, München 2008

Lorz/Metzger/Stöckel, Jagdrecht Fischereirecht, 3. Auflage, München 1998

Ludwig, Das große GU Praxishandbuch Katzen, München 2008

Ludwig, 300 Fragen zu Katze, München 2006

Maisack, Zum Begriff des vernünftigen Grundes im Tierschutzrecht, Diss. 2007

Maurach/Schroeder/Maiwald, Strafrecht BT, 9. Auflage, Heidelberg 2005

Mayer-Maly, Rechtsphilosophie, Wien 2001

Mittelstein, Die Miete nach dem Recht des deutschen Reichs, 4. Auflage, Berlin 1932

Mühe, Das Gesetz zur Verbesserung der Rechtsstellung des Tieres im bürgerlichen Recht, NJW 1990, 2238

Münchener Kommentar zum Bürgerlichen Gesetzbuch, Band 1, 5. Aufl., München 2006

Münchener Kommentar zum Bürgerlichen Gesetzbuch, Band 2, 3. Aufl., München 1994

Münchener Kommentar zum Bürgerlichen Gesetzbuch, Band 2, 5. Aufl., München 2007

Münchener Kommentar zum Bürgerlichen Gesetzbuch, Band 3, 5. Aufl., München 2008

Münchener Kommentar zum Bürgerlichen Gesetzbuch, Band 5, 5. Aufl., München 2009

Münchener Kommentar zum Strafgesetzbuch, Band 4, München 2006

Münchener Kommentar zum Strafgesetzbuch, Band 5, München 2007

Münchener Kommentar zur Zivilprozeßordnung, Band 2, 3. Aufl., München 2007

Münzberg, Pfändungsschutz für Schuldnergefühle gegenüber Tieren, ZRP 1990, 215

Musielak, ZPO, 6. Auflage, München 2008

Musielak, Die Nacherfüllung beim Stückkauf, NJW 2008, 2801

Neuhaus, Kampfhunde in Mietwohnungen, DWW 2001, 45

Niehaus, Zur Strafbarkeit des Zurücksetzens lebender Fische (sog. Catch & Release), AUR 2005, 387.

Obergfell, Ethischer Tierschutz mit Verfassungsrang, NJW 2002, 2296

Oechsler, Praktische Anwendungsprobleme des Nacherfüllungsanspruchs, NJW 2004, 1825

Palandt, Bürgerliches Gesetzbuch, 70. Auflage, München 2011

Peters, Verjährungsfristen bei Minderung und mangelbedingtem Rücktritt, NJW 2008, 119

Pfab, Brieftaube gegen Flugzeug – Zugleich ein Beitrag zur Gefährdungshaftung, VersR 2006, 894

Prodi, Eine Geschichte der Gerechtigkeit, Vom Recht Gottes zum modernen Rechtsstaat, 2. Auflage, München 2005.

Prütting/Gehrlein, ZPO, Köln 201

Prütting/Wegen/Weinreich, BGB, 2. Auflage, Neuwied 2007 (zit.: PWW)

Rein, Die Bedeutung der §§ 203 ff StGB n.F. für die private Personenversicherung

Reinerth, Natural Cat Food, Rohfütterung für Katzen – ein praktischer Leitfaden, Norderstedt 2008

Reinking, Die Geltendmachung von Sachmängelrechten und ihre Auswirkung auf die Verjährung, ZGS 2002, 140

Reischl, Grundfälle zum neuen Schuldrecht, JuS 2003, 865

Rigol, Tierhaltung als Vollstreckungshindernis in der Räumungsvollstreckung, MDR 1999, 1363

Roth, Stückkauf und Nacherfüllung durch Lieferung einer mangelfreien Sache, NJW 2006, 2953

Rottenburg, Wer ist Halter eines zugelaufenen Tieres? JW 1913, 715

Saenger, Zivilprozeßordnung, Handkommentar, 3. Auflage, Baden-Baden 2009 (zit. Kh-ZPO)

Sambraus/Steiger, Das Buch vom Tierschutz, 1997

Schiwy, Deutsche Tierschutzgesetze, Starnberg 1998

Schlüchter, Zur Abgrenzung von Tatbestands- und Verbotsirrtum – BayObLG NJW 1992, 2306, JuS 1993, 14

Schlund, Zur Tierhalterhaftung des § 833 BGB, in Festschrift für Karl Schäfer zum 80. Geburtstag am 11. Dezember 1997, Berlin 1997

Schmid, Zur sachgerechten Eingrenzung der Tierhalterhaftung, JR 1976, 274

Schmid, Mietrecht, Neuwied 2006

Schmidt, Verhaltenstherapie der Katze, Hannover 2003

Schmidt-Futterer, Mietrecht, 9. Aufl., München 2007

Schmidt-Futterer, Rechtsfragen der Hundehaltung im Miet- und Nachbarrecht, WuM 1962, 147

Schönke/Schröder, Strafgesetzbuch, 28. Auflage, München 2010

Schopp, Nochmals: Die Berechtigung des Mieters zur Tierhaltung, ZMR 1994, 451

Schroeter, Vereinbarte Beschaffenheit der Kaufsache und Haftungsausschluss des Verkäufers, NJW 2006, 1765

Schroll/Dehasse, Verhaltensmedizin bei der Katze, Leitsymptome, Diagnostik, Therapie und Prävention, Stuttgart 2004

Schubel, Schuldrechtsmodernisierung 2001/2002 – Das neue Kaufrecht, JuS 2002, 313

Schuck, Bundesjagdgesetz, München 2010

Schulze/Ebers, Streitfragen im neuen Schuldrecht, JuS 2004, 462

Schünemann, Die Verantwortlichkeit des Tierhalters – BGH NJW 1976, 2130, JuS 1978, 376

Schwab, Das neue Schuldrecht im Überblick, JuS 2002, 1

Seiler, Tierhaltung, Tiergefahr und Rechtswidrigkeit, in Festschrift für Albrecht Zeuner zum 70. Geburtstag, Tübingen 1994

Siegfried, Tier und Tiergefahr als tatbestandliche Voraussetzungen der Gefährdungshaftung des Tierhalters, Diss., Mainz 1986

Simek, Lexikon der germanischen Mythologie, Stuttgart, 1995

SK-StGB, Systematischer Kommentar zum Strafgesetzbuch, 8. Auflage, München 2008

Skupin, Endlich eine Katze, Norderstedt 2010

Soergel, BGB, Bd. 2 a, 13. Aufl., Köln 2002

Soergel, BGB, Bd. 4/1, 12. Aufl., Köln 1997

Soergel, BGB, Bd. 5/2, 12. Aufl., Köln 1998

Sojka, Tierhaltung ohne Zustimmung des Vermieters, WuM 19983, 127

Sojka, Wohnrecht und Tierhaltung, WuM 1984, 259

Solbach, Kann der Arzt von seiner Schweigepflicht entbunden werden, wenn sein Patient verstorben oder willensunfähig ist? DRiZ 1978, 204

Sonnenschein, Die Entwicklung des privaten Wohnraummietrechts 1989 bis 1996 (Teil 1), NJW 1997, 1270

Speth, Streunende Katzen verbreiten aggressiven Pilz, Ärztezeitung vom 27.04.2010

Sprickhoff, Der Nacherfüllungsanspruch des Käufers: Dogmatische Einordnung und Rechtsnatur, BB 2003, 589

Staudinger, BGB, Buch I, Allgemeiner Teil §§ 164 – 240, 12. Auflage, Berlin 2009

Staudinger, BGB, Buch II, Recht der Schuldverhältnisse §§ 249 – 254, 13. Auflage, Berlin 1998

Staudinger, BGB, Buch II, Recht der Schuldverhältnisse §§ 328 – 361 b, 12. Auflage, Berlin 2001

Staudinger, BGB, Buch II, Recht der Schuldverhältnisse §§ 535 – 562 d, 12. Auflage, Berlin 2006

Staudinger, BGB, Buch II, Recht der Schuldverhältnisse §§ 830 – 838, 12. Auflage, Berlin 2008

Staudinger/Schmidt, „Gutes Reiten, schlechtes Reiten" – Eine weitere Episode der Tierhalterhaftung, Jura 2000, 347

Stein/Jonas, ZPO, Bd. 7, 22. Auflage, Tübingen 2002

Stein/Jonas, ZPO, Bd. 8, 22. Auflage, Tübingen 2004

Sternel, Mietrecht aktuell, 4. Aufl., Köln 2009

Stollenberg, Entfernung von Tieren aufgrund eines Räumungstitels? JurBüro 1997, 620

Störk, in: Lexikon der Ägyptologie III, Stichwort Katze, Wiesbaden 1980

Stötter, Die Beschränkung der Tierhalter-Haftung nach § 833 Satz 1 BGB durch das von der Rechtsprechung entwickelte Tatbestandsmerkmal der Tiergefahr, MDR 1970, 100

Straubinger, Die Geburt einer Landschaft, Norderstedt 2009

Streicher, Microsporum canis bei der Katze, Kleintiermedizin 2010, 205

Streicher, Das Horner-Syndrom der Katze, Kleintiermedizin 5/6-2010

Streicher Pyruvat-Kinase-Defizienz bei der Katze, Kleintiermedizin 11/12-2009

Streicher/Heise, Die Autosomal Dominante Polyzystische Niererkrankung (ADPKD), Kleintiermedizin 11/12-2009

Sues, Tiere in der Räumungsvollstreckung, DGVZ 2008, 129

Sutschet, Anmerkung zu BGH JZ 2008, 636, JZ 2008, 637

Teplitzky, Die Verantwortlichkeit des Tierhalters für Verkehrsunfälle durch Kleinhaustiere, NJW 1961, 1659

Terbille, Der Schutzbereich der Tierhalterhaftung nach § 83 S. 1 BGB, VersR 1994, 1151

Terbille, Die Beweislastverteilung bei der Tierhalterhaftung nach § 833 S. 1 BGB, VersR 1995, 129

Thomas/Putzo, ZPO, 31. Auflage, München 2010

Tiedtke, Die Falschlieferung durch den Verkäufer, JZ 2004, 1092

Tiedtke/Schmitt, Ersatzlieferung beim Stückkauf, JuS 2005, 583

Wagner, Die Verjährung gewährleistungsrechtlicher Rechtsbehelfe nach neuem Schuldrecht, ZIP 2002, 789

Weimar, Anmerkung zu OLG Oldenburg (VersR 1957, 742) VersR 1958, 332

Weimar, Zweifelsfragen zur Tierhalterhaftung, JR 1963, 414

Weimar, Einzelfragen zur Tierhalterhaftung, MDR 1964, 901

Weimar, Kinder und Jugendliche als Tierhalter und Tierhüter, MDR 1964, 208

Weimar, Zweifelhafte Tierhaltereigenschaft, MDR 1967, 100

Wenzel, Kaufrechtliche Probleme in der Unternehmenspraxis und Lösungsvorschläge, DB 2003, 1887

Westermann, Das neue Kaufrecht, NJW 2002, 241

v. Westphalen, Der Sachmangel beim Pferdekauf, RdL 2006, 284

Wiegand, Tierquälerei, in Rudolf Sieverts/Alexander Elster, Handwörterbuch der Kriminologie, 2. Auflage, Berlin 1998, Nachtrags- und Registerband, S. 76 ff.

Wiese, Der Rückgewähranspruch des Verkäufers bei aliud- und sonstig mangelhaften Lieferungen, AcP 206, 902

Wilke, Kronerben der Weisheit, Tübingen 2006

Wilts, Tierhalterhaftung für entlaufene Tiere? VersR 1965, 1019

Yin/Nolte, Praxisleitfaden Hund und Katze, 2. Auflage, Hannover 2007

Zingerle, Die deutschen Sprichwörter im Mittelalter, Wien 1864

Zöller, ZPO, 28. Auflage, Köln 2010

Stichwortverzeichnis

A

Aberglaube 27
Abgabevertrag 143
Abhilfefrist 297
Abmahnung 340
Abschaffung des Tieres 303
Abschuß von Hauskatzen 446
Abstammung 75, 345
Abstammungsnachweis 75
Abstraktionsprinzip 37
Abwehrrecht 248
Abzug "alt für neu" 168
act to prevent the cruel and
  improper treatment of cattle 364
Ädilische Edikte 359
Aeropag 358
Affektionsinteresse 48, 186, 221
Ägypten 23, 24, 31
aliud 84
Allergie 175
Alters-HCM 79
Altes Testament 357
Amtstierarzt 195, 403
Amtsträger 397
Analogieverbot 57
Anfechtung 103
  Arglist 65
  arglistige Täuschung 64
  Eigenschaftsirrtum 64
  Nichtigkeit 64
  Täuschungswille 65
Angebot 60

Ankaufsuntersuchung 60, 96, 114, 117, 224, 226
Anpreisung 60
Anscheinsbeweis 159, 185, 328
Anspruch auf Einsicht 216
Anzahlung 133
Anzeige 195
Arbeitgeber 229
Arbeitnehmer 229
Arbeitslosengeld II 341
Arbeitsunfall 229
Arglist
  unrichtige Angaben 99
  Verschweigen eines Mangels 75, 99
arglistige Täuschung 64
Arzneimittelschäden 185
asthmatische Beschwerden 175
atypischer Ursachenverlauf 249
atypischer Verwahrungsvertrag 143
Auffahrunfall 235
Aufklärung 204, 225
Aufklärungspflichtverletzung 204
Aufsicht 170
Aufsichtspflicht 43, 180, 181, 183
Aufsichtspflichtverletzung 176
Aufwandsentschädigung 133
Aufwendungen 52
  Erhaltungskosten 103
  Fahrtkosten 103
  Fundkatze 345
  notwendige Verwendungen 103
Aufwendungsersatz 124
Auskunft 226
Auskunftsvertrag 227

Ausnahmegenehmigung 251
Aussagegenehmigung 195
Ausschluß der Haftung 114
Ausschluß der Mängelhaftung 441
Ausstellung 121, 161
Austreibungswegen 380
Ausweichmanöver 235
Autofahrer 234
Autolack 171, 246

B

Balkonnetz 317
Bambergische Halsgerichtsordnung 363
Bastet 31
bedingter Vorsatz 99
Bedingung 60
Beerdigungskosten 220
Befangenheit 218
Befunderhebung 212, 218
Begrenzung der Haftung 118
Behandlung 164
Behandlungsassistenz 231
Behandlungsfehler 206, 207, 218
   Anfangsverdacht 209
   Aspirationsversuch 211
   Desinfektionsmittel 212
   Diagnoseirrtum 209, 213
   Fibrosarkom 210
   grober Behandlungsfehler 214
   Herz-Kreislauf-Schock 211
   Impfbesteck 209
   Impfung 209
   Implantat 211
   Infusion 210
   Injektion 210
   Kaiserschnittentbindung 211
   Kreislaufreaktion 210
   Medikament 210
   Medikamente 209
   Narkose 211
   Notfallapotheke 210
   Schockbehandlung 211
   Schocktod 210
   Sorgfaltsmaßstab 208
   Stiftzahn 211
   Therapie 208
   Tötung 213
   unheilbarer Bruch 212
   Unterlassen 208
   Untersuchung 207
   Unverträglichkeitsreaktion 210
   Verdachtsdiagnose 215
Behandlungskosten 187, 221
Behandlungsmethode 205, 208
Behandlungsmöglichkeiten 205
Behandlungsunterlagen 216
Bentham 364
Beratungs- und Aufklärungspflicht 205
Beratungsfehler 222
Berufsbild des Tierarztes 190
Berufsgenossenschaft 230
Berufsordnung der Tierärzte 201
Berufstier 160, 162
berufswidrige Werbung 201
beschränkt Geschäftsfähiger 154
Beschwerden 295
Besitz
   Abgrenzung zum Eigentum 37
   Besitzaufgabe 40

Entziehung des Besitzes 42
Verlust des Besitzes 42, 151
Besitzstörungsklage 246
Bestattung 438
Bestattung der Katze 407
Bestimmungsmacht 41
Besuch 290
Besuchsrecht 432
Besuchsrecht des Verkäufers 124, 136
Betreuer 389
Beweis des ersten Anscheins 185, 249
Beweiserleichterungen 214
Beweisführung 216
Beweisgrundsätze 110
Beweislast 328
    Anfechtung 65
    Behandlungsfehler 198, 213
    Einwilligung 71
    Erlaubnis zur Katzenhaltung 287, 293
    Fundtier 349
    Fütterung von Streunern 247
    Gewinnerzielungsabsicht 328
    Inkubationszeit 112
    Lackschaden 171
    Minderjähriger/Widerruf 71
    Mitverschulden 179
    Produkthaftung 185
    Schaden des Tierhüters 176, 183
    sittenwidrige Schädigung 226
    Störung des Nachbarn 249
    Tierhalterhaftung 167, 170, 179
    Tierhüterhaftung 183
    Verbrauchsgüterkauf 108, 335
    verdeckte Mängel 112
    Vereinbarung einer Bedingung 61
    Vermutung des § 476 BGB 110, 115
    Wildern 416
    Zustimmung des Vermieters zur Katzenhaltung 280
    Zwingername 326
Beweislastregel 179
Beweislastumkehr 110, 112, 114, 180, 213, 214
Beweislastverteilung 179
Beweisnot 214
Beweissicherung 215
Billigkeitshaftung 154
Blutgericht von Athen 358
Bremsmanöver 234
Bringschuld 128
Buch Mose 357
Buddhisten 26
Bußzahlung 146

C

Campingplatz 320
Catsitter 52, 56, 170, 176, 180
Catsittingvertrag 623
China 25
chronische Pankreatitis 79
Cicero 359
Codex Eschunna 357
Codex Hammurabi 356
constitutio criminalis carolina 363
corpus juris civile 360
culpa in contrahendo 136

D

Dachterrasse 256
Dann 365
Deckakt 159, 173, 175
Deckkater 139, 161
Deckkatervertrag
　ausführlicher Vertrag 585
　Basisvertrag 579
　Deckbescheinigung 605
　einfacher Vertrag 581
　gestaffelte Decktaxe 595
Decktaxe 140, 434
Deckvertrag 139
Deliktsfähigkeit 154
Deliktsunfähige 182
Diagnose 164, 215
Diebstahl 33, 42, 58, 250
Dienstvertrag 139, 203
Dokumentation 215, 217
Dokumentationspflicht 215
dringender Tatverdacht 171
Drohung 194
Duftmarken 170
Duldung 247, 297
Dürftigkeitseinrede 151

E

Ehegatten
　Aufteilung des Hausrates 45
　Eigentumszuweisung 46
　Hausrat 44
　Scheidung 44
　Sorgerecht 45
　Umgangsrecht 44
　Unterhalt 44
Ehescheidung 45
Eigengefährdung 163, 177
Eigenschaftsirrtum 103
Eigentum 59, 124, 141, 143
　Eigentumsbeeinträchtigung 240
　Eigentumsrecht 127
　Eigentumsübergang 37
　Eigentumsverschaffung 143
　Verzicht 40
Eigentumsvorbehalt 432
Eigenverschulden des Geschädigten 169
Einrede des nichterfüllten Vertrages 85
Einschläfern des Tieres 222
Einwilligung 392
　Injektion 210
　Schweigepflicht 194
　tierärztlicher Heileingriff 207
Einziehung 57
emotionale Bindung 93
Entbindung von der Schweigepflicht 194
Entlaufen 151
Entwicklungsgefahren 185
Entwurmung 80
Entziehung des Eigentums 167
Erbe 150
Erbfolge 39, 151
Erbkrankheiten 77
Erbschaft 150
　Erbfähigkeit 253
　Testament 253
Erfüllungsgehilfe 206, 223

Erfüllungsort 128
Erfüllungsortklausel 128
Erkrankung 437
Erlaubnisvorbehalt 277
Ersatz vergeblicher Aufwendungen 84, 88, 102
Ersatzlieferung 85, 90
Erwerbsmotiv 90, 101
Erwerbstätigkeit 160
Erwerbsunfähigkeitsrente 343
Erwerbsweck 49
Erwerbszweck 56
EU-Heimtierausweis 34
Eurich 360
Evangelium der Spinnrocken 27
Exkulpationsmöglichkeit 148

F

Fahrlässigkeit 116, 118, 230, 233
Fahrradfahrer 236
Fahrtkosten 220
Falbkatze 26
falsche Katze 84
Familienangehörige 43, 181
Fancy-Zucht 386
Fangjagd 251
Fangnetz 317
Fernabsatzvertrag 69
Fernschaden 159
Fibrosarkom 126
Finderlohn 445
Flöhe 314
Folgeschäden 184
Formularbestimmung 118, 120
Formularklausel 134

Fortsetzungszusammenhang 132
Freigehege 447
Freiheitsstrafe 186, 387, 392
Freilauf 240
Freya 32
fristlose Kündigung 302
Fundkatze 39, 445
    Versorgung 345
Fundsache 39
Futter 127, 185
Fütterung 246, 247
Fütterungsverbot 401

G

Garantenpflicht 388
Garantie 116
    Beschaffenheitsgarantie 72
    Garantieansprüche 72
    Garantiedauer 72
    Garantieerklärung 72
    Garantiefrist 72
    genetische Beschaffenheit 116
Garantieübernahme 228
Gattungskauf 92
Gebot der Rücksichtnahme 410
gebrauchtes Tier 108
Geburt 380
Geburtshilfe 380
Gefahr im Verzug 90
Gefährdungshaftung 147, 160, 162, 169, 178, 182, 183
Gefahrenabwehr
    Befreiung des Tieres aus einem Auto 401
    Fütterungsverbot 401

Tierhaltungsverbot 405
Wegnahme der Katze 402
Gefahrübergang 73, 87, 104, 112
Gefälligkeit 175, 180, 226, 231
Gefälligkeitsverhältnis 43, 52
Geheimhaltungsinteresse 190
Geheimnisbegriff 190
Gehweg 158
Geldersatz 221
Geldstrafe 186, 392
geltungserhaltende Reduktion 119
Gepardengehege 410
Gerichtsstand 127
Gerichtsstand des Erfüllungsortes 128
Gerichtsstand des Wohnsitzes 128
Gerichtsstandsvereinbarung 127
Geruchsbelästigung 315, 316
Gesamtschuldner 166, 182, 228
Geschäftsführung ohne Auftrag 52, 346
Gesetze
   Bürgerliches Gesetzbuch 647
   Einkommenssteuergesetz 654
   Grundgesetz 656
   Strafgesetzbuch 656
   Zivilprozeßordnung 658
gesetzlicher Haftungsausschluß 166
Gestaltungsrecht 63, 65
Gesundheitsattest 224, 226
Gesundheitsschaden 118
Gesundheitsverletzung 219
Gesundheitszustand 64
Gewährleistung 72, 115, 143
Gewährleistungsausschluß 116, 120, 123

Gewährleistungsfrist 72, 108, 121, 124
Gewährleistungsklauseln 118
Gewährleistungsrechte 114
Gewerbe 106
Gewerbetrieb 326
gewerbliche Tätigkeit 105
gewerbsmäßiges Züchten 384
Gewinn 106, 328, 335
Gewinnerzielungsabsicht 106, 327
Giardiose 81
Gleichbehandlung 285
Goldfische 170
Graf Pückler-Limburg 365
Griechen 26
Grundsatz der Waffengleichheit 217

H

Haftpflichtversicherung 182
Haftung des Aufsichtspflichtigen 154
Haftungsausschluß 166, 177
Haftungsbeschränkung 230
Haftungsprivileg 161, 230
Haftungsprozeß 215
Haftungsteilung 176
Halter 41
Haltereigenschaft 42, 152
Handeln auf eigene Gefahr 163, 177
Handlungseinheit 132
Handschenkung 38
haushaltsnahe Dienstlungen 200
Hauskatze 250
Hausratsordnung 46
Haustürgeschäft 67

HCM 79
Hehlerei 58
Heilbehandlung 186, 222
Heilbehandlungskosten 221
Heileingriff 206
Heilungserfolg 203, 222
Heimtierpaß 438
Herabsetzung des Kaufpreises 92
Herausgabe ersparter Aufwendungen 101
herrenlose Tiere 39, 345
Herumlaufen 250
Hexe 27
Hexenkult 27
Hexenprozesse 27
Hinjariten 360
Hobbyzucht 49
Hobbyzüchter 122, 128
Holschuld 128
Honorarklage 195
Hüftgelenksdysplasie 77
Hyperthyreose 79

I

Impfbescheinigung 36
impfinduziertes Sarkom 127
Impfrisiko 126
Impfschutz 35
Impfungen 126
Individualhaftung 231
Individualvereinbarung 131
Infektionsschutzgesetz 398
Integritätsinteresse 184
Interessenabwägung 44, 50, 241, 274
Internetverkaufsportal 60

Inzestzucht 386
Inzucht 386
Irrtum 194

J

Jagd 251
Jagdrecht 412
Japan 26
juristische Person 153
Justinian 360

K

Kastration 121, 128, 129, 175, 250, 398, 448
Katze
  verwilderte Hauskatzen 41
  wilde Katze 41
  zugelaufene Katze 43
Katzenaids 82
Katzenallergie 310
Katzenausstellung 69, 211
Katzenfalle 250
Katzenfriedhof 32
Katzengöttin 31
Katzenhalter 240
Katzenhaltung 250
  Abmahnung 297
  Abschaffung der Katze 297
  Kündigungsrecht des Vermieters 301
  Mäuseplage 304
  Unterlassungsanspruch 296
  Unterlassungsklage 300

Zwangsvollstreckung 300
Katzenkäfig 446
Katzenkauf
  Ankaufsuntersuchung 521
  Anpreisung 60
  Anzahlung 63
  Befristung 64
  Besuchsrecht des Verkäufers 497, 513
  Deckrecht des Verkäufers 529
  Einschränkung der Gewährleistung 541, 549
  gewerbliche Züchter 541, 549
  gewerblicher Züchter/Hobbyzüchter 561
  Hobbyzüchter 513, 521
  invitatio ad offerendum 60
  Käufer holt das Tier ab 473
  Kaufpreis 59
  Leistungsstörung 65
  Liebhabertier mit Stammbaum 465, 473, 481, 489, 497, 505
  Liebhabertier mit Zuchterlaubnis 481
  Liebhabertier ohne Stammbaum 457, 461
  nicht kastriertes Liebhabertier 473
  Optionsrecht 63
  Ratenzahlung 489
  Reservierung 575
  Rücktritt vom Kaufvertrag 65
  Sachmangel 65
  Schriftformerfordernis 61
  tierärztliches Gesundheitszeugnis 571
  Übergabequittung 569
  verkehrswesentliche Eigenschaft 64
  Verkürzung der Gewährleistungsfrist 505
  Vertragsschluß 60
  Verzug 65
  Vorvertrag 61
  Widerrufsrecht 67
  Zuchtkater 529
  Zuchttier 513, 521, 541, 549, 561
  zwei Hobbyzüchter 541
Katzenklappe 313, 353
Katzennetz 319
Katzenpension 52
Katzenschutznetz 317
Katzenseuche 82
Katzenspuren
  Beschädigung der Wände 299
  Beschädigung von Mobiliar 176
  beschmutzte Spielgeräte 245
  Blumenbeet 242
  Blumentopf zerstört 248
  Dellen im Blech 172
  Erbrochenes 243, 317
  Exkremente 158, 240, 241, 243, 245, 305
  Flöhe 314
  Geruchsbelästigung 315
  Kratzer 168, 172, 174, 315, 316, 317
  Lackkratzer 171
  Lackschäden 246
  Pfotenabdrücke 172
  Scharrspuren 245
  Tapsen 245
  Ungeziefer in der Wohnung 159

Urin 159, 174, 287, 315
Katzenwelpe 380
Katzenzucht
    Äußerungen über andere Züchter 337
    Erlaubnis 332
    Erlaubnis der Behörde 384
    Gewerbebegriff 326
    gewerblich i.S.d. EstG 327
    Gewerbsmäßigigkeit i.S.d. TierSchG 331
    Liebhaberei 330
    Mietwohnung 296
    Stammbaum 431
    Unternehmer 333
    Züchtervereinigung 336
    Zwingername 325
Kauf 149
Kauf auf Probe 150
Kauf gebrauchter Sachen 92
Kaufvertrag 37, 59, 143
Kausalität 214
Kausalitätsvermutung 162
Kausalzusammenhang 213
Kinderspielplatz 248
Klage auf Vertragsabschluß 63
Klauselverbote 118
Kleintiere 264, 272
Kleintierkrematorium 406
Knapp 365
Komplikationen 205
Kontrollbesuche 143
Kontrollrecht 125, 135, 431
Kosten der tierärztlichen Heilbehandlung 124
Kostenpauschale 187, 220

Kraftfahrer 397
Krallen 246
Krankenaufzeichnungen 215
Krankengeschichte des Tieres 192
Krankenunterlagen 216
Krankheiten 122
Krankheitsentwicklung 212
Krankheitsverlauf 213, 215
Kriminalgesetzbuch 365
Kündigung des Mietvertrages 301
    Geruchsbelästigung 315
Kündigungsgrund 303

L

Lackkratzer 171, 444
Landesjagdgesetze 250
Lebendfalle 250, 448
lebensbedrohliche Situation 89
Leiden 186, 393
Leistungsbestimmung 84
Leistungshindernis 102
Leistungsschau 69
Leukoseimpfung 126
lex aquilia 358
lex salica 361
Liebhaberei 149, 161
Liebhaberkatze 220
Liebhabertier 101, 105, 109
Lipom 127
Luftgewehr 448
Luxustier 148, 160, 170

M

Malediktion 362
Mangel
  Abstammung 74
  Abstammungspapiere 75
  Allergie 113
  anlagebedingte Fehlentwicklung 116
  ansteckende Erkrankung 103
  Ansteckung 111
  Borreliose 113
  charakterliche Defizite 83
  chronische Entzündung 114
  Dokumentation 75
  Erkrankung 76
  falsche Rasse 75
  Fehlstellung des Sprunggelenks 116
  FIV 82
  genetisch bedingte Störung 102
  geringfügiger Mangel 74
  Giardien 81
  Herpesvirus 81
  Infektion 111
  Infektionskrankheit 115
  Katzenaids 82
  Katzenrasse 74
  Katzenseuche 82
  klinische Symptome 76, 114
  Krankheitsdisposition 76
  Lymphknoten 80
  Mikrosporie 113, 115
  Nabelbruch 117
  Nichtbehebbarkeit des Mangels 102
  physiologischer Idealzustand 76
  Prüfpflicht des Käufers 87
  schadensgeneigte Anlage 76
  Sommerekzem 113
  Streßsituationen 114
  Wurmbefall 80
  Zeugungsunfähigkeit 117
  Zuchtkatze 75
  Zuchtuntauglichkeit 75
Mangelbeseitigung 94, 95
Mängelbeseitigung 99
Mangelfolgeschaden 103, 224
Mängelrüge 86, 87
Marktwert 186
mehrere Schädiger 165
Microsporum canis 193
Mietsicherheit 287
Mietvertrag
  Erlaubnis des Vermieters 270
  Erlaubnisvorbehalt 274
  Ermessen des Vermieters 278
  Formularklausel 269
  Individualvereinbarung 269, 273
  Katzenhaltung ist erlaubt 263
  Klauseln 288, 319
  Kleintiere 264, 276
  ohne Regelung zur Tierhaltung 263
  Schriftformklausel 274
  Verbot der Katzenhaltung 269
  Widerrufsvorbehalt 274
  Zustimmung des Vermieters 270
Mietwohnung
  Anzahl der Katzen 289
  Balkonnetz 317
  Besuchskatze 290

Katzenallergie 310
Katzenklappe 313
Katzenzucht 296
Kleintiere 272
Mietminderung wegen
    Katzenhaltung 305
Tierhaltung 261
vertragsgemäßer Gebrauch 265, 277
Wohngebrauch 272
Mikrochip 34, 129
Minderjähriger 154
    Altersgrenzen 70
    Genehmigung 71
    gesetzlicher Vertreter 70
    Widerrufsrecht 71
Minderung 86, 88
    Kaufpreisminderung 98
    Minderungsbetrag 98
    unerheblicher Mangel 98
Mischlinge 173
Mittelalter 27, 361, 362
Mitverschulden 163, 169, 174, 179, 180, 183, 223
Mitverursachung 159
Motorradfahrer 158, 235
Musterverträge 451
Muttertier 380
Mythologie 32

N

Nachbargarten 250
Nachbarschaft
    Abwehrrecht 242
    Ausgleichsanspruch 242
    Auslauf der Katze 241, 243, 244
    Balkon 243
    Besitzstörung 241
    Duldungspflicht 242
    Einfriedungsmaßnahme 244
    Garten 242
    Grundstücksgrenzen 243
    nachbarliches
        Gemeinschaftsverhältnis 241
    Rücksichtnahme 242
    Sozialbindung des Eigentums 241
    Terrasse 243
    Unterlassungsanspruch 242
    Wohngebiet 240
Nachbehandler 216
Nachbehandlung 184, 221
Nachbesserung 84, 94
Nacherfüllung 84, 99, 440
    angeborener Herzfehler 94
    anlagebedingte Fehlentwicklung 94
    Ausschluß/Einschränkung der Gewährleistung 114
    Begriff 84
    chronische Erkrankung 94
    Entbehrlichkeit der Fristsetzung 90
    Frist 88
    Frist zur Nacherfüllung 100
    Fristsetzung 86, 88
    gesundheitliche Risiken 94
    Nachbesserung 85, 92
    Neulieferung 85
    Notmaßnahme 90
    Operation 94
    Recht zur zweiten Andienung 87

Unmöglichkeit der Nacherfüllung 104
unzumutbarer Aufwand 95
Vorrang der Nacherfüllung 84, 91, 93, 100, 104
Wahlrecht 85
Zuchtuntauglichkeit 94
Nacherfüllungf
Nachfristsetzung 89
Nachlaß 150
Nachlaßinsolvenz 151
Nachlaßverwaltung 151
Nachlieferung 94
Namensrecht 326
Narkoserisiko 205, 448
Naturalrestitution 221
nebenberufliche Zucht 107
negative
Beschaffenheitsvereinbarung 116
nichteheliche Lebensgemeinschaft
Aufhebung der Gemeinschaft 47
Teilungsverkauf 47
Zuweisung der Katze 47
Nierenversagen 79
Norddeutscher Bund 367
Notbehandlung 90
Notbremsung 234
Notmaßnahme 101
Notwehr 391
Noxalhaftung 146
Noxalklage 147
Nutztier 148, 160
Nutzungsmöglichkeit 73

O

Obduktion 218
Obliegenheitsverletzung 229
offensichtlicher Mangel 119
Öffnungsphase 380
Operation 95, 117, 124, 203, 206, 230
Operationsrisiko 206, 212
Optionserklärung 63
Optionsrecht 63
Ordnungsbehörde 196

P

Pacta sunt servanda 65
Panther 249
Parasiten 81
Patellaluxation 77
pauschalierter Schadensersatz 133
Pensionsvertrag
Einzelunterbringung 615
Gruppenunterbringung 607
Personenschaden 230
Pfändung 50
physiologische Norm 76
PKD 77
Polizei 196
Presseäußerung 196
Pressefreiheit 337
prima- facie-Beweis 328
Prima-facie-Beweise 249
privater Kauf 105
Privatgeheimnisse 196
Privathaftpflichtversicherung 351

Privatrache 146
Probezeit 144
Produktfehler 185
Produkthaftung 72, 184
Pyruvat-Kinase-Defizienz 78

Q

Qualzucht 385

R

Rahmenvertrag 136
Rasse 74
Rassekatze 173
Rassetier 167
Raub 58
Rechnung 136
rechtfertigender Notstand 391
Rechtfertigender Notstand 195
Rechtfertigungsgrund 195, 395
Rechtfertigungsgründe 391
Rechtsstaat 365
Rechtsstaatsgedanke 364
Regreßansprüche 182
Reisen ins Ausland 35
Reservierung 63
Reservierungsfrist 64
richterliche Inhaltskontrolle 144
Risiko 205
Roheit 186
Rom 26
Römer 26
römisches Recht 145
Rousseau 364

Rücksichtnahme 248
Rücktrit
   Frist zur Nacherfüllung 97
Rücktritt 88, 134
   Abwicklungsschuldverhältnis 66
   Anzahlung 96
   Ausschlußfrist 66
   Austauschort 97
   Fristsetzung 66
   Fütterungskosten 97
   Rückabwicklung des Vertrages 96
   Rückgewährschuldverhältnis 98
   Tierarztkosten 97
   unerheblicher Mangel 97
   Verwirkung 66
Rücktrittsrecht 135
Ruheort 158

S

Sachbeschädigung 57, 167, 250, 395, 417
Sache 33
Sacheigenschaft des Tieres 57
Sachkundenachweis 251
Sachmangel 73, 74
   primäre HCM 79
   sekundäre HCM 79
Sachsenspiegel 361
Sachverständiger 217
Schadenersatz 170
Schadenersatzanspruch 114
Schadensersatz 66, 74, 84, 87, 145, 168, 171, 173, 224, 226, 233
   Anschaffungskosten 220
   Beerdigungskosten 220

Behandlungskosten 223
Fahrtkosten 220
Heilbehandlungskosten 186
Kostenpauschale 187, 220
Obergrenze Schadensersatz 187
Vorteilsausgleichung 229
Wertersatz 223
Wiederbeschaffungswert 187
Schadensersatz statt der Leistung 88, 96, 99, 100, 102, 136
Schadensersatzansprüche 65, 116, 213, 219
Schadensminderungspflicht 229
Schadensteilung 163
Scheidung 44
Scheidungstier 45
Schenkung 38, 149
Schikaneverbot 245
Schilddrüsenüberfunktion 79
Schmerzen 186, 393
Schmerzensgeld 166, 168, 169, 175, 219, 229, 231, 236
Schopenhauer 365
Schrittgeschwindigkeit 234
Schutzimpfung 126
Schutzvertrag 143
Schwabenspiegel 361
Schwangerschaft 175
Schweigepflicht 449
Sektion 218
Selbstgefährdung 163
Selbstvornahme 89
Selbstvornahmerecht 101
sermones vulgares 27
sexuelle Handlungen an Tieren 58
Shosti 32

sittenwidrige Härte 51
sittenwidrige Schädigung 225
Sittenwidrigkeit 131
Sonnengott Ra 31
Sorgfaltspflichtverletzung 176
Sowieso-Kosten 133
spezifische Tiergefahr 145
Staatsziel 44, 46, 347
Staatsziel Tierschutz 34
Stacheldrahtverhau 442
Steuerersparnis 200
Stiftung 253
Strafhöhe 130
Strafverfolgung 196
Strafversprechen 130
Straße 237
Streitwert 419
Streunen 49, 243, 245, 247, 259, 413
  die Katzen der Nachbarn 313
Stückkauf 90
systolisches Herzgeräusch 228

T

Tagessatz 392
Täuschung 194
Täuschungshandlung 99
Terrasse 248
Testament 253
Testamente 641
Therapie 215
Tierarzt 177, 179, 222
  Ankaufsuntersuchung 60
  Behandlungsfehler 207
  Honorar 197
  Honoraranspruch 348

Schweigepflicht 189
Tierbehandlungsvertrag 54
Wegnahme der Katze 402
Zurückbehaltungsrecht 52
Tierarzthaftung 223
Tierarzthaftungsprozeß 216
Tierarzthonorar 197
  Erfüllungsort 198
  Gebührensätze der GOT 199
  Klage 198
  Steuerermäßigung 200
  Verrechnungsstelle 198
  Zurückbehaltungsrecht 199
Tierarztkosten 89, 96, 175
Tierarztpraxis 200
Tieraufseher 175
Tierbörse 60
Tiergefahr 152, 155, 162, 163, 174, 177, 184
Tierhaftpflichtversicherung 351
Tierhaftung
  nach BGB 147
  römisches Recht 145
Tierhalter 161, 164, 169
  Begriff 148
  Ehegatten 44
  Fundkatze 41
  Gerichtsvollzieher 42
  Haftung 145
  Minderjähriger 154
  Personenmehrheit 153
  Tierarzt 42
  Tierschutzverein 42
Tierhalterhaftpflichtver 439
Tierhalterhaftung 154, 164, 177
Tierhändler 160

Tierheim 143, 349
  Betreuungsvertrag 629
  Übertragungsvertrag 635
Tierhüter 52, 164, 170, 181, 230
  Aufsicht 43
  Aufsichtspflicht 43
  Begriff 43
  Gerichtsvollzieher 43
  tatsächliche Beaufsichtigung 43
Tierkauf 111
Tierklinik 164, 178, 202, 230
Tierkrankheiten 110, 111, 112
Tiermißhandlung 392
Tierpension 180
tierpornographische Schriften 58
Tierprozesse 362
Tierquälerei 395
Tierschutz
  Aussetzen von Katzen 381
  Betreuung 378
  Bewahrung vor Schäden 374
  Ernährung 378
  Filmaufnahme 383
  Garantenpflicht des Betreuers 389
  Geburtshilfe 380
  Gefährdung des Tieres 382
  gefühllose Gesinnung 394
  Geschichte 355
  Inzucht 386
  Katzenzucht 384
  Leiden 372, 393
  Normadressat 377
  Ordnungswidrigkeiten 398
  Pflege 379
  Qual- oder Defektzuchten 385

Rohe Tiermißhandlung 392
Sachkundenachweis 385
Schaustellung 383
Schmerzen 393
Strafmaß 392
Straftaten 387
Tierquälerei 395
Tötung von Tieren 376, 384, 387
Unterbringung 380
Verbot tierschädlichen Verhaltens 372
Verfolgungsverjährung 399
vernünftiger Grund 375, 391
versuchte Tötung 390
Vorsatz 390
Werbung 383
Zurücklassen von Katzen 382
Tierschutzverein 52, 143, 160, 169, 183, 345, 346, 365, 383
Tierhalter 153
Tierseuchengesetz 197, 398
Tierversuche 398
Tod des Katzenverkäufers 433
Tod des Tieres 218, 220
Tod des Tierhalters 150
Tollwutimpfung 126
Tötung 206, 387
Tötung des Tieres 223
Tötungsfalle 250, 449
Transparenzgebot 134
Transplantation 398
Transponder 36
Transportperson 151
Treu und Glauben 53, 55, 86, 95, 177
Tumor 127

U

Überfahren einer Katze 234
Überlassungsvertrag 143
Überwachungspflicht 389
üble Nachrede 433
Ulpian 360
Umgangsrecht 45
Unfall 158, 397, 444
Unfallflucht 397
Unfallversicherung 166
Unfallversicherungsschutz 230
unlautere Werbung 201
unlauterer Wettbewerb 339, 433
Unmöglichkeit 102
Unterbrechung der Schwangerschaft 175
Unterlassen 388, 394, 396
Unterlassung 168
Unterlassungsanspruch 247
Unternehmen 161
Unternehmer 67, 68, 69, 104, 114, 231, 334
Unternehmerzüchter 122, 123
Unterschlagung 58
Urlaub 180
 Katzenplage 323
 Reise mit Katze 323

V

venire contra factum proprium 86
Verbietungsrecht 241
Verbot widersprüchlichen Handelns 177

Verbot widersprüchlichen
  Verhaltens 66
verbotene Eigenmacht 144
Verbraucher 67, 69, 104, 114, 122, 123, 334
Verbraucherschutz 106
Verbrauchgüterkauf 122
Verbrauchsgüterkauf 73, 104, 120, 121
Verbrauchsgüterkaufsrichtslinie 106
Verfahrensfehler 217
Verfallklausel 131
Verfolgungsverjährung 392, 399
Verhaltensstörungen 83
Verhältnismäßigkeit 187, 221
Verhältnismäßigkeit der Mittel 303
Verjährung
  Abkürzung der Frist 119
  Anspruch aus Garantie 72
  Ansprüche aus Rücktritt 110
  Aufwendungsersatzanspruch 103
  Erleichterung zu Lasten des Verbrauchers 114
  Kaufpreisrückzahlung 103
  Mängelansprüche 110
  Nacherfüllung 88
  Recht auf Rücktritt 97
  Recht aus dem Rücktritt 98
  Rücktrittsrecht 66
  Unterlassung der unerlaubten Katzenhaltung 298
  Verfolgungsverjährung 399
Verjährungsbeginn 137
Verjährungsfrist 72, 119
  Gewährleistungsansprüche 108
  Herausgabe 137

Verkürzung der Verjährungsfrist 108
vertragliche Erfüllungsansprüche 136
Verkaufsmesse 68
Verkehrshindernis 158
Verkehrsunfall 233
Verkehrswert 75
Verlaufsdaten 215
Vermittlungsgebühr 143
Vermittlungsvertrag 143
vernünftiger Grund 391
Verpaarung 139
Verschulden 118
Verschuldenshaftung 118, 147, 165
Verschuldensvermutung 162
Verschwiegenheit des Arztes 190
Versendungskauf 149
Versicherungsrecht
  Kündigung des Versicherungsvertrages nach einem Versicherungsfall 354
  Schadensmeldung 354
  Schadensregulierung 353
  Verschulden des Versicherten 352
versteckter Mangel 122
Verteidigungsnotstand 391
vertraglicher Kontrahierungszwang 61
vertragsgemäßer Mietgebrauch 264, 266
Vertragsstrafe 129, 143
vertragswidriger Zustand 76
Vertrauensgrundlage 99
vertretbare Sache 91

Verwahrung 43
Verwahrungsvertrag 52
verwilderte Hauskatze 383
verwilderte Katzen 246
Verwirkung
    Unterlassen der unerlaubten
      Katzenhaltung 298
Verzug 439
Verzugsschaden 136
Verzugszinsen 136
Vögel 243, 245
Vollbremsung 235
Vollrausch 392
Vollstreckungsbescheid 52
von Ehrenstein 365
Vorbehalt 144
Vorerkrankungen 218, 223
Vorsatz 116, 233
Vorteilsausgleichung 168, 229
Vorvertrag 61, 136

W

Wegnahme der Katze 402
Wegnahme der Tiere 57
Wegnahmerecht 144
Werbung 201
Werkvertrag 139, 203
Wettbewerbsvorteil 202
Widerruf 293, 436
    E-Commerce 69
    Haustürgeschäft 69
    Rücktritt 66
    Vertrag mit Minderjährigen 71
Widerruf der Einwilligung 195
Widerrufsfrist 69

Widerrufsvorbehalt 293
Wideruf
    Genehmigung 71
Wiederherstellungskosten 186
wilde Katze 170
wilde Tiere 345
Wildern 413
Wildschutz 251
Wohngebrauch 265, 266
Wohnungseigentum
    Balkonnetz 319
    Hausordnung 258
    Regelung der Tierhaltung 258
    Rücksichtnahmepflicht 256
    Sondereigentum 255
    Tierhaltung 256
    Verbot der Tierhaltung 257
    Vertrauensschutz 259
    Wohngebrauch 255
    Zustimmung des Verwalters zur
      Tierhaltung 258
Wohnungstür 313
Wort „Katze" 23
Wucher 130
Wurmfreiheit 80

Z

Zahlungsverzug des Käufers 439
Zahnverletzung 168
Zeugnisverweigerungsrecht 191
Zimmertür 313
Zucht 116, 117, 130, 269
Züchter 56, 70, 105, 115, 117, 169
Zuchtkater 117
Zuchtkatze 68, 139, 174, 211, 220

Zuchttauglichkeit 64
Zuchttier 101, 105, 109, 160, 184
Zuchtverbot 442
zugelaufene Katze 152, 445
Zumutbarkeit 95
Zurechnungsfähigkeit 233
Zurückbehaltungsrecht 53, 439
Zusicherung
    Zeugungsfähigkeit 117
    Zuchteigenschaft 117
Zusicherung des Verkäufers 96
Zustimmung des Vermieters
    Ermessen 278
    Ersatztier 292
    Gleichbehandlung 285
    Gründe 278
    Interessenabwägung 281
    Rechtsmißbrauch 278, 280
    Rechtsnachfolge 293
    Schriftformklausel 274

Tierart 293
Widerruf 293
zusätzliche Mietsicherheit 287
Zwangslage 130
Zwangsvollstreckung
    Futtervorräte 50
    gewerblicher Züchter 52
    Hauskatze 48
    häuslicher Bereich 48
    Kostenvorschuß 308
    Pfändung der Katze 48
    Pfändungsschutz 51, 54
    Räumungsurteil 306
    Unpfändbarkeit der Katze 49
    Unterlassungsurteil 300
    Verwahrung der Tiere 308
    Vollstreckungsschutz 51
Zwingername 325
Zwölftafelgesetze 145

Dank

Ich möchte den Menschen danken, die mich bei der Realisierung dieses Projekts unterstützt haben:

Dr. Tanja Gerlach, die meine zahlreichen Fragen zu Katzenkrankheiten geduldig und kompetent beantwortet hat,

Conny Queren, die mir erklärt hat, was es bedeutet, Katzen zu züchten, und die mir das Foto von Amanda vom Querencastle für das Cover zur Verfügung gestellt hat,

Petra Heinrich und Barbara Mehl, die mir wertvolle Tips und Anregungen aus Züchtersicht gegeben haben,

Erika Giesel-Upmeyer, die mich mit Material im Mietrecht versorgt hat, und

Annika Ollmann, die mir bei der Gestaltung des Buches zur Seite stand..